SPSS

统计分析商用建模
与综合案例精解

杨维忠　张　甜　编著

清华大学出版社
北京

内 容 简 介

SPSS高级建模技术可广泛应用于商业领域的量化分析。本书的最大特色以精选的商用案例详解SPSS前沿建模技术在商业领域的综合应用，以期为通过建模量化分析改善商业运营水平管理，或提升核心竞争力的职场人士阅读参考。

全书共12章，第1章~第2章介绍SPSS快速入门和建模技术要点，后续各章节均以实际商业应用案例的形式详解SPSS在商用实践建模中的应用与分析。建模技术方面，本书系统介绍了神经网络多层感知器、径向基函数、决策树等热门大数据处理建模技术应用，以及SPSS专门用于市场营销的联合分析、直销模块分析等高级专业建模技术应用，也介绍了经典的线性回归分析、相关分析、因子分析、聚类分析、描述性分析、方差分析、交叉表分析等一般统计建模技术应用；精选的案例都是当下流行热门的商业运营领域，包括市场调研、市场营销、客户满意度调查、连锁门店分类管理、奶制品物流配送、客户关系分级分类维护、务审批、消费者综合体验、上市公司估值等。书中每一个案例都以解决实际问题、提升价值贡献为导向，通过具体案例详解涉及多种SPSS技术的综合应用，融会贯通组合应用多种建模技术达到理想分析效果。

本书内容翔实、应用范围广泛。一是可供商业运营领域的各类职场人士借鉴参考，无论是高层管理者、决策者、具备多年从业经验的资深人士，还是基层应用岗位、职场新手，只要在工作中有量化分析的需求，都可通过学习本书举一反三提高商业运营水平或提升职场竞争力；二是可供高等院校经济管理类、商业运营类及相关专业专科生、本科生、研究生和MBA学员学习阅读，也可作为掌握建模技巧以完成毕业设计的学生参考书。

图书在版编目（CIP）数据

SPSS 统计分析商用建模与综合案例精解 / 杨维忠，张甜编著. —北京：清华大学出版社，2021.8
ISBN 978-7-302-58346-2

I. ①S… II. ①杨… ②张… III. ①商业管理—系统建模—统计分析—应用软件 IV. ①F712-39

中国版本图书馆 CIP 数据核字（2021）第 111936 号

责任编辑：夏毓彦
封面设计：王　翔
责任校对：闫秀华
责任印制：刘海龙

出版发行：清华大学出版社
　　　　　网　　　址：http://www.tup.com.cn，http://www.wqbook.com
　　　　　地　　　址：北京清华大学学研大厦A座　　　　　邮　　编：100084
　　　　　社 总 机：010-62770175　　　　　邮　　购：010-62786544
　　　　　投稿与读者服务：010-62776969，c-service@tup.tsinghua.edu.cn
　　　　　质 量 反 馈：010-62772015，zhiliang@tup.tsinghua.edu.cn
印 装 者：三河市科茂嘉荣印务有限公司
经　　销：全国新华书店
开　　本：190mm×260mm　　印　张：29.25　　字　数：789千字
版　　次：2021年8月第1版　　印　次：2021年8月第1次印刷
定　　价：119.00元

产品编号：090096-01

前　言

　　近年来，得益于信息技术的持续进步，数据的存储和积累可以非常便捷而低成本地实现，同时大数据时代各类企事业单位的数据治理意识得到显著提升。大到大型的商业银行、电商平台，小到大街小巷采取会员制的餐饮、商店，都积累了大量的客户交易数据、消费数据和基础数据，如何实现对这些数据的开发利用、建立恰当的模型、从数据中挖掘出客户的行为习惯，从而更好、更有针对性和高效率地开展市场营销、产品推广、客户关系分类维护或风险控制，进而改善经营效益、效率和效果，对各类市场经济主体显得尤为重要。可以合理预期的是，大数据时代各类市场经济主体的竞争模式将会发生很大的变化，在信息不对称因素逐步得到消除、市场信息越来越透明的趋势下，谁的工作做得更精细、更具备针对性，谁就更能抓住客户的痛点，能取得领先的市场竞争优势。从这个角度来说，所有的市场主体（包括企业经营管理者和基层的职员）都应该学习、掌握并能够结合实际工作应用一定的高级统计分析方法与建模应用技术，增强企业的市场竞争力，增强自身的职场竞争力。

　　SPSS 作为公认的应用最广泛的专业数据分析软件之一，以功能丰富、效率高、操作简便而著称，主要针对经济、管理、医学、农学、教育、市场研究、社会调查等多个行业和领域，也是最容易入手学习的数据统计分析软件。本书编者致力于编写一本 SPSS 高级建模与商用综合案例精解的教材，为各类有志于改善自身商业运营或提升职场竞争力的读者提供有益的学习参考。

　　本书共 12 章，其中前两章为基础部分，后续各章节均以详解实际商业应用案例的形式介绍 SPSS 在商业运营实践建模中的应用。具体来说，第 1 章为 SPSS 快速入门基础，旨在告诉读者 SPSS 软件的开启与关闭，数据编辑录入、数据读取、数据排序、缺失值处理、数据查找、数据合并等对数据的基本操作，教读者如何使用 SPSS 处理数据。第 2 章为 SPSS 建模技术要点介绍，旨在告诉读者 SPSS 中的各类建模技术方法，建模中的注意事项，建模中的常见误区、需要遵循的价值导向，以及完整的研究方案设计要点等。第 3 章为 SPSS 在电子商务平台商户营销中的应用，通过案例讲解如何使用 SPSS 的直销模块来进行建模，以便应用到电子商务平台商户营销中。第 4 章为商业银行授信客户信用风险评估，通过案例讲解如何将 SPSS 软件的神经网络多层感知器应用到商业银行授信客户信用风险评估领域。第 5 章为在线旅游供应商客户分类建模技术模块，通过案例讲解如何使用 SPSS 软件的神经网络径向基函数，以便应用到在线旅游供应商客户分类中。第 6 章为小额快贷大数据审批建模技术模块，讲解如将 SPSS 软件的决策树模块应用到小额快贷大数据审批中。第 7 章为汽车消费市场调研建模技术，通过案例讲解如何将 SPSS 软件的联合分析模块和交叉表分析模块应用到汽车消费市场调研中。第 8 章为住宅小区订奶量预测分析建模技术，通过案例讲解如何使用 SPSS 软件时间序列预测模块进行建模并应用到住宅小区订奶量预测分析中。第 9 章为手机游戏玩家体验评价影响因素分析，通过案例讲解如何使用 SPSS 软件的线性回归分析模块和方差分析模块来研究手机游戏玩家体验评价影响因素。第 10 章为家政行业客户满意度调研建模技术，通过案例讲解如何使用 SPSS 软件可靠性分析、描述性分析、相关性分析、有序回归分析等模块开展家政行业客户满意度调研工作。第 11 章为软件和信息技术服务业估值建模技术，通过案例讲解如何使用 SPSS 软件描述性分析、相关性分析、线性回归分析来研究软件和信息技术服务业上市公司估值。第 12 章为美容连锁企业按门店特征分类分析建模技术，通过案例讲解如何使用 SPSS 软件因子分析模块和聚类分析模块对美容连锁企业按门店特征分类。

本书的特色在于所有的案例都来自实践并很实用，每个案例不仅只是教会读者使用 SPSS 操作，更重要的（或者说本书的写作重点）是如何使用 SPSS 开展工作，与当前职场人士的本职工作紧密相关。编者志在通过本书教会读者使用 SPSS 软件来解决实际问题，真正地用于工作实践或者提高工作质量和效率。用一句话来概括，本书的特色在于将 SPSS 建模技术和商业领域应用有机结合。从使用的 SPSS 建模技术来看，既系统介绍了神经网络多层感知器、径向基函数、决策树等热门大数据处理建模技术应用，以及 SPSS 专门用于市场营销的联合分析、直销模块分析等高级专业建模技术应用，也介绍了经典的线性回归分析、相关分析、因子分析、聚类分析、描述性分析、方差分析、交叉表分析等一般统计建模技术应用。从研究应用的领域来看，全部为当下流行热门的商业运营领域，涉及的行业包括商业银行、美容连锁、汽车制造销售、电子商务、在线旅游、网络信贷、手机游戏、家政行业、奶制品行业、软件和信息技术服务业等，涉及的商业运营环节包括市场调研、市场营销、客户满意度调查、连锁门店分类管理、奶制品物流配送、客户关系分级分类维护、业务审批、消费者综合体验、上市公司估值等。这些案例都是编者基于自身从业经历，在大量实际调研的基础上改编的，非常贴近实际生活，也非常便于直接吸纳应用。编者之所以倾心将 SPSS 建模技术与当下热门商业应用领域融合，是因为这样便于读者更好地理解建模技术，同时还可以使从事这些领域或者相关领域工作的读者直接应用到本职工作中，快速提升职场竞争力。

另外，为了便于教学，特提供了相关的视频、PPT 文件和数据，可用微信扫描下方二维码下载，如果学习过程中发现问题，请联系 booksaga@126.com，邮件主题为"SPSS 统计分析商用建模与综合案例精解"。

本书写作由杨维忠和张甜共同完成，在编写过程中吸收了一些前人的研究成果与经验。在部分 SPSS 操作和个别概念的介绍上，还学习参考了 SPSS 官方网站公开的 PDF 格式帮助文档等相关知识。在此一并表示感谢！

由于编者水平有限，书中的不当之处在所难免，诚恳地欢迎各位同行专家和广大读者批评指正，并提出宝贵的意见。

编　者
2021 年 6 月

目　录

第 1 章　SPSS 快速入门

SPSS 是一款名为统计产品与服务解决方案的软件，也是世界上最早的统计分析软件。SPSS 由美国斯坦福大学的三位研究生 Norman H. Nie、C. Hadlai (Tex) Hull 和 Dale H. Bent 于 1968 年研究开发成功，在最初软件刚创立时的名称是"社会科学统计软件包"（英文名称是 SolutionsStatistical Package for the Social Sciences）；1992 年开始推出 Windows 版本，同时全球自 SPSS 11.0 起，SPSS 全称改为 Statistical Product and Service Solutions，即"统计产品和服务解决方案"；2010 年随着 SPSS 公司被 IBM 公司并购，各子产品家族名称前面不再以 PASW 为名，修改为统一加上 IBM SPSS 字样。该软件最大的优势就是界面非常友好，非常容易被用户所掌握并应用，通常情况下，用户只要掌握一定的 Windows 操作技能，并且在一定程度上熟悉各类统计分析方法的基本原理，就可以使用该软件为特定的数据统计分析工作服务。SPSS 的 Windows 版本在全球的社会科学、自然科学各个领域发挥了巨大作用。SPSS 在经济学、金融学、管理学、统计学、物流管理、生物学、心理学、地理学、医学、药学、体育、农业、林业、电子商务、批发零售、生产制造等各行各业都得到了广泛的应用。SPSS Statistics 支持英语、法语、德语、意大利语、日语、韩语、波兰语、俄语、简体中文、西班牙语和繁体中文，几乎可以从任何类型的文件中获取数据，然后使用这些数据生成分布和趋势、描述统计以及复杂统计分析的表格式报告、图表和图。

SPSS 在数据统计分析方面的突出优势体现在：

- SPSS 已支持 Windows 8/10、Mac OS X、Linux 及 UNIX，界面非常友好，尤其是 Windows 版本，与 Windows 界面类似，非常便于用户掌握和操作，几乎所有的数据整理、统计分析过程都可以借助鼠标，通过菜单命令的选择、对话框的参数设置、单击功能按钮来完成，而且可以使用简体中文语言来实现，符合我国用户的操作习惯。特别需要说明的是，新版 SPSS 的图表能够更好地用于 Microsoft Office。SPSS 新版软件允许用户可以直接将图表复制为 Microsoft Office 图形对象，进而可以便于用户在 Microsoft Office 中处理图表。这一新增功能是创造性的，使得 SPSS 与众多用户广泛使用的 Microsoft Office 软件实现了完美融合。从更加通俗的角度去解释这一功能，就是说 SPSS 新版软件输出的图表，用户可以不用在原始的输出界面进行编辑修改，而是可以直接保存到 Word、Excel、PPT 等里面，再依据用户在 Microsoft Office 中的操作习惯进行修改。

- SPSS 的数据统计分析方法非常全面，自带 11 种类型 136 个函数，服务范围涵盖了从简单的统计描述到复杂的多因素统计分析方法，比如数据的描述性统计分析、列联表分析、简单维相关分析、偏相关分析、单因素方差分析、双因素方差分析、T 检验、非参数检验、多元回归分析、生存分析、寿命表分析、协方差分析、判别分析、因子分析、主成分分析、聚类分析、非线性回归、Logistic 回归分析、直销模型、自助法等。

- SPSS 可以直接读取其他格式的数据文件，不仅可以读取使用当前版本创建的 SPSS 数据文件，还可以读取 SPSS 早期版本数据文件、SPSS 便携式数据文件以及 Excel 文件、CSV 格式数据文件、文本文件、SAS 数据文件、Stata 数据文件、dBase 数据库文件、Lotus 格式数据文件、符号链接格式文件等多种其他统计分析软件生成的文件，进而可以非常方便地与 Windows 的其他应用程序进行数据共享和交换。

● SPSS 还有提供强大的程序编辑能力和二次开发能力，SPSS 不仅为我们提供了良好的数据编辑环境和完备的分析功能，还提供了灵活的命令和程序的编辑与执行功能，这些都可以在语法窗口中实现，可满足高级用户完成更为复杂的统计分析任务的需要。在 SPSS 的很多对话框中都有粘贴按钮，单击这个按钮可以打开 SPSS 的语法窗口，在语法窗口中输入 SPSS 的命令或完整的程序语句，也可以将多个程序编辑成一个完整的程序，以便一次运行。

● SPSS 具有强大的统计图表绘制和编辑功能，新版软件还提供了图表构建器，也就是图表的模板。需要说明和强调的是，SPSS 26.0 版本默认的模板非常漂亮，使得用户可以在不对默认模板进行任何设置和修改的情况下，也能输出具有可视性的图表。用户除了可以选择模板创建发布高质量图表外，还可以在"图表构建器"界面快速定制和更改图表颜色、标题和模板。

● SPSS 附带提供了很多数据资料实例，也提供了完善的以英语、法语、德语、意大利语、日语、韩语、波兰语、俄语、简体中文、西班牙语和繁体中文等多种常用语言编辑的实用指南，从而可以为用户学习和掌握软件的使用方法提供更多方便。在 SPSS 软件启动后，用户可通过直接在网上访问 SPSS 公司的主页、获得 PDF 格式的帮助文件等得到更多的帮助和信息。

● 2019 年 4 月，SPSS 推出了 26.0 版本。SPSS 26.0 中增加了比较受欢迎的高级统计功能的大部分增强功能。比如：

➢ 受试者工作特征（ROC）分析。受试者工作特征分析在 SPSS 26.0 的操作实现命令为"分析 | 分类 | ROC 分析"。该方法用于通过绘制分类检验的敏感度（特异性）来评估模型预测的准确性（因为阈值随预测检验结果的整个范围而变化）。系统绘制的 ROC 曲线或与之相关的 AUC 值（ROC 曲线下的区域）将构建一个重要统计量，用来检验模型预测的准确性、评价模型质量（评价从个案组中随机选择一个主体和通过模型选择一个主体谁的准确概率更大）。ROC 分析支持有关单个 AUC、精确度与反馈（PR）曲线的推论，并提供选项以供比较从独立组或成对主体生成的两个 ROC 曲线。

➢ 贝叶斯统计单因子重复测量 ANOVA 分析。我们在贝叶斯统计单因子重复测量分析模型中，通常假定每个主体存在单个测量。但是这一假定在很多情况下是不恰当的，因为旨在研究平均值的调研对多个时间点或多种条件出现响应的情况并不少见。贝叶斯统计单因子重复测量分析过程会在每个独立的时间点或条件中测量来自相同主体的一个因子，并允许这些主体在多个级别内交叉，从而可以假定每个主体针对每个时间点或条件都进行单次观察。

➢ 贝叶斯统计单样本二项增强功能。"贝叶斯单样本推论：二项"过程提供用于对二项分布执行贝叶斯单样本推论的选项。有关参数为 π，表示可能导致成功或失败的固定数量的试验中的成功概率。注意，每个试验相互独立，并且概率 π 在每个试验中保持相同。二项随机变量可被视为固定数量的独立 Bernoulli 试验的总和。

➢ 贝叶斯统计单样本泊松增强功能。"贝叶斯单样本推论：泊松"过程提供用于对泊松分布执行贝叶斯单样本推论的选项。泊松分布（一种针对罕见事件的有用模型）假设在较小时间间隔内，事件发生的概率与等待时间的长度成比例。在得出对泊松分布的贝叶斯统计推论时，将使用伽马分布族中的共轭先验。

➢ 可靠性分析。可靠性分析通常用于问卷调查，评价问卷调查的可信度，是针对问卷调查数据进行分析之前的标准化分析动作。通过可靠性分析，用户可以选择各种统计，用于描述标度、项和评分者间一致性，以确定各种评分者之间的可靠性。模型可靠性分析报告的输出统计量包括样本观测值、项数和可靠性估计系数。常用的可靠性分析模型包括 Alpha 模型、折半模型、Guttman 模型以及平行和严格平行模型。具体来说，alpha 系数对于二分数据来说（问卷调查中有或者没有，喜欢或者不喜欢），等同于 Kuder-Richardson 20（KR20）系数。折半模型输出形式之间的相关性、Guttman 半分可靠性、Spearman-Brown 可靠性（相等长度和不相等长度）以及每一半的 alpha 系数。Guttman 模型输出可靠性系数 lambda 1 到 lambda 6。平行和严格平行模型输出模型拟合度优度检验，误差方差的估计值、公共方差和真实方差，估计的公共项间相关性，估计的可靠性以及可靠性的无偏估计。

➢ 分位数回归。分位数回归分析是回归分析的一种，广泛用于银行、证券、医疗等行业研究。回归分析是定量建模中广泛使用的一种统计方法，在所有的回归分析方法中，多重线性回归是一种最为基本的标准方法，研究人员使用多个变量值来说明或预测标度结果的平均值。在许多情况下，我们更关心标度结果的中位数或任意分位数。分位数回归就是解决这一问题的优良方法，其对一组预测变量（自变量）与目标变量（因变量）的特定百分位数（即"分位数"，通常是中位数）之间的关系建模。与"普通最小平方"回归相比，有两个主要优势：一是分位数回归不会假设目标变量的分布；二是分位数回归趋向于抑制偏离观测值的影响。

本章主要介绍 SPSS 概述与基本操作，使读者对 SPSS 有一个基本的认识，能够熟练地使用 SPSS 创建变量和数据，进行数据整理，对数据进行基本的操作，从而为后面综合使用 SPSS 的各种建模技术开展各类分析做好必要的准备。

1.1　SPSS软件的开启

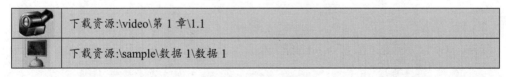

	下载资源:\video\第 1 章\1.1
	下载资源:\sample\数据 1\数据 1

安装好 SPSS 软件程序包后，双击 SPSS 程序启动图标或者从 Windows 的开始菜单中找到 SPSS 的程序后单击启动，弹出如图 1.1 所示的启动对话框。该对话框仅在安装后第一次启动时显示，如果选中了对话框左下角的"以后不再显示此对话框"复选框，那么在以后启动 SPSS 时将不再出现该对话框。

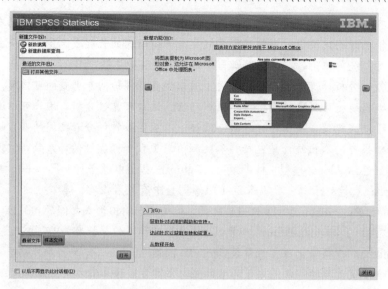

图 1.1　SPSS 启动对话框

对 SPSS 启动对话框的具体介绍如下：

1. 新建文件

新建文件：包括"新数据集"和"新建数据库查询"两个子选项。

● 选择"新数据集"子选项并单击下方的"打开"按钮，或者直接双击"新数据集"子选项，
将显示"数据编辑器"窗口，如图 1.2 所示。在该窗口中，用户可以直接输入数据，建立
新数据集。

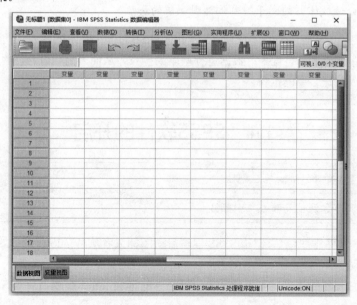

图 1.2　"数据编辑器"窗口

● 选择"新建数据库查询"子选项或者直接双击"新数据集"子选项，并单击下方的"打开"
按钮，将显示"数据库向导"对话框，可从非 SPSS 数据源中获取数据，如图 1.3 所示。

在该对话框中，用户可以选择数据源、指定要检索的个案、在检索前对数据进行汇总以及指定变量名和属性。

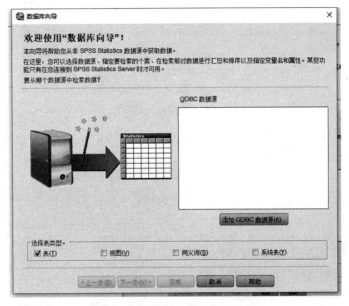

图1.3 "数据库向导"对话框

在"数据库向导"对话框中单击"添加ODBC数据源"按钮，即可弹出如图1.4所示的"ODBC数据源管理程序"对话框。在该对话框中，用户可以对ODBC数据源管理程序进行设置。

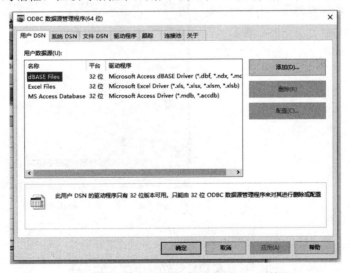

图1.4 "ODBC数据源管理程序"对话框

2. 最近打开的文件

SPSS对用户最近的文件操作有一定的记忆功能，该列表框中列出了用户近期打开过的SPSS数据文件，用户单击其中的数据文件名称将会实现对相关数据文件的快速启动。如果用户是首次安装SPSS软件，未曾存储过数据，那么列表框中将会只显示"打开其他文件"选项。如果用户选择该选项并单击下方的"打开"按钮，将显示"打开"对话框，如图1.5所示。

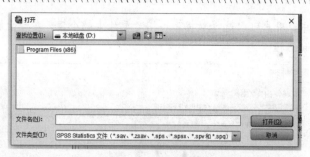

图 1.5　"打开"对话框

在"打开"对话框中，用户可以通过访问文件所在的位置精准找到所需要打开的数据文件，然后单击"打开"按钮即可实现对目标数据文件的启动。

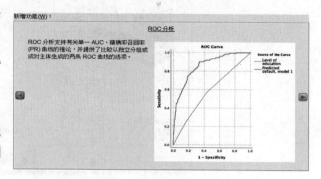

图 1.6　新增功能展示

3. 新增功能

如图 1.6 所示，列表框中展示了 SPSS 新版本较以往版本的新增功能，单击◀或▶按钮可以实现各个新增功能的切换查看。

如果选中了图 1.1 所示的启动对话框左下角的"以后不再显示此对话框"复选框，那么在以后启动 SPSS 时将会直接显示"数据编辑器"窗口。在该窗口中，用户可以直接通过菜单操作的方式打开 SPSS 数据、语法、输出结果和脚本等文件，如图 1.7 所示。

图 1.7　在"数据编辑器"窗口中打开 SPSS 文件

1.2　SPSS软件的关闭

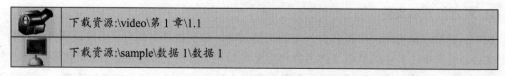

下载资源:\video\第 1 章\1.1

下载资源:\sample\数据 1\数据 1

关于 SPSS 的关闭，与 Windows 界面类似，通常情况下有以下几种操作方法：

（1）最为常用的一种方式是在 SPSS 软件菜单栏中选择"文件｜退出"命令，如图1.8 所示。

图 1.8　退出 SPSS

（2）双击 SPSS 窗口左上角的 图标，或者右击标题栏的任何位置，从弹出的快捷菜单中选择"关闭"选项，如图 1.9 所示。

（3）单击窗口右上角的 按钮。

（4）使用快捷键 Alt+F4。

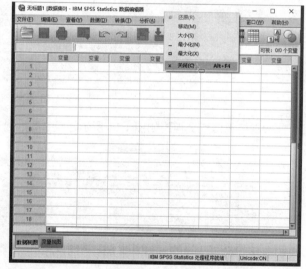

图 1.9　关闭 SPSS

1.3　SPSS数据编辑器

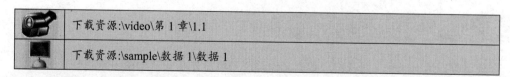

	下载资源:\video\第 1 章\1.1
	下载资源:\sample\数据 1\数据 1

SPSS 可以直接输入数据，也可以从许多不同的数据源中导入数据。其中直接输入数据的方式就是使用数据编辑器。

数据编辑器是 SPSS 的默认窗口，在该窗口中将会显示正在操作的数据文件的内容。数据编辑器分为两个视图：数据视图和变量视图。

数据编辑器数据视图如图 1.10 所示，其中每一行表示一个样本观测值，每一列表示一个变量。

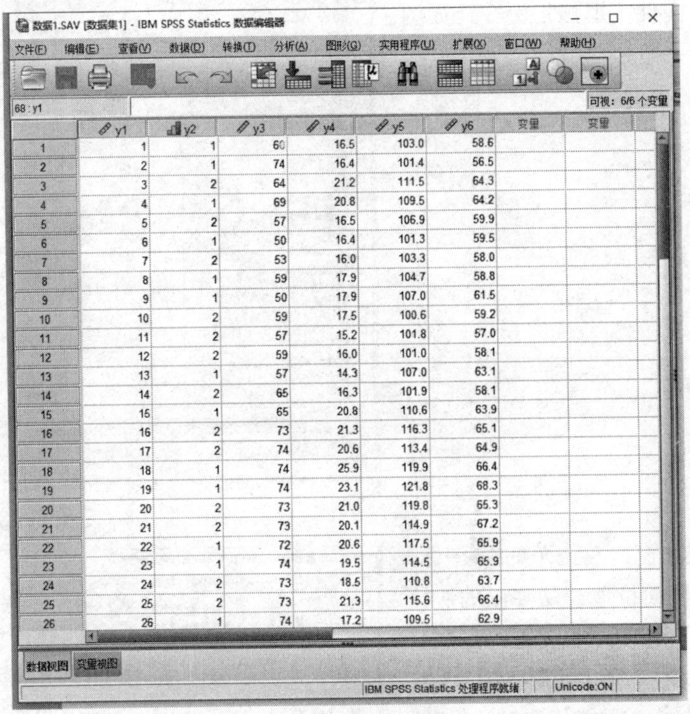

图 1.10　数据视图

数据编辑器变量视图如图 1.11 所示，其中每一行表示一个变量，每一列表示变量的一个属性。

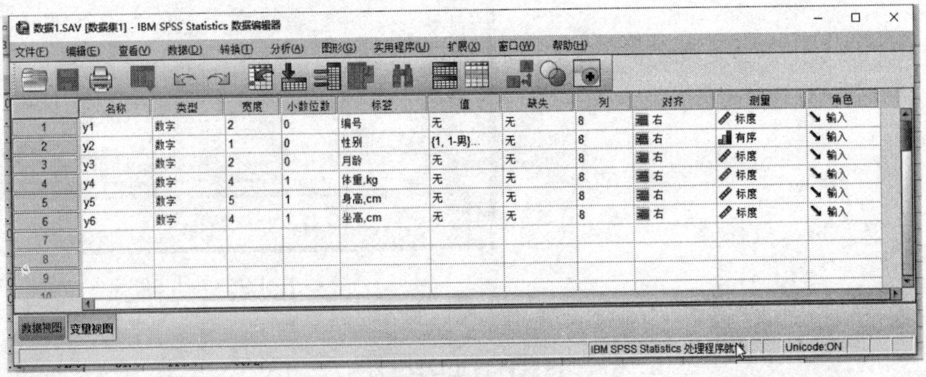

图 1.11　变量视图

1.3.1　SPSS 数据编辑器变量视图

在使用数据编辑器建立或者修改数据文件时，一般是先在变量视图中建立相应的变量，变量的属性包括名称、类型、宽度、小数位数、标签、值、缺失值、列、对齐、测量、角色。

1. 名称

SPSS 中变量命名的规则如下：

- 不能超过 64 个字符。
- 首字符必须是字母、中文或特殊符号"@""$"或"#"。
- 变量名中不能出现"?""!""."" +""=""*"和空格。
- 末字符不能为"."和""。
- 名称不能与 SPSS 的保留字（AND、BY、EQ、GE、GT、LT、NE、NOT、OR、TO、WITH 和 ALL）相同。

系统不区分变量名中的大小写字母。

2. 类型

以 y1 变量为例，在图 1.12 所示的变量视图中，单击变量"y1"行与"类型"列交叉单元格右侧的省略号，即可弹出如图 1.13 所示的"变量类型"对话框。

在"变量类型"对话框中，用户可以设定变量的类型。SPSS 可以设置的变量类型共有 9 种，分别是数字、逗号、点、科学计数法、日期、美元、定制货币、字符串、受限数字（带有前导零的整数）。这 9 种变量类型又可以被归纳为三类，分别是数值型变量、日期型变量和字符型变量。数值型包括标准数值型（数字）、逗号数值型（逗号）、圆点数值型（点）、科学计数型（科学计数法）、美元数值型（美元）、设定货币数值型（定制货币）、受限数值型（受限数字（带有前导零的整数））。日期型变量（日期）是用来表示日期或者时间的，主要在时间序列分析中使用。字符型变量（字符串）区分大小写字母，但不能进行数学运算。

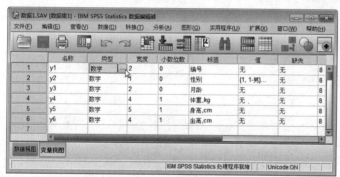

图 1.12　变量视图　　　　　　　　　　图 1.13　"变量类型"对话框

3. 宽度

SPSS 中变量的宽度属性指在数据窗口中变量所占据的单元格的列宽度。需要特别提示和强调的是，用户在定义变量类型时指定的宽度和定义变量格式宽度是有区别的。定义变量格式宽度应当综合考虑变量宽度和变量名所占的宽度，一般取其较大的一个作为定义该变量格式宽度时可取的最小值。

4. 标签

变量的标签属性是对变量名的附加说明。在许多情况下，SPSS 中不超过 8 个字符的变量名，不足以表达变量的含义。利用变量标签就可以对变量的意义做进一步的解释和说明。特别地，在 Windows 中文系统下还可以附加中文标签，这给不熟悉英文的用户带来很大方便。例如，定义变量名 sale，可以加注标签"销售"。给变量加了标签以后，在数据窗口操作时，当鼠标箭头指向一个变量的时候，变量名称下方就会立即显示出其标签，而且在进行统计分析数据结果时，呈现的是变量标签的结果。例如，针对前面变量名 sale 加注了标签"销售"，在进行描述性统计分析时，结果输出窗口显示的是销售的结果而非 sale 的结果。

5. 值

变量的值属性是对变量的可能取值附加的进一步说明，通常仅对类型（或分类）变量的取值指定值标签。以 y2 变量为例，在图 1.12 所示的变量视图中，单击变量"y2"行与"值"列交叉单元格右侧的省略号 ⃞，即可弹出如图 1.14 所示的"值标签"对话框。

比如针对 y2 变量，用 1 来表示男，2 来表示女，就需要在"值"文本框中输入"1"，在"标签"文本框中输入"男"，然后单击"添加"按钮；再在"值"文本框中输入"2"，在"标签"文本框中输入"女"，然后单击"添加"按钮，即可完成对 y2 变量值标签的设置。

6. 缺失值

在很多情况下，我们整理的数据文件会出现错误，有的时候是因为工作失误，有的时候是数据突然出现了极端异常值。这些错误数据或者极端异常值数据可能会在很大程度上干扰我们的分析，使得最终拟合的数据模型有所失真。比如，在调查汽车的产量时，记录到某小型加工厂的平均日产为 600 万辆，如此高的产量显然是不符合基本常识的，所以这个数据应属于错误的数据，统计分析中使用了这样的数据必然导致错误的分析结果。以 y2 变量为例，在图 1.12 所示的变量视图中，单击变量"y2"行与"缺失值"列交叉单元格右侧的省略号 ⃞，即可弹出如图 1.15 所示的"缺失值"对话框。

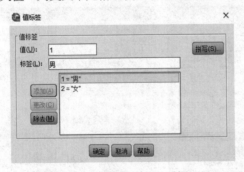

图 1.14　"值标签"对话框　　　　　　　图 1.15　"缺失值"对话框

"缺失值"对话框中共有 3 种处理方式供用户选择：

● 无缺失值。无缺失值是 SPSS 的默认状态，如果当前所有的数据值测试、记录完全正确，没有遗漏，则可选择此项。

● 离散缺失值。选择这种方式定义缺失值，可以在下面的 3 个文本框中输入 3 个可能出现在相应变量中的缺失值，也可以少于 3 个。如果用户选择了这种处理方式，那么当用户在进行统计分析时系统遇到这几个值时，就会作为缺失值处理。比如对于季节变量，如果对季节变量进行了值标签操作，用 1 来表示春季，用 2 来表示夏季，用 3 来表示秋季，用 4 来表示冬季，那么出现除 1、2、3、4 之外的其他值就是不正确的，如果数据中出现了 5、6、7，那么可以把 5、6、7 这三个值输入到离散缺失值下面的 3 个文本框中，当数据文件中出现这几个数据时，系统将按缺失值处理，保证统计分析结果的准确性。

● 范围加上一个可选的离散缺失值。选择这种方式定义缺失值，除了"下限"和"上限"文本框外，还有一个"离散值"文本框，在这里可以设置范围以外的一个值。如果用户选择了这种处理方式，那么当用户在进行统计分析时遇到下限和上限范围内的值，以及设置的范围以外的那个值，就都会作为缺失值处理。比如在统计学生体重数据时，在"下限"文本框中输入"80"，在"上限"文本框中输入"90"，在"离散值"文本框中输入"70"，那么学生体重数据处在[80,90]区间内以及体重为70时都会被认定为缺失值。

7. 对齐

在SPSS数据视图中，变量值在单元格中的显示有"左""右""居中"三种选择，如图1.16所示。用户可以通过在"对齐"列中选择"左""右"或者"居中"来自行决定对齐方式。一般情况下，默认数值型变量的对齐方式为右对齐、字符型变量的对齐方式为左对齐。

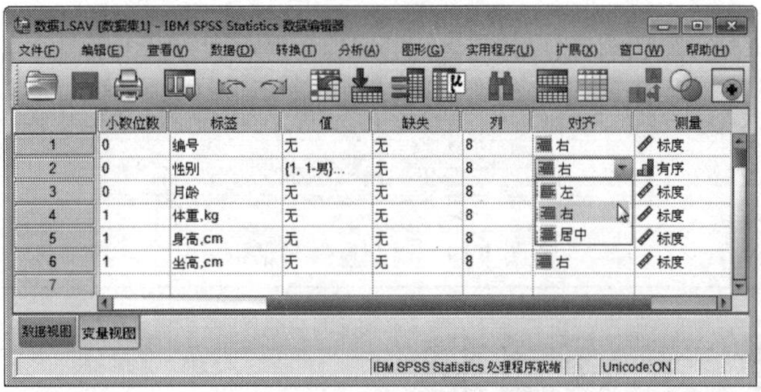

图 1.16 "对齐"设置

8. 测量

测量指的是变量的测量方式。SPSS提供的变量测量方式有三种，分别是"标度""有序""名义"，如图1.17所示。简单来说，"标度"表示的是连续变量，名义表示的是分类变量，有序表示的是具有顺序性质的分类变量。用户可以在"测量"列中选择"标度""有序"或者"名义"来为变量指定合理的测量类型。需要提示和强调的是,用户需要根据变量的实际特征来指定测量类型，比如针对学生的身高、体重等连续性变量，就应该将测量方式设置为"标度"；针对学生衣服的颜色变量，就可以考虑将测量方式设置为"名义"；针对银行的信贷资产（正常、关注、次级、可疑、损失），或者客户的满意程度（很满意、比较满意、基本满意、不满意、很不满意等），就可以考虑设置为"有序"。

此外，在任意一个SPSS对话框的变量表中右击一个变量，将弹出快捷菜单，如图1.18所示。

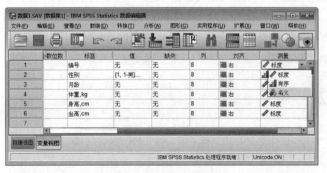

图 1.17 "测量"设置

图 1.18 变量右键快捷菜单

注　意

该菜单中除了常见的"剪切"、"复制"和"粘贴"之外还有"变量信息""描述统计""网格字体"等。以"变量信息"为例，若选择这一项，将弹出"变量信息"对话框，给出变量的详细信息，包括"名称""标签""类型""缺失值""测量"等，如图1.19所示。这些帮助信息有助于选择分析变量。

图1.19　"变量"对话框

1.3.2　SPSS数据编辑器数据视图

在用户设定完变量以后，可以进入数据视图录入或者编辑样本观测值，或者针对样本观测值进行必要的加工等。

输入数据的操作方法是：首先单击选中的单元格，该单元格将被激活，边框加黑，单元格的颜色变为土黄色。二维表格的上方左侧显示选定单元格的观测值号和变量名。在单元格中输入的数据显示在右侧的编辑栏中。输入后按回车键或按向下移动光标键，输入同列下一个单元格数据；按Tab键，则移动到右面的单元格。需要注意的是，输入单元格的变量值必须与事先定义的变量类型一致。如果变量为数值型，在单元格中输入字符串，系统将拒绝接受；如果变量为字符串，在单元格中输入数值，系统会将这个数字视为字符。

需要说明的是，并不一定先设定变量再录入数据。如果用户没有设定变量而是直接在数据视图中录入，那么SPSS会自动按照系统默认名称（VAR00001、VAR00002、VAR00003……等）创建变量，如图1.20所示。这些自动创建变量的类型默认为"数字"，宽度默认为8，小数位数默认为2，标签默认无添加，值默认为"无"，缺失值为"无"，对齐方式默认为"右"，测量方式默认为"未知"（需要用户进行选择），角色默认为"输入"，如图1.20所示。

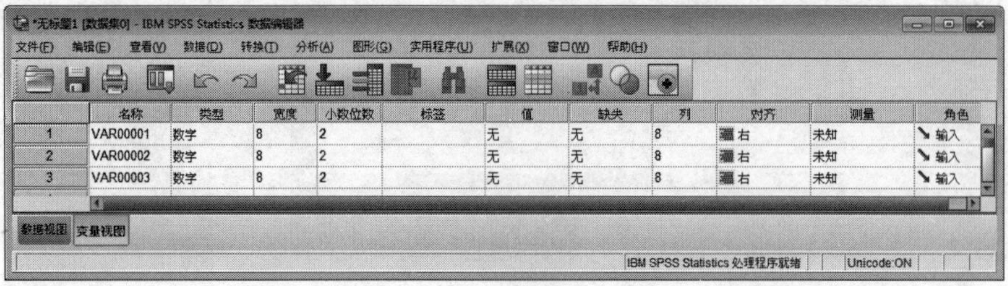

图1.20　自动创建变量

用户也可以在数据视图界面录入完数据之后回到变量视图界面对默认变量进行编辑，修改各项属性使其符合研究要求，如图 1.21 所示。同样能达到创建数据文件的目的。

图 1.21　在变量视图界面对默认变量进行编辑

在我们整理数据资料的过程中，通常会发现数据存在遗漏、错误、不合理的重复值等情况，也有时候会根据研究的需要和数据可获得性的变化增删新的变量或者数据。这时需要对数据文件进行编辑，针对需要增加的变量或者数据进行增加，针对需要删除的变量或者数据进行删除，针对需要更正的变量或者数据进行更正等。事实上，SPSS 的界面非常友好，操作风格与 OFFICE 办公软件、WPS 办公软件等是一致的，用户如果能够熟练使用 Office 办公软件、WPS 办公软件，就能够按照操作习惯熟练地对 SPSS 数据文件进行编辑操作。后续，本文以常见的几种编辑需要为例进行讲解。

1.4　增加新的变量或样本观测值

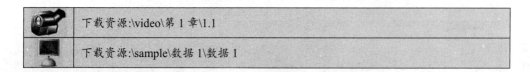

| 下载资源:\video\第 1 章\1.1 |
| 下载资源:\sample\数据 1\数据 1 |

1.4.1　在现有数据文件中增加新的变量

如果需要在现有变量的右侧增加一个变量，则需要单击"变量视图"标签，转换到变量视图，在变量表最下面一行，按照在变量视图操作部分讲解的方法定义新变量。如果想把新变量放在已经定义的变量之间，则插入一个变量。步骤如下：

01 确定插入位置。在"数据视图"界面中将光标置于要插入新变量的列中的任意单元格上，单击鼠标左键；或者在"变量视图"界面中单击新变量要占据的那一行的任意位置。

02 选择"编辑│插入变量"命令，在选定的位置之前插入一个变量名为 Var0000n 的变量，其中 n 是系统给的变量序号。原来占据此位置的变量及其后的变量依次后移。

03 切换到"变量视图"界面中，对插入的变量定义属性，包括更改变量名，然后切换到"数据视图"界面中输入该变量的数据。

1.4.2 在现有数据文件中增加新的样本观测值

如果需要在现有数据文件中增加新的样本观测值，则可以将光标置于要插入观测值的一行的任意单元格中，选择"编辑|插入个案"命令，或者右击，在弹出的菜单中选择"插入个案"命令（见图1.22），就会在该行之上增加一个空行，如图1.23所示，可以在此行上输入该观测值的各变量值。

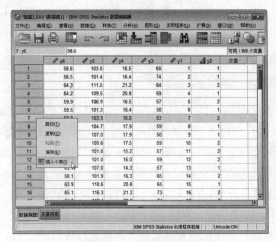

图1.22 "插入个案"右键菜单　　　　图1.23 完成插入后的空白观测值

1.5 变量和样本观测值基本操作

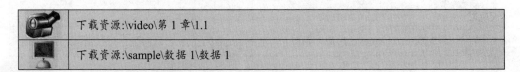

下载资源:\video\第1章\1.1

下载资源:\sample\数据1\数据1

1.5.1 变量和观测值的移动、复制和删除

1. 移动

在"数据视图"窗口中，选择要移动的对象后，选择"编辑 | 剪切"命令，找到插入位置，然后选择 "编辑 | 粘贴"命令，就将剪贴板中的变量（或观测值）粘贴到空变量（或空观测值）的位置上了。

2. 复制

观测值可以复制，但变量不能复制，因为变量不允许同名。要复制观测值，只要把移动方法中的"剪切"改为"复制"命令即可。

3. 删除

选择要删除的对象后，选择"编辑 | 清除"命令即可删除变量或观测值。

1.5.2 数据转置

在很多情况下，各类数据资料编辑的风格不同，我们需要对数据的行与列进行互换。利用 SPSS 数据的转置功能可以非常轻易地将原数据文件中的行、列进行互换，将观测值转变为变量，将变量转变为观测值。转置的结果是系统将创建一个新的数据文件，并且自动建立新的变量名显示各新变量列。数据转置的步骤如下：

01 以本文附带的数据 1 为例，首先打开数据文件，然后在菜单栏中选择"数据｜转置"命令，如图 1.24 所示。

打开"转置"对话框，如图 1.25 所示。从左边变量框中选择要进行转置的变量，移入"变量"列表框中。比如本例中我们针对除 y6 之外的所有变量进行转置，就把左侧列表框中除 y6 之外的所有变量都选入右侧的"变量"列表框中。

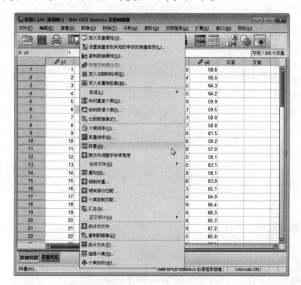

图 1.24 "数据｜转置"命令

图 1.25 "转置"对话框

02 单击"确定"按钮，弹出如图 1.26 所示的提示信息，提示用户"未选择转置某些变量。未转置的变量将丢失"。需要注意的是，如果将原变量列表中的全部变量都进行转置，那么系统将不会弹出该对话框。

图 1.26 数据转置确认对话框

03 单击"确定"按钮，转置后的新文件将取代原数据文件出现在数据窗口中，如图 1.27 所示。

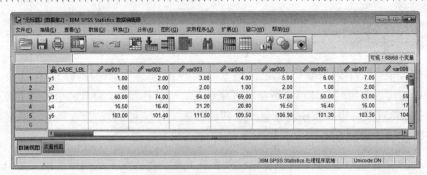

图 1.27　转置后的数据

1.5.3　变量计算

我们在建立数据文件时，通常仅包括可能来自统计调查的原始测量结果。有时需要对变量进行一定的加工，比如说在研究学生的中考成绩与 IQ 值之间的关系时，可能需要先将学生文化课、体育课和实验课等成绩按照一定的权重进行计算，得到学生的中考总成绩，再与 IQ 值通过相关分析、回归分析等方法开展研究。还有的时候是在我们进行完分析之后要对数据进行深加工，比如进行完因子分析之后，将观测值的各个因子得分乘以其方差贡献率得到因子总得分，进而开展后续研究等。SPSS 提供强大的计算变量功能，新变量的计算可以借助计算变量功能来完成。以本文附带的数据 1 为例，如果我们要创建新的变量"发育"，其中体重、身高、坐高的权重各位 30%、40%、30%，那么用"计算变量"命令计算新变量的步骤如下：

01 打开数据文件"数据 1"，选择"转换│计算变量"命令，如图 1.28 所示。打开"计算变量"对话框，如图 1.29 所示。

图 1.28　选择"转换│计算变量"命令

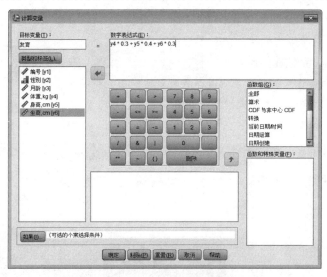

图1.29 "计算变量"对话框

02 输入计算表达式。使用计算器板或键盘将计算表达式输入到"数字表达式"列表框中。表达式中需要用到的SPSS函数可从函数组中选择,通过双击鼠标左键或单击"函数和特殊变量"列表框左侧的箭头按钮将选中的函数移入表达式栏。这时,栏中函数的自变量和参数用"?"表示,自变量必须选用当前工作文件中的变量,可以从左侧变量清单栏中选择,选中后用鼠标双击它,输入表达式中。本例中在"数字表达式"列表框中输入"y4 * 0.3 + y5 * 0.4 + y6 * 0.3"。

03 定义新变量及其类型。在"目标变量"文本框中输入目标变量名,既可以是一个新变量名,也可以是已经定义的变量名,甚至可以是表达式中使用的自变量本身。本例中我们在"目标变量"中输入"发育",然后单击"类型和标签"按钮,弹出"计算变量:类型和标签"对话框,如图1.30所示。

图1.30 "计算变量:类型和标签"对话框

对话框选项设置/说明

对于标签的设置有两种方式。

- 标签:可以在该文本框中给目标变量添加自定义的标签。
- 将表达式用作标签:使用计算目标变量的表达式作为标签,有利于统计分析时清晰地了解新变量的意义及运算关系。

在此对话框里,还可以对新变量的类型及宽度进行选择。本例中我们采取系统默认设置,选择确定后,单击"继续"按钮,返回"计算变量"对话框。

04 "计算变量:If 个案"对话框的使用。有时候,仅仅需要对一些符合某些特定条件的自变量的观察值进行计算。例如,在数据文件"数据1"中,我们只需要计算女性的发育情况,即需选择满足条件"性别=2"的观测值来计算。当条件表达式"性别=2"为真时，将计算出女性的发育情况。使条件表达式为假的或缺失的观测量就不会计算这个值，对应于这些观测量，新变量的值为系统缺失值。在"计算变量"对话框中单击"如果…"按钮，弹出"计算变量: If 个案"对话框，如图 1.31 所示。条件表达式的建立规则是：条件表达式中至少要包括一个关系运算符，也可以使用逻辑运算符，并且可以通过关系（或逻辑）运算符连接多个条件表达式。本例中，我们选中"在个案满足条件时包括"单选按钮，然后在下面的文本框中输入"y2=2"，即可仅计算女性的发育情况。

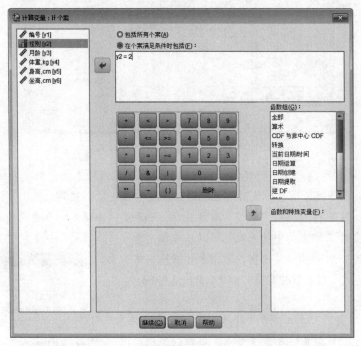

图 1.31　"计算变量: If 个案"对话框

05 单击"继续"按钮对设定的条件表达式加以确认，返回"计算变量"主对话框。各项选择确认后，单击"确定"按钮，系统将根据表达式和条件计算新变量的值，并将结果显示到数据窗口的工作文件中，如图 1.32 所示，变量视图中增加了"发育"变量。

图 1.32　增加"发育"变量之后的变量视图

我们还可以在"数据视图"界面看到"发育"变量的具体数据值（见图 1.33）。可以发现，只有女性（y2=2）的样本观测值才有发育数据（这与我们前面对表达式的具体设置有关），男性（y2=1）的样本观测值中发育变量数据都是缺失值。

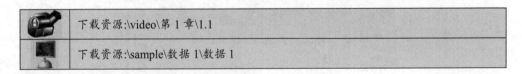

图 1.33　增加"发育"变量之后的数据视图

1.6　对数据按照变量或样本观测值进行排序

下载资源:\video\第 1 章\1.1
下载资源:\sample\数据 1\数据 1

1.6.1　对数据按照变量进行排序

在整理数据资料或者查看分析结果时，如果变量设置得非常多，我们有时会希望变量值能够按照变量的某一属性大小进行升序或者降序排列，比如我们想观察有哪些变量是名义变量或者有序变量、有哪些变量进行了变量标签操作或者值标签操作等。以本章附带的数据 1 为例，如果要按照变量的测量方式进行降序排列，操作步骤如下：

01 图 1.34 显示了未按照 y4 体重变量排序之前的数据。我们在菜单栏中选择"数据｜变量排序"命令，如图 1.35 所示。

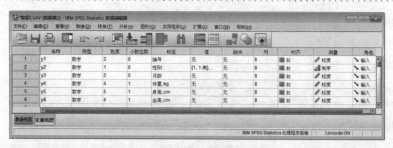

图 1.34　排序前的变量

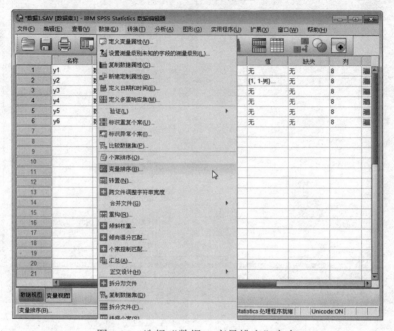

图 1.35　选择"数据｜变量排序"命令

02 系统将会弹出如图 1.36 所示的"变量排序"对话框,在该对话框中的"变量视图列"列表框中选择"测量"属性,在"排列顺序"复选框中选择"降序"选项。

图 1.36　"变量排序"对话框

03 在图 1.36 所示的"变量排序"对话框下方，可以选择是否在新属性中保存当前设置完毕的变量顺序。如果需要进行保存，就选中"在新属性中保存当前（预先排序的）变量顺序"复选框，然后下方的"属性名称"文本框将会被激活。在该文本框中可以输出需要保存的属性名称。比如我们保存该设置，将其命名为"测量方式排序"，全部设置完毕后，单击"确定"按钮，即可对数据按照变量进行排序，排序结果如图 1.37 所示。

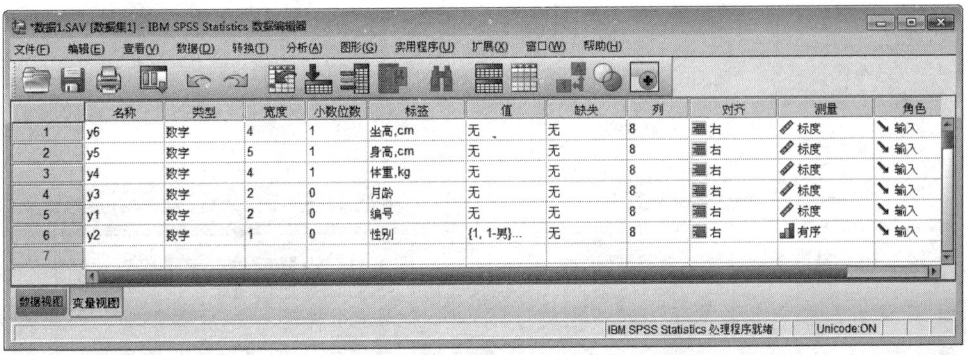

图 1.37　排序后的变量

1.6.2　对数据按照样本观测值进行排序

在整理数据资料或者查看分析结果时，我们通常希望样本观测值能够按照某一变量的大小进行升序或者降序排列，比如我们想按照学生的学习成绩进行排序、按照销售额的大小对各个便利店进行排序等。以本章附带的数据 1 为例，如果要按照 y4 体重变量进行降序排列，操作步骤如下：

01 图 1.38 显示了未按照 y4 体重变量排序之前的数据。我们在菜单栏中选择"数据 | 个案排序"命令，如图 1.39 所示。

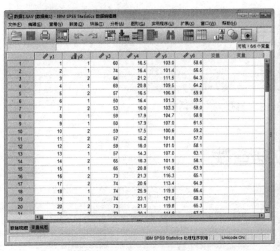

图 1.38　排序前的数据

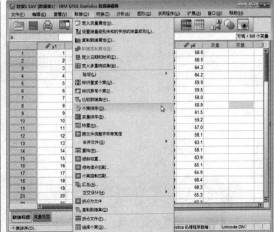

图 1.39　选择"数据 | 个案排序"命令

02 系统将会弹出如图 1.40 所示的对话框，在该对话框中我们选择"体重"变量，并单击 按钮，将其选入"排序依据"列表框。然后在"排列顺序"组合框中选中"降序"选项，如图 1.41 所示。

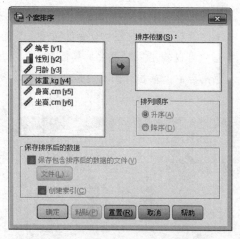
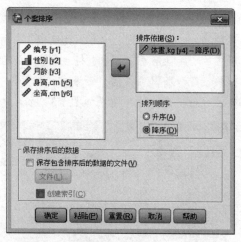

图 1.40　设置前"个案排序"对话框　　　　图 1.41　设置后"个案排序"对话框

03 设置后，在"个案排序"对话框的下方可以选择是否保存排序后的数据。如果需要进行保存，就选中"保存包含排序后的数据的文件"复选框，然后下方的"文件"按钮将会被激活。单击"文件"按钮，即可弹出如图 1.42 所示的"将排序后的数据另存为"对话框，在该对话框中用户可以设置文件路径，对数据进行保存。

图 1.42　"将排序后的数据另存为"对话框

1.7　数据查找

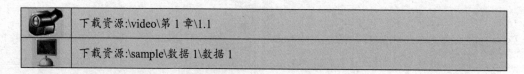

下载资源:\video\第 1 章\1.1	
下载资源:\sample\数据 1\数据 1	

1.7.1　按照观测值序号查找单元格

当文件中有许多观测值、变量时，我们很多时候会希望能够快速地查找和定位某单元格中的数据。下面介绍按观测值序号来查找单元格数据的方法。先打开本文附件的数据 1 文件，如图 1.43 所示。

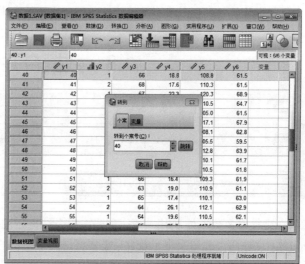

图 1.43 数据 1

如需查看序号为 40 的样本观测值的资料，操作步骤如下：

01 选择"编辑 | 转到个案"命令，将弹出"转到"对话框，如图 1.44 所示，在"转到个案号"文本框中输入"40"。

02 单击"跳转"按钮，40 号观测值将置于数据区域的顶端，如图 1.45 所示。

图 1.44 输入需定位的观测值序号 　　　　　图 1.45 观测值查找结果

1.7.2 按照变量值查找数据

如果要查找当前工作文件中某变量的一个变量值，那么可以按照下面的方法查找。仍以本文附带的数据 1 作为例子，假如需要查看变量 y2 性别为 1（男）的变量值，步骤如下：

01 选中变量 y2 性别的任意单元格，选择"编辑｜查找"命令，弹出"查找和替换-数据视图"对话框，如图 1.46 所示。

02 在"查找"文本框中输入要查找的变量值 1，单击"查找下一个"按钮，如果找到这个值，则定位到该变量值所在的单元格。如果需要进一步查询，就继续单击"查找下一个"按钮，如果查找中未发现要找的变量值，比如说我们查找变量值为 3 的数据，在"查找"文本框中输入要查找的变量值 3，单击"查找下一个"按钮，则系统将会通报用户"找不到搜索字符串'3'"，说明没有变量值为 3 的数据。

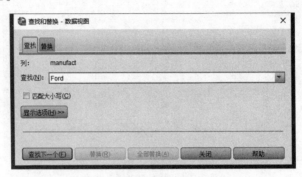

图 1.46　按变量值查找数据对话框

最后需要说明的是，对数值型变量，由于定义了变量宽度和小数位，数据文件里单元格中显示的数值是经四舍五入后的近似数值，与变量的内部值（在数据输入栏中显示的数值）是不同的。在 SPSS 早期版本中，查找数据时是按显示格式进行的，如在"查找"文本框里输入 2.56（实际上显示值为 2.56 的单元格中的内部变量值可能会大于或者小于 2.56），查找时会找到所有值显示为 2.56 的变量（不管其内部值是多少），而在 SPSS 的新版本中却是按照变量的真实数值来查找的。

1.8　数据合并

	下载资源:\video\第 1 章\1.2
	下载资源:\sample\数据 1\数据 1A、数据 1B、数据 1C、数据 1D

1.8.1　按照样本观测值合并数据文件

我们在进行很多数据处理时，往往需要将两个结构相同或某些部分结构相同的数据文件合并成一个文件，比如两个公司发生了兼并，需要将这两个公司的员工信息表合并为一个信息表，这时就需要对数据文件进行样本观测值的合并；又比如某公司领导想将员工的绩效考核数据和工资薪酬数据放在一起进行数据分析，需要将员工绩效考核信息表和员工工资薪酬信息表进行合并，这时就需要对数据进行变量的合并。

SPSS 中的数据合并分为两种：一种是观测值的合并，因为观测值在 SPSS 的数据视图中是以行来呈现的，所以又被称为纵向合并，也就是将两个有相同变量但是不同观测值的数据合并；另一种是变量的合并，因为变量在 SPSS 的数据视图中是以列来呈现的，所以又被称为横向合并，也就是将描述同一组观测样本的不同变量合并为一个数据文件,新的数据文件包含所有合并前的各个数据的变量。

本节介绍如何按样本观测值合并数据文件,即纵向合并,将会增加观测量,即把一个外部文件中与原文件具有相同变量的观测量增加到当前工作文件中。这种合并要求两个数据文件至少应具有一个属性相同的变量,即使它们的变量名不同。这种"纵向合并"的操作方法和对话框的设置方法如下（以本文附带数据文件"数据1A"和"数据1B"为例）：

01 打开数据文件"数据1A",然后选择"数据｜合并文件｜添加个案"命令,如图1.47所示。

弹出"添加个案至数据1A.SAV"对话框,如图1.48所示。

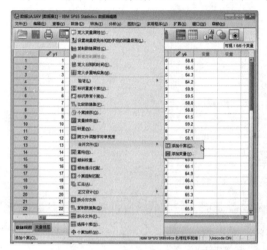
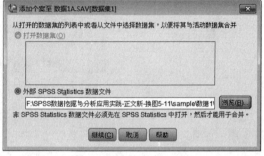

图1.47　"数据｜合并文件｜添加个案"命令　　　　图1.48　"添加个案至数据1A.SAV"对话框

在"从打开的数据集的列表中或者从文件中选择数据集,以便将其与活动数据集合并"选项组中单击"外部 SPSS Statistics 数据文件"单选按钮,然后单击"浏览"按钮,弹出"添加个案:读取文件"对话框,如图1.49所示。

图1.49　"添加个案:读取文件"对话框

选定数据文件数据 1B.SAV，选中后单击"打开"按钮返回到"添加个案至数据 1A.SAV"对话框，再单击"继续"按钮，弹出"添加个案自……"对话框，如图 1.50 所示。

- "非成对变量"列表框，列出两个文件中的不成对变量，即变量名和变量类型不匹配的变量，其中用"*"标记的属于正在打开的活动数据集，本例中为数据 1A，用"+"标记的属于外部文件，本例中为数据 1B。
- "新的活动数据集中的变量"列表框，列出两个数据文件中变量名和变量类型都匹配的相同变量。
- "指示个案源变量"复选框，将在合并后的文件中建立一个名为"source01"的变量。此变量仅有两个值：0 和 1，分别标记观测量属于当前工作文件或外部文件。

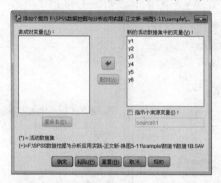

图 1.50　"添加个案自……"对话框

02 本例中数据 1A 和数据 1B 两个数据文件的变量是完全一致的，所以都进入了"新的活动数据集中的变量"列表框。如果两个数据文件的变量类型相同，变量名不同，那么将两者同时选中，单击"配对"按钮，就可以将它们移至"新的活动数据集中的变量"列表框。

合并后的新文件变量列中二者的观测值被合并在一起。如果要为"非成对变量"列表框中的变量重命名，那么选中它并单击"重命名"按钮，打开"重命名"对话框，输入新名称，单击"继续"按钮返回主对话框。

对"非成对变量"列表框中分属两个文件的变量配对时，要求二者必须具有相同的变量类型。变量宽度可以不同，但是属于工作文件（本例中为数据 1A）的变量宽度应大于或等于外部文件（本例中为数据 1B）中的变量宽度。若情况相反，合并后外部文件被合并的观测量中相应的观测值可能不能显示，而在单元格里以若干"*"加以标记。

03 如果要让变量名和类型变量均不匹配的变量出现在新数据文件中，就选中它，单击箭头按钮将它移到"新的活动数据集中的变量"列表框。设置完毕后单击"确定"按钮，执行合并就可以得到合并后的数据文件了。需要注意的是，如果将"非成对变量"列表框中的分属两个文件的类型不同的变量配对，在合并后的新文件里这两个变量都将不会出现。本例中合并完成之后的数据集如图 1.51 所示。可以发现，数据 1A 的样本观测值扩充到了 67 个，与数据 1B 完成了合并。

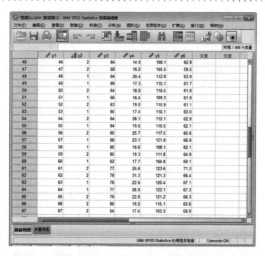

图 1.51　合并之后的数据 1A

1.8.2　按照变量合并数据文件

按变量合并数据文件是指将一个外部文件中的若干变量添加到当前工作文件中，又被称为横向合并。按变量合并数据文件，即增加变量这种合并要求两个数据文件必须具有一个共同的关键变量，而且这两个文件中的关键变量还具有一定数量相等的观测量数值。所谓关键变量，指的是两个数据文件中变量名、变量类型、变量值排序完全相同的变量。此处以本文附带的数据 1C 和数据 1D 数据文件为例，这种"按变量合并数据文件"的操作方法和步骤如下：

01 打开数据文件"数据 1C"，然后选择"数据｜合并文件｜添加变量"命令，如图 1.52 所示。

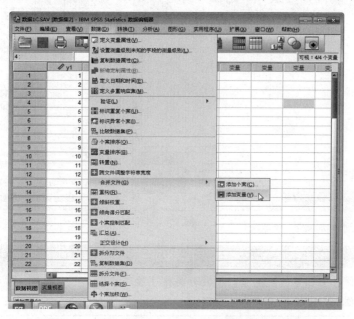

图 1.52　选择"数据｜合并文件｜添加变量"命令

弹出"变量添加至数据 1C.SAV"对话框，如图 1.53 所示。

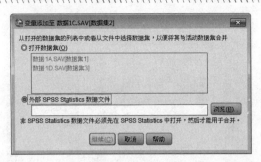

图1.53　"变量添加至数据1C.SAV"对话框

在"从打开的数据集的列表中或者从文件中选择数据集，以便将其与活动数据集合并"选项组中选中"外部SPSS Statistics数据文件"单选按钮，单击"外部SPSS Statistics数据文件"项下的"浏览"按钮，弹出"添加变量: 读取文件"对话框，如图1.54所示。

选定数据文件（此处以本文附带的"数据1D.SAV"为例），选中后单击"打开"按钮返回到"添加个案至……"对话框，再单击"继续"按钮，弹出"变量添加自……"对话框。

[02] 在"变量"选项卡（见图1.55）中，"排除的变量"列表框中列出的是外部文件（本例中为数据1D）与工作文件（本例中为数据1C）中重复的同名变量，本例中没有显示；"包含的变量"列表框中列出的是进入新的工作文件变量，分别用"+"和"*"来标记"外部文件（本例中为数据1D）"和活动文件（本例中为数据1C）。"键变量"列表框中列出的是关键变量，指的是两个数据文件中变量名、变量类型、变量值排序完全相同的变量。根据需要设置完毕后，单击"确定"按钮，就可以将两个数据文件合并成一个新的数据文件了。

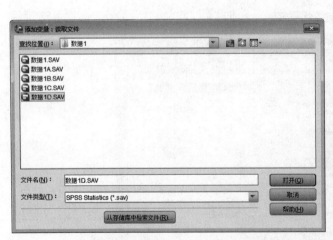

图1.54　"添加变量: 读取文件"对话框

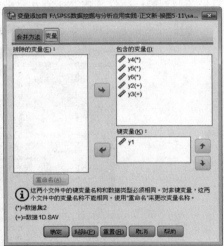

图1.55　"变量"选项卡

特别提示
如果两个文件含有相等的观测量，而且分类排序顺序一致，一一对应，就无须指定关键变量，直接单击OK按钮进行合并即可。

如果两个文件含有数目不等的观测量，而且分类排序顺序不一致或没有一一对应关系，则需在合并之前先对数据文件按关键变量进行升序排序，在"排除的变量"列表框中选择一个关键变量，

移至"键变量"列表框中。

03 "合并方法"选项卡如图 1.56 所示。

- 基于文件顺序的一对一合并：这是按关键变量匹配观测量的系统默认选项，表示按照"选择查找表"列表框中列示的顺序将两个数据文件的所有观测量合并。合并结果是凡关键变量值相等的合并为一个观测量，如果在对方文件找不到相等的关键变量值，就合并为一个独立的观测量，即在新文件中单独作为一个观测量（相当于增加一个观测量），而缺少的变量值作为缺失值。
- 基于键值的一对一合并：表示将非活动数据文件作为关键表，即只将外部数据文件中与活动数据集中对应变量值相同的观测量并入新的数据文件。
- 基于键值的一对多合并：表示合并后保留当前外部文件中的观测量，且只有当前工作文件中与外部文件关键变量值相等的观测量才被合并到新文件中。

04 本例中默认合并方法为"基于键值的一对一合并"，表示将非活动数据文件作为关键表，即只将外部数据文件中与活动数据集中对应变量值相同的观测量并入新的数据文件。以上选项确定后，单击"确定"按钮，合并结果如图 1.57 所示。可以发现，相较于合并之前的数据 1C 文件，多了 y2、y3 两个变量，实现了与数据 1D 的合并。

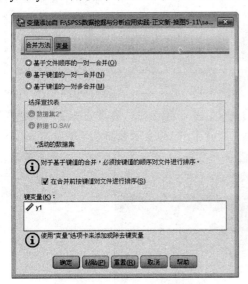

图 1.56 "合并方法"选项卡

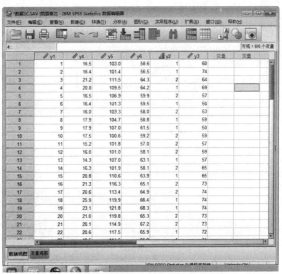

图 1.57 合并后的数据 1C

1.9 生成新的时间序列

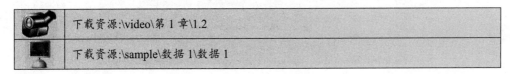

从样本差异和时间差异的维度来看，数据类型一般包括三种：一种是横截面数据，一般是针

对同一时间点的不同样本观测形成的数据；一种是时间序列数据，一般是针对同一样本在不同时点的观测形成的数据；还有一种是面板数据，同时融合了横截面数据和时间序列数据的特征，形成了对不同样本在不同时间观测的数据。在 SPSS 中，系统是无法自动识别数据是否为时间序列数据的，需要用户自行对数据进行定义。根据已有的时间序列数据文件，SPSS 提供了产生新时间序列的功能。根据已有时间序列生成新时间序列的操作步骤和方法如下：

01 以本文附带的数据 1.SAV 数据文件为例，首先要打开数据 1.SAV 数据文件，然后选择"转换|创建时间序列"命令，如图 1.58 所示。弹出"创建时间序列"对话框，如图 1.59 所示。

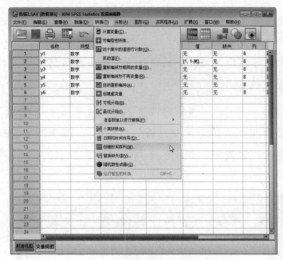

图 1.58　选择"转换|创建时间序列"命令　　　图 1.59　设置前的"创建时间序列"对话框

02 从左侧变量框里选择准备产生新时间序列的变量，单击 ➡ 按钮，移至"变量→新名称"列表框中，这时"变量→新名称"列表框里显示形如"变量名_1=转换函数简名（变量名 n）"格式的表达式，其中"变量名"为选定变量名或者它的前 6 个字符，n 为阶数或跨度。本例中若以 y1 作为时间序列变量，则将 y1 变量从左侧变量框选入"变量→新名称"列表框中，如图 1.60 所示。

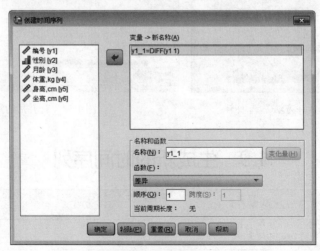

图 1.60　设置后的"创建时间序列"对话框

在"名称和函数"选项组中，"名称"文本框中显示系统默认的变量名，重命名后需单击"变化量"按钮确认。

03 "函数"下拉列表中显示系统默认的函数差值，"顺序"系统默认为 1。如果系统默认的设置符合要求，就单击"确定"按钮，系统将在数据窗口内显示出默认的新变量依照变差函数计算出来的各变量值，这一列变量值就是新产生的时间序列。如果需要使用其他转换函数计算新变量的值，可展开"函数"下拉列表进行选择，如图 1.61 所示。

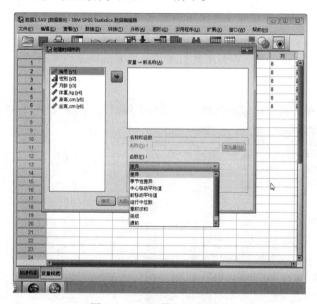

图 1.61 "函数"下拉列表

"函数"下拉列表中包括如下时间序列转换函数。

- 差异：产生原变量值序列的相邻值之间的变差，指定顺序框的数值（大于等于 1 的整数），可以计算相应阶的变差。
- 季节性差异：适用于具有季节性变动的时间序列，季节变差函数将产生与原时间序列相距一定周期值的观测量之间的变差。
- 中心移动平均值：将原变量以序列的观测值以指定的跨度进行移动平均，产生移动平均时间序列，如指定跨度值为奇数 n，选择中心移动平均后，产生的新序列首尾将各减少(n.1)/2 个数值；跨度值为偶数 n，选择中心移动平均后，需要将产生的平均值序列每相邻的两个值再平均一次，产生的新序列首尾将各减少 n/2 个数值。
- 前移动平均值：将原变量值序列的观测值以指定的跨度进行移动平均，各平均值顺着时间向前的方向列在新变量列里，产生新的时间序列。新变量列中观测值向前移动的时段长正好等于指定的跨度值。
- 运行中位数：与居中移动平均相同，只不过是将原变量值序列的观测值以指定的跨度确定其中位数，列在新变量列里，产生新的时间序列。
- 累积求和：从原变量值序列的第一个值开始逐项累积求和，求和所得到的数值依次作为新变量值，产生新的时间序列。

- 延迟：将原变量序列的各项观测值按指定的顺序向后平移。对于新变量，首尾将减少与顺序值数量相等的观测值作为缺失值对待。
- 提前：将原变量序列的各项观测值按指定的顺序向前平移。对于新变量，首尾将减少与顺序值数量相等的观测值作为缺失值对待。
- 平滑：使用该函数将按照一种称之为T4253H的方法对原变量序列的各项数据进行平滑或修匀，产生新的时间序列。

04 对选择的转换函数的顺序或跨度值的设置进行更换后，需要单击"变化量"按钮确认，这样新变量栏里的显示结果才能得到更换。各选项确定以后，单击"确定"按钮，系统将产生的新时间序列变量输出到数据窗口里。本例中我们采用系统默认设置，单击"确定"按钮后得到的结果如图1.62所示。

在输出结果窗口中，我们可以看到相应的时间序列创建结果，如图1.63所示。

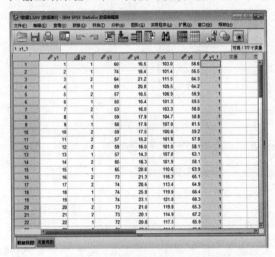

创建的序列

	序列名称	非缺失值的个案编号		有效个案数	创建函数
		第一个	最后一个		
1	y1_1	2	67	66	DIFF(y1,1)

图1.62　数据视图中时间序列变量　　　　图1.63　在输出结果窗口中创建的序列

1.10　缺失值处理

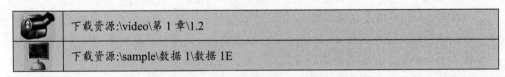

| 下载资源:\video\第 1 章\1.2 |
| 下载资源:\sample\数据 1\数据 1E |

在我们整理数据资料的时候，经常会发现有的数据会有缺失值，造成这种现象的原因可能是当时我们在统计数据的时候就没有统计完整，也有可能是我们在加工数据的过程中出现了数据丢失。注意，此处所指的缺失值概念完全不同于前面介绍变量属性时所提到的缺失值，变量属性里面的缺失值是说出现了一些错误值或者极端异常值，我们宁可做缺失值处理，也不会将这些数据纳入分析范围。我们此处所讲的缺失值处理是说我们的数据本来就存在缺失，需要进行必要的技术处理，将缺失值补充完整，从而保证数据分析的连续性。SPSS 中的缺失值替换功能针对含有缺失值的变量，使用系统提供的替换方法产生一个新的变量序列。这项功能的操作步骤和方法如下：

01 以本文附带的"数据1E.SAV"为例，首先要打开"数据1E.SAV"，然后选择"转换｜替换缺失值"命令，如图1.64所示。

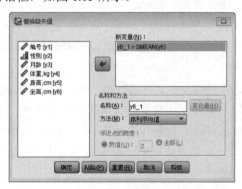

图1.64　选择"转换｜替换缺失值"命令

打开"替换缺失值"对话框，如图1.65所示。

图1.65　"替换缺失值"对话框

02 从源变量框中选择含有缺失值并且需要替代缺失值的变量，移至"新变量"框中，"新变量"框里显示形如"变量名_l=替代的估计方法简名（变量名）"格式的变量转换表达式。其中，"变量名"为所选变量的名称或者它的前6个字符。本例中，我们的y6变量是有缺失值的，所以我们把y6从源变量框中移至"新变量"框中。在"名称和方法"选项框中，"名称"文本框中显示系统默认的变量名，重命名后需单击"变化量"按钮确认。

03 "方法"下拉列表中显示系统默认的序列均值。如果系统默认的设置符合要求，就单击"确定"按钮执行。系统将依照默认的估计方法计算出估计值，用它替代序列中的缺失值，并将替代后的时间序列作为新变量的观测值显示于数据窗口内。如果要使用其他估计方法计算缺失值的估计值，可单击"方法"下拉列表（见图1.66）进行选择。

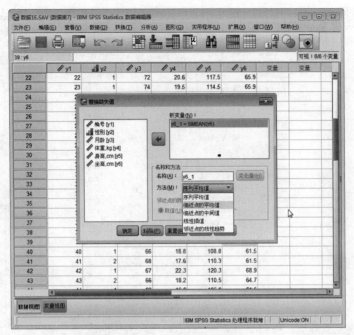

图1.66　"方法"下拉列表

- 序列平均值：用整个序列有效数值的平均值作为缺失值的估计值。
- 临近点的平均值：如果选择此方法，那么"邻近点的跨度"栏的两个单选按钮"数值"和"全部"会被激活。选择前者，输入数值指定缺失值上下邻近点的点数，则将这些点数的有效数值的均值作为缺失值估计值，如邻近点的点数达不到指定的数值，则缺失值仍然保留。选择后者，则用全部有效观测值的均值作为缺失值的估计值，效果与选用序列均值法相同。
- 临近点的中间值：选择此法与临近点的均值一样，将用缺失值上下邻近点指定跨度范围内的有效数值或全部有效数值的中位数作为缺失值的估计值。
- 线性插值：对缺失值之前最后一个和其后第一个有效值使用线性插值法计算估计值。如果序列的第一个或最后一个观测值缺失，则不能用这种方法替代这些缺失值。
- 邻近点的线性趋势：选择此法，对原序列以序号为自变量，以选择变量为因变量求出线性回归方程，再用回归方程计算各缺失值处的趋势预测值，并用预测值作为替代相应的缺失值，当选择的替代方法、数值等项设置进行更换后，都需要单击"更改"按钮确认。

04 本例中，我们采用系统默认设置，设置完成后，单击"确定"按钮，提交系统执行，系统将依照默认的估计方法计算出估计值，用它替代序列中的缺失值，并将替代后的时间序列作为新变量的观测值显示于数据窗口内。如图1.67所示，数据1E的数据视图中增加了y6_1变量，相较于y6变量，所有的缺失值都得到了补充完善。

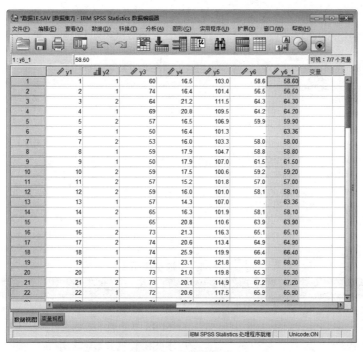

图 1.67　y6_1 变量

该结果在结果数据窗口也可以看到，如图 1.68 所示，系统创建了 y6_1 变量。

图 1.68　结果变量

1.11　读取其他格式的数据文件

在 SPSS 中，我们可以通过选择"文件｜打开｜数据"命令选择要打开的数据文件，如图 1.69 所示。在"文件类型"下拉列表框中列出了 SPSS 能够读取的文件类型。关于这些数据类型的基本信息如表 1.1 所示。

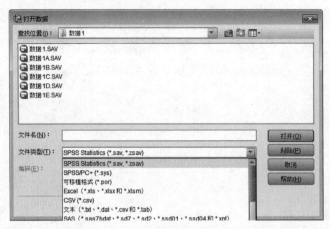

图 1.69 "打开数据"对话框

表 1.1 数据类型表

文件类型及扩展名	简单说明
SPSS (*. sav，*. zsav)	SPSS 数据文件
SPSS/PC+ (*. sys)	SPSS 早期版本数据文件
可移植格式 (*. por)	SPSS 便携式数据文件
Excel (*. xls, *. xlsx, *. xlsm)	Excel 文件
CSV (*. csv)	CSV 格式数据文件
文本文件 (*.txt, *.dat, *.csv, *.tab)	文本文件
SAS (*. sas7bdat, *. sd7, *.sd2, *.ssd01, *.ssd04, *.xpt)	SAS 数据文件
Stata(*.dta)	Stata 数据文件
dBase(*.dbf)	dBase 数据库文件
Lotus(*. w*)	Lotus 格式数据文件
SYLK(*.slk)	符号链接格式文件

关于 SPSS 数据文件、SPSS 早期版本数据文件、SPSS 便携式数据文件，用户可以直接打开，因为这些本来就是 SPSS 格式的数据文件。针对其他格式的数据文件，我们选择 Stata 数据文件、Excel 文件和文本文件三种进行逐一讲解。

1.11.1 读取 Stata 数据文件

我们以本书附带的"数据 1F"为例进行读取 Stata 数据文件的讲解。"数据 1F"是一个 Stata 数据文件，如图 1.70 所示。

首先启动 SPSS 软件或者在一个已经打开的 SPSS 数据文件的数据视图中从菜单栏选择"文件| 打开 | 数据"命令，如图 1.71 所示。

图 1.70 数据 1F　　　　　　　　　　图 1.71 选择"文件 | 打开 | 数据"命令

　　然后就会出现如图 1.72 所示的"打开数据"对话框,在该对话框中先要在"查找位置"下拉列表框中找到目标文件所在的文件夹,设置好文件路径。在该对话框的"文件类型"下拉列表框中,选择 Stata(*.dta),系统就会自动显示在目标文件所在文件夹中所有 Stata(*.dta)格式的数据文件。

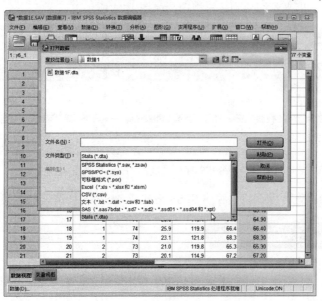

图 1.72 "打开数据"对话框

　　选择"数据 1F.dta",然后单击"打开"按钮,或者直接双击"数据 1F.dta",就会弹出如图 1.73 所示的数据文件,说明 SPSS 已经成功打开"数据 1F.dta"。

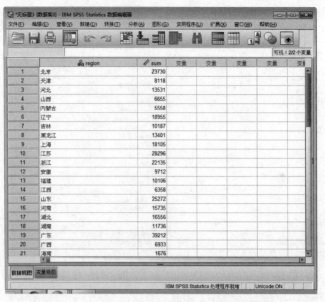

图 1.73　用 SPSS 打开"数据 1F.dta"的数据视图

可以发现，已经打开的数据文件中有两个变量，分别是"region"和"sum"，各个样本观测值也已经被准确地展示出来。切换到变量视图，如图 1.74 所示。

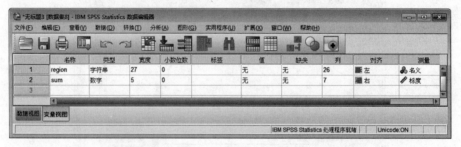

图 1.74　用 SPSS 打开"数据 1F.dta"的变量视图

用户可以对该数据进行保存，保存成 SPSS 格式或者 SPSS 能够读取的其他文件类型格式。

1.11.2　读取 Excel 数据文件

我们以本书附带的"数据 1G"为例进行读取 Excel 数据文件的讲解。"数据 1G"是一个 Excel 数据文件，如图 1.75 所示。

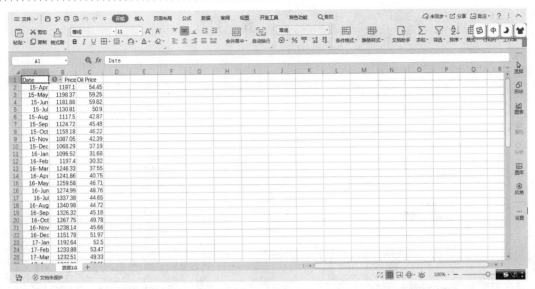

图 1.75　数据 1G

首先启动 SPSS 软件或者在一个已经打开的 SPSS 数据文件的数据视图中从菜单栏选择"文件| 打开 | 数据"命令，如图 1.76 所示。

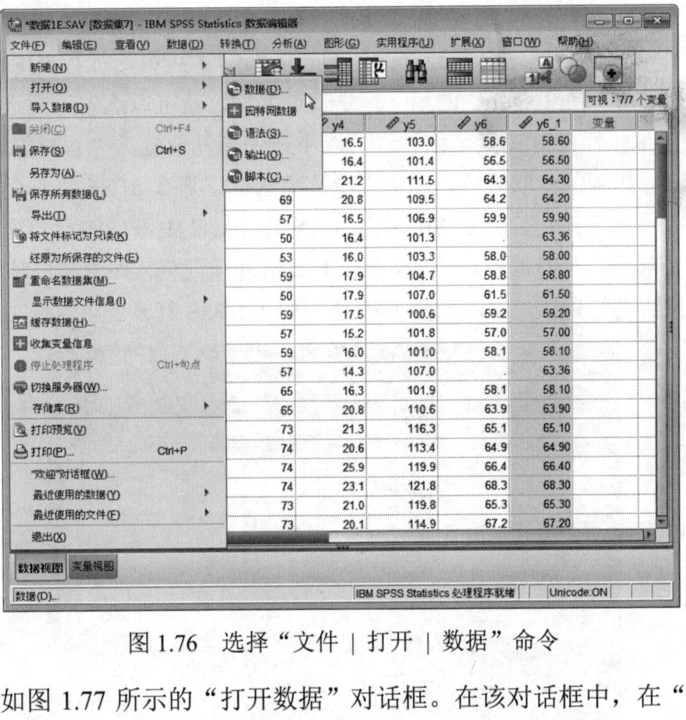

图 1.76　选择"文件 | 打开 | 数据"命令

然后就会出现如图 1.77 所示的"打开数据"对话框。在该对话框中，在"查找位置"下拉列表框中找到目标文件所在的文件夹，设置好文件路径。然后在该对话框的"文件类型"下拉列表中选择 Excel (*. xls, *. xlsx, *. xlsm)，系统就会自动显示在目标文件所在文件夹中所有 Excel (*. xls, *. xlsx, *. xlsm)格式的数据文件。

选择"数据 1G.xlsx"，然后单击"打开"按钮，或者直接双击"数据 1G.xlsx"，就会弹出如图 1.78 所示的"读取 Excel 文件"对话框。

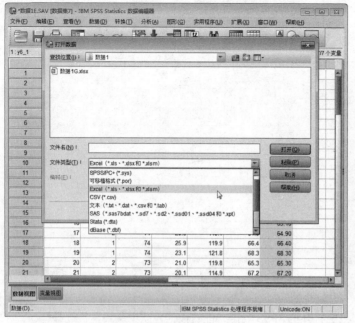

图 1.77　"打开数据"对话框

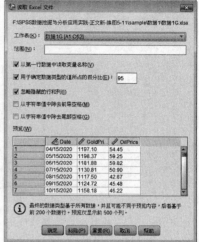

图 1.78　"读取 Excel 文件"对话框

在"读取 Excel 文件"对话框中，如果 Excel 中有多个工作表，就可以通过"工作表"下拉菜单选择想要打开的工作表，然后圈定打开数据的范围。下面的"从第一行数据中读取变量名称"复选框用于首行数据设置。如果在 Excel 中的第一行是变量名称，就可以选中该复选框；如果在 Excel 中的第一行就是观测样本，而没有变量名称，就可以不选中该复选框。"忽略隐藏的行和列"复选框用于对 Excel 中隐藏行和列的读取方式，如果选中该复选框，那么 SPSS 将不会读取 Excel 中隐藏的行和列；如果取消选中该复选框，那么 SPSS 会一并读取 Excel 中隐藏的行和列。在"读取 Excel 文件"对话框中的预览部分，我们可以对 SPSS 读取的数据进行预览。如果通过预览认为没有问题，就可以单击"确定"按钮进行确认，出现如图 1.79 所示的用 SPSS 打开的"数据 1G.xlsx"的数据视图。

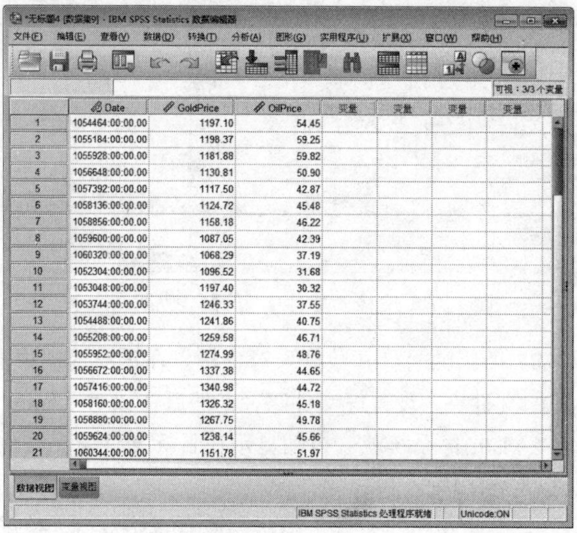

图 1.79　用 SPSS 打开"数据 1G.xlsx"的数据视图

可以发现，已经打开的数据文件中有三个变量，分别是"Date""GoldPrice"和"OilPrice"，但是 Date 的样本观测值不够清楚（由于格式的原因）。这时候可以对格式进行调整。切换到变量视图，如图 1.80 所示。

图 1.80 用 SPSS 打开"数据 1G.xlsx"的变量视图

我们对 Date 变量类型进行重新设置，单击变量 Date 行、"类型"列的单元格右侧的省略号，即可弹出如图 1.81 所示的"变量类型"对话框。

我们在"变量类型"对话框中可以选择"yy/mm/dd"，然后单击"确定"按钮，切换到数据视图，如图 1.82 所示。

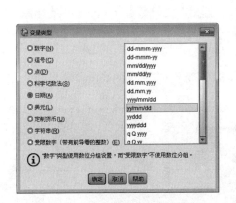

图 1.81 "变量类型"对话框

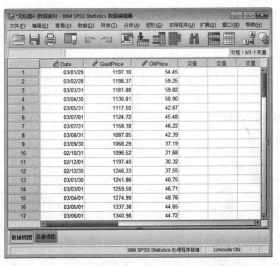

图 1.82 调整 Date 变量格式后的数据视图

可以发现，在该数据视图中，Date 变量的观测值已经调整成容易理解的格式，第一个观测值是 2003 年 1 月 29 日的观测值。用户可以对该数据进行保存，保存成 SPSS 格式或者 SPSS 能够读取的其他文件类型格式。

1.11.3 读取文本数据文件

我们以本书附带的"数据 1H"为例进行读取文本数据文件的讲解。"数据 1H"是一个文本数据文件，如图 1.83 所示。

首先启动 SPSS 软件或者在一个已经打开的 SPSS 数据文件的数据视图中从菜单栏中选择"文件 | 打开 | 数据"命令，如图 1.84 所示。

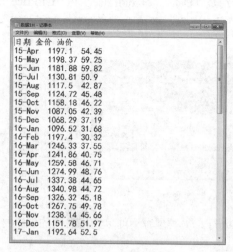

图 1.83　数据 1H

图 1.84　选择"文件｜打开｜数据"命令

　　然后就会出现如图 1.85 所示的"打开数据"对话框，在该对话框中先要在"查找位置"下拉列表框中找到目标文件所在的文件夹，设置好文件路径。在该对话框的"文件类型"下拉列表框中，我们选择文本文件 (*.txt, *.dat, *.csv, *.tab)，系统就会自动显示在目标文件所在文件夹中所有的文本文件 (*.txt, *.dat, *.csv, *.tab)格式的数据文件。

　　选择"数据 1H.txt"，然后单击"打开"按钮，或者直接双击"数据 1H.txt"，就会弹出如图 1.86 所示的"文本导入向导-第 1/6 步"对话框。文本导入向导总共分为 6 步，每一步都比较关键，需要用户根据研究需要认真选择。

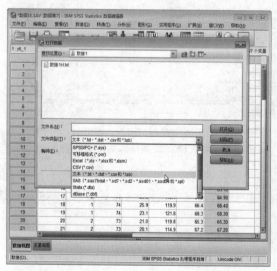

图 1.85　"打开数据"对话框

图 1.86　"文本导入向导-第 1/6 步"对话框

　　"文本导入向导-第 1/6 步"对话框中有一个问题："您的文本文件与预定义的格式匹配吗？"因为我们并没有设定预定义的格式，所以在此处选择系统默认设置的"否"选项，然后单击"下一步"按钮，弹出如图 1.87 所示的"文本导入向导-第 2/6 步"对话框。

　　"文本导入向导-第 2/6 步"对话框有三个问题：

- 第一个问题是"变量如何排列？"有两个选择：一个是"定界"，其概念是变量由特定的字符（包括逗号或者制表符等）进行定界；另一个是"固定宽度"，其概念是变量由特定宽度进行定界。因为我们的文本数据文件是按空格进行定界的，所以此处我们选中"定界"单选按钮。

- 第二个问题是"文件开头是否包括变量名？"因为我们的文本数据文件的开头第一行就是变量名，所以选中"是"单选按钮，并且在"包含变量名称的行号"文本框中填写"1"。

- 第三个问题是"小数符号是什么？"因为我们的文本数据文件的小数用的都是英文状态下的句号，所以我们选中"句点"单选按钮。

全部选项设置完毕以后，单击"下一步"按钮，弹出如图 1.88 所示的"文本导入向导-定界，第 3/6 步"对话框。

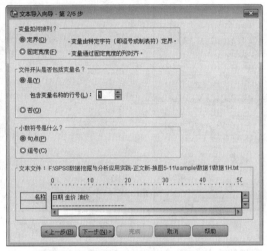

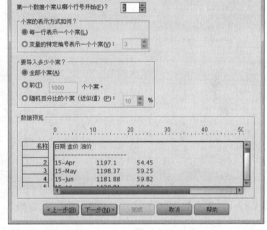

图 1.87 "文本导入向导-第 2/6 步"对话框　　图 1.88 "文本导入向导-定界，第 3/6 步"对话框

"文本导入向导-定界，第 3/6 步"对话框有三个问题：

- 第一个问题是"第一个数据个案从哪个行号开始？"因为我们的文本数据文件的第一个数据个案从第 2 个开始，所以我们在"第一个数据个案从哪个行号开始？"文本框中填写"2"。

- 第二个问题是"个案的表示方式如何？"有两个选择：一个是"每一行表示一个个案"，另一个是"变量的特定编号表示一个个案"，因为我们的文本数据文件是每一行表示一个个案，所以选中"每一行表示一个个案"单选按钮。

- 第三个问题是"要导入多少个案？"有三个选项：第一是"全部个案"，表示把文本文档数据文件中所有的样本观测值都导入到 SPSS 中；第二是"前_个个案"，表示把文本文档数据文件中"前_个"样本观测值导入到 SPSS 中；第三是"随机百分比的个案（近似值）（P）"，表示从文本文档数据文件中选取随机一定百分比的样本观测值导入到 SPSS 中，此处我们选中"全部个案"单选按钮，把文本文档数据文件中所有的样本观测值都导入到 SPSS 中。

全部选项设置完毕以后，单击"下一步"按钮，弹出如图 1.89 所示的"文本导入向导-定界，第 4/6 步"对话框。

"文本导入向导-定界，第 4/6 步"对话框有两个问题：

- 第一个问题是"变量之间存在哪些定界符？"可选项包括"制表符""空格""逗号""分号""其他"，默认设置为"制表符""空格"。因为我们的文本文档数据文件就是以"制表符""空格"作为定界符的，所以采用系统默认设置即可。
- 第二个问题是"文本限定符是什么？"可选项包括"无""单引号""双引号""其他"，默认设置为"无"。因为我们的文本文档数据文件没有文本限定符，所以我们采用系统默认设置即可。

全部选项设置完毕以后，单击"下一步"按钮，弹出如图 1.90 所示的"文本导入向导-第 5/6步"对话框。

图 1.89 "文本导入向导-定界，第 4/6 步"对话框　　　图 1.90 "文本导入向导-第 5/6 步"对话框

在"文本导入向导-第 5/6 步"对话框中可以设置变量名、数据格式，对数据进行预览。本例中我们采用系统默认设置即可，然后单击"下一步"按钮，弹出如图 1.91 所示的"文本导入向导-第 6/6 步"对话框。

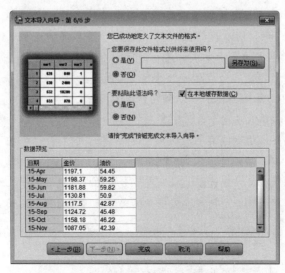

图 1.91 "文本导入向导-第 6/6 步"对话框

在"文本导入向导-第 6/6 步"对话框中可以设置是否保存文件格式、是否粘贴此语法，并可以对数据进行预览。本例中我们采用系统默认设置即可，然后单击"完成"按钮，弹出如图 1.92 所示的用 SPSS 打开的"数据 1H"数据视图。

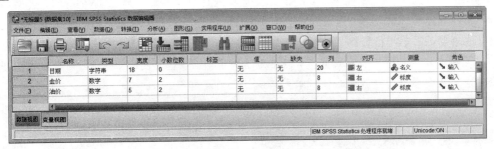

图 1.92　用 SPSS 打开的"数据 1H"数据视图

切换到变量视图，如图 1.93 所示，可以看到"数据 1H"中包括"日期""金价""油价"三个变量。

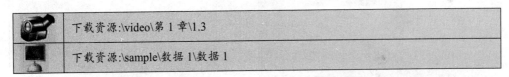

图 1.93　用 SPSS 打开的"数据 1H"变量视图

1.12　SPSS统计分析报告

📹	下载资源:\video\第 1 章\1.3
💻	下载资源:\sample\数据 1\数据 1

前面介绍了关于 SPSS 软件界面基本操作、SPSS 数据文件操作的一些处理和操作方法，这都是统计分析的前提。在正式开展统计分析之前，通常需要对数据有一个定性的了解，比如了解数据

的一些基本分布特征等。可以通过SPSS中的统计分析报告来完成这项工作。本节以 SPSS 的 OLAP 立方体方法为例讲述一下SPSS统计分析报告。

OLAP 立方体在线分析报告的操作步骤如下：

01 本文以附带的数据文件"数据1"为例，打开要进行分析的数据文件，选择"分析｜报告｜OLAP 立方体"命令，如图 1.94 所示。

弹出"OLAP 立方体"对话框，如图 1.95 所示。从左侧变量框中选择一个或多个需要分析的变量移至"摘要变量"列表框，同样选择一个或者多个分组变量

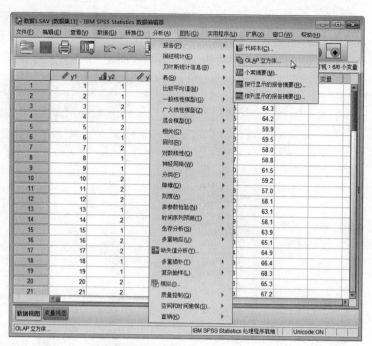

图 1.94　选择"分析｜报告｜OLAP 立方体"命令

移至分组变量列表框。摘要变量必须是数值型变量，分组变量应选用分类变量、数值型或是短字符型变量。本例中将 y3、y4、y5、y6 四个变量移至"摘要变量"列表框，将 y2 变量移至"分组变量"列表框。使用性别变量进行分组。

02 单击"统计"按钮，弹出"OLAP 立方体：统计"对话框，如图 1.96 所示。此对话框由"统计"和"单元格统计"两个列表框组成。在左侧的"统计"列表框中，列出了可供选择的各类统计量。在右侧的"单元格统计"列表框中，列出了子统计量，凡被选入的统计量在输出的分层报告表的单元格中均会显示它们的数值。本例中为了讲解全面，把左侧的"统计"列表框中列出的可供选择的各类统计量全部选入到右侧"单元格统计"列表框中。

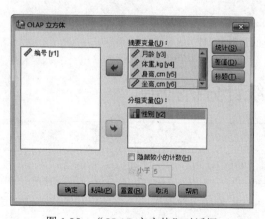

图 1.95　"OLAP 立方体"对话框

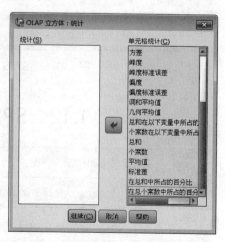

图 1.96　"OLAP 立方体：统计"对话框

对话框选项设置/说明

在 SPSS 官方网站的帮助文档《IBM_SPSS_Statistics_Base》中，对"OLAP 立方体：统计"对话框以及其中涉及的检验方法都进行了解释。在"OLAP 立方体：统计"对话框中，用户可以为每个分组变量的每个类别中的变量选择一个或多个子组统计：总和、个案数、平均值、中位数、分组中位数、平均值的标准误差、最小值、最大值、范围、第一个、最后一个、标准差、方差、峰度、峰度标准误差、偏度、偏度标准误差、在总和中所占的百分比、在总个案数中所占的百分比、几何平均值以及调和平均值等。在"单元格统计"列表中的显示顺序就是这些统计指标将在输出结果中出现的顺序，还将显示跨所有类别的每个变量的汇总统计。

- 总和（Sum）：所有带非缺失值的个案的值的合计或总计。
- 个案数：个案（观察值或记录）的数目。
- 平均值（Mean）：集中趋势的测量，算术平均值（总和除以个案个数）。
- 中位数（Median）：第 50 个百分位，大于该值和小于该值的个案数各占一半。如果个案个数为偶数，那么中位数是个案在以升序或降序排列的情况下最中间的两个个案的平均。中位数是集中趋势的测量，但对于远离中心的值不敏感（与平均值不同，平均值容易受少数非常大或非常小的值影响）。
- 第一个（First）：显示在数据文件中的第一个数据值。
- 最后一个（Last）：显示在数据文件中的最后一个数据值。
- 几何平均值（Geometric Mean）：数据值乘积的 n 次根，其中 n 代表个案数目。
- 分组中位数（Grouped Median）：针对编码到组中的数据计算的中位数。例如，将每个 20 世纪 30 年代的年龄数据的值都编码为 35，20 世纪 40 年代的编码为 45，以此类推，那么组内中位数是由已编码的数据计算得出的。
- 调和平均值（Harmonic Mean）：在组中样本大小不相等的情况下用来估计平均组大小。调和平均值是样本总数除以样本大小的倒数总和。
- 峰度（Kurtosis）：有离群值的程度的测量。
- 最大值（Maximum）：数值变量的最大值。
- 最小值（Minimum）：数值变量的最小值。
- 在总个案数中所占的百分比：每个类别中的个案总数的百分比。
- 在总和中所占的百分比：每个类别中的总和百分比。
- 范围（Range）：数值变量最大值和最小值之间的差；最大值减去最小值。
- 偏度（Skewness）：分布的不对称性测量。正态分布是对称的，偏度值为 0。具有显著的正偏度的分布有很长的右尾，具有显著的负偏度的分布有很长的左尾。作为一个标准，当偏度值超过标准误差的两倍时，认为数据不具有对称性。
- 标准差（Standard Deviation）：对围绕平均值的离差的测量。在正态分布中，68% 的个案在平均值的一倍标准差范围内，95% 的个案在平均值的两倍标准差范围内。例如，在正态分布中，如果平均年龄为 45、标准差为 10，那么 95%的个案将处于 25~65 之间。
- 峰度标准误差（Standard Error of Kurtosis）：峰度与其标准误差的比可用作正态性检验（如果比值小于-2 或大于+2，就可以拒绝正态性）。大的正峰度值表示分布的尾部比正态分布的尾部要长一些；负峰度值表示比较短的尾部（变为类似框状均匀分布尾部）。

- 平均值的标准误差（Standard Error of Mean）：取自同一分布的样本与样本之间的平均值之差的测量。它可以粗略地将观察到的平均值与假设值进行比较（如果差与标准误差的比值小于-2 或大于+2，那么可以断定两个值不同）。

- 偏度标准误差（Standard Error of Skewness）：偏度与其标准误差的比可用作正态性检验（如果比值小于-2 或大于+2，就可以拒绝正态性）。大的正偏度值表示长右尾；极负值表示长左尾。

- 方差（Variance）：对围绕平均值的离差的测量，值等于平均值的差的平方和除以个案数减 1。度量方差的单位是变量本身单位的平方。

---

03 选定统计量后，单击"继续"按钮返回"OLAP 立方体"对话框。单击"差值"按钮，弹出"OLAP 立方体：差值"对话框，如图 1.97 所示。该对话框用于设置主对话框中选择的摘要变量及分组变量中各个分组之间的百分数差和算术差。

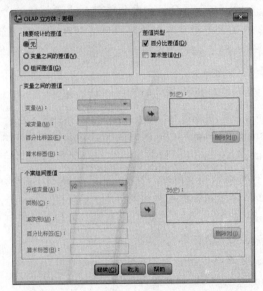

图 1.97　"OLAP 立方体：差值"对话框

对话框选项设置/说明

"摘要统计的差值"选项组中有 3 个选项。

- 无：系统默认选项，不计算差值。
- 变量之间的差值：计算变量对之间的差值，选此选项之前，必须在主对话框中选择至少两个概述变量。
- 组间差值：计算由分组变量定义的组对之间的差值，勾选此项之前，必须在主对话框中选择一个或多个分组变量。

"差值类型"选项组中有两个选项。

- 百分比差值：计算百分数差，即输出一组配对变量中的第一个变量值减去第二个变量值的差值与第二个变量值的百分比。

● 算术差值：计算算术差，即输出一组配对变量中的第一个变量值减去第二个变量值的绝对差。

"变量之间的差值"选项组只有在"摘要统计的差值"选项组中选择"变量之间的差值"时才可被激活。从"变量"和"减变量"下拉列表中分别选一个变量配对，在"百分比标签"和"算术标签"文本框中输入配对计算的差值在输出表中的标签（可以为默认），单击➡按钮移入"对"列表框。单击"删除对"按钮可以将配对变量移出。最下面的是"个案组间差值"选项组，其中的选项与"变量之间的差值"选项组中的选项几乎相同，这里就不再赘述了。

本例中采用系统默认设置。

04 全部选项确定后，单击"继续"按钮，回到"OLAP 立方体"对话框。

05 单击"标题"按钮，弹出"OLAP 立方体：标题"对话框，如图 1.98 所示。在"标题"列表框中输入分层报告的标题。在"文字说明"列表框中输入相关文本，如制表时间、制表人姓名、单位名称等，对报告的内容做进一步的说明。这些文本将显示在分层报告表的下方，本例中在"标题"中输入"数据 1OLAP 立方体"。

最后单击"继续"按钮，返回主对话框，单击"确定"按钮，提交系统执行，得到的结果如图 1.99、图 1.100 所示。

图 1.98　"OLAP 立方体：标题"对话框

个案处理摘要

| | 个案 | | | | | |
| | 包括 | | 排除 | | 总计 | |
	个案数	百分比	个案数	百分比	个案数	百分比
月龄 * 性别	67	100.0%	0	0.0%	67	100.0%
体重,kg * 性别	67	100.0%	0	0.0%	67	100.0%
身高,cm * 性别	67	100.0%	0	0.0%	67	100.0%
坐高,cm * 性别	67	100.0%	0	0.0%	67	100.0%

图 1.99　个案处理摘要

数据1OLAP 立方体

性别：总计

	中位数	分组中位数	平均值标准误差	最小值	最大值	范围	前	后	方差	峰度	峰度标准误差	偏度
月龄	67.00	67.00	.895	50	80	30	60	54	53.727	-.382	.578	-.509
体重,kg	19.400	19.400	.4133	14.3	31.3	17.0	16.5	17.4	11.446	.707	.578	.822
身高,cm	111.500	111.500	.7981	100.6	126.3	25.7	103.0	103.3	42.674	-.841	.578	.011
坐高,cm	63.700	63.750	.4058	56.5	71.3	14.8	58.6	59.9	11.034	-.586	.578	-.158

偏度标准误差	调和平均值	几何平均值	在性别中的总和所占的百分比	在性别中的个案中所占的百分比	总和	个案数	平均值	标准 偏差	在总和中所占的百分比	在总个案数中所占的百分比
.293	67.16	67.59	100.0%	100.0%	4556	67	68.00	7.330	100.0%	100.0%
.293	19.497	19.749	100.0%	100.0%	1341.0	67	20.015	3.3832	100.0%	100.0%
.293	111.959	112.147	100.0%	100.0%	7526.4	67	112.334	6.5325	100.0%	100.0%
.293	63.509	63.596	100.0%	100.0%	4266.7	67	63.682	3.3218	100.0%	100.0%

图 1.100　数据 1OLAP 立方体

1.13　SPSS帮助系统

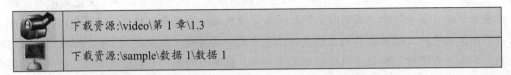

	下载资源:\video\第 1 章\1.3
	下载资源:\sample\数据 1\数据 1

从 SPSS 数据编辑器的数据视图窗口的"帮助"菜单中可以展开系统"帮助"菜单，以获得多项帮助，如图 1.101 所示，不同的选项提供不同的内容帮助。

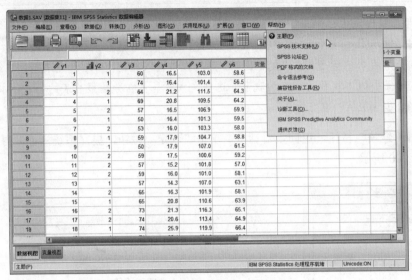

图 1.101　"帮助"菜单

1. 主题

选择"帮助｜主题"命令，将进入 IBM SPSS 的 SPSS Support 帮助网页，如图 1.102 所示。在该页面中用户可以根据自身学习需要在菜单栏中单击相应的选项，从 IBM SPSS 官方网站获得最新、最权威的帮助支持。

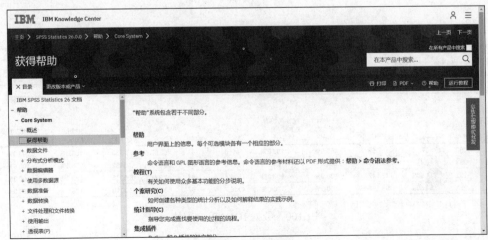

图 1.102　SPSS 帮助

2. SPSS 论坛

选择"帮助 | SPSS 论坛"命令，即可进入 IBM SPSS 的 SPSS 论坛网页，如图 1.103 所示。用户可以在 SPSS 的官方论坛，针对 SPSS 软件使用、SPSS 相关操作技能等问题展开提问及相互交流。

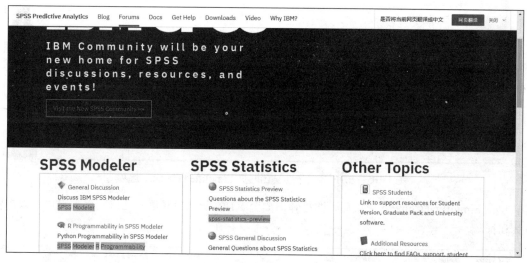

图 1.103　SPSS 论坛网页

3. PDF 格式的文档

选择"帮助 | PDF 格式的文档"命令，即可进入 IBM SPSS 的 PDF 格式的文档网页，如图 1.104 所示。需要特别说明的是，本帮助非常有效，用户既可以对这些 PDF 格式的文档网页进行浏览，也可以对这些文档进行下载和打印，更深入地对相关知识和操作进行学习。

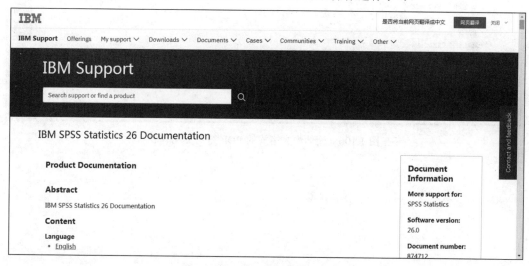

图 1.104　PDF 格式帮助文档网页

在图 1.104 PDF 格式帮助文档网页中，用户可以依据自身的语言习惯找到最适合自己的 PDF 格式帮助文档，比如需要浏览、下载和打印简体中文格式的文档，就可以查找 "Simplified Chinese" 文档，如图 1.105 所示。

图 1.105　PDF 格式帮助文档网页 Simplified Chinese 选项

　　单击 Simplified Chinese 选项后，即可弹出如图 1.106 所示的网页，在该网页中用户可以浏览、下载和打印。

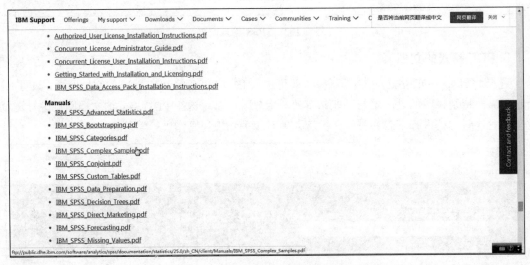

图 1.106　简体中文格式的 PDF 帮助文档列表

第 2 章　SPSS 建模技术要点介绍

大数据时代，数据的收集、存储变得更加高效和便利。许多行业的商业模式也发生了变革，越来越多的商家、厂家致力于将基于大数据的定量分析有效应用于商业实践，通过更加精细化的分析经营管理来提升商业市场表现，创造更多的效益和价值。在进行定量分析时，大概率需要用到建模技术，通过基于历史数据和公开数据建立恰当的模型，对存量信息进行充分有效的拟合，在此基础上结合未来商业趋势的变化，通过模型较为准确地预测未来。从本质上讲，建模是一种工具，也是一种过程，用来解决实际中遇到的问题，既可以是理论学术研究（比如研究区域经济增长和产业升级、知识转移之间的影响关系）也可以是商业领域应用（比如研究手机游戏玩家体验评价影响因素、研究客户的满意度水平）。建模使用的方法可以是最小二乘线性回归分析、因子分析等经典传统分析方法，也可以是较为前沿和流行的神经网络、决策树等分析方法。在 SPSS 中，有很多种建模技术方法，读者需要根据自己的研究需要，结合可以获得的数据情况，选取恰当的建模技术。需要提示的是，建模并不总是轻松和顺利的，在建模的过程中，会有一些常见误区，读者需要特别加以重视。本章将基于作者自身的学术研究经历和商业实践经历对 SPSS 建模技术进行介绍和讲解：首先介绍 SPSS 中的各类建模技术方法，对常用建模模块进行阐述，然后讲解建模中的注意事项，针对建模中的常见误区和价值导向进行剖析，最后简要介绍完整的研究方案设计过程。

2.1　SPSS中的建模技术

 下载资源:\video\第 2 章\2.1

SPSS 是一种功能强大的统计分析软件，也是建模最为流行和常用的软件之一。SPSS 集数据录入、数据编辑、数据管理、统计分析、报表制作以及图形绘制为一体，自带 11 种类型 136 个函数。SPSS 提供了从简单的统计描述到复杂的多因素统计分析方法，如数据的探索性分析、统计描述、交叉表分析、二维相关、秩相关、偏相关、方差分析、非参数检验、多元回归、生存分析、协方差分析、判别分析、因子分析、聚类分析、非线性回归、Logistic 回归等。功能非常强大，可针对整体的大型统计项目提供完善的解决方案。升级到 26.0 版本以后，SPSS 的统计分析功能变得更加完整、系统和全面。下面就常用建模模块介绍如下。

2.1.1　描述性统计模块

用户在对数据进行统计分析之前，首先要对数据进行描述性统计分析，这样就可以对变量的分布特征以及内部结构获得一个直观的感性认识，进而决定采用何种分析方法，更深入地揭示变量的统计规律。

SPSS 26.0 中的描述统计模块包括频数、描述、集中趋势和离散趋势分析、分布分析与查看、正态性检验与正态转换、均值的置信区间估计等一系列分析功能。SPSS 描述统计模块有 8 个子模块，包括频率（Frequencies）、描述（Deives）、探索（Explore）、交叉表（Crosstabs）、TURF 分析（Total Unduplicated Reach and Frequency，又称累积不重复到达率和频次分析）、比率（Ratio）、P-P 图（P-P Plots，Proportion-Proportion Plots）、Q-Q 图（Q-Q Plots，Quantile-Quantile Plots），如图 2.1 所示。这些分析的结果（统计量和图形）有助于我们了解数据的分布特征。

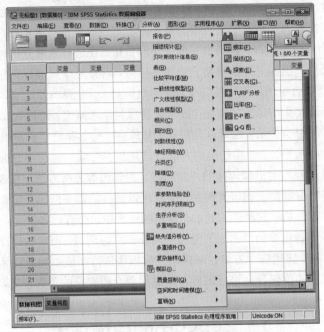

图 2.1　描述性统计分析模块

其中特别需要指出的是，交叉表分析是一个非常流行的分析工具，其优势在于可以表达多个分类变量交叉计数的资料，分析手段采用独立性检验或构造模型的方法。交叉表分析经常用来判断同一个调查对象的两个特性之间是否存在明显相关关系。例如，汽车销售商常常设计交叉表问卷，调查顾客的学历和顾客所选汽车的类型是否有明显的相关关系，等等。

2.1.2　比较平均值模块

众所周知，利用样本对总体的分布特征进行统计推断是统计学的基本任务之一，这种推断常常表现为对总体分布的未知参数进行估计。在所有数字特征中，均值是反映总体一般水平最重要的特征。调查得来的样本，能否认为是来自于某个确定均值的总体？这就需要比较样本均值与总体均值之间的差异，这类问题属于数理统计学的假设检验问题，其实质仍然可以归结为均值比较问题。均值比较是对于两个或者多个总体的样本均值的比较，研究各总体之间的差异。例如，两个饲养员分别饲养两个不同仓库的同一种动物，比较这两个仓库的动物成长状况的差异；对啤酒厂生产的同一种啤酒，在几种不同的温度下进行挥发性试验，研究温度对啤酒的挥发性的影响等都属于均值比较问题。均值比较问题是最常见的统计分析问题，在数理统计中，正态总体的参数估计、参数的假设检验等基本上都属于均值比较问题。

SPSS 中提供的"比较平均值"模块就是专门处理这类问题的。SPSS 26.0 中的比较平均值分析模块包括平均值、单样本 T 检验、独立样本 T 检验、摘要独立样本 T 检验、成对样本 T 检验、单因素方差分析（单因素 ANOVA 检验）等 6 个子模块，其中常用的是平均值、单样本 T 检验、独立样本 T 检验、成对样本 T 检验、单因素方差分析（单因素 ANOVA 检验）等 5 个子模块，如图 2.2 所示。

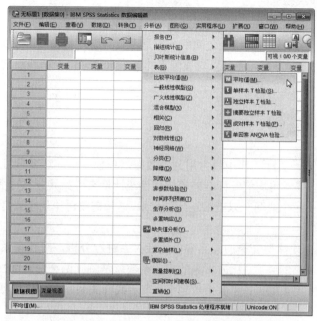

图 2.2　比较平均值分析模块

1. 平均值

平均值过程计算一个或多个自变量类别中因变量的分组均值和相关的单变量统计，若仅仅计算单一组别的均数和标准差，平均值过程并无特别之处；如果用户要求按指定条件分组计算平均数和标准差，如分班级同时分性别计算各组的平均数和标准差等，则用平均值过程更加简单快捷。另外，平均值过程中可以执行单因素 ANOVA 检验，查看平均值是否不同。

2. 单样本 T 检验

单样本 T 检验（One-Sample T Test）相当于数理统计中的单个总体均值的假设检验，基本思想是根据样本观测值检验抽样总体的均值与指定的常数之间的差异程度。

3. 独立样本 T 检验

独立样本 T 检验用于检验两个独立样本是否来自具有相同均值的总体，相当于检验两个独立正态总体的均值是否相等，这个检验也是以 T 分布为理论基础的。SPSS 中独立样本的 T 检验过程输出的统计量中除了包括每个变量的样本大小、均值、标准差等这些常见的描述性统计量外，还包括差值的均值、标准错误、置信区间、方差齐性的莱文检验及均值相等的合并方差、独立方差的 T 检验统计量等。

4. 成对样本 T 检验

成对样本 T 检验用于检验两个相关的样本是否来自于具有相同均值的正态总体，成对样本 T 检验实际上是先求出每对观测值之差，然后求各差值的均值。检验成对变量是否有显著性差异，实际就是检验差值的均值与零均值之间差异的显著性，如果差值与零均值没有显著性差异，那么表明成对变量均值之间没有显著性差异。这个检验使用的是T统计量，仍然以T分布作为其理论基础。

5. 单因素ANOVA检验

单因素ANOVA检验也称作一维方差分析。检验由单一因素影响的一个（或几个相互独立的）因变量，由因素决定各水平分组的均值之间的差异是否具有统计意义，并可以进行两两组间均值的比较，称作组间均值的多重比较，还可以对该因素的若干水平分组中哪些组均值间不具有显著性差异进行分析（一致性子集检验）。

2.1.3　相关分析模块

连续性变量的数据是实际工作中最常用到的数据，单独一个连续变量可以用一般的频数表和图示法来分析其特性，或者用均值及标准差等描述性统计量来考察其分布特征。但是，实际工作中所遇到的问题常常涉及两个或两个以上的连续型变量，这就需要讨论两个或者两个以上变量之间的关系问题。

在统计学上，两个连续型变量的关系多以线性关系进行分析，线性关系分析是用直线方程的原理来估计两个变量关系的强度，比如常见的相关系数就是刻画两个变量线性相关关系的指标：相关系数越大，表示线性关系越强；相关系数越小，表示线性关系越弱，此时可能变量间没有联系或者是非线性关系。

SPSS 26.0中的相关分析模块包括双变量相关分析、偏相关分析、距离相关分析等，如图2.3所示。

图2.3　相关分析模块

相关分析模块通过计算两个变量之间的相关系数，分析变量间线性相关的程度。在多元相关分析中，由于受到其他变量的影响，因此两变量相关系数只是从表面上反映了两个变量的性质，往往不能真实地反映变量间的线性相关程度，甚至会给人们造成相关的假象。因此，在某些场合中，简单的两变量相关系数并不是刻画相关关系的本质性统计量。

当其他变量被固定，即将它们控制起来以后，给定的任意两个变量之间的相关系数叫偏相关系数。偏相关系数也称净相关分析，在控制其他变量的线性影响下分析两变量间的线性相关，所采用的工具是偏相关系数。偏相关分析通过控制一些被认为是次要变量的影响得到两个变量间的实际相关系数。

在实际问题中，需要参与分析的变量可能会多到无法一一关心的地步，每个变量都携带了一定的信息，但彼此又有所重叠，此时最直接的方法就是将所有变量按照一定的标准进行分类，即聚类分析，距离相关分析可为聚类分析提供这一标准。

2.1.4　回归分析模块

回归分析模块也是分析变量间关系的一种重要方法，其研究的变量分为因变量与自变量，因变量是被解释变量，自变量也称为解释变量，通常是可以加以控制的变量。当回归分析主要研究变量间线性关系时，称为线性回归分析；反之，称为非线性回归分析。回归分析又可按照影响因变量的自变量个数分为一元线性回归和多元线性回归。在实际中，相关分析与回归分析经常一起使用，用来分析和研究变量之间的关系。

SPSS 26.0 中的回归分析模块（见图 2.4）包括自动线性建模（Automatic Linear Modeling）、线性（Linear）、曲线估算（Curve Estimation）、部分最小平方、二元 Logistic（Binary Logistic）、多元 Logistic（Multinomial Logistic）、有序（Ordinal）、概率（Probit，Probability Unit）、非线性（Nonlinear）、权重估算（Weight Estimation）、二阶最小平方（2-Stage Least Squares）、分位数及最优标度。

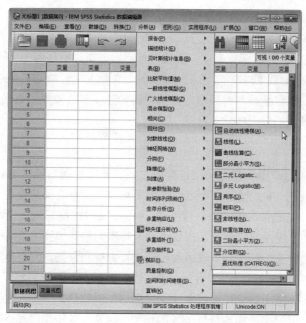

图 2.4　回归分析模块

1. 线性

线性回归分析是基于最小二乘法原理产生的古典假设下的统计分析方法，用来研究一个或多个自变量与一个因变量之间是否存在某种线性关系。如果引入回归分析的自变量只有一个，就是简单线性回归分析；如果引入回归分析的自变量有两个以上，就是多元线性回归分析。简单线性回归是多元线性回归的特例。

2. 曲线估算

曲线估算可以拟合许多常用的曲线关系，当变量之间存在可以使用这些曲线描述的关系时，我们便可以使用曲线回归分析进行拟合。许多情况下，变量之间的关系并非是线性关系，我们无法建立线性回归模型；但是许多模型可以通过变量转化为线性关系。统计学家发展出了曲线回归分析来拟合变量之间的关系。曲线估算的思想就是通过变量替换的方法将不满足线性关系的数据转化为符合线性回归模型的数据，再利用线性回归进行估计。

SPSS 26.0 的曲线估算过程提供了线性曲线、二次项曲线、复合曲线、增长曲线、对数曲线、立方曲线、S 曲线、指数曲线、逆模型、幂函数模型、Logistic 模型等十几种曲线回归模型。同时，SPSS 允许用户同时引入多个非线性模型，最后结合分析的结果选择相关的模型。

3. 二元 Logistic

二元 Logistic 回归或者说二元 Logistic 回归模型就是想为两分类的因变量（比如因变量只能取"是"或者"不是"、"有"或者"没有"）做一个回归方程出来，不过概率的取值在 0~1 之间，而一般线性回归方程的因变量取值在实数集中，这样概率的取值就会出现 0~1 范围之外的不可能结果，因此将概率做一个 Logit 变换，其取值区间就变成了整个实数集，不会出现上述不可能结果。

4. 多元 Logistic

多元 Logistic 回归常用于因变量为多分变量时的回归拟合。在许多领域的分析中，我们都会遇到因变量只能取多个单值的情形，如客户满意程度为非常满意、一般满意、不太满意、非常不满意等。对于这种问题建立回归模型，与二元 Logistic 回归的基本思想类似，通常先将取值在实数范围内的值通过 Logit 变换转化为目标概率值，然后进行回归分析，但是考虑到因变量不止有两种取值的情况，这就是多元 Logistic 回归。多元 Logistic 回归参数的估计通常采用最大似然法。最大似然法的基本思想是先建立似然函数与对数似然函数，再通过使对数似然函数最大求解相应的参数值，所得到的估计值称为参数的最大似然估计值。

5. 非线性

非线性回归分析是寻求因变量与一组自变量之间的非线性回归模型的统计方法。线性回归限制模型估计必须是线性的，非线性回归可以估计因变量与自变量之间具有任意关系的模型。非线性回归分析中参数的估计是通过迭代的方法获得的。例如，某种病毒繁殖数量随时间变化表现为非线性的关系，便可以借助非线性回归分析过程寻求一个特殊的估计模型（如根据经验选择三次幂曲线模型或指数模型等）估计它们的关系，进而利用它进行分析和预测。建立非线性模型时，仅当指定一个描述变量关系的准确函数时结果才有效，在迭代中选定一个好的初始值也是非常重要的，初始值选择的不合适可能导致迭代发散（经过多次迭代迟迟不能收敛）或者可能得到一个局部的最优解而不是整体的最优解。对许多呈现非线性关系的模型，如果可以转化成线性模型，应尽量选择线性回归进行分析，如果不能确定一个恰当的模型，可以借助散点图直观地观察变量的变化，这将有助于确定一个恰当的函数关系。

6. 二阶最小平方

普通最小二乘法有着非常严格近乎苛刻的假设条件，但是在实际中往往很多数据并不能满足这些假设条件。其中一个基本假设是自变量取值不受因变量的影响，或者说数据不存在内生自变量问题。然而，在很多研究中都不同程度地存在着内生自变量问题，如果在存在内生自变量问题的条件下继续采用普通最小二乘法，就会严重影响回归参数的估计，使得回归模型失真甚至失效。SPSS 26.0 回归分析模块的二阶段最小二乘回归分析便是为解决这一问题而设计的，其基本思路是，首先找出内生自变量，然后根据预分析结果找出可以预测该自变量取值的回归方程并得到自变量预测值，再将因变量对该自变量的预测值进行回归，以一种更加迂回的方式解决内生自变量问题。

7. 权重估算

异方差性会导致参数估计量非有效、变量的显著性检验失去意义、模型的预测失效等后果。模型存在异方差性，可用加权最小二乘法（WLS）进行估计，加权最小二乘法是对原模型加权，使之变成一个新的不存在异方差性的模型，然后采用 OLS 估计其参数。

8. 概率

概率即 Probit 回归分析，适用于对响应比例与刺激作用之间的关系分析。与 Logistic 回归一样，Probit 回归同样要求将取值在实数范围内的值通过累积概率函数变换转化为目标概率值，然后进行回归分析。常见的累积概率分布函数有 Logit 概率函数和标准正态累积概率函数。

9. 有序

如果因变量是有序的分类变量，那么需要使用有序回归的分析方法，也被称为 Ordinal 回归。在实际生活中，很多情况下我们会遇到有序因变量的情况，如成绩的等级优、良、中、差；在银行信贷资产的分类中，按照监管部门的规定要求将贷款的违约情况划分为正常、关注、次级、可疑、损失等。我们还会遇见很多取值多元的案例，比如在客户满意度调查中调查客户对于本公司的服务满意程度为很满意、基本满意、不太满意、很不满意等；在债券发行市场对债券发行主体进行信用评级，评级为 AAA、AA、A、BBB、……、D 等。有序因变量和离散因变量不同，在这些离散值之间存在着内在的等级关系。如果直接使用 OLS 估计法，将会失去因变量序数方面的信息而导致估计的偏差。因此，需要使用有序回归分析这种方法进行估计。在 SPSS 中，我们可以非常方便地实现有序回归分析的操作。

10. 最优标度

我们经常会遇到自变量为分类变量的情况，如收入级别、学历等，通常的做法是直接将各个类别定义取值为等距连续整数，如将收入级别的高、中、低分别定义为1、2、3，但是这意味着这三档之间的差距是相等的或者说它们对因变量的数值影响程度是均匀的，显然这种假设是有些草率，基于此分析有时会得出很不合理的结论。SPSS 的最优尺度回归便应运而生，成为解决这一问题的分析方法。

2.1.5 非参数检验分析模块

统计中的检验方法分为两大类：参数检验和非参数检验。比较平均值分析模块介绍的检验方法是参数检验，需要预先假设总体的分布，在这个严格假设基础上才能推导各个统计量，从而对原假设（H_0）进行检验。SPSS软件中还提供了多种非参数检验的方法：卡方检验（Chi-Square Test）、二项检验（Binomial Test）、单样本检验、两个独立样本的检验、两个相关样本的检验、K个独立样本的检验、K个相关样本的检验等。非参数检验方法不需要预先假设总体的分布特征，直接从样本计算所需要的统计量，进而对原假设进行检验。

非参数检验分析模块包括卡方、二项、游程（Runs）、单样本 K-S（One-Sample Kolmogorov-Smirnov）、2个或K个独立样本（Two or More Independent Samples）、2个或K个相关样本（Two or More Related Samples），如图2.5所示。

图2.5 非参数检验分析模块

2个独立样本非参数检验（Two-Independent-Samples Test）包括 Mann-Whitney U 检验（Mann-Whitney U test）、Moses 极端反应检验（Moses Extreme Reactions Test）、Kolmogorov-Smirnov Z 检验（Kolmogorov-Smirnov Z Test）和 Wald-Wolfowitz 游程检验（Wald-Wolfowitz Runs Test）。

K个独立样本非参数检验（Tests for Several Independent Samples）包括 Kruskal-Wallis H 检验（Kruskal-Wallis H Test）、中位数检验（Median Test）和 Jonckheere-Terpstra 检验（Jonckheere-Terpstra Test）。

2个相关样本非参数检验（Two-Related-Samples Tests）包括 Wilcoxon 符号秩检验（Wilcoxon Signed Ranks Test）、符号检验（Signed Test）、McNemar 检验（McNemar Test）和边际同质性检验（Marginal Homogeneity Test）。

K 个相关样本非参数检验（Test for Several Related Samples）包括 Friedman 检验（Friedman Test）、Kendall W 检验（Kendall's W Test）和 Cochran Q 检验（Cochran's Q Test）等。

2.1.6　聚类分析模块

聚类分析模块包括二阶聚类、K 均值聚类、系统聚类、聚类轮廓、决策树、判别式、最近邻元素、ROC 曲线、ROC 分析等，如图 2.6 所示。

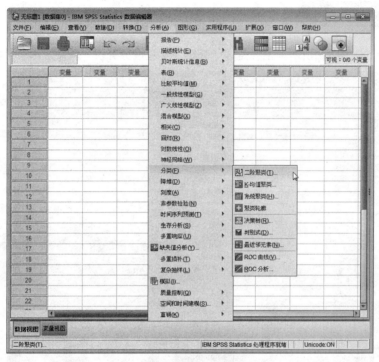

图 2.6　聚类分析模块

聚类分析也称群分析，是研究样本观测值（或指标、变量）分类问题的一种多元统计分析方法。聚类分析用于解决事先不知道应将样本观测值或指标、变量分为几类，需要根据样本观测值或指标、变量的相似程度进行归组并类的问题。在实际问题中，存在大量的分类问题，随着生产力和科学技术的发展，分类不断细化，以往仅凭经验和专业知识做定性分类的方法已经不能满足实际的需要，也不能做出准确的分类，必须将定性和定量分析结合起来去分类。例如，在市场营销中，根据客户行为特征划分为不同类别的客户群加以针对性地营销；在连锁酒店管理中，根据酒店的销售收入、客户群体、员工人数划分为不同等级，分为旗舰店、一般点、迷你店等；在社会经济领域中，根据各地区的经济指标进行分类，对各地经济发展状况做出综合评价等。聚类分析作为分类的数学工具越来越受人们的重视，在许多领域都得到广泛应用。

判别分析是一种处理分类问题的统计方法。在生产活动、经济管理、科学实验甚至日常生活中，人们常常需要判定所研究的现象或事物的归属问题。例如，兽医对动物病情的诊断，需要根据观察到的病症（如体温、血常规、症状等）判断动物患何种病；在市场调研中，根据一个国家或地区的若干经济指标判断该国家或地区经济发展的程度和状态；在市场预测中，根据某厂反映产品销售状况的若干指标判断该厂产品销量属于开发期、发展期还是饱和期;在地质勘查中,根据采集的矿石样品判断勘测地是否有矿,贫矿还是富矿。与聚类分析不同,判别分析是在分组已知的情况下,根据已经确定分类的对象的某些观测指标和所属类别来判断未知对象所属类别的一种统计学方法。判别分析首先需要对研究的对象进行分类,然后选择若干对观测对象能够较全面描述的变量,接着按照一定的判别标准建立一个或多个判别函数,用研究对象的大量资料确定判别函数中的待定系数来计算判别指标。

2.1.7　降维分析模块

降维分析模块如图 2.7 所示,主要是因子分析(含主成分分析,共用"因子分析"对话框)。

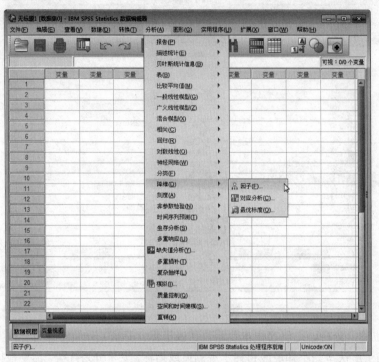

图 2.7　降维分析模块

人们在对现象进行观测时,往往会得到大量指标(变量)的观测数据,这些数据在带来现象有关信息的同时,也给数据的分析带来了一定困难;另外,众多的变量之间可能存在着相关性,实际测到的数据包含的信息有一部分可能是重复的。因子分析和主成分分析就是在尽可能不损失信息或者少损失信息的情况下将多个变量减少为少数几个潜在的因子或者是主成分,这几个因子或主成分可以高度地概括大量数据中的信息,这样既减少了变量个数,又能再现变量之间的内在联系。例如,做衣服需要掌握人身体各部位的尺寸或指标(衣长、裤长、脚围、臀围、臂长等),这些指标因人而异,都是一些随机变量,但这些随机变量之间又存在明显的联系,服装厂批量生产服装时,不可能真正做到"量体裁衣",他们需要从许多指标中概括出少数几个关键性指标,然后根据这些指标进行加工,这样生产出来的服装就能适合大多数人的体形。这少数几个指标虽然不能反映人的体形的全部信息,但是高度地概括和集中了其中绝大部分信息。又如在做多元回归时,可能因为自变量之间存在多重共线性而使得建立的回归模型并不能很好地刻画因变量与自变量之间的关系,根据因子分析和主成分分析的思想,事先通过因子分析或主成分分析,从具有共线性的多个变量中筛选出少数几个变量,它们概括了原始变量观测值中绝大部分信息,使用这些变量建立的回归方程能再现原始变量之间的关系。

2.1.8　一般线性模型分析模块

SPSS 一般线性模型分析模块包括单变量分析、多变量分析、重复测量分析和方差成分分析,如图 2.8 所示。

图 2.8　一般线性模型分析模块

1. 单变量分析

单变量分析过程通过一个或多个因子变量为一个因变量提供回归分析和方差分析。因子变量将总体划分成组。通过使用"一般线性模型"中的单变量分析过程,用户可以检验关于其他变量对单个因变量的各个分组的平均值的效应原假设。用户可以调查因子之间的交互以及个别因子的效应,它们之中有些可能是随机的。另外,还可以包含协变量的效应以及协变量与因子的交互。对于回归分析,自变量(预测变量)指定为协变量。

2. 多变量分析

多变量分析过程通过一个或多个因子变量或协变量为多个因变量提供回归分析和方差分析。因子变量将总体划分成组。通过使用"一般线性模型"中的多变量分析过程,用户可以检验关于因子变量对因变量联合分布的各个分组的平均值的效应原假设。用户可以调查因子之间的交互以及单个因子的效应。另外，还可以包含协变量的效应以及协变量与因子的交互。对于回归分析，自变量（预测变量）指定为协变量。

3. 重复测量分析

重复测量分析过程在对每个主体或个案多次执行相同的测量时提供方差分析。如果指定了主体间因子，那么这些因子会将总体划分成组。通过使用一般线性模型中的重复测量分析过程，用户可以检验关于主体间因子和主体内因子的效应原假设，可以调查因子之间的交互以及单个因子的效应。另外，还可以包含常数协变量的效应以及协变量与主体间因子的交互。

4. 方差成分分析

方差成分分析过程估计每种随机效应对因变量方差的贡献。此过程对于混合模型的分析尤其有趣，例如拆分图、单变量重复测量以及随机区组设计。通过计算方差成分，可以确定减小方差时的重点关注对象。

2.1.9 广义线性模型分析模块

SPSS 广义线性模型模块（Generalized Linear Models）包括广义线性模型（Generalized Linear Models）和广义估算方程（Generalized Estimating Equations），如图 2.9 所示。

图 2.9 广义线性模型分析模块

1. 广义线性模型

广义线性模型对一般线性模型进行了扩展，因变量通过指定的关联函数与因子和协变量线性相关。另外，广义线性模型允许因变量呈非正态分布。它涵盖广泛使用的统计模型，包括用于正态分布响应的线性回归、用于二分类数据的 Logistic 模型、用于计数数据的对数线性模型、用于间隔检查生存数据的互补双对数模型等。

2. 广义估算方程

广义估算方程过程对广义线性模型进行了扩展，可以允许分析重复测量数据或其他相关观察数据，比如聚类数据。

2.1.10 混合模型分析模块

混合模型（Mixed Models）分析模块包括线性混合模型（Linear Mixed Models）和广义线性混合模型（Generalized Linear Mixed Models），如图 2.10 所示。

图 2.10 混合模型分析模块

1. 线性混合模型

线性混合模型过程扩展了一般线性模型，因此允许数据表现出相关的和不确定的可变性。线性混合模型提供了能够就数据的平均值、方差和协方差建模的灵活性。此外，线性混合模型过程也是用于拟合可作为混合线性模型构建的其他模型的灵活工具。这些模型包括多变量模型、分层线性模型以及随机系数模型。

2. 广义线性混合模型

广义线性混合模型对一般线性模型进行了扩展，这样因变量通过指定的关联函数与因子和协变量线性相关。另外，该模型允许因变量呈非正态分布。它涵盖广泛使用的统计模型，例如用于正态分布响应的线性回归、用于二分类数据的 Logistic 模型、用于计数数据的对数线性模型、用于间隔检查生存数据的互补双对数模型等。

2.1.11　对数线性模型分析模块

对数线性模型（Loglinear）分析模块包括常规对数线性分析（General Loglinear Analysis）、分对数线性分析（Logit Loglinear Analysis）和选择模型对数线性分析（Model Selection Loglinear Analysis），如图 2.11 所示。

图 2.11　对数线性模型分析模块

1. 常规对数线性分析

常规对数线性分析过程分析落入交叉表中每个交叉分类类别的观察值频率计数。表中的每个交叉分类构成一个单元格，每个分类变量称为一个因子。因变量为交叉表单元格中的个案数(频率)，解释变量为因子和协变量。常规对数线性分析过程使用牛顿-拉夫森方法估计分层和非分层对数线性模型的最大似然参数，可以分析泊松或多项分布。

2. 分对数线性分析

分对数线性分析过程分析因变量（或响应变量）与自变量（或解释变量）之间的关系。因变量始终为分类变量，自变量可以是分类变量（因子）。其他自变量、单元格协变量可以是连续变量，但它们不在单独个案的基础上应用。单元格的加权协变量平均值应用于该单元格。因变量概率的对数表示为参数的线性组合，自动采用多项分布，这些模型有时称为多项 Logit 模型。分对数线性分析过程使用牛顿-拉夫森算法估计 Logit 对数线性模型的参数。

3. 模型选择对数线性分析

模型选择对数线性分析过程分析多阶交叉表。它使用成比例拟合的迭代算法将分对数线性模型拟合到多维交叉表。模型选择对数线性分析过程可帮助用户找出关联的分类变量。要构建模型，用户可以使用强制输入和向后去除方法。对于饱和模型，用户可以请求参数估计值和偏关联检验。需要提示和强调的是，饱和模型会为所有单元格加上 0.5。

2.1.12　生存分析模块

生存分析模块就是要处理、分析生存数据。生存分析模块包括寿命表（Life Tables）、Kaplan-Meier、Cox 回归（Cox Regression）和含依时协变量的 Cox（Time-Dependent Cox）等，如图 2.12 所示。

1. 寿命表

在很多情形下，用户可能会研究探索两个事件之间的时间分布，比如住院时长（病人从进入医院到离开医院的时间）。但是，这类数据通常包含没有记录其第二次事件的个案（例如，在调查结束后仍然留在医院的病人）。出现这种情况会有多种原因：对于某些个案，事件在研究结束前没有发生；对于另一些个案，我们在研究结束前的某段时间未能跟踪其状态；还有一些个案可能因一些与研究无关的原因无法继续。这些个案总称为已审查的个案，它们使得此类研究不适合 t 检验或线性回归等传统方法。用于此类数据的统计方法称为寿命表。寿命表的基本思路是将整个观测时间划分为很多小的时间段，对于每个时间段，计算所有活到某时间段起点的病例在该时间段内死亡（出现结局）的概率，然后使用从每个时间段估计的概率估计在不同时间点发生该事件的整体概率。

2. Kaplan-Meier 法

在很多情形下，用户可能会研究探索两个事件之间的时间分布，比如雇用时长（病人从进入医院到离开医院的时间）。但是，这种数据通常包含一些已审查的个案。已审查的个案是没有记录其第二次事件的个案（例如，在调查结束后仍然留在医院的病人）。Kaplan-Meier 过程是已审查的个案出现时估计时间事件模型的一种方法。Kaplan-Meier 过程用于样本含量较小并且不能给出特定时间点的生存率的情况，因此不用担心每个时间段内只有很少的几个观测值的情况。将生存时间由小到大依次排列，在每个死亡点上计算其最初人数、死亡人数、死亡概率、生存概率和生存率。前面介绍的寿命表方法是将生命时间分成许多小的时间段，计算该段内生存率的变化情况，分析的重点是研究总体的生存规律，Kaplan-Meier 过程则是计算每一"结果"事件发生时点的生存率，分析的重点除了研究总体生存规律外，往往更加热心于寻找相关影响因素。Kaplan-Meier 过程使用的检验方法包括 Log Rank 法、Breslow 法、Tarone-Ware 法等。

图2.12　生存分析模块

3. Cox 回归

Cox 回归为时间事件数据建立预测模块。该模块生成生存函数，用于为预测变量的给定值预测被观察事件在给定时间内发生的概率，从观察主体中估计预测的生存函数形状与回归系数。该方法可应用于具有预测变量测量的新个案。需要提示和强调的是，在构建模型的过程中，已检查主体中的信息（未在观察时间内经历被观察事件的信息）对于模型估计起了很大的作用。

4. 含依时协变量的 Cox

在很多情形下，用户可能想要计算 Cox 回归模型，但并不符合比例风险假设。也就是说，风险比率随时间变化，在不同的时间点一个（或多个）协变量的值会不同。在这种情况下，用户需要使用扩展的 Cox 回归模型，也就是含依时协变量的 Cox 回归分析，该模型允许用户指定依时协变量。需要特别提示的是，要想分析这样的模型，用户必须首先定义依时协变量。用户使用命令语法可以指定多个依时协变量，使用表示时间的系统变量可以简化此过程。

2.1.13　刻度分析模块

刻度分析模块包括可靠性分析（Reliability Analysis）、多维标度分析（Multidimensional Scaling Analysis，ALSCAL）、多维标度分析（Multidimensional Scaling Analysis，PROXSCAL）和多维展开分析（Multidimensional Unfolding Analysis，PREFSCAL），如图2.13所示。

图2.13 刻度分析模块

可靠性分析是指测验的可信程度，主要表现测验结果的一贯性、一致性、再现性和稳定性。一个好的测量工具，对同一事物反复多次测量，其结果应该始终保持不变才可信。比如，我们用同一把尺子测量一批物品，如果今天测量的结果与明天测量的结果不同，那么我们就会对这把尺子的可信性产生怀疑。可靠性分析是检验测量工作可靠性和稳定性的主要方法，一般在心理学中应用较多，另外在学生考试试卷、社会问卷调查的有效性分析中也会涉及。信度只受随机误差影响，随机误差越大，测验的信度越低。

多维标度分析尝试寻找对象间或个案间一组距离测量的结构。该任务是通过将观察值分配到概念空间（通常为二维或三维）中的特定位置实现的，这样使空间中的点之间的距离尽可能与给定的非相似性相匹配。在很多情况下，这个概念空间的维度可以解释并可以用来进一步分析数据。多维标度分析是市场调查、分析数据的统计方法之一，通过多维标度分析，可以将消费者对商品相似性的判断生成一张能够看出这些商品间相关性的图形。例如，有若干个百货商场，让消费者排列出对这些百货商场两两间相似的感知程度，根据这些数据，用多维标度分析可以判断消费者认为哪些商场是相似的，从而判断竞争对手。

2.1.14 贝叶斯统计分析模块

贝叶斯统计分析模块包括单样本正态、单样本二项式、单样本泊松、相关样本正态、独立样本正态、Pearson（皮尔逊）相关性、线性回归、单因素ANOVA、对数线性模型，如图2.14所示。

1. 单样本正态

贝叶斯统计单样本正态用于对正态分布执行贝叶斯单样本推论。

2. 单样本二项式

贝叶斯统计单样本二项式用于对二项分布执行贝叶斯单样本推论。

3. 单样本泊松

贝叶斯统计单样本泊松用于对泊松分布执行贝叶斯单样本推论。

4. 相关样本正态

贝叶斯统计相关样本正态可以成对指定变量名称，并对平均值差值运行贝叶斯分析。

5. 独立样本正态

贝叶斯统计独立样本正态过程使用组变量来定义两个不相关组以及对两个组平均值的差值执行贝叶斯推论。用户可以使用不同方法估算贝叶斯因子，也可以通过假设方差为已知或未知来描述所需后验分布的特征。

6. Pearson 相关性

贝叶斯统计皮尔逊（Pearson）相关性用来研究变量之间的皮尔逊（Pearson）相关系数，以挖掘变量之间的相关关系。

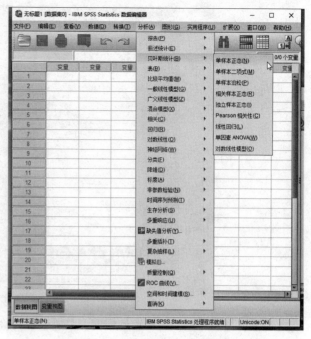

图 2.14 贝叶斯统计分析模块

7. 线性回归

贝叶斯统计线性回归是定量建模中广泛使用的一种统计方法，研究人员使用多个自变量值来解释说明或预测因变量值。

8. 单因素 ANOVA

贝叶斯统计单向 ANOVA 过程通过单因素变量生成对定量因变量的单向方差检验分析。方差分析用于检验多个平均值相等的假设。需要提示的是，SPSS 最新版本支持贝叶斯因子、共轭先验和无信息先验。

9. 对数线性模型

贝叶斯统计用于检验两个因子的独立性设计，需要两个分类变量来构造交叉表，以及对行-列关联进行贝叶斯推论。用户可以通过采用不同模型来估算贝叶斯因子，并通过模拟交互项的同时置信区间来描述所需后验分布的特征。

2.1.15 直销模块

SPSS 的"分析 | 直销"模块可以帮助用户来改善营销活动。该模块的整体作用是用来分析了解客户群具体特征，对不同消费者群体的具体特征进行标识，并在此基础上针对特定目标群体加以特别关注、倾斜营销资源，从而达到降低市场营销成本、提升市场营销精准度的目的。在 SPSS 的直销分析模块既包括对客户历史表现数据进行分析、基于客户历史数据研究客户行为特征，又包括对客户未来选择行为进行预判从而确定合理的营销目标对象。

"直销"模块可以选择的分析技术包括三大类：了解我的联系人、改善我的市场营销活动、对我的数据进行评分，如图2.15所示。其中，"了解我的联系人"的主要功能是了解客户的基本特征，可以进一步细分为三个选项，包括"帮助确定我的最佳联系人（RFM分析）""将我的联系人分为多个集群""生成对产品作出了回应的联系人的概要"；"改善我的市场营销活动"的主要功能是提升市场营销的效率和效果，同样可以进一步细分为三个选项，包括"确定回应最多的邮政编码""选择最有可能进行采购的联系人""对比竞销活动的效果（控制包裹检验）"；"对我的数据进行评分"的功能应用来自模型的得分。

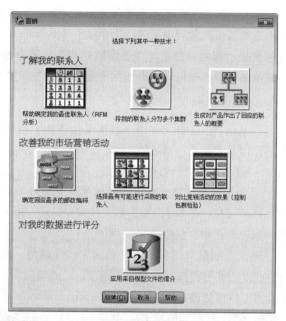

图2.15 直销模块

2.1.16 神经网络模块

神经网络模块包括多层感知器和径向基函数，如图2.16所示。

1. 多层感知器

神经网络一般分为三层："输入层""隐藏层"和"输出层"。

"输入层"包括预测变量，比如"商业银行授信客户的信用风险评估"中的"资产负债率""行业分类""实际控制人从业年限""企业经营年限""主营业务收入""利息保障倍数""银行负债""其他渠道负债"等。

"隐藏层"包含无法观察的节点或单元，每个隐藏单元的值都是"输入层"中某个预测变量函数；函数的确切形式

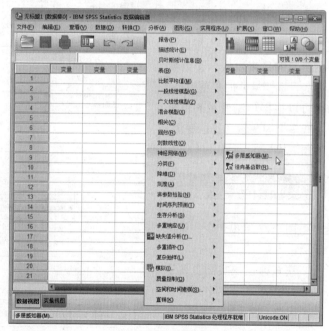

图2.16 神经网络模块

部分取决于具体的神经网络类型，其中部分可由用户控制。

"输出层"包含响应。比如"商业银行授信客户的信用风险评估"中的"征信违约记录"是一个有两种类别的分类变量（无违约、有违约），可以重新编码为两个指示变量。每个响应都是隐藏层的某些函数。同样，函数的确切形式部分取决于神经网络类型，部分可由用户控制。

"神经网络"中的"多层感知器"（MLP）指的是模型允许有第二个隐藏层。在有第二个隐

藏层情况下，第二个隐藏层的每个单元都是第一个隐藏层单元的一个函数，然后"输出层"的每个响应都是第二个隐藏层单元的一个函数。

需要提示和强调的是，"多层感知器"过程会根据预测变量的值来生成一个因变量（目标变量）的预测模型，也可以根据预测变量的值来生成多个因变量（目标变量）的预测模型。

2. 径向基函数

径向基函数（RBF）是一个取值仅仅依赖于离原点距离的实值函数，也就是 $\Phi(x)=\Phi(\|x\|)$，或者还可以是到任意一点 c 的距离，c 点称为中心点，也就是 $\Phi(x,c)=\Phi(\|x-c\|)$。任意一个满足 $\Phi(x)=\Phi(\|x\|)$ 特性的函数 Φ 都叫作径向基函数，一般使用欧氏距离（也叫作欧式径向基函数）。

"径向基函数"神经网络的基本思想是将低维线性不可分的数据映射到高维空间，使其在高维空间线性可分。在"径向基函数"过程中，从"输入层"到"隐藏层"的变换是非线性的，从"隐藏层"到"输出层"的变换是线性的。

"径向基函数"能够逼近任意的非线性函数，可以处理系统内难以解析的规律性，具有良好的泛化能力，并有很快的学习收敛速度，已成功应用于非线性函数逼近、时间序列分析、数据分类、模式识别、信息处理、图像处理、系统建模、控制和故障诊断等。

需要提示和强调的是，"径向基函数"过程会根据预测变量的值来生成一个因变量（目标变量）的预测模型，也可以根据预测变量的值来生成多个因变量（目标变量）的预测模型。

2.1.17　决策树模块

图 2.17 给出一个决策树示例。

决策树模块实际上属于"分类模块"的一部分或者说是子模块。鉴于其重要性，我们单独进行介绍。

"决策树"建模技术通过创建基于树的分类模型为探索性和证实性分类分析提供验证工具。它既可以有效地将参与分析的样本分为若干类，也可以根据自变量（预测

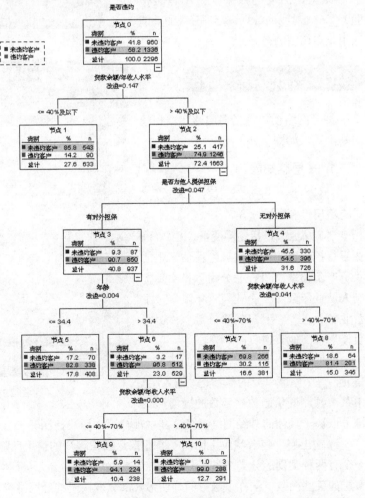

图 2.17　决策树示例

变量）的值预测因变量（目标变量）的值。该模块具有强大性、灵活性和易用性的特征，是很多预测数据挖掘应用程序的首选工具，在基础过程复杂的应用程序中特别有用，常用的例子包括：

- 将决策树建模技术应用到小额快贷大数据审批中，给提出申请的客户进行评分以获取其拟违约的概率，从而判断业务风险。
- 将决策树建模技术应用到房地产客户营销中，根据客户的基本特征判断其购买的能力和意愿，从而更加合理地配置营销资源。
- 将决策树建模技术应用到手机游戏推广中，根据用户的上网习惯数据判断用户可能会试用或购买游戏的概率，从而可以针对目标群体精准推送游戏广告。

2.2 建模注意事项

 下载资源:\video\第 2 章\2.2

很多新手在建模时需要认真阅读建模注意的六大事项，避免掉入常见误区，从而可以有效提高建模质量和效率。本书作者结合自身多年的学术研究经验和商业运营经验整理了建模中需要注意的事项，与各位读者分享和参考使用。

2.2.1 建模是为了解决具体的问题

建模是为了解决具体的问题。这一问题既可以是理论学术研究，也可以是具体商业应用。从大到研究商业银行经营效率与股权集中度之间的关系，小到研究美容行业小型企业对目标客户的选择与营销策略制定，进行建模开展定量分析的目的都是为了研究并解决企业生产经营过程中遇到的市场营销、产品调研、客户选择与维护策略制度等方方面面的问题，进而据此提高经营的效率和效果。

虽然我们提到的概念是建模技术，但是从解决问题的角度来说，建模并不仅仅是一种技术，而是一种过程，一种面向具体业务目标解决问题的过程。我们在选择并应用建模过程时也必须坚持这一点，要以解决实际问题为导向选择恰当的建模技术。合适的模型并不一定是复杂的，而是能够解释、预测相关问题的，所以一定不能以模型统计分析方法的复杂性，而是要以模型解决问题的能力来评判模型的优劣。比如在预测客户违约行为时，我们可以选择神经网络、决策树等更为前沿和流行的分析建模技术，也可以选择 Logistic 回归、聚类分析等传统的分析建模技术，但是不能笼统地说神经网络、决策树等前沿技术就一定比 Logistic 回归、聚类分析等传统好，而是要看它们解决问题的效率和效果，如果我们使用 Logistic 回归建立的模型预测的准确性更高更好，那么显然 Logistic 回归在解决这一具体问题方面是更加优秀的，要优于其他建模技术。

2.2.2 有效建模的前提是具备问题领域的专业知识

有效建模的前提是具备问题领域的专业知识。建模的本质是用一系列数据挖掘算法来创建模型，同时解释模型和业务目标的特点。我们在建模时有时候考虑的是因果关系，比如研究客户行为特征对其产生购买行为的影响，我们把因变量（又称被解释变量、目标变量）设定为客户的购买行为，把自变量（又称解释变量、预测变量）设定为客户的性别、年龄、学历、年收入水平、可支配收入、边际消费倾向等。我们之所以这么设置，选取这些自变量，是基于我们在问题领域的专业知识，或者说是基于经济学理论或者商业运营经验，可以相对比较清晰地知道哪些因素可能会影响消费者的购买行为，所以才能够顺利地建立一个这样的模型。我们在建模的时候有时考虑的是相关关系，比如某商业银行发现做完住房按揭贷款的客户在业务办理后半年到一年时间里大概率会有办理小额消费贷款的需求，那么做完住房按揭贷款和办理小额消费贷款需求之间有没有因果关系，如果有因果关系，是怎么具体传导的。比如有的银行客户经理解释为客户做完住房按揭贷款之后通常有装修的需求，有的解释为客户有购买家电家具的需求，有的解释为住房按揭贷款的按月还款会在一定程度上使得消费者原来的收入无法支持现有消费、需要借助银行消费贷款来维持，那么究竟哪种解释、哪种传导机制是真实、正确的？这时我们通常是很难而且也没有必要去深入分析研究的。我们只需要知道做完住房按揭贷款和办理小额消费贷款需求之间具有强烈的相关关系就可以了，我们可以据此制定针对性的营销策略，开展相应的客户营销，精准地满足客户需求。在这一过程中，我们依据的就是商业运营经验，通过数据的积累和经营的分析找到这两者之间的关联关系，从而才可以有针对性地进行建模。所以，数据和实践之间是有差距的，数据只是实践的一部分反映，关于实践的更多信息则需要我们通过问题领域的专业知识来弥补，只有将数据和专业知识充分融合，才能够更加全面完整地去解释商业历史行为、更加准确有效地预测商业未来表现。

2.2.3　建模之前必须进行数据的准备

建模之前必须进行数据的准备。获得足够的、高质量的数据是模型建立的根本前提。如果没有数据，就不可能完成建模过程；如果数据的质量不高或者样本量明显不足，那么大概率形成不了真正有效、能够解释和指导商业实践行为的模型。数据准备包括数据的搜集、整理加工、设定变量。

（1）搜集数据。为达到研究目的，必须收集相应的数据信息，或者说是有价值的研究结论，这些必须建立在真实丰富的数据事实基础之上。有些企业可能已经具备了研究所需要的数据信息，可以直接使用，但是在很多情况下企业需要通过社会调查或者统计整理等方式去获取所需要的数据信息。

（2）整理数据。在我们搜集完数据后，这些数据可能是无法直接使用的，或者说是相对粗糙的，尤其是当搜集得到的数据集包含成百上千的字段时，浏览分析这些数据将是一件非常耗时的事情。这时，我们非常有必要选择一个具有好的界面和功能强大的工具软件，使用合适的统计分析软件（如 SPSS 软件）对获取的数据信息进行必要的整理，使得粗糙的数据信息转化为标准化的数据信息，使得数据分析软件能够有效识别、存储和运行这些数据。

（3）设定变量。在数据挖掘过程中，最终研究结论的形成往往是通过设定模型、求解模型、分析预测来实现的，而所有的模型都是通过变量来实现的，或者说模型本身就是变量之间关系的反映。从数据端出发，由于数据信息是纷繁复杂的，为了提炼出共同性、系统性、规律性的信息，数据信息必须通过变量来进行承载。设定变量的常见操作包括直接选择变量、创建全新变量、对变量进行计算转换等。

2.2.4　最终模型的生成在多数情况下并不是一步到位的

最终模型的生成在多数情况下并不是一步到位的。在构建的最终模型中，我们需要确定目标变量、预测变量以及所使用的数据集。在实践中，我们很难在研究的一开始就能够非常精准地确定所有合适的目标变量和预测变量，也无法保证搜集整理的数据都是正确、完整、充分的。事实上，如果我们一开始就很完美地确定好这些内容，那么从另外一个角度来讲也就局限住了思路，放弃了通过模型过程可能获得的新认知。需要说明和强调的是，虽然我们在前面提出数据建模要服务于业务目标，但是此处所提及的业务目标是一个大范围的概念，更加具体和精细的业务目标也有可能是在建模过程中增加或完善的。比如说，我们一开始定的业务目标可能是研究客户满意度，研究发现具有部分客户行为特征的客户满意度往往比较低，但是从对企业价值贡献的角度，这些客户的价值贡献是否也相对较低甚至没有贡献？如果是这样，我们的业务目标是不是应该是研究高价值贡献客户的满意度更为合适？也许我们要修改一些业务目标，然后重新建立恰当的模型，重新界定数据收集整理的范围，重新开展分析研究。

在具体建模方法的选择上，我们很多时候也需要进行对比和优化。比如针对同一个商业问题可能有多种建模解决方案，构建神经网络径向基函数模型或者决策树模型都能达到目的，但是哪种质量更好、效率更高，我们可能需要进行多种尝试，并且将基于不同建模技术得到的结果进行比较，然后得出最优选择，找到最为合适的解决方案。

针对具体的预测变量，我们在模型中也是需要持续完善优化的。比如，有的预测变量在模型中的显著性水平非常低，说明预测变量与目标变量之间的关联程度可能不高，对于解释和预测目标变量的贡献是比较低的，我们可以考虑去掉这些预测变量。再比如，模型整体的拟合优度，可解决系数偏低，或者说模型的解释能力不够，那么可能是因为遗漏了对于目标变量有重要影响的关键预测变量，需要我们根据实际情况选择加入完善。

此外，我们在很多时候还要根据数据的变化对模型进行优化，比如我们对某集团公司的客户满意度影响因素进行调研，发现不同区域的客户或者不同类型客户在评价满意度方面考虑的变量是不一样的，普通客户可能对产品价格考虑更多，VIP 客户可能对增值服务考虑更多，那么我们最好是建立独立的模型，针对不同区域、不同类型的客户分别建立模型进行拟合和预测。

2.2.5　模型要能够用来预测，但预测并不仅含有直接预测

模型要能够用来预测，但预测并不等价于直接预测。我们建立的各种模型（包括神经网络径向基函数、神经网络多层感知器、决策树、时间序列预测、回归分析预测等）都能在一定程度上对生产经营行为进行预测。比如，预测贷款申请客户的违约概率、预测具有什么行为特征的客户群体能够大概率发生购买行为、预测特定市场明年的销售量等，这些都是直接预测。还有一些建模技术虽然并不能直接预测，但是能够帮助用户更加深刻地理解市场需求和客户行为特征，从而为下一步的生产经营管理提供重要的智力成果和决策参考，有助于未来商业价值的提升，那么这些模型事实上也具有广义上预测的价值。比如我们通过回归分析研究手机游戏玩家体验的重要关注因素，通过方差分析研究不同学历、不同收入水平的网购消费者对于网购的整体信任度是否不同，通过结合分析进行新产品上市之前的调查研究，通过聚类分析把具有相似行为特征的样本进行归类，通过因子分析归纳绩效考核的关键影响因子等，都可以通过数据建模来实现数据挖掘，进而获得有价值的信息用于商业实践。此外，还有一类预测是以打分的方式实现的，比如银行与通信公司进行业务合作为客户提供信用贷款。通信公司基于对客户信息隐私保护的考虑，不可能直接为银行提供客户的具体个人信息，但是可以出具一个对于客户综合信用评价的打分，提供给商业银行参考，这个打分其实也是一种广义上的预测。银行可以据此设定相应的准入门槛，比如针对 50 分以下的客户不予准

入、针对 60 分以下的客户贷款额度不得超过 10 万元等。此外，需要特别提示和强调的是，预测仅仅是一种概率，而且这种概率有可能是基于不完全信息产生的结果，所以预测大概率产生违约的客户最后也有可能不产生违约，预测小概率违约的客户最后也有可能产生违约。在实际商业经营实践中，通常采用"模型+人工"组合的方式进行决策，针对模型通过或者不通过的情形，再增加一道必要的人工复核环节，减少犯两类错误的风险（H0 为真但判别为拒绝，此类错误为"弃真"错误，即将真的当成假的，也称为第一类错误；H0 为假并被接受，此类错误称为"取伪"错误，即将假的当成真的，也称为第二类错误）。

2.2.6　对模型的评价方面要坚持结果导向和价值导向

在对建立模型的评价方面要坚持结果导向和价值导向。传统意义上对于模型质量的评价通常是模型的准确性和稳定性。准确性指的是模型对于历史数据的拟合效果，以及对未来数据的预测情况。如果模型能够尽可能地拟合历史数据信息，拟合优度很高，损失的信息量很小，而且对于未来的预测都很接近真实的实际发生值，那么模型一般被认为是质量较高的。稳定性指的是模型的敏感度，当创建模型的数据进行了改变时，用于同一口径的预测数据，其预测结果与现实的差距有多大，比如一个集团公司基于 A 分公司建立的客户分级营销策略模型是否能够稳定无偏地使用 B 分公司，而不会导致基于 A 分公司建立的模型对 B 公司应用的预测结果与 B 公司的实际结果之间有较大的差距。上述传统的认知是存在不足的。举一个简单的例子，比如我们基于客户行为画像建立一个客户流失度模型，该模型的预测准确性比较高，如果我们的业务目标导向是要尽可能留住老客户，那么我们的模型质量还是不错的，通过预测可以做出前瞻性的安排，比如提供优惠政策、提供增值服务等；如果我们的业务目标是要获取更多的利润，而这些流失的客户在很大程度上对于公司的利润贡献是很低的甚至是负值（获取收入不能弥补维系成本），那么我们构建的模型可能是价值比较低的，我们更应该构建一个包括客户流失度和客户利润贡献度双目标变量的预测模型。

从商业经营实践的维度去看，我们更应该关注模型的价值增值导向，紧密围绕业务目标、改善商业表现去关注模型的准确度和稳定性，或者说，我们要通过建模过程来达成我们的业务目标，进一步优化我们的商业行为，进一步提升我们经营的效率和效果，而不应该是仅停留在对目前经营现状的解释和因循守旧、固步自封地制定计划。

具体来说，模型的价值增值方式有两个渠道：一是我们可以引用模型的预测结果，针对预测结果前瞻性做出部署，做出针对性的安排，体现出未雨绸缪的远见卓识。二是我们能够通过模型获得新知识，改变传统的认知。比如在小额快贷的大数据审批过程中，我们在模型中引入的预测变量通常包括客户的收入状况、信用状况、学历状况、家庭情况等传统认识中与客户履约情况具有强相关关系的变量。如果我们在预测变量中加入一个用户申请贷款时间的变量，发现它与客户的履约情况是一种强相关关系，比如深夜凌晨申请贷款的违约率要显著高于正常白天工作时间申请贷款的违约率，那么我们就要在下一步的审批策略和产品开发时予以高度关注，这一信息就是我们通过模型学到的新知识，也是我们建模的重要价值。

2.2.7　建立的模型应该是持续动态优化完善的

建立的模型应该是持续动态优化完善的，而非静态一成不变。我们建立的模型都是基于历史数据和对当前商业模式、经营范式的考虑，但是一个令人不容忽视的事实是外面的世界一直在发展变化，包括客户消费习惯的变化、市场容量和特征的变化、竞争对手行为的变化以及整个经济形势的变化等，创新层出不穷，技术的进步、商业模式的变革都会对现有商业模式形成冲击甚至颠覆性的改变，如果我们一直用基于历史和当前的信息去预测未来的世界，而不是根据形势变化做出应有的改变，那么几乎可以确定的是我们建立的模型大概率不能适应新商业模式的要求，所有预测得到的结论可能跟现实之间有着较大的差距。比如举一个简单的例子，一个住宅小区的订奶量一直保持较为匀速的合理增长，然后牛奶生产销售配送商对小区的订单量进行合理预测并且做出针对性的生产、销售、配送安排，但是在某一年份该小区突然进驻了多家其他牛奶经营商，而且奶的质量更高、价格更为便宜、折扣力度更大、配套服务更到位，那么显然会对该牛奶生产销售配送商的经营形成巨大冲击，原先建立的模型、依据模型建立的预测很可能就不再适用了。再比如，商业银行作为一种经营风险较高的行业，通常都会采取措施监控员工异常行为，监控方式往往是建立相应的模型，观察员工账户的资金流出，比如与供应商发生不合理的资金往来、与授信客户发生不恰当的资金往来、参与民间借贷、实施银行卡大额套现等。当模型执行一段时间后，银行内部员工往往就会掌握或者猜测推断出模型规则，然后在行为中针对这些规则开展一定的规避，从而导致模型不再如先前一样有效，不再能够有效监控员工异常行为。所以，只要我们的商业模式是持续的，我们建立的模型就应该随着商业环境的不断变化而定期进行更新，保持模型的长期有效性。

2.3 研究方案设计

 下载资源:\video\第 2 章\2.3

模型的建立离不开数据的收集整理与加工，数据的收集整理离不开调查研究。任何调查研究都需要一套明确的方案，都需要开展研究方案的设计，尤其是我们在进行较为复杂的研究时。比如一家商业银行研究其对公授信客户资产质量与企业财务报表上关键财务指标之间的关系，一家淘宝电商研究其主打产品的销售量与顾客行为特征之间的关系，一名学校的老师研究其授课风格与学生学习成绩之间的内在关系等。从开始确定研究目的和制定研究计划到搜集相关资料，以及对资料进行科学的分析直至得出研究结论，都离不开科学的指导方法和工具。可以说，设计清晰而系统的研究方案是进行调查研究工作的首要任务，也是调查研究工作赖以进行的基础，所以研究方案设计在社会科学调查研究中有着极为重要的地位。那么应该如何设计出一套有效而可行的研究方案呢？

2.3.1 在明确的研究目的基础上制定可行的研究计划

明确研究的目的是研究方案设计的根本基础。比如本节前面所举的例子，一家商业银行要研究其对公授信客户资产质量与企业财务报表上关键财务指标之间的关系，那么为什么要开展该项研究呢？肯定要有研究目的。该项研究的目的通常是为了通过挖掘对公授信客户资产质量与企业财务报表上关键财务指标之间的关系，在营销拓展客户或者对存量客户制定增、持、减、退的授信策略时有所参考，能够服务商业银行的经营实践。只有当这个研究目的明确了，在该商业银行内部达成一致意见，相关的部门、人员都能接受、支持与配合，才能更好地保障研究效果。如果不明确研究目的,大家就不知道应该朝着什么方向去努力,工作无法进行。如果没有研究计划,大家就不能做到统筹安排,很可能造成一种有的工作没人做,有的工作大家在重复做的局面。根据笔者的研究经验,对明确研究目的来说,一定要坚持全面、彻底、及时的原则,意思就是说研究目的一定要及时、清晰、准确地传达给团队内执行相关任务的所有人。

在明确研究目的之后,就要在此基础上制定出可行的研究计划。如何才算是可行的研究计划呢?一是要确定项目的执行期限,就是说要在多长时间内完成该项目,还可以根据实际情况明确阶段性子项目的执行期限;二是要建立合适的项目预算,这里所指的项目预算不仅仅是财务预算的概念,而是包括人力、财务、物力的综合概念,需要多少人参与、需要花多少钱、需要使用什么物品、怎么去争取这些资源等;三是要明确各个阶段的任务,就是说确定了项目之后,要制定出相应的项目执行计划,要明确各个阶段的具体任务及预期效果;四是要确定数据的搜集方法与处理方式,比如前面所提的一家商业银行要研究其对公授信客户资产质量与企业财务报表上关键财务指标之间的关系,对公授信客户资产质量的数据从哪儿获取、企业财务报表的数据从哪儿获取;五是要确定数据的研究方法与分析方法,使用时间序列分析、最小二乘回归分析、方差分析还是二元或多元Logistic分析更为合适。

2.3.2 根据已制定的研究计划搜集研究所需要的资料

在明确了研究目的、制定好了研究计划之后,就要开始搜集研究所需要的资料了。资料有很多种,包括文字资料、图表资料、影像资料、数据资料等。对于数据挖掘分析而言,最重要也最为方便的就是数据资料,当然文字资料、图表资料、影像资料等其他类型的资料也可以整理成数据资料。数据资料的取得方式主要有两种:第一种是利用可用的已有资料,如万德资讯、各级政府统计部门直接发布的资料、一些中介服务机构发布的资料、前人已经搜集好的资料等;第二种是研究者自己通过各种渠道搜集并整理的资料,如通过调查问卷、实地采访搜集的资料等。

在搜集资料的过程中,需要注意四点:第一点是所搜集的资料必须与我们所研究课题相关,能够对我们的研究有所帮助,这一点是根本前提;第二点是要明白一个事实,就是我们不可能搜集到全部与研究课题相关的资料,所以在搜集过程中要有所侧重,应首先搜集最有效、最相关的资料;第三点是注意搜集资料的费用要在项目预算范围之内;第四点是要注意使用的数据资料要满足法律法规的要求,比如要搜集客户信息,那么一定要注意是否得到客户的授权、是否符合消费者权益保护的要求,而且一定不能侵犯个人隐私信息。

2.3.3 运用数据统计分析软件对搜集到的资料进行整理

搜集好的数据资料来源各异、格式各异,需要对数据进行适当的整理,以便用相应的统计软件进行分析。

对搜集到的资料进行整理的要点包括以下三个方面:

一是要注意保证数据的准确、完整,在数据录入和编辑的过程中要做好备份,不要丢失数据信息,也不要录错关键数据信息。在前面的章节中我们讲述了变量的缺失值属性以及缺失值的处理方式,虽然在数据统计分析时,SPSS针对缺失值或者极端异常值给出了相对合理的解决策略,但是最好的解决方法是预防,在数据整理阶段就要保证数据的高质量,为后面的数据分析打好基础。

二是要注意数据的量纲和单位，比如收集了客户的总资产数据，那么一定要明确单位是万元还是亿元。如果不明确数据的量纲和单位，对于熟悉客户资料的项目组成员可能凭从业经验就能较好地推断出来，但是对于其他成员来说可能会产生误解。

三是要注意变量名称与实际情况相统一，比如收集了客户的总资产数据，然后把总资产标记为"profit"显然是不够恰当的，标记为"total asset"会更为合适。如果变量名称与实际情况不统一，那么其他的用户或项目组成员使用起来很容易产生误解，而且时间久了数据整理者也可能会忘记其真实含义。

2.3.4　使用合适的分析方法和工具对资料进行各种分析

根据研究目的和数据特点的不同，我们可以灵活选择不同的分析方法（比如描述性分析、回归分析、聚类分析、因子分析等）对数据进行分析。

本书所有的案例都是采用 SPSS 对数据进行分析的。SPSS 不仅具有强大的数据准备功能，还具备强大的数据分析功能。其中囊括了几乎各种已经成熟的统计方法和统计模型，如相关分析、回归分析、方差分析、时间序列分析、主成分分析、因子分析、聚类分析、判别分析等，而且包括自由灵活的表格功能和图形绘制功能。所以，使用 SPSS 对社会科学调查数据进行分析是可以实现研究目的的。

2.3.5　分析研究结果并得出研究结论

在进行完数据分析之后就可以分析研究的结果，如果对研究的结果不满意，可以尝试使用别的分析方法，或者重新收集样本数据，改变样本容量重新进行分析，直至得出满意的结果为止，最后写出最终的研究结论。一般情况下，最终研究结论都要经过不断地修正、改进才能成型。

2.4　研究结论与重点回顾

本章的写作重点放在如何使用 SPSS 开展工作实践上，功能定位是教会用户使用 SPSS 软件建模来解决实际问题，并真正用于工作实践或者提高工作质量，而非介绍 SPSS 各分析模块的具体操作，所以有关 SPSS 建模分析各模块更为详细的介绍和具体操作就不一一展开了。用户可参阅 SPSS 类似教材或按照上一章讲述的 SPSS 帮助文档和资料进行学习。在接下来的章节中，将通过结合案例的形式介绍如何使用 SPSS 软件建模来解决实际问题。需要特别说明的是，SPSS 中有很多分析方法在实际工作中可能使用频率非常低，比如非参数检验、生存分析等，同时又有很多分析方法在实际工作中可能使用频率非常高，比如神经网络、决策树、结合分析、回归分析、方差分析、描述性分析、相关分析、交叉表分析、可靠性分析、因子分析等。所以，基于以实践为导向、从实战出发的考虑，我们在后续的案例介绍中将不以介绍数据挖掘分析方法为导向，而是以切实解决问题为导向，针对所需解决的问题选择最为恰当的数据挖掘分析方法。虽然作者尽力使用不同的建模方法解决具体商业应用问题，但是不可避免地会造成有的分析方法在案例中被多次应用、有的分析方法没有被使用的情况出现，需要读者注意。

第 3 章　SPSS 在电子商务平台

商户营销中的应用

近年来，我国的电子商务行业实现了快速发展。批发零售行业众多商户的营销模式也实现了由线下营销为主向线上营销为主或线上线下联动营销的转变。淘宝、苏宁易购、京东、拼多多、微信等众多线上平台为商户开展线上营销提供了非常便利的条件，商户开店准入的门槛也相对较低。现在几乎大多数的商户都有自己的网店，可以通过网店开展线上销售。线上销售除了节省实体店面费用、扩大销售范围、节约推广费用等种种优势之外，另外一个得天独厚的优势就是在销售的过程中可以非常方便和低成本地积累大量的用户数据，这些用户资料、交易数据其实是非常宝贵的信息，商家可以通过应用恰当的数据分析及建模方法，从积累的海量数据中有效探索出顾客的行为习惯，从而为开展下一阶段的营销或者上线新产品营销提供更多的技术支持，进而可以更具有针对性，更节省成本和资源。SPSS 作为一种功能强大的统计分析软件，完全可以用来帮助用户完成相关的分析目标。本章将结合具体的实例，以深入浅出的方式讲解 SPSS "分析 | 直销" 模块在电子商务平台商户营销中的应用。

3.1　建模技术

在 SPSS 26.0 中专门设计了 "分析 | 直销" 模块，用以改善商户的营销活动。该模块的整体作用是分析了解客户群具体特征，对不同消费者群体的具体特征进行标识，并在此基础上针对特定目标群体加以特别关注、倾斜营销资源，从而达到降低市场营销成本、提升市场营销精准度的目的。

在 SPSS 的直销分析模块，既可以对客户历史表现数据进行分析、基于客户历史数据研究客户行为特征，又可以对客户未来选择行为进行预判，从而确定合理的营销目标对象。在 SPSS 中的具体操作实现以选择 "分析 | 直销 | 选择技术" 命令，弹出 "直销" 对话框，如图 3.1 所示。

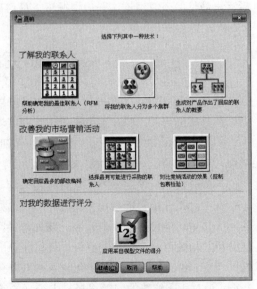

图 3.1　"直销" 对话框

"直销" 对话框中的分析技术包括三大类：了解我的联系人、改善我的市场营销活动、对我的数据进行评分。其中，"了解我的联系人" 的主要功能是了解客户的基本特征，可以进一步细分为三个选项，包括 "帮助确定我的最佳联系人（RFM 分析）" "将我的联系人分为多个集群" "生成对产品作出了回应的联系人的概要"；"改善我的市场营销活动"的主要功能是提升市场营销的效率和效果，可以进一步细分为三个选项，包括"确定回应最多的邮政编码""选择最有可能进行采购的联系人""对比竞销活动的效果（控制包裹检验）"（以下简称"控制包裹检验"）；"对我的数据进行评分"的功能是应用来自模型的得分。

- 帮助确定我的最佳联系人（RFM分析）：该分析方法可以用来帮助电商平台商家，从现有客户群中选择出那些最有可能对新产品做出响应的客户，进而开展具有针对性的营销活动。
- 将我的联系人分为多个集群：该分析方法又称聚类分析，可以用来帮助电商平台商家，根据每个客户的具体特征（包括客户的性别、地区、婚姻状况、学历水平等基本特征，以及客户的交易次数、交易金额等交易行为习惯特征），按照一定的统计学分析规则，将现有的所有客户划分为几个或者更多的群组，进而按照群组分类施策，差异化配置营销资源、制定营销方案。
- 生成对产品作出了回应的联系人的概要。该分析方法用来研究针对某一特定产品，客户是否产生购买行为和客户特征之间的关系。模型中被解释变量为客户是否产生购买行为，解释变量为每个客户的具体特征，输出结果为不同类型群体产生购买行为的概率。
- 确定回应最多的邮政编码：该分析方法用来研究客户是否产生历史购买行为和客户联系方式之间的关系，通常用于房地产项目推介、理财产品项目推介等电话营销项目。此处所指的邮政编码是针对国外的，对国内商家来说，也可以等价成联系方式，比如说手机号中间的四位数字或者每个地区的固定电话区号等。模型中被解释变量为客户是否产生历史购买行为，解释变量为客户的联系方式。
- 选择最有可能进行采购的联系人：该分析方法用来研究客户的潜在购买倾向。相较"生成对产品作出了回应的联系人的概要"多了预测功能，此方法采用二元Logistic回归构建预测模型，输出结果为每个客户的响应概率。构建并应用预测模型的过程包含两个基本步骤。第一步是使用已有的数据集（客户的购买行为和行为特征均已确定）构建模型并保存模型文件，模型中被解释变量同样为客户是否产生购买行为，解释变量同样为每个客户的具体特征。第二步是应用该模型到其他数据集（客户的行为特征已经确定，但是购买行为未知）以获取预测结果。
- 控制包裹检验：该分析方法用于商业比较所采取的市场营销活动，检查商品更新包装前后的客户购买行为是否存在显著的效果差异，或者不同优惠的营销活动有效性是否存在显著差异。模型中被解释变量为客户是否产生购买行为，解释变量为产品的包装方式或者优惠营销活动的种类。

3.2　建模思路

本章使用的案例数据选自某网商ABCD商户（虚拟名，如有雷同纯属巧合）的客户信息数据和交易数据，由于客户信息数据涉及客户隐私、交易数据涉及商业机密，因此在本章介绍时进行了适当的脱密处理，对于其中的部分数据也进行了必要的调整。

本章使用的分析方法包括"帮助确定我的最佳联系人（RFM分析）""将我的联系人分为多个集群""生成对产品作出了回应的联系人的概要""确定回应最多的邮政编码""选择最有可能进行采购的联系人""控制包裹检验"等。

3.3 帮助确定我的最佳联系人（RFM分析）

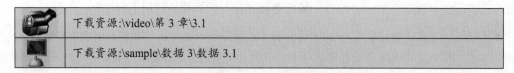

	下载资源:\video\第 3 章\3.1
	下载资源:\sample\数据 3\数据 3.1

本部分我们对 ABCD 商户的交易数据进行"帮助确定我的最佳联系人（RFM 分析）"。需要特别说明和强调的是，交易数据文件是原始数据文件，在交易数据文件中，每行代表一笔单独的交易，而不是按照单独的客户进行分类汇总，所以在交易数据文件中多次产生交易行为的客户就会有多行数据。

3.3.1 SPSS 分析过程

在 SPSS 格式文件中共有 3 个变量，分别是"会员编号""交易日期""交易金额"，如图 3.2 所示。

图 3.2 变量视图

变量类型及长度采取系统默认方式，数据视图如图 3.3 所示。

图 3.3 数据视图

先做一下数据保存，然后开始展开分析，步骤如下：

[01] 选择"文件│打开│数据"命令，打开 3.1.sav 数据表。

[02] 选择"分析│直销│选择技术"命令，弹出"直销"对话框，如图 3.4 所示。在"了解我的联系人"选项组中选择"帮助确定我的最佳联系人（RFM 分析）"。

图 3.4　"直销"对话框

[03] 单击"继续"按钮，弹出"RFM 分析：数据格式"对话框，如图 3.5 所示。在这个对话框中选择数据格式，告知 SPSS 数据整理情况。这里共有两种选择方式：一是"交易数据"，每一行都包含一次交易的数据，为了进行分析，这些交易将按客户标识进行组合；二是"客户数据"，每一行都包含一个客户的数据，这些数据已按交易中的客户进行组合。

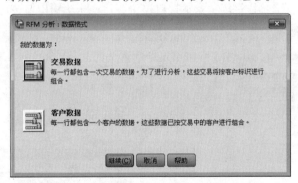

图 3.5　"RFM 分析：数据格式"对话框

由于我们的数据是交易数据，或者说是按照逐笔交易记录而非按单个客户分类汇总的数据，因此我们选择"交易数据"选项。

[04] 单击"继续"按钮，弹出"交易数据 RFM 分析"对话框。该对话框中包括 4 个选项卡，分别为"变量""分箱化""保存""输出"。

在"变量"选项卡（见图 3.6）中，我们首先需要选择交易日期、交易金额和客户标识变量。其中，针对"交易日期"列表框需要选择包含最近交易日期或代表自最近交易以来的时间间隔的数字变量；针对"交易金额"列表框选择包含每个客户摘要消费金额的变量。如果用户想将 RFM 得分写入一个新的数据集，则需要在"客户标识"列表框中选入唯一标识每个客户的变量或变量组合。

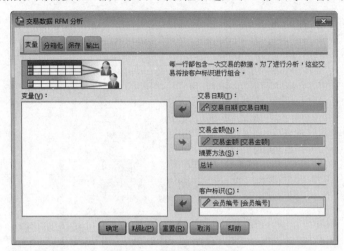

图 3.6　"变量"选项卡

本例中我们把"交易日期"变量选入"交易日期"列表框，把"交易金额"变量选入"交易金额"列表框，把"会员编号"变量选入"客户标识"列表框。

在"变量"选项卡中，我们还需要对交易金额的摘要方法进行设定。摘要方法下拉列表中共有四个选项，分别是"最大值""平均值""中位数""总计"，如图 3.7 所示。其中，"最大值"选项表示针对单个客户，系统输出该客户所有交易金额的最大值；"平均值"选项表示针对单个客户，系统输出该客户所有交易金额的平均值；"中位数"选项表示针对单个客户，系统输出该客户所有交易金额的中位数；"总计"选项表示针对单个客户，系统输出该客户所有交易金额的总计。

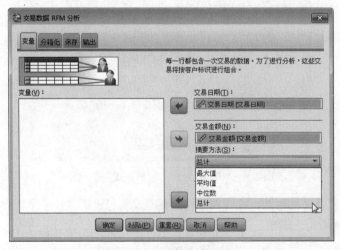

图 3.7　摘要方法

系统默认为输出交易金额的总计金额，本例中我们采用系统默认设置，选择摘要方法为"总计"。

　　"分箱化"选项卡如图 3.8 所示,主要用于对交易数据 RFM 分析的分箱方法、分箱数、绑定值进行设置。(分箱化是指将大量数值分组为小量类别的过程,又被称为离散化。)

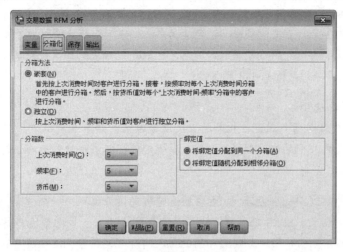

图 3.8　"分箱化"选项卡

对话框选项设置/说明

　　(1)"分箱方法"选项组

　　该选项组主要用于设置交易数据 RFM 分析的分箱方法,分为"嵌套"和"独立"两种。

　　① 嵌套方法。嵌套分箱化是指首先按上次消费时间对客户进行分箱,形成上次消费时间等级,然后按频率对每个上次消费时间分箱中的客户进行分箱,形成频率等级,然后按照货币(SPSS 对话框中设定为"货币",实际上是指"交易金额",下同)对每个"上次消费时间—频率"分箱中的客户进行分箱,形成货币等级。嵌套分箱化方法可以使合并 RFM 得分的分布更平均,但其缺点是会使频率和货币等级得分更难解释。比如拥有上次消费时间等级 3 的客户的频率等级 1 与拥有上次消费时间等级 2 的客户的频率等级 1 意义是不同的,因为频率等级在上次消费时间等级之后。

　　② 独立方法。独立分箱化是指按上次消费时间、频率和货币对客户进行独立分箱。相对于嵌套分箱化,按上次消费时间、频率和货币对客户进行的分箱是没有先后顺序的,上次消费时间等级、频率等级和货币等级之间是完全独立的关系。在独立分箱化条件下,无论客户的上次消费时间得分如何,一个客户频率得分 1 与另一个客户的频率得分 1 意义是相同的。独立分箱化的优点是三个 RFM 组件中每个组件的解释都非常明确,缺点是对于较小的样本会导致合并 RFM 得分的分布不平均。"最大迭代次数"文本框用于指定最大迭代步骤数目,必须为整数;若输入 0 值,则仅输出初始值。

　　(2)"分箱数"选项组

　　分箱数用于为"上次消费时间""频率""货币"三个组件创建RFM 得分的类别(块)数。

　　每个客户的合并 RFM 得分是"上次消费时间""频率""货币"三个组件得分的组合。例如,某客户"上次消费时间"得分为 2、"频率"得分为 3、"货币"得分为 3,则其合并 RFM 得分为 233。

　　分箱数中关于"上次消费时间""频率""货币"的选择决定了三个组件各自得分的上限,

进而决定了最终所有客户得分的种数。每个得分组件允许的最大块数是 9，最小块数是 2。

若分箱数中"上次消费时间"设定为 5、"频率"设定为 4、"货币"设定为 3，则系统将会创建总共 60 个（5×4×3=60）可能的合并 RFM 得分，范围从 111 到 543（111 为三个组件均得分为 1 的最小情形；543 为"上次消费时间"得分为 5、"频率"得分为 4、"货币"得分为 3 的最大情形）。系统默认的每个组件的设置块数是 5，也就是说如果选择系统默认设置，就将创建 125 个可能的合并 RFM 得分，范围从 111 到 555。

（3）"绑定值"选项组

"绑定值"的概念是两个或更多相等的上次消费时间、频率或货币值。理想状况下，用户希望在每个块中拥有大致相同的客户数量，但是大量绑定值可能影响块的分布。有两种方法可以处理绑定值：

● 将绑定值分配到同一个分箱。此方法始终将绑定值分配到同一个分箱，而不去考虑该分配对块分布的影响。SPSS 还提供了一致的离散化方法：如果两个客户具有相同的上次消费时间值，那么他们将始终分配到相同的上次消费时间得分。该方法具有一定的合理性，但是考虑某种极端情况，比如假设一共有 2000 个客户，其中 1000 个在同一天进行了最近一次购买，如果我们针对"上次消费时间"设定块数是 5 块，那么肯定是 50%的客户，因此获得了上次消费时间得分 5，而不会出现"每个块中拥有大致相同的客户数量"所预期的 20%。需要特别提示和强调的是，如果用户使用的是嵌套离散化方法，"一致性"对于频率和货币值得分有点过于复杂，因为要在上次消费时间得分的基础上分配频率得分，然后在频率得分块中再分配货币值得分。因此，无论绑定值如何处理，拥有相同频率值的两个客户如果没有相同的上次消费时间得分，那么他们就无法获得相同的频率得分。

● 将绑定值随机分配到相邻分箱。该操作通过在评级前将非常小的随机方差因子分配给绑定值来确保块的平均分布。该操作对原始值没有影响，只用于消除绑定值。该方法的优势是可以使块分布平均（每个块中的客户数大致相同），但是由于将非常小的随机方差因子分配给了绑定值，对于拥有类似或相同上次消费时间、频率和/或货币值的客户有可能会导致完全不同的得分结果，这在客户总数相对较少和/或绑定值的数量相对较多时尤为明显。

设置完毕后，可以选择其他选项卡，进行其他设置；也可以直接单击"确定"按钮，输出分析结果。本例中我们采用系统默认设置。

来自交易数据的 RFM 分析的"保存"选项卡（见图 3.9）和来自客户数据的 RFM 分析的"保存"选项卡（见图 3.10）界面存在一定差别。对于交易数据，用户可以使用"保存"选项卡来指定用户想保存的得分和其他变量，以及它们的保存位置。

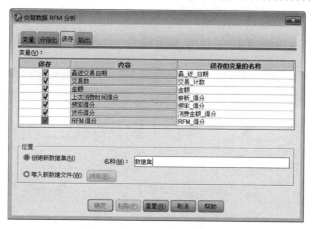

图 3.9   来自"保存"选项卡

对话框选项设置/说明

（1）"变量"选项组

唯一标识每个客户的 ID 变量被自动保存在新数据集中。在新数据集中可以保存以下附加变量：

- 最近交易日期：每个客户最近交易的日期。
- 交易数：每个客户交易记录行的总数。
- 金额：每个客户的摘要金额（基于用户在"变量"选项卡上选择的摘要方法）。
- 上次消费时间得分：分配给每个客户的基于最近交易日期的得分。得分越高，表示交易日期距离现在越近。
- 频率得分：分配给每个客户的基于交易总数的得分。得分越高，表示交易越多。
- 货币得分：分配给每个客户的基于所选消费金额摘要测量的得分。得分越高，表示消费金额摘要测量的值越高。
- RFM 得分：将"上次消费时间得分""频率得分""货币得分"得合为一个值，公式为：

$$RFM \ 得分 = (上次消费时间得分 \times 100) + (频率得分 \times 10) + 货币得分$$

在系统默认设置情况下，所有可用变量都包括在新数据集中；用户根据研究需要可以取消选择（取消选中）不想包括的变量。系统默认设置了"已保存的变量的名称"，用户可以根据需要指定自己的变量名称，但变量名称必须符合 SPSS 标准变量命名规则。

（2）"位置"选项组

来自交易数据的 RFM 分析结果始终以每个客户一行的方式创建新汇总数据集。用户可以在当前"位置"选项组中创建新数据集或在外部数据文件中保存 RFM 得分数据。数据集名称必须符合标准变量命名规则。（此限制不适用于外部数据文件名称。）

本例中我们采用系统默认设置。

对于客户数据，用户可以将 RFM 得分变量添加到活动数据集或创建一个包含选定得分变量的新数据集，使用"保存"选项卡来指定用户想保存的得分变量及其保存位置。

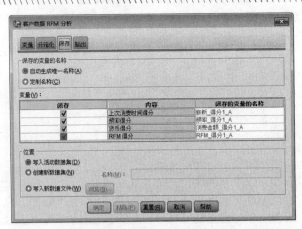

图 3.10 来自客户数据 RFM 分析的"保存"选项卡

对话框选项设置/说明

（1）"保存的变量的名称"选项组

- 自动生成唯一名称：用户选择该选项，可确保在将得分变量添加到活动数据集时新变量名称为唯一。如果用户想将多个不同的 RFM 得分集合（基于不同标准）添加到活动数据集，这一点尤其有用。
- 定制名称：用户选择该选项，将允许用户将自己的变量名称分配到得分变量。变量名称必须符合标准变量命名规则。

（2）"变量"选项组

选择（选中）想要保存的得分变量：

- 上次消费时间得分：分配给每个客户的基于在"变量"选项卡上选定的"交易日期或时间间隔"变量的值的得分。日期越近或间隔值越低，分配到的得分越高。
- 频率得分：分配给每个客户的基于在"变量"选项卡上选定的"交易数"变量的得分。值越高，分配到的得分越高。
- 货币得分：分配给每个客户的基于在"变量"选项卡上选定的"金额"变量的得分。值越高，分配到的得分越高。
- RFM 得分：将"上次消费时间得分""频率得分""货币得分"合为一个值，公式为：

RFM 得分 =（上次消费时间得分×100）+（频率得分×10）+货币得分

（3）"位置"选项组

对于客户数据，用户有三个位置可以保存新的 RFM 得分：

- 写入活动数据集：将选定 RFM 得分变量添加到活动数据集。
- 创建新数据集：选定的 RFM 得分变量和唯一标识每个客户（个案）的 ID 变量将被写入到当前会话中的新数据集。数据集名称必须符合标准变量命名规则。仅当用户在"变量"选项卡上选择了一个或多个"客户标识"变量时，此选项才可用。
- 写入新数据文件：仅当用户在"变量"选项卡上选择了一个或多个"客户标识"变量时，此选项才可用。

"输出"选项卡如图 3.11 所示。

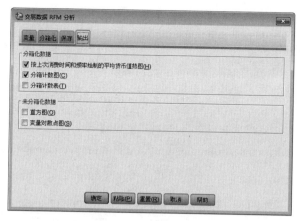

图 3.11　"输出"选项卡

对话框选项设置/说明

（1）"分箱化数据"选项组

分箱化数据的图表基于计算的上次消费时间、频率和货币得分。

- 按上次消费时间和频率绘制的平均货币值热图：平均货币值热图显示有上次消费时间和频率得分。颜色越深的区域表示消费金额均值越高。
- 分箱计数图：分箱计数图显示选定离散化方法的块分布。每个条代表将被分配每个合并RFM 得分的个案数。需要提示和强调的是：尽管用户通常希望分布相当均匀，即所有（或多数）条大体高度相同，但当使用将绑定值分配到同一个分箱的默认离散化方法时会产生一定量的偏差。如果用户发现块分布中存在极值波动和/或存在较多空缺的块，则可能表明用户应尝试另一种离散化方法（将绑定值随机分配到相邻分箱）或重新考虑 RFM 分析的适用性。
- 分箱计数表：与分箱计数图中的信息相同，不同之处在于以表格形式呈现，每个单元格中为块计数。

（2）"未分箱化数据"选项组

未分箱化数据的图表基于上次消费时间、频率和货币得分的原始变量。

- 直方图：直方图用于显示上次消费时间、频率和消费金额得分的三个变量的值的相对分布。每个直方图的水平轴始终采用左侧为较小值、右侧为较大值的顺序。对于上次消费时间，图表的解释依赖于上次消费时间测量的类型：日期或时间间隔。对于日期，左侧条代表更"旧"的值（较远日期比较近日期的值更小）。对于时间间隔，左侧条代表更"新"的值（时间间隔越小，交易离现在越近）。
- 变量对散点图：变量对散点图用于显示上次消费时间、频率和消费金额得分的三个变量之间的关系。针对上次消费时间轴的解释依赖于上次消费时间测量的类型：日期或时间间隔。对于日期，越接近原点的点代表离现在越远的过去日期。对于时间间隔，越接近原点的点代表越"新"的值。本例中我们采用系统默认设置。

05 单击“确定”按钮，进入计算分析。

3.3.2 结果分析

在 SPSS“主界面”对话框的结果窗口中，我们可以看到如图 3.12 所示的 RFM 分析结果。

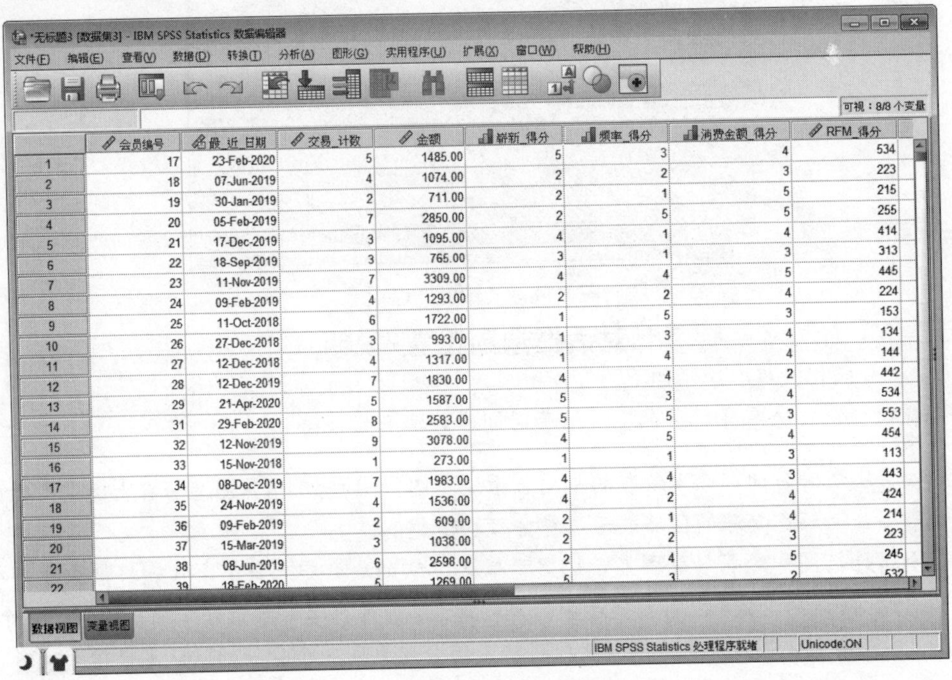

	会员编号	最_近_日期	交易_计数	金额	崭新_得分	频率_得分	消费金额_得分	RFM_得分
1	17	23-Feb-2020	5	1485.00	5	3	4	534
2	18	07-Jun-2019	4	1074.00	2	2	3	223
3	19	30-Jan-2019	2	711.00	2	1	5	215
4	20	05-Feb-2019	7	2850.00	2	5	5	255
5	21	17-Dec-2019	3	1095.00	4	1	4	414
6	22	18-Sep-2019	3	765.00	3	1	3	313
7	23	11-Nov-2019	7	3309.00	4	4	5	445
8	24	09-Feb-2019	4	1293.00	2	2	4	224
9	25	11-Oct-2018	6	1722.00	1	5	3	153
10	26	27-Dec-2018	3	993.00	1	3	4	134
11	27	12-Dec-2018	4	1317.00	1	4	4	144
12	28	12-Dec-2019	7	1830.00	4	4	2	442
13	29	21-Apr-2020	5	1587.00	5	3	4	534
14	31	29-Feb-2020	8	2583.00	5	5	3	553
15	32	12-Nov-2019	9	3078.00	4	5	4	454
16	33	15-Nov-2018	1	273.00	1	1	3	113
17	34	08-Dec-2019	7	1983.00	4	4	3	443
18	35	24-Nov-2019	4	1536.00	4	2	4	424
19	36	09-Feb-2019	2	609.00	2	1	4	214
20	37	15-Mar-2019	3	1038.00	2	2	3	223
21	38	08-Jun-2019	6	2598.00	2	4	5	245
22	39	18-Feb-2020	5	1269.00	5	3	2	532

图 3.12 RFM 分析结果

在图 3.12 中，我们可以看到按会员编号作为标识变量分类汇总的每个客户的会员编号、最近交易日期、交易次数、交易金额、崭新得分、频率得分、消费金额得分以及 RFM 得分信息。新数据集中仅为每个客户包含一行数据（一条记录）。原始交易数据已按客户标识变量值进行汇总。标识变量始终包含在新数据集中，否则无法将 RFM 得分匹配到客户。

每个客户的合并 RFM 得分由三个独立得分简单拼接而成，计算方法为：（崭新得分×100）+（频率得分×10）+消费金额得分。比如针对会员编号为 17 的会员，其崭新得分为 5、频率得分为 3、消费金额得分为 4，则 RFM 得分为 534。

图 3.13 展示的是 RFM 分箱计数图。RFM 分箱计数图显示所选分箱方法的分箱分布。默认方法为对 3 个 RFM 组成要素分别应用 5 个得分类别，产生 125 个可能的 RFM 得分类别。每个条形都表示将被赋予每个组合 RFM 得分的客户数。理想情况下，客户应当在所有 RFM 得分类别之间相对均匀地分布。尽管用户通常希望获得分布相当均匀，即所有（或大多数）条形的高度大致相同，但在使用将绑定值分配给同一分箱的默认分箱方法时，必然会产生一定程度的偏差，如本例中所示。分箱分布中出现极端波动和/或较多空分箱可能表明用户应尝试另一种分箱方法（减少分箱数目和/或随机分配绑定值），或者重新考虑 RFM 分析的适用性。

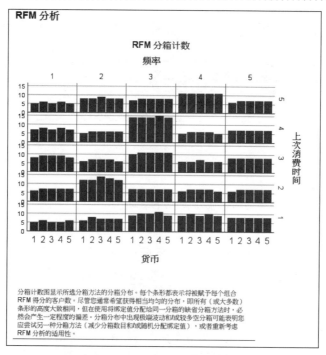

图 3.13　RFM 分箱计数图

　　图 3.14 展示的是 RFM 分析热图。平均货币值分布热图显示由上次消费时间得分和频率得分定义的类别的平均货币值。区域颜色越深,平均货币值越高。换言之,与上次消费时间得分和频率得分处于较浅色区域的客户相比,上次消费时间得分和频率得分处于较深色区域的客户花费更多货币值的可能性通常更大。

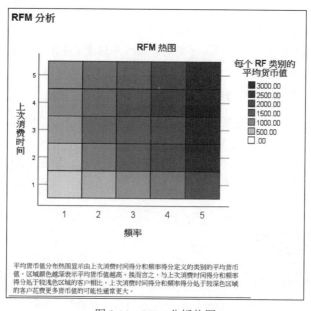

图 3.14　RFM 分析热图

3.4 将我的联系人分为多个集群分析

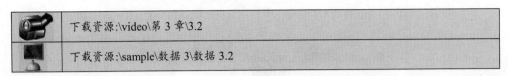

	下载资源:\video\第 3 章\3.2
	下载资源:\sample\数据 3\数据 3.2

将我的联系人分为多个集群分析在本质上属于聚类分析的范畴，聚类分析是用于揭示数据中的自然分组（或聚类）的探索性工具。就本章所使用的案例而言，它可以根据客户的基本信息和交易信息对客户进行分类。

将我的联系人分为多个集群分析需要注意以下事项：

（1）数据。将我的联系人分为多个集群分析既处理连续型数据也处理分类型数据。每个记录（行）代表要聚类的客户，字段（变量）代表聚类所基于的属性。

（2）记录顺序。需要特别提示和强调的是，将我的联系人分为多个集群分析结果可取决于记录顺序。为使记录顺序的影响降至最低，用户可能需要考虑随机排序记录，通过以不同随机顺序排序的记录来多次运行分析，以验证给定解的稳定性。

（3）测量级别。在将我的联系人分为多个集群分析中，正确指定变量的测量级别是非常重要的，因为它会影响结果计算。变量的测量级别一共有三种，分别是"名义""有序"和"标度"。

- 名义：当变量值为分类非连续变量，并且不具有内在等级的类别时，该变量可以作为名义变量，例如学生毕业的高等院校。名义变量的示例包括收货地址所在地区、手机号中间四位和性别等。

- 有序：当变量值表示带有某种内在等级的类别时，该变量可以作为有序变量。例如，从正常、关注到次级、可疑、损失的银行信贷资产分类水平。有序变量的示例包括表示满意度或可信度的态度分数和优先选择评分等。

- 标度：当变量值为连续变量时，该变量可以作为标度（连续）变量对待，以便在值之间进行合适的距离比较。刻度变量的示例包括以年为单位的年龄、以"万元/年"为单位的年收入水平、以分数为单位的学习成绩等。

用户可以在数据编辑器的"变量视图"中更改测量级别，也可以使用"定义变量属性"对话框为每个字段设置适当的测量级别。

当数据集中的一个或多个变量（字段）的测量级别未知时，将显示测量级别警告。由于测量级别会影响将我的联系人分为多个集群分析的计算结果，因此在将我的联系人分为多个集群分析中，所有变量必须都定义有测量级别。

3.4.1 SPSS 分析过程

在 SPSS 格式文件中共有 13 个变量，分别是"会员编号""是否购买本次推广产品""是否购买上次推广产品""控制包装""手机号码中间四位""年龄""年收入水平""教育程度""会员年限""性别""婚姻状况""子女个数""收货地址"，如图 3.15 所示。

	名称	类型	宽度	小数位数	标签	值	缺失	列	对齐	测量	角色
1	会员编号	字符串	5	0	会员编号	无	无	10	右	名义	输入
2	是否购买本…	数字	8	0	是否购买本次推…	{0, 否}…	无	11	右	名义	输入
3	是否购买上…	数字	8	0	是否购买上次推…	{0, 否}…	无	10	右	名义	输入
4	控制包装	数字	8	0	控制包装	{0, 控制}…	无	16	右	名义	输入
5	手机号码中…	字符串	5	0	手机号码中间四…	无	无	12	左	名义	输入
6	年龄	数字	8	0	年龄	无	无	10	右	标度	输入
7	年收入水平	数字	8	0		{1, 5万元以…	无	10	右	有序	输入
8	教育程度	数字	8	0		{1, 初中及以…	无	11	右	有序	输入
9	会员年限	数字	8	0	成为会员年限	无	无	10	右	标度	输入
10	性别	数字	8	0		{0, 男性}…	无	10	右	名义	输入
11	婚姻状况	数字	8	0		{0, 否}…	无	10	右	名义	输入
12	子女个数	数字	8	0		无	无	10	右	标度	输入
13	收货地址	数字	8	0	收货地址	{1, 东部沿海…	无	10	右	名义	输入

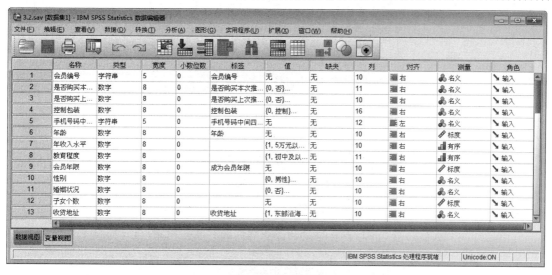

图 3.15　变量视图

变量类型及长度采取系统默认方式，数据视图如图 3.16 所示。

	会员编号	是否购买本次推广产品	是否购买上次推广产品	控制包装	手机号码中间四位	年龄
1	1	0	0	0	1000	49
2	2	0	0	.	1000	30
3	3	0	0	.	1012	49
4	4	0	0	0	1135	33
5	5	.	0	.	1136	55
6	6	.	0	.	1136	38
7	7	.	0	.	1136	66
8	8	.	0	.	1136	37
9	9	0	0	1	1137	64
10	10	.	0	.	1137	48
11	11	0	0	1	1137	50
12	12	0	0	0	1137	39
13	13	.	0	.	1138	39
14	14	0	0	.	1012	54
15	15	.	0	.	1138	40
16	16	.	0	.	1138	56
17	17	.	0	.	1138	65
18	18	.	0	.	1138	51
19	19	.	0	.	1138	47
20	20	.	0	.	1138	41
21	21	0	0	0	1138	62

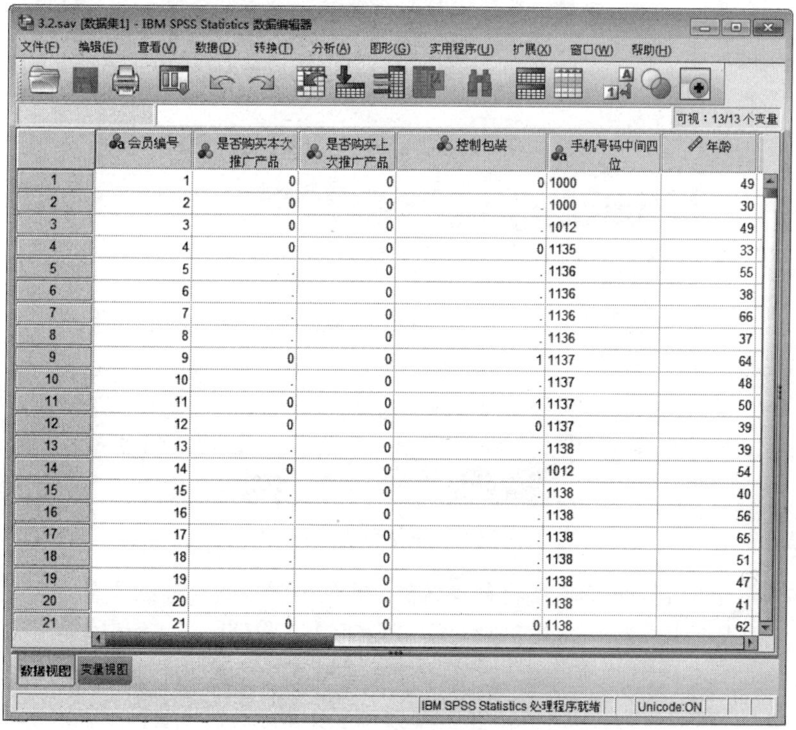

图 3.16　数据视图

先做一下数据保存，然后开始展开分析，步骤如下：

01 选择“文件｜打开｜数据”命令，打开 3.2.sav 数据表。

02 选择“分析｜直销｜选择技术”命令，弹出“直销”对话框，如图 3.17 所示。在“了解我的联系人”选项组中选择“将我的联系人分为多个集群”。

图 3.17　"直销"对话框

03 单击"继续"按钮，弹出"聚类分析"对话框，包括"字段"和"设置"两个选项卡，如图 3.18 所示。

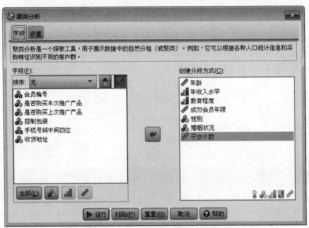

图 3.18　"聚类分析"对话框

针对"字段"选项卡，我们需要将参与聚类分析的变量（包括连续变量、名义变量和有序变量）从"字段"列表框中选入"创建分段方式"列表框中。本例中，我们把年龄、年收入水平、教育程度、成为会员年限、性别、婚姻状况、子女个数变量从"字段"列表框中选入"创建分段方式"列表框中。其中，年龄、成为会员年限、子女个数三个变量为连续变量；年收入水平、教育程度两个变量为有序变量；性别、婚姻状况两个变量为名义变量。

针对"设置"选项卡（见图 3.19），用户可以选择显示或不显示图表和表格，保存分段信息和分段数量。其中，保存分段信息指的是在数据集中保存新字段以标识数据集中每个记录的段（聚类），分段数量指的是指定在聚类解中应该包含多少个段。

● 显示图表和表格：显示描述段的表格和图表。

● 分段成员信息：保存新字段（变量），以标识每个记录所属的段。字段名必须符合 SPSS

命名规则。段关系字段名不能与数据集中现有字段名重复。如果在同一数据集上多次运行此过程，则需要每次指定不同的名称。

- 分段数量：设置段的数量。
  - 自动确定：该过程将自动确定"最佳"的段数量，但应低于指定的最大数量。
  - 指定固定值：该过程将指定固定数量的段。

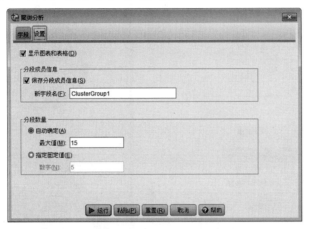

图 3.19　"聚类分析"对话框"设置"选项卡

04 单击"运行"按钮，进入计算分析。

3.4.2　结果分析

在 SPSS "主界面"对话框的结果窗口中，我们可以看到如下分析结果：

（1）聚类分析模型概要结果和聚类质量图表，如图 3.20 所示。模型采用两步聚类法，根据 7 类变量属性（年龄、年收入水平、教育程度、成为会员年限、性别、婚姻状况、子女个数）将所有观测值分成了 2 类。聚类质量图表显示整体模型质量在"良好"范围内。

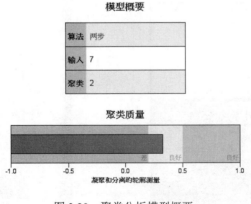

图 3.20　聚类分析模型概要

（2）在聚类分析模型概要结果中，双击"聚类模型查看器"输出以激活"模型查看器"，如图 3.21 所示。可以发现在聚类分析模型查看器中，对话框被分成了两列：左列仍为聚类分析的模型概要结果；右列显示的是聚类的详细情况（所有样本被聚集成两类，第二类相对更多一些，样本数为 4748，占比为 54.8%，与第一类聚类数的比值是 1.21）。

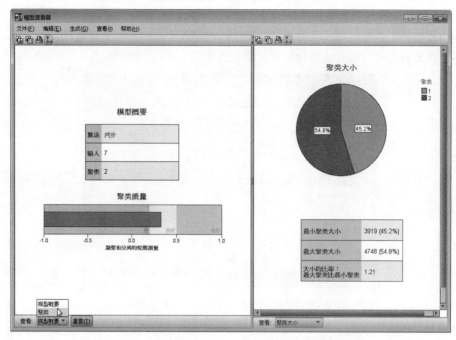

图 3.21　聚类分析模型查看器模型概要视图

（3）为了观测得更加细致，我们可以从"模型查看器"窗口底部的"查看"下拉列表中选择"聚类"，将会弹出聚类分析模型查看器的聚类视图，如图 3.22 所示。

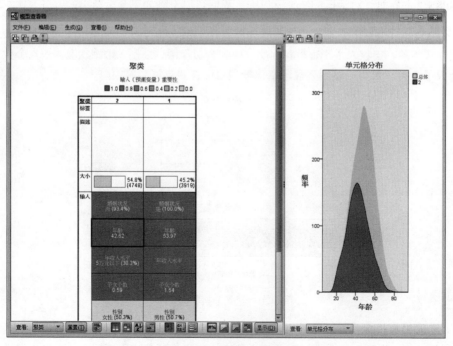

图 3.22　聚类分析模型查看器聚类视图 1

在图 3.22 中，我们可以看到输入（预测变量）重要性被分为 6 个等级（1.0,0.8,0.6,0.4,0.2,0.0），并且按照蓝色由深到浅的顺序，重要性依次下降，1.0 的颜色最深，0.0 的颜色最浅。

默认情况下，字段按其对模型的整体重要性顺序显示。在本例中，针对 7 类变量属性（年龄、年收入水平、教育程度、成为会员年限、性别、婚姻状况、子女个数），聚类影响程度最重要的是婚姻状况，然后依次是年龄、年收入水平、子女个数、性别、成为会员年限和教育程度。

"聚类"视图显示每个聚类的属性信息。

● 对于连续变量，显示均值（平均值）。

● 对于分类（名义、有序）字段，显示众数。众数是具有最多记录数的类别。在本例中，每个记录是一个会员。

用户在"聚类"视图中选中（单击）任何单元格，都可以看到汇总该聚类字段值的图表。

比如把鼠标放在聚类为 2 的年龄单元格上，即可在聚类分析模型查看器聚类视图的右列看到年龄的单元格分布图（见图 3.22）。其中，总体的用浅红色表示，聚类 2 用深红色表示。可以发现聚类 2 的年龄分布要显著小于总体年龄分布，或者说，相对于聚类 1，聚类 2 的平均年龄要小很多。

（4）我们把鼠标放在聚类为 2 的婚姻状况单元格上，即可在聚类分析模型查看器聚类视图的右列看到婚姻状况的单元格分布图（见图 2.23）。其中，总体的用浅红色表示，聚类 2 用深红色表示。可以发现聚类 2 已经结婚的人数要明显少于总体结婚人数分布，或者说，相对于聚类 1，聚类 2 已经结婚的人数要少很多。

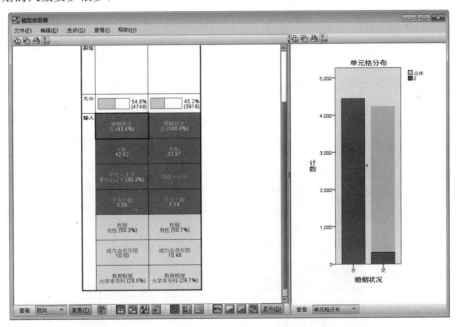

图 3.23　聚类分析模型查看器聚类视图 2

（5）我们把鼠标放在聚类为 2 的子女个数单元格上，即可在聚类分析模型查看器聚类视图的右列看到婚姻状况的单元格分布图（见图 3.24）。其中，总体的用浅红色表示，聚类 2 用深红色表示。可以发现聚类 2 的子女数分布要明显少于总体子女个数分布，或者说，相对于聚类 1，聚类 2 的总体子女个数要少很多。

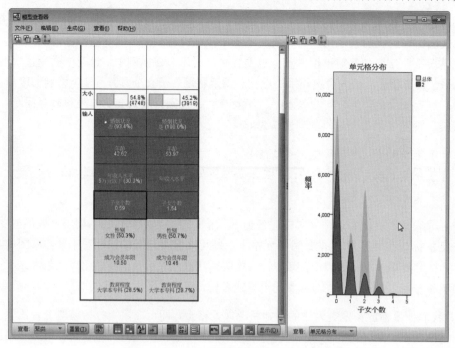

图 3.24　聚类分析模型查看器聚类视图 3

（6）我们把鼠标放在聚类为 2 的成为会员年限单元格上，即可在聚类分析模型查看器聚类视图的右列看到成为会员年限的单元格分布图（见图 3.25）。其中，总体的用浅红色表示，聚类 2 用深红色表示。可以发现聚类 2 的成为会员年限分布与总体成为会员年限分布基本一致（观测值均分布在 0~20 区间内），只是在峰度上更加低一些，或者说，聚类 1 与聚类 2 的成为会员年限基本一致。

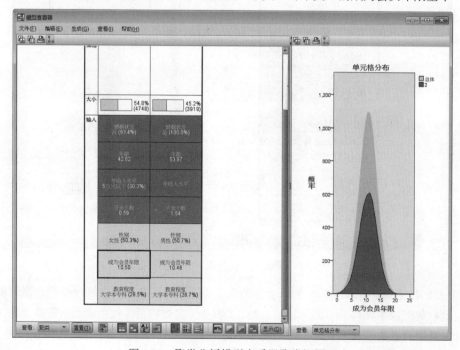

图 3.25　聚类分析模型查看器聚类视图 4

这一点在左侧的聚类为 2 的成为会员年限单元格中也有体现，即该单元格的颜色比较浅，而且顺序排在其他变量属性靠后的位置。

（7）我们把鼠标放在聚类为 2 的年收入水平单元格上，即可在聚类分析模型查看器聚类视图的右列看到年收入水平的单元格分布图（见图 3.26）。其中，总体的用浅红色表示，聚类 2 用深红色表示。可以发现聚类 2 的年收入水平分布要明显小于总体年收入水平分布，或者说，相对于聚类 1，聚类 2 的平均年收入水平要小很多。

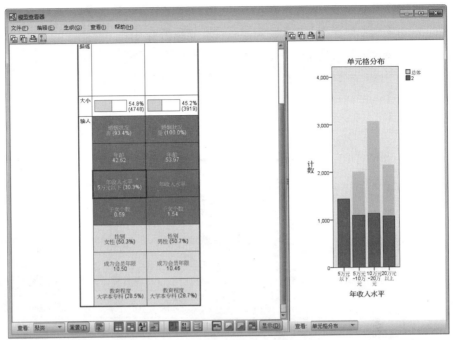

图 3.26　聚类分析模型查看器聚类视图 5

（8）我们把鼠标放在聚类为 2 的性别单元格上，即可在聚类分析模型查看器聚类视图的右列看到性别的单元格分布图（见图 3.27）。

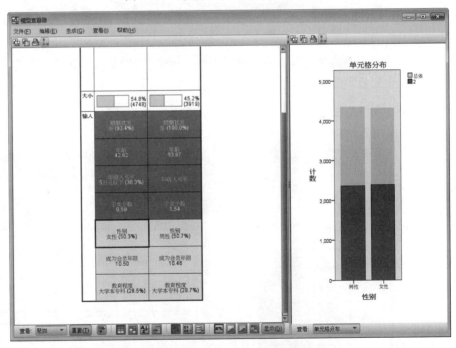

图 3.27　聚类分析模型查看器聚类视图 6

其中，总体的用浅红色表示，聚类 2 用深红色表示。可以发现聚类 2 的性别分布与总体性别分布基本一致（每个直方图几乎都是等比例分割），或者说，聚类 1 与聚类 2 的性别分布基本一致。

（9）我们把鼠标放在聚类为 2 的教育程度单元格上，即可在聚类分析模型查看器聚类视图的右列看到教育程度的单元格分布图（见图 3.28）。其中，总体的用浅红色表示，聚类 2 用深红色表示。可以发现聚类2的教育程度分布与总体教育程度分布基本一致（每个直方图几乎都是等比例分割），或者说，聚类1与聚类2的教育程度分布基本一致。

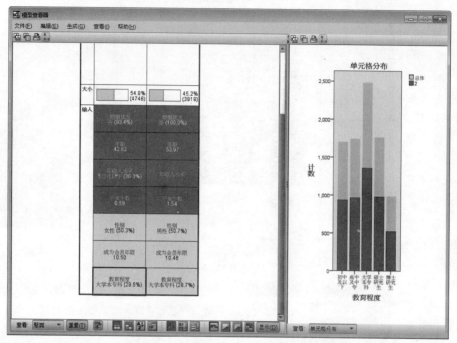

图 3.28　聚类分析模型查看器聚类视图 7

这一点在左侧的聚类为 2 的教育程度单元格中也有体现，即该单元格的颜色比较浅，而且顺序排在其他变量属性靠后的位置。

（10）我们选中整个聚类 1 列，即可在右侧显示出分类到聚类 1 的客户的基本特征，如图 3.29 所示。

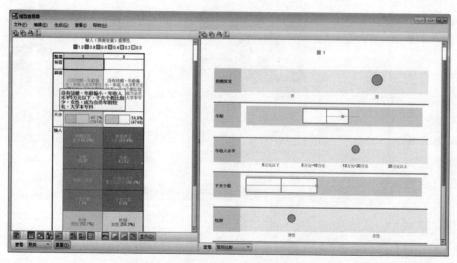

图 3.29　聚类分析模型查看器聚类视图 8

第 1 类客户的基本特征是已经结婚、年龄偏大、年收入水平为 10 万~20 万元，子女个数比较多，男性，成为会员年限较短，大学本专科。

（11）我们选中整个聚类 2 列，即可在右侧显示出分类到聚类 2 的客户的基本特征，如图 3.30
所示。

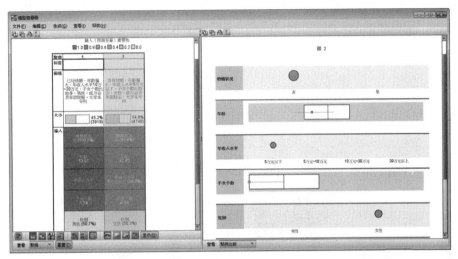

图 3.30　聚类分析模型查看器聚类视图 9

第 2 类客户的基本特征是没有结婚、年龄偏小、年收入水平在 5 万元以下，子女个数比较少，
女性，成为会员年限较长，大学本专科。

（12）我们用鼠标单击如图 3.31 所示的工具栏中的"单元格显示绝对分布"按钮，则会在每
个单元格中显示图表，这样可以快速比较聚类间的值分布。

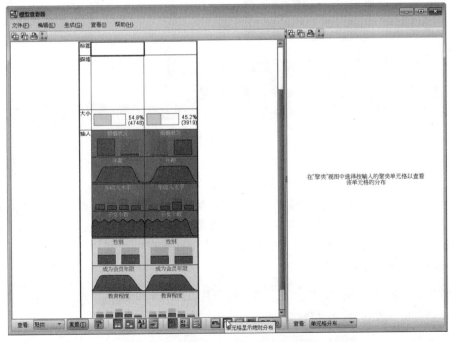

图 3.31　聚类分析模型查看器聚类视图 10

综上所述，我们可以得出结论：所有的客户可以按照 7 类变量属性（年龄、年收入水平、教育程度、成为会员年限、性别、婚姻状况、子女个数）分为大致相等的两类（第 1 类客户 3919 个，占比 45.2%；第 2 类客户 4748 个，占比 54.8%）。

"聚类"视图中的"描述"单元格是可以编辑文本字段的，用户可以添加每个聚类的描述。在本例中，我们可以在聚类 1 的单元格中输入"已经结婚、年龄偏大、年收入水平 10 万~20 万元，子女个数比较多，男性，成为会员年限较短，大学本专科"，在聚类 2 的单元格中输入"没有结婚、年龄偏小、年收入水平 5 万元以下，子女个数比较少，女性，成为会员年限较长，大学本专科"，实现对两类客户的标识，如图 3.32 所示。

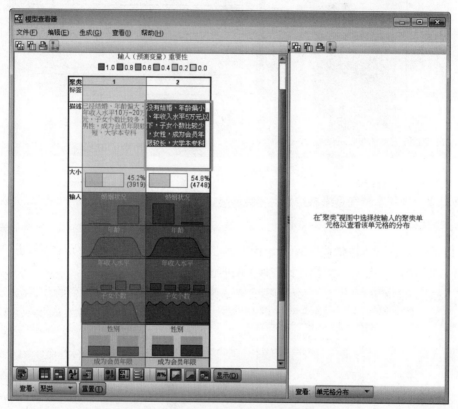

图 3.32　聚类分析模型查看器聚类视图 11

（13）我们还可以实现聚类分析的过滤。我们在模型查看器的菜单栏中选择"生成 | 过滤记录"命令（见图 3.33），即可弹出如图 3.34 所示的"过滤记录"对话框。在"过滤记录"对话框中，用户可以设定生成的过滤记录变量的名称，系统默认的名称是"filter_$"，此处我们选择系统默认设置，然后单击"确定"按钮，即可完成对数据的过滤。在数据集中创建"filter_$"新字段并根据"filter_$"字段的值过滤数据集中的记录，如图 3.35 所示。

对"filter_$"新字段解释如下：

● 过滤字段值为 1 的记录将被包括在后续分析、图表和报表中。

● 过滤字段值为 0 的记录将被排除。

排除的记录不会从数据集中删除。它们保留了过滤状态指示符，该指示符在"数据编辑器"

中以贯穿记录号的对角线表示。

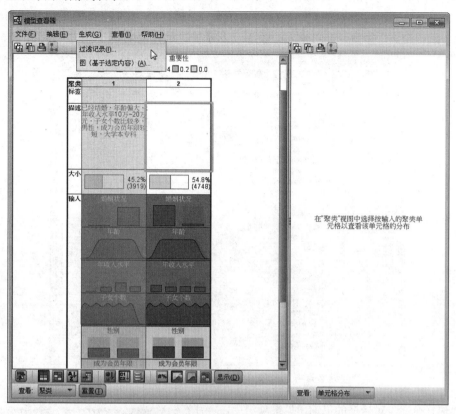

图 3.33　聚类分析模型查看器聚类视图 12

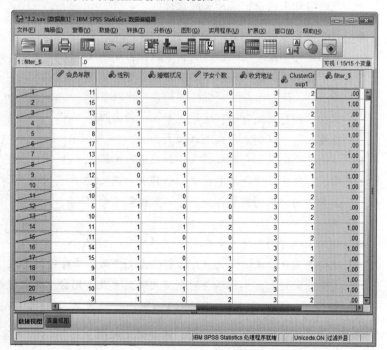

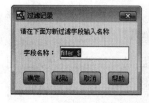

图 3.34　"过滤记录"对话框　　　　　　　　图 3.35　"filter_$"新字段

（14）除了前面介绍的通过模型查看器生成过滤记录的方法外，我们还可以根据聚类字段值（在图3.35所示的框口中体现为ClusterGroup1变量）选择记录。我们在如图3.36所示的框口中选择"数据|选择个案"命令，即可弹出如图3.37所示的"选择个案"对话框。

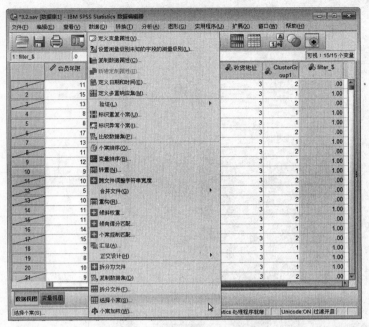

图3.36　"数据|选择个案"命令

在"选择个案"对话框的"输出"选项组中，有几个与处理已选定和未选定记录相关的选项：

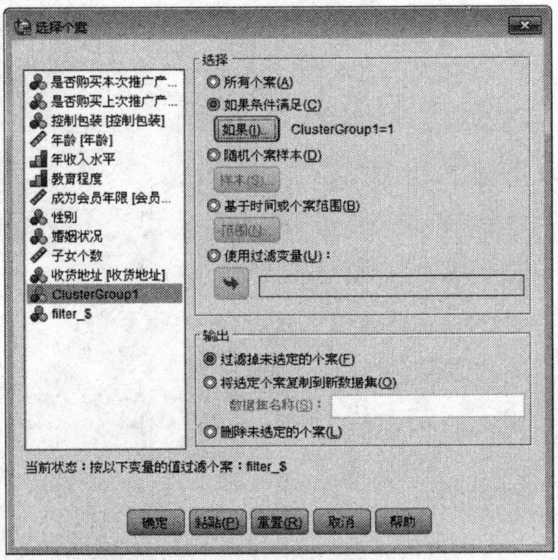

- 过滤掉未选定的个案。如果用户选择此项，则会创建一个指定过滤条件的新字段。排除的记录不会从数据集中删除。它们保留了过滤状态指示符，该指示符在"数据编辑器"中以贯穿记录号的对角线表示。这等同于在"聚类模型查看器"中以交互方式选择聚类。

- 将选定个案复制到新数据集。如果用户选择此项，则会在当前会话中创建一个只包含满足过滤条件的记录的新数据集。原始数据集不受影响。

图3.37　"选择个案"对话框

- 删除未选定的个案。如果用户选择此项，则会从数据集删除未选定记录。只有退出文件而不保存任何更改，然后重新打开文件，才能恢复删除的记录。如果保存对数据文件的更改，则会永久删除个案。

我们在"选择"选项组中可以指定选择标准，本例中我们选中"如果条件满足"单选按钮，然后单击该选项下面的"如果"按钮，则会弹出如图3.38所示的"选择个案：If"对话框。

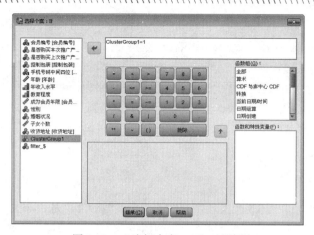

图 3.38　"选择个案：If"对话框

在该对话框中，因为是想根据聚类字段值（在图 3.35 所示的对话框中体现为"ClusterGroup1"变量）选择记录，所以我们首先从左侧列表框中把"ClusterGroup1"变量选入右侧上方的空白文本框中，然后直接输入"ClusterGroup1=1"或者直接选择相应的运算符和数字进行编辑。编辑完成后，单击"继续"按钮，返回至"选择个案"对话框，然后单击"确定"按钮，即可出现过滤结果，如图 3.39 所示，与按照图 3.35 "filter_$"新字段进行过滤的结果一致。

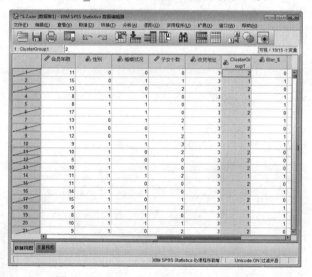

图 3.39　"ClusterGroup1=1"过滤记录

3.5　生成对产品做出了回应的联系人的概要

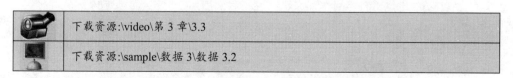

	下载资源:\video\第 3 章\3.3
	下载资源:\sample\数据 3\数据 3.2

"生成对产品做出了回应的联系人的概要"使用先前或检验活动的结果来创建描述概要文件。

用户可以使用这一概要文件在未来的营销活动中集中面向特定的联系人群体进行精准拓展。响应字段显示哪些联系人对先前或检验活动做出了响应，概要文件列表则包含用户打算用来创建概要文件的特征。

响应字段可以是字符串或数值，但必须为名义或有序字段，并使其中一个值代表所有正响应，任何其他非缺失值均被假设为负响应。如果响应字段代表连续（标度）值，例如交易数量或交易金额，则需要创建新字段，以便为所有非零响应值指定单个正响应值。

3.5.1 SPSS 分析过程

在 SPSS 格式文件中共有 13 个变量，分别是“会员编号”“是否购买本次推广产品”“是否购买上次推广产品”“控制包装”“手机号码中间四位”“年龄”“年收入水平”“教育程度”“会员年限”“性别”“婚姻状况”“子女个数”“收货地址”，如图 3.40 所示。

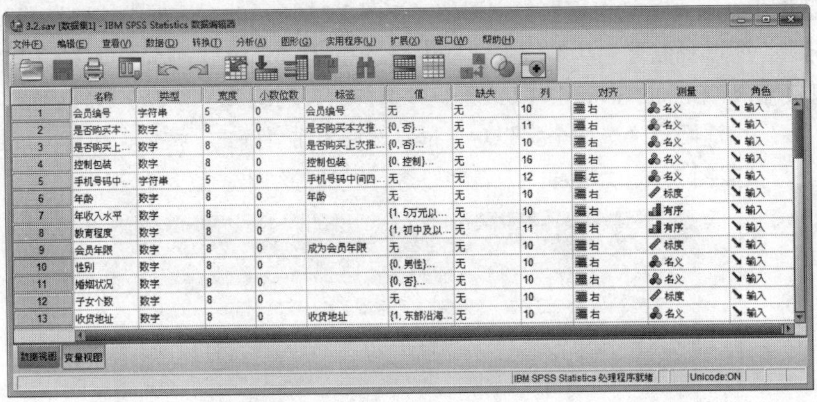

	名称	类型	宽度	小数位数	标签	值	缺失	列	对齐	测量	角色
1	会员编号	字符串	5	0	会员编号	无	无	10	右	名义	输入
2	是否购买本...	数字	8	0	是否购买本次推...	{0, 否}...	无	11	右	名义	输入
3	是否购买上...	数字	8	0	是否购买上次推...	{0, 否}...	无	10	右	名义	输入
4	控制包装	数字	8	0	控制包装	{0, 控制}...	无	16	右	名义	输入
5	手机号码中...	字符串	5	0	手机号码中间四...	无	无	12	左	名义	输入
6	年龄	数字	8	0	年龄	无	无	10	右	标度	输入
7	年收入水平	数字	8	0		{1, 5万元以...	无	10	右	有序	输入
8	教育程度	数字	8	0		{1, 初中及以...	无	11	右	有序	输入
9	会员年限	数字	8	0	成为会员年限	无	无	10	右	标度	输入
10	性别	数字	8	0		{0, 男性}...	无	10	右	名义	输入
11	婚姻状况	数字	8	0		{0, 否}...	无	10	右	名义	输入
12	子女个数	数字	8	0		无	无	10	右	标度	输入
13	收货地址	数字	8	0	收货地址	{1, 东部沿海...	无	10	右	名义	输入

图 3.40　变量视图

变量类型及长度采取系统默认方式，数据视图如图 3.41 所示。

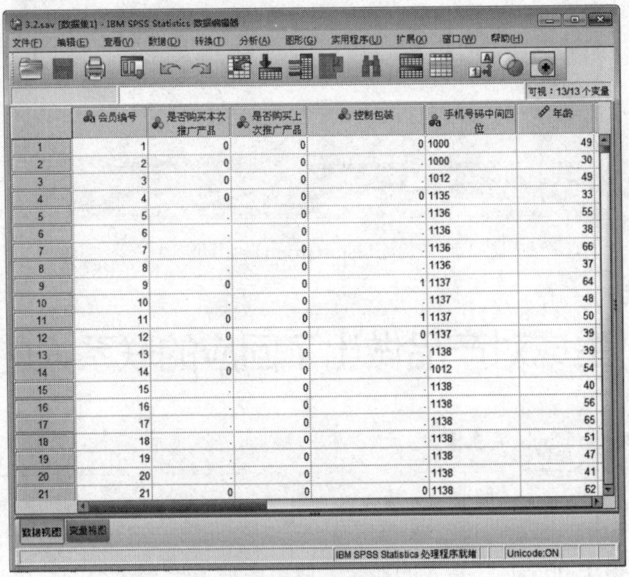

	会员编号	是否购买本次推广产品	是否购买上次推广产品	控制包装	手机号码中间四位	年龄
1	1	0	0	0	1000	49
2	2	0	0	.	1000	30
3	3	0	0	.	1012	49
4	4	0	0	0	1135	33
5	5	.	0	.	1136	55
6	6	.	0	.	1136	38
7	7	.	0	.	1136	66
8	8	.	0	.	1136	37
9	9	0	0	1	1137	64
10	10	.	0	.	1137	48
11	11	0	0	1	1137	50
12	12	0	0	0	1137	39
13	13	.	0	.	1138	39
14	14	0	0	.	1012	54
15	15	.	0	.	1138	40
16	16	.	0	.	1138	56
17	17	.	0	.	1138	65
18	18	.	0	.	1138	51
19	19	.	0	.	1138	47
20	20	.	0	.	1138	41
21	21	0	0	0	1138	62

图 3.41　数据视图

先做一下数据保存，然后开始展开分析，步骤如下：

01 选择"文件 | 打开 | 数据"命令，打开 3.2.sav 数据表。

02 选择"分析 | 直销 | 选择技术"命令，弹出"直销"对话框。在"了解我的联系人"选项组中选择"生成对产品作出了回应的联系人的概要"，如图 3.42 所示。

图 3.42 "直销"对话框

03 单击"继续"按钮，弹出"潜在客户概要"对话框，如图 3.43 所示。

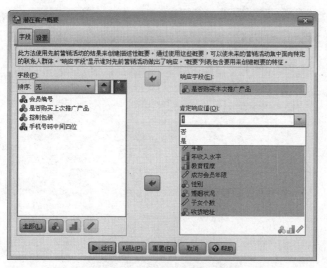

图 3.43 "聚类分析"对话框

（1）"字段"选项卡中指出了"生成对产品做出了回应的联系人的概要"的意义，即"此方法使用先前营销活动的结果来创建描述性概要。通过使用这些概要，可以使未来的营销活动集中面向特定的联系人群体。'响应字段'显示谁对先前营销活动做出了响应。'概要'列表包含要用来创建概要的特征"。

响应字段应当为分类字段，且具有一个代表所有正响应的值。本例中，我们把"是否购买本次推广产品"变量从"字段"列表框选入"响应字段"列表框中。

"肯定回应值"下拉列表框中包括 "是"和"否"两个选择，用于标识做出正面响应的客户（例如，购买产品）。所有其他非缺失响应值均被假设为表示负响应。如果为响应字段定义有值标签，则会在下拉列表中显示这些值标签。本例中，我们在数据设置的时候针对"是否购买本次推广产品"变量，用1来表示购买或者响应，用0表示未购买或者未响应，所以要选择"是"作为"肯定回应值"，在选择"是"之后，系统会自动将"肯定回应值"显示为"1"。

然后，我们把用于"生成对产品做出了回应的联系人的概要"分析的变量从"字段"列表框中选入"创建概要"列表框，本例中我们将"年龄""年收入水平""教育程度""成为会员年限""性别""婚姻状况""子女个数""收货地址"从"字段"列表框选入"创建概要"列表框。

（2）"设置"选项卡（见图3.44）允许用户控制最小概要文件组大小、在结果中包含最低响应率阈值信息、指定目标响应率。

● 最小概要组大小：每个概要文件代表数据集中一组联系人的公共特征（例如，年收入水平较高、年龄偏小、教育程度高的女性）。默认情况下，最小概要组大小为100。组大小越小，可以显示的组越多；组大小越大，结果会越可靠。值必须为正整数。

● 在结果中包括最低响应率阈值信息：结果包括一个表格，显示目标响应率（肯定响应的百分比）和累积响应率，此外还包括一个累积响应率图表。

● 指定目标响应率：如果输入指定目标响应率，则表格将通过颜色编码显示哪些概要文件满足最低累积响应率，同时图表将在指定的最低响应率阈值处包含参考线。指定目标响应率的值必须大于 0 且小于 100。

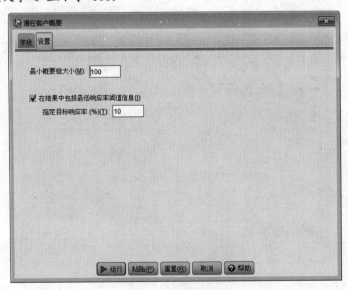

图 3.44 "设置"选项卡

本例中，我们设置"＝。最小概要组大小"为"100"，选中"在结果中包括最低响应率阈值信息"复选框,指定目标响应率为10%。

04 单击"运行"按钮,进入计算分析。

3.5.2 结果分析

在 SPSS"主界面"对话框的结果窗口中,我们可以看到如下分析结果:

(1)潜在客户概要响应率表分析结果,如图 3.45 所示。其中,绿色表示满足目标响应率,红色表示不满足目标响应率。

响应率表显示过程所识别的每个概要组的信息。针对"年龄""年收入水平""教育程度""成为会员年限""性别""婚姻状况""子女个数""收货地址"8 个字段,概要描述仅包括那些向模型提供了显著贡献的字段的特征。不包括那些没有显著贡献的字段。

各个概要按响应率的降序显示。响应率是做出肯定响应(产生购买行为)的客户所占的百分比。

累积响应率是当前概要组和所有先前概要组的组合响应率。各个概要按响应率的降序显示,这意味着累积响应率是当前概要组以及响应率更高的所有概要组的组合响应率。

指定的目标响应率为 10.00%。模型中的所有概要组的累积响应率均大于或等于 10.00%。因此,表中所有的行都显示为绿色。用户可以考虑排除那些具有个别小于 10.00%的响应率的概要组,但因为总响应率 18.28%大于目标响应率,所以此数据集可能不适合用于确定最有可能产生所需响应率的目标市场的特征。

(2)潜在客户概要累积响应率图分析结果,如图 3.46 所示。累积响应率图基本上是响应率表中显示的累积响应率的可视化表示。由于各个概要按响应率的降序报告,因此对于每个后续概要,累积响应率线条将不断下降。如果存在指定的目标响应率,那么将在该值处显示垂直参考线。本例中我们指定的目标响应率为 10%,所以在 10%处显示了红色的垂直参考线。

➡ **潜在客户概要**

目标类别:是

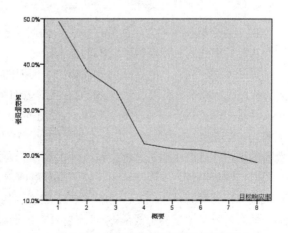

响应率

数字	描述	概要 组大小	响应率	累积响应率
1	收货地址 = "中西部地区"	1092	49.36%	49.36%
2	收货地址 = "东三省"	1032	27.03%	38.51%
3	收货地址 = "东部沿海" 教育程度 > "大学本专科"	456	13.16%	34.03%
4	收货地址 = "其他地区或境外"	2392	9.99%	22.47%
5	收货地址 = "东部沿海" 教育程度 <= "高中及中专" 婚姻状况 = "否"	466	9.66%	21.37%
6	收货地址 = "东部沿海" 教育程度 >"高中及中专" 教育程度 <= "大学本专科" 年收入水平 <= "5万元以下"	124	8.06%	21.07%
7	收货地址 = "东部沿海" 教育程度 <= "高中及中专" 婚姻状况 = "是"	414	5.80%	20.01%
8	收货地址 = "东部沿海" 教育程度 >"高中及中专" 教育程度 <= "大学本专科" 年收入水平 >"5万元以下"	672	2.83%	18.28%

绿色:满足目标响应率。
红色:不满足目标响应率。

图 3.45　潜在客户概要响应率表分析结果 1　　　　图 3.46　潜在客户概要累积响应率图 1

（3）前面系统提示"因为总响应率18.28%大于目标响应率，所以此数据集可能不适合用于确定最有可能产生所需响应率的目标市场的特征"，所以我们需要提高一下目标响应率，以便更加精准地确定用户特征。本例中，我们把目标响应率提高到25%，重新运行，结果如图3.47所示。

在图3.47潜在客户概要响应率表分析结果2中，指定的目标响应率为25.00%。绿色行的累积响应率大于或等于25.00%，红色行的累积响应率小于25.00%。尽管绿色区域中某些概要组可能有个别响应率小于25.00%，但该点处的累积响应率仍大于或等于25.00%。比如针对数字3，即"收货地址 = "东部沿海" 教育程度 > "大学本专科""代表的客户群体，响应率为13.16%，绝对值是小于25%的目标响应率的，但是其累积响应率（1092×49.36%+1032×27.03%+456×13.16%）÷（1092+1032+456）=34.03%是大于25%的目标响应率的，所以显示为绿色。

（4）潜在客户概要累积响应率图2（见图3.48）展示了设定目标响应率为25%时，潜在客户概要累积响应率图分析结果。

➡ 潜在客户概要

目标类别：是

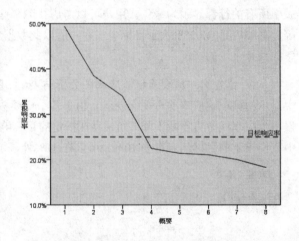

数字	描述	组大小	响应率	累积响应率
1	收货地址 = "中西部地区"	1092	49.36%	49.36%
2	收货地址 = "东三省"	1032	27.03%	38.51%
3	收货地址 = "东部沿海" 教育程度 > "大学本专科"	456	13.16%	34.03%
4	收货地址 = "其他地区或境外"	2392	9.99%	22.47%
5	收货地址 = "东部沿海" 教育程度 <= "高中及中专" 婚姻状况 = "否"	466	9.66%	21.37%
6	收货地址 = "东部沿海" 教育程度 <= "高中及中专" 教育程度 <= "大学本专科" 年收入水平 = "5万元以下"	124	8.06%	21.07%
7	收货地址 = "东部沿海" 教育程度 <= "高中及中专" 婚姻状况 = "是"	414	5.80%	20.01%
8	收货地址 = "东部沿海" 教育程度 > "高中及中专" 教育程度 <= "大学本专科" 年收入水平 > "5万元以下"	672	2.83%	18.28%

绿色：满足目标响应率。
红色：不满足目标响应率。

图3.47　潜在客户概要响应率表分析结果2　　　　图3.48　潜在客户概要累积响应率图2

由于各个概要按响应率的降序报告，因此对于每个后续概要，累积响应率线条将不断下降。图中红色的虚线为目标响应率25%的参考线。

综上所述，在此次"生成对产品作出了回应的联系人的概要"分析中，标识了8个概要文件组，结果显示似乎只有收货地址、教育程度、婚姻状况和年收入水平这四个显著人口统计特征与某个人是否对产品做出响应有关。其中，收货地址为中西部地区的客户群体组成了最高响应率组，响应率为49.36%，接近半数，说明该商户的商品在中西部地区是最受欢迎的，最能得到接近一半消费者的认可并且产生购买行为；其次是收货地区为东三省的客户群体，响应率为27.03%，如果商户同时向收货地址为中西部和东三省的消费群体进行推广，则响应率能够达到38.51%；再次是收货地址在东部沿海地区但是教育程度必须在大学本专科以上的客户，响应率达到了13.16%，如果商户同时向收货地址为中西部、东三省以及东部沿海地区且教育程度在大学本专科以上的客户群体进行推广，则响应率能够达到 34.03%。商户可以根据这一重要信息制定针对性的营销策略，把有限的营销资源集中使用到响应率最大的消费群体。

3.6　确定回应最多的邮政编码

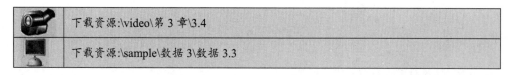

| | 下载资源:\video\第 3 章\3.4 |
| 下载资源:\sample\数据 3\数据 3.3 |

在很多情况下，我们需要确定消费者常用联系方式所在的地区，以便挖掘客户群体特征，有针对性地开展营销。SPSS 提供了确定回应最多的邮政编码方法，使用先前活动的结果来计算邮政编码响应率。此处所指的邮政编码是 SPSS 从英文中直接翻译过来的，因为国外市场营销可能主要以邮政编码来区分客户联系方式所在地区。在我国，邮政编码使用的越来越少，用手机号码的中间四位作为标识用户联系方式所在地区更为合适和恰当。因为在 SPSS 窗口中显示的都是"邮政编码"，所以我们在对窗口操作进行介绍时仍使用"邮政编码"，其实所使用的案例是用来替代用户手机号码中间四位的问题。

3.6.1　SPSS 分析过程

在 SPSS 格式文件中共有 13 个变量，分别是"会员编号""是否购买本次推广产品""是否购买上次推广产品""控制包装""手机号码中间四位""年龄""年收入水平""教育程度""会员年限""性别""婚姻状况""子女个数""收货地址"，如图 3.49 所示。

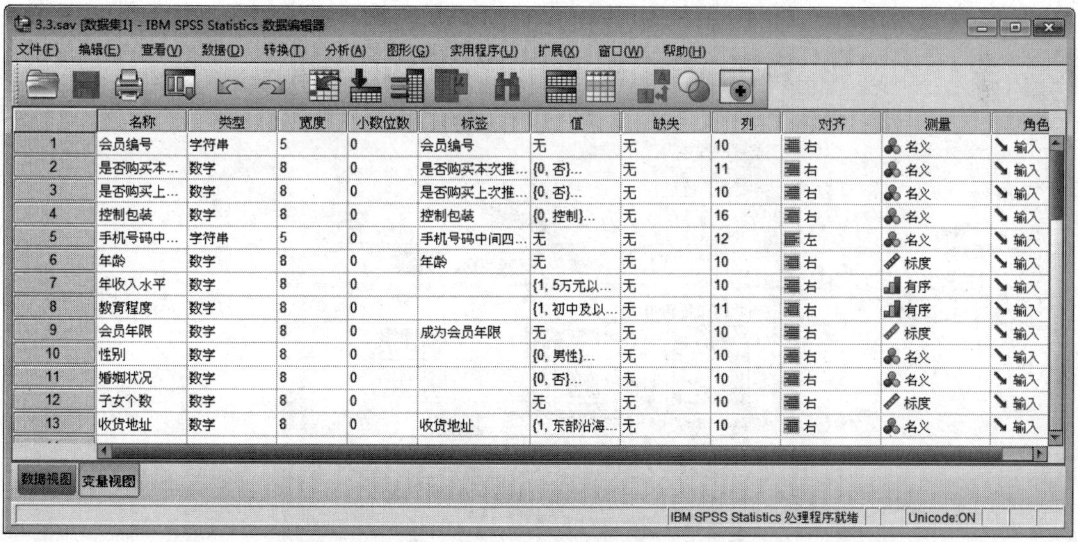

图 3.49　变量视图

变量类型及长度采取系统默认方式，数据视图如图 3.50 所示。

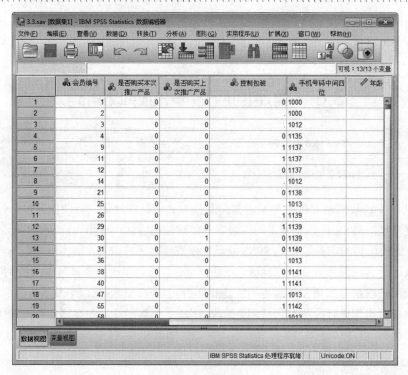

图 3.50　数据视图

先做一下数据保存，然后开始展开分析，步骤如下：

01 选择"文件｜打开｜数据"命令，打开 3.3.sav 数据表。

02 选择"分析｜直销｜选择技术"命令，弹出"直销"对话框，在"改善我的市场营销活动"选项组中选择"确定回应最多的邮政编码"，如图 3.51 所示。

图 3.51　"直销"对话框

03 单击"继续"按钮，弹出"邮政编码响应率"对话框，如图3.52所示。

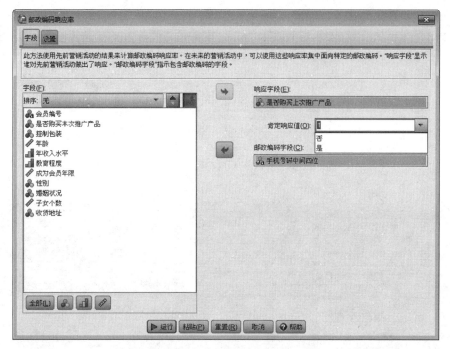

图3.52　"邮政编码响应率"对话框

"邮政编码响应率"对话框包括"字段"和"设置"两个选项卡。

（1）"字段"选项卡指出了"邮政编码响应率"的意义，即"此方法使用先前营销活动的结果来计算邮政编码响应率。在未来的营销活动中，可以使用这些响应率集中面向特定的邮政编码。'响应字段'显示谁对先前营销活动做出了响应。'邮政编码字段'指示包含邮政编码的字段。"

响应字段应当为分类字段，且具有一个代表所有正响应的值。本例中，我们把"是否购买上次推广产品"变量从"字段"列表框中选入"响应字段"列表框中。

"肯定回应值"下拉列表框中包括"是"和"否"两个选项，标识做出正面响应的客户（例如，购买产品）。所有其他非缺失响应值均被假设为表示负响应。如果为响应字段定义有值标签，则会在下拉列表中显示这些值标签。本例中我们在数据设置的时候就是针对"是否购买本次推广产品"变量，用1来表示购买或者说响应，用0表示未购买或者未响应，所以选择"是"作为"肯定回应值"，在选择"是"之后系统会自动将"肯定回应值"显示为"1"。

然后我们把用于"邮政编码响应率"分析的变量从"字段"列表框中选入"邮政编码字段"列表框。本例中，我们将"手机号码中间四位"从"字段"列表框选入"邮政编码字段"列表框。

（2）"设置"选项卡（见图3.53）允许用户设置邮政编码分组依据、数字邮政编码格式、输出响应率和容量分析、最低可接受响应率、最大联系人数目、导出至Excel。

● "邮政编码分组依据"选项组可以确定如何分组记录以计算响应率。系统默认情况下使用整个邮政编码并将具有相同邮政编码的所有记录分组在一起，以计算组响应率，或者基于完整邮政编码的某个部分（前n个数字或字符）来对记录分组。如果用户计划基于10位字符邮政编码的前3位字符，就需要选中"前3个数字或字符"单选按钮；如果用户计划基于 10 位字符邮政编码的前 5 位字符，就需要选中"前 5 个数字或字符"单选按钮；如果用户计划基于 10 位字符邮政编码的前 6 字符，就需要选中"前 N 个数字或字符"单选按钮，然后在"N"文本框中填写"6"。需要注意的是，N 值必须为正整数。最终分析输出结果中的数据集将为每个邮政编码组包含一条记录。

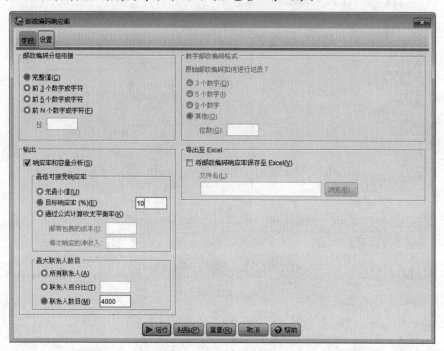

图 3.53　"邮政编码响应率"对话框中的"设置"选项卡

- "数字邮政编码格式"选项组适用于用户基于前 n 位数字而不是整个值来分组邮政编码，需要指定原始邮政编码的位数。这里的位数是邮政编码中的最大可能位数。例如，邮政编码字段包含 3 位和 5 位数字邮政编码的组合，则需要指定 5 作为位数。需要注意的是，根据显示格式 4 位邮政编码可能在显示时只包含 3 位数字，这是因为前面的零被隐藏了。

- "输出"选项组。

  ➢ 响应率和容量分析：输出包含邮政编码响应率的新数据集，以及按十分位数排序（前 10%、前 20% 等）列出结果摘要的表格和图表。表格显示每个十分位数分级中的响应率、累积响应率、联系人和累积联系人。图表则显示每个十分位数分级中的累积响应率和累积联系人。

  ➢ 最低可接受响应率："无最小值""目标响应率""通过公式计算收支平衡率"三个选项。如果用户选择输入"目标响应率"或"通过公式计算收支平衡率"，则表格将通过颜色编码显示哪些十分位数分级能够满足最低累积响应率，同时图表将在指定的最低响应率值处包含参考线。其中，目标响应率表示为百分比（每个邮政编码组中正响应的百分比），值必须大于 0 且小于 100。若使用"通过公式计算收支平衡率"，则需要输入"邮寄包裹的成本"和"每次响应的净收入"，并且这两个值必须为正数。公式为（邮寄包裹的成本/每次响应的净收入）× 100，结果必须为大于 0 且小于 100 的值。例如，邮寄包裹的成本为 1，每次响应的净收入为 20，则最低响应率为(1/20) ×

100=5。通过这种设定，可以使得商家能够站在盈亏平衡点之上考虑营销决策。

➤ 最大联系人数目。系统默认设置为"所有联系人"，如果用户不选择系统默认设置，而是指定最大联系人数目（在"联系人百分比"或"者联系人数目"中输入数字），则最终输出的表格将通过颜色编码显示哪些十分位数分级未超过累积最大联系人数目，图表将在该值处包含参考线。其中，"联系人百分比"是以百分比表示的最大联系人数量。例如，用户可能想知道具有最高响应率且包含不超过全部联系人的 50%的十分位数分级，则需要在"联系人百分比"文本框中输入"50"。需要注意的是，用户输入的值必须满足百分位数的要求，也就是要大于 0 且小于 100。"联系人数目"表示最大联系人数目。例如，用户最多邮寄 5000 个包裹，就可以将值设置在 5000。此值必须为正整数（无分组符号）。

用户如果同时指定了"最低可接受响应率"和"最大联系人数目"，则表格颜色编码将基于最先满足的条件。

● "导出至 Excel"选项组。如果用户选中"将邮政编码响应率保存至 Excel"复选框，则系统将自动创建一个包括邮政编码响应率的新数据集。数据集中的每条记录（行）代表一个邮政编码，自动将同一信息保存到 Excel 文件。

本例中我们设置"邮政编码分组依据"为"完整值"，勾选"输出"选项组中的"响应率和容量分析"复选框，在"最低可接受响应率"中选中"目标响应率"单选按钮，并且把目标响应率的值设定为 10，在"最大联系人数目"中选中"联系人数目"单选按钮，并且把联系人数目的值设定为 4000。

04 单击"运行"按钮，进入计算分析。

3.6.2　结果分析

在 SPSS "主界面"对话框的结果窗口中，我们可以看到如下分析结果：

（1）自动创建的新数据集，如图 3.54 所示。此数据集为每个邮政编码（手机号码中间四位）包含单个记录（行）。在本例中，每行包含以相同的手机号码中间四位的所有邮政编码（手机号码中间四位）的摘要信息。

除包含邮政编码（手机号码中间四位）的字段外，新数据集还包含以下字段：

● 响应率。每个邮政编码（手机号码中间四位）中正响应的百分比。记录自动按响应率的降序进行排列，因此具有最高响应率的邮政编码(手机号码中间四位)出现在数据集的顶部。
● 响应。每个邮政编码（手机号码中间四位）中正响应的个数。
● 联系人。在每个邮政编码(手机号码中间四位)中包含响应字段（是否购买上次推广产品）的非缺失值的联系人总数。
● 索引。基于公式 $N \times P \times (1-P)$ 的"加权"响应，其中 N 为联系人数量，P 为以比例表示的响应率。对于具有相同响应率（体现在公式中的 P 相同）的两个邮政编码（手机号码中间四位），该公式将为具有更多联系人（体现为公式中 N 更大）的邮政编码（手机号码中间四位）分配更高的指标值。

- 等级。以降序排列的累积邮政编码（手机号码中间四位）响应率的十分位数排序（前 10%、前 20%等）。

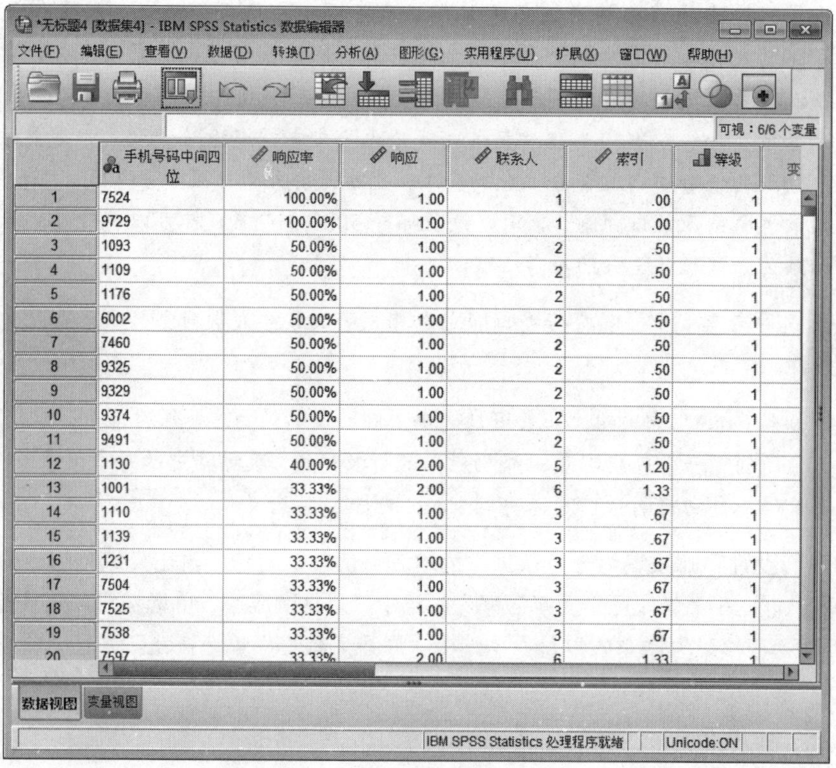

	手机号码中间四位	响应率	响应	联系人	索引	等级
1	7524	100.00%	1.00	1	.00	1
2	9729	100.00%	1.00	1	.00	1
3	1093	50.00%	1.00	2	.50	1
4	1109	50.00%	1.00	2	.50	1
5	1176	50.00%	1.00	2	.50	1
6	6002	50.00%	1.00	2	.50	1
7	7460	50.00%	1.00	2	.50	1
8	9325	50.00%	1.00	2	.50	1
9	9329	50.00%	1.00	2	.50	1
10	9374	50.00%	1.00	2	.50	1
11	9491	50.00%	1.00	2	.50	1
12	1130	40.00%	2.00	5	1.20	1
13	1001	33.33%	2.00	6	1.33	1
14	1110	33.33%	1.00	3	.67	1
15	1139	33.33%	1.00	3	.67	1
16	1231	33.33%	1.00	3	.67	1
17	7504	33.33%	1.00	3	.67	1
18	7525	33.33%	1.00	3	.67	1
19	7538	33.33%	1.00	3	.67	1
20	7597	33.33%	2.00	6	1.33	1

图 3.54　自动创建新的数据集

以第 3 行为例，手机号码中间四位为“1093”，响应率为 50%，共有两位联系人，其中 1 位联系人进行了响应，索引列单元格根据公式计算 2×0.5×（1−0.5）=0.5，等级为 1，位于第一个十分位数区间（前 10%）。

（2）响应率表分析结果，如图 3.55 所示。响应率表按十分位数秩的降序（前 10%、前 20%等）对结果进行摘要。累积响应率是当前及所有先前行中肯定响应的组合百分比。由于结果以响应率的降序显示，因此这是当前十分位数与所有具有更高响应率的十分位数的组合响应率。由于十分位数秩包括在新的数据集中，因此用户可以轻松确定满足特定累积响应率的邮政编码（手机号码中间四位）。在新数据集中，用于标识十分位数秩的字段名为“等级”（1 表示前 10%，2 表示前 20%……），与图 3.54 自动创建新的数据集中的结果一致。

本例中指定的最小响应率为 10.00%，指定的最大联系人数目为 4000。表中的颜色编码基于首先达到的阈值。这两个阈值在同一个类别中达到。绿色行的累积响应率大于或等于指定的最小响应率，其累积联系人数目小于或等于指定的最大联系人数目。红色行的累积响应率小于指定的最小响应率，其累积联系人数目大于指定的最大联系人数目。

（3）每个十分位数中累积响应率和累积联系人数量图表如图 3.56 所示。每个十分位数中累积响应率和累积联系人数量图表为在响应率表格中所显示的相同信息的可视化表示。最小累积响应率和最大累积联系人数量阈值在第 20~60 个百分位数之间的某个位置达到。由于此图表按响应率十分位数的降序排序显示累积响应率，因此对于每个后续十分位数而言累积响应率行始终在下降。由于联系人数量行代表累积联系人数量，因此它始终在上升。

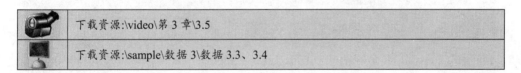

➡ 响应率

响应率

百分位	响应率	联系人	累积响应率	累积 联系人
上限 10%	19.78%	728	19.78%	728
上限 20%	8.78%	786	14.07%	1514
上限 60%	0.00%	5134	3.20%	6648

每个邮政编码的响应率均在此过程自动创建的新数据集中列出。
绿色: 满足目标响应率, 且未超出容量限制。
红色: 未满足最低响应率并且或者超出容量限制。

响应率表按十分位数秩的降序 (前 10%, 前 20%, 等等) 对结果进行摘要。累积响应率是当前及所有先行中钦定响应的组合百分比。由于结果以响应率的降序显示, 因此这是当前十分位数与所有具有更高响应率的十分位数的组合响应率。由于十分位数秩包括在新的数据集中, 因此您可以轻松确定满足特定累积响应率的邮政编码。在新数据集中, 用于标识十分位数秩的字段名为 Rank, 其中的 1 表示前 10%, 2 表示前 20%, 等等。

指定的最小响应率为 10.00%。指定的最大联系人数目为 4000。表中的颜色编码基于首先达到的阈值。这两个阈值在同一个类别中达到, 绿色的累积响应率大于或等于最小响应率, 其累积联系人数目小于或等于指定的最大联系人数目。红色行的累积响应率小于指定的最小响应率, 其累积联系人数目大于指定的最大联系人数目。

图 3.55　响应率表　　　　图 3.56　每个十分位数中累积响应率和累积联系人数量图表

综合图 3.55 和图 3.56 的结论, 如果我们在市场营销中想达到 10%的目标响应率, 同时为了控制成本, 向不多于 4000 个联系人进行营销, 那么我们需要重点关注前两个十分位数（10%、20%）以内的联系人。

3.7　选择最有可能进行采购的联系人

📹	下载资源:\video\第 3 章\3.5
🖥	下载资源:\sample\数据 3\数据 3.3、3.4

选择最有可能进行采购的联系人分析方法用来研究客户的潜在购买倾向，相较于"生成对产品作出了回应的联系人的概要"多了预测功能。此方法采用二元 Logistic 回归构建预测模型，输出结果为每个客户的响应概率。构建并应用预测模型的过程包含两个基本步骤。第一步是使用已有的数据集（客户的购买行为和行为特征均已确定）构建模型并保存模型文件，模型中被解释变量同样为客户是否产生购买行为，解释变量同样为每个客户的具体特征（包括客户的性别、地区、婚姻状况、学历水平等基本特征，以及客户的交易次数、交易金额等交易行为习惯特征）。第二步是应用该模型到其他数据集（客户的行为特征已经确定，但是购买行为未知）以获取预测结果。

3.7.1　SPSS 分析过程

针对"选择最有可能进行采购的联系人"示例使用两个数据文件，先使用数据 3.3.sav 构建模型，然后将模型应用到数据 3.4.sav。

数据 3.3 变量视图如图 3.57 所示，在 SPSS 格式文件中共有 13 个变量，分别是"会员编号""是否购买本次推广产品""是否购买上次推广产品""控制包装""手机号码中间四位""年龄""年收入水平""教育程度""会员年限""性别""婚姻状况""子女个数""收货地址"，并针对"是否购买本次推广产品""是否购买上次推广产品""控制包装""年收入水平""教育程度""性别""婚姻状况""收货地址"等变量进行了值标签操作。

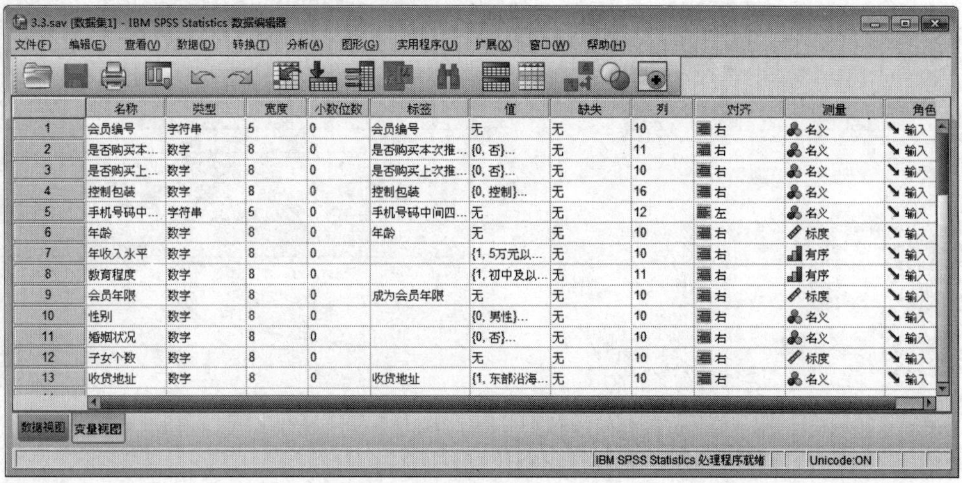

图 3.57　数据 3.3 变量视图

数据 3.4 变量视图如图 3.58 所示，在 SPSS 格式文件中共有 9 个变量，分别是"会员编号""手机号码中间四位""年龄""年收入水平""教育程度""会员年限""性别""婚姻状况""收货地址"，并针对"年收入水平""教育程度""性别""婚姻状况""收货地址"等变量进行了值标签操作。

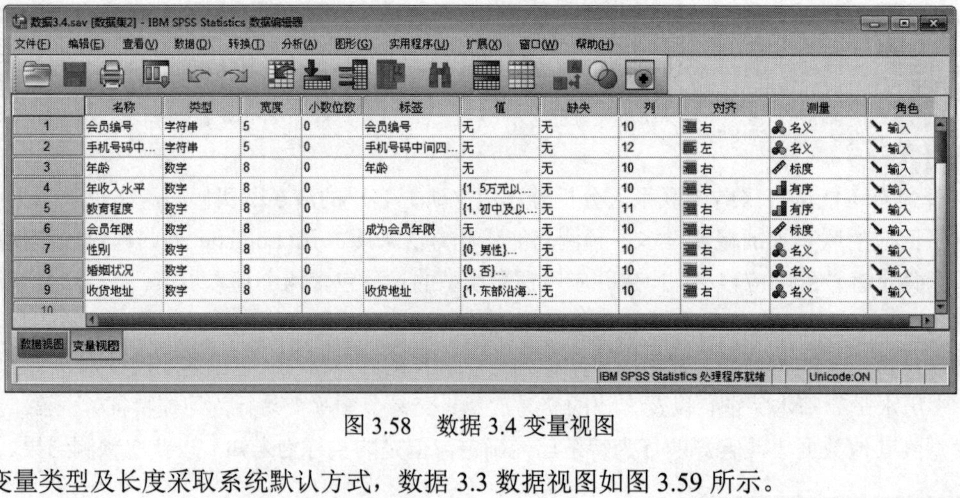

图 3.58　数据 3.4 变量视图

变量类型及长度采取系统默认方式，数据 3.3 数据视图如图 3.59 所示。

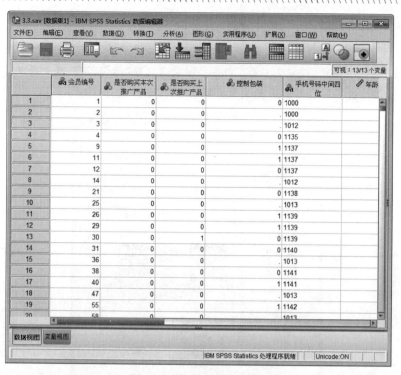

图 3.59　数据 3.3 数据视图

数据 3.4 数据视图如图 3.60 所示。

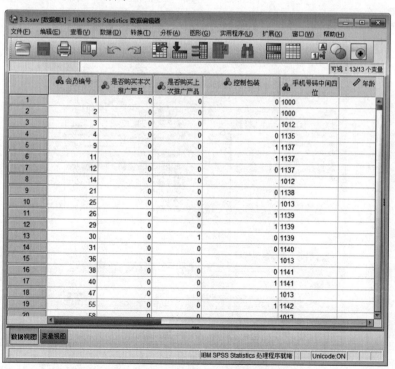

图 3.60　数据 3.4 数据视图

先做一下数据保存，然后开始展开分析，步骤如下：

01 选择"文件｜打开｜数据"命令，打开 3.3.sav 数据表。

02 选择"分析｜直销｜选择技术"命令，弹出"直销"对话框，在"改善我的市场营销活动"选项组中选择"选择最有可能进行采购的联系人"，如图 3.61 所示。

图 3.61　"直销"对话框

03 单击"继续"按钮，弹出"采购倾向"对话框，如图 3.62 所示。

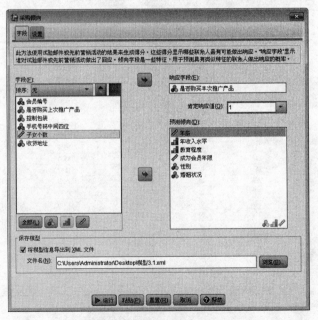

图 3.62　"采购倾向"对话框

"采购倾向"对话框包括"字段"和"设置"两个选项卡。

（1）"字段"选项卡指出了"选择最有可能进行采购的联系人"的意义，即"此方法使用试验邮件或先前营销活动的结果来生成得分。这些得分显示哪些联系人最有可能做出响应。'响应字段'显示谁对试验邮件或先前营销活动做出了回应。倾向字段是一些特征，用于预测具有类似特征的联系人做出响应的概率。"

响应字段应当为分类字段，且具有一个代表所有正响应的值。在本例中，我们把"是否购买本次推广产品"变量从"字段"列表框选入"响应字段"列表框中。

"肯定回应值"下拉列表框中包括"是"和"否"两个选项，标识那些做出正面响应的客户（例如，购买产品）。所有其他非缺失响应值均被假设为表示负响应。如果为响应字段定义有值标签，则会在下拉列表中显示这些值标签。本例中，我们在数据设置的时候针对的是"是否购买本次推广产品"变量，用1来表示购买或者说响应，用0表示未购买或者未响应，所以选择"是"作为"肯定回应值"，在选择"是"之后系统会自动将"肯定回应值"显示为"1"。

然后我们把用于"选择最有可能进行采购的联系人"分析的变量从"字段"列表框选入"预测倾向"列表框，本例中我们将"年龄""年收入水平""教育程度""成为会员年限""性别""婚姻状况"6个变量从"字段"列表框选入"预测倾向"列表框。

在"保存模型"选项组中勾选"将模型信息导出到XML文件"复选框，然后在文件名文本框中输入设置需要保存的文件路径，比如保存到桌面，而且命名为模型3.1.xml，就需要输入"C:\Users\Administrator\Desktop\模型3.1.xml"。

（2）"设置"选项卡（见图3.63）内包括4个选项组，分别是"验证模型"选项组、"诊断输出"选项组、"重新编码的响应字段的名称和标签"选项组、"保存得分"选项组。用户可以对4个选项组进行设置。

图3.63　"采购倾向"对话框"设置"选项卡

（1）"验证模型"选项组

在"验证模型"选项组中，用户可以对用于生成得分的模型进行验证。模型验证创建训练和测试组以供诊断用途。要验证该模型，需要将数据划分为多个分区。训练分区用于训练模型或构建模型。检验分区用于验证该模型。如果用户要验证该模型，此方法可将记录自动分配给分区。

- 训练样本分区大小(%)：指定分配给训练样本的记录百分比。除了训练样本之外响应字段具有非缺失值的其余记录则被指定给测试样本。训练样本分区大小(%)值必须大于0且小于100。
- 设置种子以复制结果：由于记录是随机分配给训练和测试样本的，因此每次运行过程时可能会得到不同的结果，除非始终指定相同的随机数种子值。

（2）"诊断输出"选项组

- 整体模型质量。诊断输出的整体模型质量用来显示整体模型质量（表示为0和1之间的值）条形图。良好的模型应具有大于0.5的值。
- 分类表。分类表输出一个表格，对预测的正、负响应和实际的正、负响应进行比较。总体准确率可以在一定程度上显示模型整体的工作情况，但用户可能更关注正确预测的正响应的百分比。
- 最小概率。最小概率将得分值大于指定值的记录指定到分类表中的预测正响应类别，由过程生成的得分代表联系人将做出正面响应的可能性。作为一般规则，用户必须指定一个接近最低目标响应率的比例值，值必须大于0且小于1。例如，如果用户对至少5%的响应率感兴趣，则需指定0.05。

（3）"重新编码的响应字段的名称和标签"选项组

"重新编码的响应字段的名称和标签"选项组自动将响应字段重新编码为新字段（1代表正响应，0代表负响应），并在重新编码的字段上执行分析。用户可以设置自己的名称和标签覆盖默认名称和标签，但名称必须符合SPSS命名规则。

（4）"保存得分"选项组

此方法使用试验邮件或先前营销活动的结果来生成得分。得分代表正响应的可能性，并以比例表示，将自动保存在新字段中。

在本例中，我们进行如下设置：在"验证模型"选项组中选中"验证模型"复选框并将训练样本分区大小(%)设置为50，选中"设置种子以复制结果"复选框，并将种子数设置为2000000；在"诊断输出"选项组中选中"整体模型质量"和"分类表"复选框，把"最小概率"设置为"0.05"；在"重新编码的响应字段的名称和标签"和"保存得分"选项组中采取系统默认设置。

04 单击"运行"按钮，进入计算分析。

3.7.2 结果分析

在SPSS"主界面"对话框的结果窗口中，我们可以看到如下分析结果：

（1）"选择最有可能进行采购的联系人"分类表结果，如图3.64所示。

分类表将目标字段的预测值与目标字段的实际值相比较。总体准确率可以在某些方面显示模型工作情况，不过如果构建模型是为了确定可能产生等于或大于指定的最小正响应率的正响应率的一组联系人，那么用户可能更关注正确预测的正响应的百分比。

在本例中，分类表拆分为训练样本和测试样本。训练样本用于构建模型，然后将该模型应用到测试样本，以查看模型的表现情况。

分类表

			预测					
			训练样本			检验样本		
			重新编码响应（1=是，0=否）			重新编码响应（1=是，0=否）		
实测			否	是	正确百分比	否	是	正确百分比
重新编码响应（1=是，0=否）	否	0	2675	.00	0	2758	.00
	是	0	581	100.00	0	634	100.00
总体百分比		.	17.84	17.84	.	18.69	18.69

训练样本：对于那些预测为具有肯定响应的项，实际肯定响应的正确分类率为 17.84%。检验样本：对于那些预测为具有肯定响应的项，实际肯定响应的正确分类率为 18.69%。这大于或等于指定的最小概率 .050 或 5.00%。这表明此模型可以用于确定一组满足或超出指定最小概率值的联系人。

图 3.64　"选择最有可能进行采购的联系人"分类表结果

- 训练样本：对于那些预测为具有肯定响应的项，实际肯定响应的正确分类率为 17.84%。
- 检验样本：对于那些预测为具有肯定响应的项，实际肯定响应的正确分类率为 18.69%。

正确分类率都大于指定的最小概率.050 或 5.00%，表明此模型可以用于确定一组满足或超出指定最小概率值的联系人。

（2）模型质量分析结果如图 3.65 所示。

良好模型的值在 0.5 以上，小于 0.5 的值表示模型并不优于随机预测。注意：解读此图表时应保持谨慎，这是因为此图表仅反映对总体模型质量的大体测量。即使肯定响应的正确预测率未满足指定的最小概率，模型质量仍可视为"良好"。可使用分类表检查正确的预测率。

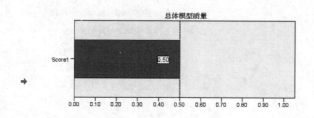

图 3.65　模型质量

本例中模型质量尚过得去，略高于 0.50 的参考线。下面我们将从数据 3.3 中获取的模型应用到数据 3.4 之中。

从数据 3.4 的数据编辑器菜单中选择"实用程序｜评分向导"命令（见图 3.66）。即可弹出"评分向导"对话框。我们需要将依据数据 3.3 形成的模型 3.1.xml 导入到"评分向导"对话框，然后单击下面的"浏览"按钮，找到"模型 3.1.xml"所在位置进行导入。导入之后，可以看到在选择评分模型中多了"模型 3.1.xml"，同时在右列会显示模型的详细信息，如图 3.67 所示。

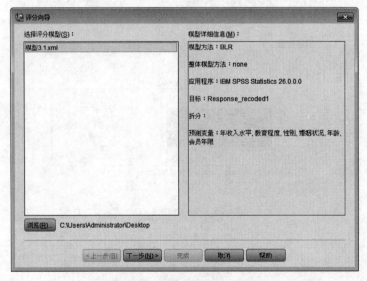

图 3.66   "实用程序｜评分向导"命令

图 3.67   "评分向导"对话框

然后单击"下一步"按钮，即可弹出如图 3.68 所示的"评分向导"对话框。在该对话框中，我们可以看到模型名称为"模型 3.1"，模型类型为"二元 Logistic 回归"。

为了对活动数据集进行评分，该数据集必须包含对应于模型中的所有预测变量的字段（变量）。系统会自动将模型字段与数据集 3.4 进行匹配。默认情况下，自动匹配活动数据集中任何与模型中的字段具有相同名称和类型的字段。如果模型中的变量名称和数据 3.4 中的变量名称完全一致，则不需要进行修改。如果模型中变量名称和数据 3.4 中的变量名称不完全一致，则需要人工使用下拉列表匹配数据集字段到模型字段，模型和数据集中每个字段的数据类型必须相同才能匹配字段进行匹配。如果模型包含拆分字段，那么该数据集还必须包含对应于模型中所有拆分字段的字段。在模型中的所有预测变量（以及拆分字段，如果有的话）与活动数据集中的字段匹配之前，用户无法继续向导或对活动数据集进行评分。

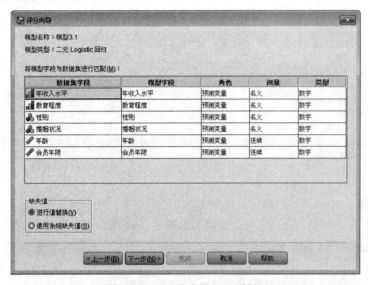

图 3.68   "评分向导"对话框 2

单击"下一步"按钮，即可弹出如图 3.69 所示的"评分向导"对话框 3。

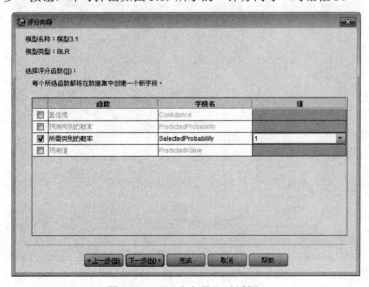

图 3.69   "评分向导"对话框 3

评分函数是所选模型可用的"得分"类型。可用的评分函数取决于模型。对于在本示例中使用的二项 Logistic 模型，可用函数为预测值、预测值的概率、所选值的概率和置信度。在本示例中，我们对邮件正响应的预测概率感兴趣，因此需要选定值的概率。

选中"所需类别的概率"，在"值"列中选择 1。注意，此处只有"0"和"1"选项，因为目标的可能值列表已经在模型中定义，并基于用于构建模型的数据文件中的目标值。

因为我们并不关心其他函数，所以取消选中所有其他评分函数。根据需要，我们可以为在活动数据集中包含得分值的新字段指定一个更具描述性的名称。本例中取名为"3.4A"。

然后单击"下一步"按钮即可显示如图 3.70 所示的"评分向导"对话框。在该对话框中我们选中"对活动数据集进行评分"单选按钮，然后单击"完成"按钮，得到评分结果。

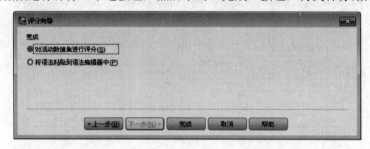

图 3.70　"评分向导"对话框 4

评分结果如图 3.71 所示，以第一行数据为例，基于该客户的行为特征（年收入水平，教育程度，性别，婚姻状况，年龄，会员年限），其预测响应（购买本次推广产品）概率为 0.18。

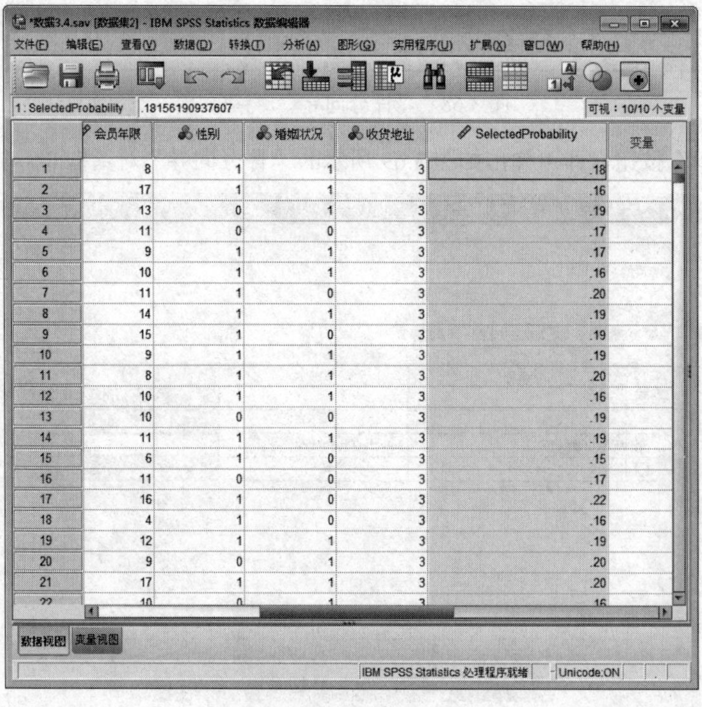

图 3.71　评分结果

然后，我们可以使用该字段来选择可能产生等于或大于特定级别的正响应率的联系人子集，

例如创建包含可能产生至少 5% 正响应率的个案子集的新数据集。我们从菜单中选择"数据 | 选择个案"命令（见图 3.72），即可弹出如图 3.73 所示的"选择个案"对话框。

图 3.72 "数据 | 选择个案"命令　　　　　图 3.73 "选择个案"对话框

我们在"选择"选项组中可以指定选择标准，本例中我们选择"如果条件满足"选项，然后单击该选项下面的"如果"按钮，弹出"选择个案：If"对话框，如图 3.74 所示。

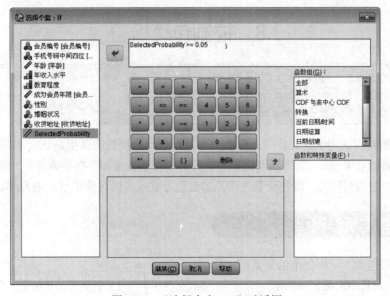

图 3.74 "选择个案：If"对话框

因为我们想根据变量"SelectedProbability"的值选择记录，所以首先从左侧列表框中把"SelectedProbability"变量选入右侧上方的空白文本框中，然后直接输入"SelectedProbability>=0.05"，或者直接选择相应的运算符和数字进行编辑。编辑完成后，单击"继续"按钮，返回至"选择个案"对话框，然后单击"确定"按钮，即可出现过滤结果，如图3.75所示。

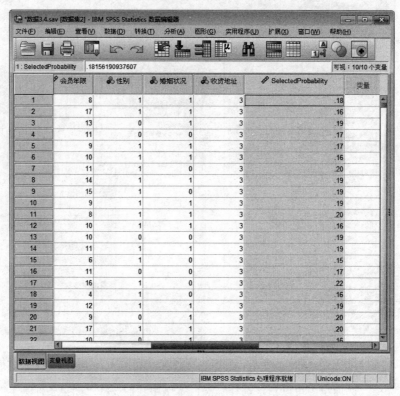

图3.75 "SelectedProbability>=0.05"过滤记录

3.8 控制包裹检验

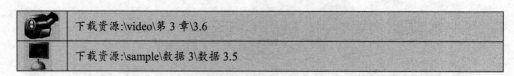

	下载资源:\video\第3章\3.6
	下载资源:\sample\数据3\数据3.5

控制包裹检验方法用于商业比较采取的市场营销活动，检查商品更新包装前后的客户购买行为是否存在显著的效果差异，或者不同优惠的营销活动有效性是否存在显著差异。模型中被解释变量为客户是否产生购买行为，解释变量为产品的包装方式或者优惠营销活动的种类。

3.8.1 SPSS分析过程

"控制包裹检验"示例使用的是数据3.5.sav。

数据3.5变量视图如图3.76所示，在SPSS格式文件中共有13个变量，分别是"会员编号""是否购买本次推广产品""是否购买上次推广产品""控制包装""手机号码中间四位""年龄""年收入水平""教育程度""会员年限""性别""婚姻状况""子女个数""收货地址",并针对"是否购买本次推广产品""是否购买上次推广产品""控制包装""年收入水平""教育程度""性别""婚姻状况""收货地址"等变量进行了值标签操作。

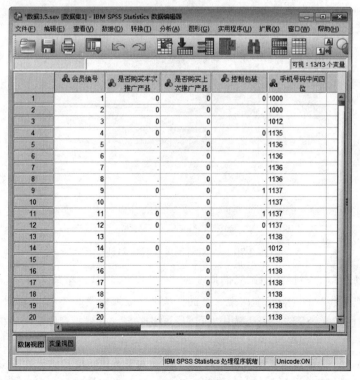

图 3.76　数据 3.5 变量视图

变量类型及长度采取系统默认方式,数据 3.5 数据视图如图 3.77 所示。

图 3.77　数据 3.5 数据视图

先做一下数据保存，然后开始展开分析，步骤如下：

01 选择"文件｜打开｜数据"命令，打开 3.5.sav 数据表。

02 选择"分析｜直销｜选择技术"命令，弹出"直销"对话框，在"改善我的市场营销活动"选项组中选择"对比竞销活动的效果（控制包裹检验）"，如图 3.78 所示。

03 单击"继续"按钮，弹出"控制包裹检验"对话框，如图 3.79 所示。在该对话框的上部对"控制包裹检验"方法进行了说明，即"此方法用于比较市场营销活动，以了解不同包裹或不同优惠的营销活动有效性是否存在显著差异。营销活动有效性是根据响应进行测量。'营销活动字段'用于识别各种营销活动，例如'优惠 A'和'优惠 B'。'响应字段'指示联系人是否对营销活动作出了响应。如果响应记录为采购金额（例如'99.99'），请选择'采购金额'。如果响应记录为回应（例如'是'），请选择'回应'。请选择或输入肯定回应值。"

图 3.78 "直销"对话框

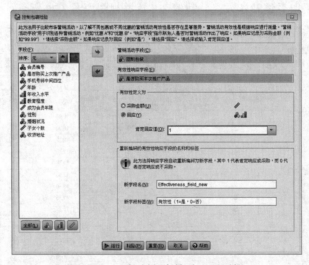

图 3.79 "控制包裹检验"对话框

在"控制包裹检验"对话框中，我们把变量"控制包装"从"字段"列表框选入"营销活动字段"列表框；把变量"是否购买本次推广产品"从"字段"列表框选入"有效性响应字段"列表框，然后在"有效性定义为"选项组中选中"回应"单选按钮，并且把"肯定回应值"设定为"是"。

"肯定回应值"下拉列表框中包括"是"和"否"两个选项，标识那些做出正面响应的客户（例如，购买产品）。所有其他非缺失响应值均被假设为表示负响应。如果为响应字段定义有值标签，则会在下拉列表中显示这些值标签。本例中我们在数据设置的时候就是针对"是否购买本次推广产品"变量，用 1 来表示购买或者说响应，用 0 表示未购买或者未响应，所在要选择"是"作为

"肯定回应值"，在选择"是"之后，系统会自动将"肯定回应值"显示为"1"。

对于"重新编码的有效性响应字段的名称和标签"选项组，我们采用系统默认设置的新字段名和新字段标签即可。

04 单击"运行"按钮，进入计算分析。

3.8.2　结果分析

在 SPSS "主界面"对话框的结果窗口中，我们可以看到如图 3.80 所示的"控制包裹检验"结果。

结果

响应率比较

		控制包装			
		控制		检验	
		计数	列 N %	计数	列 N %
有效性（1=是，0=否）	0	762	96.1%	818	94.3%
	1	31	3.9%	49	5.7%

控制 与 检验 在统计方面无显著差异。

图 3.80　"控制包裹检验"结果

该结果包含两部分，其中上半部分显示由"是否购买本次推广产品"字段定义的每个组的正、负响应计数与百分比，下半部分表明控制和检验两个组响应率之间是否存在明显差异。

有效性是"有效性响应字段"（本例中为"是否购买本次推广产品"）的重新编码版本，其中 1 代表正响应、0 代表负响应。

控制包裹的正响应（本例中为购买本次推广产品）个数为 31 个，正响应率为 3.9%；负响应（本例中为未购买本次推广产品）个数为 762 个，负响应率为 96.1%。

检验包裹的正响应（本例中为购买本次推广产品）个数为 49 个，正响应率为 5.7%；负响应（本例中为未购买本次推广产品）个数为 818 个，负响应率为 94.3%。

控制与检验在统计方面无显著差异。这表明检验包裹的较高响应率可能是随机概率的结果。该文本表应该包含在分析中包活的每个可能成对组的比较，但是该示例中只有两组，所以只比较了一次。如果超过 5 组，则使用"列比例比较"表来替换文本描述表。

综上所述，控制包裹检验方法用于商业比较采取的市场营销活动，检查商品更新包裹前后的客户购买行为是否存在显著的效果差异，或者不同优惠的营销活动有效性是否存在显著差异。本例中，检验包裹 5.7% 的正响应率并没有显著高于控制包裹 3.9% 的正响应率。这表明，用户不应该用新的包裹设计替代旧的包裹设计，但用户还需考虑其他因素，比如新的包裹设计相关成本更低等。

3.9　研究结论与重点回顾

本章结合具体实例详细介绍了 SPSS 的"直销"模块在电子商务平台商户营销中的应用，主要分析方法包括"帮助确定我的最佳联系人（RFM 分析）"、"将我的联系人分为多个集群""生成对产品作出了回应的联系人的概要""确定回应最多的邮政编码""选择最有可能进行采购的联系人""控制包裹检验"。

每种分析方法都有具体的应用场景和适用条件，并且进行了详细具体的介绍。由于本章案例采自某网商 ABCD 商户的客户信息数据和交易数据，因此其分析结论仅适用于该商户，并不能简单推广至其他商户甚至类似企业。如果针对自身设定的研究对象进行分析，就需要搜集该研究对象的相关数据，然后应用本章介绍的方法开展分析，为研究对象进行市场营销诊断，提高其市场营销活动的效率和效果。

第 4 章　商业银行授信客户信用风险评估

在我国，商业银行利润的主要来源是净息差收入，也就是贷款利息收入减去存款利息支出。可以说，贷款本金及利息能否顺利收回关系着一家商业银行的经营成败。贷款本息是否安全的问题实质上反映的是授信客户的资产质量问题。所以，各家商业银行在授信客户信用风险的识别、评估、防范和控制方面一直持续努力。在大数据技术兴起之前，商业银行一般通过人工现场或非现场调查与授信个体分析相结合的模式开展信用风险评估，这种方式在银行客户较少、数据积累不足的情况下是一种不错的选择。经过这么多年的发展，大多数银行发展到现在积累了大量的存量客户数据或已结清授信客户数据，包括客户的基本情况、生产经营情况、财务状况、征信情况、对外担保情况、与本行的业务往来（尤其是授信是否曾产生违约）等。这些宝贵的数据对于商业银行在新形势下高效率做好信用风险评估工作至关重要。商业银行需要建立恰当的模型，对历史数据进行分析，进而对授信客户的信用风险进行预测，从而显著提高信用风险防控效果。SPSS 完全可以用来完成相关的分析目标，本章将以具体的实例，深入浅出地讲解 SPSS 在商业银行授信客户信用风险评估中的应用。

4.1　建模技术

本章所用的建模技术为"神经网络"中的"多层感知器"。SPSS 专门设计了"分析｜神经网络｜多层感知器"模块，该模块具有强大性、灵活性和易用性的特征，是很多预测数据挖掘应用程序的首选工具，在基础过程复杂的应用程序中特别有用。例如：

- 将神经网络多层感知器技术应用到商业银行授信客户的信用风险评估中，给授信客户评分以获取其拟违约的概率，从而判断新授信或续授信业务风险。
- 将神经网络多层感知器技术应用到房地产客户电话营销中，用于预测对电话营销作出响应的概率，从而更加合理地配置营销资源。
- 将神经网络多层感知器技术应用到制造业中，用于预测目标客户群体的购买需求，从而以制定针对性的生产策略，以合理控制成本。

神经网络建模技术的最大特色是对模型结构和假设施加最小需求，可以应用到因变量和自变量之间关系不明确的情形中。神经网络建模技术可以接近多种统计模型，并不需要先假设因变量和自变量间的特定关系，因变量和自变量间的特定关系在学习过程中确定。如果因变量和自变量间的线性关系更为适合，那么神经网络结果将接近线性回归模型的结果；如果因变量和自变量间的非线性关系更为适合，神经网络将自动接近非线性回归模型的结果。

与这种特色优势相对应的是，神经网络建模技术无法精准解释因变量和自变量之间的具体关系。如果用户认为写出最终的模型方程式非常重要，那么最好使用确定的传统统计模型；如果用户认为写出最终的模型方程式并不重要，而仅关注探索因变量和自变量之间的影响关系，那么使用神经网络建模技术可以更快获取良好模型结果。比如针对"商业银行授信客户信用风险评估"，如果我们能够较为合理地判定信用风险和各个解释变量是一种线性关系，那么我们可以选择线性回归等相关建模技术；如果我们能够较为合理地判定信用风险和各个解释变量是一种非线性关系，那么我们可以选择非线性回归等相关建模技术；如果我们无法较为合理地判定信用风险和各个解释变量之间的关系，那么使用神经网络建模技术是一种不错的选择。

就本章所示的"商业银行授信客户的信用风险评估"而言，神经网络分析方法应用于信用风险评估的优点在于其对模型结构和假设施加最小需求，无严格的假设限制，且具有处理非线性问题的能力。它能有效解决非正态分布、非线性的信用评估问题，信用评估结果介于 0 与 1 之间，在信用风险的衡量下即为违约概率。

在 SPSS 中的具体操作实现是，选择"分析 | 神经网络"命令（见图 4.1），其中包括"多层感知器"（MLP）和"径向基函数"两个选项。

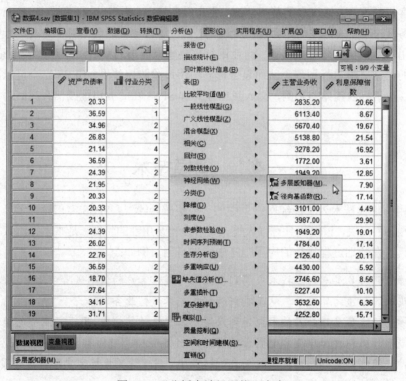

图 4.1　"分析 | 神经网络"命令

神经网络一般分为三层："输入层""隐藏层""输出层"。

● "输入层"包括预测变量，比如本例中的"资产负债率""行业分类""实际控制人从业年限""企业经营年限""主营业务收入""利息保障倍数""银行负债""其他渠道负债"等。

● "隐藏层"包含无法观察的节点或单元，每个隐藏单元的值都是"输入层"中的某个预测变量函数；函数的确切形式部分取决于具体的神经网络类型，其中部分可由用户控制。

● "输出层"包含响应。比如本例中的"征信违约记录"是一个有两种类别的分类变量（无违约、有违约），可以重新编码为两个指示变量。每个响应都是隐藏层的某些函数。同样，函数的确切形式部分取决于神经网络类型，部分由用户控制。

　　"神经网络"中的"多层感知器"指的是模型允许有第二个隐藏层。在有第二个隐藏层的情况下，第二个隐藏层的每个单元都是第一个隐藏层单元的一个函数，然后"输出层"的每个响应都是第二个隐藏层单元的一个函数。

　　需要提示和强调的是，"多层感知器"过程会根据预测变量的值来生成一个因变量（目标变量）的预测模型，也可以根据预测变量的值来生成多个因变量（目标变量）的预测模型。

4.2　建模思路

　　本章使用的案例数据是来自 XX 银行 XX 省分行（虚拟名，如有雷同纯属巧合）的 850 个对公授信客户的信息数据，具体包括客户的"资产负债率""行业分类""实际控制人从业年限""企业经营年限""主营业务收入""利息保障倍数""银行负债""其他渠道负债""征信违约记录"等。由于客户信息数据涉及客户隐私和消费者权益保护，也涉及商业机密，所以在本章介绍时进行了适当的脱密处理，对于其中的部分数据也进行了必要的调整。

　　本章使用的分析方法主要是"神经网络"中的"多层感知器"功能。通过"多层感知器"过程根据客户的"资产负债率""行业分类""实际控制人从业年限""企业经营年限""主营业务收入""利息保障倍数""银行负债""其他渠道负债"等预测变量的具体值来生成一个因变量（"征信违约记录"）的预测模型。

4.3　神经网络多层感知器分析一

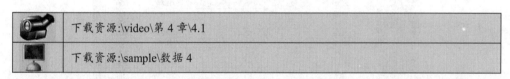

	下载资源:\video\第 4 章\4.1
	下载资源:\sample\数据 4

　　本部分我们对 XX 银行 XX 省分行（虚拟名，如有雷同纯属巧合）的 850 个对公授信客户的信息数据进行准备。其中，前 700 个对公授信客户是以前曾获得贷款的客户（包括存量授信客户和已结清贷款客户），后 150 名对公授信客户为潜在客户（包括存量拟续授信客户和新拓展客户）。我们准备用前 700 名对公授信客户的随机样本子集（比如约 70%，490 名）创建多层感知器，而留出其余客户（比如约 30%，210 名）用于验证分析。然后使用创建的多层感知器将 150 名潜在客户按高或低信用风险分类。

4.3.1　准备数据以进行分析

　　在 SPSS 格式文件中共有 10 个变量，分别是"资产负债率""行业分类""实际控制人从业年限""企业经营年限""主营业务收入""利息保障倍数""银行负债""其他渠道负债""征信违约记录""分区"，如图 4.2 所示。

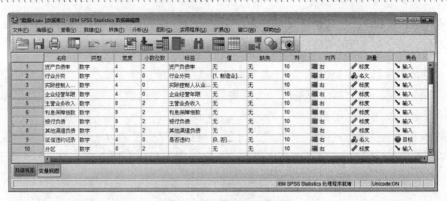

图 4.2　数据 4 变量视图

针对预测变量"资产负债率""行业分类""实际控制人从业年限""企业经营年限""主营业务收入""利息保障倍数""银行负债""其他渠道负债",可以指定为"名义""有序"或"标度"。在多层感知器过程中,针对"名义""有序"测度的变量一般被设定为"因子",针对"标度"测度的变量一般被设定为"协变量"。

数据 4.sav 的数据视图如图 4.3 所示。

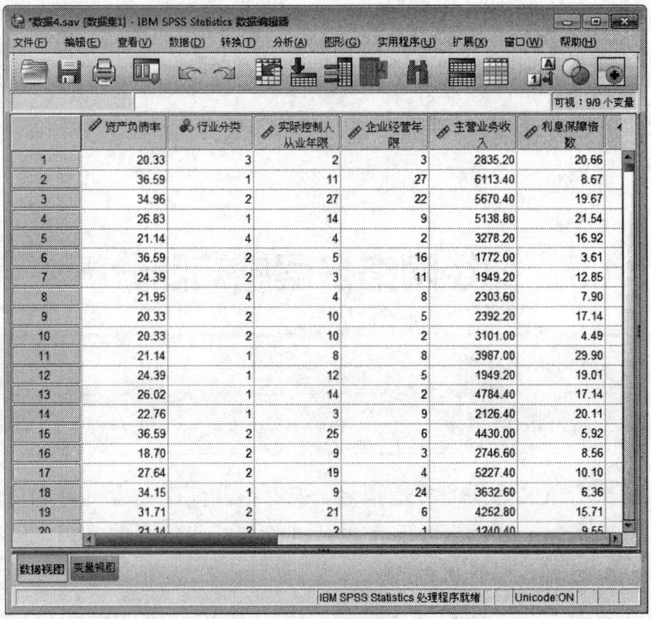

图 4.3　数据 4 数据视图

先做一下数据保存,然后开始展开分析,步骤如下:

01 选择"文件 | 打开 | 数据"命令,打开 4.1.sav 数据表。

02 选择"转换 | 随机数生成器"命令,弹出"随机数生成器"对话框,如图 4.4 所示。在"活动生成器初始化"选项组中选中"固定值"单选按钮,并在"值"文本框中输入"8184587"。

多层感知器过程在分区随机分配、突触权重初始化的随机子样本、自动体系结构选择的随机子样本、用于权重初始化和自动体系结构选择的模拟加强算法之间使用随机数字生成器。如果用户想要再次生成相同的随机结果,在每次运行多层感知器过程之前应使用随机数字生成器的相同初始化值，如本例中输入的"8184587"。

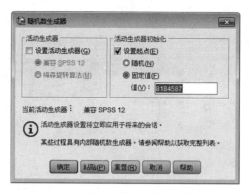

图 4.4　"随机数生成器"对话框

03 单击"确定"按钮，生成随机数种子。

04 创建分区变量。选择"转换 | 计算变量"命令，弹出"计算变量"对话框，如图 4.5 所示。我们在"目标变量"中输入"分区"作为拟创建的目标变量的名称；在"数字表达式"中输入"2*rv.bernoulli(0.7)-1"，即将分区值设置为随机生成的概率参数为 0.7 的 bernoulli 变量，修改之后取值 1 或-1，而不是 1 或 0（rv.bernoulli(0.7)的取值范围是 1 或者 0，2*rv.bernoulli(0.7)-1 的范围就是 1 或-1）。将分区变量上为正值的个案分配给训练样本，将分区变量上为负值的个案分配给坚持样本，将分区变量上为 0 的个案分配给检验样本。

现在我们不指定检验样本，直接单击"确定"按钮。

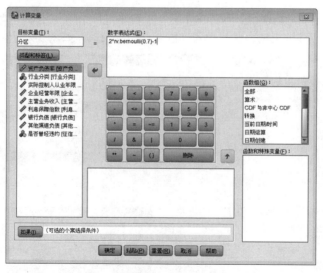

图 4.5　"计算变量"对话框

根据我们上面的设置，大约 70% 以前曾获得贷款的客户的分区变量值将被设置为 1，并将用于创建模型；以前曾获得贷款的其他客户（约 30%）的分区值将被设置为-1，并将用于验证模型结果。

4.3.2 分析过程

01 选择"文件 | 打开 | 数据"命令，打开 4.2.sav 数据表。

02 选择"分析 | 神经网络 | 多层感知器"命令，弹出"多层感知器"对话框，如图 4.6 所示。"多层感知器"对话框一共包括八个选项卡，分别是"变量""分区""体系结构""训练""输出""保存""导出""选项"。

（1）"变量"选项卡

从左侧的"变量"列表框选择相应的变量进入右侧的"因变量""因子""协变量"列表框中。其中，"因变量"列表框为必选项，"因子"和"协变量"列表框至少选择一个。

本例中我们评估的是授信客户的信用风险，所以选择"是否违约"进入"因变量"列表框，选择"行业分类"进入"因子"列表框，选择"资

图 4.6　"多层感知器"对话框

产负债率""行业分类""实际控制人从业年限""企业经营年限""主营业务收入""利息保障倍数""银行负债""其他渠道负债"进入"协变量"列表框，如图 4.7 所示。

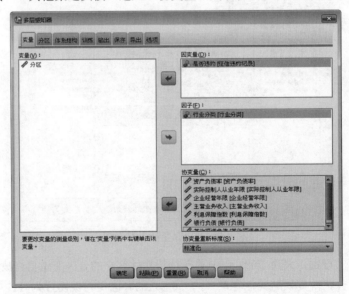

图 4.7　"多层感知器"对话框"变量"选项卡

前面我们提到，针对因变量"征信违约记录"，可以指定为"名义""有序"和"标度"三种中的任意一种。针对预测变量"资产负债率""行业分类""实际控制人从业年限""企业经营

年限""主营业务收入""利息保障倍数""银行负债""其他渠道负债",可以指定为"名义""有序"或"标度"。在多层感知器过程中,针对"名义""有序"测度的变量一般被设定为"因子",针对"标度"测度的变量一般被设定为"协变量"。在"多层感知器"对话框"变量"选项卡的左下方,系统提示"要更改变量的测量级别,请在'变量'列表中右键单击该变量",用户如有相关需求,可据此进行操作。

在"多层感知器"对话框"变量"选项卡的右下方,可以重新标度协变量,包括"标准化""正态化""调整后正态化""无"四种,默认为"标准化",如图4.8所示。

● 标准化: 公式为原值减去均值并除以标准差,即(原值-均值)÷标准差。

● 正态化: 公式为原值减去均值并除以范围,即(原值-最小值)÷(最大值-最小值)。正态化值介于0和1之间。

● 调整后正态化: 公式为原值减去最小值并除以范围所得到的调整版本,即[2×(原值-最小值)÷(最大值-最小值)]-1。调整后正态化值介于-1和1之间。

● 无: 协变量无须重新标度。

图4.8 重新标度协变量的方法

本例中我们选择默认的"标准化"方法。

(2)"分区"选项卡

切换到"分区"选项卡,如图4.9所示。在"分区"选项卡中可以设置分区数据集模式,指定将活动数据集划分为训练样本、检验样本或坚持样本的方法。

● 训练样本包含用于训练神经网络的数据记录,训练样本不能为空,数据集中的某些个案百分比必须分配给训练样本以获得一个模型。

● 检验样本是一个用于跟踪训练过程中的误差以防止超额训练的独立数据记录集。通常情况下，用户创建训练样本后，检验样本数量要小于训练样本数量，神经网络训练才是最高效的。

● 坚持样本不用于构建模型，是一个用于评估最终神经网络的独立数据记录集；坚持样本的误差给出一个模型预测能力的"真实"估计值。

"分区数据集"选项组包括两个选项：一是根据个案的相对数目随机分配个案；二是使用分区变量来分配个案。

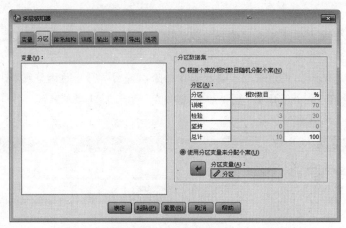

图4.9 "多层感知器"对话框"分区"选项卡

① 根据个案的相对数目随机分配个案

"相对数目"列用于用户指定随机分配到每个样本（训练、检验和坚持）的个案的相对数量（比率）。"%"列根据用户已经指定的相对数量报告将被分配到每个样本的个案的百分比。例如，"相对数目"列指定6、4、0作为训练、检验和坚持样本的相对数量，"%"列对应于60%、40%和0%；"相对数目"列指定2、2、1作为相对数量，"%"列对应40%、20%和20%；"相对数目"列指定1、1、1作为相对数量，"%"列对应33.33%、33.33%和33.33%，将数据集在训练、检验和坚持中分为相等的三部分。

② 使用分区变量分配个案

若用户选择该选项，则需要指定一个将活动数据集中的每个个案分配到训练、检验和坚持样本中的数值变量。变量为正值的个案被分配到训练样本中，变量为0的个案被分配到检验样本中，变量为负值的个案被分配到坚持样本中。具有系统缺失值的个案会从分析中排除，分区变量的任何用户缺失值始终视为有效。需要特别强调的是，用户如果选择使用分区变量模式，就不能保证连续运行该过程会产生相同结果。如果用户想准确复制前次运行结果，除了使用相同过程设置以外，还可以使用针对随机数字生成器的相同初始化值、相同数据顺序和相同变量顺序。

本例中，我们把"准备数据以进行分析"部分创设的"分区"变量从左侧的"变量"列表框选入右侧的"分区变量"文本框中。

（3）"体系结构"选项卡

在"体系结构"选项卡（见图 4.10）中，用户可以指定网络结构。该过程可以自动选择"最

佳"体系结构,或者指定自定义体系结构。"体系结构"选项卡包括"体系结构自动选择"选项组
和"定制体系结构"选项组,但是只能选择其中的一个。

图 4.10 "多层感知器"对话框"体系结构"选项卡

① "体系结构自动选择"选项组

该选项组选择构建具有一个隐藏层的网络。用户需要指定隐藏层中的最小单元数和最大单元
数,其中最小单元数系统默认为"1",最大单元数系统默认为"50"。在用户指定了隐藏层中的
最小单元数和最大单元数后,自动体系结构会选择计算隐藏层中的"最佳"单位量。激活函数方面,
用户如果选择了"体系结构自动选择"选项组,自动体系结构将选择使用隐藏层和输出层的默认激
活函数。

② "定制体系结构"选项组

"定制体系结构"选项组向用户提供针对隐藏层和输出层的专业控制,在设置上更加复杂。
当用户预先知道需要什么体系结构或者需要调整自动体系结构选择的结果时,是比较有效的一种选
择。该选项组包括隐藏层和输出层两个层面的设置。

● 隐藏层:隐藏层包含无法观察的神经网络节点(单位)。一个多层感知器可以有一个或两
个隐藏层。每个隐藏单位是一个输入权重总和的函数。该函数是激活函数,而且权重值由
估计算法确定。

激活函数将某个层中的单位进行加权,并"关联"到下一层的单位值,包括两种:一种是双
曲正切函数,一种是 S 型函数。双曲正切函数格式为 $\gamma(c) = \tanh(c) = (e^c - e^{-c}) / (e^c + e^{-c})$,将数值
变换到(−1,1)范围。S 型函数格式为 $\gamma(c) = 1 / (1 + e^{-c})$,将数值变换到(0,1)范围。

如果网络包含第二个隐藏层，那么第二个层中的每个隐藏单位是第一个隐藏层中权重之和的函数，两个层使用相同激活函数。用户使用自动体系结构选择时，默认函数为双曲正切函数，为隐藏层所有单位的激活函数。

单元数选项组可以明确指定或由估计算法自动确定每个隐藏层中的单元数，包括"自动计算"和"定制"两个选项。"自动计算"由估计算法自动确定每个隐藏层中的单元数；"定制"由用户自行明确指定每个隐藏层（隐藏层1、隐藏层2）中的单元数。

- 输出层：输出层包含目标（因）变量，包括激活函数设置和标度因变量重新标度设置。
  - 激活函数设置。激活函数将某个层中的单位进行加权，并"关联"到下一层的单位值，包括四种，分别是恒等式、Softmax、双曲正切、S型。

    恒等式的函数格式为 $\gamma(c)=c$。该函数取实数值参数并且其返回值坚持不变。使用"体系结构自动选择"时，如果存在刻度因变量，则此函数为输出层中所有单位的激活函数。Softmax 的函数格式为 $\gamma(c_k)=\exp(c_k)/\sum_j \exp(c_j)$。该函数取实数值参数的矢量，并将其变换到元素介于（0，1）范围的矢量，和为1。只有所有因变量是分类变量时，才可以使用 Softmax。使用"体系结构自动选择"时，如果所有因变量是分类变量，则此为输出层中所有单位的激活函数。

    双曲正切的函数格式为 $\gamma(c)=\tanh(c)=(e^c-e^{-c})/(e^c+e^{-c})$。该函数取实数值参数并将其变换到（-1，1）范围。

    S型的函数格式为 $\gamma(c)=1/(1+e^{-c})$。该函数取实数值参数并将其变换到（0，1）范围。

  - 标度因变量重新标度。顾名思义，只有当用户至少选择一个标度因变量时才可以使用"标度因变量重新标度"功能。"标度因变量重新标度"方法包括"标准化""正态化""调整后正态化""无"四种，默认为"标准化"。

    "标准化"公式为原值减去均值并除以标准差，即(原值-均值)/标准差。

    "正态化"公式为原值减去均值并除以范围，即(原值-最小值)/（最大值-最小值）。正态化值介于0和1之间。如果输出层使用S型激活函数，则正态化为标度因变量所需的重标度方法。修正值选项指定一个较小数字ε，并将其作为修正值应用于重标度公式中；此修正值确保所有重标度因变量值介于激活函数范围。具体来说，当 x 取最小值和最大值时，未修正的公式中的值0和1将定义S型函数的范围限制，但是不介于该范围之内，修正公式为 $[x-(min-\varepsilon)]/[(min+\varepsilon)-(min-\varepsilon)]$。

    "调整后正态化"公式为原值减去最小值并除以范围所得到的调整版本，即$[2\times(原值-最小值)\div(最大值-最小值)]-1$。调整的正态化值介于-1和1之间。如果输出层使用双曲正切激活函数，则此为刻度因变量所需的重标度方法。修正值选项指定一个较小数字ε，并将其作为修正值应用于重标度公式中；此修正值确保所有重标度因变量值介于激活函数范围。具体来说，当 x 取最小值和最大值时，未修正的公式中的值-1和1将定义双曲正切函数的范围限制，但是不介于该范围之内。修正公式为 $\{2\times[(x-(min-\varepsilon))\div((min+\varepsilon)-(min-\varepsilon))]\}-1$。

    "无"表示未对刻度因变量进行重标度。

本例中，我们采用系统默认设置。

（4）"训练"选项卡

切换到"训练"选项卡，如图4.11所示。"训练"选项卡用于指定如何训练网络，可以设置"训练类型""优化算法"和"训练选项"，通过"训练类型"和"优化算法"确定哪个训练选项可用。

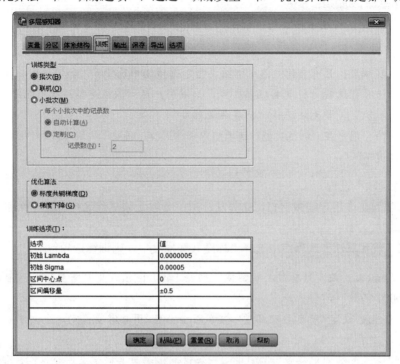

图4.11　"多层感知器"对话框"训练"选项卡

① "训练类型"选项组

"训练类型"选项组用来确定网络如何处理记录，其中包括"批次""联机"和"小批次"三个选项。

● 批次：批次训练最适用于"较小"数据集。批次训练使用训练数据集中的所有记录信息，如果选择该选项，那么只有传递所有训练数据记录之后才能更新突触权重。批次训练方法具有独特的优势，可以直接使总误差最小，但与此同时也有弊端，批次训练可能需要多次更新权重，直至满足其中一条中止规则，因此可能需要传递数据多次，处理速度相对较慢。

● 联机：联机训练最适用于"较大"数据集。联机训练一次使用一个记录信息，如果选择该选项，那么在每一个训练数据记录之后更新突触权重。联机训练连续获取记录并更新权重，直至满足其中一条中止规则。如果一次使用所有记录，而且不满足任何中止规则，那么该过程通过循环数据记录继续。对于与预测变量相关的"较大"数据集，联机训练要优于批处理；也就是说，如果有许多记录和输入，并且其值之间不相互独立，那么联机训练可以比批处理训练更快获取一个合理答案。

● 小批次：小批次训练一次使用一组记录信息，最适用于"中型"数据集。如果选择该选项，则将训练数据记录划分到大小近似相等的组中，然后在传递一组之后更新突触权重。小批次训练提供介于批次训练和联机训练之间的折中方法。若用户选择小批次训练，则需要选择每个小批次中的记录数，比如"自动计算"或者"定制"。若选择"自动计算"，则系统将自动确定每个小批次训练记录的数目；若选择"定制"，则用户需要指定一个大于 1 并小于或等于将存储到内存的个案的最大数目的整数。

② "优化算法"选项组

"优化算法"是一种用于估计突触权重的方法，包括"标度共轭梯度"和"梯度下降"两个选项。

- 标度共轭梯度：只有当用户在"训练类型"选项组中选择了"批次"时，才可以在"优化算法"选项组选择"标度共轭梯度"，如果用户在"训练类型"选项组中选择了"联机"或"小批次"，就无法选择"标度共轭梯度"。
- 梯度下降：用户在"训练类型"选项组中任意选择"批次""联机"和"小批次"，均可使用"梯度下降"。

③ "训练选项"设置

"训练选项"允许用户细微调整优化算法。用户一般无须更改这些设置，除非神经网络出现估计问题。

若用户在"优化算法"选项组中选择"标度共轭梯度"，则训练选项包括：

- 初始 Lambda。设定"标度共轭梯度"初始 Lambda 值，用户需要指定一个大于 0 并小于 0.000001 的数。
- 初始 Sigma。设定"标度共轭梯度"初始 Sigma 值，用户需要指定一个大于 0 并小于 0.0001 的数。
- 区间中心点和区间偏移量。区间中心点和区间偏移量共同定义一个区间，即[区间中心点-区间偏移量，区间中心点+区间偏移量]。

若用户在"优化算法"选项组中选择"梯度下降"，那么训练选项包括：

- 初始学习率：设定"梯度下降"初始学习率值，用户需要指定一个大于 0 的数，较高的初始学习率表明在可能转为不稳定的代价下网络训练较快。
- 学习率下边界：设定"梯度下降"学习率下边界，仅应用于训练类型为"联机"和"小批次"情形，需要指定一个大于 0 并小于初始学习率的数。
- 时程学习率下降：设定"梯度下降"时程学习率下降。如果在"训练选项"中选择"联机"或者"小批次"，在"优化算法"选项组中选择"梯度下降"，就可以设定时程学习率下降，指定大于 0 的整数。
- 动能：设定"梯度下降"动能，需要指定一个大于 0 的数，有助于阻止过高学习率引起的不稳定性。
- 区间中心点和区间偏移量：区间中心点和区间偏移量共同定义一个区间，即[区间中心点-区间偏移量，区间中心点+区间偏移量]。

本例中，我们采用系统默认设置。

（5）"输出"选项卡

切换到"输出"选项卡，如图 4.12 所示。"输出"选项卡包括"网络结构"选项组、"网络性能"选项组、"个案处理摘要"选项、"自变量重要性分析"选项。

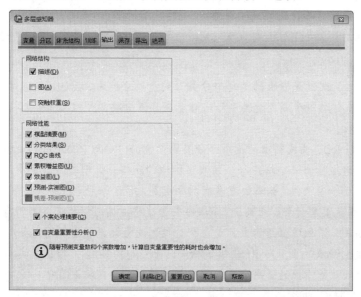

图4.12　"多层感知器"对话框"输出"选项卡

① "网络结构"选项组

"网络结构"选项组显示与神经网络有关的摘要信息，分为三个选项：描述、图、突触权重。

- 描述：显示与神经网络有关的信息，包括因变量、输入和输出单位数目、隐藏层和单位数目及激活函数。

- 图：将神经网络图表作为不可编辑图表显示。需要提示的是，随着协变量数目和因子级别的增加，图表变得更加难于解释。

- 突触权重：在神经科学和计算机科学中，突触权重（synaptic weight）是指两个节点之间连接的强度或振幅，如果一个输入神经元的大信号导致一个输出神经元的信号变大，那么这两个神经元之间的突触权重将增加。在SPSS中，突触权重表示给定层中的单位，与其以下层中的单位之间关系的系数估计值。突触权重以训练样本为基础，即使活动数据集已划分为训练数据、检验数据和坚持数据。需要提示的是，突触权重数目会变得非常大，而且这些权重一般不用于解释网络结果。

② "网络性能"选项组

"网络性能"选项组显示用于确定模型是否"良好"的结果。需要提示的是，该组中的图表以训练样本和检验样本组合为基础。如果不存在检验样本，则只以训练样本为基础。"网络性能"选项组中有七个选项："模型摘要""分类结果""ROC曲线""累积增益图""效益图""预测-实测图""残差-预测图"。

- 模型摘要：模型摘要输出的是分区和整体神经网络结果的摘要，包括误差、相对误差或不正确预测的百分比、用于终止训练的中止规则和训练时间。

恒等、S型或双曲正切激活函数应用于输出层时，误差为平方和误差。softmax激活函数应用于输出层时，误差为交叉熵误差。

显示相对误差或不正确预测的百分比取决于因变量测量级别。就单个因变量而言，在各种情形下都会显示相对误差或不正确预测的百分比。在特殊情形下，如果所有因变量测量级别都是刻度，则显示平均整体相对误差（相对于均值模型）。如果所有因变量测量级别都为分类变量，则显示不正确预测的平均百分比。

- 分类结果：分类结果输出的是每个分类因变量的分类表，既包括分区显示，也包括整体显示。每个表针对每个因变量类别给出正确或误差分类的个案数目，也报告正确分类的总体个案百分比。
- ROC 曲线：ROC 曲线输出的是每个分类因变量的 ROC（Receiver Operating Characteristic）曲线。同时也输出一个给定每个曲线下区域的表格。对于给定因变量，ROC 图表针对每个类别显示一条曲线。如果因变量有两个类别，那么每条曲线将该类别视为正态与其他类别。如果因变量有两个以上类别，那么每条曲线将该类别视为正态与所有其他类别的汇总。
- 累积增益图：累积增益图输出的是每个分类因变量的累积增益图。在累积增益图中，每个因变量类别曲线的显示与 ROC 曲线相同。
- 效益图：效益图输出的是每个分类因变量的效益图。在效益图中，每个因变量类别的曲线的显示与 ROC 曲线相同。
- 预测-实测图：预测-实测图输出的是每个因变量的观察预测值图表。针对测量级别为分类的因变量，输出每个响应类别的预测拟概率的复式箱图，并且观察响应类别为分群变量。针对测量级别为刻度的因变量，输出散点图。
- 残差-预测图：残差-预测图输出的是每个测量级别为刻度的因变量的残差分析值图表。该图表仅针对测量级别为刻度的因变量生成。

③ "个案处理摘要"选项

若用户选择该选项，则系统将输出个案处理摘要表，显示训练、检验和坚持样本包含和排除的个案数。

④ "自变量重要性分析"选项

若用户选择该选项，则系统将执行"自变量重要性分析"，计算确定神经网络的每个预测变量的重要性。"自变量重要性分析"以训练样本和检验样本组合为基础，如果不存在检验样本，则只以训练样本为基础。该操作将会创建显示每个预测变量的重要性和标准化预测变量重要性的图表。需要特别提示的是，如果我们的数据中存在大量预测变量或个案，"自变量重要性分析"需要进行大量计算并且很费时。

在本例中，我们在"网络结构"选项组中选择"描述""图""突触权重"，在"网络性能"选项组中选择"模型摘要""分类结果""ROC 曲线""累积增益图""效益图""预测-实测图"六个选项。

（6）"保存"选项卡

切换到"保存"选项卡，如图 4.13 所示。在"保存"选项卡中，用户可以选择"保存每个因变量的预测值或类别""保存每个因变量的预测拟概率"，还可以选择"保存的变量的名称"。

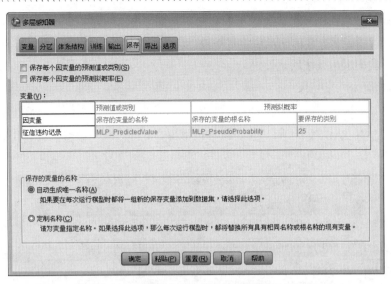

图 4.13　"多层感知器"对话框"保存"选项卡

① 保存每个因变量的预测值或类别

若用户选择"保存每个因变量的预测值或类别"，则系统将保存刻度因变量的预测值和分类因变量的预测类别。

② 保存每个因变量的预测拟概率

若用户选择"保存每个因变量的预测拟概率"，则系统将保存分类因变量的预测拟概率。

关于预测拟概率解释如下：

前面我们提到，恒等、S 型或双曲正切激活函数应用于输出层时，误差为平方和误差。softmax 激活函数应用于输出层时为交叉熵误差。

具有 softmax 激活和交叉熵误差的分类因变量将拥有每个类别的预测值，其中每个预测值为个案属于类别的概率。

具有平方和误差的分类因变量将拥有每个类别的预测值，但预测值不能理解为概率。若用户选择"保存每个因变量的预测拟概率"，SPSS 将保存这些预测拟概率，即使某些预测拟概率小于 0 或大于 1，或给定因变量的和不为 1。

基于拟概率创建 ROC、累积增益图和增益图。如果有拟概率小于 0 或大于 1，或给定变量的和不为 1，SPSS 首先会将其重新标度为介于 0 和 1 之间且和为 1 的值。具体计算方式是通过将所有拟概率分别除以它们的和来重新标度。例如，一个个案具有三个分类因变量的预测拟概率 0.50、0.50、0.50，那么每个拟概率除以和 1.50 得 0.3333、0.3333 和 0.3333。任何一个拟概率为负，那么在进行以上重标度之前，将最小数的绝对值添加到所有拟概率中。例如，拟概率为-0.20、0.40 和 1.20，那么每个值先加 0.20 得 0.00、0.60 和 1.40，然后用每个新值除以和 2.00 得 0.00、0.30 和 0.70。

③ 保存的变量名称

"保存的变量名称"分为两个选项：一是"自动生成唯一名称"，二是"定制名称"。

若用户选择"自动生成唯一名称"，那么每次运行模型时都会将一组新的保存变量添加到数据集，通过系统自动化的生成能够确保用户保存所有工作，而无须在保存之前先删除数据编辑器中已保存的名称重复的变量。

若用户选择"定制名称",则需要为变量指定名称。如果选择此选项,那么每次运行模型时都将替换所有具有相同名称或根名称的现有变量。

在本例中,我们采用系统默认设置。

(7)"导出"选项卡

切换到"导出"选项卡,如图 4.14 所示。在"导出"选项卡中,用户可以将每个因变量的突触权重估算值保存到 XML 文件中。用户可以使用该模型文件以应用模型信息到其他数据文件用于评分目的。

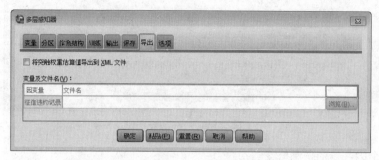

图 4.14 "多层感知器"对话框"导出"选项卡

在本例中,我们采用系统默认设置。

(8)"选项"选项卡

切换到"选项"选项卡,如图 4.15 所示。在"选项"选项卡中,可以选择用户缺失值处理方式、设置中止规则、设置存储在内存中的最大个案数。

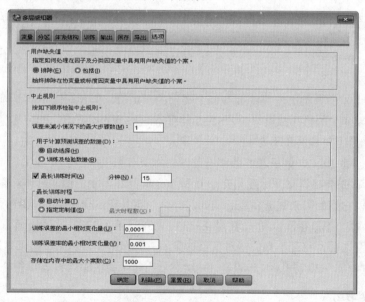

图 4.15 "多层感知器"对话框"选项"选项卡

①"用户缺失值"选项组

要在分析中包含个案,因子必须具有有效值。"用户缺失值"选项组用来指定如何处理在因子及分类因变量中具有用户缺失值的个案。如果用户在"用户缺失值"选项组中选择了"排除",

那么系统将始终排除在协变量或标度因变量中具有用户缺失值的个案；如果用户在"用户缺失值"选项组中选择了"包括"，那么系统将始终包括在协变量或标度因变量中具有用户缺失值的个案。

② "中止规则"选项组

"中止规则"确定何时终止训练神经网络的规则。按如下顺序检验中止规则：

● 误差未减小情况下的最大步骤数：用户指定最大步骤数之后，如果没有减少误差，那么训练停止。用户需要在"误差未减小情况下的最大步骤数"文本框中指定一个大于 0 的整数。

用户还需要指定用于计算预测误差的数据，包括"自动选择"和"训练及检验数据"。

● 最长训练时间：用户设定最长的训练时间，以分钟为单位。
● 最长训练时程：用户设定允许的最长时程数。若超过最长时程数，则停止训练。用户需要指定大于 0 的整数。
● 训练误差的最小相对变化量：用户在"训练误差的最小相对变化量"文本框中指定一个大于 0 的数。如果与前一步相比训练误差相对变化小于标准值，则训练停止。针对联机和小批次处理训练，如果只有检验数据用于计算误差，就将忽略此标准。
● 训练误差率的最小相对变化量：用户在"训练误差率的最小相对变化量"文本框中指定一个大于 0 的数。如果训练误差与空模型（预测所有因变量的平均值）误差的比率小于标准值，则训练停止。针对联机和小批次处理训练，如果只有检验数据用于计算误差，就将忽略此标准。

③ 存储在内存中的最大个案数

"存储在内存中的最大个案数"用于控制多层感知器算法内的设置，用户需要在"存储在内存中的最大个案数"文本框中指定大于 1 的整数。

在自动体系结构选择中，用于确定网络体系结构的样本大小为 min(1000,内存中存储的最大个案数)。在具有自动计算的小批次训练中，小批次训练数为 min(max(训练样本中的个案数/10,2),内存中存储的最大个案数)。

在本例中，我们采用系统默认设置。

03 单击"运行"按钮，进入计算分析。

4.3.3　结果分析

在 SPSS "主界面"对话框的结果窗口中，我们可以看到如下分析结果：

图 4.16　多层感知器个案处理摘要

（1）多层感知器个案处理摘要结果，如图 4.16 所示。我们可以看到共有 850 个样本，其中排除掉了 150 个样本，有效样本数为 700。在这 700 个有效的样本中，有 484 个样本被分到了训练组，占比为 69.1%；有 216 个样本被分到了坚持组，占比为 30.9%。

（2）多层感知器神经网络信息，如图 4.17 所示。可以发现，我们的神经网络信息中包括输入层、隐藏层和输出层。

① 输入层中的因子是"行业分类"，协变量包括"资产负债率""实际控制人从业年限""企

业经营年限""主营业务收入""利息保障倍数""银行负债""其他渠道负债",协变量的重新标度方法是"标准化"。

需要特别解释的是"单元数"。输入层的单元数为协变量数加上因子水平总数,在本例中的协变量数是 7 个,因子水平总数(注意不是因子总数,因子只有 1 个)为 5 个(行业分类有 5 种,包括制造业、批发零售业、建筑业房地产与基础设施、科教文卫、农林牧渔业。可查看数据 4 文件,系统为"行业分类"的每个类别创建了单独单元,并且没有任何类别被视为在许多建模过程中典型的"冗余"单元),所以单元数为 12 个。

② 隐藏层数是 1,自动体系结构选择了隐藏层中的 7 个单元,激活函数为双曲正切函数。

③ 输出层只有一个因变量,即"是否违约",因为该因变量有两个水平(违约与未违约),所以单元数为 2,激活函数为 softmax,误差函数为交叉熵。

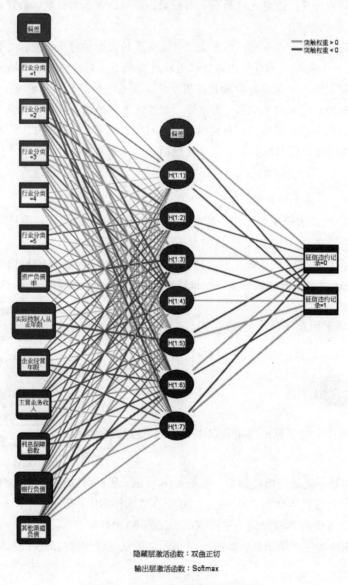

图 4.17　多层感知器神经网络信息

在图 4.17 中，左半部分是表格展示，右半部分是更加明确直观的图形展示。

（3）多层感知器模型摘要信息，如图 4.18 所示。模型摘要信息中展示训练结果，以及将模型应用于坚持样本的相关信息。

在训练样本中，输出层使用 softmax 激活函数，将显示交叉熵误差。不正确预测百分比为 14.5%。使用的中止规则因为超出最大时程数（100），所以估计算法停止，训练时间为"0:00:00.19"。通常情况下，理想状态应该是当误差不再缩小时估计算法停止会达到一个较好的效果，说明我们的模型还有改进的空间。

在坚持样本中，不正确预测百分比为 25.5%。

模型摘要

训练	交叉熵误差	147.655
	不正确预测百分比	14.5%
	使用的中止规则	超出最大时程数(100)
	训练时间	0:00:00.19
坚持	不正确预测百分比	25.5%

因变量：是否违约

参数估算值

		预测								
		隐藏层 1							输出层	
预测变量		H(1:1)	H(1:2)	H(1:3)	H(1:4)	H(1:5)	H(1:6)	H(1:7)	[征信违约记录=0]	[征信违约记录=1]
输入层	(偏差)	-.313	.633	1.917	-1.644	2.076	.944	-.296		
	[行业分类=1]	-.490	.386	.088	-.319	.674	-2.317	-1.865		
	[行业分类=2]	-.180	-3.459	.779	-1.403	.649	-.449	1.342		
	[行业分类=3]	-.336	1.257	.513	-1.181	.353	1.542	-.253		
	[行业分类=4]	.016	1.543	1.823	1.326	-.355	1.485	-.012		
	[行业分类=5]	.015	-.733	.232	-.289	.637	-.285	-.234		
	资产负债率	.658	-.557	-3.262	1.219	.555	-.486	-.414		
	实际控制人从业年限	.053	-.456	-.901	.280	-2.884	1.531	-.300		
	企业经营年限	.432	-1.217	-.468	-.800	.059	-1.349	-.838		
	主营业务收入	.890	-.688	-1.714	-.615	-.852	.665	.443		
	利息保障倍数	-.794	1.062	-1.563	-.423	-.489	-1.083	-1.341		
	银行负债	-.134	-.780	.926	.567	1.182	-2.476	.741		
	其他渠道负债	.080	.079	-2.431	1.045	-.843	2.026	.992		
隐藏层 1	(偏差)								1.148	-1.112
	H(1:1)								.484	-1.050
	H(1:2)								-.682	1.322
	H(1:3)								1.259	-1.150
	H(1:4)								-.611	.719
	H(1:5)								-1.482	1.706
	H(1:6)								1.425	-1.040
	H(1:7)								-1.417	1.578

图 4.18　多层感知器模型摘要信息

在图 4.18 中，上半部分是多层感知器模型整体摘要信息，下半部分是输入层、隐藏层 1 以及输出层之间的函数关系，也就是突触权重信息。

（4）多层感知器模型分类信息，如图 4.19 所示。

分类表显示使用神经网络模型的实际结果。对于每个样本，如果该样本的预测拟概率大于 0.5，则预测响应为"是"。

① 样本交叉分类对角线上的单元格是正确的预测值。在本例的训练样本中，实测为否且预测为否的样本个数为318个，即为正确预测值；实测为是且预测为是的样本个数为96个，亦为正确预测值；两者在单元格中均体现为对角线上。

② 样本交叉分类偏离对角线的单元格是不正确的预测值。在本例的训练样本中，实测为否且预测为是的样本个数为35个，即为不正确预测值；实测为是且预测为否的样本个数为35个，亦为不正确预测值；两者在单元格中均体现为偏离对角线。

分类

样本	实测	预测		正确百分比
		否	是	
训练	否	318	35	90.1%
	是	35	96	73.3%
	总体百分比	72.9%	27.1%	85.5%
坚持	否	135	29	82.3%
	是	26	26	50.0%
	总体百分比	74.5%	25.5%	74.5%

因变量：是否违约

图4.19　多层感知器模型分类信息

基于训练样本，产生违约的131人中有96人分类正确；未产生违约的353人中有318人分类正确。总体上，训练样本中有85.5%是分类正确的，与前面"多层感知器模型摘要信息"中"不正确预测百分比为14.5%"相一致。

从坚持样本来看，产生违约的52人中有26人分类正确；未产生违约的164人中有135人分类正确。总体上，坚持样本中有74.5%是分类正确的，与前面"多层感知器模型摘要信息"中"不正确预测百分比为25.5%"相一致。

对比训练样本和坚持样本，可以认为训练样本的不正确预测百分比14.5%要显著低于坚持样本的不正确预测百分比25.5%，坚持样本的预测总体百分比74.5%也显著低于训练样本的预测总体百分比85.5%。因为坚持样本不用于构建模型，是一个用于评估最终神经网络的独立数据记录集，坚持样本的误差给出一个模型预测能力的"真实"估计值，所以基于坚持样本的结论，我们模型实际上只有74.5%是正确的，也就是说这意味着我们的训练样本模型可能过度乐观或者说神经网络可能产生了超额训练。

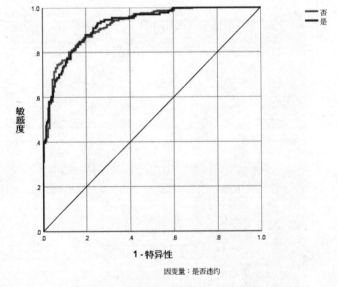

因变量：是否违约

图4.20　多层感知器模型ROC曲线

（5）多层感知器模型ROC曲线，如图4.20所示。

ROC曲线又称"接受者操作特征曲线""等感受性曲线"，主要用于预测准确率情况。最初ROC曲线是运用在军事上的，现在广泛应用在各个领域，比如判断某种因素对于某种疾病的诊断是否有诊断价值。曲线上各点反映着相同的感受性，它们都是对同一信号刺激的反应，只不过是在几种不同的判定标准下所得的结果而已。

ROC曲线是以虚惊概率（又被称为假阳性率、误报率，图中为1-特异性）为横轴、击中概率（又被称为敏感度、真阳性率，图中为敏感度）为纵轴所组成的坐标图，和被试者在特定刺激条件下由于采用不同的判断标准得出不同结果画出的曲线。虚惊概率x轴越接近零、击中概率y轴越接近1，代表准确率越好。

对于一条特定的 ROC 曲线来说，ROC 曲线的曲率反应敏感性指标是恒定的，所以也叫等感受性曲线。对角线（图中为直线）代表辨别力等于 0 的一条线，也叫纯机遇线。ROC 曲线离纯机遇线越远，表明模型的辨别力越强。辨别力不同的模型的 ROC 曲线也不同。

曲线下方的区域		
		区域
是否违约	否	.922
	是	.922

（6）多层感知器模型 ROC 曲线下方的区域如图 4.21 所示。

图 4.21　多层感知器模型 ROC 曲线下方的区域

多层感知器模型 ROC 曲线下方的区域又被称为 AUC 值，是 ROC 曲线的数字摘要，取值范围一般在 0.5 和 1 之间。使用 AUC 值作为评价标准是因为很多时候 ROC 曲线并不能清晰地说明哪个多层感知器的效果更好。作为一个数值，对应 AUC 更大的多层感知器效果更好。

- 当 AUC =1 时，是完美多层感知器，采用这个预测模型时，至少存在一个阈值能得出完美预测。绝大多数预测的场合都不存在完美多层感知器。
- 当 0.5 < AUC <1 时，优于随机猜测。这个多层感知器（模型）妥善设定阈值的话，能有预测价值。
- 当 AUC = 0.5 时，跟随机猜测一样，模型没有预测价值。
- 当 AUC < 0.5 时，比随机猜测还差；但只要总是反预测而行，就优于随机猜测。

对于每一个类别（违约或者不违约），表中的值代表了对于该类别中的预测拟概率。可以发现是否违约两条 ROC 曲线的 AUC 值整体上是相同的，均为 0.922，只是随着要求的击中概率不同而各有优劣。比如根据既定的研究需要，我们要求的击中概率选择为 0.7（对应 ROC 曲线图中的纵轴 0.7 处）时，违约概率为是的 ROC 曲线误报概率要显著高于违约概率为否的 ROC 曲线（体现在"违约概率为是的 ROC 曲线横轴对应点"在"违约概率为否的 ROC 曲线横轴对应点"的右侧）；我们要求的击中概率为 0.9（对应 ROC 曲线图中的纵轴 0.9 处）时，违约概率为是的 ROC 曲线误报概率要显著低于违约概率为否的 ROC 曲线（体现在"违约概率为是的 ROC 曲线横轴对应点"在"违约概率为否的 ROC 曲线横轴对应点"的左侧）。

（7）多层感知器模型"预测-实测图"，如图 4.22 所示。

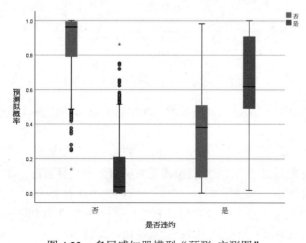

图 4.22　多层感知器模型"预测-实测图"

对于分类因变量，"预测-实测图"显示组合的训练和检验样本的预测拟概率的聚类箱图。x轴对应观察响应类别（本例中为是否违约），图注对应预测类别（预测违约还是预测未违约）。

最左侧的箱图显示，对于观察响应类别为否的个案，预测类别也为否的预测拟概率。在 y 轴 0.5 标记之上的箱图部分代表分类表中显示的正确预测值，0.5 标记以下部分代表不正确的预测值。

需要提示和强调的是，正如前面分类表结果解释中所提及的，在分类表中神经网络多层感知器善于使用 0.5 作为概率界限评判预测是否准确，可以非常明确和直观地看出，只有部分较低细线和一些偏离的个案分类错误，大多数分类都是准确的。

第二个箱图显示，对于观察响应类别为否的个案，预测类别为是的预测拟概率。由于本例中的目标变量（是否违约）中只有两个类别（违约、未违约），因此第二个箱图与最左侧的箱图在水平线 0.5 上是对称的。

第三个箱图显示，对于观察响应类别为是的个案，预测类别为否的预测拟概率。它和最后一个箱图对于水平线 0.5 对称。

最后一个箱图显示，对于观察响应类别为是的个案，预测类别也为是的预测拟概率。在 y 轴 0.5 标记之上的箱图部分代表分类表中显示的正确预测值，0.5 标记以下部分代表不正确的预测值，所以箱图大部分被正确分类。

（8）多层感知器模型"累积增益图"，如图 4.23 所示。

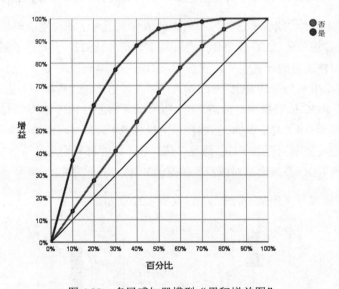

图 4.23　多层感知器模型"累积增益图"

累积增益图会在给定的类别中显示通过把个案总数的百分比作为目标而"增益"的个案总数的百分比。

例如，"是" 类别曲线上的第一点在（10%，37%），即如果用户使用神经网络多层感知器模型对数据集进行评分并通过 "是" 预测拟概率对所有个案进行排序，就将会期望预测拟概率排名前 10%的个案中含有实际上类别真实为"是"（违约）的所有个案的37%。同样，"是" 类别曲线上的第二点在（20%，61%），即预测拟概率排名前 20%的个案中包括约 61% 违约者。"是" 类别曲线上的第三点在（30%，77%），即预测拟概率排名前 30%的个案中包括 77% 违约者。以此类推，"是"类别曲线上的最后一点在（100%，100%），如果用户选择已打分数据集的 100%，那么肯定会获得数据集中的所有欠贷者。

对角线为"基线"，也就是随机选择线；如果用户从评分数据集随机选择 10% 个案，那么从这里面期望"获取"的违约个案在全部违约个案中占比也大约是 10%。从这种意义上讲，曲线离基线的上方越远，增益越大。

用户可以使用累积增益图进行辅助决策。生成"大量"收益取决于类型 I 与类型 II 错误的成本。类型 I 错误就是将违约者归类为未违约者会造成什么损失？类型 II 错误就是将未违约者归类为违约者会造成什么损失？

如果这家商业银行更为关注或者最不能容忍的是还账问题，对信用风险高度风险厌恶，那么就倾向于降低类型 I 错误风险。在本例中的累积增益图中，如果我们想要获取 90%以上的潜在违约者，那么我们需要移除预测拟概率排名前 40%以上的授信客户。

如果这家商业银行更为关注市场拓展，或者增加客户群，而对风险有着相对较高的容忍度，可能就会倾向于降低类型 II 错误风险。在本例中的累积增益图中，我们只需拒绝贷款给预测拟概率排名前 10%以上的授信客户，就可以排除 37%的授信申请客户，尽可能保持客户群的完整。

所以，累积增益图给商业银行授信部门决策者提供了一个重要依据，银行工作人员可以根据经营战略做出针对性的选择。

（9）多层感知器模型"效益图"，如图 4.24 所示。

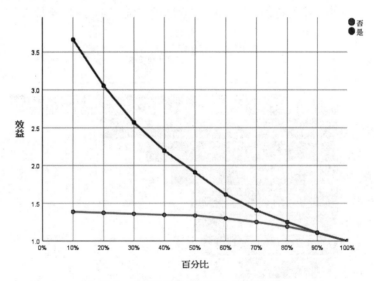

图 4.24　多层感知器模型"效益图"

多层感知器模型"效益图"源自累积增益图，提供了另一种在累积增益图中查看信息的方法。累积增益图和增益图都是以组合的训练和检验样本为基础的。"效益图"中 y 轴上的值对应每条曲线与基线的累积增益比率。比如前面所提及的"是"类别曲线上的第一点在（10%，37%），即如果用户使用神经网络多层感知器模型对数据集进行评分并通过"是"预测拟概率对所有个案进行排序，将会期望预测拟概率排名前 10%的个案中含有实际上类别真实为"是"（违约）的所有个案的 37%"。那么，在"效益图"中，"是"曲线在横轴百分比 10%时对应的效益值是 37%/10%=3.7。

（10）多层感知器模型"自变量重要性"表，如图4.25所示。

自变量重要性是针对不同自变量值测量网络模型预测值的变化量，测量的是自变量对于模型的贡献。正态化重要性是由重要性最大值划分的重要性并表示为百分比，其中最重要的自变量的正态化重要性值为100%。

自变量重要性

	重要性	正态化重要性
行业分类	.069	30.4%
资产负债率	.094	41.9%
实际控制人从业年限	.226	100.0%
企业经营年限	.101	44.9%
主营业务收入	.132	58.4%
利息保障倍数	.100	44.2%
银行负债	.164	72.6%
其他渠道负债	.115	50.9%

图 4.25 多层感知器模型"自变量重要性"表

在该表中我们可以非常明确地看出，实际控制人从业年限最为重要，重要性值为0.226，正态化重要性值为100%，然后依次是银行负债、主营业务收入、其他渠道负债、企业经营年限、利息保障倍数、资产负债率、行业分类。

（11）图4.26展示的是多层感知器模型"自变量重要性"图。

"自变量重要性"图为"自变量重要性"表中值的条形图，以重要性值降序排序，与"自变量重要性"表的结论是完全一致的。实际控制人从业年限最为重要，然后依次是银行负债、主营业务收入、其他渠道负债、企业经营年限、利息保障倍数、资产负债率、行业分类。

虽然"自变量重要性"表和图都测量了自变量对于模型的贡献，但是用户并不能判断这些变量和拖欠预测概率之间关系的影响方向。比如实际控制人从业年限时间越长，违约概率就会越小还是越大？这也是神经网络模型的特色。用户如果特别想要知道影响方向，就需要建立带有更易于解释参数的模型。

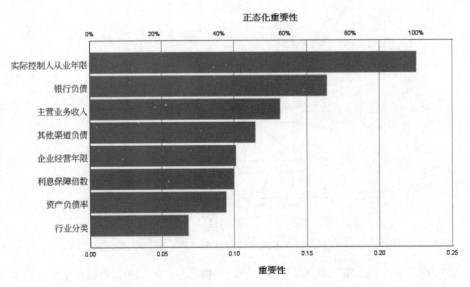

图 4.26 多层感知器模型"自变量重要性"图

4.4 神经网络多层感知器分析二

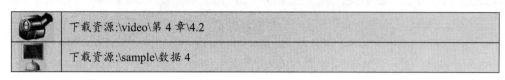

	下载资源:\video\第 4 章\4.2
	下载资源:\sample\数据 4

在"神经网络多层感知器分析一"中，我们在样本分配的时候只有训练样本和坚持样本，而没有检验样本。检验样本是一个用于跟踪训练过程中的误差以防止超额训练的独立数据记录集。通常情况下，用户创建训练样本后，检验样本数量要小于训练样本数量，神经网络训练才是最高效的。

4.4.1 准备数据以进行分析

本节继续使用前面的数据 4。

01 选择"文件│打开│数据"命令，打开数据 4.sav 数据表。

02 创建新的分区变量。选择"转换│计算变量"命令，弹出"计算变量"对话框，如图 4.27 所示。

在这个对框框中需要设置"目标变量"和"数字表达式"。我们在"目标变量"中输入"分区"作为拟创建的目标变量的名称替代原有"分区"变量，在"数字表达式"中输入"分区 -rv.bernoulli(0.2)"。然后在"计算变量"对话框中单击左下方的"如果"按钮，会弹出如图 4.28 所示的"计算变量：If 个案"对话框。

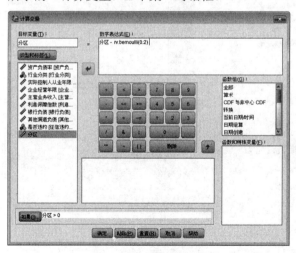

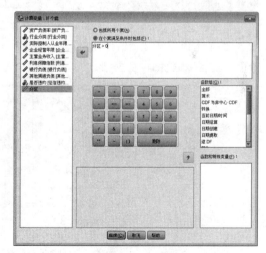

图 4.27 "计算变量"对话框　　　　图 4.28 "计算变量：If 个案"对话框

我们选择"在个案满足条件时包括"选项，然后在下方的文本框中输入"分区>0"。设置完成后，单击"继续"按钮，返回至 "计算变量"对话框。需要解释和说明的是，我们采取这一设置，将重置大于 0 的原分区值。设置之前的样本构成如表 4.1 所示。原分区值只有两种取值：1 与-1。其中，分区值为 1 的为训练样本，大约占比 70%；分区值为-1 的为坚持样本，大约占比 30%。

表4.1　设置前样本构成

样本种类	分区值	大约占比（%）
训练样本	1	70
坚持样本	−1	30

因为之前的分区值只有1与-1，所以我们此处所提的针对"分区>0"其实就是针对原分区值为1的值重新设置。正如之前所解释的，"rv.bernoulli(0.2)"的含义是随机生成的概率参数为0.2的Bernoulli变量，即20%取值1、80%取值0，而"1-rv.bernoulli(0.2)"可以使约20%取值0、80%保持值1。

经过这一设置后，原来的30%的坚持样本（分区值为-1）保持不变、70%的训练样本（分区值为1）被进一步拆分为56%（70%×80%）的训练样本（分区值为1）和14%（70%×20%）的检验样本（分区值为0），如表4.2所示。

表4.2　设置后样本构成

样本种类	分　区　值	大约占比（%）
训练样本	1	56
检验样本	0	14
坚持样本	−1	30

03 在"计算变量"对话框中单击"确定"按钮，生成新的分区变量。

4.4.2　分析过程

01 选择"文件｜打开｜数据"命令，打开数据4.sav数据表。

02 选择"分析｜神经网络｜多层感知器"命令，弹出"多层感知器"对话框，如图4.29所示。

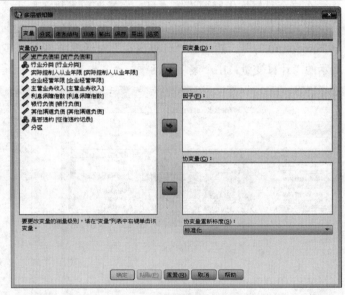

图4.29　"多层感知器"对话框

━━━━━━━━ 对话框选项设置/说明 ━━━━━━━━

（1）"变量"选项卡

在本例中，我们选择"是否违约"进入"因变量"列表框，选择"行业分类"进入"因子"列表框，选择"资产负债率""行业分类""实际控制人从业年限""企业经营年限""主营业务收入""利息保障倍数""银行负债""其他渠道负债"进入"协变量"列表框，并采用默认的"标准化"协变量重新标度方案，如图4.30所示。

图 4.30　"多层感知器"对话框"变量"选项卡

（2）"分区"选项卡（见图 4.31）

我们把"准备数据以进行分析"部分创设的"分区"变量从左侧的"变量"列表框中选入右侧的"分区变量"文本框中。

图 4.31　"多层感知器"对话框"分区"选项卡

（3）"输出"选项卡

切换到"输出"选项卡，如图 4.32 所示。"输出"选项卡包括"网络结构"选项组、"网络性能"选项组、"个案处理摘要"选项、"自变量重要性分析"选项。在本例中，我们在"网络结构"选项组中选择"描述"，在"网络性能"选项组中选择"模型摘要""分类结果""ROC 曲线""累积增益图""效益图"和"预测-实测图"六个选项。

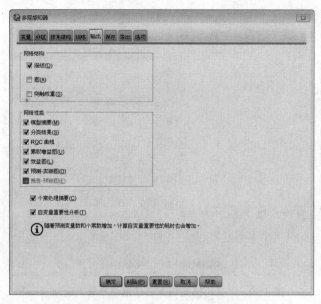

图 4.32　"多层感知器"对话框"输出"选项卡

（4）"保存"选项卡

切换到"保存"选项卡，如图 4.33 所示。在"保存"选项卡中，用户可以选择"保存每个因变量的预测值或类别""保存每个因变量的预测拟概率"以及"保存的变量的名称"。

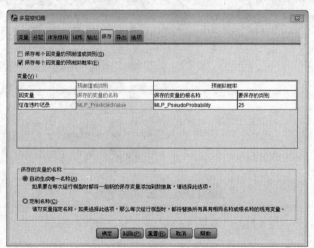

图 4.33　"多层感知器"对话框"保存"选项卡

在本例中，我们选择"保存每个因变量的预测拟概率"，因变量为"征信违约记录"，保存的变量的根名称为"MLP_PseudoProbability"，要保存的类别为"25"，其他采用系统默认设置。

（5）"导出"选项卡

切换到"导出"选项卡，如图 4.34 所示。在"导出"选项卡中，用户可以将每个因变量的突触权重估算值导出到 XML 文件中。用户可以利用该模型文件应用模型信息到其他数据文件以用于评分目的。

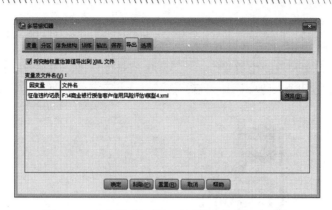

图 4.34　"多层感知器"对话框"导出"选项卡

在本例中，我们选中"将突触权重估算值导出到 XML 文件"，设置因变量为"征信违约记录"，单击对话框中的"浏览"按钮，指定文件保存路径，并将文件名命名为"模型 4"，其他采用系统默认设置。

03 其他选项卡采用系统默认设置，单击"运行"按钮，进入计算分析。

4.4.3　结果分析

在 SPSS "主界面"对话框的结果窗口中，我们可以看到如下分析结果：

（1）多层感知器个案处理摘要结果，如图 4.35 所示。我们可以看到共有 850 个样本，其中排除掉了 150 个样本，有效样本数为 700。在这 700 个有效的样本中，有 319 个样本被分到了训练组，占比为 45.6%；有 165 个样本被分到了检验组，占比为 23.6%；有 216 个样本被分到了坚持组，占比为 30.9%。

（2）多层感知器神经网络信息，如图 4.36 所示。

（3）多层感知器模型摘要信息，如图 4.37 所示。模型摘要信息中展示训练结果，以及将模型应用于坚持样本的相关信息。

在训练样本中，输出层使用 softmax 激活函数，将显示交叉熵误差。不正确预测百分比为 19.7%。使用的中止规则因为误差在 1 个连续步骤中没有减小（误差计算基于检验样本），所以估计算法停止，训练时间为"0:00:00.16"。相对于前面的"因为超出最大时程数（100），所以估计算法停止"有了很大的改进。

在检验样本中，交叉熵误差为 67.534，不正确预测百分比为 19.4%。

在坚持样本中，不正确预测百分比为 17.1%。

➡ **多层感知器**

个案处理摘要

		N	百分比
样本	训练	319	45.6%
	检验	165	23.6%
	坚持	216	30.9%
有效		700	100.0%
排除		150	
总计		850	

图 4.35　多层感知器个案处理摘要

网络信息

输入层	因子	1		行业分类
	协变量	1		资产负债率
		2		实际控制人从业年限
		3		企业经营年限
		4		主营业务收入
		5		利息保障倍数
		6		银行负债
		7		其他渠道负债
	单元数[a]			12
	协变量的重新标度方法			标准化
隐藏层	隐藏层数			1
	隐藏层 1 中的单元数[a]			7
	激活函数			双曲正切
输出层	因变量	1		是否违约
	单元数			2
	激活函数			Softmax
	误差函数			交叉熵

a. 排除偏差单元

图 4.36　多层感知器神经网络信息

可以发现训练、检验和坚持样本的错误预测百分比大致相同，进一步表明原始模型实际上可能超额训练并且可以通过添加一个检验样本解决该问题。

此外，作为评判模型预测能力的坚持样本不正确预测百分比，相对于前面的原始模型有了下降，但是参与分析样本大小相对较小，所以百分点的变化并不必然表明模型在预测能力方面有了非常好的改进提高。

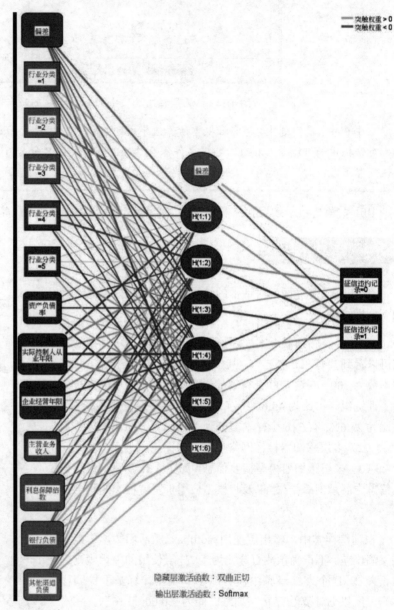

模型摘要

训练	交叉熵误差	133.989
	不正确预测百分比	19.7%
	使用的中止规则	误差在1个连续步骤中没有减小[a]
	训练时间	0:00:00.16
检验	交叉熵误差	67.534
	不正确预测百分比	19.4%
坚持	不正确预测百分比	17.1%

因变量：是否违约

a. 误差计算基于检验样本。

隐藏层激活函数：双曲正切
输出层激活函数：Softmax

图 4.37　多层感知器模型摘要信息

（4）多层感知器模型分类信息，如图 4.38 所示。

分类

样本	实测	预测 否	是	正确百分比
训练	否	217	19	91.9%
	是	44	39	47.0%
	总体百分比	81.8%	18.2%	80.3%
检验	否	108	9	92.3%
	是	23	25	52.1%
	总体百分比	79.4%	20.6%	80.6%
坚持	否	151	13	92.1%
	是	24	28	53.8%
	总体百分比	81.0%	19.0%	82.9%

因变量：是否违约

图 4.38　多层感知器模型分类信息

分类表显示使用神经网络模型的实际结果。对于每个样本，如果该样本的预测拟概率大于 0.5，则预测响应为"是"。

① 样本交叉分类对角线上的单元格是正确的预测值。比如针对训练样本，实测为否且预测为否的样本个数为 217 个，即为正确预测值；实测为是且预测为是的样本个数为 39 个，亦为正确预测值；两者在单元格中均体现为对角线上。

② 样本交叉分类偏离对角线的单元格是不正确的预测值。比如针对训练样本，实测为否且预测为是的样本个数为 19 个，即为不正确预测值；实测为是且预测为否的样本个数为 44 个，亦为不正确预测值；两者在单元格中均体现为偏离对角线。

基于训练样本，产生违约的 83 人中有 39 人分类正确；未产生违约的 236 人中有 217 人分类正确。总体上，训练样本中有 80.3% 是分类正确的，与前面"多层感知器模型摘要信息"中"不正确预测百分比为 19.7%"相一致。

基于检验样本，产生违约的 48 人中有 25 人分类正确；未产生违约的 117 人中有 108 人分类正确。总体上，检验样本中有 80.6% 是分类正确的，与前面"多层感知器模型摘要信息"中"不正确预测百分比为 19.4%"相一致。

基于坚持样本，产生违约的 52 人中有 28 人分类正确；未产生违约的 164 人中有 151 人分类正确。总体上，坚持样本中有 82.9% 是分类正确的，与前面"多层感知器模型摘要信息"中"不正确预测百分比为 17.1%"相一致。

前面我们提到，对于每个样本，如果该样本的预测拟概率大于 0.5，则预测响应为"是"。分类表显示使用 0.5 作为分类拟概率分界，在这一分界模式下，从分类表中可以看出我们的这个神经网络模型在预测未违约方面比预测违约方面要准确得多。比如训练样本中预测未违约的准确率是91.9%，预测违约的准确率是 47%；检验样本中预测未违约的准确率是 92.3%，预测违约的准确率是 52.1%；坚持样本中预测未违约的准确率是 92.1%，预测违约的准确率是 53.8%。

（5）多层感知器模型 ROC 曲线，如图 4.39 所示。

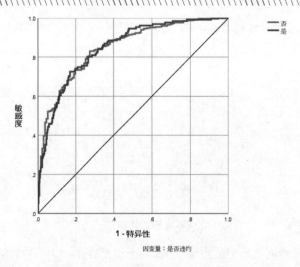

图 4.39　多层感知器模型 ROC 曲线

（6）多层感知器模型 ROC 曲线下方的区域，如图 4.40 所示。

对于每一个类别（违约或者不违约），表中的值代表了对于该类别中的预测拟概率。可以发现是否违约两条 ROC 曲线的 AUC 值整体上是相同的，均为 0.848，只是随着要求的击中概率不同而各有优劣。比

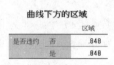

曲线下方的区域		
		区域
是否违约	否	.848
	是	.848

图 4.40　多层感知器模型 ROC 曲线下方的区域

如当要求的击中概率为 0.5（对应 ROC 曲线图中的纵轴 0.5 处）时，违约概率为是的 ROC 曲线误报概率要显著高于违约概率为否的 ROC 曲线（体现在"违约概率为是的 ROC 曲线横轴对应点"在"违约概率为否的 ROC 曲线横轴对应点"的右侧）；当要求的击中概率为 0.9（对应 ROC 曲线图中的纵轴 0.9 处）时，违约概率为是的 ROC 曲线误报概率要显著低于违约概率为否的 ROC 曲线（体现在"违约概率为是的 ROC 曲线横轴对应点"在"违约概率为否的 ROC 曲线横轴对应点"的左侧）。

（7）多层感知器模型"预测-实测图"，如图 4.41 所示。

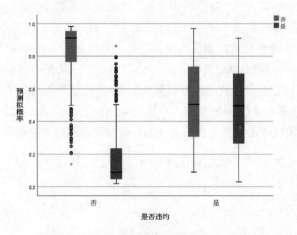

图 4.41　多层感知器模型"预测-实测图"

对于分类因变量，"预测-实测图"显示组合的训练和检验样本的预测拟概率的聚类箱图。x轴对应观察响应类别（本例中为是否违约），图注对应预测类别（预测违约还是预测未违约）。

最左侧的箱图显示，对于观察响应类别为否的个案，预测类别也为否的预测拟概率。在 y 轴 0.5 标记之上的箱图部分代表分类表中显示的正确预测值，0.5 标记以下部分代表不正确的预测值。需要提示和强调的是，正如前面分类表结果解释中所提及的，在分类表中神经网络多层感知器善于使用 0.5 作为概率界限评判预测是否准确，可以非常明确和直观地看出，只有部分较低细线和一些偏离的个案分类错误，大多数分类都是准确的。

第二个箱图显示，对于观察响应类别为否的个案，预测类别为是的预测拟概率。由于本例中的目标变量（是否违约）中只有两个类别（违约、未违约），因此第二个箱图与最左侧的箱图在水平线 0.5 上是对称的。

第三个箱图显示，对于观察响应类别为是的个案，预测类别为否的预测拟概率。它和最后一个箱图对于水平线 0.5 对称。

最后一个箱图显示，对于观察响应类别为是的个案，预测类别也为是的预测拟概率。在 y 轴 0.5 标记之上的箱图部分代表分类表中显示的正确预测值，0.5 标记以下部分代表不正确的预测值，所以箱图大部分被错误分类。

此外，我们可以综合起来看这几个箱图，调整默认的预测比较概率（0.5）。比如我们把样本分类为"是"的概率界限从默认状态下的 0.5 进一步下调为 0.3，也就是差不多第二个箱图顶端的位置或者最后一个箱图底端的位置，就可以在不损失大量潜在优质客户的前提下增加准确找出潜在违约者的概率。或者说，我们沿第二个箱图把 0.5 处的细线移至 0.3 处，会将细线处相对较少的未违约客户错误地重新分类为预测违约者；对于第四个箱图，此移动（把 0.5 处的细线移至 0.3 处）会将箱图中大量违约客户正确地重新分类为预测违约者。

（8）多层感知器模型"累积增益图"，如图 4.42 所示。

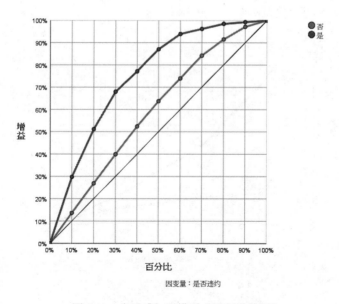

图 4.42　多层感知器模型"累积增益图"

累积增益图会在给定的类别中显示通过把个案总数的百分比作为目标而"增益"的个案总数

的百分比。

例如，"是"类别曲线上的第一点在（10%，30%），即如果用户使用神经网络多层感知器模型对数据集进行评分并通过 "是" 预测拟概率对所有个案进行排序，就会期望预测拟概率排名前10%的个案中含有实际上类别真实为"是"（违约）的所有个案的30%。同样，"是"类别曲线上的第二点在（20%，50%），即预测拟概率排名前 20%的个案包括约 50% 违约者。"是"类别曲线上的第三点在（30%，70%），即预测拟概率排名前 30%的个案包括70%违约者。以此类推，"是"类别曲线上的最后一点在（100%，100%），如果用户选择已打分数据集的 100%，肯定会获得数据集中的所有欠贷者。

对角线为"基线"，也就是随机选择线；如果用户从评分数据集随机选择 10% 个案，那么从这里面期望"获取"的违约个案在全部违约个案中占比大约是 10%。从这种意义上讲，曲线离基线的上方越远，增益越大。

用户可以使用累积增益图进行辅助决策。生成"大量"收益取决于类型 I 与类型 II 错误的成本。类型 I 错误就是将违约者归类为未违约者会造成什么损失？类型 II 错误就是将未违约者归类为违约者会造成什么损失？

如果这家商业银行更为关注或者最不能容忍的是还账问题，对信用风险高度风险厌恶，那么就倾向于降低类型 I 错误风险，在我们本例中所示的累积增益图中，如果我们想要获取 90%以上的潜在违约者，那么我们需要移除预测拟概率排名前 50%以上的授信客户。

如果这家商业银行更为关注市场拓展，或者增加客户群，而对风险有着相对较高的容忍度，可能就会倾向于降低类型 II 错误风险。在本例中的累积增益图中，我们只需拒绝贷款给预测拟概率排名前 10%以上的授信客户，就可以排除 30%的授信申请客户，尽可能保持客户群的完整。

所以，累积增益图给商业银行授信部门决策者提供了一个重要依据，银行工作人员可以根据经营战略做出针对性的选择。

（9）多层感知器模型"效益图"，如图 4.43 所示。

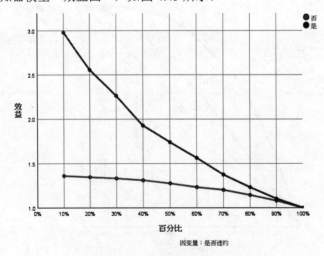

图 4.43　多层感知器模型"效益图"

多层感知器模型"效益图"源自累积增益图，提供了另一种在累积增益图中查看信息的方法。累积增益图和增益图都是以组合的训练和检验样本为基础的。"效益图"中 y 轴上的值对应每条曲线与基线的累积增益比率。比如前面所提及的"是"类别曲线上的第一点在（10%，30%），即如果用户使用神经网络多层感知器模型对数据集进行评分并通过"是"预测拟概率对所有个案进行排序，将会期望预测拟概率排名前 10%的个案中含有实际上类别真实为"是"（违约）的所有个案的 30%。"那么，在"效益图"中，"是"曲线在横轴百分比 10%时对应的效益值是 30%/10%=3.0。

（10）多层感知器模型"自变量重要性"表，如图 4.44 所示。

在该表中我们可以非常明确地看出，实际控制人从业年限最为重要，重要性值为 0.262，正态化重要性值为 100%，然后依次是银行负债、企业经营年限、利息保障倍数、资产负债率、其他渠道负债、行业分类、主营业务收入。

自变量重要性

	重要性	正态化重要性
行业分类	.038	14.5%
资产负债率	.097	37.1%
实际控制人从业年限	.262	100.0%
企业经营年限	.157	59.8%
主营业务收入	.037	14.2%
利息保障倍数	.122	46.4%
银行负债	.248	94.9%
其他渠道负债	.040	15.2%

图 4.44　多层感知器模型"自变量重要性"表

（11）多层感知器模型"自变量重要性"图，如图 4.45 所示。

"自变量重要性"图为"自变量重要性"表中值的条形图，以重要性值降序排序，与"自变量重要性"表的结论是完全一致的。实际控制人从业年限最为重要，然后依次是银行负债、企业经营年限、利息保障倍数、资产负债率、其他渠道负债、行业分类、主营业务收入。

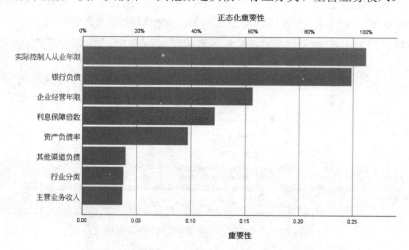

图 4.45　多层感知器模型"自变量重要性"图

（12）多层感知器模型"每个因变量的预测拟概率"，如图 4.46（数据视图）、图 4.47（变量视图）所示。其中，"MLP_PseudoProbability_1"表示的是"征信违约记录的预测拟概率=0"，"MLP_PseudoProbability_2"表示的是"征信违约记录的预测拟概率 =1"。

在图 4.46 中，以第一个样本为例，"MLP_PseudoProbability_1"值是 0.393，"MLP_PseudoProbability_2"值是 0.607，说明该样本有 39.3%的预测拟概率是不违约的、有 60.7%的概率是违约的。如果系统考虑 50%的参考概率，就会判定第一个样本为"违约客户"，结合其"征信违约记录"列为"0"的实际结果，说明系统在预测第一个样本方面是错误的。

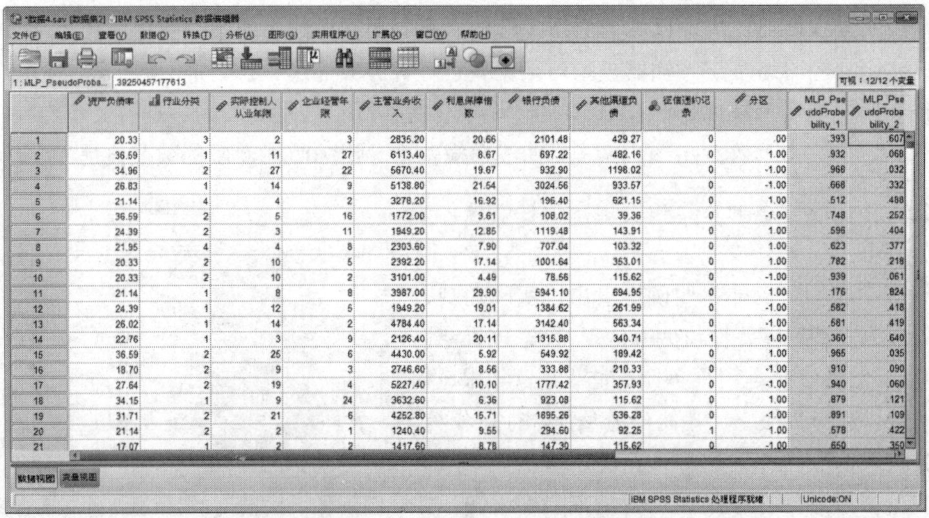

图 4.46　多层感知器模型"每个因变量的预测拟概率"

再以第二个样本为例，其"MLP_PseudoProbability_1"值是 0.932，"MLP_PseudoProbability_2"值是 0.068，说明该样本有 93.2%的预测拟概率是不违约的，有 6.8%的概率是违约的。如果系统考虑 50%的参考概率，就会判定第二个样本为"不违约客户"，结合"征信违约记录"列为"0"的实际结果，说明系统在预测第二个样本方面是正确的。可以以此类推其他样本。

图 4.47　多层感知器模型估计后变量视图

① 预测客户的违约概率。图 4.48 展示的是违约记录为空的样本的"MLP_PseudoProbability_1"值和"MLP_PseudoProbability_2"值。这些授信客户的违约记录为之所以为空，是因为这些客户属于潜在客户，尚未与本行发生过交易，我们可以据此预测这些客户的违约概率。以第 701 个客户为例，"MLP_PseudoProbability_1"值是 0.971，"MLP_PseudoProbability_2"值是 0.029，说明该样本有 97.1%的预测拟概率是不违约的，有 2.9%的概率是违约的，如果商业银行考虑违约概率在 10%以下即可合作业务开展授信，那么这个样本就是符合银行授信标准的。以第 703 个客户为例，"MLP_PseudoProbability_1"值是 0.374，"MLP_PseudoProbability_2"值是 0.626，说明该样本有 37.4%的预测拟概率是不违约的，有 62.6%的概率是违约的，如果商业银行考虑违约概率在 10%以下即可合作业务开展授信，那么这个样本就是不符合银行授信标准的。

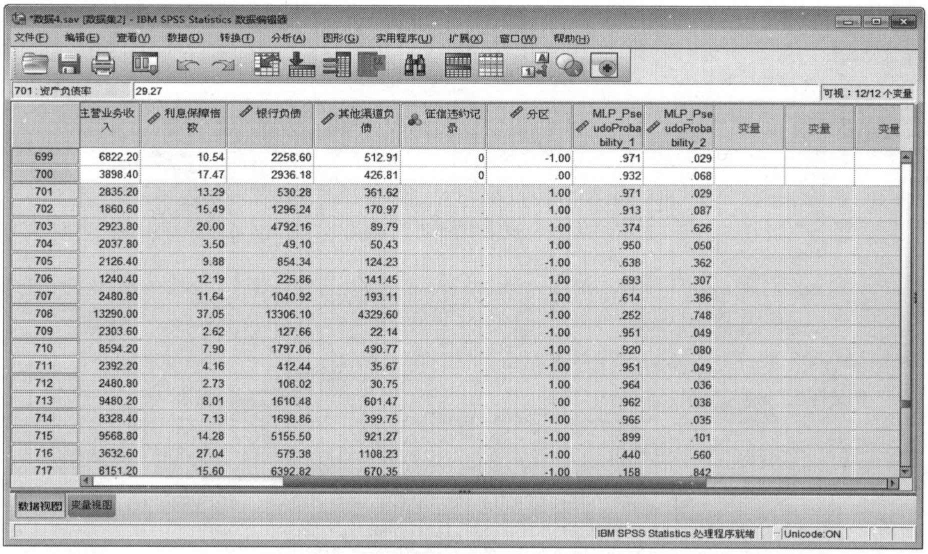

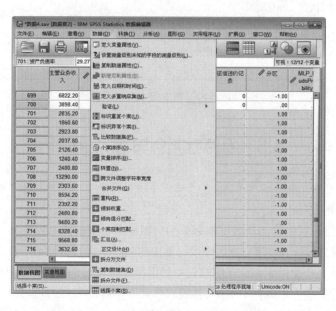

图 4.48　潜在客户违约概率测算

　　② 选择目标客户。选择"数据 | 选择个案"命令（见图 4.49），即可弹出如图 4.50 所示的"选择个案"对话框。在"选择"选项组中选择"如果条件满足"选项，然后单击下面的"如果"按钮，即可弹出如图 4.51 所示的"选择个案：If"对话框。在"选择个案：If"对话框上方的文本框中输入"MLP_PseudoProbability_2 < 0.10"，即可筛选出预测违约拟概率在 10% 以下的授信客户，如图 4.52 所示。

图 4.49　选择"数据 | 选择个案"命令

 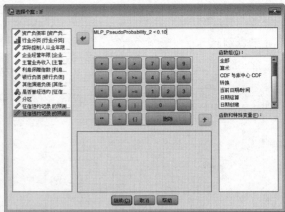

图 4.50　"选择个案"对话框　　　　图 4.51　"选择个案：If"对话框

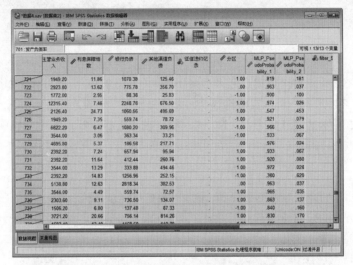

图 4.52　预测违约拟概率在 10%以下的授信客户

4.5　研究结论与重点回顾

本章结合具体实例详细介绍了 SPSS 的"分析｜神经网络｜多层感知器"模块在商业银行授信客户信用风险评估中的应用。

分析的基本思路是首先将活动数据集划分为训练样本、检验样本和坚持样本。训练样本包含用于训练神经网络的数据记录，不能为空，数据集中的某些个案百分比必须分配给训练样本以获得一个模型。检验样本是一个用于跟踪训练过程中的误差以防止超额训练的独立数据记录集。通常情况下，检验样本数量要小于训练样本数量，神经网络训练才是最高效的。坚持样本不用于构建模型，是一个用于评估最终神经网络的独立数据记录集；坚持样本的误差给出一个模型预测能力的"真实"估计值。然后根据研究需要逐一对"多层感知器"对话框的八个选项卡（包括"变量""分区""体系结构""训练""输出""保存""导出""选项"）进行设置。最后根据结果做好分析解读，并根据模型情况进行必要的优化提升。其中，针对"多层感知器"对话框的八个选项卡的设置，都有具体的应用场景和适用条件，并进行了详细具体的介绍。

就本章案例而言，在影响授信客户是否违约方面，实际控制人从业年限最为重要，然后依次是银行负债、企业经营年限、利息保障倍数、资产负债率、其他渠道负债、行业分类、主营业务收入。

如果读者需要针对自身设定的研究对象进行分析，就要先搜集该研究对象的相关数据，再应用本章介绍的方法开展分析为研究对象建立神经网络多层感知器模型，提高其风险评估活动的效率和效果。

第 5 章　在线旅游供应商客户分类建模技术

在现实生活中，我们经常会注意到，服务行业的企业大多都会对其客户群体进行细分，并在细分的基础上分门别类地提供相应的服务。比如商业银行将其客户分为基础客户、有效客户、理财客户、财富客户、私人银行客户，保险公司将其客户分为基础客户、VIP 客户、高级 VIP 客户、专属 VIP 客户，在线旅游服务供应商将其客户分为白银会员、黄金会员、白金会员、黑金会员、钻石会员等。针对不同类别的客户提供不同种类、不同范围、不同品质、不同程度的增值服务。服务行业企业对客户进行分类的意义在于，由于营销资源和客户维护成本是既定和有限的，企业必须按照二八法则，按照客户的价值贡献，将有限的资源进行合理的分配，以实现经营效益的最大化。企业在对客户进行分类时，依据的是客户的已有价值贡献，这些是比较明确的，但是企业为了拓展业务的需要，很多时候还需要挖掘潜在价值客户，这时就需要建立相应的大数据模型，分析客户的基本特征（比如年龄、性别、学历、收入水平、婚姻状况、职业种类、子女个数等）与目前依据价值贡献判断的等级之间的关系。比如某家商业银行目前的私人银行客户多为年龄在 35~50 岁的中等收入水平的已婚女性，就可以在私人银行客户的下一品级（财富客户）中找到具有相应特征的群体（年龄在 35~50 岁的中等收入水平的已婚女性）加以重点营销，事半功倍地提升营销效率，提升成功概率，进而提升经营业绩。SPSS 作为一种功能强大的统计分析软件，完全可以用来完成相关的分析目标，本章将以某在线旅游供应商具体的经营实践为例，力求以深入浅出的方式讲解 SPSS在在线旅游供应商企业客户分类建模技术中的应用。

5.1　建模技术

本章所用的建模技术为"神经网络"中的"径向基函数"。关于"径向基函数"的概念和原理其实是比较复杂的，背后涉及的数理模型也比较多，如果读者想要详细掌握该方法的基本原理和理论体系，需要学习相应的统计学专业课程。

简单来讲，径向基函数是一个取值仅仅依赖于离原点距离的实值函数，也就是 $\Phi(x)=\Phi(\|x\|)$，或者还可以是到任意一点 c 的距离，c 点称为中心点，也就是 $\Phi(x, c)=\Phi(\|x-c\|)$。任意一个满足 $\Phi(x)=\Phi(\|x\|)$ 特性的函数 Φ 都叫作径向基函数，一般使用欧氏距离（也叫作欧氏径向基函数）。

SPSS 专门设计了"分析｜神经网络｜径向基函数"模块，该模块具有强大性、灵活性和易用性的特征，是很多预测数据挖掘应用程序的首选工具，在基础过程复杂的应用程序中特别有用。例如：

- 将神经网络径向基函数过程应用到在线旅游供应商客户分类建模技术中，探索不同分类客户群体所具有的基本特征，建立相应的模型进行预测，从而针对具体特征的客户制定针对性的客户价值提升策略。
- 将神经网络径向基函数过程应用到商业银行客户分类建模技术中，研究基础客户、有效客户、理财客户、财富客户、私人银行客户等各类客户所具有的基本特征，建立相应的模型进行预测，从而针对具体特征的客户开展精准营销。

● 将神经网络径向基函数过程应用到保险业中，用于预测目标客户群体的保险需求，从而可以制定针对性的客户营销策略，降低营销成本。

"径向基函数"具有神经网络建模技术的共性优点，即对模型结构和假设施加最小需求，可以应用到因变量和自变量之间关系不明确的情形中。

针对"在线旅游供应商客户分类项目"，如果我们能够较为合理地判定会员级别和各个解释变量是一种线性关系，那么我们可以选择线性回归等相关建模技术，如果我们能够较为合理地判定会员级别和各个解释变量是一种非线性关系，那么我们可以选择非线性回归等相关建模技术，但是如果我们无法较为合理地判定会员级别和各个解释变量之间的关系，那么使用神经网络建模技术就是一种不错的选择。

径向基函数过程作为神经网络建模技术的一种，可以接近多种统计模型，并不需要先假设因变量和自变量间的特定关系，因变量和自变量间的特定关系在学习过程中确定。如果因变量和自变量间的线性关系更为适合，那么神经网络结果将接近线性回归模型的结果；如果因变量和自变量间的非线性关系更为适合，那么神经网络将自动接近非线性回归模型的结果。

与这种特色优势相对应的是，神经网络建模技术无法精准解释因变量和自变量之间的具体关系，如果用户认为写出最终的模型方程式非常重要，那么最好使用确定的传统统计模型，如果用户认为写出最终的模型方程式并不重要，而仅关注探索因变量和自变量之间的影响关系，那么使用神经网络建模技术可以更快地获取良好模型结果。

就本章所示的"在线旅游供应商企业客户分类建模技术"而言，神经网络径向基函数过程应用于在线旅游供应商企业客户分类的优点在于其对模型结构和假设施加最小需求，无严格的假设限制，且具有处理非线性问题的能力。它能有效解决非正态分布、非线性的会员等级预测问题。

在 SPSS 中的具体操作实现是，选择"分析|神经网络"命令，如图 5.1 所示，其中包括"多层感知器"和"径向基函数"两个选项。

图 5.1 "分析|神经网络"命令

与上一章中介绍的"神经网络"中的"多层感知器"一样,"径向基函数"也分为三层,分别为:"输入层""隐藏层""输出层"。

- "输入层"指的是预测变量,比如我们本例"在线旅游供应商企业客户分类建模技术"中的"年龄""婚姻状况""会员注册年限""年收入水平""学历""月消费次数""工作性质""性别""家庭人数""会员级别"等。
- "隐藏层"指的是无法观察的节点或单元,每个隐藏单元的值都是"输入层"中的某个预测变量函数;函数的确切形式部分取决于具体的神经网络类型,其中部分可由用户控制。
- "输出层"指的是响应。比如本例"在线旅游供应商企业客户分类建模技术"中的"会员级别"是一个有多种类别的分类变量(白银会员、黄金会员、白金会员、钻石会员),可以重新编码为四个指示变量。每个响应都是隐藏层的某些函数。同样,函数的确切形式部分取决于神经网络类型,还有部分可由用户控制。

"径向基函数"神经网络的基本思想是将低维线性不可分的数据映射到高维空间,使其在高维空间线性可分。在"径向基函数"过程中,从"输入层"到"隐藏层"的变换是非线性的,而从"隐藏层"到"输出层"变换是线性的。"径向基函数"能够逼近任意的非线性函数,可以处理系统内难以解析的规律性,具有良好的泛化能力,并有很快的学习收敛速度,已成功应用于非线性函数逼近、时间序列分析、数据分类、模式识别、信息处理、图像处理、系统建模、控制和故障诊断等。

需要提示和强调的是,"径向基函数"(RBF)过程会根据预测变量的值来生成一个因变量(目标变量)的预测模型,也可以根据预测变量的值来生成多个因变量(目标变量)的预测模型。

5.2 建模思路

本章使用的案例数据是来自 XX 在线旅游服务供应商(虚拟名,如有雷同纯属巧合)1016 个的注册会员客户的信息数据,具体包括客户的"年龄""婚姻状况""会员注册年限""年收入水平""学历""月消费次数""工作性质""性别""家庭人数""会员级别"等。由于客户信息数据涉及客户隐私和消费者权益保护,也涉及商业机密,因此在本章介绍时进行了适当的脱密处理,对于其中的部分数据也进行了必要的调整。

本章使用的分析方法主要是"神经网络"中的"径向基函数"功能。通过"径向基函数"过程,根据客户的"年龄""婚姻状况""会员注册年限""年收入水平""学历""月消费次数""工作性质""性别""家庭人数""会员级别"等预测变量的具体值来生成一个因变量("会员级别")的预测模型。

5.3 神经网络径向基函数分析一

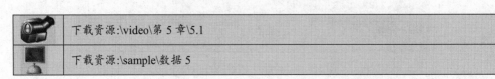

	下载资源:\video\第 5 章\5.1
	下载资源:\sample\数据 5

本部分我们对 XX 在线旅游服务供应商(虚拟名,如有雷同纯属巧合)1016 个注册会员客户

的信息数据进行准备。这 1016 个客户的数据是完整的，其中包括客户的群体特征数据（“年龄”“婚姻状况”“会员注册年限”“年收入水平”“学历”“月消费次数”“工作性质”“性别”“家庭人数”）均为客户如实填写，也包括客户的“会员级别”数据，该数据是根据客户的价值贡献由 XX 在线旅游服务供应商对客户评定后所得，不同“会员级别”的服务内容存在差异。

5.3.1 分析过程

在 SPSS 格式文件中共有 10 个变量，分别是“年龄”“婚姻状况”“会员注册年限”“年收入水平”“学历”“月消费次数”“工作性质”“性别”“家庭人数”“会员级别”，如图 5.2 所示。其中，针对“婚姻状况”我们设定值标签，把 0 定义为未婚，把 1 定义为已婚；针对“学历”我们设定值标签，把 1 定义为初中及以下，把 2 定义为高中及中专，把 3 定义为大学本专科，把 4 定义为硕士研究生，把 5 定义为博士研究生；针对“工作性质”我们设定值标签，把 0 定义为有固定工作者，把 1 定义为无固定工作者；针对“性别”我们设定值标签，把 0 定义为有男性，把 1 定义为女性；针对“会员级别”我们设定值标签，把 1 定义为白银会员，把 2 定义为黄金会员，把 3 定义为白金会员，把 4 定义为钻石会员。

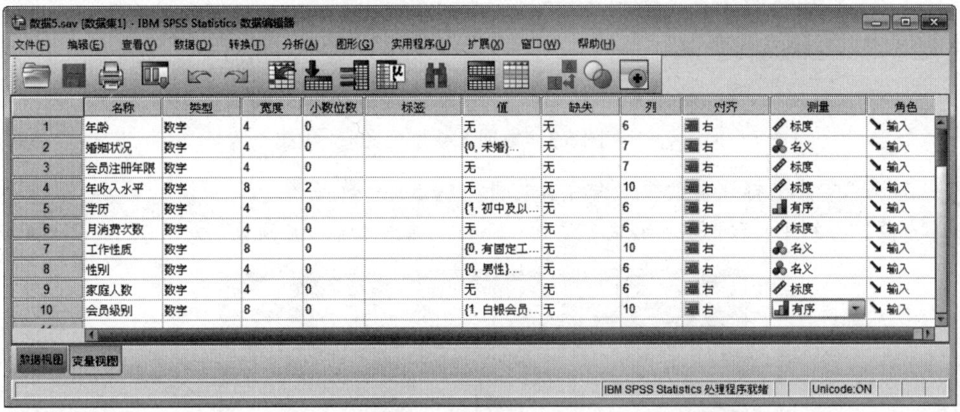

	名称	类型	宽度	小数位数	标签	值	缺失	列	对齐	测量	角色
1	年龄	数字	4	0		无	无	6	右	标度	输入
2	婚姻状况	数字	4	0		{0, 未婚}...	无	7	右	名义	输入
3	会员注册年限	数字	4	0		无	无	7	右	标度	输入
4	年收入水平	数字	8	2		无	无	10	右	标度	输入
5	学历	数字	4	0		{1, 初中及以...	无	6	右	有序	输入
6	月消费次数	数字	4	0		无	无	6	右	标度	输入
7	工作性质	数字	8	0		{0, 有固定工...	无	10	右	名义	输入
8	性别	数字	4	0		{0, 男性}...	无	6	右	名义	输入
9	家庭人数	数字	4	0		无	无	6	右	标度	输入
10	会员级别	数字	8	0		{1, 白银会员...	无	10	右	有序	输入

图 5.2 数据 5 变量视图

针对因变量“会员级别”，可以指定为“名义”“有序”和“标度”三种中的任意一种。本例中我们把“会员级别”设定为“有序”变量。

针对预测变量“年龄”“婚姻状况”“会员注册年限”“年收入水平”“学历”“月消费次数”“工作性质”“性别”“家庭人数”“会员级别”，可以指定为“名义”“有序”或“标度”。其中，针对“名义”“有序”测度的变量，在径向基函数过程中一般被设定为“因子”；针对“标度”测度的变量，一般被设定为“协变量”。

本例中，我们把“婚姻状况”“工作性质”“性别”设定为“名义”变量，把“学历”设定为“有序”变量，把“年龄”“会员注册年限”“年收入水平”“月消费次数”“家庭人数”设定为“标度”变量。

数据视图如图 5.3 所示。

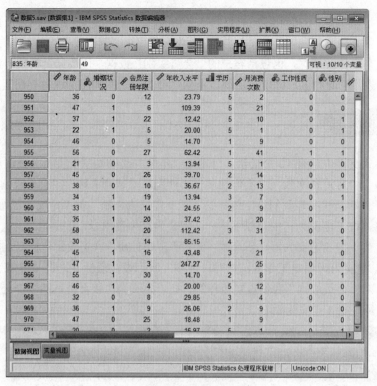

图 5.3　数据 5 数据视图

01 选择"文件｜打开｜数据"命令，打开数据 5.sav 数据表。

02 选择"分析｜神经网络｜径向基函数"命令，弹出"径向基函数"对话框，如图 5.4 所示。

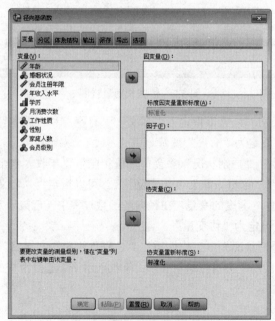

图 5.4　"径向基函数"对话框

对话框选项设置/说明

"径向基函数"对话框一共包括七个选项卡,分别是"变量""分区""体系结构""输出""保存""导出""选项"。

1. "变量"选项卡

针对"变量"选项卡,我们需要从左侧的"变量"列表框中选择相应的变量进入右侧的"因变量""因子""协变量"列表框,其中"因变量"列表框为必选项,"因子"和"协变量"列表框需要至少选其一。

"径向基函数"对话框中关于"变量"选项卡的设置与"多层感知器"话框中关于"变量"选项卡的设置是一致的,所以此处针对"变量"选项卡的详细设置可参考 4.3 节中关于"变量"选项卡的介绍,此处不再赘述。

前面我们提到,针对因变量"会员级别",可以指定为"名义""有序"和"标度"三种中的任意一种。针对预测变量"年龄""婚姻状况""会员注册年限""年收入水平""学历""月消费次数""工作性质""性别""家庭人数""会员级别",可以指定为"名义""有序"或"标度"。其中针对"名义""有序"测度的变量,在多层感知器过程中一般被设定为"因子",针对"标度"测度的变量,一般被设定为"协变量"。

本例中我们评估的是在线旅游供应商客户分类,所以选择"会员级别"进入"因变量"列表框,选择"婚姻状况""工作性质""性别""学历"进入"因子"列表框,选择"年龄""会员注册年限""年收入水平""月消费次数""家庭人数"进入"协变量"列表框,如图 5.5 所示。

在"径向基函数"对话框"变量"选项卡的左下方,系统有提示"要更改变量的测量级别,请在变量列表中右键单击该变量",用户如有相关需求,可据此进行操作。

在"径向基函数"对话框"变量"选项卡的右下方,用户可协变量重新标度,标度方法包括"标准化""正态化""调整后正态化""无"四种,默认为"标准化"。本例我们选择"调整后正态化"方法,如图 5.6 所示。

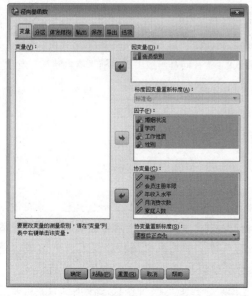

图 5.5　设置因变量、因子和协变量参数

图 5.6　设置协变量重新标度参数

2. "分区"选项卡

切换到"分区"选项卡，如图5.7所示。在"分区"选项卡中可以设置分区数据集模式，指定将活动数据集划分为训练样本、检验样本或坚持样本的方法。

"径向基函数"对话框中关于"分区"选项卡的设置与"多层感知器"话框中关于"分区"选项卡的设置是一致的，所以此处针对"分区"选项卡的详细设置可参考4.3节中关于"分区"选项卡的介绍，此处不再赘述。

本例中，我们选择"根据个案的相对数目随机分配个案"选项组，并且在相对数目列分别指定7、0、3作为训练样本、检验样本和坚持样本的相对数目。

3. "体系结构"选项卡

切换到"体系结构"选项卡，如图5.8所示。用户可以通过在该选项卡中进行设置创建一个有隐藏"径向基函数"层的神经网络。

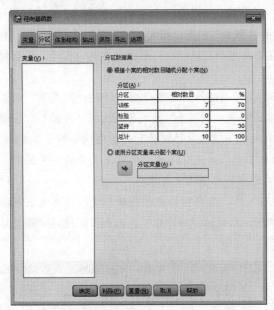
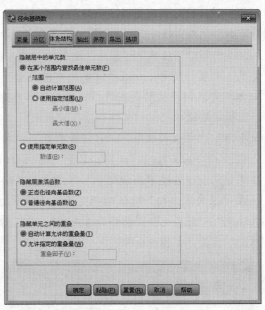

图 5.7 "径向基函数"对话框"分区"选项卡　　图 5.8 "径向基函数"对话框"体系结构"选项卡

"体系结构"选项卡包括"隐藏层中的单元数""隐藏层激活函数""隐藏单元之间的重叠"三个选项组。

（1）"隐藏层中的单元数"选项组

① 在某个范围内查找最佳单元数

- 自动计算范围：如果用户选择该选项，就将自动计算范围的最小值和最大值，并在该范围内查找最佳隐藏单位数。如果定义了一个检验样本，则该过程使用检验数据标准，隐藏单位的最佳数量为检验数据中产生最小错误的单位。如果未定义检验样本，则该过程使用BIC信息准则，隐藏单位的最佳数量为基于训练数据产生最小BIC信息值的单位。
- 使用指定范围：如果用户选择该选项，就将在某个指定范围内查找最佳单位数。用户可以提供自己的范围，并且该过程会在那个范围内查找"最佳"隐藏单位数。如果定义了一个检验样本，则该过程使用检验数据标准，隐藏单位的最佳数量为检验数据中产生最小错误的单位。如果未定义检验样本，则该过程使用 BIC 信息准则，隐藏单位的最佳数量为基于训练数据产生最小 BIC 信息值的单位。

② 使用指定单元数

如果用户选择该选项，就可以覆盖某个范围的使用并直接指定特定数量的单位。

（2）"隐藏层激活函数"选项组

隐藏层激活函数是径向基函数，将某个层中的单元"关联"到下一层的单元值。

在径向基函数中，对于某一个隐藏层的节点，该节点通过隐藏层激活函数进行激活值计算，一般分为两步：

一是输入该节点的值为 x_1、x_2 时，在进入这个隐藏节点后，会先进行一个线性变换，计算出值 $Z^{[1]} = \omega_1 x_1 + \omega_2 x_2 + b^{[1]} = W^{[1]} x + b^{[1]}$，上标 1 表示第 1 层隐藏层。

二是进行一个非线性变换，也就是经过非线性激活函数计算出该节点的输出值(激活值) $a^{(1)} = g(z^{(1)})$，其中 $g(z)$ 为非线性函数。

"隐藏层激活函数"选项组包括正态化径向基函数和普通径向基函数两个选项。

① 正态化径向基函数

如果用户选择该选项，就将使用 softmax 激活函数。softmax 的函数格式为 $\gamma(c_k) = \exp(c_k) / \sum_j \exp(c_j)$。该函数取实数值参数的矢量，并将其变换到元素介于（0，1）范围的矢量，和为 1。只有所有因变量是分类变量时，才可以使用 softmax。使用正态化径向基函数使所有隐藏单位的激活都标准化合计为 1。

② 普通径向基函数

如果用户选择该选项，就将使用指数激活函数。隐藏单位激活是作为输入函数的高斯"增加"。

（3）"隐藏单元之间的重叠"选项组

"隐藏单元之间的重叠"选项组包括"自动计算允许的重叠量"和"允许指定的重叠量"两个选项。如果用户选择"允许指定的重叠量"，就需要设定"重叠因子"。"重叠因子"是应用到径向基函数宽度的乘数。"重叠因子"的自动计算值为 1+0.1d，其中 d 是输入单元数（所有因子类别数量和协变量数量之和）。

在本例中，"隐藏层中的单元数""隐藏层激活函数""隐藏单元之间的重叠"三个选项组都采用系统默认设置。

4. "输出"选项卡

切换到"输出"选项卡，如图 5.9 所示。"输出"选项卡包括"网络结构"选项组、"网络性能"选项组、"个案处理摘要"选项和"自变量重要性分析"选项。

"径向基函数"对话框中关于"输出"选项卡的设置与"多层感知器"话框中关于"输出"选项卡的设置是一致的，所以此处针对"输出"选项卡的详细设置可参考 4.3 节中关于"输出"选项卡的介绍，此处不再赘述。

本例中，我们在"网络结构"选项组中选择"描述""图""突触权重"，在"网络性能"选项组中选择"模型摘要""分类结果""ROC 曲线""累积增益图""效益图"和"预测-实测图"。

5. "保存"选项卡

切换到"保存"选项卡，如图 5.10 所示。在"保存"选项卡中，用户可以选择"保存每个因变量的预测值或类别""保存每个因变量的预测拟概率"，还可以选择"保存的变量的名称"。

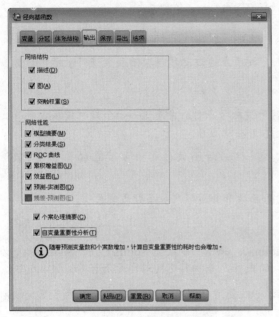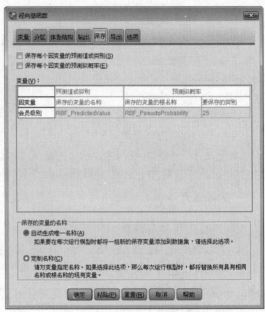

图 5.9　"径向基函数"对话框"输出"选项卡　　图 5.10　"径向基函数"对话框"保存"选项卡

"径向基函数"对话框中关于"保存"选项卡的设置与"多层感知器"话框中关于"保存"选项卡的设置是一致的，所以此处针对"保存"选项卡的详细设置可参考 4.3 节中关于"保存"选项卡的介绍，此处不再赘述。

本例中，我们针对"保存每个因变量的预测值或类别"、"保存每个因变量的预测拟概率"、"保存的变量的名称"都采用系统默认设置。

6. "导出"选项卡

切换到"导出"选项卡，如图 5.11 所示。在"导出"选项卡中，用户可以将每个因变量的突触权重估算值保存到 XML 文件中。用户可以利用该模型文件应用模型信息到其他数据文件，以用于评分目的。

本例中，我们采用系统默认设置。

7. "选项"选项卡

切换到"选项"选项卡，如图 5.12 所示。在"选项"选项卡中，可以选择用户缺失值处理方式。

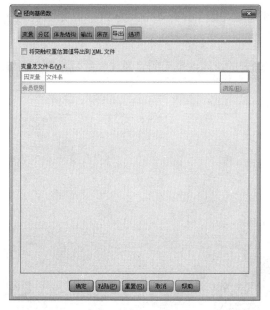

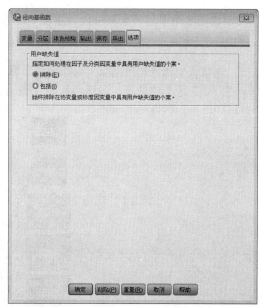

图 5.11　"径向基函数"对话框"导出"选项卡　　图 5.12　"径向基函数"对话框"选项"选项卡

　　"径向基函数"对话框中关于"选项"选项卡的设置与"多层感知器"话框中关于"选项"选项卡的设置是一致的，所以此处针对"选项"选项卡的详细设置可参考 4.3 节中关于"选项"选项卡的介绍，此处不再赘述。

　　本例中，我们采用系统默认设置。

---

03 单击"运行"按钮，进入计算分析。

5.3.2　结果分析

　　在 SPSS"主界面"对话框的结果窗口中，我们可以看到如下分析结果：

　　（1）径向基函数个案处理摘要结果中，如图 5.13 所示。

　　我们可以看到共有 1016 个样本，其中排除了 0 个样本，有效样本数为 1016。在这有效的 1016 个样本中，有 705 个样本被分到了训练组，占比为 69.4%；有 311 个样本被分到了坚持组，占比为 30.6%。

个案处理摘要

		N	百分比
样本	训练	705	69.4%
	坚持	311	30.6%
有效		1016	100.0%
排除		0	
总计		1016	

图 5.13　径向基函数个案处理摘要

　　（2）径向基函数神经网络信息，如图 5.14 所示。

　　从图 5.14 的左半部分可以发现，我们的神经网络信息中包括输入层、隐藏层和输出层。

　　① 输入层中的因子是"婚姻状况""学历""工作性质""性别"，协变量包括"年龄""会员注册年限""年收入水平""月消费次数""家庭人数"，协变量的重新标度方法是"调整后正态化"。

　　需要特别解释的是"单元数"，输入层的单元数为协变量数加上因子水平总数，我们本例中的协变量数是 5 个，因子水平总数（注意不是因子总数，因子只有 4 个）为 11 个（婚姻状况分类为 2 种，学历分类为 5 种，工作性质分类为 2 种，性别分类为 2 种），所以单元数为 16 个。

② 隐藏层单元数是 4，是由贝叶斯信息准则确定的。隐藏单元的"最佳"数目是指在训练数据中产生 BIC 最小的数目，激活函数为 softmax。

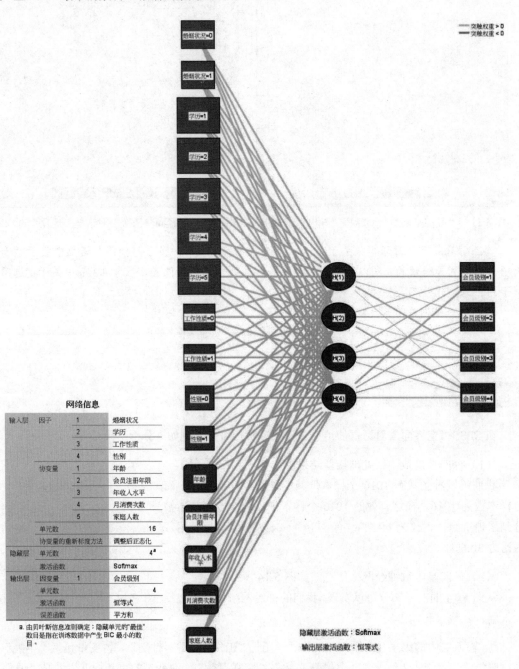

图 5.14　径向基函数神经网络信息

③ 输出层只有一个因变量，即"会员级别"，因为该因变量有四个水平（白银会员、黄金会

员、白金会员、钻石会员），所以单元数为 4，激活函数为恒等式，误差函数为平方和。

从图 5.14 径向基函数神经网络信息的右半部分可以非常明确地看出我们构建的径向基函数神经网络的模型架构。

（3）径向基函数模型摘要信息，如图 5.15 所示。模型摘要信息中展示训练结果，以及将模型应用于坚持样本的相关信息。

在图 5.15 的左半部分训练样本中，显示的是平方和误差，因为输出层使用恒等式函数。不正确预测百分比为 64.0%。一单元数是由贝叶斯信息准则（BIC）确定的，隐藏单元的"最佳"数目是指在训练数据中产生 BIC 最小的数目，训练时间为"0:00:00.84"。

在坚持样本中，不正确预测百分比为 66.6%。

模型摘要

训练	平方和误差	253.644
	不正确预测百分比	64.0%
	贝叶斯信息准则 (BIC)	-4286.575[a]
	训练时间	0:00:00.84
坚持	不正确预测百分比	66.6%

因变量：会员级别

a. 隐藏单元数由贝叶斯信息准则确定：隐藏单元的"最佳"数目是指在训练数据中产生 BIC 最小的数目。

参数估算值

预测变量		隐藏层[a]				预测 输出层			
		H(1)	H(2)	H(3)	H(4)	[会员级别=1]	[会员级别=2]	[会员级别=3]	[会员级别=4]
输入层	[婚姻状况=0]	.000	.231	.951	1.000				
	[婚姻状况=1]	1.000	.769	.049	.000				
	[学历=1]	.390	.025	.258	.212				
	[学历=2]	.535	.000	.491	.147				
	[学历=3]	.053	.427	.123	.122				
	[学历=4]	.021	.176	.049	.000				
	[学历=5]	.000	.372	.080	.519				
	[工作性质=0]	.973	1.000	.816	1.000				
	[工作性质=1]	.027	.000	.184	.000				
	[性别=0]	.545	.342	.528	.538				
	[性别=1]	.455	.658	.472	.462				
	年龄	-.156	-.308	-.005	-.267				
	会员注册年限	-.522	-.589	-.402	-.596				
	年收入水平	-.932	-.914	-.905	-.915				
	月消费次数	-.473	-.657	-.342	-.644				
	家庭人数	-.380	-.482	-.828	-.868				
	隐藏单元宽度	.537	.572	.631	.516				
隐藏层	H(1)					.375	.121	.418	.086
	H(2)					.147	.304	.119	.430
	H(3)					.194	.177	.484	.145
	H(4)					.492	.272	-.105	.342

a. 显示每个隐藏单元的中心向量。

图 5.15 径向基函数模型摘要信息

在图 5.15 的右半部分可以直观地看出隐藏层是输入层的函数，输出层是隐藏层的函数。隐藏层显示每个隐藏单元的中心向量。

（4）径向基函数模型分类信息，如图 5.16 所示。

分类表显示使用神经网络模型的实际结果。对于每个样本，如果该样本的预测拟概率大于 0.5，则预测响应为"正确"。

① 样本交叉分类对角线上的单元格是正确的预测值。

针对训练样本，实测为白银会员且预测为白银会员的样本个数为 45 个，即为正确预测值；实测为白金会员且预测为白金会员的样本个数为 147 个，亦为正确预测值；两者在单元格中均体现为对角线上。

② 样本交叉分类偏离对角线的单元格是不正确的预测值。

针对训练样本，实测为白银会员且预测为黄金会员的样本个数为 0 个，即为不正确预测值；实测为黄金会员且预测为白银会员的样本个数为 28 个，亦为不正确预测值；两者在单元格中均体现为偏离对角线。

基于训练样本，白银会员分类正确百分比为 24.2%；黄金会员分类正确百分比为 0.0%；白金会员分类正确百分比为 72.8%；钻石会员分类正确百分比为 37.1%；总体分类正确百分比为 36%，与前面"径向基函数模型摘要信息"中"不正确预测百分比为 64.0%"是相一致的。

从坚持样本来看，白银会员分类正确百分比为 19.3%；黄金会员分类正确百分比为 0.0%；白金会员分类正确百分比为 68.2%；钻石会员分类正确百分比为 40.5%；总体分类正确百分比为 33.4%，与前面"径向基函数模型摘要信息"中"不正确预测百分比为 66.6%"是相一致的。

从我们的结果来看，模型的预测能力着实一般，无论是训练样本还是坚持样本，似乎只有白金会员的预测是相对有效的，准确率较高，而对于白银会员、黄金会员、钻石会员，预测准确率都在 50%以下，说明我们有必要对模型进行必要的优化，优化路径之一是增加一定的检验样本，通过设置检验样本来提升模型的预测能力。

（5）径向基函数模型 ROC 曲线，如图 5.17 所示。

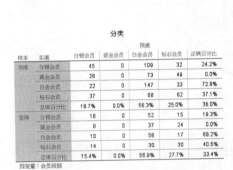

图 5.16　径向基函数模型分类信息

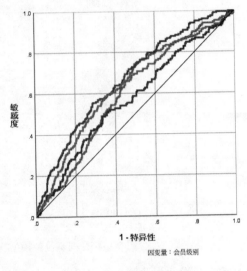

图 5.17　径向基函数模型 ROC 曲线

（6）径向基函数模型 ROC 曲线下方的区域，如图 5.18 所示。

曲线下方的区域

		区域
会员级别	白银会员	.604
	黄金会员	.573
	白金会员	.672
	钻石会员	.631

图 5.18　径向基函数模型 ROC 曲线下方的区域

对于每一个类别（白银会员、黄金会员、白金会员、钻石会员），表中的值代表了对于该类别中的预测拟概率。可以发现会员级别四条 ROC 曲线的 AUC 值存在差异：白银会员的 AUC 值是 0.604，黄金会员的 AUC 值是 0.573，白金会员的 AUC 值是 0.672，钻石会员的 AUC 值是 0.631。

（7）径向基函数模型"预测-实测图"，如图 5.19 所示。

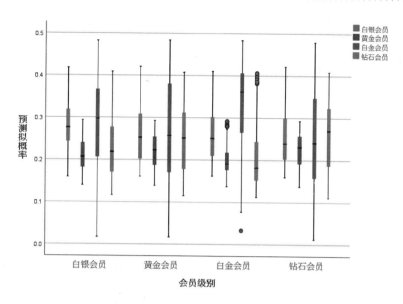

图 5.19　径向基函数模型"预测-实测图"

对于分类因变量，"预测-实测图"显示组合的训练和检验样本的预测拟概率的聚类箱图。x 轴对应观察响应类别（本例中为会员级别），图注对应预测类别（白银会员、黄金会员、白金会员、钻石会员）。

最左侧的四条箱图显示，对于观察响应类别为白银会员的个案，预测类别分别为白银会员、黄金会员、白金会员、钻石会员的预测拟概率。在 y 轴 0.5 标记之上的箱图部分代表分类表中显示的正确预测值，0.5 标记以下部分代表不正确的预测值。

需要提示和强调的是，正如前面分类表结果解释中所提及的，在分类表中神经网络径向基函数善于使用 0.5 作为概率界限评判预测是否准确，可以非常明确和直观地看出箱线图都在 0.5 以下，所以预测效果不好。

第二组四个箱图显示，对于观察响应类别为黄金会员的个案，预测类别分别为白银会员、黄金会员、白金会员、钻石会员的预测拟概率。

第三组四个箱图显示，对于观察响应类别为白金会员的个案，预测类别分别为白银会员、黄金会员、白金会员、钻石会员的预测拟概率。

最后一组四个箱图显示，对于观察响应类别为钻石会员的个案，预测类别分别为白银会员、黄金会员、白金会员、钻石会员的预测拟概率。在 y 轴 0.5 标记之上的箱图部分代表分类表中显示的正确预测值，0.5 标记以下部分代表不正确的预测值，所以箱图没有被正确分类。

（8）径向基函数模型"累积增益图"，如图 5.20 所示。

累积增益图会在给定的类别中显示通过把个案总数的百分比作为目标而"增益"的个案总数的百分比。

例如，"白金会员" 类别曲线上的第一点在（10%，19%），即如果用户使用神经网络径向基函数模型对数据集进行评分并通过 "白金会员" 预测拟概率对所有个案进行排序，就会期望预测拟概率排名前 10%的个案中含有实际上类别真实为"是"（违约）的所有个案的 19%。同样，"白金会员" 类别曲线上的第二点在（20%，34%），即预测拟概率排名前 20%的个案包括约 34%

白金会员。"白金会员"类别曲线上的第三点在（30%，46%），即预测拟概率排名前 30% 个案包括 46% 违约者。以此类推，"白金会员"类别曲线上的最后一点在（100%，100%），如果用户选择已打分数据集的100%，肯定会获得数据集中的所有白金会员。

对角线为"基线"，也就是随机选择线；如果用户从评分数据集随机选择 10% 个案，那么从这里面期望"获取"的违约个案在全部违约个案中占比大约是 10%。从这种意义上讲，曲线离基线的上方越远，增益越大。

（9）径向基函数模型"效益图"，如图 5.21 所示。

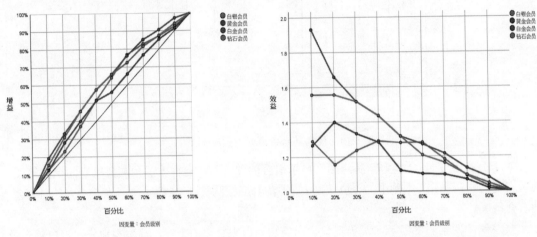

图 5.20　径向基函数模型"累积增益图"　　　　图 5.21　径向基函数模型"效益图"

径向基函数模型"效益图"源自累积增益图，提供了另一种在累积增益图中查看信息的方法。累积增益图和增益图都是以组合的训练和检验样本为基础的。

"效益图"中 y 轴上的值对应每条曲线与基线的累积增益比率。比如前面所提及的"白金会员"类别曲线上的第一点在（10%，19%），即如果用户使用神经网络径向基函数模型对数据集进行评分并通过"白金会员"预测拟概率对所有个案进行排序，就会期望预测拟概率排名前 10% 的个案中含有实际上类别真实为"白金会员"所有个案的19%。体现在"效益图"中，"白金会员"曲线在横轴百分比10%时对应的效益值是19%/10%=1.9。

（10）径向基函数模型"自变量重要性"表，如图 5.22 所示。

自变量重要性

	重要性	正态化重要性
婚姻状况	.113	47.1%
学历	.240	100.0%
工作性质	.090	37.4%
性别	.054	22.4%
年龄	.110	45.7%
会员注册年限	.100	41.5%
年收入水平	.092	38.4%
月消费次数	.136	56.6%
家庭人数	.065	27.2%

图 5.22　径向基函数模型"自变量重要性"表

自变量重要性是针对不同自变量值测量网络模型预测值变化量，测量的是自变量对于模型的贡献。正态化重要性是由重要性最大值划分的重要性并表示为百分比,其中最重要的自变量的正态化重要性值为100%。

在该表中我们可以非常明确地看出,学历最为重要,重要性值为 0.240,正态化重要性值为100%,然后依次是月消费次数、婚姻状况、年龄、会员注册年限、年收入水平、工作性质、家庭人数、性别。

(11)径向基函数模型"自变量重要性"图,如图 5.23 所示。

"自变量重要性"图为"自变量重要性"表中值的条形图,以重要性值降序排序,与"自变量重要性"表的结论是完全一致的。学历最为重要,然后依次是月消费次数、婚姻状况、年龄、会员注册年限、年收入水平、工作性质、家庭人数、性别。

虽然"自变量重要性"表和图都测量了自变量对于模型的贡献,但是用户并不能判断这些变量和会员级别预测概率之间关系的影响方向。比如学历水平越高,成为白银会员的概率越大还是成为钻石会员的概率越大?这也是神经网络模型的特色,用户如果特别想要知道影响方向,就需要建立带有更易于解释参数的模型。

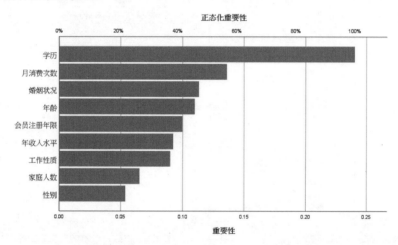

图 5.23 径向基函数模型"自变量重要性"图

5.4 神经网络径向基函数分析二

📹	下载资源:\video\第 5 章\5.2
💾	下载资源:\sample\数据 5、数据 5part

在上节执行的"神经网络径向基函数分析一"中,我们在样本分配的时候只有训练样本和坚持样本,而没有检验样本。检验样本是一个用于跟踪训练过程中的误差以防止超额训练的独立数据记录集。通常情况下,用户创建训练样本后,检验样本数量要小于训练样本数量,神经网络训练才是最高效的。

5.4.1 分析过程

本节继续使用数据 5。

01 选择"文件｜打开｜数据"命令，打开数据 5.sav 数据表。
02 选择"分析｜神经网络｜径向基函数"命令，弹出"径向基函数"对话框。

对话框选项设置/说明

（1）"变量"选项卡

针对"变量"选项卡，我们选择"会员级别"进入"因变量"列表框，选择"婚姻状况""工作性质""性别""学历"进入"因子"列表框，选择"年龄""会员注册年限""年收入水平""月消费次数""家庭人数"进入"协变量"列表框，如图 5.24 所示。在"径向基函数"对话框"变量"选项卡的右下方，我们选择协变量重新标度方法为"调整后正态化"。

（2）"分区"选项卡

切换到"分区"选项卡，如图 5.25 所示。我们选择"根据个案的相对数目随机分配个案"选项组，并且在相对数目列分别指定 8、1、1 作为训练样本、检验样本和坚持样本的相对数目。

图 5.24 "径向基函数"对话框"变量"选项卡　　图 5.25 "径向基函数"对话框"分区"选项卡

（3）"输出"选项卡

切换到"输出"选项卡，如图 5.26 所示。在本例中，我们在"网络结构"选项组中选择"描述""图""突触权重"，在"网络性能"选项组中选择"模型摘要""分类结果""ROC 曲线""累积增益图""效益图""预测-实测图"。

（4）"导出"选项卡

切换到"导出"选项卡，如图 5.27 所示。我们选中"将突触权重估算值保存到 XML 文件中"，然后单击"浏览"按钮设置好需要保存的文件路径和文件名称。本书在编写时将文件保存到了桌面，文件名设置为"模型 5"。

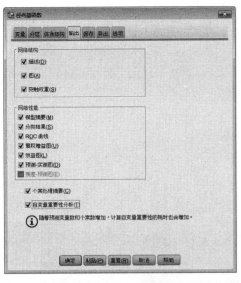 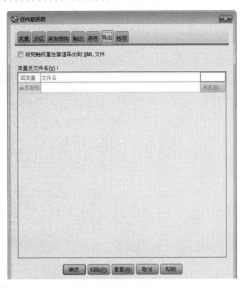

图 5.26 "径向基函数"对话框"输出"选项卡　图 5.27 "径向基函数"对话框"导出"选项卡

03 其他选项卡采用系统默认设置。单击"运行"按钮，进入计算分析。

5.4.2 结果分析

在 SPSS "主界面"对话框的结果窗口中，我们可以看到如下分析结果：

（1）径向基函数个案处理摘要结果。

我们可以看到共有 1016 个样本，如图 5.28 所示，其中排除了 0 个样本，有效样本数为 1016。在这 1016 个有效的样本中，有 799 个样本被分到了训练组，占比为 78.6%；有 104 个样本被分到了检验组，占比为 10.2%；有 113 个样本被分到了坚持组，占比为 11.1%。

个案处理摘要

		N	百分比
样本	训练	799	78.6%
	检验	104	10.2%
	坚持	113	11.1%
有效		1016	100.0%
排除		0	
总计		1016	

图 5.28 径向基函数个案处理摘要

（2）径向基函数神经网络信息，如图 5.29 所示。

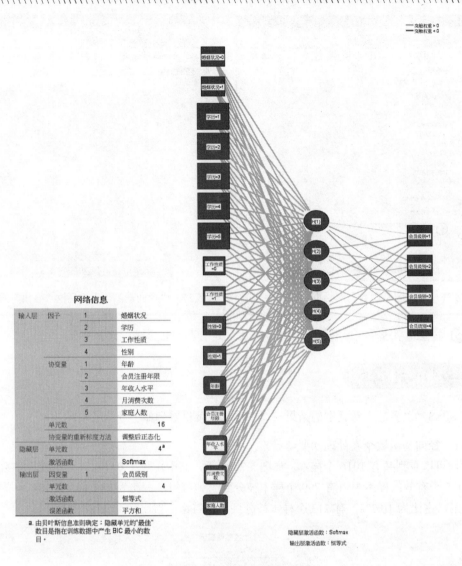

图 5.29　径向基函数神经网络信息

从图 5.29 的左半部分中可以发现，我们的神经网络信息中包括输入层、隐藏层和输出层。

① 输入层中的因子是"婚姻状况""学历""工作性质""性别"，协变量包括"年龄""会员注册年限""年收入水平""月消费次数""家庭人数"，协变量的重新标度方法是"调整后正态化"。

需要特别解释的是"单元数"，输入层的单元数为协变量数加上因子水平总数，我们本例中的协变量数是 5 个，因子水平总数（注意不是因子总数，因子只有 4 个）为 11 个（婚姻状况分类为 2 种，学历分类为 5 种，工作性质分类为 2 种，性别分类为 2 种），所以单元数为 16 个。

② 隐藏层单元数是 4，由贝叶斯信息准则确定。隐藏单元的"最佳"数目是指在训练数据中产生 BIC 最小的数目，激活函数为 softmax。

③ 输出层只有一个因变量，即"会员级别"，因为该因变量有四个水平（白银会员、黄金会员、白金会员、钻石会员），所以单元数为 4，激活函数为恒等式，误差函数为平方和。

从图 5.29 的右半部分可以非常明确地看出我们构建的径向基函数神经网络的模型架构。

（3）径向基函数模型摘要信息。模型摘要信息中展示训练结果，以及将模型应用于坚持样本的相关信息，如图 5.30 所示。

在图 5.30 的上半部分，训练样本显示平方和误差，因为输出层使用恒等式函数，不正确预测百分比为 63.1%。训练时间为"0:00:01.26"。

在检验样本中，平方和误差为 36.610，隐藏单元数是由贝叶斯信息准则（BIC）确定的，"最佳"数目是在训练数据中产生 BIC 最小的数目，不正确预测百分比为 61.5%。

在坚持样本中，不正确预测百分比为 52.2%。

模型摘要

训练	平方和误差	285.136
	不正确预测百分比	63.1%
	训练时间	0:00:01.26
检验	平方和误差	36.610[a]
	不正确预测百分比	61.5%
坚持	不正确预测百分比	52.2%

因变量：会员级别

a. 隐藏单元数由检验数据准则确定：隐藏单元的"最佳"数目是指在检验数据中产生误差最小的数目。

参数估算值

			隐藏层[a]			预测	输出层			
预测变量		H(1)	H(2)	H(3)	H(4)	H(5)	[会员级别=1]	[会员级别=2]	[会员级别=3]	[会员级别=4]
输入层	[婚姻状况=0]	.388	.256	1.000	.950	.000				
	[婚姻状况=1]	.612	.744	.000	.050	1.000				
	[学历=1]	.000	.171	.000	.391	.460				
	[学历=2]	.000	.555	.336	.268	.273				
	[学历=3]	.235	.274	.306	.184	.065				
	[学历=4]	.219	.000	.075	.011	.000				
	[学历=5]	.546	.000	.284	.145	.201				
	[工作性质=0]	.984	1.000	1.000	.838	1.000				
	[工作性质=1]	.016	.000	.000	.162	.000				
	[性别=0]	.388	.244	1.000	.335	.540				
	[性别=1]	.612	.756	.000	.665	.460				
	年龄	-.269	-.222	-.277	-.076	-.158				
	会员注册年限	-.587	-.516	-.569	-.488	-.541				
	年收入水平	-.890	-.925	-.929	-.932	-.931				
	月消费次数	-.611	-.481	-.620	-.410	-.474				
	家庭人数	-.539	-.497	-.846	-.864	-.396				
隐藏单元宽度		.607	.580	.441	.610	.542				
隐藏层	H(1)						.031	.395	-.099	.674
	H(2)						.256	.170	.357	.216
	H(3)						.510	.165	.126	.199
	H(4)						.310	.172	.464	.054
	H(5)						.421	.141	.555	-.117

a. 显示每个隐藏单元的中心向量。

图 5.30　径向基函数模型摘要信息

在图 5.30 的下半部分，可以直观地看出隐藏层是输入层的函数，输出层是隐藏层的函数。隐藏层显示每个隐藏单元的中心向量。

（4）径向基函数模型分类信息。

分类表显示使用神经网络模型的实际结果。对于每个样本，如果该样本的预测拟概率大于 0.5，则预测响应为"正确"。如图 5.31 所示。

分类

样本	实测	预测				
		白银会员	黄金会员	白金会员	钻石会员	正确百分比
训练	白银会员	45	0	123	43	21.3%
	黄金会员	26	0	77	75	0.0%
	白金会员	29	0	156	41	69.0%
	钻石会员	26	0	64	94	51.1%
	总体百分比	15.8%	0.0%	52.6%	31.7%	36.9%
检验	白银会员	4	0	20	9	12.1%
	黄金会员	1	0	12	6	0.0%
	白金会员	0	0	22	6	78.6%
	钻石会员	3	0	7	14	58.3%
	总体百分比	7.7%	0.0%	58.7%	33.7%	38.5%
坚持	白银会员	8	0	14	3	32.0%
	黄金会员	1	0	13	8	0.0%
	白金会员	2	0	28	3	84.8%
	钻石会员	7	0	8	18	54.5%
	总体百分比	15.9%	0.0%	55.8%	28.3%	47.8%

因变量：会员级别

图 5.31　径向基函数模型分类信息

① 样本交叉分类对角线上的单元格是正确的预测值。

针对训练样本，实测为白银会员且预测为白银会员的样本个数为 45 个，即为正确预测值；实测为白金会员且预测为白金会员的样本个数为 156 个，亦为正确预测值；两者在单元格中均体现为对角线上。

② 样本交叉分类偏离对角线的单元格是不正确的预测值。

针对训练样本，实测为白银会员且预测为白金会员的样本个数为 123 个，即为不正确预测值；实测为黄金会员且预测为白银会员的样本个数为 26 个，亦为不正确预测值；两者在单元格中均体现为偏离对角线。

基于训练样本，白银会员分类正确百分比为 21.3%；黄金会员分类正确百分比为 0；白金会员分类正确百分比为 69.0%；钻石会员分类正确百分比为 51.1%；总体分类正确百分比为 36.9%，与前面"径向基函数模型摘要信息"中"不正确预测百分比为 63.1%"是相一致的。

从检验样本来看，白银会员分类正确百分比为 12.1%；黄金会员分类正确百分比为 0；白金会员分类正确百分比为 78.6%；钻石会员分类正确百分比为 58.3%；总体分类正确百分比为 38.5%，与前面"径向基函数模型摘要信息"中"不正确预测百分比为 61.5%"是相一致的。

从坚持样本来看，白银会员分类正确百分比为 32.0%；黄金会员分类正确百分比为 0；白金会员分类正确百分比为 84.8%；钻石会员分类正确百分比为 54.5%；总体分类正确百分比为 47.8%，与前面"径向基函数模型摘要信息"中"不正确预测百分比为 52.2%"是相一致的。

从我们的结果来看，模型的预测能力较没有设定检验样本之前有了一定程度的改进提高，无论是训练样本还是坚持样本，对于白银会员、黄金会员、白金会员、钻石会员，预测准确率都有了一定程度的提升，说明我们对模型的优化是有效的。我们在实际经营实践中采用二八法则，更为关注的也是钻石会员和白金会员，而这两类的预测准确率还是比较高的，所以经过优化改进后的模型整体上还是可以接受的。

（5）径向基函数模型ROC曲线，如图5.32所示。

可以发现白金会员和钻石会员的曲线都是离纯机遇线比较远的。

（6）径向基函数模型ROC曲线下方的区域。

如图5.33所示，对于每一个类别（白银会员、黄金会员、白金会员、钻石会员），表中的值代表了对于该类别中的预测拟概率。可以发现会员级别四条ROC曲线的AUC值存在差异，白银会员的AUC值是0.603，黄金会员的AUC值是0.557，白金会员的AUC值是0.666，钻石会员的AUC值是0.699。

（7）径向基函数模型"预测-实测图"，如图5.34所示。

对于分类因变量，"预测-实测图"显示组合的训练和检验样本的预测拟概率的聚类箱图。x轴对应观察响应类别（本例中为会员级别），而图注对应预测类别（白银会员、黄金会员、白金会员、钻石会员）。

最左侧的四条箱图显示，对于观察响应类别为白银会员的个案，预测类别分别为白银会员、黄金会员、白金会员、钻石会员的预测拟概率。在y轴0.5标记之上的箱图部分代表分类表中显示的正确预测值，0.5标记以下部分代表不正确的预测值。

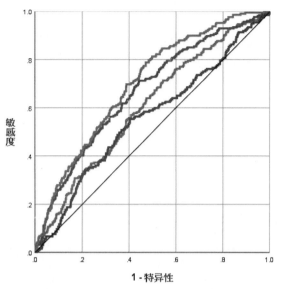

因变量：会员级别

图 5.32　径向基函数模型 ROC 曲线

曲线下方的区域

会员级别		区域
	白银会员	.603
	黄金会员	.557
	白金会员	.666
	钻石会员	.699

图 5.33　径向基函数模型 ROC 曲线下方区域

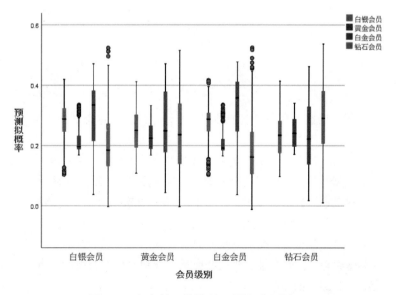

图 5.34　径向基函数模型"预测-实测图"

需要提示和强调的是，正如前面分类表结果解释中所提及的，在分类表中神经网络径向基函数善于使用 0.5 作为概率界限评判预测是否准确,可以非常明确和直观地看出,相对于之前的模型,预测拟概率得到了很大的提高。

第二组四个箱图显示,对于观察响应类别为黄金会员的个案,预测类别分别为白银会员、黄金会员、白金会员、钻石会员的预测拟概率。

第三组四个箱图显示,对于观察响应类别为白金会员的个案,预测类别分别为白银会员、黄金会员、白金会员、钻石会员的预测拟概率。

最后一组四个箱图显示,对于观察响应类别为钻石会员的个案,预测类别分别为白银会员、黄金会员、白金会员、钻石会员的预测拟概率。在 y 轴 0.5 标记之上的箱图部分代表分类表中显示的正确预测值,0.5 标记以下部分代表不正确的预测值。同样可以非常明确和直观地看出,相对于之前的模型,预测拟概率得到了很大的提高。

(8)径向基函数模型"累积增益图",如图 5.35 所示。

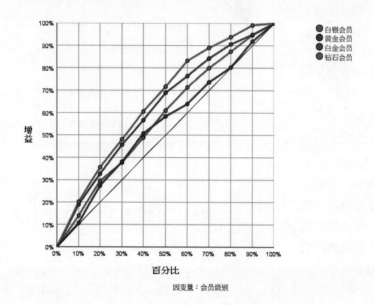

因变量:会员级别

图 5.35　径向基函数模型"累积增益图"

累积增益图会在给定的类别中显示通过把个案总数的百分比作为目标而"增益"的个案总数的百分比。

例如,"白金会员"类别曲线上的第一点在(10%,19%),即如果用户使用神经网络径向基函数模型对数据集进行评分并通过"白金会员"预测拟概率对所有个案进行排序,就会期望预测拟概率排名前 10%的个案中含有实际上类别真实为"是"(违约)的所有个案的 19%。同样,"白金会员"类别曲线上的第二点在(20%,34%),即预测拟概率排名前 20%的个案包括约 34% 违约者。"白金会员"类别曲线上的第三点在(30%,46%),即预测拟概率排名前 30%的个案包括46%违约者。以此类推,"白金会员"类别曲线上的最后一点在(100%,100%),如果用户选择已打分数据集的 100%,肯定会获得数据集中的所有白金会员。

对角线为"基线",也就是随机选择线;如果用户从评分数据集随机选择 10%个案,那么从这里面期望"获取"的违约个案,在全部违约个案中占比大约是 10%。从这种意义上讲,曲线离基线的上方越远，增益越大。

（9）径向基函数模型"效益图"，如图 5.36 所示。

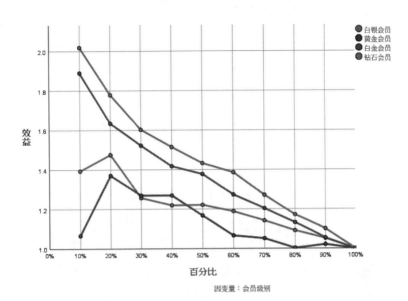

图 5.36　径向基函数模型"效益图"

"效益图"中 y 轴上的值对应每条曲线与基线的累积增益比率。比如前面所提及的"白金会员"类别曲线上的第一点在（10%，19%），即如果用户使用神经网络径向基函数模型对数据集进行评分并通过 "白金会员" 预测拟概率对所有个案进行排序，就会期望预测拟概率排名前 10% 的个案中含有实际上类别真实为"白金会员"的所有个案的 19%。那么，体现在"效益图"中，"白金会员"曲线在横轴百分比 10%时对应的效益值是 19%/10%=1.9。

（10）径向基函数模型"自变量重要性"表，如图 5.37 所示。

自变量重要性是针对不同自变量值测量网络模型预测值变化量，测量的是自变量对于模型的贡献。正态化重要性是由重要性最大值划分的重要性并表示为百分比,其中最重要的自变量的正态化重要性值为100%。

在"自变量重要性"表中，我们可以非常明确地看出，学历最为重要，重要性值为 0.283，正态化重要性值为 100%，然后依次是家庭人数、婚姻状况、年收入水平、性别、年龄、月消费次数、工作性质、会员注册年限。

自变量重要性

	重要性	正态化重要性
婚姻状况	.107	37.7%
学历	.283	100.0%
工作性质	.076	26.7%
性别	.086	30.5%
年龄	.084	29.6%
会员注册年限	.063	22.4%
年收入水平	.103	36.3%
月消费次数	.081	28.7%
家庭人数	.118	41.6%

图 5.37　径向基函数模型"自变量重要性"表

（11）径向基函数模型"自变量重要性"图，如图 5.38 所示。

"自变量重要性"图为"自变量重要性"表中值的条形图，以重要性值降序排序，与"自变量重要性"表的结论是完全一致的。学历最为重要，然后依次是家庭人数、婚姻状况、年收入水平、性别、年龄、月消费次数、工作性质、会员注册年限。

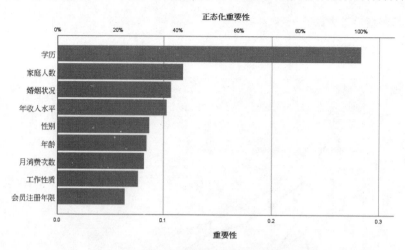

图 5.38　径向基函数模型“自变量重要性”图

（12）径向基函数模型“每个因变量的预测拟概率”，如图 5.39（数据视图）、图 5.40（变量视图）所示。其中，“RBF_PseudoProbability_1”表示的是“会员级别的预测拟概率 = 1”，“RBF_PseudoProbability_2”表示的是“会员级别的预测拟概率 =2”，“RBF_PseudoProbability_3”表示的是“会员级别的预测拟概率 =3”，“RBF_PseudoProbability_4”表示的是“会员级别的预测拟概率 = 4”。RBF_PredictedValue 表示的是根据“RBF_PseudoProbability_1”“RBF_PseudoProbability_2”“RBF_PseudoProbability_3”“RBF_PseudoProbability_4”的值大小，系统最终认定的该样本最为可能的分类结果。

	年收入水平	学历	月消费次数	工作性质	性别	家庭人数	会员级别	RBF_PredictedValue	RBF_PseudoProbability_1	RBF_PseudoProbability_2	RBF_PseudoProbability_3	RBF_PseudoProbability_4	变量
1	13.94	2	4	0	0	1	1	1	.419	.179	.216	.185	
2	39.70	3	22	0	1	3	2	4	.209	.237	.244	.311	
3	10.15	2	1	0	1	1	4	3	.258	.204	.357	.181	
4	42.73	4	5	0	0	4	4	4	.181	.287	.163	.369	
5	22.27	5	18	0	0	1	1	1	.274	.228	.260	.239	
6	49.55	5	19	0	1	1	4	3	.234	.231	.310	.224	
7	32.88	1	17	0	0	3	3	3	.304	.196	.358	.142	
8	24.55	2	6	0	0	2	4	1	.408	.184	.214	.194	
9	35.91	2	21	0	1	2	4	3	.262	.187	.350	.202	
10	1.82	1	5	1	0	1	3	3	.299	.181	.439	.080	
11	20.00	5	2	0	0	3	4	4	.155	.309	.115	.421	
12	16.21	1	10	0	0	1	1	3	.323	.191	.348	.138	
13	28.33	2	12	0	0	3	3	3	.304	.187	.390	.119	
14	20.76	5	5	0	1	2	2	4	.164	.287	.167	.382	
15	46.52	5	19	0	1	3	3	4	.155	.297	.128	.419	
16	23.03	1	10	0	0	1	1	3	.324	.189	.354	.133	
17	8.64	3	1	0	0	3	4	4	.173	.285	.157	.385	
18	36.67	2	8	0	0	4	3	3	.304	.188	.388	.119	

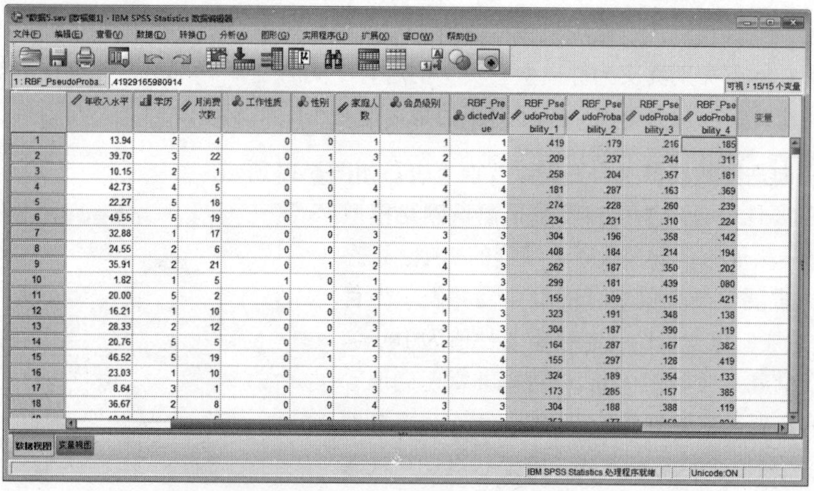

图 5.39　径向基函数模型“每个因变量的预测拟概率”数据视图

在图 5.39 中，以第一个样本为例，其“RBF_PseudoProbability_1”的值是 0.419，“RBF_PseudoProbability_2”的值是 0.179，“RBF_PseudoProbability_3”的值是 0.216，“RBF_PseudoProbability_4”的值是 0.185，说明该样本有 41.9%的预测拟概率是白银会员，有 17.9%的预测拟概率是黄金会员，有 21.6%的预测拟概率是白金会员，有 18.5%的预测拟概率是钻石会员。所以，第一个样本的“RBF_PredictedValue”是 1，也就是根据概率大小系统判断第一个样本应该属于白银会员，而根据实际值（会员级别变量的值，也是 1）判断属于白银会员，所以我们创建的径向基函数神经网络模型针对第一个样本的预测是正确的。

在图 5.39 中，以第二个样本为例，其"RBF_PseudoProbability_1"的值是 0.209，"RBF_PseudoProbability_2"的值是 0.237，"RBF_PseudoProbability_3"的值是 0.244，"RBF_PseudoProbability_4"的值是 0.311，说明该样本有 20.9%的预测拟概率是白银会员，有 23.7%的预测拟概率是黄金会员，有 24.4%的预测拟概率是白金会员，有 31.1%的预测拟概率是钻石会员。所以，第二个样本的"RBF_PredictedValue"是 4，也就是根据概率大小系统判断第二个样本应该属于钻石会员，而根据实际值（会员级别变量的值，是 2）判断属于黄金会员，所以我们创建的径向基函数神经网络模型针对第二个样本的预测是不正确的。以此类推其他样本。

在图 5.40 中，我们可以看到新增的"RBF_PredictedValue""RBF_PseudoProbability_1""RBF_PseudoProbability_2""RBF_PseudoProbability_3""RBF_PseudoProbability_4"等变量的信息。

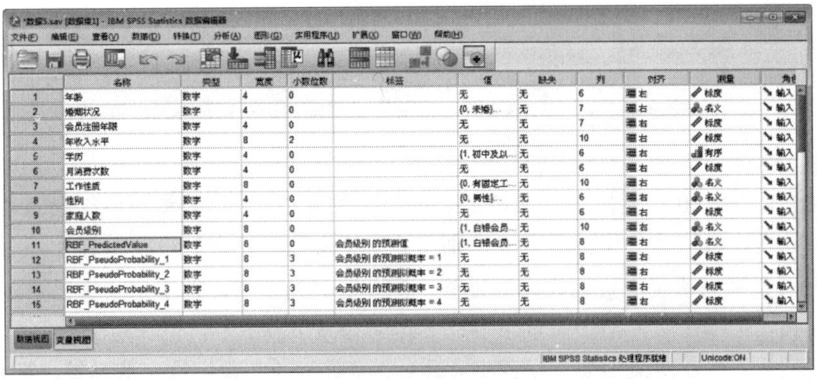

图 5.40　径向基函数模型估计后变量视图

建模仅仅是为了说明和解释问题，更为重要的是应用模型来预测和推断。针对我们本章介绍的在线旅游供应商客户分类建模技术，我们在建立相应模型之后就可以应用到企业的经营实践中。比如我们在会员进行实名制注册、会员愿意配合时，就可以收集到会员的"年龄""婚姻状况""会员注册年限""年收入水平""学历""月消费次数""工作性质""性别""家庭人数"等基本特征，然后就可以应用模型预测出该客户将会最大概率的成长为什么类型的会员，尤其是有没有较大的概率成为钻石会员或者白金会员等高价值客户，从而集中有限的营销资源（包括人力、物力、财力等）应用到这些概率较大的客群身上，从而在营销中起到事半功倍的效果。

下面我们将详细介绍模型预测的讲解，应用从数据 5 中获取的模型，将之应用到数据 5part 之中。数据 5part 的数据视图和变量视图分别如图 5.41 和图 5.42 所示。

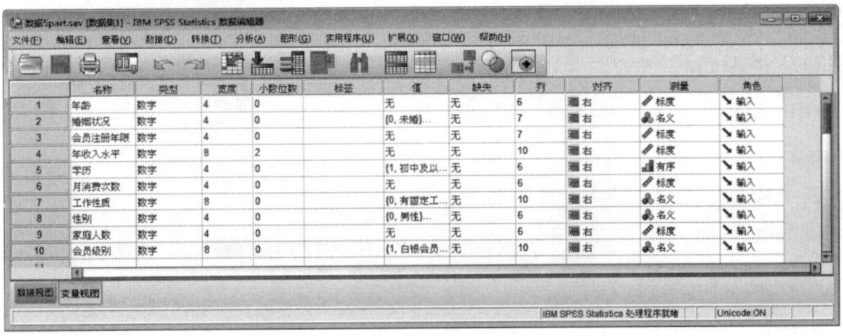

图 5.41　数据 5part 变量视图

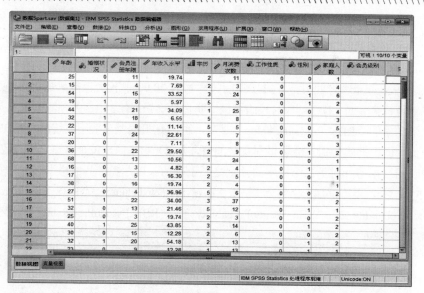

图 5.42　数据 5part 数据视图

数据 5part 中共有 10 个变量,分别是"年龄""婚姻状况""会员注册年限""年收入水平""学历""月消费次数""工作性质""性别""家庭人数""会员级别"等。

其中,针对"婚姻状况"我们设定值标签,把 0 定义为未婚,把 1 定义为已婚;针对"学历"我们设定值标签,把 1 定义为初中及以下,把 2 定义为高中及中专,把 3 定义为大学本专科,把 4 定义为硕士研究生,把 5 定义为博士研究生;针对"工作性质"我们设定值标签,把 0 定义为有固定工作者,把 1 定义为无固定工作者;针对"性别"我们设定值标签,把 0 定义为男性,把 1 定义为女性;针对"会员级别"我们设定值标签,把 1 定义为白银会员,把 2 定义为黄金会员,把 3 定义为白金会员,把 4 定义为钻石会员。

"会员级别"各个样本的观测值是空的,需要根据我们的模型进行预测,具体操作步骤如下:

从数据 5part 的菜单中选择"实用程序 | 评分向导"命令(见图 5.43),即可弹出如图 5.44 所示的"评分向导"对话框。我们需要将依据数据 5 形成的模型 5.xml 导入到该对话框,可以单击下方的"浏览"按钮,然后找到"模型 5.xml"所在位置导入。导入之后,可以看到在选择评分模型中多了"模型 5.xml",同时在右列会显示模型的详细信息。

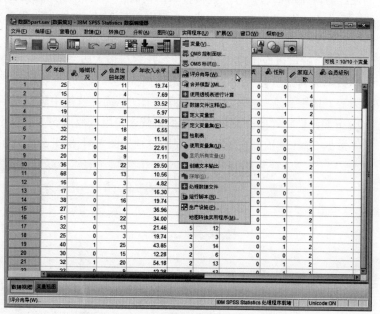

图 5.43　选择"实用程序 | 评分向导"命令

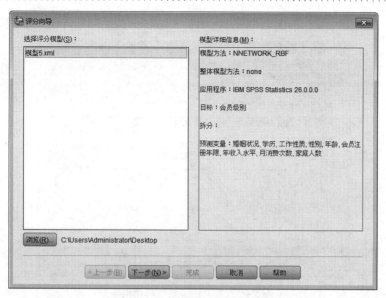

图 5.44 "评分向导 1"对话框

然后单击"下一步"按钮,即可弹出如图 5.45 所示的"评分向导"对话框。在该对话框中,我们可以看到模型名称为"模型 5"、模型类型为"神经网络 RBF"。

为了对活动数据集进行评分,该数据集必须包含对应于模型中的所有预测变量的字段(变量)。系统会自动将模型字段与数据集 5part 进行匹配,默认情况下,自动匹配活动数据集中任何与模型中的字段具有相同名称和类型的字段。如果模型中变量名称和数据 5part 中的变量名称完全一致,则不需要进行修改。

如果模型中变量名称和数据 5part 中的变量名称不完全一致,则需要人工使用下拉列表匹配数据集字段到模型字段,模型和数据集中每个字段的数据类型必须相同才能匹配字段进行匹配。如果模型还包含拆分字段,那么该数据集还必须包含对应于模型中所有拆分字段的字段。在模型中的所有预测变量(以及拆分字段,如果有的话)与活动数据集中的字段匹配之前,用户无法继续使用或对活动数据集进行评分。

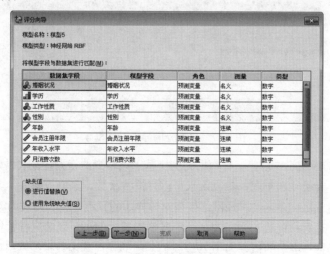

图 5.45 "评分向导"对话框 2

然后我们单击"下一步"按钮，即可弹出如图 5.46 所示的"评分向导"对话框 3。

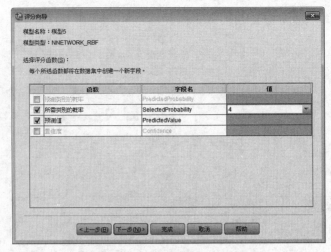

图 5.46 "评分向导"对话框 3

评分函数是所选模型可用的"得分"类型。可用的评分函数取决于模型。对于在本示例中使用的神经网络 RBF 模型，可用函数为预测类别的概率、所需类别的概率、预测值和置信度。在本示例中，我们对会员成为什么级别的会员感兴趣，也对成为钻石会员的预测概率感兴趣，因此我们需要同时选中"所需类别的概率"和"预测值"。

选中"所需类别的概率"，在"值"下拉列表中选择 4。此处只有"1""2""3"和"4"选项，因为目标的可能值列表已经在模型中定义，并基于用于构建模型的数据文件中的目标值。

因为我们并不关心其他函数，所以取消选中所有其他评分函数。

根据需要，我们可以为在活动数据集中包含得分值的新字段指定一个更具描述性的名称。本例中我们采用系统默认名称。

然后单击"下一步"按钮即可显示如图 5.47 所示的"评分向导"对话框。在该对话框中我们选中"对活动数据集进行评分"，然后单击"完成"按钮，得到评分结果。

图 5.47 "评分向导"对话框 4

评分结果如图 5.48 所示。以第一行数据为例，基于该客户的行为特征（婚姻状况，学历，工作性质，性别，年龄，会员注册年限，年收入水平，月消费次数，家庭人数），其成为钻石会员的概率为 0.18。我们创建的径向基函数神经网络模型对该样本的预测是将其归类为第 1 类，也就是白银会员，所以依据模型该客户的成长空间较小、拓展价值相对偏小。以第三行数据为例，基于该客户的行为特征，其成为钻石会员的概率为 0.29。我们创建的径向基函数神经网络模型对该样本的预测是将其归类为第 4 类，也就是钻石会员，所以依据模型该客户的成长空间较大，拓展价值相对偏大。

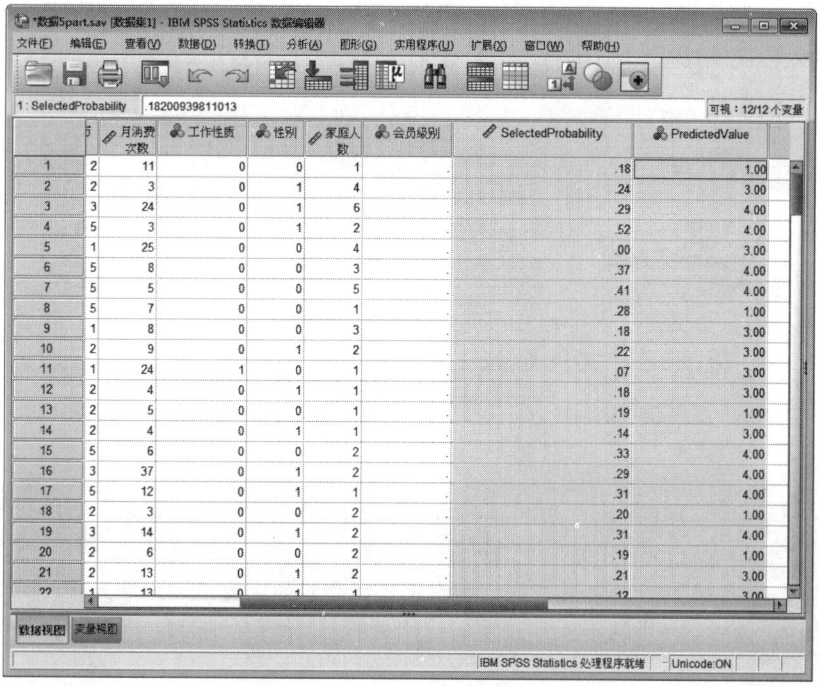

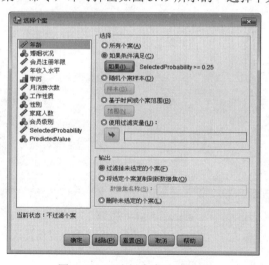

图 5.48　评分结果

然后，我们可以使用该字段来选择可能产生等于或大于特定级别（钻石会员）的预测概率的联系人子集。例如，可以创建包含可能产生至少 25% 预测概率的个案子集的新数据集。我们从菜单中选择"数据 | 选择个案"命令，即可弹出如图 5.49 所示的"选择个案"对话框。

图 5.49　"选择个案"对话框

我们在"选择"选项组中可以指定选择标准，这里选择"如果条件满足"选项，然后单击该选项下面的"如果"按钮，则会弹出如图 5.50 所示的"选择个案：If"对话框。

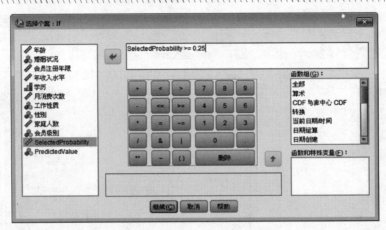

图 5.50　　"选择个案：If"对话框

在该对话框中，因为是想根据变量"SelectedProbability"的值选择记录，所以我们首先从左侧列表框中把"SelectedProbability"变量选入右侧上方的空白文本框中，然后直接输入"SelectedProbability>=0.25"或者从对话框中直接选择相应的运算符和数字编辑。编辑完成后，单击"继续"按钮，返回至"选择个案"对话框，然后单击"确定"按钮，即可出现过滤结果，如图5.51所示。

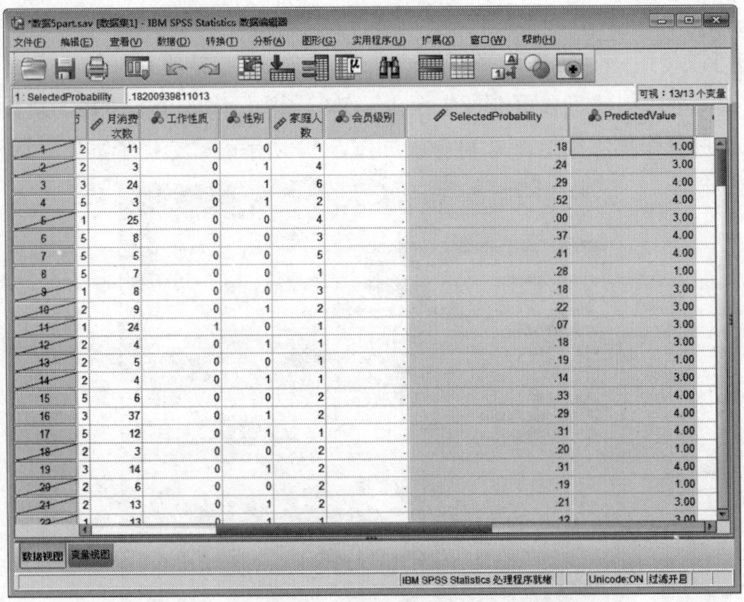

图 5.51　　"SelectedProbability>=0.25"过滤记录

5.5　研究结论与重点回顾

本章结合具体实例详细介绍了 SPSS 的"分析 | 神经网络 | 径向基函数"模块在在线旅游供应商客户分类建模技术中的应用。

分析的基本思路是首先将活动数据集划分为训练样本、检验样本和坚持样本。其中，训练样本包含用于训练神经网络的数据记录，不能为空。数据集中的某些个案百分比必须分配给训练样本以获得一个模型。检验样本是一个用于跟踪训练过程中的误差以防止超额训练的独立数据记录集。通常情况下，用户创建训练样本后，检验样本数量要小于训练样本数量，神经网络训练才是最高效的。坚持样本不用于构建模型，是一个用于评估最终神经网络的独立数据记录集；坚持样本的误差给出一个模型预测能力的"真实"估计值。然后针对"径向基函数"对话框的七个选项卡，根据研究需要逐一进行设置。最后根据结果做好分析解读，并根据模型情况进行必要的优化提升。

针对"径向基函数"对话框的七个选项卡的设置，都有具体的应用场景和适用条件，本章中也进行了详细具体的介绍。由于本章案例采取自 XX 在线旅游服务供应商（虚拟名，如有雷同纯属巧合）1016 个会员的信息数据，所以其分析结论仅适用于 XX 在线旅游服务供应商，属于为该企业量身打造，并不能简单套用至其他企业甚至类似在线服务商。

就本章案例而言，在影响在线旅游供应商会员级别方面，学历最为重要，然后依次是家庭人数、婚姻状况、年收入水平、性别、年龄、月消费次数、工作性质、会员注册年限。XX 在线旅游服务供应商的客户营销顾问或市场拓展支持人员、管理人员需要在这些方面予以区别性把握。

如果读者需要针对自身设定的研究对象进行分析，就需要先搜集该研究对象的相关数据，再应用本章介绍的方法开展分析，为研究对象建立神经网络径向基函数模型，提高其客户分类活动的效率和效果。

第6章　小额快贷大数据审批建模技术

近年来，得益于大数据相关技术的快速进步，小额快贷类业务产品开始逐渐流行起来。大型国有商业银行、全国性股份制商业银行，以及支付宝、微信等互联网公司，都推出了该类业务产品。与传统的线下信贷产品不同，小额快贷类业务产品具有在线申请、手续简便、容易操作，同时额度较小、凭信用放款、审批速度较快的特点，其在审批时依据的往往是审批策略模型，即银行或互联网金融企业运用经营管理中积累的用户数据，基于大数据技术建立相应的策略模型，然后根据用户提供的个人申请信息和授权查询的相关信息，通过模型计算判断客户的资质，然后做出是否为该客户审批贷款以及审批多少额度的决策。可以说，审批策略模型是小额快贷类业务产品的核心，如果策略模型失效，那么注定会降低该业务的经营效率和效果。如果策略模型设置的过于宽松，那么很有可能就会使得本不适合作为放贷对象的客户得到了贷款，造成信贷资产损失；如果策略模型设置的过于谨慎，就有可能将很多本适合作为放贷对象的客户拒之门外，造成经营效率降低。所以，在小额快贷类业务产品中，大数据审批建模技术非常重要。SPSS 作为一种经典、高效、流行的统计分析软件，完全可以用来完成相关的分析目标，本章将以具体的实例，力求以深入浅出的方式讲解SPSS 在小额快贷大数据审批建模技术中的应用。

6.1　建模技术

本章所用的建模技术为"分析 | 分类"中的"决策树"。SPSS 专门设计了"分析 | 分类 | 决策树"模块，该模块具有强大性、灵活性和易用性的特征，是很多预测数据挖掘应用程序的首选工具，在基础过程复杂的应用程序中特别有用。例如：

● 将决策树建模技术应用到小额快贷大数据审批中，给提出申请的客户进行评分以获取其拟违约的概率，从而判断业务风险。

● 将决策树建模技术应用到房地产客户营销中，根据客户的基本特征判断其购买的能力和意愿，从而更加合理地配置营销资源。

● 将决策树建模技术应用到手机游戏推广中，根据用户的上网习惯数据判断用户可能会试用或购买游戏的概率，从而可以针对目标群体精准推送游戏广告。

简单来说，"决策树"建模技术通过创建基于树的分类模型，为探索性和证实性分类分析提供验证工具。它既可以有效地将参与分析的样本分为若干类，也可以根据自变量（预测变量）的值预测因变量（目标变量）的值。

具体来说，"决策树"建模技术可以完成以下功能：

● 在所有参与分析的样本中，找出可能成为目标组成员（比如购买者或优质客户）的样本。

● 针对所有参与分析的样本，划分为几个不同的类别，比如高风险组、中等风险组和低风险组。

- 创建模型规则并使用它来预测将来的事件,如某小额快贷申请者将来发生违约或某新注册会员将来成为 VIP 客户的可能性。
- 数据降维和变量筛选,从总体的大变量集中选择有用的预测变量子集,以用于构建正式的参数模型。
- 交互确定,确定仅与特定子组有关的关系,并在正式的参数模型中指定这些关系。
- 类别合并或将连续变量进行离散化,以最小的损失信息对组预测类别或连续变量进行重新编码,比如将连续的年龄值分为小孩、年轻人、中年人、老年人等。

常见的决策树结构如图 6.1 所示。

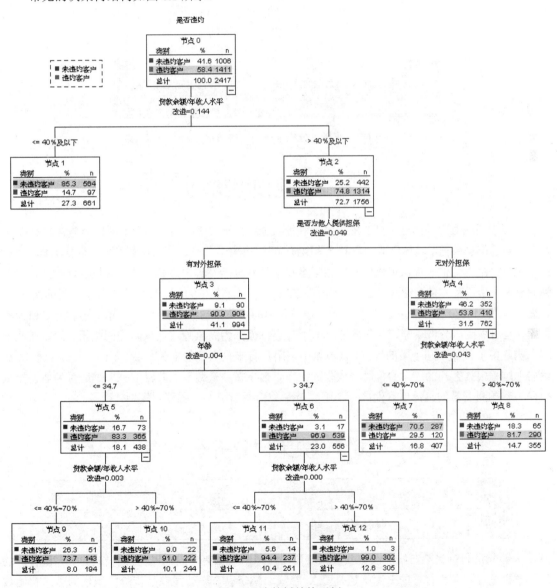

图 6.1 决策树结构示例

在 SPSS 中的具体操作实现是,选择"分析 | 分类 | 决策树"命令,如图 6.2 所示。

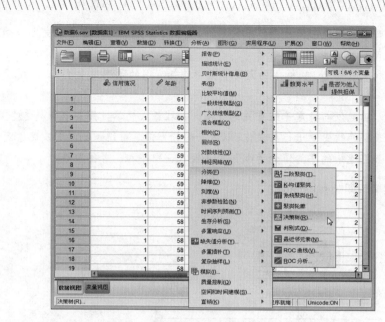

图6.2　选择"分析 | 分类 | 决策树"命令

6.2　建模思路

　　本章使用的案例数据是来自XX在线小额贷款金融公司（虚拟名，如有雷同纯属巧合）2417个存量客户的信息数据，具体包括客户的"信用情况""年龄""贷款收入比""名下贷款笔数""教育水平""是否为他人提供担保"等。由于客户信息数据涉及客户隐私和消费者权益保护，也涉及商业机密，所以在本章介绍时进行了适当的脱密处理，对于其中的部分数据也进行了必要的调整。

　　本章使用的分析方法主要是"分析 | 分类"中的"决策树"功能。我们可以基于历史积累的数据，运用决策树分析功能，将存量客户按照客户特征分为高风险或低风险的同类组，然后在此基础上构建用于预测个别个案的规则，以预测申请用户将来是否可能拖欠贷款。下面，我们将通过"决策树"过程根据客户的"年龄""贷款收入比""名下贷款笔数""教育水平""是否为他人提供担保"等预测变量的具体值来生成一个因变量（"信用情况"）的预测模型。

6.3　决策树分析一

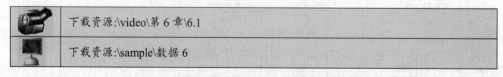

下载资源:\video\第6章\6.1	
下载资源:\sample\数据6	

　　本部分我们对XX在线小额贷款金融公司（虚拟名，如有雷同纯属巧合）2417个存量客户的信息数据进行准备。数据的来源渠道是XX在线小额贷款金融公司在起步阶段积累的客户初始数据，该公司的小额快贷产品在客户注册申请时，即要求客户提供身份证、社保公积金、征信查询等信息。根据身份证件可以得到客户的所在地、年龄、性别等信息，通过社保公积金信息可推断出客

户的年收入水平及就业单位，通过征信查询可以得到客户的教育水平、名下贷款及是否为他人提供担保等信息。根据积累的用户申请信息，并进行必要的加工整理，即可得到本章分析所使用的数据。需要提示和强调的是，在真正的商业经营实践中，客户画像阶段选取的预测变量要比本章引用的这些多得多（最终可能达到上千个指标），样本量也会非常大（可能几百万以上），而且除了自身积累之外，还会考虑与第三方合作（集团内其他子公司、大型互联网巨头）共享或交流一些关键风险指标信息，所以最后的模型会比较复杂，但也会更加有效。本文限于资源和篇幅，仅选取其中几个相对重要的预测指标，并使用 2417 个样本数据进行介绍，重点在于介绍相应分析方法的应用。

6.3.1　分析过程

在 SPSS 格式文件中共有 6 个变量，分别是"信用情况""年龄""贷款收入比""名下贷款笔数""教育水平""是否为他人提供担保"，如图 6.3 所示。

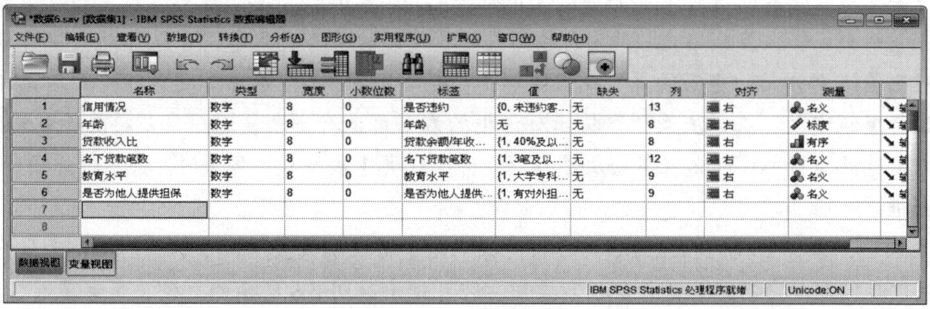

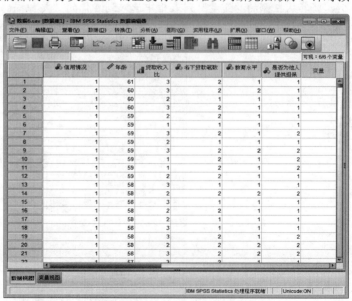

图 6.3　数据 6 变量视图

针对因变量"信用情况"以及预测变量"名下贷款笔数""教育水平""是否为他人提供担保"，我们指定为"名义"，因为它们都属于分类变量，而且没有或者难以判断先后顺序。针对预测变量"年龄"，我们指定为"标度"，因为它是一个连续数值型变量；针对预测变量"贷款收入比"，我们指定为"有序"，因为它是一个分类变量，而且具有一定的先后顺序。

数据视图如图 6.4 所示。

先做一下数据保存，然后开始展开分析，步骤如下：

01 选择"文件｜打开｜数据"命令，打开数据 6.sav 数据表。

02 选择"分析｜分类｜决策树"命令，弹出"决策树"提示对话框，如图 6.5 所示。

图 6.4　数据 6 数据视图

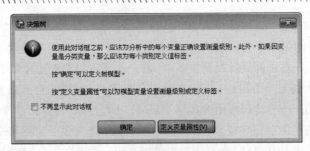

图 6.5　"决策树"提示对话框

对话框选项设置/说明

1. 分析前准备

系统提示"使用此对话框之前，应该为分析中的每个变量正确设置测量级别。此外，如果因变量是分类变量，那么应该为每个类别定义值标签"。如果用户确定已经为分析中的每个变量正确设置了测量级别，那么直接单击"确定"按钮就可以定义树模型；如果用户认为还需要对分析中的变量进行测量级别方面的重新设置，就需要单击"定义变量属性"按钮，进入下一个对话框，对变量属性进行重新定义。在"决策树"提示对话框的右下角还有一个复选框"不再显示此对话框"，如果用户勾选此复选框，那么在下一次选择"分析 | 分类 | 决策树"命令时，将不再弹出"决策树"提示对话框。

在本例中，事实上我们已经对参与分析的每个变量都正确设置了测量级别。但是为了介绍相应设置方法，我们仍单击"定义变量属性"按钮，即可弹出如图 6.6 所示的"定义变量属性"对话框。

在图 6.6 所示的"定义变量属性"对话框中，系统有如下提示："扫描数据后，请使用此工具来标注变量值并设置其他属性。选择要扫描的变量，这些变量应该是分类（名义或有序）变量，以确保实现最佳结果。您可以在下一个面板中更改测量级别设置"。本例中我们以是否违约变量为例，将其从左侧的"变量"列表框中选入到右侧的"要扫描的变量"列表框中。

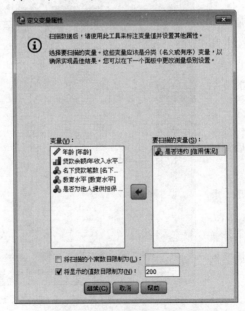

图 6.6　"定义变量属性"对话框 1

　　然后，我们可以对扫描的个案数目进行限制（通常用户观测样本值很多，比如几百万条数据，为节省时间），具体方法是勾选"定义变量属性"对话框下方的"将扫描的个案数目限制为"复选框，并在后面的文本框中输入具体的限制数据。我们还可以设置显示的值数目，具体方法是勾选"定义变量属性"对话框下方的"将显示的值数目限制为"复选框，并在后面的文本框中输入具体的限制数据。本例中因为我们的样本观测值并不是特别多，所以选择系统默认设置即可。

　　设置完成后单击"继续"按钮，即可弹出如图6.7所示的"定义变量属性"对话框。

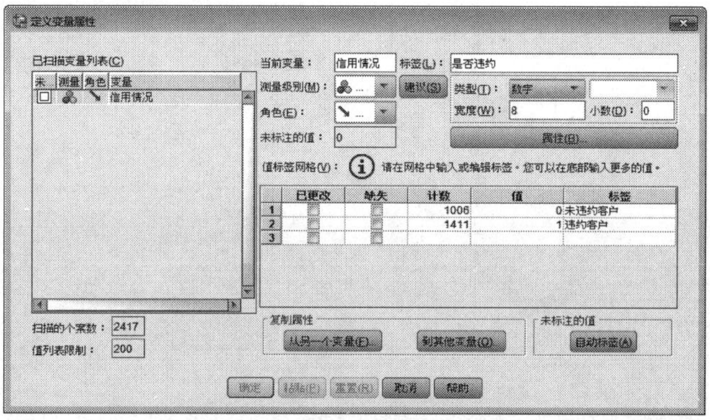

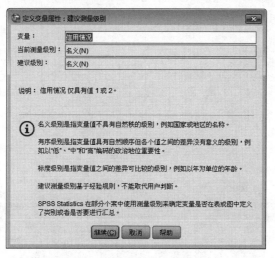

图6.7　"定义变量属性"对话框2

　　在图6.7所示的"定义变量属性"对话框中，我们可以看出"已扫描变量列表"中和"当前变量"文本框中均为"信用情况"，变量标签为"是否违约"，测量级别为初始设置的"名义"。扫描的个案数为2417，值列表限制为200，但本例中我们进行了值标签操作，所以其实只有两个数值，即0与1。其中，1表示违约客户，计数为1006个；0表示未违约客户，计数为1411个。

　　单击"测量级别"旁边的"建议"按钮，即可弹出如图6.8所示的"定义变量属性：建议测量级别"对话框。在该对话框中，我们可以看到"变量"为"信用情况"、"当前测量级别"为"名义"、"建议级别"为"名义"，并且系统有说明建议依据，即"信用情况仅具有值1或2"。

　　此外，系统还进行了变量测量级别的说明和提示（见图6.8下半部分）。

图6.8　"定义变量属性：建议测量级别"对话框

　　然后单击"继续"按钮，即可返回"定义变量属性"对话框。此处我们为了演示，把变量信用状况的测量级别改为"有序"（见图 6.9），可以发现左侧的"已扫描变量列表"发生了变化，即测量列的符号变为了 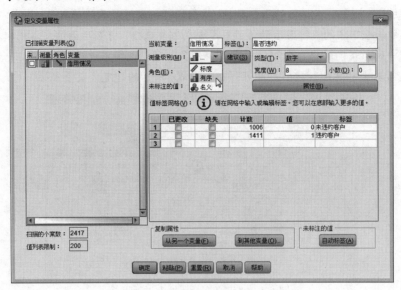（有序）。

图 6.9　"定义变量属性"对话框 3

　　然后单击"确定"按钮，即完成了变量"信用情况"测量级别的变量，如图 6.10 所示，信用情况的测量级别变为了"有序"。

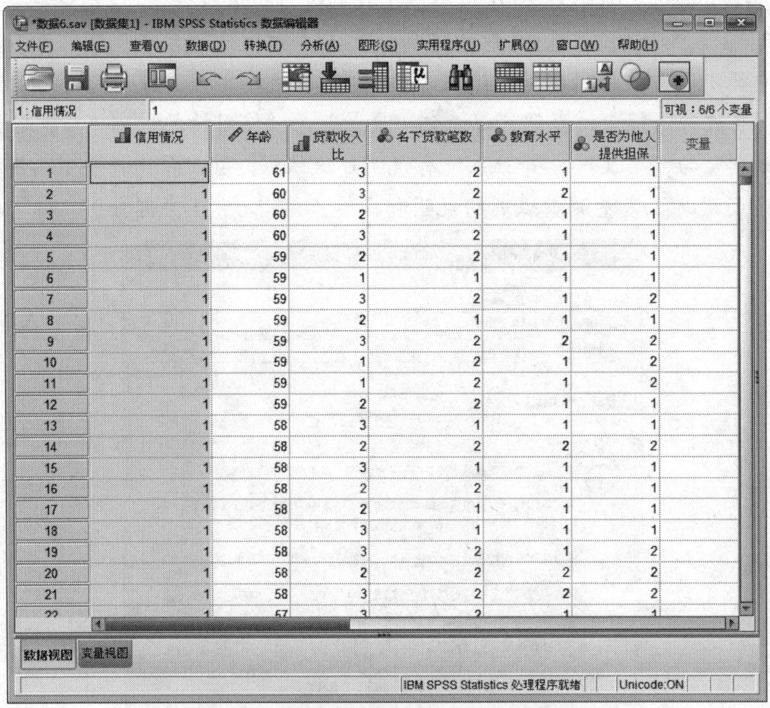

图 6.10　变更测量级别后的信用情况变量数据

2. 决策树分析

（1）主对话框设置

选择"分析｜分类｜决策树"命令，弹出"决策树"对话框，如图 6.11 所示。在该对话框中我们首先需要从左侧的"变量"列表框中选取相应的变量进入到"因变量"和"自变量"。与神经网络分析方法不同，决策树分析建模过程中的因变量只有一个，结合本章的研究背景，我们选择"是否违约"变量进入到"因变量"列表框。选择"年龄""贷款收入比""名下贷款笔数""教育水平""是否为他人提供担保"变量进入到"自变量"列表框。

在图 6.11 所示的"决策树"对话框中的"因变量"列表框下方有一个"类别"按钮，单击该按钮即可弹出如图 6.12 所示的"决策树：类别"对话框。用户可以在其中指定所需的因变量目标类别。需要特别提示和强调的是，目标类别不影响树模型本身，但某些输出和选项仅在已选择目标类别后才变得可用。

 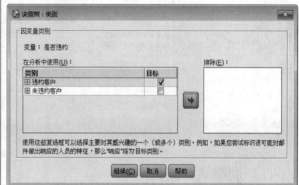

图 6.11　"决策树"对话框　　　　　图 6.12　"决策树：类别"对话框

本例中我们在小额快贷大数据建模中对于违约客户更加感兴趣，所以勾选"违约客户"作为目标因变量类别。

在图 6.11 所示的"决策树"对话框中还有"强制第一个变量"复选框，如果我们选中该复选框，那么系统将强制自变量列表中的第一个变量（本例中为年龄）作为第一个拆分变量进入决策树模型。本例中我们保持系统默认设置。

"影响变量"是用来选择定义个案对树生长过程影响程度的变量。针对该"影响变量"，影响值较低的个案影响较小；影响值较高的个案影响较大。影响变量值必须为正。本例中我们保持系统默认设置。

SPSS 提供了四种生长法，如图 6.13 所示。

- CHAID 生长法：原理是卡方自动交互检测。在每一步都选择与因变量有最强交互作用的自变量（预测变量），如果依据这一预测变量划分的类别与因变量实际类别不存在显著不同，那么将合并这些类别。
- 穷举 CHAID 生长法：CHAID 生长法的一种修改版本，该方法将检查每个预测变量所有可能的拆分。

- CRT 生长法：原理是将数据拆分为若干尽可能与因变量同质的段。所有个案中因变量值相同的终端节点是同质节点。
- QUEST 生长法：具有快速、无偏、有效的特点，特色在于是一种快速方法，还可避免其他方法对具有许多类别的预测变量的偏好，但是只有在因变量是名义变量时才能指定QUEST。

本例中我们选择"CRT 生长法"。

（2）"决策树：输出"对话框设置

在"决策树"对话框中单击"输出"按钮，即可弹出如图 6.14 所示的"决策树：输出"对话框。

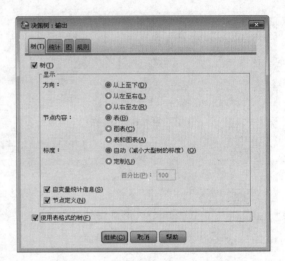

图 6.13　生长法　　　　　　　　图 6.14　"决策树：输出"对话框

可用的输出选项取决于生长法、因变量的测量级别和其他设置。以本节所使用的案例为例，当前展示的"决策树：输出"对话框中有四个选项卡，分别是"树""统计""图""规则"，默认的展示界面是"树"选项卡。

① "树"选项卡

"树"选项卡包括两个大的选项："树"和"使用表格式的树"。

- 如果选择"树"选项，系统将输出决策树的树形图，并可以根据"显示"选项组的提示对树的外观进行针对性的设置。

"方向"选项组表示决策树的显示方向，可以上至下（根节点在顶部）、从左至右（根节点在左部）或从右至左（根节点在右部）地显示树。

"节点内容"选项组表示决策树的节点显示内容，节点可以显示表、图表或这两者，对于分类因变量，表显示频率计数和百分比，图表则是条形图。对于标度因变量，表显示均值、标准差、个案数和预测值，图表则是直方图。

"标度"选项组用来设置树显示的大小，可以选择"自动（减小大型树的标度）选项，也可以选择"定制"选项，用户可以指定最大为 200% 的自定义缩放百分比。在默认情况下，会选择自动显示选项。

此外，如果用户选择"自变量统计信息"选项，那么系统将会输出相关统计信息。其中，对于 CHAID 生长法和穷举 CHAID 生长法，系统将会输出统计量信息，包括 F 值（当因变量测量级别为刻度时）或卡方值（当因变量测量级别为分类时）以及显著性值和自由度。对于 CRT 生长法，系统将显示改进值。对于 QUEST 生长法，针对测量级别为刻度和有序的自变量系统，将显示 F、显著性值和自由度；针对测量级别为名义的自变量，系统将显示卡方、显著性值和自由度。如果用户选择"节点定义"选项，将显示在每个节点拆分中使用的自变量的值。

- 如果用户选择"使用表格式的树"选项，系统将输出树中每个节点的摘要信息，包括该节点的父节点编号、自变量统计量、自变量值，测量级别为刻度因变量的均值和标准差，或者测量级别为分类因变量的计数和百分比。

本例中我们选择"树"选项，其中显示方向选择"从上至下"（根节点在顶部），节点内容选择"表"，标度选择"自动（减小大型树的标度）"，选择"自变量统计信息""节点定义"选项，再选择"使用表格式的树"选项。

② "统计"选项卡

切换到"统计"选项卡，如图 6.15 所示。"统计"选项卡包括"模型""节点性能"和"自变量"三个选项组。

- "模型"选项组中有"摘要""风险""分类表"和"成本、先验概率、得分和利润值"四个选项。

  如果用户选择"摘要"选项，则系统将输出所用的方法、模型中包括的变量以及已指定但未包括在模型中的变量。

  如果用户选择"风险"选项，则系统将输出风险估计及其标准误，也就是

图 6.15　"决策树：输出"对话框中的"统计"选项卡

对树的预测准确性的测量。对于分类因变量，风险估计是在为先验概率和误分类成本调整后不正确分类的个案的比例。对于刻度因变量，风险估计是节点中的方差。

如果用户选择"分类表"选项，对于分类（名义、有序）因变量，系统将输出每个因变量类别的正确分类和不正确分类的个案数；对刻度因变量不可用。

成本、先验概率、得分和利润值。对于分类因变量，系统将输出在分析中使用的成本、先验概率、得分和利润值；对刻度因变量不可用。

- "节点性能"选项组有"摘要""按目标类别""行""排序顺序""百分位数增量""显示累积统计信息"等选项。

  如果用户选择"摘要"选项，对于刻度因变量，系统将输出因变量的节点编号、个案数和

均值。对于带有已定义利润的分类因变量，该表包括节点编号、个案数、平均利润和 ROI（投资回报）值。对不带已定义利润的分类因变量不可用。

如果用户选择"按目标类别"选项，对于带有已定义目标类别的分类因变量，系统将输出按节点或百分位组显示的百分比增益、响应百分比和指标百分比（提升）。将对每个目标类别生成一个单独的表。对于不带已定义目标类别的刻度因变量或分类因变量不可用。

针对"行"选项，系统将按"终端节点""百分位数"或"两者"显示结果。如果选择"这两者"，则为每个目标类别生成两个表。百分位数表根据排序顺序显示每个百分位数的累积值。

针对"百分位数增量"选项，可以选择 1、2、5、10、20 或 25。

针对"显示累积统计信息"选项，系统将输出附件列，用来显示累积统计信息。

● "自变量"选项组中有"对模型的重要性""替代变量（按拆分）"两个选项。

如果用户选择"对模型的重要性"选项，对于 CRT 生长法，系统将根据每个自变量（预测变量）对模型的重要性进行分类：对 QUEST 生长法或 CHAID 生长法不可用。

如果用户选择"替代变量（按拆分）"选项，对于 CRT 生长法和 QUEST 生长法，如果模型包括替代变量，则在树中列出每个分割的替代变量；对 CHAID 方法不可用。替代变量的概念是，对于缺失该变量的值的个案，将使用与原始变量高度相关的其他自变量进行分类，这些备用预测变量称为替代变量。

用户可以指定要在模型中使用的最大替代变量数。

本例中我们在"模型"选项组中选择"摘要""风险""分类表"和"成本、先验概率、得分和利润值"全部四个选项，在"自变量"选项组中选择"对模型的重要性""替代变量（按拆分）"两个选项，"节点性能"选项组则采取系统默认设置。

③ "图"选项卡

切换到"图"选项卡，如图 6.16 所示。

在"图"选项卡中，可用的选项取决于因变量的测量级别、生长法和其他设置。

选择"对模型的自变量重要性"选项，系统将输出按自变量（预测变量）显示的模型重要性的条形图，仅对 CRT 生长法可用。

"节点性能"选项组包括"增益""索引""响应""平均值""平均利润""投资收益率（ROI）"六个选项。

图 6.16　"决策树：输出"对话框中的"图"选项卡

● "增益"是每个节点的目标类别中的总个案百分比，计算公式为（节点目标/总目标）×100。增益图表是累积百分位数增益的折线图，计算公式为（累积百分位数目标/总目标）×100。选择"增益"选项，将为每个目标类别生成单独的折线图，仅对带有已定义目标类别的分类因变量可用。

● "索引"是目标类别节点响应百分比与整个样本总体目标类别响应百分比的比率。索引图表是累积百分位数索引值的折线图，仅对分类因变量可用。索引累积百分位数的计算公式为（累积百分位数响应百分比/总响应百分比）×100。系统将为每个目标类别生成单独的图表，且必须定义目标类别。

● "响应"是节点中的个案在指定目标类别中的百分比。响应图表是累积百分位数响应的折线图，计算公式为（累积百分位数目标/累积百分位数合计）×100，仅对带有已定义目标类别的分类因变量可用。

● "平均值"是因变量的累积百分位数均值的折线图，仅对刻度因变量可用。

● "平均利润"是累积平均利润的折线图，只对带有已定义利润的分类因变量可用。

● "投资收益率（ROI）"是累积 ROI（投资收益率）的折线图，ROI 计算为利润与支出之比，只对带有已定义利润的分类因变量可用。

对于所有的百分位数图表，"百分位数增量"控制在图表上显示的百分位数增量：1、2、5、10、20 或 25。

本例中我们选择"对模型的自变量重要性"选项，在"节点性能"选项组中选择"增益""索引""响应"选项，其他采用系统默认设置。

④　"规则"选项卡

切换到"规则"选项卡，如图 6.17 所示。

使用"规则"选项卡，能够生成 SPSS 命令语法、SQL 或简单文本形式的选择或分类/预测规则，可以在"查看器"中显示这些规则或将其保存到外部文件。

● "语法"选项组 "语法"选项组包括 SPSS Statistics、SQL、"简单文本"三个选项。

其中，SPSS Statistics 选项为生成命令语法语言，规则表示为一组定义过滤条件以用于选择个案子集的命令，或表示为可用于对个案评分的

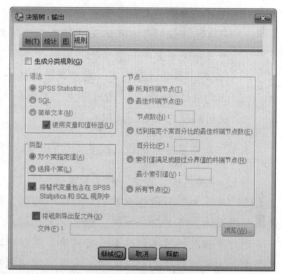

图 6.17　"决策树：输出"对话框中的"规则"选项卡

COMPUTE 语句。SQL 选项为生成标准的 SQL 规则，以便从数据库中选择或提取记录，或者将值指定给那些记录，生成的 SQL 规则不包含任何表名称或其他数据源信息。"简单文本"选项为生成纯英文的伪代码，规则表示为一组 if...then 逻辑语句，而这些语句描述了模型的分类或每个节点的预测。"简单文本"形式的规则可以使用已定义变量和值标签或者变量名称和数据值。

● "类型"选项组包括"为个案指定值"和"选择个案"两个选项。其中，"为个案指定值"选项可用于为满足节点成员条件的个案指定模型的预测值，为满足节点成员条件的每个节点生成单独的规则。"选择个案"选项可用于选择满足节点成员条件的个案。对于 SPSS Statistics 和 SQL 规则，将生成单个规则用于选择满足选择条件的所有个案。"将替代变量包含在 SPSS Statistics 和 SQL 规则中"选项对于 CRT 生长法和 QUEST 生长法有

效，可以在规则中包含来自模型的替代预测变量。需要特别提示和强调的是，包含替代变量的规则可能非常复杂。一般来说，如果只想获得有关树的概念信息，就排除替代变量。如果某些个案有不完整的自变量（预测变量）数据并且用户需要规则来模拟树，就考虑包含替代变量。

● "节点"选项组包括"所有终端节点""最佳终端节点""达到指定个案百分比的最佳终端节点数""索引值满足或超过分界值的终端节点"和"所有节点"五个选项。

其中，"所有终端节点"选项是指为每个终端节点生成规则。"最佳终端节点"选项是指基于索引值，为排在前面的 n 个终端节点生成规则。如果 n 超过树中的终端节点数，则为所有终端节点生成规则。基于索引值的节点选择，仅对带有已定义目标类别的分类因变量可用，如果已指定多个目标类别，则为每个目标类别生成一组单独的规则。"达到指定个案百分比的最佳终端节点数"选项是指基于索引值，为排在前面的 n 个个案百分比的终端节点生成规则。基于索引值的节点选择，仅对带有已定义目标类别的分类因变量可用，如果已指定多个目标类别，则为每个目标类别生成一组单独的规则。"索引值满足或超过分界值的终端节点"选项是指为指标值大于或等于指定值的所有终端节点生成规则。大于100 的索引值表示该节点中目标类别的个案百分比超过根节点中的百分比。基于索引值的节点选择仅对带有已定义目标类别的分类因变量可用，如果已指定多个目标类别，则为每个目标类别生成一组单独的规则。"所有节点"选项是指为所有节点生成规则。

此外，需要注意的是，对于用于选择个案的 SPSS Statistics 和 SQL 规则（而不是用于指定值的规则），"所有节点"选项和"所有终端节点"选项将有效地生成选择在分析中使用的所有个案的规则。

本例中我们采用系统默认设置。

（3）"决策树：验证"对话框设置

在"决策树"对话框中单击"验证"按钮，即可弹出如图 6.18 所示的"决策树：验证"对话框。

通过验证对树结构的质量进行评价，可以推广应用至更大总体的程度。"决策树：验证"对话框有三个选项组，分别是"无""交叉验证"和"分割样本验证"。

① "无"选项
如果用户选择该选项，将不进行验证。

② "交叉验证"选项
"交叉验证"的工作原理是首先将样本分割为许多子样本（或样本群），然后生成许多决策树模型，再依次排除每个子样本中的数据。第一个决策树基于

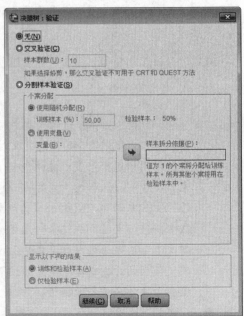

图 6.18 "决策树：验证"对话框

除第一个样本群之外的所有个案，第二个决策树基于除第二个样本群之外的所有个案，以此类推。对于每个决策树，估计其错误分类风险的方法是将树应用于生成它时所排除的子样本，比如针对第一棵决策树，估计其错误分类风险的方法是将树应用于第一个子样本。SPSS 最新版本最多可以指

定 25 个样本群。因为样本总量是既定的，所以样本群数越多，单个样本群内的样本观测值就越少，每个树模型中排除的个案数就越小。交叉验证最终生成单个树模型，最终决策树经过交叉验证的风险估计计算为所有树的风险的平均值。

③ "分割样本验证"选项

"分割样本验证"的工作原理是将样本总体分为训练样本和检验样本，其中训练样本用来构建模型，检验样本用来对模型进行测试和评价。用户可以使用"随机分配选项"，指定训练样本的比例，系统将自动计算检验样本的比例（1-训练样本的比例）；还可以选择"使用变量"选项，依据特定的变量对样本进行分割（比如按性别变量划分，按照男女划分训练样本和检验样本），将变量值为 1 的个案指定给训练样本，并将所有其他个案指定给检验样本，需要注意的是，我们依据的特定变量不能是因变量、权重变量、影响变量或强制的自变量。

④ "显示以下项的结果"选项组

"显示以下项的结果"选项组供用户选择可以同时显示训练和检验样本的结果，或者仅显示检验样本的结果。需要特别提示和强调的是，对于样本观测值相对较少的数据文件（比如样本观测值个数在 100 个以下），应该谨慎使用分割样本验证方法，因为训练样本很小可能会导致模型质量较差，因为样本观测值较少可能导致没有足够的个案使决策树充分生长，达不到预期的效果。

本例中我们采用系统默认设置。

（4）"决策树：条件"对话框设置

在"决策树"对话框中单击"条件"按钮，即可弹出"决策树：条件"对话框。需要注意的是，可用的生长条件取决于生长法、因变量的测量级别或这两者的组合。为了全面介绍决策树的相关功能，本节对除了实际采用的 CRT 生长法生长条件进行介绍外，对 CHAID 生长法、穷举 CHAID 生长法和 QUEST 生长法的生长条件也继续了介绍，以供读者参考学习。

① CHAID 方法的生长条件

下面我们针对 CHAID 方法的生长条件进行介绍，其对话框如图 6.19 所示。该对话框包括 3 个选项卡，分别是"增长限制""CHAID""区间"。

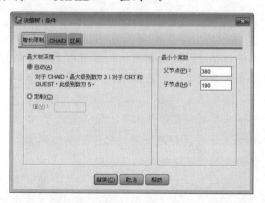

图 6.19　CHAID 方法"决策树：条件"对话框"增长限制"选项卡

● 在"增长限制"选项卡中，用户可以限制树中的级别数，控制父节点和子节点的最小个案数，具体包括"最大树深度"和"最小个案数"两个选项组。

> "最大树深度"选项组。"最大树深度"的概念是控制根节点下的最大增长级别数，包括"自动"和"定制"两个选项。如果用户选择"自动"选项，那么对于 CHAID 和穷举 CHAID 方法，系统将自动设置将树限制为根节点下的 3 个级别；对于 CRT 和 QUEST 方法，系统将自动设置将树限制为根节点下的 5 个级别。如果用户选择"定制"选项，则需要在下面的文本框中输入具体的值，系统将根据用户的定制选择进行限制。

> "最小个案数"选项组。"最小个案数"的概念是控制节点的最小个案数，而不会拆分不满足这些条件的节点。显而易见的是，如果我们将"最小个案数"的值设定的比较大，往往会增加集群效应，导致生成具有更少节点的树。按照同样的逻辑，如果我们将"最小个案数"的值设定的比较小，往往就会增加分散效应，生成具有更多节点的树。需要特别提示的是，系统默认的父节点最小个案数是 100，默认的子节点最小个案数是 50，这一设置对于样本观测值个数很小的数据文件，有可能是失效的，导致树在根节点下没有任何节点，有效的解决方案是减小父节点最小个案数和子节点最小个案数。

● 切换到"CHAID"选项卡，如图 6.20 所示。在该对话框中，有"以下项的显著性水平""模型估算""卡方统计" 3 个选项组和"使用 Bonferroni 方法调整显著性值""允许重新拆分节点中合并后的类别"两个选项。

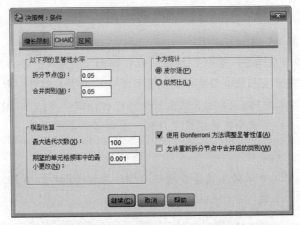

图 6.20　CHAID 方法"决策树：条件"对话框"CHAID"选项卡

> 在"以下项的显著性水平"选项组中，用户可控制用于拆分节点和合并类别的显著性值。针对拆分节点和合并类别，系统默认的显著性水平都是 0.05。此外，对于拆分节点的显著性水平，值必须大于 0 且小于 1，较小的显著性水平值往往会产生具有较少节点的树。对于合并类别的显著性水平，值必须大于 0 且小于或等于 1。指定为 1 的情形仅在用户要阻止合并类别时使用。对于测量级别为刻度自变量来说，这意味着最终决策树中变量的类别数就是指定的区间数。

> 在"卡方统计"选项组中，对于有序因变量，用于确定节点拆分和类别合并的卡方是使用似然比方法计算的。对于名义因变量，则可以选择皮尔逊方法或似然比方法。其中皮尔逊方法是系统默认的方法，可以提供更快的计算，缺点是样本数量偏少时要谨慎使用；似然比方法比皮尔逊方法更稳健，但是所用的计算时间更长，优点是样本数量偏少时是首选方法。

> 在"模型估算"选项组中，对于名义和有序因变量，可以指定"最大迭代次数"和"期望的单元格频率中的最小更改"。其中"最大迭代次数"默认值是 100，决策树达到最大迭代次数，就会停止生长。"期望的单元格频率中的最小更改"的值必须大于 0 且小于 1，默认值是 0.05，较小的值往往会产生具有较少节点的树。

● 切换到"区间"选项卡，如图 6.21 所示。在该对话框中，用户可以设置测量级别为标度自变量的区间。在 CHAID 分析中，测量级别为标度的自变量（预测变量）会被分段到离散组中（例如，0~100、101~200、201~300 等）。

　　"标度自变量的区间"选项组有两个选项："固定数目"和"定制"。

> "固定数目"的概念是将所有的刻度自变量都分段到相同数量的组中，默认值为 10。

> "定制"的概念是将每个刻度自变量都逐一分段到该变量所指定数量的组中。所以，"固定数目"和"定制"在本质上是一种统一指定数目和逐一指定数目的区别。

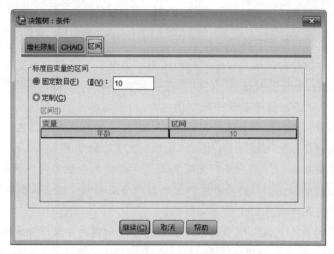

图 6.21　CHAID 方法"决策树：条件"对话框"区间"选项卡

② CRT 方法的生长条件

　　首先我们针对 CRT 方法的生长条件进行介绍，其对话框如图 6.22 所示。该对话框包括 4 个选项卡，分别是"增长限制""CRT""修剪""替代变量"。

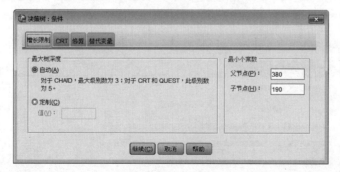

图 6.22　CRT 方法"决策树：条件"对话框"增长限制"选项卡

● 在"增长限制"选项卡中，用户可以限制树中的级别数，控制父节点和子节点的最小个案数，具体包括"最大树深度"和"最小个案数"两个选项组。

本例我们在"最小个案数"选项组的"父节点"文本框中填写"380"，在"子节点"文本框中填写"190"，其他采用系统默认设置。

- 切换到"CRT"选项卡，如图 6.23 所示。在该对话框中，用户可以进行杂质测量，设定"改进中的最小更改"值。

  前面我们提到了 CRT 生长法的概念，其要点是试图最大化节点内的同质性。对不代表同质个案子集的节点，它的程度显示为不纯值。按照这种逻辑，如果在一个终端节点内，所有个案都具有相同的因变量值，那么终端节点

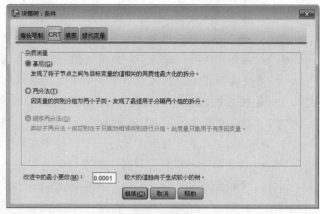

图 6.23　CRT 方法"决策树：条件"对话框"CRT"选项卡

是无须进一步拆分的，因为它是"纯的（而非杂质）"完全同质节点。用户可以在 CRT 方法"决策树：条件"对话框"CRT"选项卡中选择用户测量"杂质"的具体方法，以及拆分节点所需的杂质值中的最小减少值。

- "杂质测量"选项组用来选择用户测量"杂质"的具体方法，包括"基尼""两分法""顺序两分法" 3 个选项。其中，"基尼"选项依据子节点与目标变量的值相关的同质性最大化地拆分；"两分法"选项将因变量的类别分组为两个子类，找到最适合于分隔两个组的拆分。"顺序两分法"选项与两分法相似，但它只能对相邻类别进行分组。此度量仅可用于有序因变量。

- "改进中的最小更改"选项用来设置拆分节点所需的杂质值中的最小减少值，默认值为 0.0001。如果我们把"改进中的最小更改"值设置的较大，往往会导致产生节点较少的决策树。

本例我们采用系统默认设置。

- 切换到"修剪"选项卡，如图 6.24 所示。在该对话框中，用户可以通过设置风险中的最大差分（标准误差）值来修剪树以避免过度拟合。

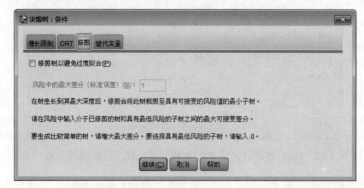

图 6.24　CRT 方法"决策树：条件"对话框"修剪"选项卡

如果用户勾选了"修剪树以避免过度拟合"选项并设置了"风险中的最大差分（标准误差）"值，那么在树生长到其最大深度后，修剪会将此树裁剪至具有可接受的风险值的最小子树。"风险中的最大差分（标准误差）"值是指用户在已修剪的树和具有最低风险的子树之间的最大可接受差分。针对其具体设置，如果用户想要生成比较简单的树，则需要增大最大差分，如果用户想要选择具有最低风险的子树，则需要输入 0。

本例我们采用系统默认设置。

● 切换到"替代变量"选项卡，如图 6.25 所示。替代变量用于对树中使用的自变量具有缺失值的个案进行分类。用户指定最大替代变量数，便于对每次拆分进行计算。

"最大替代变量数"选项组包括"自动"和"定制"两个选项。

➢ "自动"选项：如果用户选择"自动"选项，那么最大替代变量数将比自变量数小 1，也就是说针对每个自变量，其他的所有自变量均可能被用作替代变量。

➢ "定制"选项：如果用户选择"定制"选项，就需要在下面的"值"文本框中输入具体数字，比如用户不希望模型使用任何替代变量，就需要指定 0 作为替代变量数。

图 6.25　CRT 方法"决策树：条件"对话框"替代变量"选项卡

本例我们采用系统默认设置。

③ 穷举 CHAID 方法的生长条件

下面我们针对穷举 CHAID 方法的生长条件进行介绍，其对话框如图 6.26 所示。该对话框包括 3 个选项卡，分别是"增长限制""CHAID""区间"。

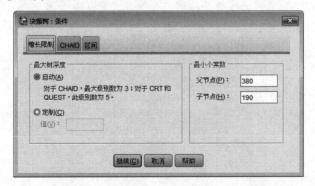

图 6.26　穷举 CHAID 方法"决策树：条件"对话框"增长限制"选项卡

● 在"增长限制"选项卡中，用户可以限制树中的级别数，控制父节点和子节点的最小个案数，具体包括"最大树深度"和"最小个案数"两个选项组。

● 换到"CHAID"选项卡，如图 6.27 所示。该对话框在前面已有详细介绍，不再赘述。

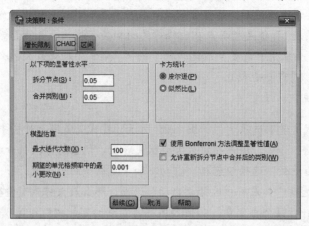

图 6.27　穷举 CHAID 方法"决策树：条件"对话框"CHAID"选项卡

● 切换到"区间"选项卡，如图 6.28 所示。"标度自变量的区间"选项组有两个选项："固定数目"和"定制"。该对话框在前面已有详细介绍，不再赘述。

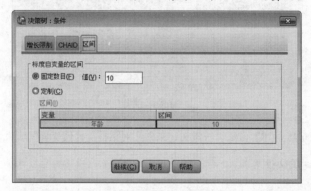

图 6.28　穷举 CHAID 方法"决策树：条件"对话框"区间"选项卡

④ QUEST 方法的生长条件

首先我们针对 QUEST 方法的生长条件进行介绍，其对话框如图 6.29 所示。该对话框包括 4 个选项卡，分别是"增长限制""QUEST""修剪""替代变量"。

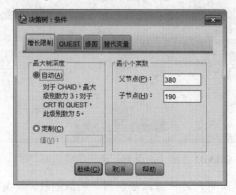

图 6.29　QUEST 方法"决策树：条件"对话框"增长限制"选项卡

- 在"增长限制"选项卡中，用户可以限制树中的级别数，控制父节点和子节点的最小个案数，具体包括"最大树深度"和"最小个案数"两个选项组。
- 切换到"QUEST"选项卡，如图 6.30 所示。在该选项卡中，用户可以设置拆分节点的显著性水平。

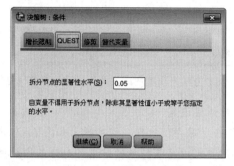

图 6.30　QUEST 方法"决策树：条件"对话框"QUEST"选项卡

拆分节点的显著性水平默认为 0.05，用户可以根据自身研究需求进行个性化的设置。需要特别注意的是，自变量不得用于拆分节点，除非其显著性值小于或等于用户指定的水平。

- 切换到"修剪"选项卡，如图 6.31 所示。在该对话框中，用户可以通过设置风险中的最大差分（标准误差）值来修剪树以避免过度拟合。

如果用户勾选了"修剪树以避免过度拟合"选项并设置了"风险中的最大差分（标准误差）"值，那么在树生长到其最大深度后，修剪会将此树裁剪至具有可接受的风险值的最小子树。"风险中的最大差分（标准误差）"值是指用户在已修剪的树和具有最低风险的子树之间的最大可接受差分。针对其具体设置，如果用户想要生成比较简单的树，则需要增大最大差分；如果用户想要选择具有最低风险的子树，则需要输入 0。

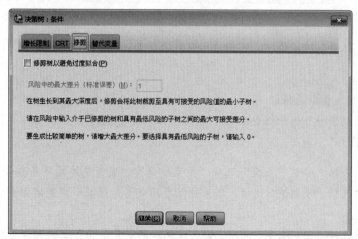

图 6.31　QUEST 方法"决策树：条件"对话框"修剪"选项卡

- 切换到"替代变量"选项卡，如图 6.32 所示。

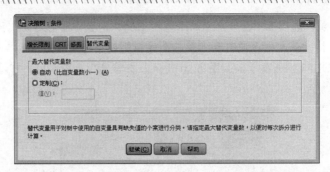

图 6.32　QUEST 方法"决策树：条件"对话框"替代变量"选项卡

（5）"决策树：保存"对话框设置

在"决策树"对话框中单击"保存"按钮，即可弹出如图 6.33 所示的"决策树：保存"对话框。通过对该对话框的设置，用户可以将模型中的信息另存为工作数据文件中的变量，也可以将整个模型以 XML 格式保存到外部文件中。

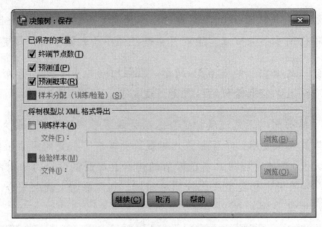

图 6.33　"决策树：保存"对话框

在"决策树：保存"对话框中，包括"已保存的变量"和"将树模型以 XML 格式导出"两个选项组。

① "已保存的变量"选项组

其中"已保存的变量"选项组包括 4 个选项："终端节点数""预测值""预测概率"和"样本分配（训练/检验）"。

● 如果用户选择"终端节点数"选项，则系统保存的变量是终端节点编号。

● 如果用户选择"预测值"选项，则系统保存的变量是模型所预测的因变量的分类（组）或值。

● 如果用户选择"预测概率"选项，则系统保存的变量是与模型的预测关联的概率，该选项将为每个因变量类别保存一个变量，对测量级别为刻度的因变量是不可用的。

● 如果用户选择"样本分配（训练/检验）"选项，则系统保存的变量是分割样本验证，显示在训练或检验样本中是否使用了某个案。对于训练样本，值为 1；对于检验样本，值为 0，只在选择了分割样本验证时才可用。

② "将树模型以 XML 格式导出"选项组

"将树模型以 XML 格式导出"选项组包括"训练样本"和"检验样本"两个选项。该选项组的价值在于用户可以用 XML 格式保存整个树模型，以便将保存的该模型文件应用到其他数据文件。

● 对于分割样本验证的树，"训练样本"选项将基于训练样本的决策树模型写入指定的文件。
● "检验样本"选项将基于检验样本的模型写入指定文件，只在用户选择了分割样本验证时才可用。

本例我们勾选"已保存的变量"选项组中的"终端节点数""预测值""预测概率"选项，其他采用系统默认设置，单击"继续"按钮返回至"决策树"对话框。

（6）"决策树：选项"对话框设置

在"决策树"对话框中单击"选项"按钮，即可弹出如图 6.34 所示的"决策树：选项"对话框。"决策树：选项"对话框共有 4 个选项卡，分别是"缺失值""错误分类成本""利润"和"先验概率"。其中默认显示的选项卡是"缺失值"。

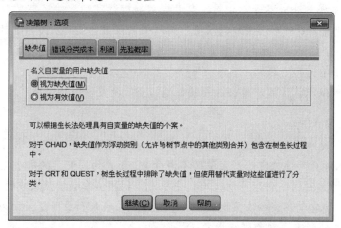

图 6.34 "决策树：选项"对话框"缺失值"选项卡

① "缺失值"选项卡

在"缺失值"选项卡中，用户可以设置名义自变量的用户缺失值的处理方式，有"视为缺失值"和"视为有效值"两个选项，默认是"视为缺失值"。

用户可以根据生长法处理具有自变量的缺失值的个案。对于 CHAID 生长法，缺失值作为浮动类别（允许与树节点中的其他类别合并）包含在树生长过程中；对于 CRT 生长法和 QUEST 生长法，树生长过程中排除了缺失值，但使用替代变量对这些值进行了分类。

本例我们采用系统默认设置，单击"继续"按钮返回至"决策树"对话框。

② "错误分类成本"选项卡

切换到"错误分类成本"选项卡，如图 6.35 所示。对于分类（名义、有序）因变量，用户可以通过"错误分类成本"选项卡设置包括有关与错误分类关联的相对惩罚的信息。

使用该设置的基本原理是分类错误的代价可能是存在差别的，比如本例中没有对一个好的申请者发放小额贷款的成本，可能与对一个坏的申请者发放小额贷款然后形成坏账的成本是存在显著差别的。"错误分类成本"有两个选项，一个是"在各类别之间相等"，另一个是"定制"，默认设置是"在各类别之间相等",如果选择该项,也就是认为没有对一个好的申请者发放小额贷款的成本,与对一个坏的申请者发放小额贷款然后形成坏账的成本完全相等。

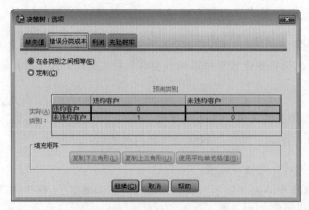

图6.35 "决策树:选项"对话框"错误分类成本"选项卡

如果用户认为错误分类成本并不相同,或者说需要进行定制,就需要选择"定制"选项,并且在下面的预测类别中,针对非对角线的值进行针对性的设置,值必须为非负数(对角线上的值肯定是0,因为不存在分类措施,比如表格中实测为违约客户、预测也为违约客户,显然是没有错误分类的,也就不存在惩罚的问题)。

本例我们采用系统默认设置,单击继续按钮返回至"决策树"对话框。

③ "利润"选项卡

切换到"利润"选项卡,如图6.36所示。对于分类因变量,用户可以通过在该选项卡中选择"定制"选项将收入和费用值指定给因变量的不同分类。用户为因变量的每个类别输入收入和费用值后,系统将自动计算利润,利润等于收入减去费用。利润值影响增益表中的平均利润值和ROI(投资回报率)值,但它们不影响决策树模型的基础结构。收入和费用值必须为数值型,且必须对网格中显示的因变量的所有类别都进行指定。

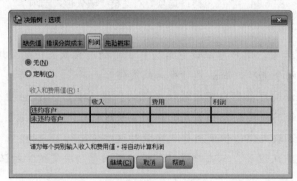

图6.36 "决策树:选项"对话框"利润"选项卡

本例我们采用系统默认设置,单击"继续"按钮返回至"决策树"对话框。

④ "先验概率"选项卡

切换到"先验概率"选项卡,如图6.37所示。对于具有测量级别为分类因变量的CRT生长法和QUEST生长法,可以指定组成员身份的先验概率。先验概率是在了解有关自变量(预测变量）值的任何信息之前对因变量的每个类别的总体相对频率的评估。使用先验概率有助于更正由不代表整个总体的样本中的数据导致的树的任何生长。

"先验概率"选项卡中有 3 个选项："从训练样本（经验先验）中获取""在各类别之间相等""定制"。

- "从训练样本（经验先验）中获取"选项的适用场景是数据文件中因变量值的分布能够代表总体分布时的情形，如果使用的是分割样本验证，则使用训练样本中的个案分布。需要提示的是，在分割样本验证中个案是随机指定给训练样本的，因此用户事实上是事先不知道训练样本中个案的实际分布的。
- "在各类别之间相等"选项表示数据文件中因变量的类别在总体中以相等方式表示的。例如，有 5 个类别，则每个类别中的个案约为 20%。
- 如果用户选择"定制"选项，那么对于网格中列出的每个因变量类别都需要输入一个非负值。这些值可以是比例、百分比、频率计数或表示各类别之间值分布的任何其他值。

在"先验概率"选项卡的下方还有一个"使用错误分类成本调整先验"选项，用户可以通过勾选此选项使用错误分类成本调整先验概率。

本例我们采用系统默认设置，单击"继续"按钮返回至"决策树"对话框，如图 6.38 所示。

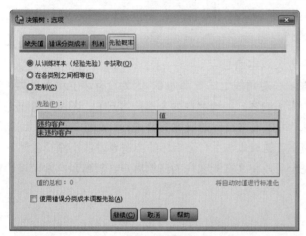

图 6.37　"决策树：选项"对话框"先验概率"选项卡

图 6.38　"决策树"对话框

03 单击"确定"按钮，进入计算分析。

6.3.2　结果分析

在 SPSS"主界面"对话框的结果窗口中我们可以看到如下分析结果：

（1）图 6.39 展示的是决策树模型摘要结果。

在图 6.39 所示的结果中，我们可以看到，在建立模型时，我们指定的生长法是 CRT 生长法，因变量是"是否违约"，设置的进入模型的自变量包括"年龄""贷款余额/年收入水平""名下贷款笔数""教育水平""是否为他人提供担保"，没有设置验证选项，设置的最大树深度是 5，父节点中的最小个案数是 380，子节点的最小个案数是 190。

在最终生成的模型结果中，纳入决策树模型的自变量包括"贷款余额/年收入水平""年龄""是否为他人提供担保""名下贷款笔数""教育水平"。决策树的节点数一共有 13 个，终端节点数一共有 7 个，深度是 4。

模型摘要

指定项	生长法	CRT
	因变量	是否违约
	自变量	年龄, 贷款余额/年收入水平, 名下贷款笔数, 教育水平, 是否为他人提供担保
	验证	无
	最大树深度	5
	父节点中的最小个案数	380
	子节点中的最小个案数	190
结果	包括的自变量	贷款余额/年收入水平, 年龄, 是否为他人提供担保, 名下贷款笔数, 教育水平
	节点数	13
	终端节点数	7
	深度	4

图 6.39　决策树模型摘要

（2）图 6.40 展示的是决策树模型先验概率结果。

在图 6.40 中，我们可以看到决策树模型基于训练样本获得的先验概率。其中未违约客户的先验概率是 0.416，违约客户的先验概率是 0.584。

（3）图 6.41 展示的是决策树模型错误分类成本信息。

按照前面我们在分析过程部分所讲述的，在对角线上的值都为 0，因为没有产生错误分类（实测为违约客户，预测也为违约客户；实测为未违约客户，预测也为未违约客户）；在非对角线上的值采取的是系统默认值的 1，在实务中，用户可以根据自己的研究需要进行针对性的设置，比如用户认为"没有对一个好的申请者发放小额贷款"的成本与"对一个坏的申请者发放小额贷款然后形成坏账"的成本是存在显著差别的，那么完全可以将"实测客户为违约客户，预测客户为未违约客户"的值设置的更大一些。

先验概率

是否违约	先验概率
未违约客户	.416
违约客户	.584

这些先验获取自训练样本

误分类成本

	预测	
实测	违约客户	未违约客户
违约客户	.000	1.000
未违约客户	1.000	.000

因变量: 是否违约

图 6.40　决策树模型先验概率　　　　图 6.41　决策树模型错误分类成本信息

（4）图 6.42 展示的是决策树模型的树形图。

在决策树模型的树形图中，我们可以非常明确和直观地看出，决策树一共分为 5 层，因变量分类为违约客户和未违约客户。

① 在第一层中，只有节点 0，按照因变量类别分为违约客户和未违约客户，其中未违约客户占比 41.6%，具体为 1006 个；违约客户占比 58.4%，具体为 1411 个；违约客户和未违约客户样本合计数为 2417 个。

② 第二层是依据贷款收入/年收入水平进行的分类，对于 CRT 生长法，系统将显示改进值，

改进值为 0.144。第二层包括两个节点，节点 1 和节点 2。我们可以看出，贷款收入/年收入水平对于因变量的分类结果非常重要，如果贷款余额/年收入水平在 40%以下，那么将会被分至节点 1，节点 1 中共有 661 个样本，其中未违约客户占比 85.3%，具体为 564 个，违约客户占比 14.7%，具体为 97 个；如果贷款余额/年收入水平在 40%以上，那么将会被分至节点 2，节点 2 中共有 1756 个样本，其中未违约客户占比 25.2%，具体为 442 个，违约客户占比 74.8%，具体为 1314 个。所以，贷款余额/年收入水平对于客户是否违约的影响是很大的，根据我们建立的决策树模型，如果参与申请的一个客户的贷款余额/年收入水平相对比较高（本例中参考值为 40%以上），那么大概率会产生违约行为。如果参与申请的一个客户的贷款余额/年收入水平相对比较低（本例中参考值为 40%以下），就可以被视为相对安全的客户。

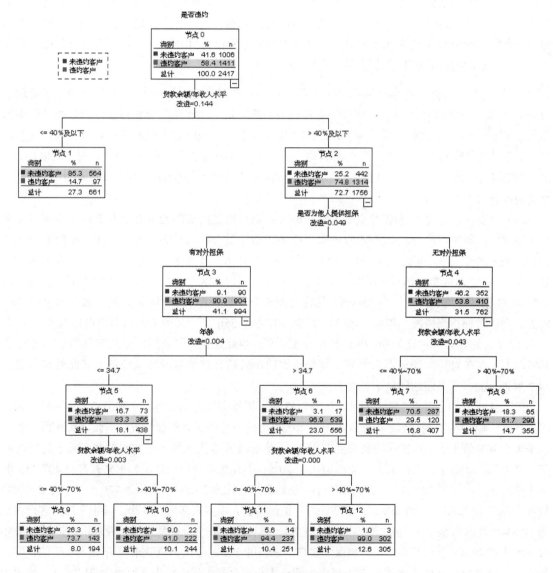

图 6.42　决策树模型树形图

③ 因为关注的类别是违约客户，所以第三层是在第二层结果的基础上，针对节点 2（贷款余

额/年收入水平在 40%以上，大概率产生违约的客户）基于"是否为他人提供担保"变量再进行的分类，对于 CRT 生长法，系统将显示改进值，改进值为 0.049。

第三层包括两个节点，节点 3 和节点 4。我们可以看出，针对贷款余额/年收入水平在 40%以上的客户，是否为他人提供担保对于因变量的分类结果也非常重要，如果客户贷款余额/年收入水平在 40%以上而且同时存在为他人提供担保现象，那么将会被分至节点 3，节点 3 中共有 994 个样本，其中未违约客户占比 9.1%，具体为 90 个，违约客户占比 90.9%，具体为 904 个；如果客户贷款余额/年收入水平在 40%以上但不存在为他人提供担保现象，那么将会被分至节点 4，节点 4 中共有 762 个样本，其中未违约客户占比 46.2%，具体为 352 个，违约客户占比 53.8%，具体为 410 个。所以，贷款余额/年收入水平叠加是否对外提供担保因素对于客户是否违约的影响是很大的，根据我们建立的决策树模型，如果参与申请的一个客户的贷款余额/年收入水平相对比较高（本例中参考值为 40%以上）并且存在对外提供担保行为，那么大概率会产生违约行为。如果参与申请的一个客户贷款余额/年收入水平相对比较高（本例中参考值为 40%以上）但不存在对外提供担保行为，则其违约的概率与不违约的概率是大体相等的。

④ 因为关注的类别是违约客户，所以第四层是在第三层结果的基础上，针对节点 3（贷款余额/年收入水平在 40%以上且存在对外担保情况的客户）基于"年龄"变量再进行的分类（分类为节点 5 和节点 6），以及针对节点 4（贷款余额/年收入水平在 40%以上但不存在对外担保情况的客户）基于"贷款余额/年收入水平"变量再进行的分类（分类为节点 7 和节点 8），对于 CRT 生长法，系统将显示改进值，其中节点 3 至节点 5、节点 6 的改进值为 0.004；其中节点 4 至节点 7、节点 8 的改进值为 0.043。

节点 3 拆分为了节点 5 和节点 6，从图 6.42 决策树模型树形图的节点 5 和节点 6 中可以非常明确地看出，如果用户贷款余额/年收入水平在 40%以上且存在对外担保情况，那么年龄小于 34.7 的客户被分到节点 5，年龄大于 34.7 的客户被分到节点 6。节点 5（用户贷款余额/年收入水平在 40%以上、存在对外担保情况、年龄小于 34.7）中共有客户 438 个，其中未违约客户占比为 16.7%，具体为 73 个；违约客户占比为 83.8%，具体为 365 个。节点 6（用户贷款余额/年收入水平在 40%以上、存在对外担保情况、年龄大于 34.7）中共有客户 556 个，其中未违约客户占比为 3.1%，具体为 17 个；违约客户占比为 96.9%，具体为 539 个。也就是说，只要用户贷款余额/年收入水平在 40%以上且存在对外担保，那么大概率都是违约的，只是客户的年龄如果还偏大（此外参考值为 34.7 岁以上），那么违约的概率就会更大。

节点 4 拆分为了节点 7 和节点 8，从图 6.42 决策树模型树形图的节点 7 和节点 8 中可以非常明确地看出，如果用户贷款余额/年收入水平在 40%以上但不存在对外担保情况，那么贷款余额/年收入水平大于 40%但小于 70%的客户被分到节点 7，贷款余额/年收入水平大于 70%的客户被分到节点 8。节点 7（贷款余额/年收入水平大于 40%但小于 70%、不存在对外担保情况）中共有客户 407 个，其中未违约客户占比为 70.5%，具体为 287 个；违约客户占比为 29.5%，具体为 120 个。节点 8（用户贷款余额/年收入水平在 70%以上、不存在对外担保情况）中共有客户 355 个，其中未违约客户占比为 18.3%，具体为 65 个；违约客户占比为 81.7%，具体为 290 个。也就是说，针对用户贷款余额/年收入水平在 40%以上但不存在对外担保的客户，还要进一步区分用户贷款余额/年收入水平的程度，如果用户贷款余额/年收入水平在 70%以上，那么大概率会产生违约行为（概率为 81.7%），如果用户贷款余额/年收入水平在 70%以下，那么大概率不会产生违约行为（概率为 70.5%）。

　　因为关注的类别是违约客户，所以第五层是在第四层结果的基础上，针对节点 5（贷款余额/年收入水平在 40%以上、存在对外担保情况、年龄在 34.7 岁以下的客户）再次基于"贷款余额/年收入水平"变量进行的分类（分类为节点 9 和节点 10），以及针对节点 5（贷款余额/年收入水平在 40%以上、存在对外担保情况、年龄在 34.7 岁以上的客户）再次基于"贷款余额/年收入水平"变量进行的分类（分类为节点 11 和节点 12），对于 CRT 生长法，系统将显示改进值，其中节点 5 至节点 9、节点 10 的改进值为 0.003；其中节点 6 至节点 11、节点 12 的改进值为 0.000。

　　节点 5 拆分为了节点 9 和节点 10，从图 6.42 决策树模型树形图的节点 9 和节点 10 中可以非常明确地看出，如果用户属于贷款余额/年收入水平在 40%以上但在 70%以下、存在对外担保情况、年龄小于 34.7 的客户则被分到节点 9，如果用户属于贷款余额/年收入水平在 70%以上、存在对外担保情况、年龄小于 34.7 的客户则被分到节点 10。节点 9（用户贷款余额/年收入水平在 40%以上但在 70%以下、存在对外担保情况、年龄小于 34.7）中共有客户 194 个，其中未违约客户占比为 26.3%，具体为 51 个；违约客户占比为 73.7%，具体为 143 个。节点 10（用户贷款余额/年收入水平在 70%以上、存在对外担保情况、年龄小于 34.7）中共有客户 244 个，其中未违约客户占比为 9.0%，具体为 22 个；违约客户占比为 91.0%，具体为 222 个。也就是说，只要用户贷款余额/年收入水平在 40%以上且存在对外担保，那么大概率都是违约的，如果客户的年龄偏小（此处参考值为 34.7 岁以下），那么违约的概率会略低，如果在此基础上用户的贷款余额/年收入水平还在 70%以上，那么违约的概率就会更大。

　　节点 6 拆分为了节点 11 和节点 12，从图 6.42 决策树模型树形图的节点 9 和节点 10 中可以非常明确地看出，如果用户属于贷款余额/年收入水平在 40%以上但在 70%以下、存在对外担保情况、年龄大于 34.7 的客户则被分到节点 11，如果用户属于贷款余额/年收入水平在 70%以上、存在对外担保情况、年龄大于 34.7 的客户则被分到节点 12。节点 11（用户贷款余额/年收入水平在 40%以上但在 70%以下、存在对外担保情况、年龄大于 34.7）中共有客户 251 个，其中未违约客户占比为 5.6%，具体为 14 个；违约客户占比为 94.4%，具体为 237 个。节点 12（用户贷款余额/年收入水平在 70%以上、存在对外担保情况、年龄大于 34.7）中共有客户 244 个，其中未违约客户占比为 1.0%，具体为 3 个；违约客户占比为 99.0%，具体为 302 个。也就是说，只要用户贷款余额/年收入水平在 40%以上且存在对外担保，那么大概率都是违约的，如果客户的年龄偏大（此处参考值为 34.7 岁以上），那么违约的概率就会更大，如果在此基础上用户的贷款余额/年收入水平还在 70%以上，那么违约的概率就会更大。

　　（6）图 6.43 展示的是表格形式的决策树模型。

　　可以发现其中的信息与前面决策树中展示的信息是完全一致的。

- 第一列表示从节点 0 开始，到第 12 个节点结束。
- 第二列展示的是每个节点中未违约客户在该节点全部个案中的比例。
- 第三列展示的是每个节点中未违约客户的个数。
- 第四列展示的是每个节点中违约客户在该节点全部个案中的比例。
- 第五列展示的是每个节点中未违约客户的个数。
- 第六列展示的是每个节点中的全部客户数。
- 第七列展示的是每个节点中的客户数在所有样本观测值中的占比。
- 第八列展示的是预测类别，根据未违约客户和违约客户占比的相对大小确定该节点的种类，比如针对第 1 个节点，其未违约客户的占比为 85.3%，相对于违约客户的占比 14.7%，具有很大的优势，所以系统判断该节点的预测类别为未违约客户。

- 第九列展示的所在节点的父节点，即上一级节点，比如针对第 3 个节点，其父节点为 2。
- 第十列展示的是分类变量，比如针对第 1 个节点和第 2 个节点，其分类变量都是贷款余额/年收入水平。
- 第十一列展示的是主要自变量改善量，与决策树型图中的"改进量"是一致的。
- 第十二列展示的是拆分值，即按照第十列的分类变量，具体拆分为什么类别，比如第 1 个节点是贷款余额/年收入水平在 40%以下的客户，第 2 个节点是贷款余额/年收入水平在 40%以上的客户。

树表

| 节点 | 未违约客户 | | 违约客户 | | 总计 | | 预测类别 | 父节点 | 主要自变量 | | |
	百分比	N	百分比	N	N	百分比			变量	改善量	拆分值
0	41.6%	1006	58.4%	1411	2417	100.0%	违约客户				
1	85.3%	564	14.7%	97	661	27.3%	未违约客户	0	贷款余额/年收入水平	.144	<= 40%及以下
2	25.2%	442	74.8%	1314	1756	72.7%	违约客户	0	贷款余额/年收入水平	.144	> 40%及以下
3	9.1%	90	90.9%	904	994	41.1%	违约客户	2	是否为他人提供担保	.049	有对外担保
4	46.2%	352	53.8%	410	762	31.5%	违约客户	2	是否为他人提供担保	.049	无对外担保
5	16.7%	73	83.3%	365	438	18.1%	违约客户	3	年龄	.004	<= 34.7
6	3.1%	17	96.9%	539	556	23.0%	违约客户	3	年龄	.004	> 34.7
7	70.5%	287	29.5%	120	407	16.8%	未违约客户	4	贷款余额/年收入水平	.043	<= 40%~70%
8	18.3%	65	81.7%	290	355	14.7%	违约客户	4	贷款余额/年收入水平	.043	> 40%~70%
9	26.3%	51	73.7%	143	194	8.0%	违约客户	5	贷款余额/年收入水平	.003	<= 40%~70%
10	9.0%	22	91.0%	222	244	10.1%	违约客户	5	贷款余额/年收入水平	.003	> 40%~70%
11	5.6%	14	94.4%	237	251	10.4%	违约客户	6	贷款余额/年收入水平	.000	<= 40%~70%
12	1.0%	3	99.0%	302	305	12.6%	违约客户	6	贷款余额/年收入水平	.000	> 40%~70%

生长法：CRT
因变量：是否违约

图 6.43　表格形式的决策树

（7）图 6.44 展示的是决策树模型的目标类别节点的增益表。

决策树模型的节点的增益表展示的是决策树模型中目标类别终端节点的信息摘要。

在决策树模型的目标类别节点的增益表中，我们可以发现第一列为节点名称。需要提示和强调的是，在节点的增益表中仅列出终端节点，终端节点就是树停止生长处的节点，本例中为节点 1、7、8、9、10、11、12。这是因为在很多情况下，用户只会对终端节点感兴趣，因为终端节点代表模型的最佳分类预测。

由于增益值提供了有关目标类别的信息，因而此表仅在指定了一个或多个目标类别时才可用。在本例中，因为我们只设定了一个目标类别（违约客户），所以只有一个（违约客户）节点收益表。

在决策树模型的目标类别节点的增益表中，第二列和第三列分别是节点 N 和节点百分比，其中节点 N 是每个终端节点中的全部个案数，节点百分比是每个节点中全部个案在所有样本集中的

目标类别：违约客户

节点的增益

| 节点 | 节点 | | 增益 | | 响应 | 指数 |
	N	百分比	N	百分比		
12	305	12.6%	302	21.4%	99.0%	169.6%
11	251	10.4%	237	16.8%	94.4%	161.7%
10	244	10.1%	222	15.7%	91.0%	155.9%
8	355	14.7%	290	20.6%	81.7%	139.9%
9	194	8.0%	143	10.1%	73.7%	126.3%
7	407	16.8%	120	8.5%	29.5%	50.5%
1	661	27.3%	97	6.9%	14.7%	25.1%

生长法：CRT
因变量：是否违约

图 6.44　决策树模型的目标类别节点的增益表

百分比。比如本例中第 12 个节点的个案数是 305 个，在全部样本集中（所有观测值）占比为 12.6%。

在决策树模型的目标类别节点的增益表中，第四列和第五列分别是增益 N 和增益百分比，增益表示的是目标类别（本例中为违约客户），其中增益 N 是目标类别（本例中为违约客户）的每个终端节点中的个案数，增益百分比是目标类别（本例中为违约客户）中的个案数相对于目标类别中的整体个案数的百分比。比如本例中第 12 个节点中违约客户的个案数是 302 个，在所有违约样本（注意不是所有观测值，是所有发生违约的观测值）中占比为 21.4%。

在决策树模型的节点目标类别的增益表中，第六列是"响应"，对于分类因变量来说，节点中响应指的是所指定目标类别（本例中为违约客户）的个案在本节点全部个案中的百分比，或者说，就是在决策树树形图中为违约客户类别百分比。比如针对第 12 个节点，其违约客户 302 个，节点中全部个案为 305 个，违约客户占比为 99%。

在决策树模型的节点目标类别的增益表中，第七列是"指数"，显示的是该节点观察到的目标类别百分比（本例中为违约客户）与目标类别的期望百分比之比。 目标类别的期望百分比表示在考虑任何自变量效果之前的百分比（本例中即前面结果中所展示的先验概率 0.584）。大于 100% 的指数值表示目标类别中的个案数多于目标类别中的整体百分比。相反，小于 100% 的指数值表示目标类别中的个案数少于整体百分比。比如针对第 12 个节点，该节点观察到的目标类别百分比是 99%，目标类别的期望百分比是 58.4%，指数值就是 169.6%。

（8）图 6.45 展示的是决策树模型的目标类别增益图。

目标类别增益图中那条弯的曲线是目标类别（违约客户）的增益曲线，目标类别增益图中那条对角线上的直线是对比参考线，目标类别（违约客户）的增益曲线距离对比参考线越远，说明模型构建的就越优质。第一个百分位数（10%）对应的增益比例是 20%，说明模型中按照违约预测概率排序前 10% 的客户就可以包含实际违约客户的 20%，第一个百分位数（20%）对应的增益比例是 35% 左右，说明模型中按照违约预测概率排序前 20% 的客户就可以包含实际违约客户的 35% 左右。所以，优质的模型应该是从百分位数的 0 开始，迅速沿着增益 100% 的方向向上，然后慢慢趋于平缓。就本例而言，增益还是相对不错的。

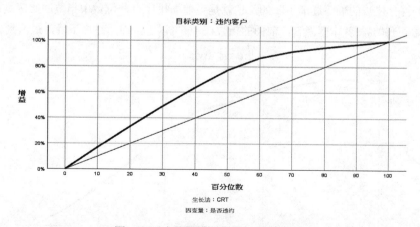

图 6.45　决策树模型的目标类别增益图

（9）图 6.46 展示的是决策树模型的目标类别响应图。

前面我们讲到，对于分类因变量来说，节点中响应指的是所指定目标类别（本例中为违约客户）的个案在本节点全部个案中的百分比，或者说，就是在决策树树形图中为违约客户类别百分比。对于决策树模型的目标类别响应图来说，展示的就是按百分位数排序的响应比例变化情况，违约客户的响应程度肯定要随着百分位数的顺序逐渐下降的，也就是前面排序百分位数中响应的比例是最高的，而后逐渐下降直至稳定，就本例而言，前面的响应比接近 100%，而后逐渐下降，最后到 60%左右。

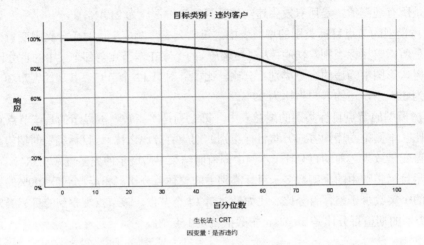

图 6.46　决策树模型的目标类别响应图

（10）图 6.47 展示的是决策树模型的目标类别指数图。

前面我们讲到，指数显示的是该节点观察到的目标类别百分比（本例中为违约客户）与目标类别的期望百分比之比。 目标类别的期望百分比表示在考虑任何自变量效果之前的百分比（本例中即前面结果中所展示的先验概率 0.584）。大于 100% 的指数值表示目标类别中的个案数多于目标类别中的整体百分比。相反，小于 100% 的指数值表示目标类别中的个案数少于整体百分比。对于决策树模型的目标类别指数图来说，展示的就是按百分位数排序的指数比例变化情况，违约客户的指数程度肯定要随着百分位数的顺序逐渐下降的，也就是说前面排序百分位数中指数的比例是最高的，而后逐渐下降直至 100%，就本例而言，前面的指数在 166% 以上，而后逐渐下降，最后到 100%。

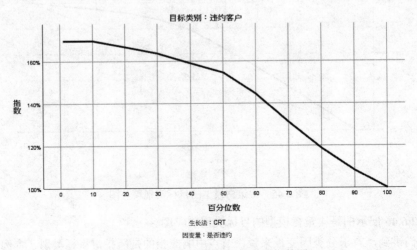

图 6.47　决策树模型的目标类别指数图

（11）图 6.48 展示的是决策树模型风险表。

风险表提供了一种模型运行状况的快速评估方式。可以发现决策树模型的风险估计值是 0.154，标准误差是 0.007。0.154 的概念是该模型所预测类别的个案错误率为 15.4%，或者说对客户进行错误分类（包括将违约客户错误分类为未违约客户以及将未违约客户错误分类为违约客户）的风险概率是 15.4%。

（12）图 6.49 展示的是决策树模型分类表。

分类表提供了另一种模型运行状况的快速评估方式，与风险表中的结论是一致的。可以发现决策树模型的预测总体正确百分比为 84.6%，与前面错误分类的概率 0.154（15.4%）的结果是一致的。

（13）图 6.50 展示的是决策树模型"自变量重要性"表。

自变量重要性是针对不同自变量值测量决策树模型预测值变化量，测量的是自变量对于模型的贡献。正态化重要性是由重要性最大值划分的重要性并表示为百分比，其中最重要的自变量的正态化重要性值为 100%。

在该表中我们可以非常明确地看出，贷款余额/年收入水平最为重要，重要性值为 0.189，正态化重要性值为 100%，然后依次是年龄、是否为他人提供担保、教育水平、名下贷款笔数。

风险

估算	标准误差
.154	.007

生长法：CRT
因变量：是否违约

图 6.48　决策树模型风险表

分类

实测	预测		正确百分比
	未违约客户	违约客户	
未违约客户	851	155	84.6%
违约客户	217	1194	84.6%
总体百分比	44.2%	55.8%	84.6%

生长法：CRT
因变量：是否违约

图 6.49　决策树模型分类表

自变量重要性

自变量	重要性	正态化重要性
贷款余额/年收入水平	.189	100.0%
年龄	.061	32.1%
是否为他人提供担保	.049	26.0%
教育水平	.012	6.2%
名下贷款笔数	.004	2.1%

生长法：CRT
因变量：是否违约

图 6.50　决策树模型"自变量重要性"表

（14）图 6.51 展示的是决策树模型"自变量重要性"图。

"自变量重要性"图为"自变量重要性"表中值的条形图，以重要性值降序排序，与"自变量重要性"表的结论是完全一致的。贷款余额/年收入水平最为重要，然后依次是年龄、是否为他人提供担保、教育水平、名下贷款笔数。

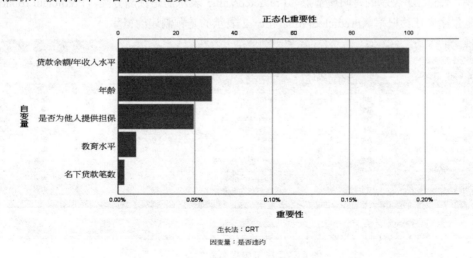

图 6.51　决策树模型"自变量重要性"图

（15）图 6.52 展示的是决策树模型“替代变量”表。

替代变量的概念是，对于缺失该变量的值的个案，将使用与原始变量高度相关的其他自变量进行分类，这些备用预测变量称为替代变量。比如针对父节点 0，当前使用的主要分类自变量是贷款余额/年收入水平，改善量是 0.144，有一个替代变量是年龄，改善量要小于贷款余额/年收入水平，为 0.011，与主要分类自变量贷款余额/年收入水平的关联度是 0.006。又比如针对父节点 2，当前使用的主要分类自变量是“是否为他人提供担保”，改善量是 0.049，有 3 个替代变量分别是年龄、名下贷款笔数和教育水平，年龄、名下贷款笔数和教育水平的改善量分别是 0.030、0.002 和 0.009，与主要分类自变量是否为他人提供担保的关联度分别是 0.087、0.085、0.077。

替代变量

父节点	自变量		改善量	关联
0	主要	贷款余额/年收入水平	.144	
	替代变量	年龄	.011	.006
2	主要	是否为他人提供担保	.049	
	替代变量	年龄	.030	.087
		名下贷款笔数	.002	.085
		教育水平	.009	.077
3	主要	年龄	.004	
	替代变量	教育水平	.002	.009
5	主要	贷款余额/年收入水平	.003	
	替代变量	名下贷款笔数	.002	.082
		年龄	3.517E-5	.036
6	主要	贷款余额/年收入水平	.000	
	替代变量	名下贷款笔数	.000	.112
		年龄	1.810E-5	.036
4	主要	贷款余额/年收入水平	.043	
	替代变量	年龄	.016	.189
		教育水平	.001	.003

生长法：CRT
因变量：是否违约

图 6.52　决策树模型替代变量表

（16）图 6.53 展示的是新增加的 4 个变量，分别是 NodeID（Terminal Node Identifier）、PredictedValue（Predicted Value）、PredictedProbability_1（Predicted Probability for 信用情况=0）和 PredictedProbability_2（Predicted Probability for 信用情况=1）。

其中，NodeID 表示的是归属节点，PredictedValue 表示的是预测分类，PredictedProbability_1 表示的是预测未违约概率，PredictedProbability_2 表示的是预测违约概率。

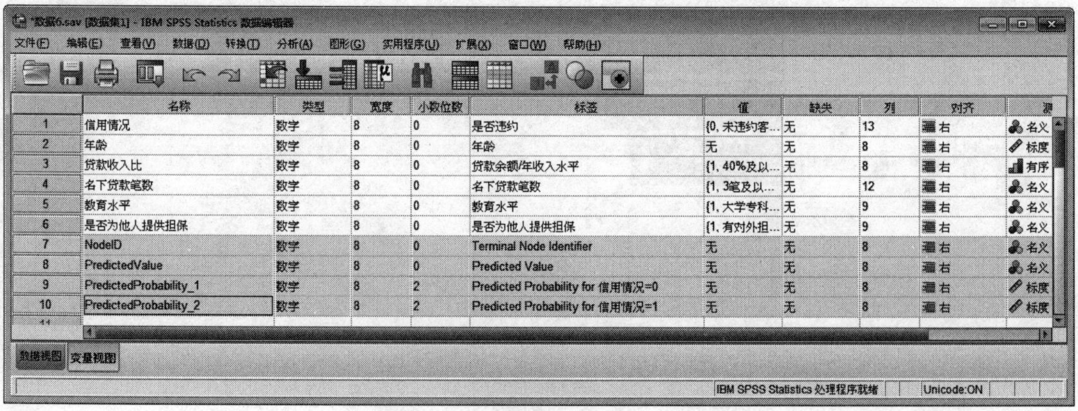

	名称	类型	宽度	小数位数	标签	值	缺失	列	对齐	测
1	信用情况	数字	8	0	是否违约	{0, 未违约客...	无	13	右	名义
2	年龄	数字	8	0	年龄	无	无	8	右	标度
3	贷款收入比	数字	8	0	贷款余额/年收入水平	{1, 40%及以...	无	8	右	有序
4	名下贷款笔数	数字	8	0	名下贷款笔数	{1, 3笔及以...	无	12	右	名义
5	教育水平	数字	8	0	教育水平	{1, 大学专科...	无	9	右	名义
6	是否为他人提供担保	数字	8	0	是否为他人提供担保	{1, 有对外担...	无	9	右	名义
7	NodeID	数字	8	0	Terminal Node Identifier	无	无	8	右	名义
8	PredictedValue	数字	8	0	Predicted Value	无	无	8	右	名义
9	PredictedProbability_1	数字	8	2	Predicted Probability for 信用情况=0	无	无	8	右	标度
10	PredictedProbability_2	数字	8	2	Predicted Probability for 信用情况=1	无	无	8	右	标度

图 6.53　决策树模型新增变量表

（17）图 6.54 展示的是各个样本观测值的归属节点、预测分类、预测未违约概率和预测违约概率。以第一个样本观测值为例，其 NodeID 是 12，PredictedValue 为 1，PredictedProbability_1 为 0.01，PredictedProbability_2 为 0.99。该样本观测值真实的情况为发生违约（信用情况变量值为 1），预测结果和实际结果是一致的。

以第六个样本观测值为例，其 NodeID 是 1，PredictedValue 为 0，PredictedProbability_1 为 0.85，PredictedProbability_2 为 0.15。该样本观测值真实的情况为发生违约（即信用情况变量值为 1），预测结果和实际结果是不一致的。

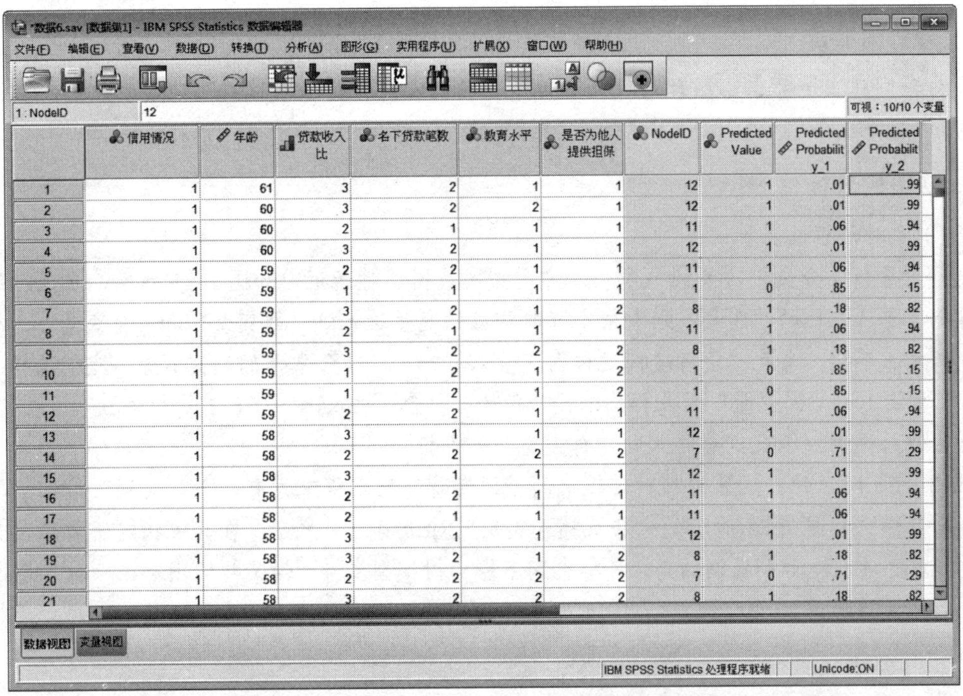

	信用情况	年龄	贷款收入比	名下贷款笔数	教育水平	是否为他人提供担保	NodeID	Predicted Value	Predicted Probability_1	Predicted Probability_2
1	1	61	3	2	1	1	12	1	.01	.99
2	1	60	3	2	2	1	12	1	.01	.99
3	1	60	2	1	1	1	11	1	.06	.94
4	1	60	3	2	1	1	12	1	.01	.99
5	1	59	2	2	1	1	11	1	.06	.94
6	1	59	1	1	1	1	1	0	.85	.15
7	1	59	3	2	1	2	8	1	.18	.82
8	1	59	2	1	1	1	11	1	.06	.94
9	1	59	3	2	2	2	8	1	.18	.82
10	1	59	1	2	1	2	1	0	.85	.15
11	1	59	1	2	1	2	1	0	.85	.15
12	1	59	2	2	1	1	11	1	.06	.94
13	1	58	3	1	1	1	12	1	.01	.99
14	1	58	2	2	2	2	7	0	.71	.29
15	1	58	3	1	1	1	12	1	.01	.99
16	1	58	2	2	1	1	11	1	.06	.94
17	1	58	2	1	1	1	11	1	.06	.94
18	1	58	3	1	1	1	12	1	.01	.99
19	1	58	3	2	1	2	8	1	.18	.82
20	1	58	2	2	2	2	7	0	.71	.29
21	1	58	3	2	2	2	8	1	.18	.82

图 6.54　决策树模型各个样本观测值的新增变量值

对于分类因变量，PredictedValue 取决于 PredictedProbability_1 和 PredictedProbability_2 哪个更大。如果用户已定义成本，或者说没有对一个好的申请者发放小额贷款的成本，与对一个坏的申请者发放小额贷款然后形成坏账的成本存在显著差别，则预测类别与预测概率之间的关系会变得复杂。

6.4　决策树分析二

	下载资源:\video\第 6 章\6.2
	下载资源:\sample\数据 6

在前面我们以具体实例的形式详细讲解了决策树的基本操作。本节我们结合实际情况对操作过程进行进一步的优化。使用的数据还是数据 6，与上一节相同，对于其中的变量和样本观测值不再重复介绍，直接进入分析过程。

6.4.1 分析过程

先做一下数据保存，然后开始展开分析，步骤如下：

01 选择"文件｜打开｜数据"命令，打开数据 6.sav 数据表。

02 选择"分析｜分类｜决策树"命令，弹出"决策树"对话框，如图 6.55 所示。

对话框选项设置/说明

1. 分析前准备

因为我们在上一节中已经针对数据进行了相应的设置，所以本节沿用此前的设置，直接进入决策树分析即可。

2. 决策树分析

（1）主对话框设置

选择"分析｜分类｜决策树"命令，弹出"决策树"对话框，如图 6.55 所示。在该对话框中我们首先需要从左侧的"变量"列表框中选取相应的变量进入到"因变量"和"自变量"。与神经网络分析方法不同，决策树分析建模过程因变量只有一个，结合本章的研究背景，我们选择"是否违约"变量进入到"因变量"列表框。选择"年龄""贷款收入比""名下贷款笔数""教育水平""是否为他人提供担保"变量进入到"自变量"列表框。

在图 6.55 所示的"决策树"对话框中的"因变量"列表框下方有一个"类别"按钮，单击该按钮，即可弹出如图 6.56 所示的"决策树：类别"对话框。用户可以在其中指定所需的因变量目标类别。需要特别提示和强调的是，目标类别不影响树模型本身，但某些输出和选项仅在已选择目标类别后才变得可用。

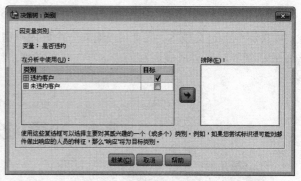

图 6.55 "决策树"对话框　　　　　　　图 6.56 "决策树：类别"对话框

本例中我们在小额快贷大数据建模中对于违约客户更加感兴趣，所以勾选"违约客户"作为目标因变量类别。

在图 6.55 所示的"决策树"对话框中，还有"强制第一个变量"选项，如果我们选中该复选框，那么系统将强制自变量列表中的第一个变量（本例中为年龄）作为第一个拆分变量进入决策树模型。本例中我们保持系统默认设置。

"影响变量"文本框是用来选择定义个案对树生长过程影响程度的变量。针对该"影响变量"，影响值较低的个案影响较小；影响值较高的个案影响较大。影响变量值必须为正。本例中我们保持系统默认设置。

"生长法"下拉列表如图 6.57 所示，本例中我们选择 CRT 生长法。

（2）"决策树：输出"对话框设置

在"决策树"对话框中单击"输出"按钮，即可弹出如图 6.58 所示的"决策树：输出"对话框。

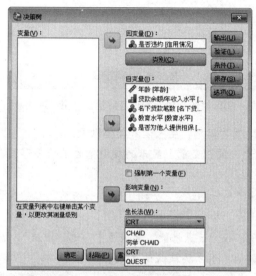

图 6.57 "生长法"下拉列表

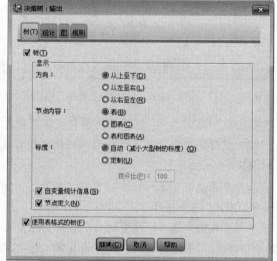

图 6.58 "决策树：输出"对话框

可用的输出选项取决于生长法、因变量的测量级别和其他设置。以本节所使用的案例为例，当前展示的"决策树：输出"对话框中有 4 个选项卡，分别是"树""统计""图""规则"，默认的展示界面是"树"选项卡。

① "树"选项卡

本例中我们勾选"树"选项组，其中方向选择"从上至下"（根节点在顶部），节点内容选择"表"，标度选择"自动"选项，勾选"自变量统计信息""节点定义"和"使用表格式的树"选项。

② "统计"选项卡

在"决策树：输出"对话框中切换到"统计"选项卡，如图 6.59 所示。

"统计"选项卡包括"模型""节点性能""自变量" 3 个选项组。

本例中我们在"模型"选项组中勾选"摘要""风险""分类表"和"成本、先验概率、得分和利润值" 4 个选项，"节点性能"选项组采取系统默认设置，在"自变量"选项组中勾选"对模型的重要性""替代变量（按拆分）"两个选项。

③ "图"选项卡

在"决策树：输出"对话框中切换到"图"选项卡，如图 6.60 所示。

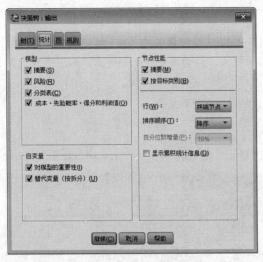 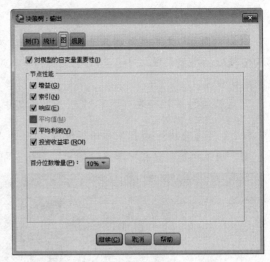

图 6.59 "决策树：输出"对话框"统计"选项卡　　图 6.60 "决策树：输出"对话框"图"选项卡

在"图"选项卡中，可用的选项取决于因变量的测量级别、生长法和其他设置。

"对模型的自变量重要性"选项将输出按自变量（预测变量）显示的模型重要性的条形图，仅对 CRT 生长法可用。

在"节点性能"选项组中，包括"增益""索引""响应""平均值""平均利润""投资收益率 (ROI)" 6 个选项。

本例中我们勾选"对模型的自变量重要性"选项，在"节点性能"选项组中勾选"增益""索引""响应""平均利润""投资收益率"选项，其他采用系统默认设置。

④ "规则"选项卡

在"决策树：输出"对话框中切换到"规则"选项卡，如图 6.61 所示。

使用"规则"选项卡，能够生成 SPSS 命令语法、SQL 或简单文本形式的选择或分类/预测规则，可以在"查看器"中显示这些规则或将其保存到外部文件。

本例中我们勾选"生成分类规则"选项组，然后该选项组中的子选项组及各个选项将被激活，我们在语法选项组中选择"SQL"选项，类型选择"为个案指定值"，同时勾选"将替代变量包含在 SPSS Statistics 和 SQL 规则中"选项，节点采用系统默认的"所有终端节点"设置，勾选对话框下面的"将规则导出至文件"选项，并对文件进行命名、设置保存路径。

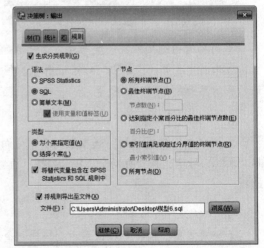

图 6.61 "决策树：输出"对话框"规则"选项卡

命名和保存文件方法为：在"决策树：输出"对话框"规则"选项卡中单击"浏览"按钮，即可弹出如图 6.62 所示的"指定分类规则文件"对话框。

在"指定分类规则文件"对话框上方的"查找位置"下拉列表框中，可以设置文件需要保存的位置；在对话框下方的"文件名"文本框中，可以输入所要保存的文件的名称。

（3）"决策树：验证"对话框设置

在"决策树"对话框中单击"验证"按钮，即可弹出如图 6.63 所示的"决策树：验证"对话框。

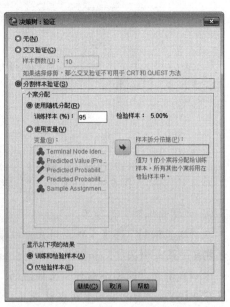

图 6.62 "指定分类规则文件"对话框   图 6.63 "决策树：验证"对话框

通过验证对树结构的质量进行评价，可以推广应用至更大总体的程度。"决策树：验证"对话框选项卡有 3 个选项组，分别是"无""交叉验证""分割样本验证"。

本例中，我们为了更好地检验模型效果，适当构建部分检验样本，选择"分割样本验证"方式。"分割样本验证"的工作原理是将样本总体分为训练样本和检验样本，其中训练样本用来构建模型，检验样本用来对模型进行测试和评价。用户可以选择"使用随机分配"选项，指定训练样本的比例，系统将自动计算检验样本的比例（1–训练样本的比例）；还可以选择"使用变量"选项，依据特定的变量对样本进行分割（比如按性别变量划分，按照男女划分训练样本和检验样本），将变量值为 1 的个案指定给训练样本，并将所有其他个案指定给检验样本。需要注意的是，我们依据的特定变量不能是因变量、权重变量、影响变量或强制的自变量。

设置方式是在"决策树：验证"对话框中选择"分割样本验证"选项，然后该选项下方的"个案分配"选项组将被激活，我们选择"使用随机分配"选项，并在"训练样本"文本框中输入"95"，即设定训练样本的比例是 95%，然后系统将依据"检验样本占比=1–训练样本占比"的公式计算出检验样本的比例是 5%。其他采用系统默认设置。

（4）"决策树：条件"对话框设置

在"决策树"对话框中单击"条件"按钮，即可弹出如图 6.64 所示的"决策树：条件"对话框。该对话框包括 4 个选项卡，分别是"增长限制""CRT""修剪""替代变量"。

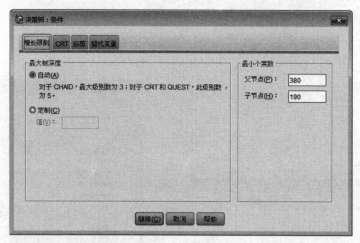

图 6.64 CRT 方法 "决策树：条件" 对话框 "增长限制" 选项卡

① "增长限制" 选项卡

在 "增长限制" 选项卡中，用户可以限制树中的级别数，控制父节点和子节点的最小个案数，具体包括 "最大树深度" 和 "最小个案数" 两个选项组。

本例我们在 "最小个案数" 选项组的 "父节点" 文本框中填写 "380"，在 "子节点" 文本框中填写 "190"，其他采用系统默认设置。

② "CRT" 选项卡

切换到 "CRT" 选项卡，如图 6.65 所示。在该选项卡中，用户可以进行杂质测量，设定 "改进中最小更改" 值。

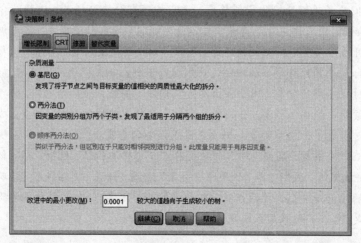

图 6.65 CRT 方法 "决策树：条件" 对话框 "CRT" 选项卡

本例我们采用系统默认设置。

③ "修剪" 选项卡

切换到 "修剪" 选项卡，如图 6.66 所示。在该选项卡中，用户可以通过设置风险中的最大差分（标准误差）值来修剪树以避免过度拟合。

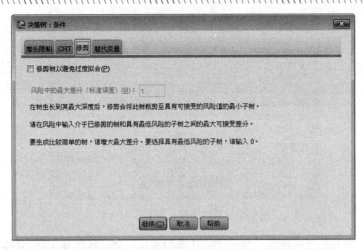

图 6.66　CRT 方法 "决策树：条件" 对话框 "修剪" 选项卡

本例我们采用系统默认设置。

④ "替代变量" 选项卡

切换到 "替代变量" 选项卡，如图 6.67 所示。

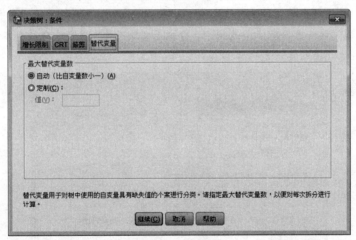

图 6.67　CRT 方法 "决策树：条件" 对话框 "替代变量" 选项卡

本例我们采用系统默认设置。

（5） "决策树：保存" 对话框设置

在 "决策树" 对话框中单击 "保存" 按钮，即可弹出如图 6.68 所示的 "决策树：保存" 对话框。通过对该对话框的设置，用户可以将模型中的信息另存为工作数据文件中的变量，也可以将整个模型以 XML 格式保存到外部文件中。

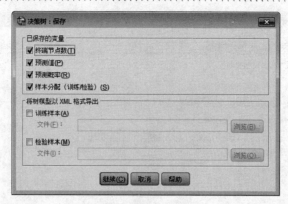

图 6.68　"决策树：保存"对话框

在"决策树：保存"对话框中，包括"已保存的变量"和"将树模型以 XML 格式导出"两个选项组。

本例我们勾选"已保存的变量"选项组中的"终端节点数""预测值""预测概率""样本分配（训练/检验）"选项，其他采用系统默认设置，单击"继续"按钮返回至"决策树"对话框。

（6）"决策树：选项"对话框设置

在"决策树"对话框中单击"选项"按钮，即可弹出如图 6.69 所示的"决策树：选项"对话框。"决策树：选项"对话框共有 4 个选项卡，分别是"缺失值""错误分类成本""利润"和"先验概率"，默认显示"缺失值"选项卡。

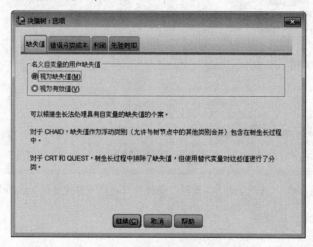

图 6.69　"决策树：选项"对话框

① "缺失值"选项卡

在"缺失值"选项卡中，用户可以设置名义自变量的用户缺失值的处理方式，有"视为缺失值"和"视为有效值"两个选项，默认是"视为缺失值"。

本例我们采用系统默认设置，单击"继续"按钮返回至"决策树"对话框。

② "错误分类成本"选项卡

切换到"错误分类成本"选项卡，如图 6.70 所示。对于分类（名义、有序）因变量，用户可以通过"错误分类成本"选项卡设置包括有关与错误分类关联的相对惩罚的信息。

使用该设置的基本原理是分类错误的代价可能是存在差别的，比如本例中没有对一个好的申请者发放小额贷款的成本可能与对一个坏的申请者发放小额贷款然后形成坏账的成本是存在显著差别的。"错误分类成本"有两个选项，一个是"在各类别之间相等"，另一个是"定制"，默认设置是"在各类别之间相等"，也就是认为没有对一个好的申请者发放小额贷款的成本与对一个坏的申请者发放小额贷款然后形成坏账的成本完全相等。

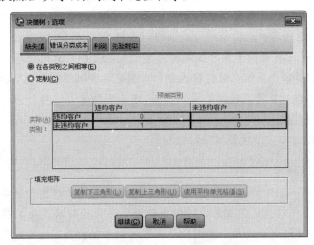

图 6.70　"决策树：选项"对话框"错误分类成本"选项卡

本例我们采用系统默认设置，单击"继续"按钮返回至"决策树"对话框。

③　"利润"选项卡

切换到"利润"选项卡，如图 6.71 所示。对于分类因变量，用户可以通过在该选项卡中选择"定制"选项将收入和费用值指定给因变量的不同分类。用户为因变量的每个类别输入收入和费用值后，系统将自动计算利润，利润等于收入减去费用。利润值影响增益表中的平均利润值和 ROI（投资回报率）值，但它们不影响决策树模型的基础结构。收入和费用值必须为数值型，且必须对网格中显示的因变量的所有类别进行指定。

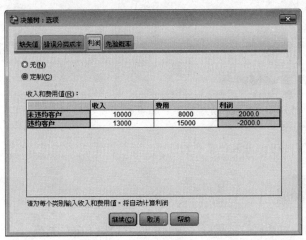

图 6.71　"决策树：选项"对话框"利润"选项卡

本例中，我们对收入和费用值进行设置，首先勾选"定制"选项，然后在下方的"收入和费用值"网格中分别输入"未违约客户"和"违约客户"的"收入"和"费用"值。比如对我们分析的该公司来说，其拓展一个未违约客户的平均收入差不多是10000元，主要为利息收入，花费的平均成本差不多是8000元，主要包括资金成本、人工成本、获客成本、运营及管理成本等；而其拓展一个违约客户的平均收入差不多是13000元，主要为正常的利息收入加上客户因为违约产生的延期、罚息等非正常利息收入，花费的平均成本差不多是15000元，主要是前面所提的正常的资金成本、人工成本、获客成本、运营及管理成本等加上催收成本、准备金成本以及资产损失成本等。此处需要特别解释的是，违约客户的价值对于商业银行来说并不必然小于未违约客户，因为很多客户虽然产生违约行为，但是这种违约很多时候是因为忘记还款日期或者记错还款金额等原因造成的技术性违约，还有很多时候客户虽然在短期期内违约，但是后续把所有拖欠贷款都结清了，上述这些最终能够还款的情形不仅对银行来说没有资产损失，还会因为客户违约行为引起的非正常利息收入的增加获得更多更高的价值。

单击"继续"按钮返回至"决策树"对话框。

④ "先验概率"选项卡

切换到"先验概率"选项卡，如图6.72所示。对于具有测量级别为分类因变量的CRT生长法和QUEST生长法，可以指定组成员身份的先验概率。先验概率是在了解有关自变量（预测变量）值的任何信息之前对因变量的每个类别的总体相对频率的评估。使用先验概率有助于更正由不代表整个总体的样本中的数据导致的树的任何生长。

本例我们采用系统默认设置，单击"继续"按钮返回至"决策树"对话框，如图6.73所示。

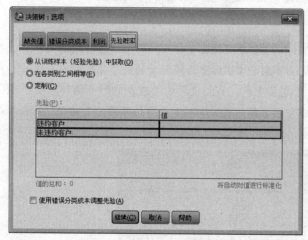
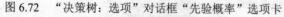

图6.72 "决策树：选项"对话框"先验概率"选项卡　　图6.73 "决策树"对话框

03 单击"确定"按钮，进入计算分析。

6.4.2 结果分析

在SPSS"主界面"对话框的结果窗口我们可以看到如下分析结果：

（1）图6.74展示的是决策树模型摘要结果。

在建立模型时，我们指定的生长法是 CRT 生长法，因变量是"是否违约"，设置的进入模型的自变量包括"年龄""贷款余额/年收入水平""名下贷款笔数""教育水平""是否为他人提供担保"，没有设置验证选项，设置的最大树深度是 5，父节点中的最小个案数是 390，子节点的最小个案数是 180。

在最终生成的模型结果中，纳入决策树模型的自变量包括"贷款余额/年收入水平""年龄""是否为他人提供担保""名下贷款笔数""教育水平"。决策树的节点数一共有 11 个，终端节点数一共有 6 个，深度是 4。

（2）图 6.75 展示的是决策树模型先验概率结果。

模型摘要

指定项	生长法	CRT
	因变量	是否违约
	自变量	年龄,贷款余额/年收入水平,名下贷款笔数,教育水平,是否为他人提供担保
	验证	拆分样本
	最大树深度	5
	父节点中的最小个案数	390
	子节点中的最小个案数	180
结果	包括的自变量	贷款余额/年收入水平,年龄,是否为他人提供担保,名下贷款笔数,教育水平
	节点数	11
	终端节点数	6
	深度	4

图 6.74　决策树模型摘要

先验概率

是否违约	先验概率
未违约客户	.418
违约客户	.582

这些先验获取自训练样本

图 6.75　决策树模型先验概率

其中，未违约客户的先验概率是 0.418，违约客户的先验概率是 0.582。

（3）图 6.76 展示的是决策树模型错误分类成本信息。

按照前面我们在分析过程部分所讲述的，在对角线的值都为 0，因为没有产生错误分类（实测为违约客户，预测也为违约客户；实测为未违约客户，预测也为未违约客户）；在非对角线上的值我们采取的是系统默认值 1，在实务中，用户可以根据自己的研究需要进行针对性的设置，比如用户认为"没有对一个好的申请者发放小额贷款"的成本与"对一个坏的申请者发放小额贷款然后形成坏账"的成本是存在显著差别的，完全可以将"实测客户为违约客户，预测客户为未违约客户"的值设置得更大一些。

误分类成本

实测	预测 违约客户	预测 未违约客户
违约客户	.000	1.000
未违约客户	1.000	.000

因变量:是否违约

图 6.76　决策树模型错误分类成本信息

（4）图 6.77 和图 6.78 展示的是决策树模型的树形图。

在决策树模型的树形图中，我们可以非常明确和直观地看出，共有两个决策树，分别是基于训练样本和检验样本，但是不论基于什么样本，决策树都是共 5 层，因变量分类为违约客户和未违约客户。

① 训练样本树形图如图 6.77 所示。

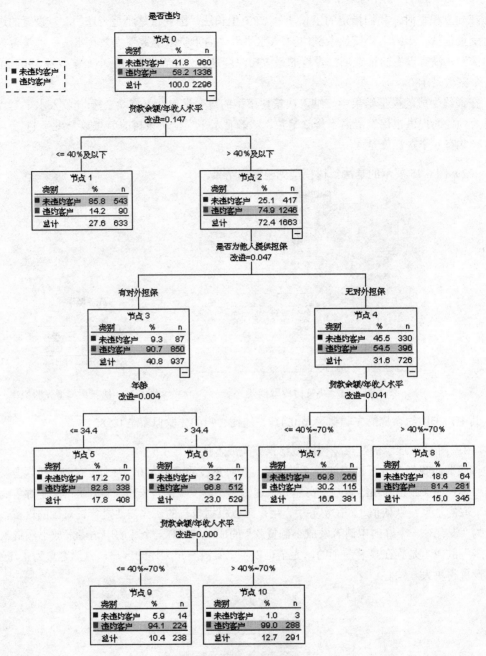

图6.77　训练样本树形图

- 在第一层中，只有节点0，按照因变量类别分为违约客户和未违约客户，其中违约客户占比58.2%，具体为1336个；未违约客户占比41.8%，具体为960个；违约客户和未违约客户样本合计数为2296个（训练样本集内样本总个数）。

- 第二层是依据贷款收入/年收入水平进行的分类，对于CRT生长法，系统将显示改进值，改进值为0.147。第二层包括两个节点，节点1和节点2。我们可以看出，贷款收入/年收入水平对于因变量的分类结果非常重要，如果贷款余额/年收入水平在40%以下，那么将会被分至节点 1，节点 1 中共有 633 个样本，其中未违约客户占比 85.8%，具体为 543 个，违约客户占比 14.2%，具体为 90 个；如果贷款余额/年收入水平在 40%以上，那么将会被分至节点 2，节点 2 中共有 1663 个样本，其中未违约客户占比 25.1%，具体为 417 个，违约客户占比 74.9%，具体为 1246 个。所以，贷款余额/年收入水平对于客户是否违约的影响是很大的，根据我们建立的决策树模型，如果参与申请的一个客户的贷款余额/年收入水平相对比较高（本例中参考值为 40%以上），那么大概率会产生违约行为。如果参与申请的一个客户的贷款余额/年收入水平相对比较低（本例中参考值为 40%以下），就可以被视为相对安全的客户。

- 因为关注的类别是违约客户，所以第三层是在第二层结果的基础上针对节点 2（贷款余额/年收入水平在 40%以上，大概率产生违约的客户）基于"是否为他人提供担保"变量再进行的分类，对于 CRT 生长法，系统将显示改进值，改进值为 0.047。第三层包括两个节点，节点 3 和节点 4。我们可以看出，针对贷款余额/年收入水平在 40%以上的客户，是否为他人提供担保对于因变量的分类结果也非常重要，如果客户贷款余额/年收入水平在 40%以上而且同时存在为他人提供担保的现象，那么将会被分至节点 3，节点 3 中共有 937 个样本，其中未违约客户占比 9.3%，具体为 87 个，违约客户占比 90.7%，具体为 850 个；如果客户贷款余额/年收入水平在 40%以上但不存在为他人提供担保现象，那么将会被分至节点 4，节点 4 中共有 726 个样本，其中未违约客户占比 45.5%，具体为 330 个，违约客户占比 54.5%，具体为 396 个。所以，贷款余额/年收入水平叠加是否对外提供担保因素对于客户是否违约的影响是很大的，根据我们建立的决策树模型，如果参与申请的一个客户的贷款余额/年收入水平相对比较高（本例中参考值为 40%以上）并且存在对外提供担保行为，那么大概率会产生违约行为。如果参与申请的一个客户贷款余额/年收入水平相对比较高（本例中参考值为 40%以上）但不存在对外提供担保行为，则其违约的概率与不违约的概率是大体相等的。

- 因为关注的类别是违约客户，所以第四层是在第三层结果的基础上针对节点 3（贷款余额/年收入水平在 40%以上且存在对外担保情况的客户）基于"年龄"变量再进行的分类（分类为节点 5 和节点 6），以及针对节点 4（贷款余额/年收入水平在 40%以上但不存在对外担保情况的客户）基于"贷款余额/年收入水平"变量再进行的分类（分类为节点 7 和节点 8），对于 CRT 生长法，系统将显示改进值，其中节点 3 至节点 5、节点 6 的改进值为 0.004；节点 4 至节点 7、节点 8 的改进值为 0.041。

节点 3 拆分为了节点 5 和节点 6，如果用户贷款余额/年收入水平在 40%以上且存在对外担保情况，那么年龄小于 34.4 的客户被分到节点 5，年龄大于 34.4 的客户被分到节点 6。节点 5（用户贷款余额/年收入水平在 40%以上、存在对外担保情况、年龄小于 34.4）中共有客户 408 个，其中未违约客户占比为 17.2%，具体为 70 个；违约客户占比为 82.8%，具体为 338 个。节点 6（用户贷款余额/年收入水平在 40%以上、存在对外担保情况、年龄大于 34.4）中共有客户 529 个，其中未违约客户占比为 3.2%，具体为 17 个；违约客户占比为 96.8%，具体为 512 个。也就是说，只要用户贷款余额/年收入水平在 40%以上且存在对外担保，那么大概率都是违约的，如果客户的年龄还偏大（此处参考值为 34.4 岁以上），那么违约的概率更大。

节点 4 拆分为了节点 7 和节点 8，如果用户贷款余额/年收入水平在 40%以上但不存在对外担保情况，那么贷款余额/年收入水平大于40%但小于70%的客户被分到节点7，贷款余额/年收入水平大于70%的客户被分到节点8。节点7（贷款余额/年收入水平大于40%但小于70%、不存在对外担保情况）中共有客户381个，其中未违约客户占比为69.8%，具体为266个；违约客户占比为30.2%，具体为115个。节点8（用户贷款余额/年收入水平在70%以上、不存在对外担保情况）中共有客户345个，其中未违约客户占比为18.6%，具体为64个；违约客户占比为81.4%，具体为281个。也就是说，针对用户贷款余额/年收入水平在40%以上但不存在对外担保的客户，还要进一步区分用户贷款余额/年收入水平的程度，如果用户贷款余额/年收入水平在70%以上，那么大概率会产生违约行为（概率为81.4%），如果用户贷款余额/年收入水平在70%以下，那么大概率不会产生违约行为（概率为69.8%）。

- 因为关注的类别是违约客户，所以第五层是在第四层结果的基础上针对节点6（贷款余额/年收入水平在40%以上、存在对外担保情况、年龄在34.7岁以上的客户）再次基于"贷款余额/年收入水平"变量进行的分类（分类为节点9和节点10），对于CRT生长法，系统将显示改进值，改进值为0.000。

节点6拆分为了节点9和节点10，如果用户属于贷款余额/年收入水平在40%以上但在70%以下、存在对外担保情况，年龄大于34.4的客户则被分到节点9；如果用户属于贷款余额/年收入水平在70%以上、存在对外担保情况，年龄大于34.4的客户则被分到节点10。节点9（用户贷款余额/年收入水平在40%以上但在70%以下、存在对外担保情况、年龄大于34.4）中共有客户238个，其中未违约客户占比5.9%，具体为14个；违约客户占比为94.1%，具体为224个。节点10（用户贷款余额/年收入水平在70%以上、存在对外担保情况、年龄大于34.4）中共有客户291个，其中未违约客户占比为1.0%，具体为3个；违约客户占比为99.0%，具体为288个。也就是说，只要用户贷款余额/年收入水平在40%以上且存在对外担保、年龄偏大，那么大概率都是违约的，如果在此基础上用户的贷款余额/年收入水平还在70%以上，那么违约的概率就会更大。

② 检验样本树形图如图6.78所示。

- 在第一层中，只有节点0，按照因变量类别分为违约客户和未违约客户，其中违约客户占比62.0%，具体为75个；未违约客户占比38.0%，具体为46个；违约客户和未违约客户样本合计数为121个（检验样本集内样本总个数）。
- 第二层是依据贷款收入/年收入水平进行的分类，对于CRT生长法，系统将显示改进值，改进值为0.147。第二层包括两个节点，节点1和节点2。我们可以看出，贷款收入/年收入水平对于因变量的分类结果非常重要，如果贷款余额/年收入水平在40%以下，那么将会被分至节点1，节点1中共有28个样本，其中未违约客户占比75.0%，具体为21个，违约客户占比25.0%，具体为7个；如果贷款余额/年收入水平在40%以上，那么将会被分至节点2，节点2中共有93个样本，其中未违约客户占比26.9%，具体为25个，违约客户占比73.1%，具体为68个。所以，贷款余额/年收入水平对于客户是否违约的影响是很大的，根据我们建立的决策树模型，如果参与申请的一个客户的贷款余额/年收入水平相对比较高（本例中参考值40%以上），那么大概率会产生违约行为。如果参与申请的一个客户的贷款余额/年收入水平相对比较低（本例中参考值40%以下），就可以被视为相对安全的客户。

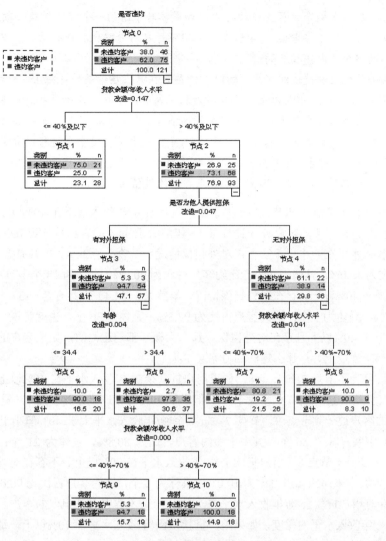

图 6.78 检验样本树形图

- 因为关注的类别是违约客户，所以第三层是在第二层结果的基础上针对节点 2（贷款余额/年收入水平在 40%以上，大概率产生违约的客户）基于"是否为他人提供担保"变量再进行的分类，对于 CRT 生长法，系统将显示改进值，改进值为 0.047。第三层包括两个节点，节点 3 和节点 4。我们可以看出，针对贷款余额/年收入水平在 40%以上的客户，是否为他人提供担保对于因变量的分类结果非常重要，如果客户贷款余额/年收入水平在40%以上而且同时存在为他人提供担保现象，那么将会被分至节点 3，节点 3 中共有 57个样本，其中未违约客户占比 5.3%，具体为 3 个，违约客户占比 94.7%，具体为 54 个；如果客户贷款余额/年收入水平在 40%以上但不存在为他人提供担保现象，那么将会被分至节点 4，节点 4 中共有 36 个样本，其中未违约客户占比 61.1%，具体为 22 个，违约客户占比 38.9%，具体为 14 个。所以，贷款余额/年收入水平叠加是否对外提供担保因素对于客户是否违约的影响是很大的，根据我们建立的决策树模型，如果参与申请的一个客户的贷款余额/年收入水平相对比较高（本例中参考值为 40%以上）并且存在对外提供担保

行为，那么大概率会产生违约行为。如果参与申请的一个客户贷款余额/年收入水平相对
比较高（本例中参考值为 40%以上）但不存在对外提供担保行为，则其违约的概率与不
违约的概率是大体相等的。

- 因为关注的类别是违约客户，所以第四层是在第三层结果的基础上，针对节点 3（贷款余
  额/年收入水平在 40%以上且存在对外担保情况的客户）基于"年龄"变量再进行的分类
  （分类为节点 5 和节点 6），以及针对节点 4（贷款余额/年收入水平在 40%以上但不存在
  对外担保情况的客户）基于"贷款余额/年收入水平"变量再进行的分类（分类为节点 7
  和节点 8）。对于 CRT 生长法，系统将显示改进值，其中节点 3 至节点 5、节点 6 的改
  进值为 0.004；节点 4 至节点 7、节点 8 的改进值为 0.041。

节点 3 拆分为了节点 5 和节点 6，如果用户贷款余额/收入水平在 40%以上且存在对外担保
情况，那么年龄小于 34.4 的客户被分到节点 5，年龄大于 34.4 的客户被分到节点 6。节点 5（用户
贷款余额/年收入水平在 40%以上、存在对外担保情况、年龄小于 34.4）中共有客户 20 个，其中未
违约客户占比为 10.0%，具体为 2 个；违约客户占比为 90.0%，具体为 18 个。节点 6（用户贷款余
额/年收入水平在 40%以上、存在对外担保情况、年龄大于 34.4）中共有客户 37 个，其中未违约客
户占比为 2.7%，具体为 1 个；违约客户占比为 97.3%，具体为 36 个。也就是说，只要用户贷款余
额/年收入水平在 40%以上且存在对外担保，那么大概率都是违约的，如果客户的年龄还偏大（此
处参考值为 34.4 岁以上），那么违约的概率会更大。

节点 4 拆分为了节点 7 和节点 8，如果用户贷款余额/年收入水平在 40%以上但不存在对外担
保情况，那么贷款余额/年收入水平大于 40%但小于 70%的客户被分到节点 7，贷款余额/年收入水
平大于 70%的客户被分到节点 8。节点 7（贷款余额/年收入水平大于 40%但小于 70%、不存在对
外担保情况）中共有客户 26 个，其中未违约客户占比为 80.8%，具体为 21 个；违约客户占比为
19.2%，具体为 5 个。节点 8（用户贷款余额/年收入水平在 70%以上、不存在对外担保情况）中共
有客户 10 个，其中未违约客户占比为 10.0%，具体为 1 个；违约客户占比为 90.0%，具体为 9 个。
也就是说，针对用户贷款余额/年收入水平在 40%以上但不存在对外担保的客户，还要进一步区分
用户贷款余额/年收入水平的程度，如果用户贷款余额/年收入水平在 70%以上，那么大概率会产生
违约行为（概率为 90.0%），如果用户贷款余额/年收入水平在 70%以下，那么大概率不会产生违
约行为（概率为 80.8%）。

- 因为关注的类别是违约客户，所以第五层是在第四层结果的基础上针对节点 6（贷款余额
  /年收入水平在 40%以上、存在对外担保情况、年龄在 34.4 岁以上的客户）再次基于"贷
  款余额/年收入水平"变量进行的分类（分类为节点 9 和节点 10）。对于 CRT 生长法，系
  统将显示改进值，改进值为 0.000。

节点 6 拆分为了节点 9 和节点 10，如果用户属于贷款余额/年收入水平在 40%以上但在 70%以
下、存在对外担保情况，年龄大于 34.4 的客户则被分到节点 9，如果用户属于贷款余额/年收入水
平在 70%以上、存在对外担保情况，年龄大于 34.4 的客户则被分到节点 10。节点 9（用户贷款余
额/年收入水平在 40%以上但在 70%以下、存在对外担保情况、年龄大于 34.4）中共有客户 19 个，
其中未违约客户占比为 5.3%，具体为 1 个；违约客户占比为 94.7%，具体为 18 个。节点 10（用户
贷款余额/年收入水平在 70%以上、存在对外担保情况、年龄大于 34.4）中共有客户 18 个，其中未

违约客户占比为 0.0%，具体为 0 个；违约客户占比为 10.0%，具体为 18 个。也就是说，只要用户贷款余额/年收入水平在 40%以上且存在对外担保、年龄偏大，那么大概率都是违约的，如果在此基础上用户的贷款余额/年收入水平还在 70%以上，那么违约的概率会很大。

（5）图 6.79 展示的是基于训练样本的表格形式的决策树模型。

可以发现其中的信息与前面训练样本决策树中展示的信息是完全一致的。

- 第一列表示从节点 0 开始，到第 10 个节点结束。
- 第二列展示的是每个节点中未违约客户在该节点全部个案中的比例。
- 第三列展示的是每个节点中未违约客户的个数。
- 第四列展示的是每个节点中违约客户在该节点全部个案中的比例。
- 第五列展示的是每个节点中未违约客户的个数。
- 第六列展示的是每个节点中的全部客户数。
- 第七列展示的是每个节点中的客户数在所有样本观测值中的占比。
- 第八列展示的是预测类别，根据未违约客户和违约客户占比的相对大小确定该节点的种类，比如针对第 1 个节点，其未违约客户的占比为 85.8%，相对于违约客户的占比 14.2%，具有很大的优势，所以系统判断该节点的预测类别为未违约客户。
- 第九列展示的所在节点的父节点，即上一级节点，比如针对第 3 个节点，其父节点为 2。
- 第十列展示的是分类变量，比如针对第 1 个节点和第 2 个节点，其分类变量都是贷款余额/年收入水平。
- 第十一列展示的是主要自变量改善量，与决策树型图中的"改进量"是一致的。
- 第十二列展示的是拆分值，即按照第十列的分类变量，具体拆分为什么类别，比如第 1 个节点是贷款余额/年收入水平在 40%以下的客户，第 2 个节点是贷款余额/年收入水平在 40%以上的客户。

树表

| 样本 | 节点 | 未违约客户 | | 违约客户 | | 总计 | | 预测类别 | 父节点 | 主要自变量 | | |
		百分比	N	百分比	N	N	百分比			变量	改善量	拆分值
训练	0	41.8%	960	58.2%	1336	2296	100.0%	违约客户				
	1	85.8%	543	14.2%	90	633	27.6%	未违约客户	0	贷款余额/年收入水平	.147	<= 40%及以下
	2	25.1%	417	74.9%	1246	1663	72.4%	违约客户	0	贷款余额/年收入水平	.147	> 40%及以下
	3	9.3%	87	90.7%	850	937	40.8%	违约客户	2	是否有他人提供担保	.047	有对外担保
	4	45.5%	330	54.5%	396	726	31.6%	违约客户	2	是否有他人提供担保	.047	无对外担保
	5	17.2%	70	82.8%	338	408	17.8%	违约客户	3	年龄	.004	<= 34.4
	6	3.2%	17	96.8%	512	529	23.0%	违约客户	3	年龄	.004	> 34.4
	7	69.8%	266	30.2%	115	381	16.6%	未违约客户	4	贷款余额/年收入水平	.041	<= 40%~70%
	8	18.6%	64	81.4%	281	345	15.0%	违约客户	4	贷款余额/年收入水平	.041	> 40%~70%
	9	5.9%	14	94.1%	224	238	10.4%	违约客户	6	贷款余额/年收入水平	.000	<= 40%~70%
	10	1.0%	3	99.0%	288	291	12.7%	违约客户	6	贷款余额/年收入水平	.000	> 40%~70%

图 6.79 表格形式的决策树（训练样本）

（6）图 6.80 展示的是基于检验样本的表格形式的决策树模型。

可以发现其中的信息与前面检验样本决策树中展示的信息是完全一致的。

- 第一列表示从节点 0 开始，到第 10 个节点结束。

- 第二列展示的是每个节点中未违约客户在该节点全部个案中的比例。
- 第三列展示的是每个节点中未违约客户的个数。
- 第四列展示的是每个节点中违约客户在该节点全部个案中的比例。
- 第五列展示的是每个节点中未违约客户的个数。
- 第六列展示的是每个节点中的全部客户数。
- 第七列展示的是每个节点中的客户数在所有样本观测值中的占比。
- 第八列展示的是预测类别，根据未违约客户和违约客户占比的相对大小确定该节点的种类，比如针对第 1 个节点，其未违约客户的占比为 75.0%，相对于违约客户的占比 25.0% 具有很大的优势，所以系统判断该节点的预测类别为未违约客户。
- 第九列展示的是所在节点的父节点，即上一级节点，比如针对第 3 个节点，其父节点为 2。
- 第十列展示的是分类变量，比如针对第 1 个节点和第 2 个节点，其分类变量都是贷款余额/年收入水平。
- 第十一列展示的是主要自变量改善量，与决策树型图中的"改进量"是一致的。
- 第十二列展示的是拆分值，即按照第十列的分类变量，具体拆分为什么类别，比如第 1 个节点是贷款余额/年收入水平在 40%以下的客户，第 2 个节点是贷款余额/年收入水平在 40%以上的客户。

检验	0	38.0%	46	62.0%	75	121	100.0%	违约客户				
	1	75.0%	21	25.0%	7	28	23.1%	未违约客户	0	贷款余额/年收入水平	.147	<= 40% 及以下
	2	26.9%	25	73.1%	68	93	76.9%	违约客户	0	贷款余额/年收入水平	.147	> 40% 及以下
	3	5.3%	3	94.7%	54	57	47.1%	违约客户	2	是否为他人提供担保	.047	有对外担保
	4	61.1%	22	38.9%	14	36	29.8%	违约客户	2	是否为他人提供担保	.047	无对外担保
	5	10.0%	2	90.0%	18	20	16.5%	违约客户	3	年龄	.004	<= 34.4
	6	2.7%	1	97.3%	36	37	30.6%	违约客户	3	年龄	.004	> 34.4
	7	80.8%	21	19.2%	5	26	21.5%	未违约客户	4	贷款余额/年收入水平	.041	<= 40%~70%
	8	10.0%	1	90.0%	9	10	8.3%	违约客户	4	贷款余额/年收入水平	.041	> 40%~70%
	9	5.3%	1	94.7%	18	19	15.7%	违约客户	6	贷款余额/年收入水平	.000	<= 40%~70%
	10	0.0%	0	100.0%	18	18	14.9%	违约客户	6	贷款余额/年收入水平	.000	> 40%~70%

生长法：CRT
因变量：是否违约

图 6.80　表格形式的决策树（检验样本）

（7）图 6.81 展示的是决策树模型的节点的增益表。

决策树模型的节点的增益表展示的是决策树模型中终端节点的信息摘要。

在决策树模型的节点的增益表中，我们可以发现第一列和第二列为训练样本和检验样本分别列示的节点名称。需要提示和强调的是，在节点的增益表中仅列出终端节点，终端节点就是树停止生长处的节点，本例中为节点 1、5、7、8、9、10。这是因为在很多情况下，用户只会对终端节点感兴趣，因为终端节点代表模型的最佳分类预测。

在决策树模型的节点的增益表中，第三列和第四列分别是节点 N 和节点百分比，其中节点 N 是每个终端节点中

节点的增益摘要

样本	节点	N	百分比	利润	投资回报率
训练	1	633	27.6%	1431.280	15.9%
	7	381	16.6%	792.651	7.8%
	8	345	15.0%	-1257.971	-9.2%
	5	408	17.8%	-1313.725	-9.5%
	9	238	10.4%	-1764.706	-12.1%
	10	291	12.7%	-1958.763	-13.1%
检验	1	28	23.1%	1000.000	10.3%
	7	26	21.5%	1230.769	13.2%
	8	10	8.3%	-1600.000	-11.2%
	5	20	16.5%	-1300.000	-11.2%
	9	19	15.7%	-1789.474	-12.2%
	10	18	14.9%	-2000.000	-13.3%

生长法：CRT
因变量：是否违约

图 6.81　决策树模型的节点的增益表

的全部个案数，节点百分比是每个节点中全部个案在所有样本集中的百分比。比如本例中训练样本集第 7 个节点的个案数是 381 个，在全部训练样本集中（所有训练样本观测值）占比为 16.6%；检验样本集第 7 个节点的个案数是 26 个，在全部检验样本集中（所有检验样本观测值）占比为 21.5%。

在决策树模型的节点的增益表中，第五列和第六列分别是利润和投资回报率。可以发现本例中我们只有第 1 个节点和第 7 个节点的客户群是能够为银行创造正的利润和投资回报率的，对应的政策含义就是银行应该专注于拓展具有第 1 个节点和第 7 个节点特征的客户群。前面我们提到，第 1 个节点客户群的特征是贷款余额/年收入水平在 40%以下，也就是负债率水平相对较低的客户，其他方面比如年龄、是否对外提供担保等情况未作限定；第 7 个节点客户群的特征是贷款余额/年收入水平在 40%以上，但是在 70%以下，也就是说负债率水平是中等相对可控的，但是与此同时必须要具备没有对外担保的条件才行。

（8）图 6.82 展示的是决策树模型的训练样本和检验样本分别展示的利润图。增益图中那条弯的曲线是利润曲线。对于利润曲线来说，如果在前面百分位数的利润值很高，后面快速下降，则相对优质，意味着以后可以集中于少数前面最为优质的（预测违约概率最小）客户群就可以获得很高的利润。就本例而言，利润还是相对不错的。无论是训练样本还是检验样本，在前 4 个百分位数（横轴百分位数为 40 处）都能保持利润在 1000 以上，意味着银行可以专注于前 40%的客户。

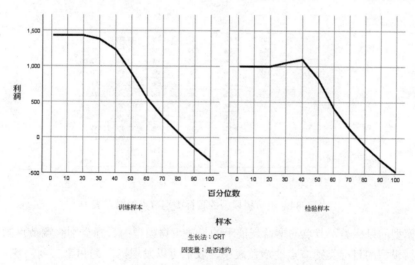

图 6.82 决策树模型的利润图

（9）图 6.83 展示的是决策树模型的训练样本和检验样本的投资回报率图。投资回报率图中那条弯的曲线是投资回报率曲线。对于投资回报率曲线来说，与利润曲线方向一致，如果在前面百分位数的投资回报率值很高，后面快速下降，则相对优质，意味着以后可以集中于少数前面最为优质的（预测违约概率最小）客户群获得很高的投资回报率。就本例而言，投资回报率还是相对不错的。无论是训练样本还是检验样本，在前 5 个百分位数（横轴百分位数为 40 处）都能保持投资回报率在 10%左右或更高，意味着银行可以专注于前 50%的客户。

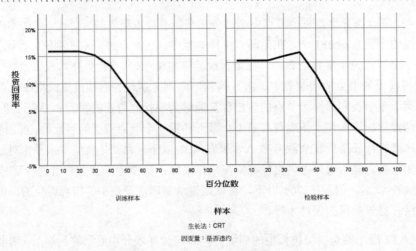

图 6.83　决策树模型的投资回报率图

（10）图 6.84 展示的是决策树模型的目标类别节点的增益表。

目标类别：违约客户

节点的增益

样本	节点	节点		增益		响应	指数
		N	百分比	N	百分比		
训练	10	291	12.7%	288	21.6%	99.0%	170.1%
	9	238	10.4%	224	16.8%	94.1%	161.7%
	5	408	17.8%	338	25.3%	82.8%	142.4%
	8	345	15.0%	281	21.0%	81.4%	140.0%
	7	381	16.6%	115	8.6%	30.2%	51.9%
	1	633	27.6%	90	6.7%	14.2%	24.4%
检验	10	18	14.9%	18	24.0%	100.0%	161.3%
	9	19	15.7%	18	24.0%	94.7%	152.8%
	5	20	16.5%	18	24.0%	90.0%	145.2%
	8	10	8.3%	9	12.0%	90.0%	145.2%
	7	26	21.5%	5	6.7%	19.2%	31.0%
	1	28	23.1%	7	9.3%	25.0%	40.3%

生长法：CRT
因变量：是否违约

图 6.84　决策树模型的目标类别节点的增益表

决策树模型的目标类别节点的增益表展示的是决策树模型中目标类别终端节点的信息摘要。

在决策树模型的目标类别节点的增益表中，我们可以发现第一列和第二列为基于训练样本和检验样本分别展示的节点名称。需要提示和强调的是，在节点的增益表中仅列出终端节点，终端节点就是树停止生长处的节点，本例中为节点 1、5、7、8、9、10。这是因为在很多情况下，用户只会对终端节点感兴趣，因为终端节点代表模型的最佳分类预测。

由于增益值提供了有关目标类别的信息，因而此表仅在指定了一个或多个目标类别时才可用。在本例中，因为我们只设定了一个目标类别（违约客户），因此只有一个（违约客户）节点收益表。

在决策树模型的目标类别节点的增益表中，第三列和第四列分别是节点 N 和节点百分比，其中节点 N 是每个终端节点中的全部个案数，节点百分比是每个节点中全部个案在所有样本集中的百分比。比如本例中训练样本第 10 个节点的个案数是 291 个，在全部训练样本集中（所有训练样本观测值）占比为 12.7%。

在决策树模型的目标类别节点的增益表中，第五列和第六列分别是增益 N 和增益百分比，增益表示的是目标类别（本例中为违约客户），其中增益 N 是目标类别（本例中为违约客户）的每个终端节点中的个案数，增益百分比是目标类别（本例中为违约客户）中的个案数相对于目标类别中的整体个案数的百分比。比如本例中第 10 个节点中违约客户的个案数是 288 个，在所有违约样本（注意不是所有观测值，是所有发生违约的观测值）中占比为 21.6%。

在决策树模型的节点目标类别的增益表中，第七列是"响应"，对于分类因变量来说，节点中响应指的是所指定目标类别（本例中为违约客户）的个案在本节点全部个案中的百分比，或者说，在决策树树形图中为违约客户类别百分比。比如针对第 10 个节点，其违约客户 288 个，节点中全部个案为 291 个，违约客户占比为 99%。

在决策树模型的节点目标类别的增益表中，第八列是"指数"，指数显示的是该节点观察到的目标类别百分比（本例中为违约客户）与目标类别的期望百分比之比。目标类别的期望百分比表示在考虑任何自变量效果之前的百分比（本例中即前面结果中所展示的先验概率 0.584）。大于 100%的指数值表示目标类别中的个案数多于目标类别中的整体百分比。相反，小于 100%的指数值表示目标类别中的个案数少于整体百分比。比如针对第 10 个节点，该节点观察到的目标类别百分比是 99%，目标类别的期望百分比（先验概率）是 58.2%，指数值就是 170.1%。

（11）图 6.85 展示的是决策树模型的训练样本和检验样本的目标类别增益图。目标类别增益图中那条弯的曲线是目标类别（违约客户）的增益曲线，目标类别增益图中那条对角线上的直线是对比参考线，目标类别（违约客户）的增益曲线距离对比参考线越远，说明模型构建就越优质。在训练样本中，第一个百分位数（10%）对应的增益比例大约是 20%，说明模型中按照违约预测概率排序前 10%的客户可以大约包含实际违约客户的 20%，第一个百分位数（20%）对应的增益比例是 35%左右，说明模型中按照违约预测概率排序前 20%的客户就可以包含实际违约客户的 35%左右。所以，优质的模型应该是从百分位数的 0 开始，迅速沿着增益 100%的方向向上，然后慢慢趋于平缓。就本例而言，增益还是相对不错的。

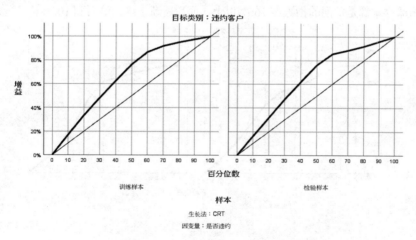

图 6.85　决策树模型的目标类别增益图

（12）图 6.86 展示的是决策树模型的训练样本和检验样本的目标类别响应图。前面我们讲到，对于分类因变量来说，节点中响应指的是所指定目标类别（本例中为违约客户）的个案在本节点全部个案中的百分比；或者说，就是在决策树树形图中为违约客户类别百分比。对于决策树模型的目标类别响应图来说，展示的就是按百分位数排序的响应比例变化情况，违约客户的响应程度肯定要随着百分位数的顺序逐渐下降的,也就是前面排序百分位数中响应的比例是最高的,而后逐渐下降直至稳定,就本例而言,训练样本和检验样本都是前面的响应比接近100%,而后逐渐下降,最后到60%左右。

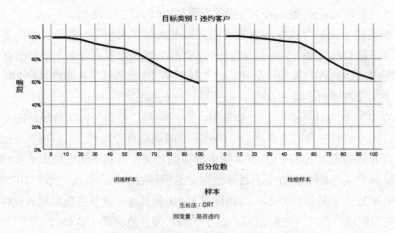

图 6.86　决策树模型的目标类别响应图

（13）图 6.87 展示的是决策树模型的训练样本和检验样本的目标类别指数图。前面我们讲到,指数显示的是该节点观察到的目标类别百分比（本例中为违约客户）与目标类别的期望百分比之比。目标类别的期望百分比表示在考虑任何自变量效果之前的百分比（本例中即前面结果中所展示的先验概率 0.582）。大于 100%的指数值表示目标类别中的个案数多于目标类别中的整体百分比。相反,小于 100%的指数值表示目标类别中的个案数少于整体百分比。对于决策树模型的目标类别指数图来说,展示的就是按百分位数排序的指数比例变化情况,违约客户的指数程度肯定要随着百分位数的顺序逐渐下降的,也就是前面排序百分位数中指数的比例是最高的,而后逐渐下降直至 100%,就本例而言,训练样本和检验样本都是前面的指数在 166%以上,而后逐渐下降,最后到 100%。

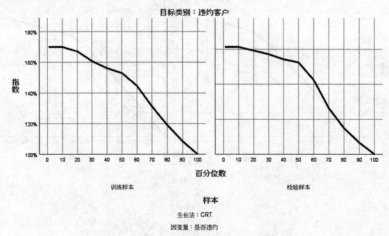

图 6.87　决策树模型的目标类别指数图

（14）图 6.88 展示的是决策树模型风险表。

风险表提供了一种模型运行状况的快速评估方式。可以发现决策树模型的风险估计值是 15% 左右（基于训练样本为 0.155,基于检验样本为 0.132）,基于训练样本的标准误差是 0.008,基于检验样本的标准误差是 0.031,风险估计值的概念是该模型所预测类别的个案错误率为 15%左右,或者说对客户进行错误分类(包括将违约客户错误分类为未违约客户以及将未违约客户错误分类为违约客户)的风险概率是 15%左右。

(15)图 6.89 展示的是决策树模型分类表。

分类表提供了另一种模型运行状况的快速评估方式,与风险表中的结论是一致的。可以发现决策树模型基于训练样本的预测总体正确百分比为 84.5%,基于检验样本的预测总体正确百分比为86.8%,与前面错误分类的概率(基于训练样本为 0.155,基于检验样本为 0.132)的结果是一致的。

风险

样本	估算	标准误差
训练	.155	.008
检验	.132	.031

生长法:CRT
因变量:是否违约

图 6.88 决策树模型风险表

分类

样本	实测	预测		
		未违约客户	违约客户	正确百分比
训练	未违约客户	809	151	84.3%
	违约客户	205	1131	84.7%
	总体百分比	44.2%	55.8%	84.5%
检验	未违约客户	42	4	91.3%
	违约客户	12	63	84.0%
	总体百分比	44.6%	55.4%	86.8%

生长法:CRT
因变量:是否违约

图 6.89 决策树模型分类表

(16)图 6.90 展示的是决策树模型"自变量重要性"表。

自变量重要性是针对不同自变量值测量决策树模型预测值变化量,测量的是自变量对于模型的贡献。正态化重要性是由重要性最大值划分的重要性并表示为百分比,其中最重要的自变量的正态化重要性值为 100%。

从该表中我们可以非常明确地看出,贷款余额/年收入水平最为重要,重要性值为 0.189,正态化重要性值为 100%,然后依次是年龄、是否为他人提供担保、教育水平、名下贷款笔数。

自变量重要性

自变量	重要性	正态化重要性
贷款余额/年收入水平	.189	100.0%
年龄	.059	31.0%
是否为他人提供担保	.047	24.7%
教育水平	.010	5.2%
名下贷款笔数	.002	1.2%

生长法:CRT
因变量:是否违约

图 6.90 决策树模型"自变量重要性"表

(17)图 6.91 展示的是决策树模型"自变量重要性"图。

"自变量重要性"图为"自变量重要性"表中值的条形图,以重要性值降序排序,与"自变量重要性"表的结论是完全一致的。贷款余额/年收入水平最为重要,然后依次是年龄、是否为他人提供担保、教育水平、名下贷款笔数。

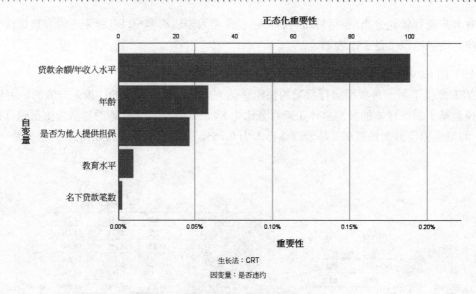

图 6.91　决策树模型"自变量重要性"图

（18）图 6.92 展示的是决策树模型"替代变量"表。

替代变量的概念是，对于缺失该变量的值的个案，将使用与原始变量高度相关的其他自变量进行分类，这些备用预测变量称为替代变量。比如针对父节点 0，当前使用的主要分类自变量是贷款余额/年收入水平，改善量是 0.147，有一个替代变量是年龄，改善量要小于贷款余额/年收入水平（0.010），与主要分类自变量贷款余额/年收入水平的关联度是 0.008。又比如针对父节点 2，当前使用的主要分类自变量是是否为他人提供担保，改善量是 0.047，有 3 个替代变量分别是名下贷款笔数、教育水平和年龄，贷款笔数、教育水平和年龄的改善量分别是 0.002、0.009 和 0.029，与主要分类自变量是否为他人提供担保的关联度分别是 0.098、0.090、0.081。

替代变量

父节点	自变量		改善量	关联
0	主要	贷款余额/年收入水平	.147	
	替代变量	年龄	.010	.008
2	主要	是否为他人提供担保	.047	
	替代变量	名下贷款笔数	.002	.098
		教育水平	.009	.090
		年龄	.029	.081
3	主要	年龄	.004	
6	主要	贷款余额/年收入水平	.000	
	替代变量	名下贷款笔数	.000	.097
		年龄	1.338E-5	.046
4	主要	贷款余额/年收入水平	.041	
	替代变量	年龄	.015	.206
		教育水平	.001	.020

生长法：CRT
因变量：是否违约

图 6.92　决策树模型替代变量表

（19）图 6.93 展示的是新增加的 5 个变量，分别是 NodeID（Terminal Node Identifier）、PredictedValue（Predicted Value）、PredictedProbability_1（Predicted Probability for 信用情况=0）、PredictedProbability_2（Predicted Probability for 信用情况=1）和 SampleAssignment（Sample Assignment）。

其中，NodeID 表示的是归属节点，PredictedValue 表示的是预测分类，PredictedProbability_1 表示的是预测未违约概率，PredictedProbability_2 表示的是预测违约概率，SampleAssignment（Sample Assignment）表示观测值是被分到训练样本还是检验样本，针对特定的样本观测值，如果其 SampleAssignment 变量的值为 0 则表示检验样本，如果其 SampleAssignment 变量的值为 1 则表示训练样本。

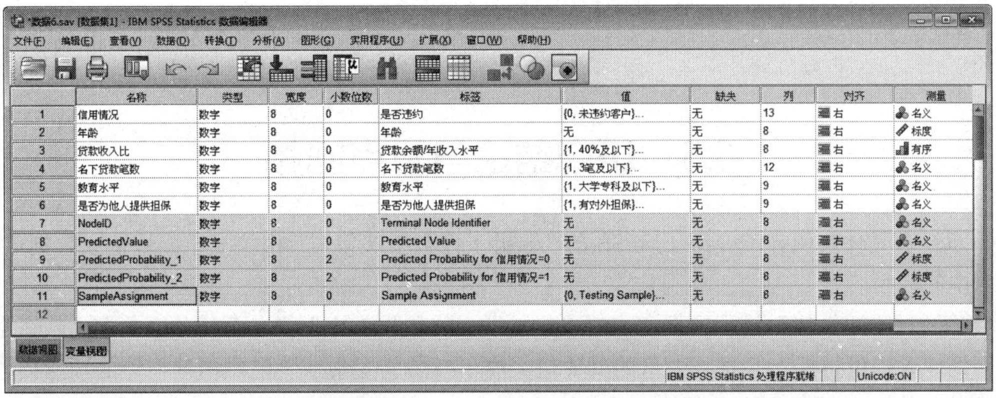

	名称	类型	宽度	小数位数	标签	值	缺失	列	对齐	测量
1	信用情况	数字	8	0	是否违约	{0, 未违约客户}...	无	13	右	名义
2	年龄	数字	8	0	年龄	无	无	8	右	标度
3	贷款收入比	数字	8	0	贷款余额/年收入水平	{1, 40%及以下}...	无	8	右	有序
4	名下贷款笔数	数字	8	0	名下贷款笔数	{1, 3笔及以下}...	无	12	右	名义
5	教育水平	数字	8	0	教育水平	{1, 大学专科及以下}...	无	9	右	名义
6	是否为他人提供担保	数字	8	0	是否为他人提供担保	{1, 有对外担保}...	无	9	右	名义
7	NodeID	数字	8	0	Terminal Node Identifier	无	无	8	右	名义
8	PredictedValue	数字	8	0	Predicted Value	无	无	8	右	名义
9	PredictedProbability_1	数字	8	2	Predicted Probability for 信用情况=0	无	无	8	右	标度
10	PredictedProbability_2	数字	8	2	Predicted Probability for 信用情况=1	无	无	8	右	标度
11	SampleAssignment	数字	8	0	Sample Assignment	{0, Testing Sample}...	无	8	右	名义
12										

图 6.93 决策树模型新增变量表

图 6.94 展示的是各个样本观测值的归属节点、预测分类、预测未违约概率、预测违约概率和归属样本集。以第一个样本观测值为例，其 NodeID 是 10，PredictedValue 为 1，PredictedProbability_1 为 0.01，PredictedProbability_2 为 0.99。该样本观测值真实的情况为发生违约（信用情况变量值为 1），预测结果和实际结果是一致的。SampleAssignment 变量的值为 1，表示归到了训练样本。

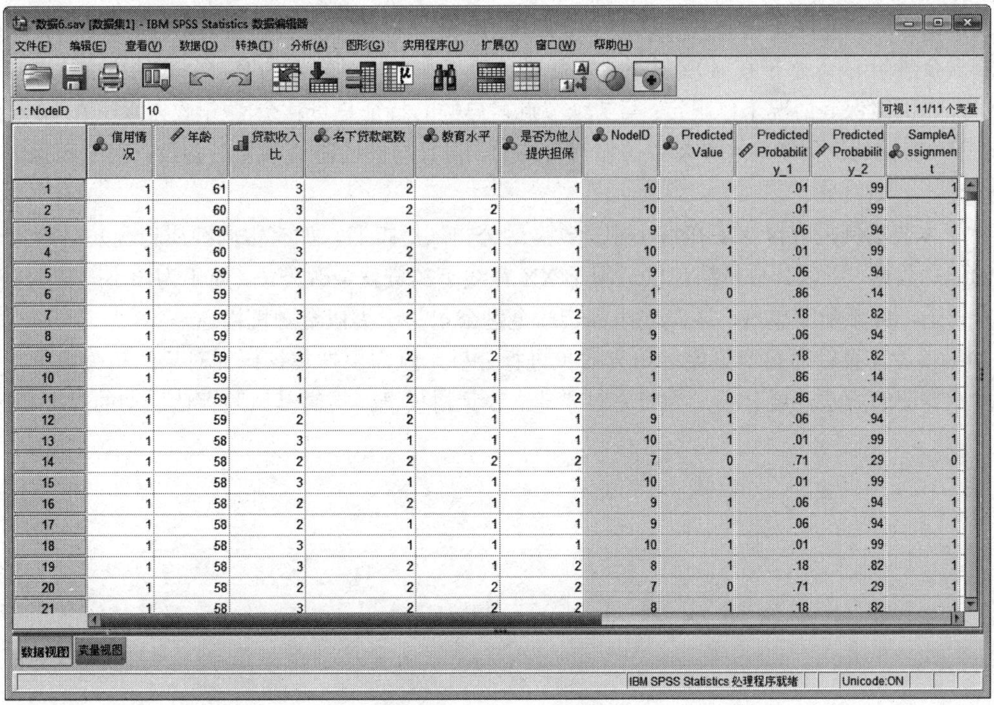

	信用情况	年龄	贷款收入比	名下贷款笔数	教育水平	是否为他人提供担保	NodeID	Predicted Value	Predicted Probability_1	Predicted Probability_2	SampleAssignment
1	1	61	3	2	1	1	10	1	.01	.99	1
2	1	60	3	2	2	1	10	1	.01	.99	1
3	1	60	2	1	1	1	9	1	.06	.94	1
4	1	60	3	2	1	1	10	1	.01	.99	1
5	1	59	2	2	1	1	9	1	.06	.94	1
6	1	59	1	1	1	1	1	0	.86	.14	1
7	1	59	3	2	1	2	8	1	.18	.82	1
8	1	59	2	1	1	1	9	1	.06	.94	1
9	1	59	3	2	2	2	8	1	.18	.82	1
10	1	59	1	2	1	2	1	0	.86	.14	1
11	1	59	1	2	1	2	1	0	.86	.14	1
12	1	59	2	2	1	1	9	1	.06	.94	1
13	1	58	3	1	1	1	10	1	.01	.99	1
14	1	58	2	2	2	2	7	0	.71	.29	0
15	1	58	3	1	1	1	10	1	.01	.99	1
16	1	58	2	2	1	1	9	1	.06	.94	1
17	1	58	2	1	1	1	9	1	.06	.94	1
18	1	58	3	1	1	1	10	1	.01	.99	1
19	1	58	3	2	1	2	8	1	.18	.82	1
20	1	58	2	2	2	2	7	0	.71	.29	1
21	1	58	3	2	2	2	8	1	.18	.82	1

图 6.94 决策树模型各个样本观测值的新增变量值

再以第六个样本观测值为例，其 NodeID 是 1，PredictedValue 为 0，PredictedProbability_1 为 0.86，PredictedProbability_2 为 0.14。该样本观测值真实的情况为发生违约（信用情况变量值为1），预测结果和实际结果是不一致的。SampleAssignment 变量的值为 1，表示归到了训练样本。

对于分类因变量，PredictedValue 取决于 PredictedProbability_1 和 PredictedProbability_2 哪个更大。然而，如果用户已定义成本，或者说没有对一个好的申请者发放小额贷款的成本与对一个坏的申请者发放小额贷款然后形成坏账的成本存在显著差别，则预测类别与预测概率之间的关系就会变得复杂。

6.5　研究结论与重点回顾

本章结合具体实例详细介绍了 SPSS 的"分析 | 分类 | 决策树"模块在小额快贷大数据审批建模技术中的应用。

我们通过"决策树"过程根据客户的"年龄""贷款收入比""名下贷款笔数""教育水平""是否为他人提供担保"等预测变量的具体值生成了一个因变量（"信用情况"）的预测模型。

构建的模型质量还是很不错的，基于优化后的模型，研究发现对客户进行错误分类（包括将违约客户错误分类为未违约客户以及将未违约客户错误分类为违约客户）的风险概率是 15%左右。

在自变量对模型的影响方面，贷款余额/年收入水平最为重要，重要性值为 0.189，正态化重要性值为 100%，然后依次是年龄、是否为他人提供担保、教育水平、名下贷款笔数。

基于改进后的模型研究发现，根据自变量可以将所有客户分为 6 类（终端节点个数为 6），其中只有第 1 个节点和第 7 个节点的客户群是能够为银行创造正的利润和投资回报率的，对应的政策含义就是银行应该专注于拓展具有第 1 个节点和第 7 个节点特征的客户群。第 1 个节点客户群的特征是贷款余额/年收入水平在 40%以下，也就是负债率水平相对较低的客户，其他方面比如年龄、是否对外提供担保等情况未作限定；第 7 个节点客户群的特征是贷款余额/年收入水平在 40%以上、70%以下，也就是说负债率水平是中等相对可控的，但是与此同时必须要具备没有对外担保的条件才行。

由于本节案例采取自 XX 在线小额贷款金融公司（虚拟名，如有雷同纯属巧合）2417 个存量客户的信息数据，所以其分析结论仅适用于 XX 在线小额贷款金融公司，属于为该小额贷款金融公司量身打造，并不能简单推广至其他小额贷款金融公司甚至类似金融机构。

如果读者需要针对自身设定的研究对象进行分析，就需要搜集该研究对象的相关数据，然后应用本章介绍的方法开展分析，为研究对象建立决策树模型，提高其风险评估活动的效率和效果。

第7章　汽车消费市场调研建模技术

随着经济的不断发展进步，目前汽车市场已经变得非常繁荣，在很大程度上已经不再是"奢侈品"的概念，而更像是一种普通的交通出行工具，很多家庭甚至拥有3辆及以上的汽车。与此同时，汽车生产销售商之间的竞争也变得更加激烈，甚至白热化。能否适时推出迎合广大消费者偏好、满足广大消费者需求的"爆款"产品，成为在竞争中获胜的关键。对于绝大多数企业而言，新汽车在推向市场之前往往都需要通过技术层面的测试检验，在功能使用性方面大多不存在重要缺陷。一个重要的事实是，有相当多的新汽车都推广失败了，或者没有实现预期的盈利目标，这一现象的根本原因在于其没有得到市场的有效认可，或没有实现成功的市场营销。所以，在很多情况下，市场推广测试与技术层面测试同等重要，甚至更加重要。实现成功市场营销的前提条件就是进行充分且恰当的市场调查研究。只有在将一种新汽车正式推向市场之前，进行了相应的市场调查研究，才能降低贸然进入市场而遭受无谓损失的风险。

所以，对汽车生产销售商来说，市场调研变得非常重要。通过对不同的消费群体进行市场调查研究，一方面可以挖掘出消费者的潜在购买欲望，从而大致了解整个市场的容量；另一方面可以找出相应消费群体对本产品感兴趣的元素，从而在市场开拓的过程中加以显著突出，并且在后续产品的设计中针对这些特点加以进一步强化。通过广泛的市场调研，可以统计分析目标消费群体的消费偏好、关注特征，从而集中有限的产品研发和市场拓展资源到最能打动消费者的领域中去。比如市场调研发现消费者对于汽车的多媒体性能配置特别关注，对比其他配置可以给出一个相对较高的溢价，那么汽车生产销售商就应该在生产时尽可能在多媒体配置方面予以倾斜，给予更高的考虑权重，同时在销售时着重介绍在多媒体配置方面的创新类型和竞争优势，从而可以更加高效和精准地响应消费者的消费痛点，增加成交率。SPSS作为一种重要的数据挖掘与分析软件，完全可以应用到汽车消费市场调研建模技术中。本章将以某汽车生产销售商为例，介绍一下如何使用SPSS统计分析软件开展汽车消费市场调研建模。

7.1　建模技术

本章所用的建模技术为"联合分析"。SPSS专门设计了"联合"模块，该模块具有强大性、灵活性和易用性的特征，是一种用于产品市场调研的重要工具。使用联合分析，用户可以有效解决如下问题：

- 对于某个产品，消费者最为关注哪些属性？产品的价格、品牌、功能、服务等各个方面，哪个对于消费者来说更加重要，或者说这些产品的属性在消费者中的衡量权重是怎么样的？

- 对于某个产品的某个具体属性，消费者最喜欢哪个属性级别、最不喜欢哪个属性级别，或者说各个属性级别在消费者心中的偏好是怎么样的？比如针对一款饮料的包装属性，消费者是喜欢玻璃瓶装的还是塑料瓶装的?

● 我们现有产品或者准备开发推出的产品,与竞争对手的产品差异在哪里,这些差异是提升还是削弱了我们的竞争对手,我们应该从哪些角度做出改变,以便实现有针对性的提高?

联合分析最为重要的优点在于可以让被调查者与消费者大概以相同方式进行选择。这种选择是同时充分考虑多种影响因素在内的。以我们去超市买牛奶为例,针对相同品牌相同价格,但是不同包装的牛奶,比如塑料包装的牛奶和纸盒包装的牛奶,我们的选择可能会很清楚、一致,即选择纸盒包装的牛奶,看起来可能更上档次;针对同品牌同款牛奶,但是不同价格的牛奶(3 元或 5 元),我们的选择也会很清楚和一致,即选择便宜的 3 元的牛奶;针对不同的超市,如果有超市可以提供免费送货上门服务,我们的选择也会很清楚和一致,即选择可以提供免费送货上门服务的超市。上述方法的缺点是很明显的,即只考虑了一维因素,在实际生活中,往往是多种因素的共同交织的,比如你是喜欢塑料包装的牛奶还是纸盒包装的牛奶?如果你喜欢纸盒包装的牛奶,那么你是喜欢 3 元的塑料包装的牛奶还是喜欢 5 元的纸盒包装的牛奶?如果你还是喜欢 3 元的牛奶,即便它是塑料包装,那么如果超市针对 5 元的纸盒包装的牛奶提供免费送货上门服务,而针对 3 元的不提供,你又会如何选择?SPSS 的联合分析可以有效解决这一问题,提供了消费者选择的多维度因素解决方案。

根据前面的信息,我们可以整理出表 7.1,或设计成调查问卷的形式,由被调查者(潜在消费者)进行打分评价。

表 7.1　偏好次序表示例

序　号	价格(元)	包　装	是否送货上门	偏好次序
1	3	塑料包装	是	
2	3	塑料包装	否	
3	3	纸盒包装	是	
4	3	纸盒包装	否	
5	5	塑料包装	是	
6	5	塑料包装	否	
7	5	纸盒包装	是	
8	5	纸盒包装	否	

表 7.1 所示的偏好次序表中总共提出了 8 种可能,按照价格 2 种、包装 2 种、是否送货上门 2 种计算的。对于表 7.1 所示的偏好次序表,结合前面描述的信息,我们几乎可以确定第 3 种是最受欢迎的,偏好次序应该是最大的;也可以基本确定第 6 种是最不具有吸引力的,偏好次序是最小的,所以在实际设计调查问卷时也可以将第 3 种和第 6 种去掉,只保留剩下的 6 种,让消费者进行偏好选择,简化操作。

通过联合分析,可以确定产品每个属性的相对重要性以及消费者最喜欢每个属性的什么级别。正如前面所列的,出于成本考虑,我们可能无法满足消费者的所有需求,比如无法做到把纸盒包装的牛奶定价为 3 元而且还提供上门服务。这时我们可以根据联合分析确定消费偏好权重,如果发现消费者更在意的是价格,那么我们就不推出纸盒包装的产品或者不提供上门服务,通过减少这些相对不重要的增值服务把更多的价格优惠让渡给消费者,从而使得产品更受消费者欢迎,实现消费者获得价值增加和商家销量增加的双赢局面。

7.2　建模思路

我们采用的是 SPSS 中的"联合分析"建模技术,其中需要 5 个步骤:

01 首先为联合分析生成正交设计计划文件。

02 根据计划文件以及其他相关因素设计调查问卷。

03 发放问卷进行社会调查并将所得数据录入到 SPSS 中。

04 编写联合分析程序文件并进行联合分析。

05 分析结果并得出研究结论。

只依靠现有的行业内的相关资料并不能对汽车的相关需求做出一个比较好的预测,况且只是静态地根据既有数据草率做出结论是很不负责任的,所以我们采用的研究方法是根据经济学的基本原理,并参照行业内的调查经验设计出合格有效的调查问卷,直接到潜在消费者人群中进行现场访问,然后对回收上来的调查问卷做相关的统计分析,提取出相关信息,从而达到研究的目的。

在研究维度的设置上,充分考虑汽车产品的具体特征和当下消费者关注的关键因素,分 5 个维度 21 个子维度开展研究。其中,5 个维度分别为性价属性、增值服务、外观属性、发动机变速器、功能属性。性价属性设价格、品牌、汽车类型和汽车动力 4 个子维度;增值服务设购车优惠、质保服务期、汽车保养和财产保险 4 个子维度;外观属性设车长、轴距、颜色和最小离地间隙 4 个子维度;发动机变速器设变速箱类型、变速挡位个数、发动机排量和驱动方式 4 个子维度;功能属性设操控配置、多媒体配置、灯光配置、高科技配置和座椅配置 5 个子维度,具体如表 7.2 所示。

表7.2　研究维度具体设置

研究维度	研究子维度			
	价格	品牌	汽车类型	汽车动力
性价属性	0~20 万元	欧美车系	两厢轿车	燃油车
	20~40 万元	日韩车系	三厢轿车	电动车
	40 万元以上	国产车系	SUV	其他
	购车优惠	质保服务期	汽车保养	财产保险
增值服务	汽车价格 30%以上	延长三年	赠送三次保养	赠送一年保险
	汽车价格 10%~30%	延长两年	赠送二次保养	赠送二年保险
	汽车价格 10%以下	延长一年	赠送一次保养	不赠送保险
	车长	轴距	颜色	最小离地间隙
外观属性	4.9 米以上	2.8 米以上	白	1.5 分米以上
	4.6~4.9 米	2.5~2.8 米	黑	1.3~1.5 分米
	4.6 米以下	2.5 米以下	其他	1.3 分米以下

（续表）

研究维度	研究子维度				
发动机变速器	变速箱类型	变速挡位个数	发动机排量	驱动方式	
	手控机械式变速器	5 个及以下	1.6~2.5L	全时四驱	
	电控机械式自动变速器	6~7 个	2.5L 以上	适时四驱	
	其他	8 个及以上	1.6L 以下	两轮驱动	
功能属性	操控配置	多媒体配置	灯光配置	高科技配置	座椅配置
	高级	高级	高级	高级	高级
	中级	中级	中级	中级	中级
	初级	初级	初级	初级	初级

采用的数据分析方法主要有联合分析、交叉表分析。

7.3　研究过程

7.3.1　为联合分析生成计划文件

1. 生成汽车性价属性的计划文件

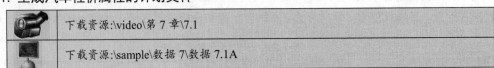

	下载资源:\video\第 7 章\7.1
	下载资源:\sample\数据 7\数据 7.1A

我们选择汽车这一产品的性价方面的 4 个最重要的属性，这 4 个属性完全可以概括一部汽车性价方面的特征，包括价格、品牌、汽车类型和汽车动力。其中"价格"属性有 0~20 万元、20~40 万元、40 万元以上 3 个属性水平；"品牌"属性有欧美车系、日韩车系、国产车系 3 个属性水平；"汽车类型"属性有两厢轿车、三厢轿车、SUV 3 个属性水平；"汽车动力"属性有燃油车、电动车、其他 3 个属性水平。

根据前面介绍并联合分析的基本步骤，首先生成计划文件。

01 进入 SPSS 26.0，选择"数据 | 正交设计 | 生成"命令，弹出"生成正交设计"对话框，如图 7.1 所示。在"因子名称"文本框中输入"JIAGE"，在"因子标签"文本框中输入"价格"，然后单击"添加"按钮，即完成"价格"这一属性的添加。然后依次在"因子名称"文本框中输入"PINPAI"，在"因子标签"文本框中输入"品牌"；在"因子名称"文本框中输入"LEIXING"，在"因子标签"文本框中输入"汽车类型"；在"因子名称"文本框中输入"DONGLI"，在"因子标签"文本框中输入"汽车动力"，完成"品牌""汽车类型""汽车动力"这 3 个属性的添加。

02 定义各个因子的取值。对于因子名称"价格"，选中"JIAGE"并单击下面的"定义值"按钮，弹出"生成设计：定义值"对话框，如图 7.2 所示。在该对话框中的"1:"行的"值"列输入"1"，"标签"列输入"0~20万元"；在"2:"行的"值"列输入"2"，"标签"列输入"20~40万元"；在"3:"行的"值"列输入"3"，"标签"列输入"40万元以上"，然后单击"继续"按钮返回"生成正交设计"主对话框。

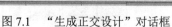

图7.1 "生成正交设计"对话框   图7.2 价格"生成设计：定义值"对话框

对于因子名称"品牌"，选中"PINPAI"并单击下面的"定义值"按钮，弹出"生成设计：定义值"对话框，如图7.3所示。在该对话框中的"1:"行的"值"列输入"1"，"标签"列输入"欧美车系"；在"2:"行的"值"列输入"2"，"标签"列输入"日韩车系"；在"3:"行的"值"列输入"3"，"标签"列输入"国产车系"，单击"继续"按钮返回主对话框。

对于因子名称"汽车类型"，选中"LEIXING"并单击下面的"定义值"按钮，弹出"生成设计：定义值"对话框，如图7.4所示。在该对话框中的"1:"行的"值"列输入"1"，"标签"列输入"两厢轿车"；在"2:"行的"值"列输入"2"，"标签"列输入"三厢轿车"；在"3:"行的"值"列输入"3"，"标签"列输入"SUV"，单击"继续"按钮返回主对话框。

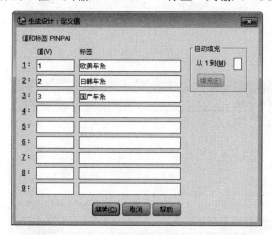
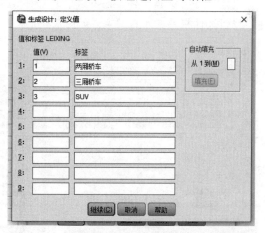

图7.3 品牌"生成设计：定义值"对话框   图7.4 汽车类型"生成设计：定义值"对话框

对于因子名称"汽车动力"，选中"DONGLI"并单击下面的"定义值"按钮，弹出"生成设计：定义值"对话框，如图7.5所示。在该对话框中的"1:"行的"值"列输入"1"，"标签"列输入"燃油车"；在"2:"行的"值"列输入"2"，"标签"列输入"电动车"；在"3"行的

"值"列输入"3","标签"列输入"其他",单击"继续"按钮返回主对话框。

03 单击"生成正交设计"对话框右下方的"选项"按钮,弹出"生成正交设计:选项"对话框,如图7.6所示。在该对话框中的"要生成的最小个案数"文本框中输入"16",然后单击"继续"按钮返回主对话框。

图7.5 汽车动力"生成设计:定义值"对话框　　图7.6 "生成正交设计:选项"对话框

注 意

"16"这个数字是根据研究需要确定的,虽然各个属性水平的组合共有3×3×3×3×3=81种,但是我们没有必要生成81种选择,然后对这81种选择进行排序,我们认为设置16种组合供消费者选择足以代表消费者的偏好。如果研究者根据具体的实际情况认为16种选择过少或过多,则可以进行调整。

04 选中"数据文件"选项组中的"创建新数据文件"单选按钮,如图7.7所示,并单击"文件"按钮进行相关文件的保存,如图7.8所示。

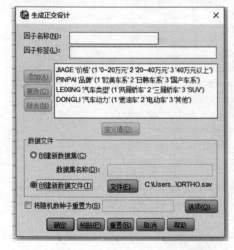

图7.7 "生成正交设计"对话框　　　图7.8 "生成正交设计:输出文件指定项"对话框

05 单击"确定"按钮，完成计划文件的生成。

生成数据如图 7.9 所示。各个因子项下的"1、2、3"等数字含义与前面"定义各个因子的取值"部分相同。

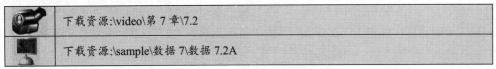

图 7.9　数据 7.1A

注　意

以上生成的计划文件是 SPSS 随机生成的各个属性中不同属性水平的组合，所以用户在自己操作的时候有可能出现与作者所提供数据不一致的情况，这是一种正常情况。以下各部分相同，这里不再赘述。

2. 生成汽车增值服务的计划文件

	下载资源:\video\第 7 章\7.2
	下载资源:\sample\数据 7\数据 7.2A

研究"增值服务"，可以选取其 4 个属性，分别是购车优惠、质保服务期、汽车保养、财产保险，并且这 4 个属性都具有 3 个属性水平。

根据前面介绍的联合分析的基本步骤，首先生成计划文件。

01 进入 SPSS 26.0，选择"数据 | 正交设计 | 生成"命令，弹出"生成正交设计"对话框，如图 7.10 所示。在"因子名称"文本框中输入"YOUHUI"，在"因子标签"文本框中输入"购车优惠"，然后单击"添加"按钮，即完成"购车优惠"这一属性的添加。然后依次在"因子名称"

文本框中输入"ZHIBAO",在"因子标签"文本框中输入"质保服务期";在"因子名称"文本框中输入"BAOYANG",在"因子标签"文本框中输入"汽车保养";在"因子名称"文本框中输入"BAOXIAN",在"因子标签"文本框中输入"财产保险",完成"质保服务期""汽车保养""财产保险"这3个属性的添加。

02 定义各个因子的取值。对于因子名称"购车优惠",选中"YOUHUI"并单击下面的"定义值"按钮,弹出"生成设计:定义值"对话框,如图7.11所示。在该对话框中的"1:"行的"值"列输入"1",在"标签"列输入"汽车价格30%以上";在"2:"行的"值"列输入"2",在"标签"列输入"汽车价格10%~30%";在"3:"行的"值"列输入"3",在"标签"列输入"汽车价格10%以下",然后单击"继续"按钮返回"生成正交设计"对话框。

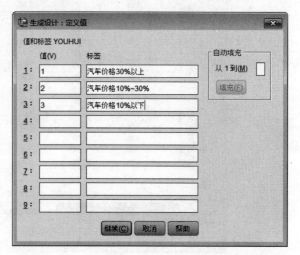

图7.10　"生成正交设计"对话框　　　　图7.11　购车优惠"生成设计:定义值"对话框

对于因子名称"质保服务期",选中"ZHIBAO"并单击下面的"定义值"按钮,弹出"生成设计:定义值"对话框,如图7.12所示。在该对话框中的"1:"行的"值"列输入"1",在"标签"列输入"延长三年";在"2:"行的"值"列输入"2",在"标签"列输入"延长两年";在"3:"行的"值"列输入"3",在"标签"列输入"延长一年",然后单击"继续"按钮返回主对话框。

对于因子名称"汽车保养",选中"BAOYANG"并单击下面的"定义值"按钮,弹出"生成设计:定义值"对话框,如图7.13所示。在该对话框中的"1:"行的"值"列输入"1",在"标签"列输入"赠送三次保养";在"2:"行的"值"列输入"2",在"标签"列输入"赠送二次保养";在"3:"行的"值"列输入"3",在"标签"列输入"赠送一次保养",然后单击"继续"按钮返回主对话框。

图7.12 质保服务期"生成设计：定义值"对话框　图7.13 汽车保养"生成设计：定义值"对话框

对于因子名称"财产保险"，选中"BAOXIAN"并单击下面的"定义值"按钮，弹出"生成设计：定义值"对话框，如图7.14所示。在该对话框中的"1:"行的"值"列输入"1"，在"标签"列输入"赠送一年保险"；在"2:"行的"值"列输入"2"，在"标签"列输入"赠送二年保险"；在"3:"行的"值"列输入"3"，在"标签"列输入"不赠送保险"，然后单击"继续"按钮返回主对话框。

03 单击"生成正交设计"对话框右下方的"选项"按钮，弹出"生成正交设计：选项"对话框，如图7.15所示。在该对话框中的"要生成的最小个案数"文本框中输入"16"，然后单击"继续"按钮返回"生成正交设计"对话框。

图7.14 财产保险"生成设计：定义值"对话框　图7.15 "生成正交设计：选项"对话框

04 选中"数据文件"选项组中的"创建新数据文件"单选按钮，如图7.16所示，并单击"文件"按钮进行相关文件的保存，如图7.17所示。

图 7.16 "生成正交设计"对话框   图 7.17 "生成正交设计：输出文件指定项"对话框

05 单击"确定"按钮，完成计划文件的生成。

生成数据如图 7.18 所示。各个因子项下的"1、2、3"等数字含义与前面"定义各个因子的取值"部分相同。

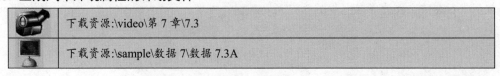

图 7.18 数据 7.2A

3. 生成汽车外观属性的计划文件

📹	下载资源:\video\第 7 章\7.3
💻	下载资源:\sample\数据 7\数据 7.3A

研究"外观属性"，可以选取其 4 个属性，分别是车长、轴距、颜色、最小离地间隙，并且

这 4 个属性都具有 3 个属性水平。

根据前面介绍的联合分析的基本步骤，首先生成计划文件。

01 进入 SPSS 26.0，选择"数据 | 正交设计 | 生成"命令，弹出"生成正交设计"对话框，如图 7.19 所示。在"因子名称"文本框中输入"CHECHANG"，在"因子标签"文本框中输入"车长"，然后单击"添加"按钮，即完成"车长"这一属性的添加。依次在"因子名称"文本框中输入"ZHOUJU"，在"因子标签"文本框中输入"轴距"；在"因子名称"文本框中输入"YANSE"，在"因子标签"文本框中输入"颜色"；在"因子名称"文本框中输入"LIDIJIANXI"，在"因子标签"文本框中输入"最小离地间隙"，完成"轴距""颜色""最小离地间隙"这 3 个属性的添加。

02 定义各个因子的取值。对于因子名称"车长"，选中"CHECHANG"并单击下面的"定义值"按钮，弹出"生成设计：定义值"对话框，如图 7.20 所示。在该对话框中的"1:"行的"值"列输入"1"，在"标签"列输入"4.9 米以上"；在"2:"行的"值"列输入"2"，在"标签"列输入"4.6~4.9 米"；在"3:"行的"值"列输入"3"，在"标签"列输入"4.6 米以下"，然后单击"继续"按钮返回"生成正交设计"对话框。

图 7.19 "生成正交设计"对话框

图 7.20 车长"生成设计：定义值"对话框

对于因子名称"轴距"，选中"ZHOUJU"并单击下面的"定义值"按钮，弹出"生成设计：定义值"对话框，如图 7.21 所示。在该对话框中的"1:"行的"值"列输入"1"，在"标签"列输入"2.8 米以上"；在"2:"行的"值"列输入"2"，在"标签"列输入"2.5~2.8 米"；在"3:"行的"值"列输入"3"，在"标签"列输入"2.5 米以下"，然后单击"继续"按钮返回主对话框。

对于因子名称"颜色"，选中"YANSE"并单击下面的"定义值"按钮，弹出"生成设计：定义值"对话框，如图 7.22 所示。在该对话框中的"1:"行的"值"列输入"1"，在"标签"列输入"白"；在"2:"行的"值"列输入"2"，在"标签"列输入"黑"；在"3:"行的"值"列输入"3"，在"标签"列输入"其他"，然后单击"继续"按钮返回主对话框。

图7.21　轴距"生成设计：定义值"对话框　　　图7.22　颜色"生成设计：定义值"对话框

对于因子名称"最小离地间隙"，选中"LIDIJIANXI"并单击下面的"定义值"按钮，弹出"生成设计：定义值"对话框，如图7.23所示。在该对话框中的"1:"行的"值"列输入"1"，在"标签"列输入"1.5分米以上"；在"2:"行的"值"列输入"2"，在"标签"列输入"1.3~1.5分米"；在"3:"行的"值"列输入"3"，在"标签"列输入"1.3分米以下"，然后单击"继续"按钮返回。

03 单击"生成正交设计"对话框右下方的"选项"按钮，弹出"生成正交设计：选项"对话框，如图7.24所示。在该对话框中的"要生成的最小个案数"文本框中输入"16"，然后单击"继续"按钮返回"生成正交设计"对话框。

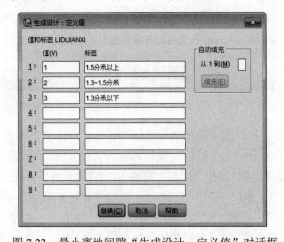

图7.23　最小离地间隙"生成设计：定义值"对话框　　　图7.24　"生成正交设计：选项"对话框

04 选中"数据文件"选项组中的"创建新数据文件"单选按钮，如图7.25所示，并单击"文件"按钮进行相关文件的保存，如图7.26所示。

图 7.25 "生成正交设计"对话框   图 7.26 "生成正交设计：输出文件指定项"对话框

05 单击"确定"按钮，完成计划文件的生成。

生成数据如图 7.27 所示。各个因子项下的"1、2、3"等数字含义与前面"定义各个因子的取值"部分相同。

	CHECHANG	ZHOUJU	YANSE	LIDIJIANXI	STATUS_	CARD_	变
1	1.00	1.00	1.00	1.00	0	1	
2	1.00	1.00	3.00	2.00	0	2	
3	1.00	2.00	1.00	1.00	0	3	
4	1.00	2.00	2.00	1.00	0	4	
5	1.00	2.00	1.00	1.00	0	5	
6	2.00	1.00	1.00	1.00	0	6	
7	2.00	1.00	2.00	3.00	0	7	
8	2.00	1.00	3.00	1.00	0	8	
9	2.00	2.00	1.00	2.00	0	9	
10	2.00	3.00	1.00	1.00	0	10	
11	2.00	3.00	2.00	1.00	0	11	
12	2.00	3.00	3.00	2.00	0	12	
13	3.00	1.00	2.00	2.00	0	13	
14	3.00	1.00	3.00	1.00	0	14	
15	3.00	2.00	1.00	1.00	0	15	
16	3.00	3.00	1.00	3.00	0	16	
17							
18							
19							
20							

图 7.27 数据 7.3A

4. 生成汽车发动机变速器的计划文件

🎥	下载资源:\video\第 7 章\7.4
💾	下载资源:\sample\数据 7\数据 7.4A

研究"发动机变速器",可以选取其 4 个属性,分别是变速箱类型、变速挡位个数、发动机排量、驱动方式,并且这4个属性都具有3个属性水平。

根据前面介绍的联合分析的基本步骤,首先生成计划文件。

01 进入 SPSS 26.0,选择"数据 | 正交设计 | 生成"命令,弹出"生成正交设计"对话框,如图 7.28 所示。在"因子名称"文本框中输入"BIANSUXIANG",在"因子标签"文本框中输入"变速箱类型",然后单击"添加"按钮,即完成"变速箱类型"这一属性的添加。依次在"因子名称"文本框中输入"DANGWEI",在"因子标签"文本框中输入"变速挡位个数";在"因子名称"文本框中输入"PAILIANG",在"因子标签"文本框中输入"发动机排量";在"因子名称"文本框中输入"QUDONG",在"因子标签"文本框中输入"驱动方式",即可完成"变速挡位个数""发动机排量""驱动方式"这 3 个属性的添加。

02 定义各个因子的取值。对于因子名称"变速箱类型",选中"BIANSUXIANG"并单击下面的"定义值"按钮,弹出"生成设计:定义值"对话框,如图 7.29 所示。在该对话框中的"1:"行的"值"列输入"1",在"标签"列输入"手控机械式变速器";在"2:"行的"值"列输入"2",在"标签"列输入"电控机械式自动变速器";在"3:"行的"值"列输入"3",在"标签"列输入"其他",然后单击"继续"按钮返回"生成正交设计"对话框。

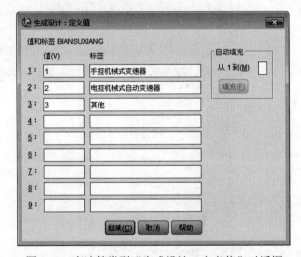

图 7.28 "生成正交设计"对话框   图 7.29 变速箱类型"生成设计:定义值"对话框

对于因子名称"变速挡位个数",选中"DANGWEI"并单击下面的"定义值"按钮,弹出"生成设计:定义值"对话框,如图 7.30 所示。在该对话框中的"1:"行的"值"列输入"1",在"标签"列输入"5 个及以下";在"2:"行的"值"列输入"2",在"标签"列输入"6~7 个";在"3:"行的"值"列输入"3",在"标签"列输入"8 个及以上",然后单击"继续"按钮返回主对话框。

对于因子名称"发动机排量",选中"PAILIANG"并单击下面的"定义值"按钮,弹出"生成设计:定义值"对话框,如图 7.31 所示。在该对话框中的"1:"行的"值"列输入"1",在"标签"列输入"2.5L 以上";在"2:"行的"值"列输入"2",在"标签"列输入"1.6~2.5L";在"3:"行的"值"列输入"3",在"标签"列输入"1.6L 以下",然后单击"继续"按钮返回主对话框。

图 7.30　变速挡位个数"生成设计：定义值"对话框　　图 7.31　发动机排量"生成设计：定义值"对话框

对于因子名称"驱动方式"，选中"QUDONG"并单击下面的"定义值"按钮，弹出"生成设计：定义值"对话框，如图 7.32 所示。在该对话框中的"1:"行的"值"列输入"1"，在"标签"列输入"全时四驱"；在"2:"行的"值"列输入"2"，在"标签"列输入"适时四驱"；在"3:"行的"值"列输入"3"，在"标签"列输入"两轮驱动"，然后单击"继续"按钮返回。

03 单击"生成正交设计"对话框右下方的"选项"按钮，弹出"生成正交设计：选项"对话框，如图 7.33 所示。在该对话框中的"要生成的最小个案数"文本框中输入"16"，然后单击"继续"按钮返回"生成正交设计"对话框。

图 7.32　驱动方式"生成设计：定义值"对话框　　图 7.33　"生成正交设计：选项"对话框

04 选中"数据文件"选项组中的"创建新数据文件"单选按钮，如图 7.34 所示，并单击"文件"按钮进行相关文件的保存，如图 7.35 所示。

图 7.34 "生成正交设计"对话框	图 7.35 "生成正交设计：输出文件指定项"对话框

05 最后单击"确定"按钮，完成计划文件的生成。

生成数据如图 7.36 所示。各个因子项下的"1、2、3"等数字含义与前面"定义各个因子的取值"部分相同。

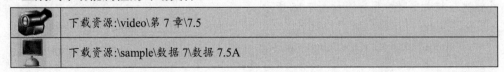

图 7.36　数据 7.4A

5. 生成汽车功能属性的计划文件

📹	下载资源:\video\第 7 章\7.5
💻	下载资源:\sample\数据 7\数据 7.5A

研究"功能属性"，可以选取其 5 个属性，分别是操控配置、多媒体配置、灯光配置、高科技配置和座椅配置，并且这 5 个属性都具有 3 个属性水平。

根据前面介绍的联合分析的基本步骤，首先生成计划文件。

01 进入 SPSS 26.0，选择"数据 | 正交设计 | 生成"命令，弹出"生成正交设计"对话框，如图 7.37 所示。在"因子名称"文本框中输入"CAOKONG"，在"因子标签"文本框中输入"操控配置"，然后单击"添加"按钮，即完成"操控配置"这一属性的添加。依次在"因子名称"文本框中输入"DUOMEITI"，在"因子标签"文本框中输入"多媒体配置"；在"因子名称"文本框中输入"DENGGUANG"，在"因子标签"文本框中输入"灯光配置"；在"因子名称"文本框中输入"KEJI"，在"因子标签"文本框中输入"高科技配置"；在"因子名称"文本框中输入"ZUOYI"，在"因子标签"文本框中输入"座椅配置"，即可完成"多媒体配置""灯光配置""高科技配置""座椅配置"这 4 个属性的添加。

02 定义各个因子的取值。对于因子名称"操控配置"，选中"CAOKONG"并单击下面的"定义值"按钮，弹出"生成设计：定义值"对话框，如图 7.38 所示。在该对话框中的"1:"行的"值"列输入"1"，在"标签"列输入"高级"；在"2:"行的"值"列输入"2"，在"标签"列输入"中级"；在"3:"行的"值"列输入"3"，在"标签"列输入"初级"，然后单击"继续"按钮返回"生成正交设计"对话框。

图 7.37 "生成正交设计"对话框　　　　图 7.38 操控配置"生成设计：定义值"对话框

对于因子名称"多媒体配置"，选中"DUOMEITI"并单击下面的"定义值"按钮，弹出"生成设计：定义值"对话框，如图 7.39 所示。在该对话框中的"1:"行的"值"列输入"1"，在"标签"列输入"高级"；在"2:"行的"值"列输入"2"，在"标签"列输入"中级"；在"3:"行的"值"列输入"3"，在"标签"列输入"初级"，然后单击"继续"按钮返回主对话框。

对于因子名称"灯光配置"，选中"DENGGUANG"并单击下面的"定义值"按钮，弹出"生成设计：定义值"对话框，如图 7.40 所示。在该对话框中的"1:"行的"值"列输入"1"，在"标签"列输入"高级"；在"2:"行的"值"列输入"2"，在"标签"列输入"中级"；在"3:"行的"值"列输入"3"，在"标签"列输入"初级"；然后单击"继续"按钮返回主对话框。

图 7.39 多媒体配置"生成设计：定义值"对话框   图 7.40 灯光配置"生成设计：定义值"对话框

对于因子名称"高科技配置"，选中"KEJI"并单击下面的"定义值"按钮，弹出"生成设计：定义值"对话框，如图 7.41 所示。在该对话框中的"1:"行的"值"列输入"1"，在"标签"列输入"高级"；在"2:"行的"值"列输入"2"，在"标签"列输入"中级"；在"3:"行的"值"列输入"3"，在"标签"列输入"初级"，然后单击"继续"按钮返回主对话框。

对于因子名称"座椅配置"，选中"ZUOYI"并单击下面的"定义值"按钮，弹出"生成设计：定义值"对话框，如图 7.42 所示。在该对话框中的"1:"行的"值"列输入"1"，在"标签"列输入"高级"；在"2:"行的"值"列输入"2"，在"标签"列输入"中级"；在"3:"行的"值"列输入"3"，在"标签"列输入"初级"，然后单击"继续"按钮返回主对话框。

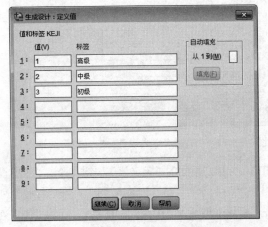
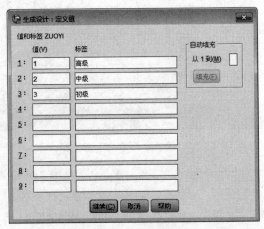

图 7.41 高科技配置"生成设计：定义值"对话框   图 7.42 座椅配置"生成设计：定义值"对话框

03 单击"生成正交设计"对话框右下方的"选项"按钮，弹出"生成正交设计：选项"对话框，如图 7.43 所示。在该对话框中的"要生成的最小个案数"文本框中输入"16"，然后单击"继续"按钮返回"生成正交设计"对话框。

04 选中"数据文件"选项组中的"创建新数据文件"单选按钮，如图 7.44 所示，并单击"文件"按钮进行相关文件的保存，如图 7.45 所示。

图 7.43 "生成正交设计:选项"对话框

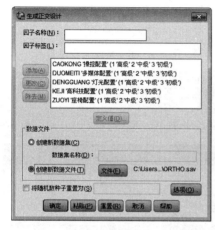

图 7.44 "生成正交设计"对话框

图 7.45 "生成正交设计:输出文件指定项"对话框

05 单击"确定"按钮,完成计划文件的生成。

生成数据如图 7.46 所示。各个因子项下的"1、2、3"等数字含义与前面"定义各个因子的取值"部分相同。

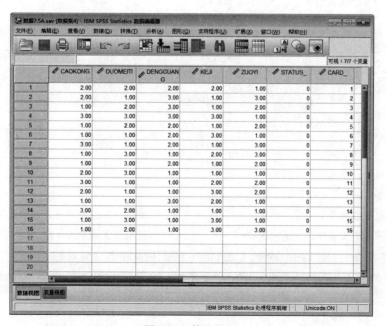

图 7.46 数据 7.5A

7.3.2　根据计划文件以及其他相关因素设计调查问卷

调查问卷表的最终设计样如下所示：

汽车需求情况调查问卷

请您如实根据自身情况填写以下内容，谢谢合作！

1. 您的性别是_____。

    A. 男　　　　　　　B. 女

2. 您拥有几部汽车？_____

    A. 0 部　　　　　　B. 1 部　　　　　　　　C. 2 部　　　　　　　　　　D. 3 部或 3 部以上

3. 如果您想购买一部新的汽车，你准备在_____购买？如果不想，不必选择。

    A. 半年内　　　B. 半年后，一年内　　　C. 一年后，两年内　　　D. 两年后

4. 请您对下列不同性价属性水平组合的汽车进行偏好排序：1~最偏好，16~最不偏好。

价格	品牌	汽车类型	汽车动力	偏好次序
0~20 万元	欧美车系	两厢轿车	燃油车	
0~20 万元	欧美车系	SUV	电动车	
0~20 万元	日韩车系	两厢轿车	燃油车	
0~20 万元	日韩车系	三厢轿车	燃油车	
0~20 万元	日韩车系	SUV	燃油车	
20~40 万元	欧美车系	两厢轿车	燃油车	
20~40 万元	欧美车系	三厢轿车	其他	
20~40 万元	欧美车系	SUV	燃油车	
20~40 万元	日韩车系	两厢轿车	电动车	
20~40 万元	国产车系	两厢轿车	燃油车	
20~40 万元	国产车系	三厢轿车	燃油车	
20~40 万元	国产车系	SUV	电动车	
40 万元以上	欧美车系	三厢轿车	电动车	
40 万元以上	欧美车系	SUV	燃油车	
40 万元以上	日韩车系	两厢轿车	燃油车	
40 万元以上	国产车系	两厢轿车	其他	

5. 您对国产车系的最大印象是_____。

    A. 价格便宜且功能不逊国外品牌　　　　　　B. 劣质产品，不耐用，售后服务又差

    C. 是一种时尚和潮流，深受欢迎　　　　　　D. 没有什么印象

6. 请您对下列不同增值服务组合的汽车进行偏好排序：1~最偏好，16~最不偏好。

购车优惠	质保服务期	汽车保养	财产保险	偏好次序
汽车价格 10%以下	延长两年	赠送一次保养	赠送一年保险	
汽车价格 10%以下	延长一年	赠送三次保养	赠送二年保险	

（续表）

购车优惠	质保服务期	汽车保养	财产保险	偏好次序
汽车价格 10%~30%	延长三年	赠送一次保养	赠送二年保险	
汽车价格 10%~30%	延长两年	赠送三次保养	不赠送保险	
汽车价格 30%以上	延长一年	赠送一次保养	不赠送保险	
汽车价格 30%以上	延长三年	赠送三次保养	赠送一年保险	
汽车价格 10%以下	延长三年	赠送二次保养	不赠送保险	
汽车价格 30%以上	延长两年	赠送二次保养	赠送二年保险	
汽车价格 30%以上	延长三年	赠送一次保养	赠送一年保险	
汽车价格 30%以上	延长两年	赠送二次保养	不赠送保险	
汽车价格 10%~30%	延长一年	赠送三次保养	赠送二年保险	
汽车价格 10%~30%	延长三年	赠送三次保养	不赠送保险	
汽车价格 10%以下	延长两年	赠送二次保养	赠送一年保险	
汽车价格 30%以上	延长一年	赠送一次保养	赠送二年保险	
汽车价格 10%以下	延长两年	赠送三次保养	赠送一年保险	

7. 请您对下列不同外观属性组合的汽车进行偏好排序：1~最偏好，16~最不偏好。

车长	轴距	颜色	最小离地间隙	偏好次序
4.9 米以上	2.8 米以上	白	1.5 分米以上	
4.9 米以上	2.8 米以上	其他	1.3~1.5 分米	
4.9 米以上	2.5~2.8 米	白	1.5 分米以上	
4.9 米以上	2.5~2.8 米	黑	1.5 分米以上	
4.9 米以上	2.5~2.8 米	其他	1.5 分米以上	
4.6~4.9 米	2.8 米以上	白	1.5 分米以上	
4.6~4.9 米	2.8 米以上	黑	1.3 分米以下	
4.6~4.9 米	2.8 米以上	其他	1.5 分米以上	
4.6~4.9 米	2.5~2.8 米	白	1.3~1.5 分米	
4.6~4.9 米	2.5 米以下	白	1.5 分米以上	
4.6~4.9 米	2.5 米以下	黑	1.5 分米以上	
4.6~4.9 米	2.5 米以下	其他	1.3~1.5 分米	
4.6 米以下	2.8 米以上	黑	1.3~1.5 分米	
4.6 米以下	2.8 米以上	其他	1.5 分米以上	
4.6 米以下	2.5~2.8 米	白	1.5 分米以上	
4.6 米以下	2.5 米以下	白	1.3 分米以下	

8. 请您对下列不同发动机变速器组合的汽车进行偏好排序：1~最偏好，16~最不偏好。

变速箱类型	变速挡位个数	发动机排量	驱动方式	偏好次序
手控机械式变速器	8个及以上	2.5L 以上	全时四驱	
电控机械式自动变速器	8个及以上	1.6~2.5L	两轮驱动	
手控机械式变速器	6~7个	1.6L 以下	适时四驱	
电控机械式自动变速器	6~7个	1.6~2.5L	适时四驱	
电控机械式自动变速器	5个及以下	1.6L 以下	全时四驱	
其他	6~7个	1.6~2.5L	全时四驱	
手控机械式变速器	6~7个	1.6~2.5L	两轮驱动	
其他	5个及以下	1.6~2.5L	适时四驱	
手控机械式变速器	8个及以上	1.6L 以下	适时四驱	
电控机械式自动变速器	8个及以上	1.6~2.5L	全时四驱	
电控机械式自动变速器	5个及以下	2.5L 以上	两轮驱动	
其他	5个及以下	1.6L 以下	全时四驱	
其他	5个及以下	2.5L 以上	适时四驱	
手控机械式变速器	6~7个	1.6L 以下	两轮驱动	
手控机械式变速器	6~7个	2.5L 以上	全时四驱	
电控机械式自动变速器	5个及以下	1.6L 以下	适时四驱	

9. 请您对下列不同功能属性组合的汽车进行偏好排序：1~最偏好，16~最不偏好。

操控配置	多媒体配置	灯光配置	高科技配置	座椅配置	偏好次序
中级	中级	中级	中级	高级	
中级	高级	初级	高级	初级	
高级	中级	初级	高级	中级	
初级	初级	初级	初级	高级	
高级	中级	中级	高级	中级	
高级	高级	中级	初级	高级	
初级	高级	中级	高级	初级	
高级	初级	高级	中级	初级	
高级	初级	中级	高级	中级	
中级	初级	高级	高级	高级	
初级	高级	高级	中级	中级	
中级	中级	高级	初级	中级	
高级	中级	初级	中级	高级	
初级	中级	高级	高级	高级	
高级	初级	高级	64GBB 及以下	高级	
高级	中级	高级	64GBB 及以下	初级	

10. 您一般都是去什么地方或者想要去什么地方购买汽车？_____

    A. 大型车展   B. 品牌 4S 店   C. 网上购车   D. 其他

调查结束，感谢您的参与！

7.3.3 进行问卷调查并将所得数据录入到 SPSS 中

出于成本的考虑，我们一共设计了 200 份调查问卷（用户可以结合企业产品情况酌情增减），然后将设计好的 200 份调查问卷随机发放到一些目标客户群体中，回收 180 份，其中无效的调查问卷有 40 份，有效回收率为 140/200×100%=70.00%。回收效果还是很不错的。

我们把回收来的问卷进行一系列的整理，并做成了 6 个 SPSS 格式的文件，分别是针对计划文件 1 调查的偏好次序数据（数据 7.1B）、针对计划文件 2 调查的偏好次序数据（数据 7.2B）、针对计划文件 3 调查的偏好次序数据（数据 7.3B）、针对计划文件 4 调查的偏好次序数据（数据 7.4B）、针对计划文件 5 调查的偏好次序数据（数据 7.5B）、其他数据（数据 7.6B）。关于各数据录入的具体介绍及最终结果在下一节中进行较为详尽的说明。

7.3.4 SPSS 分析

本节我们分 4 个部分进行。

1. 关于汽车性价属性的联合分析

📹	下载资源:\video\第 7 章\7.6
💻	下载资源:\sample\数据 7\数据 7.1A、数据 7.1B、数据 7.1 程序

首先我们进行关于汽车性价属性的联合分析，过程如下。

01 用第 1 章和第 2 章介绍的录入数据的方法录入数据。录入完成后，数据如图 7.47 所示。本文件中共有 17 个变量，包括 ID、PREF1~PREF16，均为数值型变量。其中，ID 表示被调查者或者采集的样本编号，PREF1~PREF16 表示偏好顺序（PREF1 表示被调查者认为"…"是其第一偏好，以此类推）。

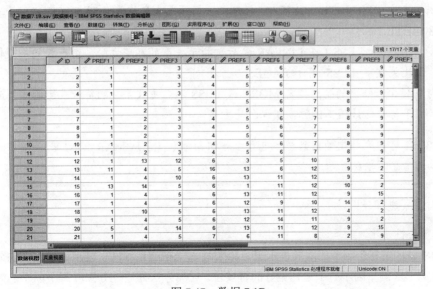

图 7.47 数据 7.1B

02 将数据移到 E 盘（或其他硬盘），然后选择"文件 | 新建 | 语法"命令，弹出程序编辑窗口，然后在窗口中依次输入以下命令：

```
CONJOINT
 PLAN='E:\数据7.1A.SAV'
  /DATA='E:\数据7.1B.SAV'
  /SEQUENCE=PREF1 TO PREF16
  /SUBJECT=ID
  /FACTORS=JIAGE(LINEAR LESS) PINPAI(DISCRETE) LEIXING(DISCRETE)
DONGLI(DISCRETE)
  /PRINT=SUMMARYONLY
  /UTILITY='E:\RUGUTIL.SAV'
  /PLOT=SUMMARY.
```

03 单击工具栏中的▶按钮，运行该程序，即可完成联合分析。

注　意

- PLAN 子命令指定包含正交设计的文件——在本例中为 E:\数据 7.1A.SAV。
- DATA 子命令指定包含偏好数据的文件——在本例中为 E:\数据 7.1B.SAV。
- SEQUENCE 子命令指定偏好数据中的每个数据点都是一个概要文件编号，以最喜欢的概要文件开始，并以最不喜欢的概要文件结束。
- SUBJECT 子命令指定变量 ID 标识主体。
- FACTORS 子命令指定描述偏好数据与因子级别之间的期望关系的模型。指定的因子是指在 PLAN 子命令上命名的计划文件中定义的变量。
- 当因子级别为分类级别且未对级别和数据之间的关系做出任何假设时，使用关键字 DISCRETE。PINPAI(DISCRETE)、LEIXING(DISCRETE)、 DONGLI(DISCRETE) 是分别代表品牌、类型和动力的因子。

当数据期望与因子线性相关时，使用关键字 LINEAR，JIAGE(LINEAR LESS)表示价格因子。

如果因子未由 DISCRETE、LINEAR 其中之一标注或未包括在（5）FACTORS 子命令上，则默认为 DISCRETE。

关键字 MORE 和 LESS（在 LINEAR 之后）指示关系的期望方向。由于我们期望较低价格的较高偏好，因此关键字 LESS 用于 JIAGE。

需要特别指出和强调的是，指定 MORE 或 LESS 不会更改系数的符号或影响效用的估计。这些关键字只用于标识估计值不匹配期望方向的主体。

- PRINT 子命令指定输出只整体包含主体组的信息（SUMMARYONLY 关键字）。每个主体的信息不单独显示。

下面对结果进行分析。

（1）重要性水平

图 7.48 显示了各个因子的重要性水平。重要性水平指的是 SPSS 使用每个因子的效用值范围（从最高到最低）测量因子对于总体偏好的重要性。计算方法为通过分别取每个因子的效用范围并

除以所有因子效用范围的和来计算该值。在统计意义上，拥有较大效用范围的因子比拥有较小范围的因子更加重要。

根据图 7.48，在汽车性价属性中，消费者认为最为重要的就是价格，其次是动力，再次是类型，最后是品牌。需要同时注意的是，各个属性之间的重要性差别并不明显，均在 20%以上，所以在市场推广时对汽车的这些属性都应该给予重视，不能忽略任一方面的属性。

（2）结果总结

实用程序显示因子的效用得分及其每个因子级别的标准误差。效用值越高表示偏好越强烈，正如我们在前面所期望的，价格和效用之间有一种逆关系，其中较高价格对应较低效用（负值越大效用越低）。

图 7.49 表示的是消费者群体对汽车每个性价属性的各个属性水平所做的评价。可以发现，对品牌而言，消费者最喜欢日韩车系，其次是国产车系、欧美车系；对类型而言，消费者最喜欢两厢轿车，其次是三厢轿车、SUV；对动力而言，消费者最喜欢燃油车动力，其次是电动车动力、其他动力；对价格而言，消费者最喜欢 0~20 万元、其次是 20~40 万元、40 万元以上。

实用程序

		实用程序估算	标准误差
PINPAI	欧美车系	-1.000	.796
	日韩车系	.687	.922
	国产车系	.313	.922
LEIXING	两厢轿车	1.287	.815
	三厢轿车	.235	.899
	SUV	-1.522	.897
DONGLI	燃油车	1.205	.878
	电动车	-.381	1.006
	其他	-.823	1.281
JIAGE	0~20万元	-1.062	.832
	20万~40万元	-2.124	1.663
	40万元以上	-3.185	2.495
（常量）		10.001	1.846

重要性值

PINPAI	21.263
LEIXING	25.075
DONGLI	27.447
JIAGE	26.216

平均重要性得分

图 7.48　重要性值　　　　　　　　图 7.49　结果总结

（3）图形展示

图 7.50 是"品牌"的摘要实用程序，从中可以非常直观地看出，日韩车系的值最大、最受消费者欢迎，其次是国产车系、欧美车系。

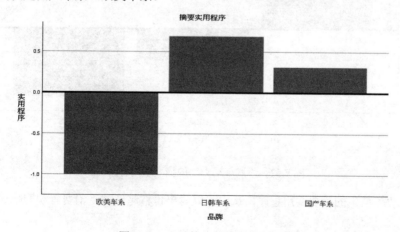

图 7.50　"品牌"的摘要实用程序

图 7.51 是"汽车类型"的摘要实用程序，从中可以看出两厢轿车的值最大，最受消费者欢迎，其次是三厢轿车、SUV。

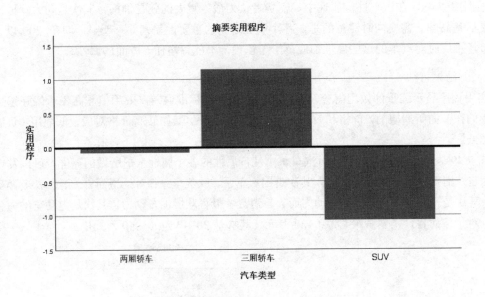

图 7.51 "汽车类型"的摘要实用程序

图 7.52 是"汽车动力"的摘要实用程序，从中可以看出燃油车的值最大、最受消费者欢迎，其次是电动车、其他。

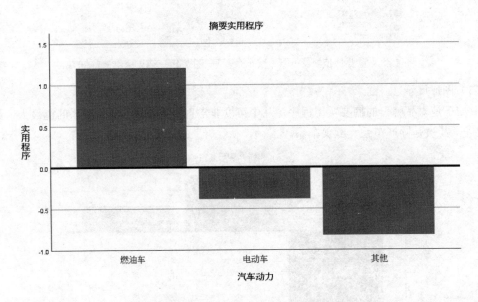

图 7.52 "汽车动力"的摘要实用程序

图 7.53 是"价格"的摘要实用程序，从中可以看出价格越低越受消费者欢迎。

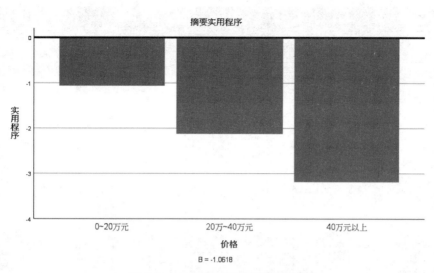

图 7.53 "价格"的摘要实用程序

图 7.54 是"重要性"的摘要实用程序，从中可以看出价格重要性最大。

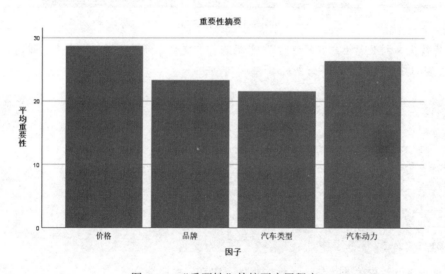

图 7.54 "重要性"的摘要实用程序

2. 关于汽车增值服务的联合分析

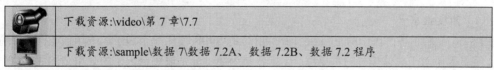

	下载资源:\video\第 7 章\7.7
	下载资源:\sample\数据 7\数据 7.2A、数据 7.2B、数据 7.2 程序

首先我们进行关于汽车增值服务的联合分析，过程如下。

01 用第 1 章和第 2 章介绍的录入数据的方法录入数据。录入完成后，数据如图 7.55 所示。本文件中共有 17 个变量，包括 ID、PREF1~PREF16，均为数值型变量。其中，ID 表示被调查者或者采集的样本编号，PREF1~PREF16 表示偏好顺序。

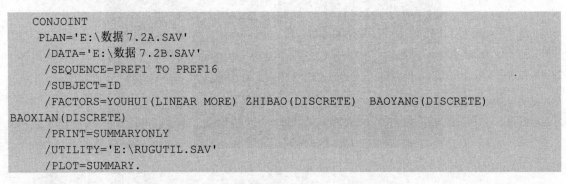

图 7.55　数据 7.2B

02 将数据移到 E 盘（或其他硬盘），然后选择"文件 | 新建 | 语法"命令，弹出程序编辑窗口，然后在窗口中依次输入以下命令：

```
CONJOINT
 PLAN='E:\数据 7.2A.SAV'
 /DATA='E:\数据 7.2B.SAV'
 /SEQUENCE=PREF1 TO PREF16
 /SUBJECT=ID
 /FACTORS=YOUHUI(LINEAR MORE) ZHIBAO(DISCRETE) BAOYANG(DISCRETE)
BAOXIAN(DISCRETE)
 /PRINT=SUMMARYONLY
 /UTILITY='E:\RUGUTIL.SAV'
 /PLOT=SUMMARY.
```

03 单击工具栏中的▶按钮，运行该程序，即可完成联合分析。

下面对结果进行分析。

（1）重要性水平

图 7.56 显示了各个因子的重要性水平。指的是 SPSS 使用每个因子的效用值范围（从最高到最低）测量因子对于总体偏好的重要性。计算方法为通过分别取每个因子的效用范围并除以所有因子效用范围的和来计算该值。在统计意义上，拥有较大效用范围的因子比拥有较小范围的因子更加重要。

根据图 7.56，在汽车增值服务属性中，消费者认为最为重要的就是质保，其次是汽车保养，然后是财产保险，最后是购车优惠。需要同时注意的是，各个属性之间的重要性差别较大，其中质保和汽车保养的重要性水平均在 30%以上，财产保险和购车优惠的重要性水平均不足 20%，所以在市场推广时对汽车的这些增值服务属性应该给予差异化的安排，不能一视同仁。

对于各个属性重要性水平的解释如下：

- 购车优惠在各个增值服务属性水平中的重要性最低，这往往是与消费者的独立消费特征紧密相关的，因为在实践中购车优惠通常不被消费者所相信：一方面，消费者认为购车优惠可能是通过刻意标高原价来实现的，或者说购车优惠本来就是应该存在的；另一方面，购车优惠力度大的车在很大情况下反映的是不被市场所认可，反而会引起消费者的不安或反感。

- 质保在所有属性水平中的重要性水平最高，说明消费者对于当前汽车的质量仍有所担忧，依旧将其在一定程度上作为固定资产而非快速消费品来看待。

- 汽车保养的重要性水平也非常高，这说明消费者是非常看重汽车售后的保养工作的，对于汽车保养的服务有着较为强烈的需要，汽车销售商可响应消费者这一消费趋势，做出相应的应对安排，比如加强与售后服务商的合作、拓展更多实惠的服务商、增加保养内容、提升保养服务质量等。

- 财产保险在消费者心目中的重要性水平比较低，这可能是因为很多车商合作的保险公司在服务方面做得还不够好，消费者倾向自主选择常用的品牌实力较强、口碑较好、服务内容更全的保险公司，自行购买保险以享受更多保险方面的增值服务，比如免费洗车、免费道路救援、免费充电打气等。

（2）结果总结

实用程序显示因子的效用得分及其每个因子级别的标准误。效用值越高表示偏好越强烈。正如我们在前面所期望的，优惠价格和效用之间存在正关系，其中较高优惠力度对应较高效用（负值越小效用越高）。

图 7.57 表示的是消费者群体对汽车每个增值服务属性的各个属性水平所做的评价。可以发现，对质保而言，消费者最喜欢质保延长两年的产品，考虑到汽车产品本身附带的质期两年，即消费者对于汽车寿命或者计划持有时间的预期差不多是四年左右；对汽车保养而言，消费者最喜欢赠送一次保养会员，其次是赠送三次保养会员、赠送二次保养会员；对保险而言，消费者最喜欢赠送一年保险，其次是不赠送保险、赠送二年保险；对优惠而言，消费者最喜欢优惠汽车价格 30%以上，其次是优惠汽车价格 10%~30%、优惠汽车价格 10%以下。

重要性值

ZHIBAO	31.476
BAOYANG	31.463
BAOXIAN	19.425
YOUHUI	17.635

平均重要性得分

图 7.56　重要性值

实用程序

		实用程序估算	标准误差
ZHIBAO	延长三年	-1.129	1.121
	延长两年	1.326	1.134
	延长一年	-.197	1.190
BAOYANG	赠送三次保养	-.953	1.064
	赠送二次保养	-.996	1.145
	赠送一次保养	1.950	1.164
BAOXIAN	赠送一年保险	.343	1.094
	赠送两年保险	-.326	1.190
	不赠送保险	-.017	1.125
YOUHUI	汽车价格30%以上	-.419	.981
	汽车价格10%~30%	-.837	1.961
	汽车价格10%以下	-1.256	2.942
（常量）		9.267	2.006

图 7.57　结果总结

3. 关于汽车外观属性的联合分析

	下载资源:\video\第 7 章\7.8
	下载资源:\sample\数据 7\数据 7.3A、数据 7.3B、数据 7.3 程序

首先我们进行关于汽车外观属性的联合分析，过程如下。

[01] 用第 1 章和第 2 章介绍的录入数据的方法录入数据。录入完成后，数据如图 7.58 所示。本文件中共有 17 个变量，包括 ID、PREF1~PREF16，均为数值型变量。其中，ID 表示被调查者或者采集的样本编号，PREF1~PREF16 表示偏好顺序。

图 7.58 数据 7.3B

[02] 将数据移到 E 盘（或其他硬盘），然后选择"文件 | 新建 | 语法"命令，弹出程序编辑窗口，然后在窗口中依次输入以下命令：

```
CONJOINT
 PLAN='E:\数据 7.3A.SAV'
 /DATA='E:\数据 7.3B.SAV'
 /SEQUENCE=PREF1 TO PREF16
 /SUBJECT=ID
 /FACTORS=CHECHANG(DISCRETE) ZHOUJU(DISCRETE)  YANSE(DISCRETE)
LIDIJIANXI(DISCRETE)
 /PRINT=SUMMARYONLY
 /UTILITY='E:\RUGUTIL.SAV'
 /PLOT=SUMMARY.
```

[03] 单击工具栏中的 ▶ 按钮，运行该程序，即可完成联合分析。

下面对结果进行分析。

（1）重要性水平

图 7.59 显示了各个因子的重要性水平。重要性水平指的是 SPSS 使用每个因子的效用值范围

（从最高到最低）测量因子对于总体偏好的重要性。计算方法为通过分别取每个因子的效用范围并除以所有因子效用范围的和来计算该值。在统计意义上，拥有较大效用范围的因子比拥有较小范围的因子更加重要。

根据图 7.59，在汽车外观属性中，消费者认为最为重要的就是车长，其次是轴距，然后是最小离地间隙，最后是颜色。需要同时注意的是，各个属性之间的重要性差别较大，其中车长在30%以上，颜色的重要性水平均不足 20%，所以在市场推广时对汽车的这些外观属性应该给予差异化的安排，不能一视同仁。

对于各个属性重要性水平的解释如下：

- 相对于其他属性水平，颜色属性在各个汽车外观属性水平中重要性最低，这说明消费者对于汽车外观的颜色不是特别在意，汽车颜色在影响消费者做出偏好决策方面所能起到的作用非常有限。
- 车长在所有属性水平中的重要性水平最高，这说明在汽车外观方面消费者对车长最为在意，这一结论也可以与实用程序部分车长属性各个属性水平的效用值结合起来看。
- 轴距和最小离地间隙的重要性水平都在20%以上，也是颇受消费者关注的汽车外观因素，销售商也必须加以重视，贴近消费者需求偏好。

（2）结果总结

实用程序显示因子的效用得分及每个因子级别的标准误。效用值越高表示偏好越强烈。

图 7.60 表示的是消费者群体对每个汽车外观属性的各个属性水平所做的评价。容易发现，对车长而言，消费者最喜欢 4.9 米以上的产品，其次是 4.6~4.9 米的产品，对于 4.6 米以下的产品则非常不看好；对轴距而言，消费者最喜欢 2.5 米以下，其次是 2.5~2.8 米、2.8 米以上；对颜色而言，消费者最喜欢白色，其次是黑色、其他色；对最小离地间隙而言，消费者最喜欢 1.3~1.5 分米，其次是 1.3 分米以下、1.5 分米以上。从以上实证分析结果中，我们可以比较有把握地得出如下结论：单纯就汽车外观而言，消费者偏好的是车长较长、最小离地间隙适中、轴距偏小的白色汽车。

实用程序

		实用程序估算	标准误差
CHECHANG	4.9米以上	2.040	.852
	4.6~4.9米	-.407	.749
	4.6米以下	-1.633	.805
ZHOUJU	2.8米以上	-1.721	.707
	2.5~2.8米	-.149	.883
	2.5米以下	1.870	.890
YANSE	白	.596	.724
	黑	.484	.800
	其他	-1.080	.801
LIDIJIANXI	1.5分米以上	-.807	.779
	1.3~1.5分米	.520	.898
	1.3分米以下	.288	1.143
（常量）		9.075	.660

重要性值

CHECHANG	31.141
ZHOUJU	27.079
YANSE	17.572
LIDIJIANXI	24.208

平均重要性得分

图 7.59 重要性值　　　　　　　图 7.60 结果总结

4. 关于汽车发动机变速器的联合分析

📹	下载资源:\video\第 7 章\7.9
💻	下载资源:\sample\数据 7\数据 7.4A、数据 7.4B、数据 7.4 程序

首先我们进行关于汽车发动机变速器的联合分析，过程如下。

01 用第 1 章和第 2 章介绍的录入数据的方法录入数据。录入完成后，数据如图 7.61 所示。本文件中共有 17 个变量，包括 ID、PREF1~PREF16，均为数值型变量。其中，ID 表示被调查者或者采集的样本编号，PREF1~PREF16 表示偏好顺序。

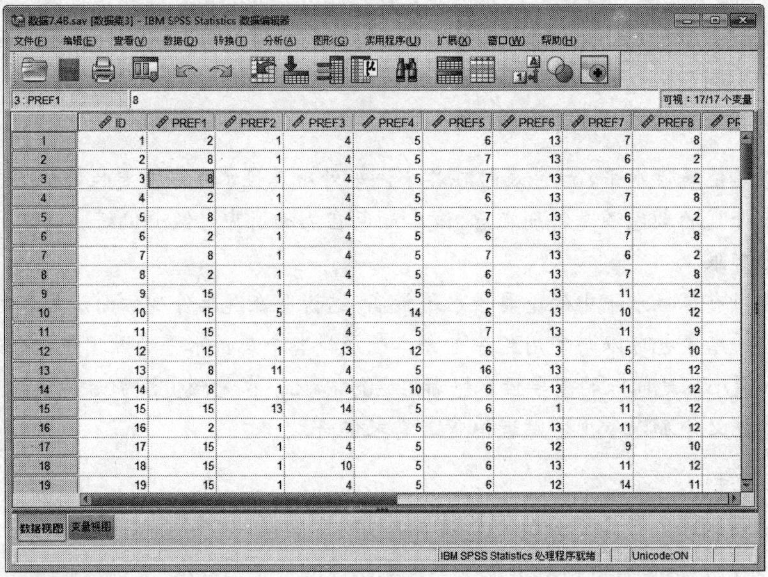

	ID	PREF1	PREF2	PREF3	PREF4	PREF5	PREF6	PREF7	PREF8
1	1	2	1	4	5	6	13	7	8
2	2	8	1	4	5	7	13	6	2
3	3	8	1	4	5	7	13	6	2
4	4	2	1	4	5	6	13	7	8
5	5	8	1	4	5	7	13	6	2
6	6	2	1	4	5	6	13	7	8
7	7	8	1	4	5	7	13	6	2
8	8	2	1	4	5	6	13	7	8
9	9	15	1	4	5	6	13	11	12
10	10	15	5	4	14	6	13	10	12
11	11	15	1	4	5	7	13	11	9
12	12	15	1	13	12	6	3	5	10
13	13	8	11	4	5	16	13	6	12
14	14	8	1	4	10	6	13	11	12
15	15	15	13	14	5	6	1	11	12
16	16	2	1	4	5	6	13	11	12
17	17	15	1	4	5	6	12	9	10
18	18	15	1	10	5	6	13	11	12
19	19	15	1	4	5	6	12	14	11

图 7.61　数据 7.4B

02 将数据移到 E 盘（或其他硬盘），然后选择“文件 | 新建 | 语法”命令，弹出“程序编辑”窗口，然后在窗口中依次输入以下命令：

```
CONJOINT
 PLAN='E:\数据 7.4A.SAV'
  /DATA='E:\数据 7.4B.SAV'
  /SEQUENCE=PREF1 TO PREF16
  /SUBJECT=ID
  /FACTORS=BIANSUXIANG(DISCRETE) DANGWEI(DISCRETE)  PAILIANG(DISCRETE)
QUDONG(DISCRETE)
  /PRINT=SUMMARYONLY
  /UTILITY='E:\RUGUTIL.SAV'
  /PLOT=SUMMARY.
```

03 单击工具栏中的▶按钮，运行该程序，即可完成联合分析。

下面对结果进行分析。

（1）重要性水平

图 7.62 显示了各个因子的重要性水平。重要性水平指的是 SPSS 使用每个因子的效用值范围（从最高到最低）测量因子对于总体偏好的重要性。计算方法为通过分别取每个因子的效用范围并除以所有因子效用范围的和来计算该值。在统计意义上，拥有较大效用范围的因子比拥有较小范围的因子更加重要。

根据图 7.62 所示，在汽车发动机变速器中，消费者认为最为重要的是变速挡位个数，其次是变速箱类型，然后是发动机排量，最后是驱动方式。需要同时注意的是，各个属性之间的重要性差别不大，所以在市场推广时对汽车的这些发动机变速器都应该加以重视。

对于各个属性重要性水平的解释如下：

● 相对于其他属性水平，驱动方式属性在各个汽车发动机变速器水平中重要性最低，这说明消费者对于汽车的驱动方式不是特别在意，汽车驱动方式在影响消费者做出偏好决策方面所能起到的作用非常有限。

● 变速挡位个数在所有属性水平中的重要性水平最高，说明汽车消费者对于变速挡位个数最为在意。这一结论也可以与实用程序部分变速挡位个数属性中各个属性水平的效用值结合起来看。

● 变速箱类型和发动机排量的重要性水平都在 25%以上，也是颇受消费者关注的汽车娱乐因素，销售商必须加以重视，贴近消费者需求偏好。

（2）结果总结

实用程序显示因子的效用得分及每个因子级别的标准误。效用值越高表示偏好越强烈。

图 7.63 表示的是消费者群体对每个汽车发动机变速器的各个属性水平所做出的评价。从中发现，对变速箱类型而言，消费者最喜欢电控机械式自动变速器的产品，其次是其他的产品、手控机械式变速器的产品；对变速挡位个数而言，消费者最喜欢 6~7 个的产品，其次是 8 个及以上的产品、5 个及以下的产品；对发动机排量而言，消费者最喜欢 1.6~2.5L 的产品，其次是 1.6L 以下的产品、2.5L 以上的产品；对驱动方式而言，消费者最喜欢全时四驱的产品，其次是适时四驱的产品、两轮驱动的产品。从以上实证分析结果中，我们可以比较有把握地得出如下结论，单纯就汽车娱乐而言，消费者偏好的是电控机械式自动变速器、6~7 个、1.6~2.5L、驱动方式全时四驱的汽车。

重要性值

BIANSUXIANG	27.141
DANGWEI	27.345
PAILIANG	26.218
QUDONG	19.296

平均重要性得分

图 7.62　重要性值

实用程序

		实用程序估算	标准误差
BIANSUXIANG	手控机械式变速器	-2.773	1.194
	电控机械式自动变速器	1.499	.673
	其他	1.274	1.045
DANGWEI	5个及以下	-2.581	1.168
	6~7个	1.828	.814
	8个及以上	.753	.820
PAILIANG	2.5L以上	-2.213	.969
	1.6~2.5L	2.217	.759
	1.6L以下	-.004	.714
QUDONG	全时四驱	1.698	.647
	适时四驱	-.557	.610
	两轮驱动	-1.140	.731
（常量）		8.888	.515

图 7.63　结果总结

5. 关于汽车功能属性的联合分析

📹	下载资源:\video\第 7 章\7.10
📷	下载资源:\sample\数据 7\数据 7.5A、数据 7.5B、数据 7.5 程序

首先我们进行关于汽车功能属性的联合分析，过程如下。

01 用第1章和第2章介绍的录入数据的方法录入数据。录入完成后，数据如图7.64所示。本文件中共有17个变量，包括ID、PREF1~PREF16，均为数值型变量。其中，ID表示被调查者或者采集的样本编号，PREF1~PREF16表示偏好顺序。

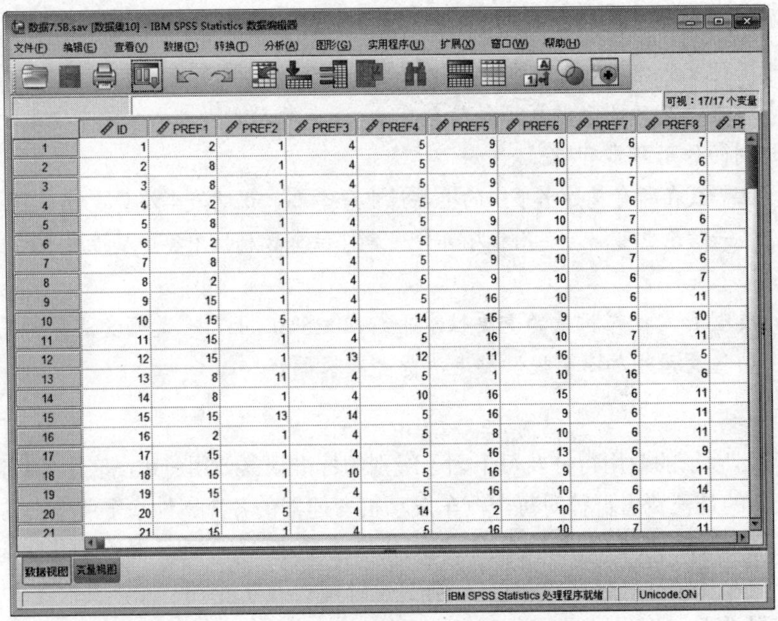

	ID	PREF1	PREF2	PREF3	PREF4	PREF5	PREF6	PREF7	PREF8
1	1	2	1	4	5	9	10	6	7
2	2	8	1	4	5	9	10	7	6
3	3	8	1	4	5	9	10	7	6
4	4	2	1	4	5	9	10	6	7
5	5	8	1	4	5	9	10	7	6
6	6	2	1	4	5	9	10	6	7
7	7	8	1	4	5	9	10	7	6
8	8	2	1	4	5	9	10	6	7
9	9	15	1	4	5	16	10	6	11
10	10	15	5	4	14	16	9	6	10
11	11	15	1	4	5	16	10	7	11
12	12	15	1	13	12	11	16	6	5
13	13	8	11	4	5	1	10	16	6
14	14	8	1	4	10	16	15	6	11
15	15	15	13	14	5	16	9	6	11
16	16	2	1	4	5	8	10	6	11
17	17	15	1	4	5	16	13	6	9
18	18	15	1	10	5	16	9	6	11
19	19	15	1	4	5	16	10	6	14
20	20	1	5	4	14	2	10	6	11
21	21	15	1	4	5	16	10	7	11

图7.64　数据7.5B

02 将数据移到E盘（或其他硬盘），然后选择"文件 | 新建 | 语法"命令，弹出"程序编辑"窗口，然后在窗口中依次输入以下命令：

```
CONJOINT
 PLAN='E:\数据7.5A.SAV'
  /DATA='E:\数据7.5B.SAV'
  /SEQUENCE=PREF1 TO PREF16
  /SUBJECT=ID
  /FACTORS=CAOKONG(DISCRETE) DUOMEITI(DISCRETE)  DENGGUANG(DISCRETE)
KEJI(DISCRETE)  ZUOYI(DISCRETE)
  /PRINT=SUMMARYONLY
  /UTILITY='E:\RUGUTIL.SAV'
  /PLOT=SUMMARY.
```

03 单击工具栏中的 ▶ 按钮，运行该程序，即完成联合分析。

下面对结果进行分析。

（1）重要性水平

图7.65显示了各个因子的重要性水平。重要性水平指的是SPSS使用每个因子的效用值范围（从最高到最低）测量因子对于总体偏好的重要性。计算方法为通过分别取每个因子的效用范围并除以所有因子效用范围的和。在统计意义上，拥有较大效用范围的因子比拥有较小范围的因子更加重要。

在汽车功能属性中，消费者认为最为重要的是座椅配置，其次是高科技配置，然后是灯光配置、操控配置，最后是多媒体配置。需要同时注意的是，各个属性之间的重要性差别不大，所以在市场推广时对汽车的这些功能属性都应该加以重视。

对于各个属性重要性水平的解释如下：

- 相对于其他属性水平，多媒体配置属性在各个汽车功能属性水平中的重要性最低，说明消费者对于汽车的多媒体配置不是特别在意，多媒体配置在影响消费者做出偏好决策方面所能起到的作用非常有限。
- 座椅配置在所有属性水平中的重要性水平最高，这说明在汽车功能方面消费者对于座椅配置最为在意，这也与当前普遍流行的汽车座椅高配置潮流相吻合，这一结论也可以与实用程序部分功能属性各个属性水平的效用值结合起来看。
- 其他几个属性的重要性水平都在 20%左右，也是颇受消费者关注的汽车功能因素，销售商也必须加以重视，贴近消费者需求偏好。

（2）结果总结

实用程序显示因子的效用得分及每个因子级别的标准误。效用值越高表示偏好越强烈。

图 7.66 所示的是消费者群体对汽车功能属性的各个属性水平所做的评价。从中发现，对操控配置而言，消费者最喜欢中级的产品，其次是初级的产品、高级的产品；对多媒体配置而言，消费者最喜欢中级的产品，其次是初级的产品、高级的产品；对灯光配置而言，消费者最喜欢中级的产品，其次是高级的产品、初级的产品；对高科技配置而言，消费者最喜欢初级的产品，其次是中级的产品、高级的产品；对座椅配置而言，消费者最喜欢高级的产品，其次是中级的产品、初级的产品。从以上实证分析结果中，我们可以得出如下结论，单纯就汽车功能而言，消费者偏好的是中级操控配置、中级多媒体配置、中级灯光配置、初级高科技配置、高级座椅配置的汽车。

实用程序

		实用程序估算	标准误差
CAOKONG	高级	-.850	.887
	中级	.763	.934
	初级	.088	.934
DUOMEITI	高级	-1.459	.938
	中级	.822	.881
	初级	.636	.914
DENGGUANG	高级	-.337	.894
	中级	1.212	.894
	初级	-.875	.925
KEJI	高级	-.998	.938
	中级	-.528	.919
	初级	1.526	.922
ZUOYI	高级	1.049	.894
	中级	.460	.894
	初级	-1.509	.925
(常量)		8.658	.761

重要性值

CAOKONG	18.950
DUOMEITI	20.340
DENGGUANG	18.468
KEJI	20.676
ZUOYI	21.566

平均重要性得分

图 7.65 重要性值

图 7.66 结果总结

6. 交叉表分析

📹	下载资源:\video\第 7 章\7.11
💻	下载资源:\sample\数据 7\数据 7.6

最后我们进行相关变量的交叉表分析。把通过调查问卷的 1、2、3、5、10 这 5 个问题得到的资料按照第 1 章所述的方法整理成 SPSS 数据资料。

我们选取了 5 个变量，分别对应 5 个问题。

- 第 1 个变量是 "性别"，把其设置为数值型变量并进行值标签操作，用 "1" 表示 "男"、"2" 表示 "女"。
- 第 2 个变量是 "拥有汽车数"，用 "0" 表示 "拥有 0 部汽车"，用 "1" 表示 "拥有 1 部汽车"，用 "2" 表示 "拥有 2 部汽车"，用 "3" 表示 "拥有 3 部或 3 部以上汽车"。
- 第 3 个变量是 "拟购车时间"，用 "1" 表示 "半年内购车"，用 "2" 表示 "半年后，一年内购车"，用 "3" 表示 "一年后，两年内购车"，用 "4" 表示 "两年后购车"。
- 第 4 个变量是 "对国产车系印象"，用 "1" 表示 "价格便宜且功能不逊品牌机"，用 "2" 表示 "劣质产品不耐用且售后服务差"，用 "3" 表示 "时尚潮流很受欢迎"，用 "4" 表示 "没有什么印象"。
- 第 5 个变量是 "偏好购车渠道"，用 "1" 表示 "大型车展"，用 "2" 表示 "品牌 4S 店"，用 "3" 表示 "网上购车"，用 "4" 表示 "其他"。

数据录入完成后，如图 7.67 所示。

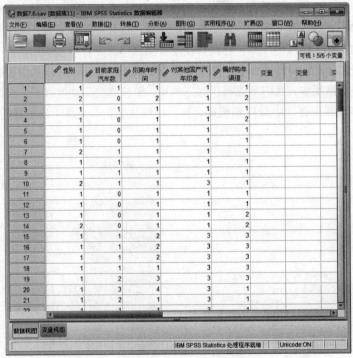

图 7.67   数据 7.6

（1）研究性别与拟购车时间的关系

操作如下：

01 选择 "分析 | 描述统计 | 交叉表" 命令，弹出 "交叉表" 对话框，如图 7.68 所示，在对话框左侧选择 "性别" 并单击 ➡ 按钮使之进入右侧的 "行" 列表框，选择 "拟购车时间" 并单击 ➡ 按钮，使之进入右侧的 "列" 列表框。

02 单击 "交叉表" 对话框右侧的 "单元格" 按钮，弹出 "交叉表：单元格显示" 对话框，如图 7.69 所示，然后在"计数"列表框中勾选"实测"，在"百分比"列表框中勾选"行""列"和"总计"，单击"继续"按钮返回"交叉表"对话框并单击"确定"按钮输出分析结果。

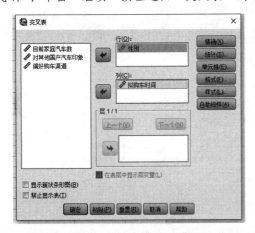

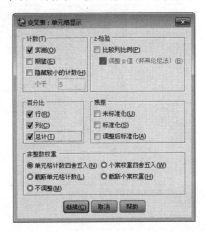

图 7.68　"交叉表"对话框　　　　　　　图 7.69　"交叉表：单元格显示"对话框

结果如图 7.70 所示。

性别 * 拟购车时间 交叉表

			拟购车时间				总计
			半年内	半年后，一年内	一年后，两年内	两年后	
性别	男	计数	22	21	11	9	63
		占性别的百分比	34.9%	33.3%	17.5%	14.3%	100.0%
		占拟购车时间的百分比	62.9%	24.4%	57.9%	39.1%	38.7%
		占总计的百分比	13.5%	12.9%	6.7%	5.5%	38.7%
	女	计数	13	65	8	14	100
		占性别的百分比	13.0%	65.0%	8.0%	14.0%	100.0%
		占拟购车时间的百分比	37.1%	75.6%	42.1%	60.9%	61.3%
		占总计的百分比	8.0%	39.9%	4.9%	8.6%	61.3%
总计		计数	35	86	19	23	163
		占性别的百分比	21.5%	52.8%	11.7%	14.1%	100.0%
		占拟购车时间的百分比	100.0%	100.0%	100.0%	100.0%	100.0%
		占总计的百分比	21.5%	52.8%	11.7%	14.1%	100.0%

图 7.70　性别*拟购车时间交叉表

从图 7.70 中可得到如下信息：参与调查的男女比例存在较大差异，男性为 38.7%、女性为 61.3%；参与调查的大部分人都打算在一年之内购车，其中打算半年内购车的为 21.5%，半年后一年内购车的为 52.8%，两者总计为 74.3%；打算半年内购车的大部分是男性，比例为 62.9%；打算半年后一年内购车的大部分是女性，比例为 75.6%。

（2）研究性别与拥有汽车数量之间的关系

具体操作同上，结果如图 7.71 所示。

性别 * 目前家庭汽车数 交叉表

			目前家庭汽车数				总计
			0辆	1辆	2辆	3辆及以上	
性别	男	计数	26	34	2	1	63
		占 性别 的百分比	41.3%	54.0%	3.2%	1.6%	100.0%
		占 目前家庭汽车数 的百分比	31.7%	50.0%	16.7%	100.0%	38.7%
		占总计的百分比	16.0%	20.9%	1.2%	0.6%	38.7%
	女	计数	56	34	10	0	100
		占 性别 的百分比	56.0%	34.0%	10.0%	0.0%	100.0%
		占 目前家庭汽车数 的百分比	68.3%	50.0%	83.3%	0.0%	61.3%
		占总计的百分比	34.4%	20.9%	6.1%	0.0%	61.3%
总计		计数	82	68	12	1	163
		占 性别 的百分比	50.3%	41.7%	7.4%	0.6%	100.0%
		占 目前家庭汽车数 的百分比	100.0%	100.0%	100.0%	100.0%	100.0%
		占总计的百分比	50.3%	41.7%	7.4%	0.6%	100.0%

图 7.71 性别*目前家庭汽车数交叉表

从图 7.71 中可得到如下信息：参与调查的绝大部分人没有汽车或只有 1 部汽车，其中没有汽车的为 50.3%，只有 1 部汽车的为 41.7%，两者总计为 92.0%；没有汽车的人中男性占 31.7%，只有 1 部汽车的人中，男性占 50.0%。

（3）研究性别与对国产汽车印象之间的关系

具体操作同上，结果如图 7.72 所示。

性别 * 对其他国产汽车印象 交叉表

			对其他国产汽车印象				总计
			价格便宜且功能不逊国外品牌	劣质产品不耐用且售后服务差	时尚潮流很受欢迎	没有什么印象	
性别	男	计数	24	5	30	4	63
		占 性别 的百分比	38.1%	7.9%	47.6%	6.3%	100.0%
		占 对其他国产汽车印象 的百分比	41.4%	35.7%	42.9%	19.0%	38.7%
		占总计的百分比	14.7%	3.1%	18.4%	2.5%	38.7%
	女	计数	34	9	40	17	100
		占 性别 的百分比	34.0%	9.0%	40.0%	17.0%	100.0%
		占 对其他国产汽车印象 的百分比	58.6%	64.3%	57.1%	81.0%	61.3%
		占总计的百分比	20.9%	5.5%	24.5%	10.4%	61.3%
总计		计数	58	14	70	21	163
		占 性别 的百分比	35.6%	8.6%	42.9%	12.9%	100.0%
		占 对其他国产汽车印象 的百分比	100.0%	100.0%	100.0%	100.0%	100.0%
		占总计的百分比	35.6%	8.6%	42.9%	12.9%	100.0%

图 7.72 性别*对国产汽车印象交叉表

从图 7.72 中可得到如下信息：参与调查的绝大部分人对国产车系汽车的印象是价格便宜且功能不逊国外品牌，或者时尚潮流很受欢迎，其中认为价格便宜且功能不逊国外品牌的为 35.6%，认为时尚潮流很受欢迎的为 42.9%，两者总计 78.5%；仅有 8.6%的人认为国产车系汽车是"劣质产品不耐用且售后服务差"的代名词。

（4）研究性别与偏好购车渠道之间的关系

具体操作同上，结果如图 7.73 所示。

性别 * 偏好购车渠道 交叉表

			偏好购车渠道				总计
			大型车展	品牌4S店	网上购车	其他	
性别	男	计数	35	14	14	0	63
		占 性别 的百分比	55.6%	22.2%	22.2%	0.0%	100.0%
		占 偏好购车渠道 的百分比	36.5%	43.8%	53.8%	0.0%	38.7%
		占总计的百分比	21.5%	8.6%	8.6%	0.0%	38.7%
	女	计数	61	18	12	9	100
		占 性别 的百分比	61.0%	18.0%	12.0%	9.0%	100.0%
		占 偏好购车渠道 的百分比	63.5%	56.3%	46.2%	100.0%	61.3%
		占总计的百分比	37.4%	11.0%	7.4%	5.5%	61.3%
总计		计数	96	32	26	9	163
		占 性别 的百分比	58.9%	19.6%	16.0%	5.5%	100.0%
		占 偏好购车渠道 的百分比	100.0%	100.0%	100.0%	100.0%	100.0%
		占总计的百分比	58.9%	19.6%	16.0%	5.5%	100.0%

图 7.73　性别*偏好购车渠道交叉表

从图 7.73 中可得到如下信息：参与调查的绝大部分人希望在大型车展或品牌 4S 店购买汽车，其中希望在大型车展购车的为 58.9%，希望在品牌 4S 店购车的有 19.6%，两者总计为 78.5%。

7.4　研究结论与重点回顾

根据以上所做的分析，我们可以得出以下结论。

（1）潜在消费群体对于汽车的需求远远没有饱和

从交叉表分析可以看出：参与调查的大部分人都打算在一年之内购车，其中打算半年内购车的为 21.5%，半年后一年内购车的为 52.8%，两者总计为 74.3%；打算半年内购车的大部分是男性，比例为 62.9%；打算半年后一年内购车的大部分是女性，比例为 75.6%。这些足够说明，近期内需求是很大的，只要产品对路，不存在供过于求的问题。

（2）过去对国产车系汽车的不好看法已大大转变

交叉表分析表明：参与调查的绝大部分人对国产车系汽车的印象是价格便宜且功能不逊国外品牌，或者时尚潮流很受欢迎，其中认为价格便宜且功能不逊国外品牌的为 35.6%，认为时尚潮流很受欢迎的为 42.9%，两者总计 78.5%；仅有 8.6% 的人认为国产车系汽车是"劣质产品不耐用且售后服务差"的代名词，所以那些国外的名牌汽车的"金字招牌"并没有预期的那么坚固，消费者进行选择依赖的主要还是产品本身的因素。只要国产车系汽车本身能不断改进，不断与时俱进地满足消费者的相关需求，是很容易得到消费者的认可的。

（3）汽车价格非常关键

前面联合分析提到：在汽车性价属性中，消费者认为最为重要的就是价格，其次是动力，然后是类型，最后是品牌，而且价格越低消费者越喜欢。这或许是因为随着生活节奏的加快和人民生活水平的上升，汽车已成为一种生活必需品而且更换速度明显加快，从而消费者对价格变得越来越敏感。联合分析还提到：各个属性之间的重要性差别并不明显，均在 20% 以上，所以在市场推广时对汽车的这些属性都应该给予必要的重视，不能忽略任一方面的属性。对品牌而言，消费者最喜欢日韩车系，其次是国产车系、欧美车系；对类型而言，消费者最喜欢两厢轿车，其次是三厢轿车、

SUV；对动力而言，消费者最喜欢燃油车动力，其次是电动车动力、其他动力；对价格而言，消费者最喜欢 0~20 万元、其次是 20~40 万元、40 万元以上。

（4）关于营销策略

第一，也是最重要的，根据前面的分析，扮演好"价格杀手"的角色，用一种不可思议的低价格迅速占领市场。速度也是一种关键，最好在竞争对手未做出反应之前就抢占先机甚至直接将之逐出市场。

第二，市场的主攻点应该是大型车展，其次是品牌 4S 店。根据交叉表分析，参与调查的绝大部分人希望在大型车展或品牌 4S 店购买汽车，其中希望在大型车展购车的为 58.9%，希望在品牌 4S 店购车的有 19.6%，两者总计为 78.5%。所以要选对阵地，集中优势兵力，方能立于不败之地。

第三，在增值服务提供方面，消费者认为最为重要的就是质保，其次是汽车保养，然后是财产保险，最后是购车优惠。需要同时注意的是，各个属性之间的重要性差别较大，其中质保和汽车保养的重要性水平均在 30%以上，财产保险和购车优惠的重要性水平均不足 20%，所以在市场推广时对汽车的这些增值服务属性应该给予差异化的安排。对质保而言，消费者最喜欢质保延长两年的产品，考虑到汽车产品本身附带的质期两年，即消费者对于汽车寿命或者计划持有时间的预期差不多是四年左右；对汽车保养而言，消费者最喜欢赠送一次保养会员，其次是赠送三次保养会员、赠送二次保养会员；对保险而言，消费者最喜欢赠送一年保险，其次是不赠送保险、赠送二年保险；对优惠而言，消费者最喜欢优惠汽车价格 30%以上，其次是优惠汽车价格 10%~30%、优惠汽车价格 10%以下。

第四，在汽车外观属性中，消费者认为最重要的是车长，其次是轴距，然后是最小离地间隙，最后是颜色。需要同时注意的是，各个属性之间的重要性差别较大，其中车长在 30%以上，颜色的重要性水平均不足 20%，所以在市场推广时对汽车的这些外观属性应该给予差异化的安排。对车长而言，消费者最喜欢 4.9 米以上的产品，其次是 4.6~4.9 米的产品，对于 4.6 米以下的产品则非常不看好；对轴距而言，消费者最喜欢 2.5 米以下，其次是 2.5~2.8 米、2.8 米以上；对颜色而言，消费者最喜欢白色，其次是黑色、其他色；对最小离地间隙而言，消费者最喜欢 1.3~1.5 分米，其次是 1.3 分米以下、1.5 分米以上。从以上实证分析结果中我们可以比较有把握地得出如下结论，单纯就汽车外观而言，消费者偏好的是车长较长、最小离地间隙适中、轴距偏小的白色汽车。

第五，在汽车发动机变速器中，消费者认为最重要的是变速挡位个数，其次是变速箱类型，然后是发动机排量，最后是驱动方式。需要同时注意的是，各个属性之间的重要性差别不大，所以在市场推广时对汽车的这些发动机变速器都应该加以重视。对变速箱类型而言，消费者最喜欢电控机械式自动变速器的产品，其次是其他的产品、手控机械式变速器的产品；对变速挡位个数而言，消费者最喜欢 6~7 个的产品，其次是 8 个及以上的产品、5 个及以下的产品；对发动机排量而言，消费者最喜欢 1.6~2.5L 的产品，其次是 1.6L 以下的产品、2.5L 以上的产品；对驱动方式而言，消费者最喜欢全时四驱的产品，其次是适时四驱的产品、两轮驱动的产品。从以上实证分析结果中，我们可以比较有把握地得出如下结论，单纯就汽车娱乐而言，消费者偏好的是电控机械式自动变速器、6~7 个、1.6~2.5L、全时四驱的汽车。

第六，在汽车功能属性中，消费者认为最重要的是座椅配置，其次是高科技配置，然后是灯光配置、操控配置，最后是多媒体配置。需要同时注意的是，各个属性之间的重要性差别不大，所以在市场推广时对汽车的这些功能属性都应该加以重视。对操控配置而言，消费者最喜欢中级的产品，其次是初级的产品、高级的产品；对多媒体配置而言，消费者最喜欢中级的产品，其次是初级的产品、高级的产品；对灯光配置而言，消费者最喜欢中级的产品，其次是高级的产品、初级的产品；对高科技配置而言，消费者最喜欢初级的产品，其次是中级的产品、高级的产品；对座椅配置而言，消费者最喜欢高级的产品，其次是中级的产品、初级的产品。从以上实证分析结果中，我们可以得出如下结论，单纯就汽车功能而言，消费者偏好的是中级操控配置、中级多媒体配置、中级灯光配置、初级高科技配置、高级座椅配置的汽车。

第 8 章 住宅小区订奶量预测分析建模技术

对于一些保质期较短的快速消费品来说，科学合理的预测分析销售量非常重要。因为保质期较短的快速消费品具有不易储存的产品特点，如果不做销量分析，盲目选择加大生产力度，那么很有可能会造成商品积压，提高存货成本，而且随着保质期的逐渐来临，很多商品逐渐失去价值、造成经营损失；如果一味保守生产，就有可能不能充分满足消费需求，错失扩大市场销量机会，增加生产销售的机会成本，所以合理地进行生产、控制库存非常重要。如果能够对产品销量进行相对合理的估计，就可以提前准备好生产所需要的物料，准备好相配比的资源和人工，做对针对性的市场回应。SPSS 完全可以用来完成相关的分析目标，本章将以具体的实例，力求以深入浅出的方式讲解 SPSS 在住宅小区订奶量预测分析建模技术中的应用。需要提示的是，本章虽然是以住宅小区订奶量预测为例进行讲解，但其中体现的建模思想、分析思路，乃至具体的建模技术方法，对于大多数保质期较短的快速消费品行业都是适用的，或者说都是可以借鉴应用的。

8.1 建模技术

本章所用的建模技术为 SPSS "分析" 模块中的 "时间序列预测" 子模块。SPSS 专门设计了 "分析 | 时间序列预测" 模块，该模块中专家建模器功能具有强大性、灵活性和易用性的特征，是很多预测数据挖掘应用程序的首选工具，在基础过程复杂的应用程序中特别有用。特别需要提示和强调的是，该技术与前面所讲述的决策树模型、神经网络模型针对不同客户群体进行群体分析有所不同，时间序列预测专家建模器适用于时间序列数据，即针对同一变量同一群体但是在不同时间点的样本观测值。进行时间序列分析的最重要原因之一是通过拟合序列的过去值来尝试预测序列的未来值，成功进行时间序列预测的能力对于商业领域来说都非常重要。例如：

- 将时间序列预测专家建模器技术应用到住宅小区订奶量预测分析中，可以分析估计接下来一段时期的小区牛奶购买量，牛奶生产商或分销商可以针对预测结果做出针对性的生产、销售和配送安排。
- 将时间序列预测专家建模器技术应用到商业中心奶茶消费量预测分析中，可以分析估计接下来一段时期的商业中心奶茶消费量，奶茶生产商或分销商可以针对分析预测结果做出针对性的进料、销售和配送安排。
- 将时间序列预测专家建模器技术应用到快餐外卖行业预测分析中，可以分析估计接下来一段时期的商圈内的快餐外卖消费量，餐饮供应商或分销商可以针对分析预测结果提前采购相应食材、预定外卖配送小哥等。
- 将专家建模器技术应用到出租车行业预测分析中，可以分析估计接下来一段时期的特定区域内的打车次数，出租车运营公司可以针对分析预测结果提前调配相应的出租车资源，实现更好的资源配置等。

时间序列预测专家建模器建模技术的最大特色是会自动查找每个相依序列的最佳拟合模型。如果指定了自变量（预测）变量，则专家建模器为 ARIMA 模型中的内容选择那些与该相依序列具有统计显著性关系的模型。适当时，使用差分、平方根或自然对数等方法对模型变量进行转换。默认情况下，专家建模器既考虑指数平滑法模型也考虑 ARIMA 模型。当然，用户也可以将专家建模器限制为仅搜索 ARIMA 模型或仅搜索指数平滑法模型，还可以指定自动检测离群值。此处所提及的所谓 ARIMA 模型和指数平滑法模型都是经典的对时间序列数据进行分析和预测的方法。

1. ARIMA 模型

ARIMA 模型（Auto Regressive Integrated Moving Average Model）也被称为博克思-詹金斯法，是由博克思（Box）和詹金斯（Jenkins）于 20 世纪 70 年代初提出的一种著名的时间序列预测方法，广泛应用在时间序列数据的模型拟合和预测中。其中，ARIMA（p，d，q）称为差分自回归移动平均模型，AR 是自回归，p 为自回归项；MA 为移动平均，q 为移动平均项数，d 为时间序列成为平稳时所做的差分次数。ARIMA 模型的基本思想和分析思路是将预测对象随时间推移而形成的数据序列视为一个随机序列，然后用一定的数学模型来拟合这个序列，一旦被有效拟合后就可以从时间序列的过去值及现在值来预测未来值。

2. 指数平滑法

指数平滑法在本质上是一种特殊的加权移动平均法。相对于前面所提的 ARIMA 模型，具有一定的区别。第一，指数平滑法对特定观测期内不同时间的观察值所赋予的影响权重是不一样的，在一定程度上加大了近期观察值的影响权重，从而加强了近期观察值对预测值的作用，这样做的优势和好处在于能够使预测值更好地反映当前市场最新的变化。第二，指数平滑法对于观察值所赋予的影响权重按近远期递减是具备一定弹性的，可以针对具体情况设置参数来反映由近期到远期影响权重的不同的递减速度，从而更加客观公正地反映近期观察值和远期观测值的实际影响程度。

在进行时间序列预测时，我们很多时候有必要将时间序列划分成历史期和验证期，之所以这么分是有一种模拟预测、评价模型的思想在里面。基本的分析思路是基于历史期的观测值，运用这些值构建一个模型，然后在验证期内对模型的拟合能力进行评价。因为验证期内实际的样本观测值也是已知的，所以可以对比基于模型的拟合值和实际值，观察其中的差距，进而对模型进行评价。对比神经网络分析方法，我们可以把历史期的样本视为训练样本和检验样本，把验证期的样本视为坚持样本。在对模型满意之后，我们可以把所有已知样本都作为训练样本，建立最终模型，用于真实的对未来值的预测。

创建模型和应用模型均在 SPSS 中分析的时间序列预测模块里面，分别用于完成创建模型和生成预测值的任务。创建模型在 SPSS 中的具体操作实现是，选择"分析｜时间序列预测｜创建传统模型"命令，如图 8.1 所示。

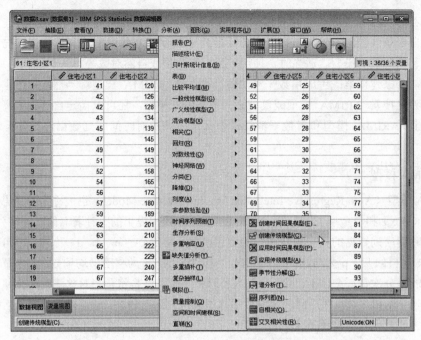

图 8.1　"分析 | 时间序列预测 | 创建传统模型"命令

　　"分析 | 时间序列预测 | 创建传统模型"命令为时间序列创建模型并生成预测值。它包括本例中的专家建模器，可以自动确定每个时间序列的最佳模型，非常便于新手使用。对于有经验的分析人员，可以不按照系统自动设置的操作，系统还提供了建立定制模型的方法。

　　应用时间序列预测专家建模器模型在 SPSS 中的具体操作实现是，选择"分析 | 时间序列预测 | 应用传统模型"命令，如图 8.2 所示。

图 8.2　"分析 | 时间序列预测 | 应用传统模型"命令

"分析｜时间序列预测｜应用传统模型"命令将通过"分析｜时间序列预测｜创建传统模型"命令创建的现有时间序列模型应用于新的数据集。使用此过程，用户可以在不重新建立模型的情况下获得新数据或修订数据可用的序列的预测。如果确认模型已发生更改，则可使用"分析｜时间序列预测｜创建传统模型"命令重新建立该模型。

需要提示和强调的是，时间序列建模器在使用时是有注意事项的：

（1）数据方面

① 因变量和所有自变量都必须是数值型数据。

② 在进行分析之前需要定义时间序列。

（2）假设条件方面

① 因变量和所有自变量都视为时间序列，即每个个案代表一个时间点，连续的个案之间由常数时间区间分隔。

② 数据要具备平稳性，对于自定义的 ARIMA 模型，要建模的时间序列应该是平稳序列。将不平稳序列转换成平稳序列的最有效方法是使用差分转换（通常情况下一阶单整的数据在一阶差分后形成的序列是平稳序列；二阶单整的数据在二阶差分后形成的序列是平稳序列；以此类推）。

③ 为了使用带有自变量的模型生成预测值，活动数据集应包含预测期中全部个案的自变量值。此外，自变量不应包括估计期中的任何缺失值。

8.2　建模思路

本章使用的案例数据是来自 XX 牛奶生产销售配送一体化运营商（虚拟名，如有雷同纯属巧合）32 个小区的 2015 年至 2019 年的订奶量数据，具体包括 32 个小区的按月份逐月统计的订奶量。由于客户信息数据涉及客户隐私和消费者权益保护，也涉及商业机密，因此在本章介绍时进行了适当的脱密处理，对于其中的部分数据也进行了必要的调整。

本章使用的分析方法主要是"分析｜时间序列预测｜创建传统模型"和"分析｜时间序列预测|应用传统模型"功能。通过"分析｜时间序列预测｜创建传统模型"来生成一个预测模型，通过"分析｜分析｜时间序列预测｜应用传统模型"来预测 32 个小区 2020 年的订奶量。

8.3　使用专家建模器进行批量预测

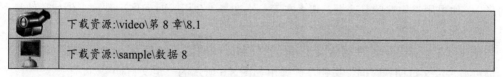

| 下载资源:\video\第 8 章\8.1 |
| 下载资源:\sample\数据 8 |

本部分我们对 XX 牛奶生产销售配送一体化运营商（虚拟名，如有雷同纯属巧合）32 个小区的 2015 年至 2019 年的订奶量数据进行分析。数据的来源渠道是 XX 牛奶生产销售配送一体化运营商的工作人员在日常工作中积累的销售数据。根据积累的销售数据，并进行必要的加工整理，即可得到本章分析所使用的数据。

8.3.1 分析前数据准备

在 SPSS 格式文件中共有 36 个变量，分别是"住宅小区 1"~"住宅小区 32""订户总数""年份""月份""日期"，如图 8.3 所示。

在时间序列专家建模器分析中，正确指定变量的测量级别是非常重要的，因为要求自变量和因变量都是数值变量。变量的测量级别一共有 3 种，分别是"名义""有序"和"标度"，具体含义参见 3.4 节。本例中针对除"日期"之外的所有因变量以及自变量指定为数值变量，测量级别都是标度。数据视图如图 8.4 所示。

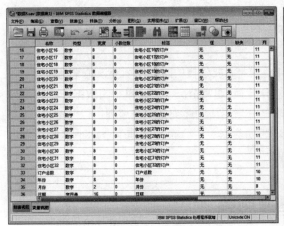

图 8.3 数据 8 变量视图

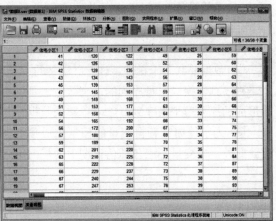

图 8.4 数据 8 数据视图

先保存数据，然后展开分析，步骤如下：

01 选择"文件 | 打开 | 数据"命令，打开数据 8.sav 数据表。

02 选择"分析|时间序列预测 | 创建传统模型"命令，弹出"时间序列建模器"提示对话框，如图 8.5 所示。

如果用户确定已经为时间序列定义了开始时间和时间间隔，那么直接单击"确定"按钮进行创建传统模型操作；如果用户认为还没有为时间序列定义开始时间和时间间隔，或者说还需要对时间序列开始时间和时间间隔重新设置，就需要单击"定义日期和时间"按钮，进入下一个对话框，对变量属性进行重新定义。在"时间序列建模器"提示对话框的左下角还有一个复选框"不再显示此消息"，如果用户勾选此复选框，那么在下一次选择"分析 | 时间序列预测 | 创建传统模型"命令时，将不再弹出"时间序列建模器"提示对话框。

本例中我们已经为时间序列定义了开始时间和时间间隔，但是为了介绍相应设置方法，此处我们仍单击"定义日期和时间"按钮，会弹出如图 8.6 所示的"定义日期"对话框。

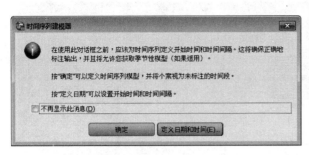 

图 8.5 "时间序列建模器"提示对话框　　　图 8.6 "定义日期"对话框

在"定义日期"对话框中，我们首先需要在左侧的列表框中选择时间类型。可以发现 SPSS 几乎规定了所有可能的日期类型，可以非常方便而全面地供用户选择，因为本例我们是按月份统计的数据，所以应该选择"年，月"选项，选定该选项后，即可在右侧出现相应的设置，我们在"第一个个案是"选项组的"年"文本框中填写最开始的"2015"，然后在"月"文本框中填写最开始的"1"，设置完毕后单击"确定"按钮，即可完成对日期的定义设置。

设置完成后，可以发现在数据 8 的数据视图中增加了 3 个变量，分别是"YEAR_""MONTH_""DATE_"，如图 8.7 所示。

图 8.7　定义日期之后的数据视图

在如图 8.8 所示的变量视图中我们也可以看到新增加的 3 个变量：YEAR_（YEAR, not periodic）、MONTH_（MONTH, period 12）、DATE_（Date. Format: "MMM YYYY"）。

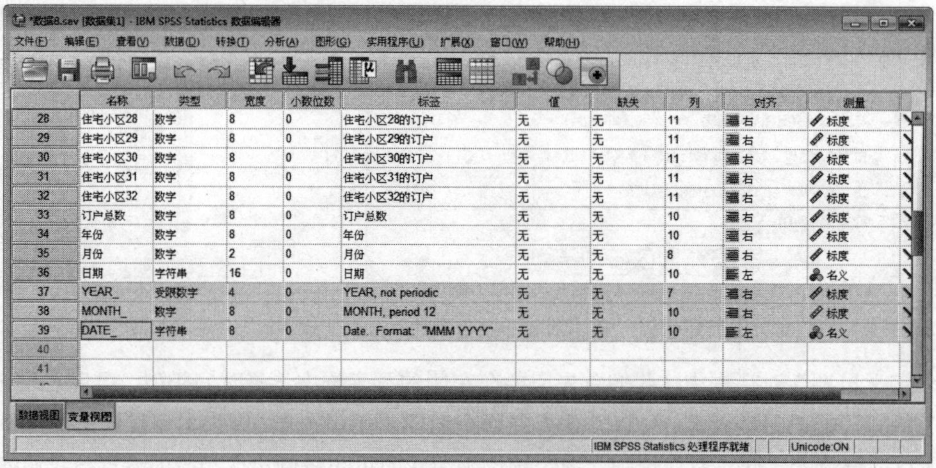

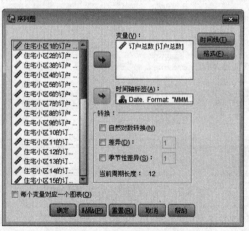

图8.8　定义日期之后的变量视图

在使用"专家建模器"建立模型分析之前，我们需要了解数据的性质，其中最为重要的是需要判断数据是否呈现出季节性趋势。虽然我们可以大致判断牛奶不同于冰淇淋，可能销量不具有季节性趋势，但是通过数据进行判断无疑是更具说服力的。"专家建模器"可以自动为每个序列查找最佳的季节性或非季节性模型，但是如果我们提前对数据的季节性进行了分析，比如不存在季节性，就可以将模型范围限制为非季节性模型，再进行分析通常可更快地获得结果。在进行判断时，限于篇幅，我们不对所有小区的订奶量都进行分析，只以所有小区的总订奶量为例绘制序列图讲解。

具体操作是：

在菜单中选择"分析｜时间序列预测｜序列图"命令，弹出"序列图"对话框，如图8.9所示。

图8.9　"序列图"对话框

在"序列图"对话框中我们需要从左侧的列表框中选取要绘制时间序列图的变量进入右侧的"变量"列表框，选择时间变量进入"时间轴标签"列表框。本例中，我们选择"订户总数"作为绘制时间序列图的变量进入右侧的"变量"列表框，选择"Date. Format: "MMM YYYY""作为时间变量进入"时间轴标签"列表框。设置完成后，单击"确定"按钮，即可显示如图8.10所示的分析结果。

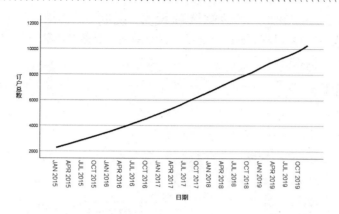

图 8.10 "订户总数"序列图

此序列表现出了一个很平滑的上升趋势，没有出现季节性变化的迹象。可能在住宅小区 1~住宅小区 32 的个别时间序列中存在季节性，但总的看来，季节性不是数据的显著特征。当然，应该在排除季节性特征之前检查住宅小区 1~住宅小区 32 的每个序列。

8.3.2 专家建模器分析过程

01 选择"文件｜打开｜数据"命令，打开 8.2.sav 数据表。

02 选择"分析｜时间序列预测｜创建传统模型"命令，弹出"时间序列建模器"对话框，如图 8.11 所示。

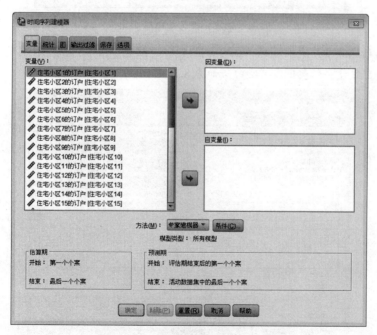

图 8.11 "时间序列建模器"对话框

对话框选项设置/说明

"时间序列建模器"对话框包括 6 个选项卡，分别是"变量""统计""图""输出过滤""保存""选项"，如图 8.12 所示。

1. "变量"选项卡

针对"变量"选项卡，我们首先需要从左侧的"变量"列表框中选取相应的变量进入到"因变量"和"自变量"。需要特别提示的是，"因变量"和"自变量"都可以选择多个变量。

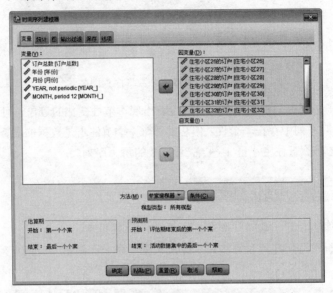

图 8.12 "时间序列建模器"对话框"变量"选项卡 1

结合本章的研究背景，我们选择"住宅小区 1"~"住宅小区 32"等 32 个变量进入到"因变量"列表框，"自变量"列表框保持空白，如图 8.13 所示。

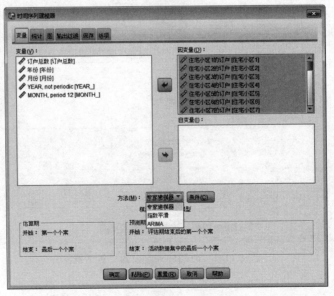

图 8.13 "时间序列建模器"对话框"变量"选项卡 2

在"时间序列建模器"对话框"变量"选项卡的中部区域，用户可设置时间序列建模器方法，包括"专家建模器""指数平滑""ARIMA"三种，默认为"专家建模器"。其中，专家建模器建模技术的最大特色是会自动查找每个序列的最佳拟合模型。如果指定了自变量（预测变量），则专家建模器为 ARIMA 模型中的内容选择那些与该序列具有统计显著性关系的模型。在适当的情况下，系统将使用差分、平方根或自然对数变换对模型变量进行转换。默认情况下，专家建模器既考虑指数平滑法模型也考虑 ARIMA 模型。当然，用户也可以将专家建模器限制为仅搜索 ARIMA 模型或仅搜索指数平滑法模型，还可以指定自动检测离群值。指数平滑和 ARIMA 方法可参见 8.1 节的内容。

本例中我们选择默认的"专家建模器"方法。

在"方法"下拉列表框的右侧有一个"条件"按钮，可用于设置"专家建模器"的条件。单击"条件"按钮，即可弹出如图 8.14 所示的"时间序列建模器：专家建模器条件"对话框。该对话框中包括"模型"和"离群值"两个选项卡，默认为"模型"选项卡。

"模型"选项卡包括"模型类型"和"事件"两个选项组，可用于设置专家建模器可以处理的模型类型并指定事件变量。

（1）"模型类型"选项组

如果用户选择"所有模型"选项，那么专家建模器将既考虑 ARIMA 模型也考虑指数平滑法模型。

如果用户选择"仅限指数平滑模型"选项，那么专家建模器将仅考虑指数平滑模型。

如果用户选择"仅限 ARIMA 模型"选项，那么专家建模器将仅考虑 ARIMA 模型。

如果用户勾选"专家建模器考虑季节性模型"复选框，那么专家建模器将既考虑季节性模型，又考虑非季节性模型；如果用户没有勾选"专家建模器考虑季节性模型"复选框，那么专家建模器将仅考虑非季节性模型。

在"专家建模器考虑季节性模型"复选框的下方还显示了当前周期长度（如有）。当前周期性以整数形式显示，比如本例中为 12，则表示年度周期性，每个个案代表一个月份。如果尚未设置周期性，则显示值为无。季节性模型要求具有周期性，用户可以按照前面的讲述从"定义日期"对话框中设置周期性。

（2）"事件"选项组

事件变量是特殊的自变量，用于对外部事件（例如地震、停产或引进新机器设备）的效应进行建模。用户需要选中所有要视为事件变量的变量。对于事件变量，每个变量的编码都应满足以下条件，如果个案对应的变量值为 1，那么该个案（体现为时间序列中的具体时间点）将受该事件影响，如果对应的变量值不是 1，那么将不受该事件影响。

本例中我们在"模型类型"选项组选择"所有模型"选项并勾选"专家建模器考虑季节性模型"复选框，在"事件"选项组中采取系统默认设置。

在"时间序列建模器：专家建模器条件"对话框中切换到"离群值"选项卡，如图 8.15 所示。

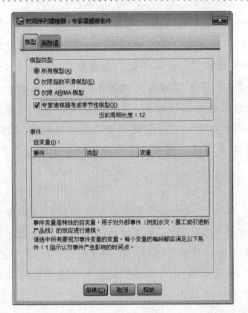 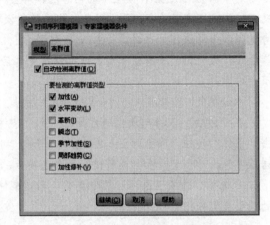

图 8.14 "时间序列建模器：专家建模器条件"对话框　　图 8.15 "离群值"选项卡

在"离群值"选项卡中，用户可以选择"自动检测离群值"并设置"要检测的离群值类型"。"要检测的离群值类型"包括"加性""水平变动""革新""瞬态""季节加性""局部趋势""加性修补"7 个选项。

- "加性"离群值：影响单个样本观察值的离群值。
- "水平变动"离群值：从某个特定的序列点开始，将所有观察值移动一个常数的离群值。
- "革新"离群值：在某个特定的序列点，附加到噪声项的离群值。对于平稳的序列，"革新"离群值将影响多个观察值。对于不平稳的序列，"革新"离群值可能影响在某个特定的序列点开始的每个观察值。
- "瞬态"离群值：影响按指数衰减到 0 的离群值。
- "季节加性"离群值：影响特定观察值以及通过一个或多个季节性期间与之分隔的所有后续观察值。该离群值对所有这些观察值具有同等的影响。
- "局部趋势"离群值：从某个特定的序列点开始局部趋势的离群值。
- "加性修补"离群值：由两个或更多连续可加离群值构成的组。选择此离群值类型将导致除了检测可加离群值的变量值组以外，还检测单独的可加离群值。

本例中我们勾选"自动检测离群值"复选框，并选择"加性"和"水平变动"两个选项。

在"时间序列建模器"对话框"变量"选项卡的下方区域，用户可看到时间序列建模器方法估算期和预测期。

- 估算期：通常情况下，估算期包含活动数据集中的所有个案，即从第一个个案开始，到最后一个个案结束。
- 预测期：通常情况下，预测期从评估期结束后的第一个个案开始，到活动数据集中的最后一个个案结束。用户可以从"时间序列建模器"对话框"选项"选项卡设置预测期的结束时间。

本例中我们采用系统默认设置。

2. "统计"选项卡

在"时间序列建模器"对话框中切换到"统计"选项卡，如图 8.16 所示。在"统计"选项卡中包括"按模型显示拟合测量、杨-博克斯统计和离群值数目"选项、"拟合测量"选项组、"用于比较模型的统计"选项组、"单个模型的统计"选项组以及"显示预测值"选项。

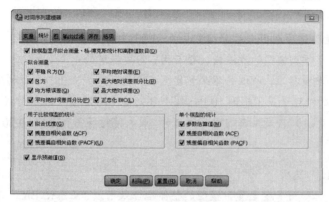

图 8.16 "时间序列建模器"对话框"统计"选项卡

（1）"按模型显示拟合测量、杨-博克斯统计和离群值数目"选项

用户选择该选项，系统可输出一个表格，表中按每个估计模型显示拟合测量、杨-博克斯统计和离群值数目。

（2）"拟合测量"选项组

"拟合测量"选项组包括 8 个选项，分别是"平稳 R 方""R 方""均方根误差""平均绝对误差百分比""平均绝对误差""最大绝对误差百分比""最大绝对误差""正态化 BIC"。

① "平稳 R 方"选项

"平稳 R 方"的概念是将模型的平稳部分与简单均值模型相比较的测量。当时间序列具有趋势或季节性时，该选项较"R 方"选项更为适用。"平稳 R 方"的取值范围是负无穷大到 1，其中负值表示我们拟合的模型比简单均值模型拟合效果要差，正值表示我们拟合的模型比简单均值模型拟合效果要好。

② "R 方"选项

"R 方"的概念是时间序列的总变动可以被模型解释的程度。当时间序列不具有趋势或季节性、很平稳时，该选项最为适用。

③ "均方根误差"选项

"均方根误差"用来度量因变量序列与其模型预测水平的相差程度，用和因变量序列相同的单位表示。

④ "平均绝对误差百分比"选项

"平均绝对误差百分比"用来度量因变量序列与其模型预测水平的相差程度，该选项与使用的单位无关，因此可用于比较具有不同单位的序列。

⑤ "平均绝对误差"选项

"平均绝对误差"选项度量时间序列与其模型预测水平的差别程度，以原始序列单位报告。

⑥ "最大绝对误差百分比"选项

"最大绝对误差百分比"用来度量模型中最大的预测误差，以百分比表示，对于预测模型的最差情况很有用。

⑦ "最大绝对误差"选项

"最大绝对误差"选项也用来度量模型中最大的预测误差，但是以和因变量序列相同的单位表示。该选项同样对于预测模型的最差情况很有用。需要强调的是，最大绝对误差和最大绝对误差百分比是两个不同的测量标准，所以并不必然发生在相同的序列点上。一种特殊的情况是，当较大序列值（比如 100）的绝对误差（比如 10）比较小序列值（比如 20）的绝对误差（比如 9）稍微大一些时，最大绝对误差（10）将发生在较大序列值处，最大绝对误差百分比（9/20=45%>10/100=10%）将发生在较小序列值处。

⑧ "正态化 BIC"选项

"正态化 BIC"选项用来度量复杂模型的整体拟合效果。"正态化 BIC"是一种信息准则，考虑了模型参数的多少。如果模型中设置的参数多，显然就会提高模型的解释能力，但是会增加模型的信息冗余，使模型变得复杂；如果模型中设置的参数少，那么模型会相对简单，但解释能力就有可能达不到预期效果。"正态化 BIC"信息准则统筹考虑了两方面因素，"正态化 BIC"的值越小，代表模型整体的拟合效果越好，越能兼顾模型、解释能力并简化效果。

（3）"用于比较模型的统计"选项组

"用于比较模型的统计"选项组包括 3 个选项，分别是"拟合优度""残差自相关函数""残差偏自相关函数"。该选项组用来控制如何显示包含跨所有估计模型计算出的统计信息的表。每个选项分别生成单独的表，可以选择 3 个选项中的一个或多个。

- 拟合优度：选择该选项，系统将输出平稳 R 方、R 方、均方根误差、平均绝对误差百分比、平均绝对误差、最大绝对误差百分比、最大绝对误差、正态化 BIC 和百分位数表。
- 残差自相关函数：选择该选项，系统将输出所有估计模型中残差的自相关摘要统计和百分位数表。
- 残差偏自相关函数：选择该选项，系统将输出所有估计模型中残差的偏自相关摘要统计和百分位数表。

（4）"单个模型的统计"选项组

"单个模型的统计"选项组包括 3 个选项，分别是"参数估算值""残差自相关函数""残差偏自相关函数"。该选项组用来控制如何显示包含每个估计模型的详细信息的表。每个选项分别生成单独的表，可以选择 3 个选项中的一个或多个。

- 参数估算值：选择该选项，系统将显示每个估计模型的参数估算值的表。需要提示和强调的是，指数平滑法和 ARIMA 模型将显示不同的表。如果存在离群值，则它们的参数估计值也将在单独的表中显示。

- 残差自相关函数：选择该选项，系统将按每个估计模型的滞后期显示残差自相关表。该表包含自相关的置信区间。
- 残差偏自相关函数：选择该选项，系统将按每个估计模型的滞后期显示残差偏自相关表。该表包含偏自相关的置信区间。

（5）"显示预测值"选项

选择该选项，系统将显示每个估计模型的模型预测和置信区间的表。需要提示的是，预测期需要在后面介绍的"选项"选项卡中设置。

本例中，为观察实验效果，我们选中所有选项。

3. "图"选项卡

在"时间序列建模器"对话框中切换到"图"选项卡，如图 8.17 所示。"图"选项卡中包括"用于比较模型的图"选项组和"单个模型的图"选项组。

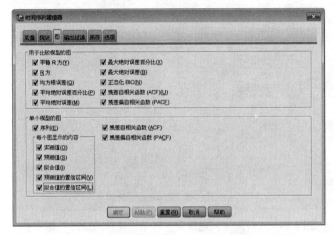

图 8.17　"时间序列建模器"对话框"图"选项卡

（1）"用于比较模型的图"选项组

"用于比较模型的图"选项组控制如何显示包含跨所有估计模型计算出的统计信息的图，包括 10 个选项，每个选项分别生成单独的图，可以选择选项中的一个或多个。可用选项分别是"平稳 R 方""R 方""均方根误差""平均绝对误差百分比""平均绝对误差""最大绝对误差百分比""最大绝对误差""正态化 BIC""残差自相关函数"和"残差偏自相关函数"。这 10 个选项的具体含义在前面已经有所讲解，不再赘述。

（2）"单个模型的图"选项组

"单个模型的图"选项组中的"序列"选项用来获取每个估计模型的预测值图，下设 5 个子选项，分别是"实测值""预测值""拟合值""预测值的置信区间""拟合值的置信区间"。

- "实测值"是指实际的观测值。
- "预测值"是指依据模型预测的预测期的序列点值。
- "拟合值"是指依据模型拟合的估计期的序列点值。
- "预测值的置信区间"是指依据模型预测的预测值的置信区间。

● "拟合值的置信区间"是指依据模型拟合的拟合值的置信区间。

"单个模型的图"选项组中的"残差自相关函数"选项用来显示每个估计模型的残差自相关图。

"单个模型的图"选项组中的"残差偏自相关函数"选项用来显示每个估计模型的残差偏自相关图。

本例中，为观察实验效果，我们选中所有选项。

4. "输出过滤"选项卡

在"时间序列建模器"对话框中切换到"输出过滤"选项卡，如图 8.18 所示。"输出过滤"选项卡包括"在输出中包括所有模型"和"根据拟合优度过滤模型"两个选项。默认情况下，"输出过滤"为"在输出中包括所有模型"。"根据拟合优度过滤模型"设置了一些限制条件，被选中，则该选项下方的"显示"选项框将被激活，可根据研究需要自行设置。

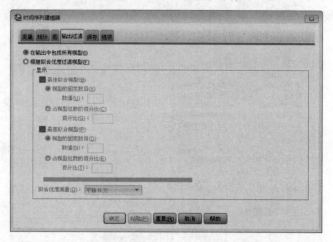

图 8.18   "时间序列建模器"对话框"输出过滤"选项卡

"显示"选项框中包括"最佳拟合模型"和"最差拟合模型"两个选项组，以及"拟合优度测量"选项。需要提示和强调的是，用户可以同时选中"最佳拟合模型"和"最差拟合模型"两个选项组。

（1）"最佳拟合模型"选项组

如果选择"最佳拟合模型"选项组，则将在输出中包含最佳拟合模型。

① 模型的固定数目

用户如果选择该选项，并且在下方的"数值"文本框中输入具体数值"m"，则系统将输出该数值个数（"m"）的最佳拟合模型显示结果。如果该数值超过估计模型的数量，则显示所有模型。

② 占模型总数的百分比

用户如果选择该选项，并且在下方的"百分比"文本框中输入具体百分比"n"，则系统将输出拟合优度值在所有估计模型的前 n 个百分比范围内的模型显示结果。

（2）"最差拟合模型"选项组

如果选择"最差拟合模型"选项组，则将在输出中包含最差拟合模型。

① 模型的固定数目

用户如果选择该选项，并且在下方的"数值"文本框中输入具体数值"m"，则系统将输出该数值个数（"m"）的最差拟合模型显示结果。如果该数值超过估计模型的数量，则显示所有模型。

② 占模型总数的百分比

用户如果选择该选项，并且在下方的"百分比"文本框中输入具体百分比"n"，则系统将输出拟合优度值在所有估计模型的后 n 个百分比范围内的模型显示结果。

（3）"拟合优度测量"选项

用户如果选择该选项，则系统将输出用于过滤模型的拟合优度测量。可用的过滤模型的拟合优度测量方法如图 8.19 所示，包括"平稳 R 方""R 方""均方根误差""平均绝对误差百分比""平均绝对误差""最大绝对误差百分比""最大绝对误差""正态化 BIC"8 种方式，默认值为前面介绍的"平稳 R 方"。

本例中，我们采取系统默认设置，即"在输出中包括所有模型"。

5. "保存"选项卡

在"时间序列建模器"对话框中切换到"保存"选项卡，如图 8.20 所示。"保存"选项卡包括"保存变量"和"导出模型文件"两个选项组。

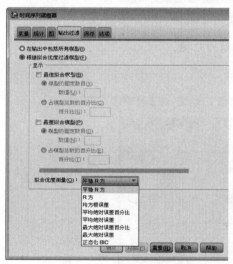

图 8.19　拟合优度测量方法　　　　图 8.20　"时间序列建模器"对话框"保存"选项卡

（1）"保存变量"选项组

"保存变量"选项组包括"预测值""置信区间下限""置信区间上限""噪声残值"4 个选项。用户可以直接在"保存"列中勾选相应选项，然后在"变量名前缀"列中针对名称进行修改设置。对于用户选择的每一项，系统都会保存一个变量。

其中，"预测值"是指模型的预测值；"置信区间下限"是指预测值的置信区间下限；"置信区间上限"是指预测值的置信区间上限；"噪声残值"是指模型残差，如果用户执行了因变量转换（比如取了正态化处理或者自然对数），则为转换后的序列的残差。

本例中，我们勾选"预测值""置信区间下限""置信区间上限""噪声残值"4 个选项。

（2）"导出模型文件"选项组

用户如果选择该选项，则系统将保存模型文件，保存的模型可直接用于相应的时间序列数据，也可随着数据的不断更新在实时更新数据的基础上获得新的预测。可用的保存模型文件类型包括"XML 文件"和"PMML 文件"。

本例中，我们选择"XML 文件"，然后单击后面的"浏览"按钮，即可弹出如图 8.21 所示的"指定时间序列模型文件"对话框。在该对话框中用户可以设置文件的保存位置和需要保存的文件名。

图 8.21 "指定时间序列模型文件"对话框

本例中我们指定文件名为"模型 8"，保存在本地磁盘的 C 盘。

6. "选项"选项卡

在"时间序列建模器"对话框中切换到"选项"选项卡，如图 8.22 所示。

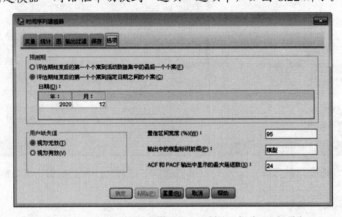

图 8.22 "时间序列建模器"对话框"保存"选项卡

"选项"选项卡包括"预测期"和"用户缺失值"两个选项组，以及"置信区间宽度""输出中的模型标识前缀""ACF 和 PACF 输出中显示的最大延迟数"等选项。

（1）"预测期"选项组

"预测期"选项组中包括"评估期结束后的第一个个案到活动数据集中的最后一个个案""评估期结束后的第一个个案到指定日期之间的个案"两个选项。

如果评估期在活动数据集中的最后一个个案之前结束，而用户需要知道最后一个个案的预测值，则需要“评估期结束后的第一个个案到活动数据集中的最后一个个案”选项。该选项通常用来生成保持期的预测，以便将模型预测与实际值子集进行比较。

“评估期结束后的第一个个案到指定日期之间的个案”选项通常用于在实际序列结束后生成预测。本例中，我们针对 2020 年的订奶量情况进行预测，就需要勾选“评估期结束后的第一个个案到指定日期之间的个案”选项，然后在下方的“日期”文本框中的“年”中输入“2020”、“月”中输入“12”。

（2）“用户缺失值”选项组

“用户缺失值”选项组包括“视为无效”和“视为有效”两个选项。如果用户选择“视为无效”选项，那么系统中的数据缺失值当作系统缺失值处理；如果用户选择“视为有效”选项，那么系统中的数据缺失值当作有效数据处理。

（3）“置信区间宽度”选项

用户使用“置信区间宽度”选项为模型预测值和残差自相关计算置信区间，可以指定小于 100 的任何正数，默认情况下使用 95% 的置信区间。

（4）“输出中的模型标识前缀”选项

“变量”选项卡上指定的每个因变量都可带来一个单独的估计模型。模型都用唯一名称区别，名称由可自定义的前缀和整数后缀组成。用户可以输入前缀，也可以保留模型的默认值。

（5）“ACF 和 PACF 输出中显示的最大延迟数”选项

用户使用“ACF 和 PACF 输出中显示的最大延迟数”选项设置在自相关和偏自相关表和图中显示的最大延迟数。

本例中我们采用系统默认设置。

03 单击“运行”按钮，进入计算分析。

8.3.3 结果分析

在 SPSS“主界面”对话框的结果窗口中我们可以看到如下分析结果：

（1）图 8.23 展示的是时间序列专家建模器的模型描述。我们可以看到针对 32 个住宅小区变量，系统都建立了单独的模型，其中有的是温特斯加性模型，有的是霍尔特模型，有的是 ARIMA 模型。

（2）图 8.24 展示的是时间序列专家建模器平稳 R 方的模型摘要图表。

32 个模型“平稳 R 方”的平均值是 0.36，标准差是 0.192。大多数模型的“平稳 R 方”都是为正值，说明对于

模型描述

			模型类型
模型 ID	住宅小区1的订户	模型_1	温特斯加性
	住宅小区2的订户	模型_2	霍尔特
	住宅小区3的订户	模型_3	霍尔特
	住宅小区4的订户	模型_4	霍尔特
	住宅小区5的订户	模型_5	温特斯加性
	住宅小区6的订户	模型_6	温特斯加性
	住宅小区7的订户	模型_7	ARIMA(1,1,0)(0,0,0)
	住宅小区8的订户	模型_8	温特斯加性
	住宅小区9的订户	模型_9	ARIMA(0,1,0)(0,0,0)
	住宅小区10的订户	模型_10	温特斯加性
	住宅小区11的订户	模型_11	ARIMA(1,1,0)(0,0,0)
	住宅小区12的订户	模型_12	霍尔特
	住宅小区13的订户	模型_13	霍尔特
	住宅小区14的订户	模型_14	霍尔特
	住宅小区15的订户	模型_15	温特斯加性
	住宅小区16的订户	模型_16	温特斯加性
	住宅小区17的订户	模型_17	霍尔特
	住宅小区18的订户	模型_18	霍尔特
	住宅小区19的订户	模型_19	霍尔特
	住宅小区20的订户	模型_20	霍尔特
	住宅小区21的订户	模型_21	温特斯加性
	住宅小区22的订户	模型_22	温特斯加性
	住宅小区23的订户	模型_23	霍尔特
	住宅小区24的订户	模型_24	ARIMA(0,2,1)(0,0,0)
	住宅小区25的订户	模型_25	温特斯加性
	住宅小区26的订户	模型_26	霍尔特
	住宅小区27的订户	模型_27	霍尔特
	住宅小区28的订户	模型_28	霍尔特
	住宅小区29的订户	模型_29	ARIMA(1,1,0)(1,1,0)
	住宅小区30的订户	模型_30	ARIMA(0,1,0)(0,0,0)
	住宅小区31的订户	模型_31	霍尔特
	住宅小区32的订户	模型_32	温特斯加性

图 8.23　时间序列专家建模器的模型描述

大多数模型来说，我们拟合的模型比简单均值模型拟合效果要好。

（3）图 8.25 展示的是时间序列专家建模器 R 方的模型摘要图表。

前面我们在分析前数据准备一节中已经论证，我们的数据不具有季节性。32 个模型"R 方"的平均值是 1.00，标准差很小，可以忽略不计。"R 方"越大，说明模型的拟合优度越大，时间序列的总变动可以被模型解释的程度越大，拟合效果越好。从本例中可以发现，32 个模型的"R 方"值都是接近于 1 的，说明这些模型的拟合效果很不错。

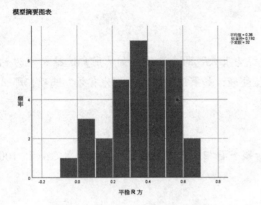

图 8.24　平稳 R 方的模型摘要图表　　　　图 8.25　R 方的模型摘要图表

（4）图 8.26 展示的是时间序列专家建模器均方根误差（RMSE）的模型摘要图表。

本例中，32 个模型的"均方根误差"的平均值是 2.13，标准差是 1.692，也就是说因变量序列与其模型预测水平的相差程度是比较低的，只有 2 个左右。

（5）图 8.27 展示的是时间序列专家建模器平均绝对误差百分比（MAPE）的模型摘要图表。

本例中，32 个模型的"平均绝对误差百分比（MAPE）"的平均值是 0.92，标准差是 0.107，最小的是 0.7 左右，最大的是 1.1 左右，同样说明因变量序列与其模型预测水平的相差程度是比较低的。

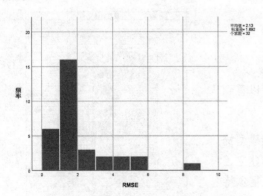 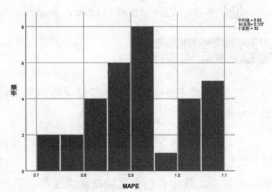

图 8.26　均方根误差（RMSE）模型摘要图表　　　图 8.27　平均绝对误差百分比（MAPE）模型摘要图表

（6）图 8.28 展示的是时间序列专家建模器平均绝对误差（MAE）的模型摘要图表。

本例中，32 个模型的"平均绝对误差"的平均值是 1.64，标准差是 1.292，同样说明因变量序列与其模型预测水平的相差程度是比较低的。

（7）图 8.29 展示的是时间序列专家建模器最大绝对误差百分比（MaxMAE）的模型摘要图表。

本例中，32 个模型的"最大绝对误差百分比"的最大值在 4.5 以下，说明所有模型的最大失误也就是 4.5%的偏差。

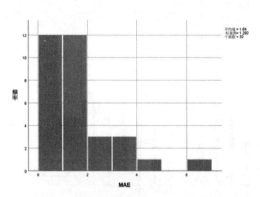
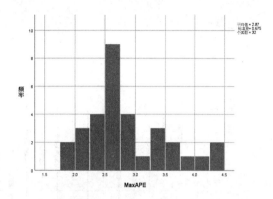

图 8.28　平均绝对误差（MAE）模型摘要图表　图 8.29　最大绝对误差百分比（MaxMAE）模型摘要图表

（8）图 8.30 展示的是时间序列专家建模器最大绝对误差（MaxME）的模型摘要图表。

本例中，32 个模型的"最大绝对误差"的最大值在 25 个以下，说明所有模型的最大失误也就是 25 个的偏差。

（9）图 8.31 展示的是时间序列专家建模器正态化 BIC 的模型摘要图表。

本例中，32 个模型的"正态化 BIC"的均值是 1.22，标准差是 1.296，大多数模型的"正态化 BIC"都是比较小的，模型的质量比较不错。

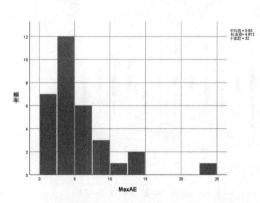

图 8.30　最大绝对误差（MaxME）模型摘要图表　　　图 8.31　正态化 BIC 模型摘要图表

（10）图 8.32 展示的是时间序列专家建模器残差自相关系数图。

需要强调的是，此处所提的残差自相关系数图是针对前面分析过程环节"用于比较模型的统计"选项组的设置，而非"单个模型的图"选项组的设置，关于"单个模型的图"选项组生成的残差自相关系数图将在后面进行介绍。

自相关（Autocorrelation）也叫序列相关，是一个信号与其自身在不同时间点的互相关。一个时间序列的自相关系数被称为自相关函数，或简称 ACF。残差自相关系数图是一种箱线图。其中图中的圆圈代表异常值（或称离群值），箱线图顶端的线是箱体的上边缘，底端的线是箱体的下边缘，中间的实体部分上面的线是第一个四分位数（25%），中间的实体部分中间的线是中位数（50%），中间的实体部分下面的线是第三个四分位数（75%）。可以发现滞后（延迟）24 期的残差中位数基本上是围绕着 0 上下波动，而残差在数理统计中是指实际观察值与估计值（拟合值）之间的差，说明生成的模型在估计方面损失的信息量是很少的，或者说是比较准确的，拟合效果比较理想。

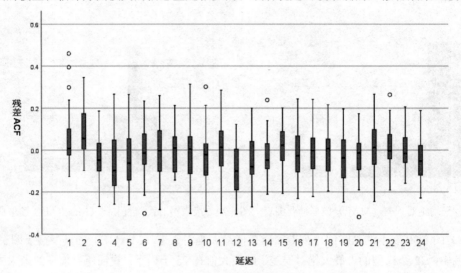

图 8.32　时间序列专家建模器残差自相关系数图

（11）图 8.33 展示的是时间序列专家建模器残差偏自相关系数图。

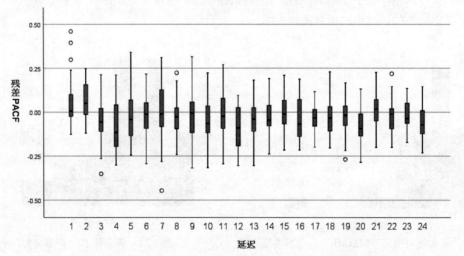

图 8.33　时间序列专家建模器残差偏自相关系数图

自相关系数（ACF）和偏自相关系数（PACF）的区别是：

- 自相关系数是延迟为 k 时，相距 k 个时间间隔的序列值之间的相关性。
- 偏自相关系数是延迟为 k 时，相距 k 个时间间隔的序列值之间的相关性，同时考虑了间隔之间的值。偏自相关系数用来度量暂时调整所有其他较短滞后的项（$y_{t-1}, y_{t-2}, \dots, y_{t-k-1}$）之后，时间序列中以 k 个时间单位（$y_t$ 和 y_{t+k}）分隔的观测值之间的相关。

残差偏自相关系数图是一种箱线图。图中的圆圈代表异常值（或称离群值），箱线图顶端的线是箱体的上边缘,底端的线是箱体的下边缘,中间的实体部分上面的线是第一个四分位数(25%),中间的实体部分中间的线是中位数（50%），中间的实体部分下面是第三个四分位数（75%）。可以发现滞后（延迟）24 期的残差中位数基本上是围绕着 0 上下波动的,而残差在数理统计中是指实际观察值与估计值（拟合值）之间的差,同样说明生成的模型在估计方面损失的信息量是很少的,或者说是比较准确的,拟合效果比较理想。

（12）图 8.34 展示的是时间序列专家建模器模型拟合度表。

模型拟合度表中包括 8 个拟合统计量,自上而下分别是“平稳 R 方”“R 方”“均方根误差”“平均绝对误差百分比”“平均绝对误差”“最大绝对误差百分比”“最大绝对误差”“正态化 BIC”。从左到右各列分别是拟合统计量的名称、拟合统计量的平均值、拟合统计量的标准误差、拟合统计量的最小值、拟合统计量的最大值、拟合统计量的百分位数（分别是 5%、10%、25%、50%、75%、90%、95%）。以平稳 R 方这一拟合统计量为例,其平均值是 0.357505,标准误差是 0.192495,最小值是−0.003431,最大值是 0.634500,百分位数（5%、10%、25%、50%、75%、90%、95%）分别是（−0.001201、0.017853、0.227124、0.364417、0.537084、0.595739、0.613901）。

需要注意的是,在正文中介绍的值均精确到了小数点后 6 位,与图片中显示的并不完全一致,这是由于 SPSS 自动取整引起的,读者在输出结果窗口双击相应的值,就可以看到完整的精确到了小数点后 6 位的值。后面的数据分析也是如此。

模型摘要

模型拟合度

拟合统计	平均值	标准误差	最小值	最大值	百分位数						
					5	10	25	50	75	90	95
平稳 R 方	.358	.192	-.003	.634	-.001	.018	.227	.364	.537	.596	.614
R 方	.999	.001	.997	1.000	.998	.998	.999	.999	.999	.999	1.000
RMSE	2.135	1.692	.652	8.138	.654	.714	1.035	1.602	2.717	4.780	6.508
MAPE	.921	.107	.704	1.099	.704	.782	.851	.905	1.015	1.090	1.096
MaxAPE	2.869	.675	1.916	4.402	1.964	2.012	2.396	2.716	3.394	3.997	4.323
MAE	1.636	1.292	.488	6.201	.494	.539	.805	1.223	2.071	3.628	4.901
MaxAE	5.632	4.612	1.509	22.967	1.564	1.740	2.610	4.260	6.638	12.768	17.490
正态化 BIC	1.222	1.296	-.651	4.330	-.644	-.539	.274	1.113	2.146	3.259	3.851

图 8.34　时间序列专家建模器模型拟合度表

（13）图 8.35 展示的是时间序列专家建模器模型统计量表。

32 个模型的预测变量数都是 0,也就是说我们在设置模型时没有选择“自变量”。自变量又被称为预测变量,因变量又被称为目标变量。模型拟合度统计包括 8 列,分别是“平稳 R 方”“R 方”“均方根误差”“平均绝对误差百分比”“平均绝对误差”“最大绝对误差百分比”“最大绝对误差”“正态化 BIC”。

以住宅小区 1 的模型为例,“平稳 R 方”为 0.553191,要好于简单均值模型;“R 方”为 0.998361,模型的解释能力很好;“均方根误差”为 1.034346;“平均绝对误差百分比”为 1.091927;“平均绝对误差”为 0.859437;“最大绝对误差百分比”为 2.852556;“最大绝对误差”为 2.004101;“正态化 BIC”为 0.272257。这些都说明模型的拟合程度很好,预测偏差不是很大,预测值（估计值）与实际值之间的差别比较小。

模型	预测变量数	模型拟合度统计							正态化 BI	杨-博克斯 Q(18)			离群值数
		平稳 R 方	R 方	RMSE	MAPE	MAE	MaxAPE	MaxAE		统计	DF	显著性	
住宅小区1	0	0.553	0.998	1.034	1.092	0.859	2.853	2.004	0.272	18.645	15	0.23	0
住宅小区2	0	0.172	0.999	4.145	1.018	3.421	2.577	9.119	2.98	36.714	16	0.002	0
住宅小区3	0	0.287	0.999	4.203	0.797	3.254	1.916	11.125	3.008	13.496	16	0.636	0
住宅小区4	0	0.303	0.999	1.131	0.849	0.901	2.432	2.235	0.382	20.131	16	0.214	0
住宅小区5	0	0.581	0.997	0.655	1.084	0.497	4.402	1.651	-0.64	12.164	15	0.667	0
住宅小区6	0	0.467	0.999	1.583	1.006	1.216	3.677	4.599	1.124	26.907	15	0.03	0
住宅小区7	0	0.373	0.999	1.768	0.822	1.275	2.725	5.415	1.277	19.768	17	0.286	0
住宅小区8	0	0.634	0.999	0.652	1.019	0.498	3.414	1.594	-0.651	15.614	15	0.408	0
住宅小区9	0	-6.66E-16	0.999	1.469	1.023	1.101	2.707	5.207	0.839	31.91	18	0.023	0

图 8.35　时间序列专家建模器模型统计量表（限于篇幅仅展示部分）

（14）图 8.36 展示的是时间序列专家建模器的离群值。

离群值

			估算	标准误差	t	显著性
住宅小区24的订户-模型_24	三月 2015	加性	.019	.005	3.848	.000
住宅小区29的订户-模型_29	一月 2015	加性	-.077	.020	-3.808	.000
	二月 2015	加性	-.042	.011	-3.685	.001

图 8.36　时间序列专家建模器的离群值

时间序列专家建模器的离群值包括3个：第一个是住宅小区 24 的订户-模型_24 的数据，日期是 2015 年 3 月，第二个和第三个都是住宅小区 29 的订户-模型_29 的数据，日期分别为 2015 年 1 月和 2015 年 2 月。这 3 个变量的显著性值都很小，说明离群的显著性水平很高。

（15）图 8.37 展示的是时间序列专家建模器的预测值表。

比如住宅小区 1 的订户-模型_1，在 2020 年 1 月的订奶量预测值（表中显示为"预测"）为 123.388015，上限值（表中显示为"UCL"）为 125.459258，下限值（表中显示为"LCL"）为 121.316773；在 2020 年 2 月的订奶量预测值为 124.985464，上限值为 127.914970，下限值为 122.055959。订奶量预测的值比较精准，上限与下限之间的差别不是很大，牛奶生产销售商可以据此开展针对住宅小区 1 的牛奶生产销售与配送。

其他住宅小区的情况读者可以按照同样的方法进行解读。

模型		一月 2020	二月 2020	三月 2020	四月 2020	五月 2020	六月 2020	七月 2020	八月 2020	九月 2020	十月 2020	十一月 2020	十二月 2020
住宅小区1	预测	123	125	126	128	129	131	132	133	135	137	138	138
	UCL	125	128	130	132	134	136	137	139	141	143	144	145
	LCL	121	122	123	124	125	126	126	128	128	130	131	131
住宅小区2	预测	572	589	606	624	641	658	675	693	710	727	744	762
	UCL	580	605	632	660	690	722	754	788	822	857	894	931
	LCL	563	573	581	587	591	595	597	598	598	597	595	592
住宅小区3	预测	617	613	609	605	601	597	593	589	585	581	577	573
	UCL	626	627	631	635	641	647	654	662	670	679	689	699
	LCL	609	599	587	575	562	547	532	516	500	483	465	447
住宅小区4	预测	188	190	191	192	193	194	196	197	198	199	201	202
	UCL	191	193	197	200	204	208	212	217	221	226	230	236
	LCL	186	186	185	184	183	181	179	177	175	173	171	168
住宅小区5	预测	70	70	71	72	73	73	74	74	75	76	77	78
	UCL	71	72	72	74	74	75	76	77	77	78	79	81
	LCL	68	69	69	70	71	71	72	72	73	73	74	75

图 8.37　时间序列专家建模器的预测值表（限于篇幅仅展示部分）

（16）图 8.38 展示的是时间序列专家建模器中每个估计模型的残差自相关图和偏自相关图。

需要强调的是，此处所提的残差自相关系数图是针对前面分析过程环节"单个模型的图"选项组的设置。因篇幅所限，此处只展示"住宅小区 1 的订户-模型_1"到"住宅小区 3 的订户-模型_3"每个估计模型的残差自相关图和偏自相关图，其中最左侧的编号（1、5、9、13、17、21 等）代表滞后（延迟）阶数。从中可以发现基本上所有估计模型的残差自相关系数和偏自相关系数都在置信区间内，说明大多数的模型残差是不存在自相关和偏自相关的。

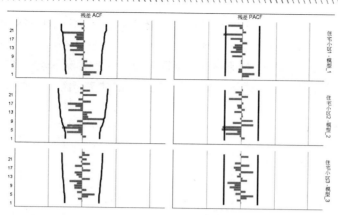

图 8.38 时间序列专家建模器残差自相关图和偏自相关图

（17）图 8.39 展示的是时间序列专家建模器中"住宅小区 1 的订户-模型_1"到"住宅小区 8 的订户-模型_8"每个估计模型的序列图。事实上我们有 32 个模型，但是 SPSS 对输出有限制，提示"序列图表或残差 ACF/PACF 图表已达到其最大大小。将仅显示前 30 个预测"，所以我们只得到了前 30 个模型的序列图，并且限于篇幅，本书只展示了 8 个。

在"住宅小区 1 的订户-模型_1"到"住宅小区 8 的订户-模型_8"的每个估计模型的序列图中，红色的实线代表实测值（实际的观察值）；中间垂直的粗线表示时间截断线，左边为估计期，右边为预测期；时间截断后，左侧的蓝色实线表示拟合值（依据模型计算的估计值），右侧的蓝色实现表示预测值（依据模型预测的预测值）；时间截断线右侧有两条虚线，上面的一条是预测上限值，下面的一条是预测下限值。在"住宅小区 1 的订户-模型_1"到"住宅小区 30 的订户-模型_30"的每个估计模型的序列图中，时间截断线左侧，实测值和拟合值基本重合，说明模型的拟合效果是非常不错的，模型较为完整和准确地反映了历史时间序列数据信息；时间截断线右侧，上下限之间是比较收敛的，说明预测的比较精准，围绕预测值较为收敛，可以很好地预测未来的订奶量，以便做出科学的生产、销售、配送安排。

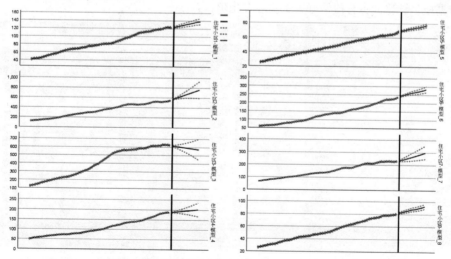

图 8.39 "住宅小区 1 的订户-模型_1"到"住宅小区 8 的订户-模型_8"序列图

（18）图 8.40 展示的是新生成的变量。

从"住宅小区 1"到"住宅小区 32"均各自生成了 4 个变量，共计 128 个变量。以"住宅小区 1"为例，生成的 4 个变量分别是："预测_住宅小区 1_模型_1"(来自住宅小区 1-模型_1 的预测值)、"LCL_住宅小区 1_模型_1"(来自住宅小区 1-模型_1 的预测下限)、"UCL_住宅小区 1_模型_1"(来自住宅小区 1-模型_1 的预测上限)、"NResidual_住宅小区 1_模型_1"(来自住宅小区 1-模型_1 的噪声残值)。

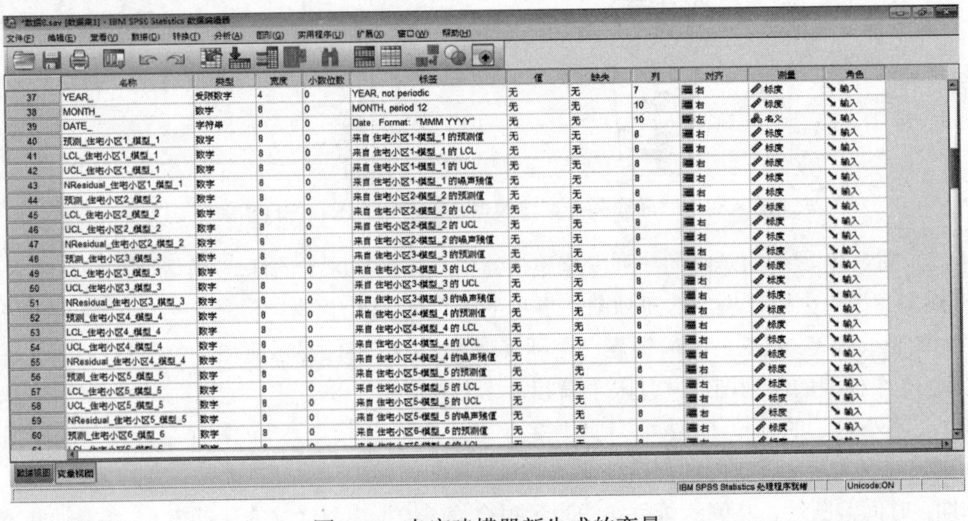

图 8.40　专家建模器新生成的变量

（19）图 8.41 展示的是估计期新生成的变量数据。

以"住宅小区 1"为例，其 2015 年 1 月"预测_住宅小区 1_模型_1"的值是 41，"LCL_住宅小区 1_模型_1"的值是 39，"UCL_住宅小区 1_模型_1"的值是 43，"NResidual_住宅小区 1_模型_1"的值是 0。根据我们建立的模型，"住宅小区 1"2015 年 1 月订奶量的拟合值是 41，拟合下限是 39，拟合上限是 43，残差是 0，也就是说"住宅小区 1"2015 年 1 月订奶量的实际发生值也是 41，依据模型计算的拟合值恰好等于实际发生值。

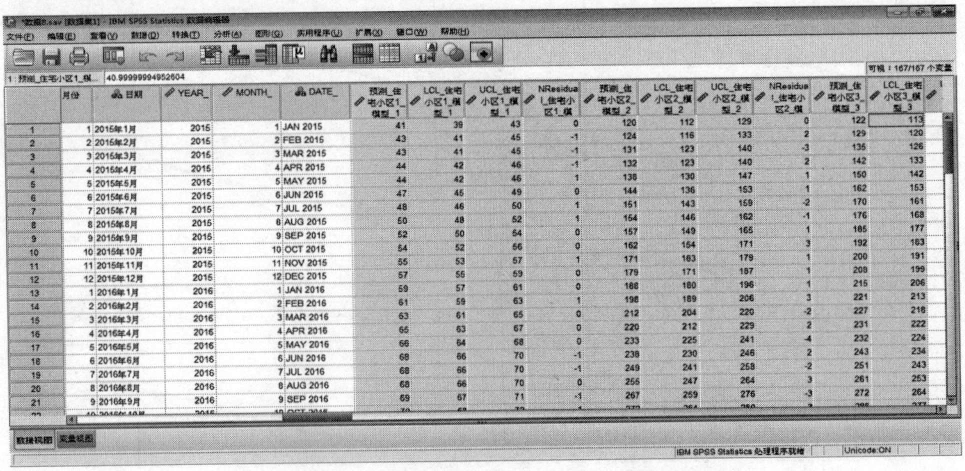

图 8.41　专家建模器估计期新生成的变量数据

（20）图 8.42 展示的是专家建模器预测期新生成的变量数据。

以"住宅小区 1"为例，其 2020 年 1 月"预测_住宅小区 1_模型_1"的值是 123，"LCL_住宅小区 1_模型_1"的值是 121，"UCL_住宅小区 1_模型_1"的值是 125，"NResidual_住宅小区 1_模型_1"的值还未生成（因为还没有实际发生值，当前为预测阶段）。也就是说，根据我们建立的模型，"住宅小区 1"2020 年 1 月订奶量的预测值是 123，预测的下限是 121，预测的上限是 125。

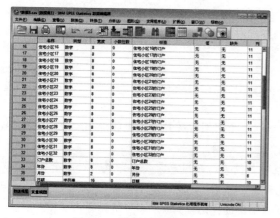

图 8.42　专家建模器预测期新生成的变量数据

8.4　通过应用保存的模型重新进行批量预测

| 下载资源:\video\第 8 章\8.2 |
| 下载资源:\sample\数据 8 刷新 |

本部分我们延续前面对 XX 牛奶生产销售配送一体化运营商（虚拟名，如有雷同纯属巧合）32 个小区 2015 年至 2019 年的订奶量数据，但是在此基础上进行了延伸，2020 年上半年的实际数据也出来了，我们把这些数据整合进"数据 8"文件，形成"数据 8 刷新"文件。

8.4.1　专家建模器分析过程

01 选择"文件 | 打开 | 数据"命令，打开数据 8 刷新文件，如图 8.43 所示。

02 选择"分析 | 时间序列预测 | 应用传统模型"命令，弹出"应用时间序列模型"对话框，如图 8.44 所示。

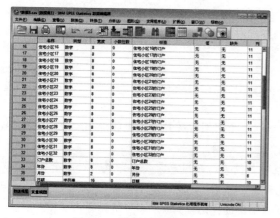

图 8.43　数据 8 刷新

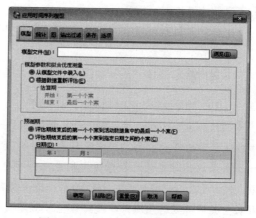

图 8.44　"应用时间序列模型"对话框

"应用时间序列模型"对话框包括6个选项卡，分别是"模型""统计""图""输出过滤""保存""选项"。

1. "模型"选项卡

我们首先需要找到之前保存的模型文件。在上节中我们把形成的模型文件命名为"模型8"，并且保存到了本地磁盘中的C盘。单击"模型"选项卡"模型文件"列表框右侧的"浏览"按钮，即可弹出如图8.45所示的"打开时间序列模型文件"对话框。在其中选择"模型8.xml"，然后单击"打开"按钮返回。

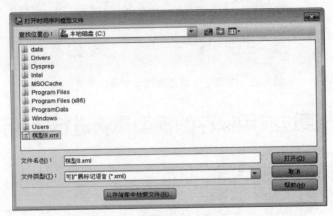

图8.45　"打开时间序列模型文件"对话框

"模型"选项卡包括"模型参数和拟合优度测量"选项组和"预测期"选项组。

（1）"模型参数和拟合优度测量"选项组

"模型参数和拟合优度测量"选项组包括"从模型文件中装入"选项和"根据数据重新评估"选项。

如果用户想把新的时间序列值合并到预测模型中，就应该在"模型参数和拟合优度测量"选项组中选择"根据数据重新评估"选项，选择"根据数据重新评估"选项后，"应用时间序列模型"过程将重新估计模型参数，但模型的结构保持不变，因此要重新估计的计算时间比构建模型所需的原始计算时间将会短得多。

选择"根据数据重新评估"选项后，估算期将被激活，系统默认设置是从第一个个案开始，到最后一个个案结束。

本例中我们选择"根据数据重新评估"选项。

（2）"预测期"选项组

"预测期"选项组中包括"评估期结束后的第一个个案到活动数据集中的最后一个个案""评估期结束后的第一个个案到指定日期之间的个案"两个选项。

如果评估期在活动数据集中的最后一个个案之前结束，而用户需要直到最后一个个案的预测值，则需要选择"评估期结束后的第一个个案到活动数据集中的最后一个个案"选项。该选项通常用来生成保持期的预测，以便将模型预测与实际值子集进行比较。

"评估期结束后的第一个个案到指定日期之间的个案"选项通常用于在实际序列结束后生成

预测，比如本例中我们针对 2020 年的订奶量情况进行预测，就需要选择"评估期结束后的第一个个案到指定日期之间的个案"选项，然后在下方的"日期"文本框中的"年"中输入"2020"、"月"中输入"12"。

　　设置完成后的"应用时间序列模型"对话框"模型"选项卡如图 8.46 所示。

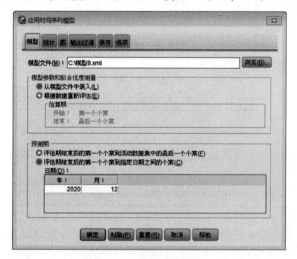

图 8.46　"应用时间序列模型"对话框"模型"选项卡

2. "统计"选项卡

　　在"应用时间序列模型"对话框中切换到"统计"选项卡，如图 8.47 所示。"统计"选项卡包括"按模型显示拟合测量、杨-博克斯统计和离群值数目"选项、"拟合测量"选项组、"用于比较模型的统计"选项组、"单个模型的统计"选项组以及"显示预测值"选项等内容。

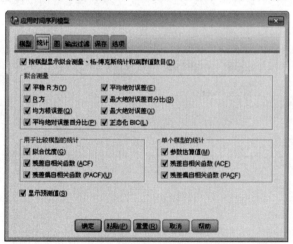

图 8.47　"应用时间序列模型"对话框"统计"选项卡

　　本例中，为观察实验效果，我们选中所有选项。

3. "图"选项卡

　　在"应用时间序列模型"对话框中切换到"图"选项卡，如图 8.48 所示。"图"选项卡包括

"用于比较模型的图"和"单个模型的图"两个选项组。

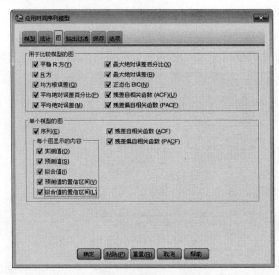

图 8.48   "应用时间序列模型"对话框"图"选项卡

本例中，为观察实验效果，我们选中所有选项。

4. "输出过滤"选项卡

在"应用时间序列模型"对话框中切换到"输出过滤"选项卡，如图 8.49 所示。"输出过滤"选项卡包括"在输出中包括所有模型"和"根据拟合优度过滤模型"两个选项。如果勾选"根据拟合优度过滤模型"选项，则该选项下方的"显示"选项框将被激活，用户可以根据研究需要自行设置。"显示"选项框中包括"最佳拟合模型"和"最差拟合模型"两个选项组，以及"拟合优度测量"选项。

图 8.49   "应用时间序列模型"对话框"输出过滤"选项卡

用户如果选择"拟合优度测量"选项，则系统将输出用于过滤模型的拟合优度测量。可用的过滤模型的拟合优度测量方法，如图 8.50 所示有 8 种，默认值为"平稳 R 方"。

本例中，我们采取系统默认设置，即"在输出中包括所有模型"。

5. "保存"选项卡

在"应用时间序列模型"对话框中切换到"保存"选项卡，如图 8.51 所示。"保存"选项卡包括"保存变量"和"导出模型文件"两个选项组。

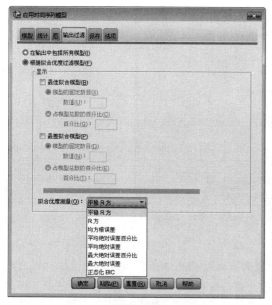

图 8.50　拟合优度测量方法　　　　图 8.51　"应用时间序列模型"对话框"保存"选项卡

本例中，我们针对"保存变量"选项组勾选"预测值""置信区间下限""置信区间上限""噪声残值"4 个选项；针对"导出模型文件"选项组，我们选择"XML 文件"，然后单击后面的"浏览"按钮，即可弹出如图 8.52 所示的对话框，在该对话框中用户可以设置文件的保存位置和需要保存的文件名。

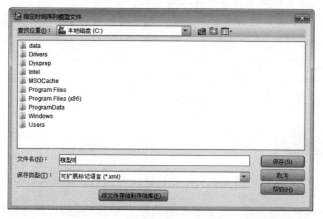

图 8.52　"指定时间序列模型文件"对话框

本例中我们指定文件名为"模型 8"，保存在本地磁盘的 C 盘。

6. "选项"选项卡

在"应用时间序列模型"对话框中切换到"选项"选项卡，如图 8.53 所示。"选项"选项卡中包括"用户缺失值"两个选项组，以及"置信区间宽度""ACF 和 PACF 输出中显示的最大延迟数"两个选项。

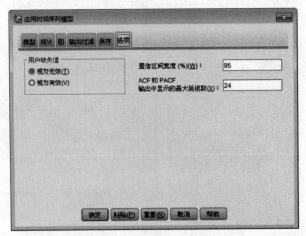

图 8.53 "应用时间序列模型"对话框"保存"选项卡

（1）"用户缺失值"选项组

"用户缺失值"选项组包括"视为无效"和"视为有效"两个选项。如果用户选择"视为无效"选项，那么系统中的数据缺失值当作系统缺失值处理；如果用户选择"视为有效"选项，那么系统中的数据缺失值当作有效数据处理。

（2）"置信区间宽度"选项

用户使用"置信区间宽度"选项可以为模型预测值和残差自相关计算置信区间。可以指定小于 100 的任何正数。默认情况下使用 95% 的置信区间。

（3）"ACF 和 PACF 输出中显示的最大延迟数"选项

用户使用"ACF 和 PACF 输出中显示的最大延迟数"选项可以设置在自相关和偏自相关表和图中显示的最大延迟数。

本例中我们采用系统默认设置。

03 单击"运行"按钮，进入计算分析。

8.4.2 结果分析

在 SPSS "主界面"对话框的结果窗口中我们可以看到如下分析结果：

（1）图 8.54 展示的是时间序列专家建模器的模型描述。我们可以看到针对 32 个住宅小区变量，系统都建立了单独的模型，其中有的是温特斯加性模型，有的是霍尔特模型，有的是 ARIMA 模型。

模型描述

模型 ID		模型类型
住宅小区1的订户	模型 1	温特斯加性
住宅小区2的订户	模型 2	霍尔特
住宅小区3的订户	模型 3	霍尔特
住宅小区4的订户	模型 4	霍尔特
住宅小区5的订户	模型 5	温特斯加性
住宅小区6的订户	模型 6	温特斯加性
住宅小区7的订户	模型 7	ARIMA(1,1,0)(0,0,0)
住宅小区8的订户	模型 8	温特斯加性
住宅小区9的订户	模型 9	ARIMA(0,1,0)(0,0,0)
住宅小区10的订户	模型 10	温特斯加性
住宅小区11的订户	模型 11	ARIMA(1,1,0)(0,0,0)
住宅小区12的订户	模型 12	霍尔特
住宅小区13的订户	模型 13	霍尔特
住宅小区14的订户	模型 14	霍尔特
住宅小区15的订户	模型 15	温特斯加性
住宅小区16的订户	模型 16	温特斯加性
住宅小区17的订户	模型 17	霍尔特
住宅小区18的订户	模型 18	霍尔特
住宅小区19的订户	模型 19	霍尔特
住宅小区20的订户	模型 20	霍尔特
住宅小区21的订户	模型 21	温特斯加性
住宅小区22的订户	模型 22	温特斯加性
住宅小区23的订户	模型 23	霍尔特
住宅小区24的订户	模型 24	ARIMA(0,2,1)(0,0,0)
住宅小区25的订户	模型 25	温特斯加性
住宅小区26的订户	模型 26	霍尔特
住宅小区27的订户	模型 27	霍尔特
住宅小区28的订户	模型 28	霍尔特
住宅小区29的订户	模型 29	ARIMA(1,1,0)(1,1,0)
住宅小区30的订户	模型 30	ARIMA(0,1,0)(0,0,0)
住宅小区31的订户	模型 31	霍尔特
住宅小区32的订户	模型 32	温特斯加性

图 8.54　时间序列专家建模器的模型描述

（2）图 8.55 展示的是时间序列专家建模器平稳 R 方的模型摘要图表。

32 个模型"平稳 R 方"的平均值是 0.26，标准差是 0.168。所有模型的"平稳 R 方"都是为正值，说明对于所有模型来说，我们拟合的模型比简单均值模型拟合效果要好。

（3）图 8.56 展示的是时间序列专家建模器 R 方的模型摘要图表。

32 个模型"R 方"的平均值是 1.00，标准差为 0.002。"R 方"越大，说明模型的拟合优度越大，时间序列的总变动可以被模型解释的程度越大，拟合效果越好。在本例中，32 个模型的"R 方"值都是接近于 1 的，说明这些模型的拟合效果是很不错的。

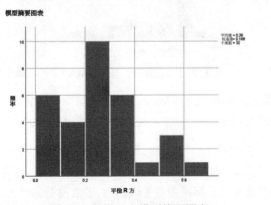

图 8.55　平稳 R 方模型摘要图表

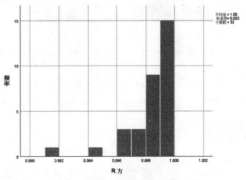

图 8.56　R 方模型摘要图表

（4）图 8.57 展示的是时间序列专家建模器均方根误差（RMSE）的模型摘要图表。

本例中，32 个模型的"均方根误差"的平均值是 2.50，标准差是 1.770，也就是说因变量序列与其模型预测水平的相差程度是比较低的，只有 2.5 个左右。

（5）图 8.58 展示的是时间序列专家建模器平均绝对误差百分比（MAPE）的模型摘要图表。

本例中，32 个模型的"平均绝对误差百分比（MAPE）"的平均值是 1.10，标准差是 0.370，最小的 0.5 以上，最大的 2.5 以下，同样说明因变量序列与其模型预测水平的相差程度是比较低的。

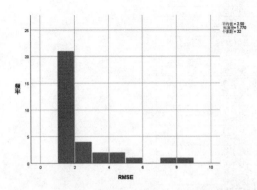
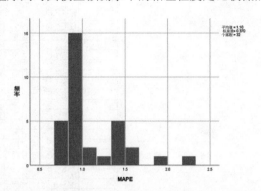

图 8.57　均方根误差（RMSE）模型摘要图表　　图 8.58　平均绝对误差百分比（MAPE）模型摘要图表

（6）图 8.59 展示的是时间序列专家建模器平均绝对误差（MAE）的模型摘要图表。

本例中，32 个模型的"平均绝对误差"的平均值是 1.86，标准差是 1.263，同样说明因变量序列与其模型预测水平的相差程度是比较低的。

（7）图 8.60 展示的是时间序列专家建模器最大绝对误差百分比（MaxMAE）的模型摘要图表。

本例中，32 个模型的"最大绝对误差百分比"的最大值在 11 左右，说明所有模型的最大失误可能有 11%的偏差。

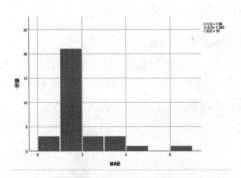
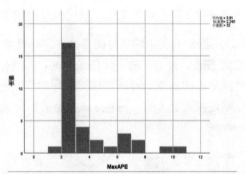

图 8.59　平均绝对误差（MAE）模型摘要图表　图 8.60　最大绝对误差百分比（MaxMAE）模型摘要图表

（8）图 8.61 展示的是时间序列专家建模器最大绝对误差（MaxME）的模型摘要图表。

本例中，32 个模型的"最大绝对误差"的最大值在 40 个以下，说明所有模型的最大失误也就是 40 个奶的偏差。

（9）图 8.62 展示的是时间序列专家建模器正态化 BIC 的模型摘要图表。

本例中，32 个模型的"正态化 BIC"的均值是 1.67，标准差是 1.016，大多数模型的"正态化 BIC"都是比较小的，模型的质量比较不错。

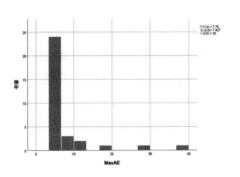

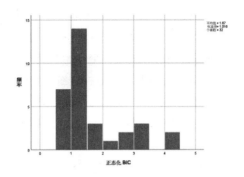

图 8.61　最大绝对误差（MaxME）的模型摘要图表　　　图 8.62　正态化 BIC 的模型摘要图表

（10）图 8.63 展示的是时间序列专家建模器残差自相关系数图。

滞后（延迟）24 期的残差中位数基本上是围绕着 0 上下波动的，说明生成的模型在估计方面损失的信息量是很少的，或者说是比较准确的，拟合效果比较理想。

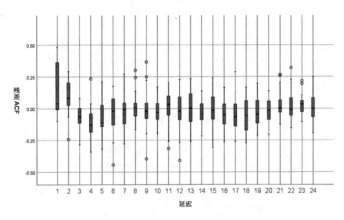

图 8.63　时间序列专家建模器残差自相关系数图

（11）图 8.64 展示的是时间序列专家建模器残差偏自相关系数图。

滞后（延迟）24 期的残差中位数基本上是围绕着 0 上下波动的，同样说明生成的模型在估计方面损失的信息量是很少的，或者说是比较准确的，拟合效果比较理想。

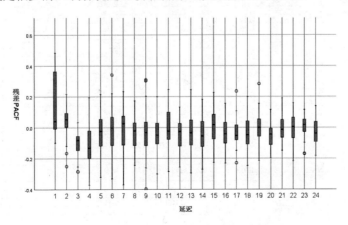

图 8.64　时间序列专家建模器残差偏自相关系数图

（12）图8.65展示的是时间序列专家建模器模型拟合度表。

模型拟合度表中包括8个拟合统计量，自上而下分别是"平稳R方""R方""均方根误差""平均绝对误差百分比""平均绝对误差""最大绝对误差百分比""最大绝对误差""正态化BIC"。从左到右各列分别是拟合统计量的名称、拟合统计量的平均值、拟合统计量的标准误差、拟合统计量的最小值、拟合统计量的最大值、拟合统计量的百分位数（分别是5%、10%、25%、50%、75%、90%、95%）。以平稳R方这一拟合统计量为例，其平均值是0.258120，标准误差是0.168141，最小值是-8.8818E-16，最大值是0.627610，百分位数（5%、10%、25%、50%、75%、90%、95%）分别是（1.0603E-15、0.031943、0.155088、0.248604、0.348305、0.533486、0.600054）。

模型摘要

模型拟合度

拟合统计	平均值	标准误差	最小值	最大值	百分位数						
					5	10	25	50	75	90	95
平稳R方	.258	.168	-8.882E-16	.628	1.060E-15	.032	.155	.249	.348	.533	.600
R方	.998	.002	.992	1.000	.994	.997	.998	.999	.999	.999	1.000
RMSE	2.495	1.770	1.210	8.751	1.214	1.318	1.546	1.781	2.798	5.053	7.828
MAPE	1.098	.370	.691	2.273	.750	.804	.860	.924	1.377	1.610	2.054
MaxAPE	3.906	2.245	1.918	10.356	2.039	2.121	2.561	2.741	4.997	7.353	9.784
MAE	1.856	1.263	.812	6.422	.865	1.006	1.160	1.346	2.164	3.741	5.380
MaxAE	7.697	7.427	3.392	37.433	3.531	3.810	4.285	4.967	6.713	16.280	31.856
正态化BIC	1.668	1.016	.508	4.465	.515	.635	1.062	1.295	2.188	3.356	4.235

图8.65　时间序列专家建模器模型拟合度表

（13）图8.66展示的是时间序列专家建模器模型统计量表。

32个模型的预测变量数都是0，也就是说我们在设置模型时没有选择"自变量"。模型拟合度统计包括8列，分别是"平稳R方""R方""均方根误差""平均绝对误差百分比""平均绝对误差""最大绝对误差百分比""最大绝对误差""正态化BIC"。

模型统计

模型	预测变量数	模型拟合度统计								杨-博克斯Q(18)			离群值数
		平稳R方	R方	RMSE	MAPE	MAE	MaxAPE	MaxAE	正态化BI	统计	DF	显著性	
住宅小区1的	0	0.392	0.997	1.663	1.455	1.233	7.444	4.903	1.207	31.676	15	0.007	0
住宅小区2的	0	0.191	0.999	4.265	0.948	3.322	2.691	9.938	3.028	34.153	16	0.005	0
住宅小区3的	0	0.264	0.999	4.233	0.781	3.33	1.918	11.124	3.013	13.499	16	0.636	0
住宅小区4的	0	0.214	0.999	1.351	0.877	1.05	2.394	3.606	0.729	24.243	16	0.084	0
住宅小区5的	0	0.331	0.992	1.598	2.273	1.142	10.356	5.051	1.129	30.132	15	0.011	0
住宅小区6的	0	0.285	0.999	1.92	1.219	1.505	4.774	4.954	1.495	34.228	15	0.003	0
住宅小区7的	0	0.354	0.999	1.811	0.811	1.324	2.738	5.371	1.317	25.281	17	0.089	0
住宅小区8的	0	0.244	0.995	1.555	1.935	1.064	9.475	4.981	1.073	40.772	15	0	0
住宅小区9的	0	-8.88E-16	0.999	1.539	0.88	1.158	2.744	5.127	0.927	37.307	18	0.005	0
住宅小区10	0	0.541	0.999	1.861	0.856	1.449	2.565	4.449	1.433	40.738	15	0	0
住宅小区11	0	0.314	0.998	1.481	1.105	1.184	3.287	3.392	0.914	7.881	17	0.969	0
住宅小区12	0	0.068	0.999	7.331	0.887	4.818	3.369	37.433	4.111	26.089	16	0.053	0
住宅小区13	0	0.331	0.999	3.347	0.916	2.43	2.609	12.786	2.543	12.372	16	0.718	0
住宅小区14	0	0.148	0.999	1.863	0.871	1.469	2.117	4.264	1.372	19.887	16	0.225	0
住宅小区15	0	0.264	0.998	1.543	1.433	1.137	7.14	4.571	1.059	25.835	15	0.04	0
住宅小区16	0	0.208	0.998	1.59	1.534	1.241	6.091	4.349	1.117	42.119	15	0	0
住宅小区17	0	0.178	0.997	1.21	1.362	0.812	5.072	4.047	0.508	10.123	16	0.86	0
住宅小区18	0	0.03	0.999	3.525	1.033	2.803	2.804	9.106	2.647	25.064	16	0.069	0
住宅小区19	0	0.234	1	5.391	0.884	3.918	2.104	17.777	3.496	21.921	16	0.146	0
住宅小区20	0	0.04	1	8.751	0.834	6.422	2.129	28.852	4.465	19.649	16	0.236	0
住宅小区21	0	0.585	0.999	1.789	0.801	1.335	2.597	4.705	1.354	44.505	15	0	0
住宅小区22	0	0.036	0.997	1.664	1.642	1.219	6.278	4.677	1.209	53.13	15	0	0
住宅小区23	0	0.294	0.998	1.216	1.383	0.894	4.017	4.034	0.518	12.935	16	0.677	0
住宅小区24	0	0.354	0.999	2.123	0.691	1.489	2.56	6.024	1.635	12.58	17	0.764	1
住宅小区25	0	0.628	0.999	2.272	0.833	1.75	2.172	6.321	1.831	41.337	15	0	0
住宅小区26	0	0.253	0.999	1.68	0.937	1.358	2.638	4.556	1.164	15.068	16	0.52	0
住宅小区27	0	0.472	0.999	2.974	0.93	2.303	3.184	6.843	2.307	28.629	16	0.027	0
住宅小区28	0	0.178	0.999	1.508	0.93	1.166	2.195	3.789	0.948	19.94	16	0.223	0
住宅小区29	0	0.516	0.998	2.001	0.892	1.391	3.608	5.774	1.687	12.11	17	0.736	2
住宅小区30	0	2.11E-15	0.999	1.304	0.919	0.987	2.678	4.082	0.595	14.119	18	0.721	0
住宅小区31	0	0.244	0.999	1.773	0.842	1.413	2.57	3.859	1.272	10.427	18	0.843	0
住宅小区32	0	0.07	0.999	1.719	1.432	1.269	6.678	5.554	1.273	57.923	15	0	0

图8.66　时间序列专家建模器模型统计量表

以住宅小区 1 的模型为例，其"平稳 R 方"为 0.392142，要好于简单均值模型，"R 方"为 0.996859，模型的解释能力很好，"均方根误差"为 1.662637，"平均绝对误差百分比"为 1.455375，"平均绝对误差"为 1.232740，"最大绝对误差百分比"为 7.444058，"最大绝对误差"为 4.902782，"正态化 BIC"为 1.207248，这些都说明模型的拟合程度很好，预测偏差不是很大，预测值（估计值）与实际值之间的差别比较小。

（14）图 8.67 展示的是时间序列专家建模器的离群值。

时间序列专家建模器的离群值包括 3 个，第一个是住宅小区 24 的订户-模型_24 的数据，日期为 2015 年 3 月，第二个和第三个都是住宅小区 29 的订户-模型_29 的数据，日期分别为 2015 年 1 月和 2015 年 2 月。这 3 个变量的显著性值都很小，说明离群的显著性水平很高。

离群值

			估算	标准误差	t	显著性
住宅小区24的订户-模型_24	三月 2015	加性	.019	.005	3.931	.000
住宅小区29的订户-模型_29	一月 2015	加性	-.078	.020	-3.818	.000
	二月 2015	加性	-.042	.011	-3.683	.001

图 8.67 时间序列专家建模器的离群值

（15）图 8.68 展示的是时间序列专家建模器的预测值表。

32 个住宅小区在 2020 年 7 月至 12 月的订奶量预测数据都得到了展示。这些数据项包括预测值、预测的上限值、预测的下限值。比如住宅小区 1 的订户-模型_1，在 2020 年 7 月的订奶量预测值为 154.099378，上限值为 157.421893，下限值为 150.776864，在 2020 年 8 月的订奶量预测值为 156.827882，上限值为 161.742274，下限值为 151.913489。订奶量预测的值比较精准，上限与下限之间的差别不是很大，牛奶生产销售商可以据此开展针对住宅小区 1 的牛奶生产销售与配送。其他住宅小区的情况可以按照同样的方法进行解读。

	预测					
模型	七月 2020	八月 2020	九月 2020	十月 2020	十一月 2020	十二月 2020
住宅小区1的 预测	154	157	160	163	166	169
UCL	157	162	166	171	175	179
LCL	151	152	153	156	157	158
住宅小区2的 预测	593	598	603	608	613	619
UCL	602	614	626	640	654	669
LCL	585	583	580	577	573	568
住宅小区3的 预测	657	663	668	673	678	683
UCL	666	677	690	703	717	733
LCL	649	648	646	642	638	633
住宅小区4的 预测	224	229	234	239	244	249
UCL	227	234	241	248	256	263
LCL	221	224	227	230	233	235

图 8.68 时间序列专家建模器的预测值表（仅展示部分）

（16）图 8.69 展示的是时间序列专家建模器中每个估计模型的残差自相关图和偏自相关图。

需要提示和强调的是，此处所提的残差自相关系数图是针对前面分析过程环节"单个模型的图"选项组的设置。因篇幅所限，此处只展示"住宅小区 1 的订户-模型_1"到"住宅小区 3 的订户-模型_3"每个估计模型的残差自相关图和偏自相关图。图中最左侧的编号（1、5、9、13、17、21 代表滞后（延迟）阶数），可以发现基本上所有估计模型的残差自相关系数和偏自相关系数都在置信区间内，说明大多数的模型残差是不存在自相关和偏自相关的。

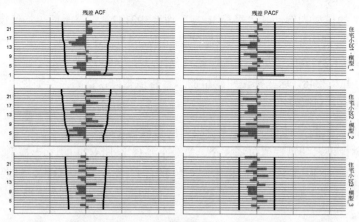

图 8.69　时间序列专家建模器残差偏自相关图和残差自相关图

（17）图 8.70 展示的是时间序列专家建模器中"住宅小区 1 的订户-模型_1"到"住宅小区 8 的订户-模型_8"的每个估计模型的序列图。

事实上我们有 32 个模型，但是 SPSS 对输出有限制，提示"序列图表或残差 ACF/PACF 图表已达到其最大大小。将仅显示前 30 个预测"，所以我们只得到了前 30 个模型的序列图。同时限于篇幅，我们仅展示前 8 个。在"住宅小区 1 的订户-模型_1"到"住宅小区 8 的订户-模型_8"的每个估计模型的序列图中，红色的实线代表实测值（实际的观察值）；中间垂直的粗线表示时间截断线，左边为估计期，右边为预测期；时间截断后，左侧的蓝色实线表示拟合值（依据模型计算的估计值），右侧的蓝色实线表示预测值（依据模型预测的预测值）；时间截断线右侧有两条虚线，其中上面的一条是预测上限值，下面的一条是预测下限值。在"住宅小区 1 的订户-模型_1"到"住宅小区 8 的订户-模型_8"的每个估计模型的序列图中，时间截断线左侧，实测值和拟合值基本重合，说明模型的拟合效果是非常不错的，模型较为完整和准确地反映了历史时间序列数据信息；时间截断线右侧，上下限之间是比较收敛的，说明预测的也比较精准，围绕预测值较为收敛，可以很好地预测未来的订奶量，以便做出科学的生产、销售、配送安排。

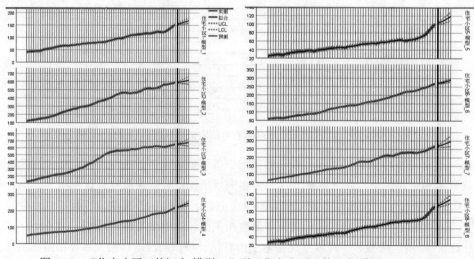

图 8.70　"住宅小区 1 的订户-模型_1"到"住宅小区 8 的订户-模型_8"序列图

（18）图 8.71 展示的是新生成的变量。

从"住宅小区 1"到"住宅小区 32"均各自生成了 4 个变量，共计 128 个变量。以"住宅小区 1"为例，生成的 4 个变量分别是："预测_住宅小区 1_模型_1""LCL_住宅小区 1_模型_1""UCL_住宅小区 1_模型_1""NResidual_住宅小区 1_模型_1"。

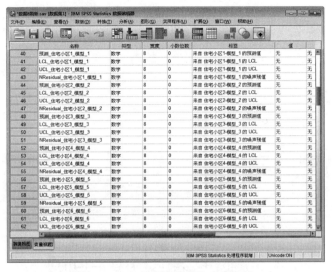

图 8.71　专家建模器新生成的变量

（19）图 8.72 展示的是估计期新生成的变量数据。

以"住宅小区 1"为例，其 2015 年 1 月"预测_住宅小区 1_模型_1"的值是 41，"LCL_住宅小区 1_模型_1"的值是 38，"UCL_住宅小区 1_模型_1"的值是 44，"NResidual_住宅小区 1_模型_1"的值是 0。根据我们建立的模型，"住宅小区 1"2015 年 1 月订奶量的拟合值是 41，拟合下限是 38，拟合上限是 44，残差是 0，也就是说"住宅小区 1"2015 年 1 月订奶量的实际发生值也是 41，依据模型计算的拟合值恰好等于实际发生值。

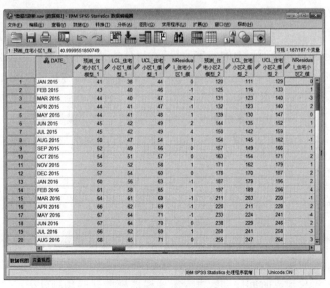

图 8.72　专家建模器估计期新生成的变量数据

（20）图 8.73 展示的是专家建模器预测期新生成的变量数据。

以"住宅小区 1"为例，其 2020 年 7 月"预测_住宅小区 1_模型_1"的值是 154，"LCL_住宅小区 1_模型_1"的值是 151，"UCL_住宅小区 1_模型_1"的值是 157，"NResidual_住宅小区 1_模型_1"的值还未生成（因为还没有实际发生值，当前为预测阶段）。也就是说，根据我们建立的模型，"住宅小区 1"2020 年 7 月订奶量的预测值是 154，预测的下限是 151，预测的上限是 157。

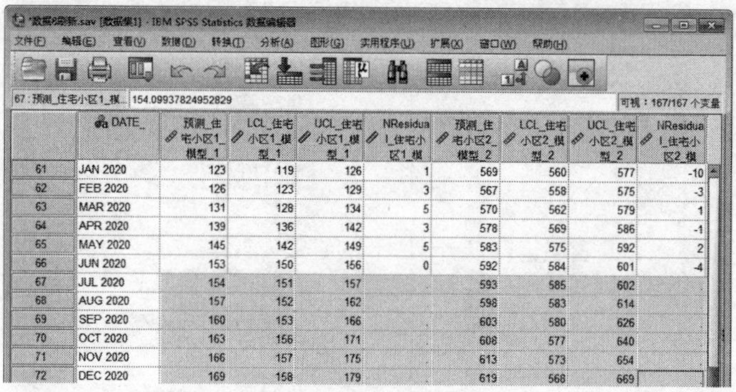

图 8.73 专家建模器预测期新生成的变量数据

8.5 研究结论与重点回顾

本章结合具体实例详细介绍了 SPSS 的"分析｜时间序列预测"模块在住宅小区订奶量预测分析建模技术中的应用。

本章使用的案例数据是来自 XX 牛奶生产销售配送一体化运营商（虚拟名，如有雷同纯属巧合）32 个小区的 2015 年至 2019 年的订奶量数据，具体包括 32 个小区逐月统计的订奶量。本章使用的分析方法主要是"分析｜时间序列预测｜创建传统模型"和"分析｜时间序列预测｜应用传统模型"功能，通过"分析｜时间序列预测｜创建传统模型"来生成一个预测模型，通过"分析｜分析｜时间序列预测｜应用传统模型"来应用这一生成的模型预测 32 个小区 2020 年的订奶量。

针对时间序列数据，在分析前要定义日期，以"告知"系统是什么类型的时间序列变量。 本章使用的建模技术是时间序列预测中的专家建模器，该建模技术的最大特色是会自动查找每个序列的最佳拟合模型。如果指定了自变量（预测）变量，则专家建模器为 ARIMA 模型中的内容选择那些与该相依序列具有统计显著性关系的模型。适当时，使用差分和/或平方根或自然对数变换对模型变量进行转换。默认情况下，专家建模器既考虑指数平滑法模型也考虑 ARIMA 模型。当然，用户也可以将专家建模器限制为仅搜索 ARIMA 模型或仅搜索指数平滑法模型，还可以指定自动检测离群值。

对"时间序列建模器"对话框的 6 个选项卡（"变量""统计""图""输出过滤""保存""选项"）以及"应用时间序列模型"对话框的 6 个选项卡（"模型""统计""图""输出过滤""保存""选项"）中的各项设置进行了详细介绍。

本章定义了一个预测订奶量的模型，该模型可以随着时间的更新同步实时更新。如果读者需要针对自身设定的研究对象进行分析，就需要搜集该研究对象的相关数据，然后应用本章介绍的方法开展分析，为研究对象建立时间序列数据专家建模器模型开展预测分析。

第9章 手机游戏玩家体验评价

影响因素建模分析

随着智能手机的广泛普及，4G 乃至 5G 网络的逐步全面覆盖，各类手机游戏在公众中流行起来，成为大众娱乐的重要组成部分。手机游戏产业也作为一种新兴产业如雨后春笋般崛起，成为第三产业的重要组成部分。手机游戏作为一种娱乐消费品，在市场上能够推广成功的关键就在于探知游戏消费者的真实需求，找到消费者的关键感知点、兴趣点，然后加以针对性的提高、改进，达到优化游戏产品、拓展新增用户，或者提高存量客户黏性的目的。理论上，有很多因素可以影响手机游戏玩家的用户体验，比如游戏是否足够流行，有着广泛的受众群体，玩家数量众多，又比如游戏对于手机硬件、网速和流量的要求，再比如手机游戏内容的趣味性、界面优美程度、是否便于操控等，那么究竟哪些因素是更为关键的考虑因素，或者说在消费者心目中的考量权重更高？这时候就需要手机游戏运营推广商进行相应的市场调研，建立恰当合适的模型，探究影响手机游戏玩家体验评价的关键因素。SPSS 作为一种功能强大的统计分析软件，完全可以用来研究手机游戏玩家体验评价影响因素，定量分析变量之间的联系与区别。

9.1 建模技术

在建模技术方面，我们首先要确定研究的因变量（又被称为目标变量、被解释变量）和自变量（又被称为预测变量、解释变量）。本例中的因变量比较好确定，就是手机玩家的体验评价得分。我们需要结合实际研究背景，从理论上找到关联关系预期比较高的影响因素，然后考虑影响因素的可测性以及相对应的数据的可得性，然后从影响因素中归纳出合适的变量，作为自变量。

本节我们在充分考虑我国手机游戏市场特征的基础上，紧密结合手机游戏玩家的消费习惯，参照已有的研究文献，以手机玩家的体验评价得分（Y）为因变量，构建起包括游戏流行程度（X_1）、游戏资源要求（X_2）、游戏花费成本（X_3）、游戏具体内容（X_4）和游戏广告植入（X_5）五大方面影响因素的手机游戏玩家体验评价影响因素理论模型。

$$Y = f(X_1, X_2, X_3, X_4, X_5)$$

1. 游戏流行程度

游戏流行程度指的是游戏在公众中的知名度以及游戏玩家的数量。一款游戏的知名度越高，就越能引起玩家的注意，玩家周边的同类玩家人群也会比较多，在游戏中更容易找到游戏同伴，在游戏之中或者游戏之外的交流中获得的效用也会越大。游戏玩家的数量在一定程度上是能够反映游戏流行程度的，也会在一定程度上影响游戏消费者的综合体验评价。

2. 游戏资源要求

玩家玩手机游戏时需要一定的游戏资源。一个显而易见的事实是，所有的游戏在运行时都要占据一定的存储空间，都要使用一定的运行内存，都会占用一定的网速或者耗费一定的流量（纯单机游戏除外），这些游戏资源方面的要求也是影响玩家综合体验评价的关键因素。可以预期的是，如果一款手机游戏对于资源的要求比较高，消费者在玩的过程中经常出现卡顿现象，那么肯定会影响消费者的综合体验评价。

3. 游戏花费成本

玩家玩手机游戏是要花费成本的，既包括金钱方面的成本，也包括时间方面的成本和脑力方面的成本。如果一款手机游戏的花费成本对于消费者来说相对较高，或者需要占用的游戏时间比较长，那么势必会影响消费者的玩家体验。但是影响方向是不确定的，比如玩手机游戏的脑力方面的成本，有的消费者比较反感特别考验智商的"烧脑游戏"，但是也有很多消费者乐在其中，比如针对一些特殊爱好的玩家，越是复杂难解的游戏反而越喜欢，从游戏中获得的成就感和满足感越强。

4. 游戏具体内容

游戏具体内容包括游戏界面、游戏操控和游戏趣味性等，这些也是构成游戏的核心要素。玩家之所以玩游戏，为的就是从游戏中获取娱乐效用，而娱乐效用的关键因子或者体现的关键方面就包括游戏界面的华丽或者友好性、游戏操控的难易程度以及游戏本身是否具有足够的吸引力、趣味性是否足够强。可以预期的是，如果游戏玩家特别重视游戏具体内容，比如对于游戏的趣味性很重视，同时针对具体游戏内容给予的评分比较高，那么其综合体验评价也会相对较高，影响方向是同方向的正向影响。

5. 游戏广告植入

在手机游戏行业，广告收入也是游戏收入整体的重要组成部分，游戏生产运营商通过与广告商进行合作，可以帮助广告商扩大销售，从中获取较为可观的利润。但是不可避免的，游戏广告植入会在一定程度上影响玩家体验。游戏广告植入一般包括两个环节，一是在游戏启动界面需要调用一定的资源，所以需要一定的启动时间，这时游戏生产运营一般会考虑植入游戏广告；二是在游戏进行过程中，比如用户完成一道关卡时，加载下一个关卡界面可能需要时间，或者在游戏运行的过程中，在操作界面的某一个边角，游戏生产运营商也会考虑植入游戏广告。可以预期的是，如果游戏玩家特别讨厌广告植入，或者说对于游戏广告植入的感觉比较差，评分比较低，那么其综合体验评价也会相对较低，影响方向是同方向的正向影响。

在此基础上，将游戏流行程度、游戏资源要求、游戏花费成本、游戏具体内容和游戏广告植入等变量进一步细分为 13 个子变量。其中，游戏流行程度变量又可以细分为游戏知名度对玩家体验评价影响、玩家数量对玩家体验评价影响 2 个子变量；游戏资源要求变量又可以细分为游戏对硬件要求对玩家体验评价影响、游戏对网速要求对玩家体验评价影响、游戏对流量要求对玩家体验评价影响 3 个子变量；游戏花费成本变量又可以细分为游戏金钱花费对玩家体验评价影响、游戏时间花费对玩家体验评价影响、游戏脑力花费对玩家体验评价影响 3 个子变量；游戏具体内容变量又可以细分为游戏界面对玩家体验评价影响、游戏操控对玩家体验评价影响、游戏趣味性对玩家体验评价影响 3 个子变量；游戏广告植入变量又可以细分为启动界面广告对玩家体验评价影响、游戏中广告影响对玩家体验评价影响 2 个子变量，如表 9.1 所示。

表 9.1　手机游戏玩家体验评价影响因素

变量	子变量
游戏流行程度	游戏知名度对玩家体验评价影响
	玩家数量对玩家体验评价影响
游戏资源要求	游戏对硬件要求对玩家体验评价影响
	游戏对网速要求对玩家体验评价影响
	游戏对流量要求对玩家体验评价影响
游戏花费成本	游戏金钱花费对玩家体验评价影响
	游戏时间花费对玩家体验评价影响
	游戏脑力花费对玩家体验评价影响
游戏具体内容	游戏界面对玩家体验评价影响
	游戏操控对玩家体验评价影响
	游戏趣味性对玩家体验评价影响
游戏广告植入	启动界面广告对玩家体验评价影响
	游戏中广告影响对玩家体验评价影响

采用的数据分析方法主要有回归分析、单因素方差分析、单因变量多因素方差分析等。

基本思路是：由于变量游戏知名度影响、玩家数量影响、游戏对硬件要求影响、游戏对网速要求影响、游戏对流量要求影响、游戏金钱花费、游戏时间花费、游戏脑力花费、游戏界面、游戏操控、游戏趣味性影响、启动界面广告影响、游戏中广告影响等均为定距变量，因此首先使用回归分析研究变量游戏知名度影响、玩家数量影响、游戏对硬件要求影响、游戏对网速要求影响、游戏对流量要求影响、游戏金钱花费、游戏时间花费、游戏脑力花费、游戏界面、游戏操控、游戏趣味性影响、启动界面广告影响、游戏中广告影响与变量玩家体验评价之间的关系。

由于玩家性别、玩家年龄、玩家每周游戏时长、玩家职业等变量是分类变量，因此使用单因素方差分析、单因变量多因素方差分析研究玩家性别、玩家年龄、玩家每周游戏时长、玩家职业与变量玩家体验评价之间的关系。

9.2　数据来源

关于手机游戏玩家体验评价影响因素的实证研究的数据获取以调查问卷形式展开，针对调查问卷搜集整理的数据进行分析。在调查问卷的设计上，紧密结合前述的理论模型，分为客户基本情况和本次调查内容两大块，其中客户基本情况部分包括客户玩家性别、客户玩家年龄段、客户玩家每周游戏时长、客户玩家职业 4 个问题。本次调查内容部分围绕游戏流行程度、游戏资源要求、游戏花费成本、游戏具体内容、游戏广告植入和玩家体验评价 6 个大问题、14 个小问题展开。本次调查共发放调查问卷 200 份，回收 200 份，无效问卷 0 份，回收率 100%，有效率 100%，调查效果是可以得到有效保证的。

9.3　建立模型

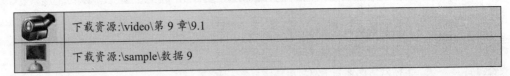

下载资源:\video\第 9 章\9.1
下载资源:\sample\数据 9

我们设置了 18 个变量，即 gender、age、hour、occupation、popularity1、popularity2、resources1、resources2、resources3、spend1、spend2、spend3、content1、content2、content3、advertisement1、advertisement2、appraise，分别用来表示玩家性别、玩家年龄、玩家每周游戏时长、玩家职业、游戏知名度影响、玩家数量影响、游戏对硬件要求影响、游戏对网速要求影响、游戏对流量要求影响、游戏金钱花费、游戏时间花费、游戏脑力花费、游戏界面、游戏操控、游戏趣味性影响、启动界面广告影响、游戏中广告影响、玩家体验评价，并且对相应变量进行值标签操作，将玩家性别、玩家年龄、玩家每周游戏时长、玩家职业 4 个变量设定测量类别为名义，将游戏知名度影响、玩家数量影响、游戏对硬件要求影响、游戏对网速要求影响、游戏对流量要求影响、游戏金钱花费、游戏时间花费、游戏脑力花费、游戏界面、游戏操控、游戏趣味性影响、启动界面广告影响、游戏中广告影响、玩家体验评价 14 个变量设定测量类别为测量。

然后将玩家性别、玩家年龄、玩家每周游戏时长、玩家职业 4 个设定测量类别为名义的变量进行相应的值标签操作，其中针对玩家性别变量，用 1 表示男性，2 表示女性；针对玩家年龄变量，用 1 表示 25 岁以下，用 2 表示 25~35 岁，用 3 表示 35~45 岁，用 4 表示 45 岁以上；针对玩家每周游戏时长变量，用 1 表示 7 小时以下，用 2 表示 7~14 小时，用 3 表示 14~28 小时，用 4 表示 28 小时以上；针对玩家职业变量，用 1 表示在校学生，用 2 表示自由职业者，用 3 表示上班族，用 4 表示多种职业者。全部设置完成后如图 9.1 所示。

	名称	类型	宽度	小数位数	标签	值	缺失	列	对齐	测量
1	gender	数字	8	0	玩家性别	{1, 男}...	无	8	靠右	名义
2	age	数字	8	0	玩家年龄	{1, 25岁以下}...	无	8	靠右	名义
3	hour	数字	8	0	玩家每周游戏时长	{1, 7小时以下}...	无	8	靠右	标度
4	occupation	数字	8	0	玩家职业	{1, 在校学生}...	无	8	靠右	标度
5	popularity1	数字	8	0	游戏知名度影响	无	无	8	靠右	标度
6	popularity2	数字	8	0	玩家数量影响	无	无	8	靠右	标度
7	resources1	数字	8	0	游戏对硬件要求影响	无	无	8	靠右	标度
8	resources2	数字	8	0	游戏对网速要求影响	无	无	8	靠右	标度
9	resources3	数字	8	0	游戏对流量要求影响	无	无	8	靠右	标度
10	spend1	数字	8	0	游戏金钱花费	无	无	8	靠右	标度
11	spend2	数字	8	0	游戏时间花费	无	无	8	靠右	标度
12	spend3	数字	8	0	游戏脑力花费	无	无	8	靠右	标度
13	content1	数字	8	0	游戏界面影响	无	无	8	靠右	标度
14	content2	数字	8	0	游戏操控影响	无	无	8	靠右	标度
15	content3	数字	8	0	游戏趣味性影响	无	无	8	靠右	标度
16	advertisement1	数字	8	0	启动界面广告影响	无	无	8	靠右	标度
17	advertisement2	数字	8	0	游戏中广告影响	无	无	8	靠右	标度
18	appraise	数字	8	0	玩家体验评价	无	无	8	靠右	标度

图 9.1　数据 9 变量视图

将通过调查问卷获得的数据录入完成后，数据如图 9.2 所示。

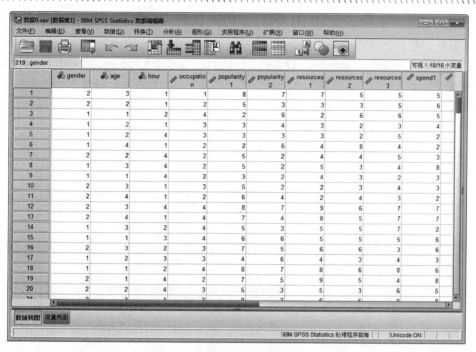

图9.2　数据9数据视图

9.3.1　回归分析

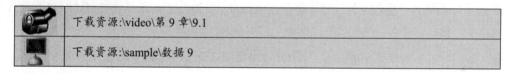

| | 下载资源:\video\第 9 章\9.1 |
| | 下载资源:\sample\数据 9 |

操作步骤如下：

01 进入 SPSS 26.0，打开相关数据文件，选择"分析｜回归｜线性"命令，弹出如图9.3所示的对话框。

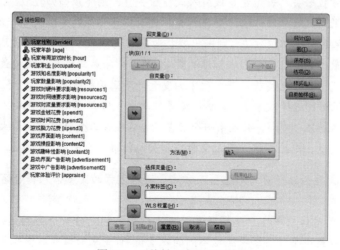

图9.3　"线性回归"对话框

02 选择进行简单线性回归分析的变量。在"线性回归"对话框左侧的列表框中选中 appraise 并单击 按钮，使之进入"因变量"列表框，选中 popularity1、popularity2、resources1、resources2、resources3、spend1、spend2、spend3、content1、content2、content3、advertisement1、advertisement2 并单击 按钮，使之进入"自变量"列表框。在"方法"下拉列表中，指定自变量进入分析的方式，通过选择不同的方法对相同的变量建立不同的回归模型。设置完成后如图 9.4 所示。

图 9.4 设置完成后的"线性回归"对话框

对话框选项设置/说明

在设置完成后的"线性回归"对话框中，我们在"方法"下拉菜单中可以选择进行线性回归的具体方法，包括"输入""步进""除去""后退""前进"5 种。

- 输入：如果用户选择该方法，则进入自变量列表框中的全部变量将一次性进入回归模型，并且成为最终回归模型。
- 步进：如果用户选择该方法，则系统将产生多个回归模型，在每一步中，一个最小概率（概率小于设定值）的变量将引入回归方程。若已经引入回归方程的变量的概率大于设定值，则从回归方程除去，若无变量被引入或被除去时，则终止回归过程。
- 除去：如果用户选择该方法，则将所有不进入方程模型的备选变量一次除去。
- 后退：如果用户选择该方法，则一次性将所有变量引入方程，并依次进行除去。首先除去与因变量最小相关且符合剔除标准的变量，然后剔除第二个与因变量最小相关并且符合剔除标准的变量，以此类推。若方程中的变量均不满足剔除标准，则终止回归过程。
- 前进：如果用户选择该方法，则被选变量依次进入回归模型。首先引入与因变量最大相关且符合引入标准的变量，引入第一个变量后，引入第二个与因变量最大偏相关并且符合引入标准的变量，以此类推。若无变量符合引入标准，则回归过程终止。

需要注意的是，无论选择哪种汇总引入方法，进入方程的变量必须符合容许偏差，默认的容许偏差是 0.0001。

在"线性回归"对话框中，"选择变量"文本框用于指定分析个案的选择规则；"WLS 权重"文本框利用加权最小平方法给观测值不同的权重值，可用来补偿或减少采用不同测量方式所产生的误差。需要注意的是，因变量与自变量不能再作为加权变量使用（系统将会提示"目标列表只接受未在另一目标列表中出现的变量"），如果加权变量的值是零、负数或缺失值，那么相对应的观测值将被删除。

在本例中，我们选择"输入"方法进行回归，其他选项采用系统默认设置。

03 单击"统计"按钮，弹出"线性回归：统计"对话框，如图 9.5 所示。

图 9.5　"线性回归：统计"对话框

对话框选项设置/说明

"线性回归：统计"对话框包括"回归系数"和"残差"两个选项组，以及"模型拟合""R方变化量""描述""部分相关性和偏相关性""共线性诊断"选项。

（1）"回归系数"选项组

"回归系数"选项组中有"估算值""置信区间""协方差矩阵"3 个选项。

● 估算值如果用户选择该选项，则系统将会输出回归系数、回归系数的标准错误、标准化回归系数 Beta、对回归系数进行检验的 t 值、t 值的双尾检验的显著性水平。
● 置信区间如果用户选择该选项，则系统将会输出每一个非标准化回归系数 95% 的置信区间。
● 协方差矩阵如果用户选择该选项，则系统将会输出非标准化回归系数的协方差矩阵、各变量的相关系数矩阵。

（2）"残差"选项组

"残差"选项组中是有关残差分析的选项，包括"德宾-沃森"和"个案诊断"两个选项。

● 德宾-沃森德宾-沃森指的是传统的 Durbin-Watson 检验统计量，该统计量的作用是检验残差是否存在自相关。如果用户选择该选项，则系统将会输出 Durbin-Watson 检验统计量。
● 个案诊断如果用户选择该选项，则系统将输出观测值诊断表。选择该项后将激活下面两个单选按钮。
  ➢ 离群值：后面紧跟着标准差 n 的设置，用来设置异常值的判断依据，超出 n 倍标准差以上的个案为异常值，默认 n 为 3。
  ➢ 所有个案：表示输出所有观测值的残差值。

（3）模型拟合

如果用户选择该选项，则系统将输出产生方程过程中引入模型及从模型中删除的变量，提供复相关系数 R、可决系数及修正的可决系统、估计值的标准错误、方差分析表等，这是默认选项。

（4）R 方变化量

如果用户选择该选项，则系统将输出当回归方程中引入或除去一个自变量后 R 平方的变化量，如果较大，就说明进入和从回归方程剔除的可能是一个较好的回归自变量。

（5）描述

如果用户选择该选项，则系统将输出有效观测值的数量、变量的平均数、标准差、相关系数矩阵及其单侧检验显著性水平矩阵。

（6）部分相关性和偏相关性

如果用户选择该选项，则系统将输出部分相关系数、偏相关系数与零阶相关系数。部分相关性是指对于因变量与某个自变量，当已移去模型中的其他自变量对该自变量的线性效应之后，因变量与该自变量之间的相关性。当变量添加到方程时，其与 R 方的更改有关。偏相关性是指两个变量之间剩余的相关性，对于因变量与某个自变量，当已移去模型中的其他自变量对上述两者的线性效应之后，这两者之间的相关性。

（7）共线性诊断

如果用户选择该选项，则系统将输出用来诊断各变量共线性问题的各种统计量和容限值。由于一个自变量是其他自变量的线性函数时所引起的共线性（或多重共线性）是不被期望的，因此我们有必要进行共线性诊断。

在本例中，为了讲解比较充分，我们选择"回归系数"选项组和"残差"选项组的所有选项，以及"模型拟合""R 方变化量""描述""部分相关性和偏相关性""共线性诊断"等选项。

04 单击"继续"按钮，回到"线性回归"对话框，单击"图"按钮，打开"线性回归：图"对话框，如图 9.6 所示。

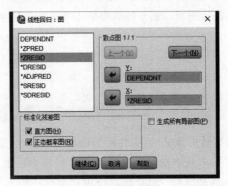

图 9.6　"线性回归：图"对话框

对话框选项设置/说明

"线性回归：图"对话框提供绘制散点图、直方图、正态概率图等功能，通过观察这些图形既有助于确认样本的正态性、线性和等方差性，也有助于发现和察觉那些异常观测值和离群值。

用户从左边变量框中可以选择变量，并决定绘制何种散点图，针对各个变量的解释如下：

DEPENDNT：因变量。ADJPRED：经调整的预测值。ZPRED：标准化预测值。SRESID：学生化残差。ZRESID：标准化残差。SDRESID：学生化剔除残差。DRESID：剔除残差。

本例中我们把"DEPENDNT：因变量"选入到散点图的"Y轴"列表框，把"ZRESID：标准化残差"选入到散点图的"X轴"列表框，通过观察因变量和残差之间的散点图来观察回归模型是否符合经典回归模型的基本假设。

左下方的"标准化残差图"选项组可以决定是否输出标准化残差图，这里我们把"直方图"和"正态概率图"复选框都勾选上。

"生成所有局部图"复选框将输出每一个自变量对于因变量残差的散点图，因为本例中我们并不需要分析所有自变量的残差与因变量残差的关系，所以不勾选该复选框。

05 单击"继续"按钮，回到"线性回归"对话框，单击"保存"按钮，打开"线性回归：保存"对话框，如图9.7所示。

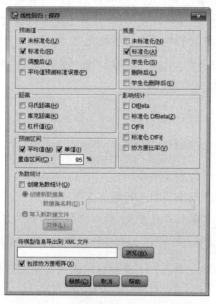

图9.7　"线性回归：保存"对话框

对话框选项设置/说明

在"线性回归：保存"对话框中，用户可以通过选择该对话框中的选项决定将预测值、残差或其他诊断结果值作为新变量保存于当前工作文件或新文件中。

（1）"预测值"选项组

用户在"预测值"选项组中可以选择输出回归模型中每一观测值的预测值，包括"未标准化""标准化""调整后""平均值预测标准误差"4个选项。

● 未标准化：如果用户选择该选项，则系统将保存模型中因变量的未标准化预测值。

● 标准化：如果用户选择该选项，则系统将保存每个预测值的标准化形式，即用预测值与平均预测值之差除以预测值的标准差。

- 调整后：如果用户选择该选项，则系统将保存在回归系数的计算中除去当前个案时当前个案的预测值。
- 平均值预测标准误差：如果用户选择该选项，则系统将保存与自变量相同数值的因变量均值的标准误差。

本例中我们选择"标准化"和"未标准化"的预测值。

（2）"距离"选项组

"距离"选项组可以将自变量的异常观测值和对回归模型产生较大影响的观测值区分出来，有"马氏距离""库克距离"和"杠杆值"3个选项。

- 马氏距离：也就是马哈拉诺比斯距离，是一个测量自变量观测值中有多少观测值与所有观测值均值显著不同的测度，把马氏距离数值大的观测值视为极端值。
- 库克距离：又称为Cook距离，若一个特殊的观测值被排除在回归系数的计算之外，则库克距离用于测量所有观测值的残差变化；若库克距离数值大的观测值被排除在回归分析的计算之外，则会导致回归系数发生实质性变化。
- 杠杆值：用于测度回归拟合中一个点的影响。若拟合中没有影响，则杠杆值为0。

本例中我们采用系统默认设置。

（3）"预测区间"选项组

"预测区间"选项组中各选项的含义如下：

- 平均值：均值预测区间的上下限。
- 单值：因变量的单个观测值预测区间的上下限。
- 置信区间：在文本框中输入 1～99.99 的一个数值，作为预测区间的置信概率，通常选用的置信概率为90%、95%或99%，系统默认值为95%。

本例中我们选择"平均值""单值"，置信区间设置为系统默认值95%。

（4）"残差"选项组

"残差"选项组中有以下5个选项。

- 未标准化：因变量的实际值与预测值之差。
- 标准化：标准化之后的残差，即所谓的Pearson残差，其均值为0，标准差为1。
- 学生化：从一个观测值到另一个观测值的残差被估计标准差除后的数值。
- 删除后：从回归系数的计算中除去的观测值的残差，等于因变量的值与经调整的预测值之差。
- 学生化删除后：一个观测值的剔除残差被它的标准错误差除后的数值。

本例中我们选择"标准化"残差。

（5）"影响统计"选项组

"影响统计"选项组中有以下5个选项。

- DfBeta: Beta 值之差，是排除一个特定观测值所引起的回归系数的变化。
- 标准化 DfBeta: Beta 值的标准化残差，为除去一个个案后回归系数改变的大小。
- DfFit: 拟合值之差，是由于排除一个特定观测值所引起的预测值的变化。
- 标准化 DfFit: 拟合值的标准差。
- 协方差比率: 一个被从回归系数计算中剔除的特定观测值的协方差矩阵与包括全部观测值的协方差矩阵的比率。如果这个比率接近于 1，就说明这个特定观测值对于协方差矩阵的变更没有显著的影响。

本例中我们采用系统默认设置。

（6）"系数统计"选项组

如果用户选择"系数统计"选项组中的"写入新数据文件"选项，然后单击"文件"按钮，系统就会弹出"线性回归：保存到文件"对话框，在该对话框中用户可以将回归系数或参数估算的值保存到指定的新文件中。

本例中我们采用系统默认设置。

（7）"将模型信息导出到 XML 文件"选项组

用户在保存回归模型时，单击"将模型信息导出到 XML 文件"选项组旁边的"浏览"按钮可以指定文件名及路径。

本例中我们采用系统默认设置。

---

06 单击"继续"按钮，回到"线性回归"对话框，单击"选项"按钮，打开"线性回归：选项"对话框，如图 9.8 所示。

图 9.8 "线性回归：选项"对话框

对话框选项设置/说明

"线性回归：选项"对话框包括"步进法条件"选项组、"在方程中包括常量"选项和"缺失值"选项组。

（1）"步进法条件"选项组

- "使用 F 的概率"选项：系统将使用 F 的概率作为决定变量的进入或移出回归方程的标准。如果变量的 F 值的显著性水平小于"进入"值，则该变量将被选入到模型中；如果该变量显著性水平大于"剔除"值，则将该变量从模型中移去。"进入"值必须小于"剔除"值,且两者均必须为正数。如果用户想要将更多的变量选入到模型中,则需要增加"进入"值。如果用户想要将更多的变量从模型中移去,则需要降低"剔除"值。

- "使用 F 值"选项:系统将使用 F 统计量值本身作为决定变量的进入或移出回归方程的标准。如果变量的 F 值大于"进入"值,则该变量将被进入模型;如果变量的 F 值小于"剔除"值,则该变量将被从模型中移去。"进入"值必须大于"剔除"值,且两者均必须为正数。如果用户想要将更多的变量选入到模型中,则需要降低"进入"值。如果用户想要将更多的变量从模型中移去,则需要增大"剔除"值。

（2）"在方程中包括常量"选项

"在方程中包括常量"选项为系统默认的选项。取消选择此选项可强制使回归通过原点,也就是在最终模型中不包括常数项,实际上很少这样做,因为某些通过原点的回归结果无法与包含常数的回归结果相比较,比如不能以通常的方式解释可决系数等。

（3）"缺失值"选项组

"缺失值"选项组中是对含有缺失值的个案处理方式,有 3 种方式。

- 成列排除个案:系统将剔除有缺失值的观测值。
- 成对排除个案:系统将成对剔除计算相关系数的变量中含有缺失值的观测值。
- 替换为平均值:系统将用变量的均值替代缺失值。

这里针对该对话框,我们均选择系统默认的选项。

---

07 以上全部设置完毕后单击"继续"按钮,回到"线性回归"对话框,然后单击"确定"按钮,进入计算分析。

图 9.9 给出了基本的描述统计,显示了各个变量全部观测值的平均值、标准偏差和个案数,比如玩家体验评价的均值是 5.54 分,标准偏差是 2.003,个案数是 221 个。

图 9.10 给出了相关系数矩阵,显示了各个自变量两两间的皮尔逊相关系数,以及关于相关关系等于零的假设的单尾显著性检验概率,可以发现因变量和自变量之间的相关系数虽然不是非常高,但是全部呈现正相关关系。

描述统计

	平均值	标准偏差	个案数
玩家体验评价	5.54	2.003	221
游戏知名度影响	5.53	2.088	221
玩家数量影响	5.33	2.198	221
游戏对硬件要求影响	5.42	2.168	221
游戏对网速要求影响	5.41	2.142	221
游戏对流量要求影响	5.19	2.086	221
游戏金钱花费	5.20	2.101	221
游戏时间花费	5.46	2.088	221
游戏脑力花费	5.65	2.158	221
游戏界面影响	5.49	2.028	221
游戏操控影响	5.48	2.101	221
游戏趣味性影响	5.74	2.019	221
启动界面广告影响	5.64	2.105	221
游戏中广告影响	5.37	2.068	221

图 9.9　描述统计　　　　图 9.10　相关系数矩阵（图片较大,仅展示部分）

图 9.11 给出了输入模型和被除去的变量信息，从中可以看出，因为我们采用的是输入法，所以所有自变量都进入模型。

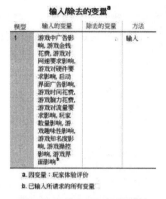

图 9.11　输入/除去的变量

图 9.12 给出了模型整体拟合效果的概述，模型的 R 系数为 0.853，反映了模型的拟合效果非常不错。图中还显示了 R 方以及经调整的 R 值估计标准误差。模型的可决系数（R 方）为 0.727，模型修正的可决系数（调整后 R 方）为 0.710，说明模型的解释能力非常好。另外，图中还给出了德宾-沃森检验值 DW=1.807。DW 是一个用于检验一阶变量自回归形式的序列相关问题的统计量，DW 在数值 2 附近说明模型变量无序列相关，越趋近于 0 说明正的自相关性越强，越趋近于 4 说明负的自相关性越强。本例中说明模型变量无序列相关。

模型摘要b

模型	R	R 方	调整后 R 方	标准估算的错误	R 方变化量	F 变化量	自由度 1	自由度 2	显著性 F 变化量	德宾·沃森
					更改统计					
1	.853a	.727	.710	1.078	.727	42.467	13	207	.000	1.807

a. 预测变量: (常量), 游戏中广告影响, 游戏金钱花费, 游戏对网速要求影响, 游戏对硬件要求影响, 启动界面广告影响, 游戏时间花费, 游戏脑力花费, 游戏对流量要求影响, 玩家数量影响, 游戏趣味性影响, 游戏知名度影响, 游戏操控影响, 游戏界面影响

b. 因变量: 玩家体验评价

图 9.12　模型摘要

图 9.13 给出了 ANOVA 方差分析，从中可以看到模型的设定检验 F 统计量的值为 42.467，显著性水平几乎为零，于是我们的模型通过了设定检验，也就是说，因变量与自变量之间的线性关系明显。

ANOVAa

模型		平方和	自由度	均方	F	显著性
1	回归	642.087	13	49.391	42.467	.000b
	残差	240.754	207	1.163		
	总计	882.842	220			

图 9.13　ANOVA 方差分析

图 9.14 给出了残差统计分析，显示了预测值、残差、标准预测值、标准残差等的最小值/最大值、平均值、标准偏差及个案数。

残差统计 a

	最小值	最大值	平均值	标准偏差	个案数
预测值	1.77	9.42	5.54	1.708	221
标准预测值	-2.209	2.268	.000	1.000	221
预测值的标准误差	.095	.459	.261	.076	221
调整后预测值	1.76	9.43	5.55	1.705	221
残差	-4.017	2.994	.000	1.046	221
标准残差	-3.725	2.776	.000	.970	221
学生化残差	-4.056	2.994	-.001	1.023	221
剔除残差	-4.763	3.483	-.003	1.164	221
学生化剔除残差	-4.217	3.054	-.002	1.035	221
马氏距离	.722	38.939	12.941	7.993	221
库克距离	.000	.218	.008	.024	221
居中杠杆值	.003	.177	.059	.036	221

a. 因变量：玩家体验评价

图 9.14　残差统计分析

图 9.15 和图 9.16 给出了模型残差的直方图和正态概率 P-P 图，由于在模型中始终假设残差服从正态分布，因此可以从这两张图中直观地看出回归后的实际残差是否符合假设。从回归残差的直方图与附于图上的正态分布曲线相比较，可以认为残差分布近似的服从正态分布。

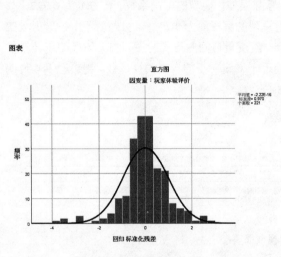

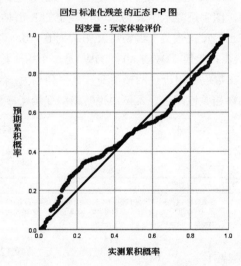

图9.15　残差分布直方图　　　　　　　　图9.16　正态概率 P-P 图

从正态概率 P-P 图来看，该图也是用于比较残差分布与正态分布差异的图形，图的纵坐标为期望的累计概率，横坐标为观测的累计概率，图中的斜线对应着一个平均值为 0 的正态分布。如果图中的散点密切地散布在这条斜线附近，就说明随机变量残差服从正态分布，从而证明样本确实是来自于正态总体；如果偏离这条直线太远，就应该怀疑随机变量的正态性。基于以上认识，从图中的散点分布状况来看，散点大致散布于斜线附近，可以认为残差分布基本上是正态的。

图 9.17 给出了回归系数和变量显著性检验的 t 值，我们发现，多数自变量的显著性水平还是很高的。从这里也可以看出，模型通过了变量的显著性检验。

系数ᵃ

模型	未标准化系数 B	未标准化系数 标准错误	标准化系数 Beta	t	显著性	B的95.0%置信区间 下限	B的95.0%置信区间 上限	相关性 零阶	相关性 偏	相关性 部分	共线性统计 容差	共线性统计 VIF
1 (常量)	-1.024	.317		-3.230	.001	-1.648	-.399					
游戏知名度影响	.112	.047	.117	2.389	.018	.020	.205	.561	.164	.087	.550	1.817
玩家数量影响	.070	.041	.077	1.692	.092	-.012	.151	.550	.117	.061	.640	1.562
游戏对硬件要求影响	.121	.040	.131	2.982	.003	.041	.201	.523	.203	.108	.686	1.458
游戏对网速要求影响	.097	.040	.103	2.399	.017	.017	.176	.503	.164	.087	.711	1.407
游戏对流量要求影响	.132	.046	.138	2.865	.005	.041	.223	.575	.195	.104	.572	1.749
游戏金钱花费	.069	.041	.072	1.660	.098	-.013	.150	.458	.115	.060	.702	1.424
游戏时间花费	.116	.041	.121	2.817	.005	.035	.197	.507	.192	.102	.714	1.401
游戏脑力花费	.021	.040	.022	.516	.606	-.058	.099	.433	.036	.019	.716	1.396
游戏界面影响	.242	.057	.245	4.271	.000	.130	.354	.710	.285	.155	.401	2.497
游戏操控影响	.091	.053	.096	1.720	.087	-.013	.196	.645	.119	.062	.427	2.344
游戏趣味性影响	.107	.050	.108	2.126	.035	.008	.207	.612	.146	.077	.510	1.959
启动界面广告影响	-.022	.041	-.023	-.524	.601	-.103	.060	.372	-.036	-.019	.702	1.424
游戏中广告影响	.053	.041	.055	1.309	.192	-.027	.133	.421	.091	.048	.753	1.329

a. 因变量：玩家体验评价

图9.17　回归系数

最终模型的表达式为：

玩家体验评价=-1.024+0.112×游戏知名度影响+0.070×玩家数量影响+0.121×游戏对硬件要求影响+0.097×游戏对网速要求影响+0.132×游戏对流量要求影响+0.069×游戏金钱花费+0.116×游戏时间花费+0.021×游戏脑力花费+0.242×游戏界面+0.091×游戏操控+0.107×游戏趣味性影响-0.022×启动界面广告影响+0.053×游戏中广告影响

如果是基于通用的 0.05 的显著性水平，就可以从实证分析结果中发现变量游戏知名度影响、游戏对硬件要求影响、游戏对网速要求影响、游戏对流量要求影响、游戏时间花费、游戏界面、游戏趣味性影响等是比较显著的，而且是一种显著的正向相关关系，这充分说明了下述结论。

（1）游戏知名度对玩家体验评价正向显著影响，游戏知名度越高，就越能赢得玩家好的体验。

（2）游戏对硬件要求、网速要求、流量要求对玩家体验评价正向显著影响，游戏对硬件、网速、流量要求越合理，就越能赢得玩家好的体验。

（3）游戏时间花费对玩家体验评价正向显著影响，游戏时间花费越高，就越能赢得玩家好的体验。

（4）游戏界面、游戏趣味性对玩家体验评价正向显著影响，游戏界面、游戏趣味性执行越好，就越能赢得玩家好的体验。

（5）玩家数量、游戏金钱花费、游戏脑力花费、游戏操控、启动界面广告、游戏中广告对玩家体验评价影响不够显著，消费者在玩家体验评价方面不会显著考虑这些因素。

9.3.2　单因素方差分析

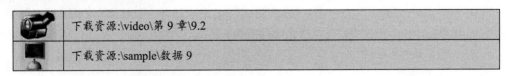

	下载资源:\video\第 9 章\9.2
	下载资源:\sample\数据 9

1. 不同玩家性别对玩家体验评价的影响分析

实验的操作步骤如下：

01 依次选择"文件｜打开｜数据"命令，打开数据 9.sav 数据表。

02 依次选择"分析｜比较平均值｜单因素 ANOVA 检验"命令，弹出"单因素 ANOVA 检验"对话框，在左侧变量框中选择"玩家体验评价"变量并单击 按钮，使之进入右侧上方的"因变量列表"列表框中，然后在左侧变量框中选择"玩家性别"变量并单击 按钮，使之进入右侧下方的"因子"列表框中，如图 9.18 所示。

03 单击"对比"按钮，弹出"单因素 ANOVA 检查：对比"对话框，如图 9.19 所示。

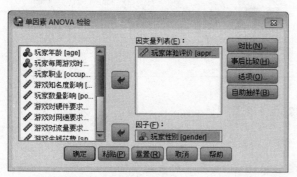

图 9.18 "单因素 ANOVA 检验"对话框　　　图 9.19 "单因素 ANOVA 检验：对比"对话框

对话框选项设置/说明

"单因素 ANOVA 检验：对比"对话框用来将组间平方和划分成趋势成分，或者指定先验对比。

用户勾选"多项式"复选框后，可以激活其右侧的"等级"下拉列表框。单因素方差分析允许构造高达 5 次的均值多项式，多项式的阶数由读者自己根据研究的需要输入。在"等级"下拉列表框中，可以选择的阶次有"线性""二次""三次""四次"和"五次"。系统将在输出中给出指定阶次和低于指定阶次的各阶平方和分解结果及各阶次的自由度、F 值和 F 检验的概率值。

下面的一些选项框是关于指定系数的。指定各组均值系数的具体操作步骤为：

● 在"系数"文本框中输入一个系数，单击"添加"按钮，"系数"文本框中的系数将进入下面的列表框中。

● 重复以上操作，依次输入各组均值的系数，在列表框中形成一列数值。因素变量有几个水平（分为几组），就输入几个系数，多出的无意义，不参与比较的分组系数应该为 0。若多项式中只包括第 1 组与第 4 组的均值系数，则必须把第 2 个、第 3 个系数输入为 0 值；若只包括第 1 组与第 2 组的均值，则只需要输入前两个系数。第 3、4 个系数可以不输入，可以同时进行多组均值组合比较。

● 一组系数输入结束后激活"下一页"按钮，单击该按钮后"系数"框被清空，准备接受下一组系数数据，最多可以输入 10 组系数。如果认为输入的几组系数中有错误，则可以分别单击"上一页"或"下一页"按钮前后翻，找到出错的一组数据。单击出错的系数，该系数将显示在编辑框中，可以在此进行修改，更改后单击"更改"按钮，在系数显示框中会出现正确的系数值。

本例中我们采用系统默认设置。

04 单击"继续"按钮，回到"单因素 ANOVA 检验"对话框，单击"事后比较"按钮，弹出"单因素 ANOVA 检验：事后多重比较"对话框，如图 9.20 所示。

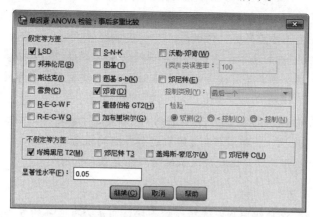

图 9.20　"单因素 ANOVA 检验：事后多重比较"对话框

对话框选项设置/说明

"单因素 ANOVA 检验：事后多重比较"对话框包括"假定等方差"选项组、"不假定等方差"选项组，以及"显著性水平"文本框。

（1）"假定等方差"选项组

用户在"假定等方差"选项组中可以选择均值比较的方法，有以下 14 种。

● LSD（Least-significant difference，最小显著差异法）：系统将用 t 检验完成各组均值间的配对比较，对多重比较误差率不进行调整。

● 邦弗伦尼（修正最小显著差异法）：系统将计算 Student 统计量，完成各组间均值的配对比较，通过设置每个检验的误差率来控制整个误差率。

● 斯达克（Sidak 法）：系统将计算 t 统计量进行多重配对比较，调整多重比较的显著性水平，限制比邦弗伦尼（修正最小显著差异法）检验更严格。

● 雪费（Scheffe 检验法）：系统将对所有可能的组合进行同步进入的配对比较，这些选项可以同时选择若干个，以便比较各种均值比较方法的结果。

● R-E-G-W F（Ryan-Einot-Gabriel-Welsch F 法）：系统将用基于 F 检验的逐步缩小的多重比较检验显示一致性子集表。

● R-E-G-W Q（Ryan-Einot-Gabriel-Welsch Q 法）：系统将使用基于学生化值域的逐步缩小的多元统计过程进行子集一致性检验。

● S-N-K（Student Newman-Keuls 法）：系统将使用学生化值域统计量进行子集一致性检验。

● 图基（Tukey's honestly significant difference，可靠显著差异法）：系统将用 Student-Range（学生氏极差）统计量进行所有组间均值的配对比较，用所有配对比较的累计误差率作为实验误差率，还进行子集一致性检验。

● 图基 s-b（可靠显著检验法）：系统将用学生化值域分布进行组间均值的配对比较，其精确值为前两种检验相应值的平均值。

● 邓肯（Duncan 法）：系统将指定一系列的 Range 值，逐步进行计算比较得出结论，显示一致性子集检验结果。

- 霍赫伯格 GT2（Hochberg's GT2 法）：系统将基于学生化最大模数检验，与图基（可靠显著差异法）类似，进行组均值成对比较和检测一致性子集，除非单元格含量非常不平衡，该检验甚至适用于方差不齐的情况。
- 加布里埃尔（Gabriel 法）：系统将根据学生化最大模数进行均值多重比较和子集一致性检验，当单元格含量不等时该方法比霍赫伯格 GT2 更有效，在单元格含量较大时这种方法较自由。
- 沃勒-邓肯（Waller-Duncan 法）：系统将用 t 统计量进行子集一致性检验，使用贝叶斯逼近。
- 邓尼特（Dunnett 法）：统将使用 t 检验进行各组均值与对照组均值的比较，指定此选项，进行各组与对照组的均值比较，默认的对照组是最后一组。

（2）"不假定等方差"选项组

在"不假定等方差"选项组中可以选择检验各均数间是否有差异的方法，有以下 4 种。

- 塔姆黑尼 T2（Tamhane's T2 法）：系统将用 t 检验进行各组均值配对比较。
- 邓尼特 T3（Dunnett's T3 法）：系统将用学生化最大模数检验进行各组均值间的配对比较。
- 盖姆斯-豪厄尔（Games-Howell 法）：系统将进行各组均值配对比较检验，该方法比较灵活。
- 邓尼特 C（Dunnett's C 法）：系统将用学生化值域检验进行组均值配对比较。

（3）"显著性水平"文本框

在"单因素 ANOVA 检验：事后多重比较"对话框最下面的"显著性水平"文本框中，用户可以设定各种检验的显著性概率临界值，默认值为 0.05。

本例中，我们在"假定等方差"选项组中选择"LSD"和"邓肯"，在"不假定等方差"选项组中选择"塔姆黑尼 T2"，并采用系统默认的"显著性水平"设置。

05 单击"继续"按钮，回到"单因素 ANOVA 检验"对话框，单击"选项"按钮，弹出"单因素 ANOVA 检验：选项"对话框，如图 9.21 所示。

图 9.21 "单因素 ANOVA 检验：选项"对话框

对话框选项设置/说明

"单因素 ANOVA 检验：选项"对话框包括"统计"选项组、"平均值图"选项和"缺失值"选项组。

（1）"统计"选项组

在"统计"选项组中可以设置需要输出的统计量，有"描述""固定和随机效应""方差齐性检验""布朗-福塞斯"和"韦尔奇"5个选项。

- 描述：系统将输出描述统计量，包括样本观测值数量、平均值、标准差、标准误差、最小值、最大值、各组中每个因变量95％的置信区间。
- 固定和随机效应：系统将输出固定效应模型的标准差、标准误差和95％置信区间，以及随机效应模型的标准误差、95％置信区间和方差成分间估测值。
- 方差齐性检验：系统将进行方差同质性检验并输出检验结果，用莱文检验计算每个观测值与其组均值之差，然后对这些差值进行一维方差分析。
- 布朗-福塞斯：布朗-福塞斯（Brown-Forsythe）检验是指采用布朗-福塞斯分布的统计量进行的各组均值是否相等的检验。布朗-福塞斯分布也近似于F分布，但采用布朗-福塞斯检验对方差齐性也没有要求，所以当因变量的分布不满足方差齐性的要求时，采用布朗-福塞斯检验比方差分析更稳妥。
- 韦尔奇：韦尔奇（Welch）检验是指采用韦尔奇分布的统计量进行的各组均值是否相等的检验。韦尔奇分布近似于F分布，采用韦尔奇检验对方差齐性没有要求，所以当因变量的分布不满足方差齐性的要求时，采用韦尔奇检验比方差分析更稳妥。

（2）"平均值图"选项

如果用户勾选"平均值图"复选框，则系统将根据因素变量值所确定的各组平均值描绘出因变量的均值分布情况。

（3）"缺失值"选项组

用户在"缺失值"选项组中可以选择缺失值处理方法，包括"按具体分析排除个案"和"成列排除个案"两个选项。

- 按具体分析排除个案：只有被选择参与分析且变量含缺失值的观测值才会从分析中除去。
- 成列排除个案：剔除参与相关分析的变量中有缺失值的观测值，也就是将所有含有缺失值的观测值从分析中剔除。

本例中，我们在"统计"选项组中勾选"描述"复选框（要求输出描述统计量）和"方差齐性检验"复选框（做方差齐性检验）；然后勾选"平均值图"复选框，描绘平均值分布图；最后在"缺失值"选项组选中"按具体分析排除个案"单选按钮，除去参与分析的变量中有缺失值的观测值。

06 全部设置完毕后单击"继续"按钮，回到"单因素 ANOVA 检验"对话框，单击"确定"按钮，进入计算分析。

计算机运行完毕后得到结果。

图 9.22 为描述统计量结果，图中显示了分组的个案数、因变量玩家体验评价的平均值、标准偏差、标准错误、平均值的95％置信区间以及最小值和最大值。

描述

玩家体验评价

	个案数	平均值	标准 偏差	标准 错误	平均值的95% 置信区间		最小值	最大值
					下限	上限		
男	112	5.49	2.040	.193	5.11	5.87	1	9
女	109	5.60	1.973	.189	5.22	5.97	2	9
总计	221	5.54	2.003	.135	5.28	5.81	1	9

图 9.22　描述统计量

图 9.23 给出了方差齐性检验结果，从显著性概率看，基于各种统计性计算的显著性值均大于 0.05，说明各组的方差在 0.05 水平上没有显著性差异，即方差具有齐性，这个结论在选择多重比较方法或结果时作为一个条件。

方差齐性检验

		莱文统计	自由度 1	自由度 2	显著性
玩家体验评价	基于平均值	.055	1	219	.815
	基于中位数	.210	1	219	.647
	基于中位数并具有调整后自由度	.210	1	218.667	.647
	基于剪除后平均值	.062	1	219	.804

图 9.23　方差齐性检验结果

图 9.24 给出了 ANOVA 方差分析结果，从显著性水平的 P>0.05 可以看出，各组间均值在 0.05 水平上没有显著性差异。不同玩家性别对于玩家体验评价影响不具有显著性，或者说不同玩家性别的消费者对于玩家体验评价并没有显著不同。

ANOVA

玩家体验评价

	平方和	自由度	均方	F	显著性
组间	.612	1	.612	.152	.697
组内	882.230	219	4.028		
总计	882.842	220			

图 9.24　ANOVA 方差分析结果

2. 不同年龄玩家对玩家体验评价的影响分析

01 依次选择"文件｜打开｜数据"命令，打开数据 9.sav 数据表。

02 依次选择"分析｜比较平均值｜单因素 ANOVA 检验"命令，弹出"单因素 ANOVA 检验"对话框，在左侧变量框中选择"玩家体验评价"变量并单击▶按钮，使之进入右侧上方的"因变量列表"列表框中，然后在左侧变量框中选择"玩家年龄"变量并单击▶按钮，使之进入右侧下方的"因子"列表框中，如图 9.25 所示。

03 单击"对比"按钮，弹出"单因素 ANOVA 检验：对比"对话框，如图 9.26 所示。在这里输入一组系数"1、0、0、–1"，用于检验 4 种玩家年龄对整体信任评价的效应及其之间是否有显著性差异。

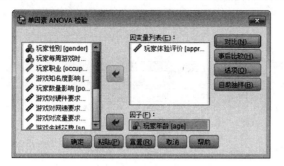

图 9.25　"单因素 ANOVA 检验"对话框　　　图 9.26　"单因素 ANOVA 检验：对比"对话框

04 单击"继续"按钮，回到"单因素 ANOVA 检验"对话框，单击"事后比较"按钮，弹出"单因素 ANOVA 检验：事后多重比较"对话框，如图 9.27 所示。

05 单击"继续"按钮，回到"单因素 ANOVA 检验"对话框，单击"选项"按钮，弹出"单因素 ANOVA 检验：选项"对话框，如图 9.28 所示。

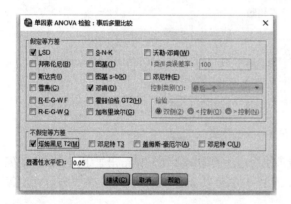

图 9.27　"单因素 ANOVA 检验：事后多重比较"对话框　　　图 9.28　"单因素 ANOVA 检验：选项"对话框

在这里先勾选"描述"复选框，要求输出描述统计量；然后勾选"方差齐性检验"复选框，做方差齐性检验，同时勾选"平均值图"复选框，做平均值分布图；最后选中"按具体分析排除个案"单选按钮，除去参与分析的变量中有缺失值的观测值。

06 全部设置完毕后单击"继续"按钮，回到"单因素 ANOVA 检验"对话框，单击"确定"按钮，进入计算分析。

计算机运行完毕后得到结果。

图 9.29 为描述统计量结果，给出了 4 种玩家年龄分组的个案数、因变量玩家体验评价的平均值、标准偏差、标准错误、平均值的 95％置信区间以及最小值和最大值。

➡ 单向

描述

玩家体验评价

	个案数	平均值	标准 偏差	标准 错误	平均值的95% 置信区间		最小值	最大值
					下限	上限		
25岁以下	50	5.60	2.030	.287	5.02	6.18	2	9
25岁至35岁	57	5.35	2.192	.290	4.77	5.93	1	9
35岁-45岁	57	5.88	1.965	.260	5.36	6.40	2	9
45岁以上	57	5.35	1.817	.241	4.87	5.83	2	9
总计	221	5.54	2.003	.135	5.28	5.81	1	9

图 9.29　描述统计量

图 9.30 给出了方差齐性检验结果，从显著性概率看，基于各种统计量计算的显著性 P 值均大于 0.05，说明各组的方差在 0.05 水平上没有显著性差异，即方差具有齐性，这个结论在选择多重比较方法或结果时作为一个条件。

方差齐性检验

		莱文统计	自由度 1	自由度 2	显著性
玩家体验评价	基于平均值	1.235	3	217	.298
	基于中位数	.948	3	217	.418
	基于中位数并具有调整后自由度	.948	3	213.198	.418
	基于剪除后平均值	1.229	3	217	.300

图 9.30　方差齐性检验结果

图 9.31 给出了 ANOVA 方差分析结果，与未使用选项的输出结果一样给出了组间、组内的偏差平方和、均方、F 值和显著性，从显著性水平的 P>0.05 可以看出，各组间均值在 0.05 水平上没有显著性差异。

图 9.32 是对比系数，列出了平均值对比的系数。

ANOVA

玩家体验评价

	平方和	自由度	均方	F	显著性
组间	10.736	3	3.579	.890	.447
组内	872.105	217	4.019		
总计	882.842	220			

图 9.31　方差分析结果

对比系数

玩家年龄

对比	25岁以下	25岁至35岁	35岁-45岁	45岁以上
1	1	0	0	-1

图 9.32　对比系数

图 9.33 给出了平均值对比检验结果。

对比检验

		对比	对比值	标准 错误	t	自由度	Sig.（双尾）
玩家体验评价	假定等方差	1	.25	.388	.641	217	.522
	不假定等方差	1	.25	.375	.665	99.205	.508

图 9.33　对比检验结果

对图 9.33 中的内容解释如下：

● 第 1 列：按方差齐性和非齐性划分，因为图 9.30 已得出方差具有齐性的结论，所以选择

"假设方差相等"一行的数据得出结论。

- 第 2 列：结合图 9.31 和图 9.32 得出该栏数据，对比检验的是 25 岁以下组和 45 岁以上组均值是否有显著性差异，为 25 岁以下组减去 45 岁以上组均值的值。
- 第 3 列：标准错误。
- 第 4 列：计算的 t 值，是第 2 列与第 3 列之比。
- 第 5 列：自由度。
- 第 6 列：t 检验的 Sig 值（双尾）。因为从 Sig 值可以看出均大于 0.05，所以以不同玩家年龄对玩家体验评价没有显著影响效应。1、4 效应均值之间在 0.05 水平上没有显著差异性，而 1、3 之和效应与 2、4 之和效应之间没有显著差异性，根据"对比值"列内值的符号和描述统计量中平均值列内的数据，不难得出各对比组均值之差。

图 9.34 是 LSD 法和塔姆黑尼 T2 法进行均值多重比较的结果。从在多重比较对话框选择比较方法时，在"假定等方差"选项组中选择了 LSD，在"不假定等方差"选项组中选择了塔姆黑尼 T2。因为从图 9.30 的结论得知方差具有齐性，所以看此图时只需对 LSD 法做结论。比较结果说明，各组均值间均没有显著性差异，表中用"*"标识的组均值在 0.05 水平上有显著性差异，本图中没有。

多重比较

因变量：玩家体验评价

(I) 玩家年龄	(J) 玩家年龄	平均值差值 (I-J)	标准 错误	显著性	95% 置信区间 下限	上限
LSD						
25岁以下	25岁至35岁	.249	.388	.522	-.52	1.01
	35岁-45岁	-.277	.388	.476	-1.04	.49
	45岁以上	.249	.388	.522	-.52	1.01
25岁至35岁	25岁以下	-.249	.388	.522	-1.01	.52
	35岁-45岁	-.526	.376	.162	-1.27	.21
	45岁以上	.000	.376	1.000	-.74	.74
35岁-45岁	25岁以下	.277	.388	.476	-.49	1.04
	25岁至35岁	.526	.376	.162	-.21	1.27
	45岁以上	.526	.376	.162	-.21	1.27
45岁以上	25岁以下	-.249	.388	.522	-1.01	.52
	25岁至35岁	.000	.376	1.000	-.74	.74
	35岁-45岁	-.526	.376	.162	-1.27	.21
塔姆黑尼						
25岁以下	25岁至35岁	.249	.408	.991	-.85	1.34
	35岁-45岁	-.277	.388	.979	-1.32	.76
	45岁以上	.249	.375	.986	-1.26	1.26
25岁至35岁	25岁以下	-.249	.408	.991	-1.34	.85
	35岁-45岁	-.526	.390	.695	-1.57	.52
	45岁以上	.000	.377	1.000	-1.01	1.01
35岁-45岁	25岁以下	.277	.388	.979	-.76	1.32
	25岁至35岁	.526	.390	.695	-.52	1.57
	45岁以上	.526	.354	.597	-.42	1.48
45岁以上	25岁以下	-.249	.375	.986	-1.26	.76
	25岁至35岁	.000	.377	1.000	-1.01	1.01
	35岁-45岁	-.526	.354	.597	-1.48	.42

图 9.34　均值多重比较结果

图 9.35 是以变量玩家年龄为横轴、以变量玩家体验评价为纵轴绘制的均值散点图，可以直观地看出各组平均值的分布。

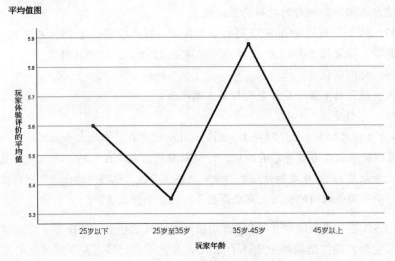

图 9.35　平均值散点图

综上所述，不同玩家年龄对于玩家体验评价影响不具有显著性，或者说不同玩家年龄的消费者对于玩家体验评价并没有显著不同。

3. 不同玩家每周游戏时长对玩家体验评价的影响分析

在"单因素 ANOVA 检验"对话框中，将"玩家体验评价"选入"因变量列表"列表框中，将"玩家每周游戏时长"选入"因子"列表框中，其他采用系统默认设置即可，限于篇幅不再赘述。

图 9.36 给出了 ANOVA 方差分析结果，从显著性水平的 P>0.05 看出，各组间平均值在 0.05 水平上没有显著性差异。不同玩家每周游戏时长对于玩家体验评价影响不具有显著性，或者说不同玩家每周游戏时长的消费者对于玩家体验评价并没有显著不同。

4. 不同玩家职业对玩家体验评价的影响分析

在"单因素 ANOVA 检验"对话框中，将"玩家体验评价"选入"因变量列表"列表框中，将"玩家职业"选入"因子"列表框中，其他采用系统默认设置即可，限于篇幅不再赘述。

图 9.37 给出了 ANOVA 方差分析结果，从显著性水平的 P>0.05 可以看出，各组间平均值在 0.05 水平上没有显著性差异。不同玩家职业对于玩家体验评价影响不具有显著性，或者说不同玩家职业的消费者对于玩家体验评价并没有显著不同

ANOVA

玩家体验评价

	平方和	自由度	均方	F	显著性
组间	4.502	3	1.501	.371	.774
组内	878.339	217	4.048		
总计	882.842	220			

图 9.36　ANOVA 方差分析

ANOVA

玩家体验评价

	平方和	自由度	均方	F	显著性
组间	6.785	3	2.262	.560	.642
组内	876.057	217	4.037		
总计	882.842	220			

图 9.37　ANOVA 方差分析结果

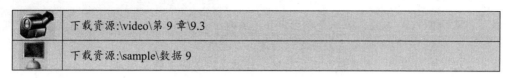

9.3.3 单因变量多因素方差分析

 📹	下载资源:\video\第 9 章\9.3
💻	下载资源:\sample\数据 9

01 依次选择"文件｜打开｜数据"命令，打开 9.sav 数据表。

02 依次选择"分析｜一般线性模型｜单变量"命令，弹出"单变量"对话框。在左侧变量框中选择"玩家体验评价"变量并单击 ➡ 按钮，使之进入右侧上方的"因变量"列表框中，然后在左侧变量框中分别选择"玩家性别""玩家年龄""玩家每周游戏时长""玩家职业"等变量并单击 ➡ 按钮，使之进入右侧的"固定因子"列表框中，将这几个变量作为自变量，如图 9.38 所示。

03 单击"模型"按钮，弹出"单变量：模型"对话框，如图 9.39 所示。

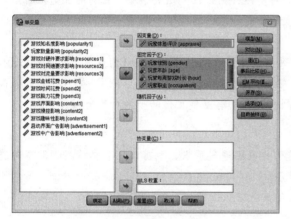

图 9.38 "单变量"对话框　　　　　　图 9.39 "单变量：模型"对话框

对话框选项设置/说明

（1）"指定模型"选项组

"指定模型"选项组用来指定模型的类型，包括"全因子""构建项""构建定制项"3 个选项。

① "全因子"选项为系统默认的模型，该项选择建立全模型。全模型包括所有因素变量的主效应、所有协变量主效应、所有因素与因素的交互效应，不包括协变量与其他因素的交互效应。选择此项后，无须进行进一步的操作，单独效应是在其他因素固定在某一水平时，因变量在某一因素不同水平间的差异。

② "构建项"选项用于建立自定义的模型。用户选中了"构建项"单选按钮后，在"因子与协变量"列表框中会自动列出可以作为因素变量的变量名，用户可以根据列表框中列出的变量名建立模型。

③ 如果用户研究需要包含嵌套项，或者想要按变量显式构建任何项，请使用该选项。

（2）"平方和"下拉列表框

在对话框的左下方有一个"平方和"下拉列表框，有 4 种确定平方和的分解方法，分别是 I 型、II 类、III 类和 IV 类，其中 III 类是系统默认的，也是常用的一种。

① I类：该方法也称为平方和分层解构法，在模型中，每一项只针对它前面的那项进行调整，一般适用于以下几种情况：

● 平衡 ANOVA 模型：在这个模型中任何主效应在任何一阶交互效应之前指定，任何一阶交互效应在任何双向交互效应之前指定，以此类推。
● 多项式回归模型：在该模型中任何低阶项都在较高阶项前面指定。
● 纯嵌套模型：第一个指定的效应嵌套在第二个指定的效应中，第二个指定的效应嵌套在第三个指定的效应中，以此类推，嵌套模型只能使用语法指定。

② II类：该方法为所有其他"相应的"效应进行调节的模型中计算某个效应的平方和。相应的效应是指与所有效应（不包含正被检查的效应）相对应的效应，一般适用于平衡 ANOVA 模型、仅有主效应的模型、任何回归模型、纯嵌套设计（嵌套模型只能使用语法指定）。

③ III类：该方法为系统默认的处理方法，对其他任何效应均进行调整。它的优势是把所估计剩余常量都考虑到单元频数中。一般适用于 I 类、II 类所列出的模型和任何不带空白单元格的平衡或非平衡模型。

④ IV类：该方法是为有缺失单元格的情况而设计的，使用此方法时任何效应 F 计算平方和，若 F 不包含在其他效应里，则 IV 类=III 类=II 类；若 F 包含在其他效应里，则 IV 类只对 F 的较高水平效应参数做对比，一般适用于 I 类、II 类所列模型和有空单元格的平衡和不平衡模型。

（3）"在模型中包括截距"复选框

系统默认截距包括在回归模型中，如果能假设数据通过原点，则可以不包括截距，即不勾选"在模型中包括截距"复选框。

本例中我们选择"全因子"模型，其余采用系统默认选项。

---

04 单击"继续"按钮，回到"单变量"对话框，单击"对比"按钮，弹出"单变量：对比"对话框，如图 9.40 所示。

图 9.40　"单变量：对比"对话框

对话框选项设置/说明

"单变量：对比"对话框包括"因子"列表框和"更改对比"选项组。

"因子"列表框中显示出所有在主对话框中选中的因素变量，因素变量名后的括号中是当前的对比方法。在"更改对比"选项组中可以设置变量对比方法。

我们可以对模型中的每个因素指定一种对比方法，对比结果描述的是参数的线性组合。操作方法如下：

- 在"因子"列表框中选择想要改变对照方法的因子,这一操作使"更改对比"选项组中的各项被激活。
- 在"对比"下拉列表框中选择对照方法,各对照方法的含义如下:
  - ➢ 无:不进行均值比较。
  - ➢ 偏差:除被忽略的水平外,比较预测变量或因素变量的每个水平效应,可以选择"最后一个"或"第一个"作为忽略的水平。
  - ➢ 简单:除了作为参考的水平外,对预测变量或因素变量的每一水平都与参与水平进行比较,可以选择"最后一个"或"第一个"作为参考水平。
  - ➢ 差值:将每个水平的平均值(第一个水平除外)与前面水平的平均值进行比较。(有时候称为逆赫尔默特对比。)
  - ➢ 赫尔默特:将因子的每个水平的平均值(最后一个水平除外)与后面水平的平均值进行比较。
  - ■ 重复:将每个水平的平均值(最后一个水平除外)与后一个水平的平均值进行比较。
  - ➢ 多项式:比较线性效应、二次效应、三次效应等。第一自由度包含跨所有类别的线性效应;第二自由度包含二次效应,以此类推。这些对比常常用来估计多项式趋势。
- 单击"变化量"按钮,选中的(或改变了的)对照方法将显示在步骤2选中的因子变量后面的括号中。
- 选择对照的参考水平,只有选择了"偏差"或"简单"方法时才需要选择参考水平。有两种可能的选择:"最后一个"或"第一个"选项,系统默认的参考水平是"最后一个"。

本例中我们不做任何对比变量的设置,用户可根据研究需要按上面介绍的步骤自行设置对比变量的选项。

05 单击"继续"按钮,回到"单变量"对话框,单击"图"按钮,弹出"单变量:轮廓图"对话框,如图9.41所示。

对话框选项设置/说明

在"单变量:轮廓图"对话框中,"因子"列表框中展示的是各个因素变量。

用户在"水平轴"列表框中可以选择横坐标变量,具体操作方法是从"因子"列表框中选择一个因素变量作为横坐标变量,单击 ➡ 按钮,将变量名选入"水平轴"列表框中。

在"单独的线条"列表框中可以确定分线变量,如果想看两个因素变量组合的各单元格中因变量平均值分布,或者想看两个因变量间是否存在交互效应,就从"因子"列表框中选择另一个因素变量并单击 ➡ 按钮,将变量名选入"单独的线条"列表框中,"单独的线条"列表框中变量的每个水平在图中是一条线。

在"单独的图"列表框中可以确定分图变量,如果在"因子"列表框中还有因素变量,就可以按上述方法将其选入"单独的图"列表框中。

上述设置完成后,单击"添加"按钮,系统就会自动将生成的图形表达式送入"图"列表框中。图形表达式是用"*"连接的3个因素变量名。

若将图形表达式送到"图"列表框后发现有错误,则可以修改和删除。单击有错的图形表达式,该表达式所包括的变量显示到输入的位置上,对选错的变量,将其送回左侧变量框中,再重新输入正确内容。然后单击"更改"按钮改变表达式,在检查无误后,单击"继续"按钮,返回到主对话框。

本例中我们把 4 个变量自由组合，当然也可以根据研究需要结合上面的介绍自己选择需要做的图形。

---

06 单击"继续"按钮，回到"单变量"对话框，单击"事后比较"按钮，弹出"单变量：实测平均值的事后多重比较"对话框，如图 9.42 所示。可以从"因子"列表框中选择要进行多重比较的变量，单击 ➡ 按钮，选入右侧的"下列各项的事后检验"列表框中，然后在下面的多个复选框中选择需要的多重比较方法。在这里我们把 4 个变量都选中做事后检验，并且在"假定等方差"里面选择 LSD 法。

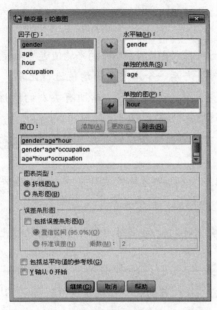 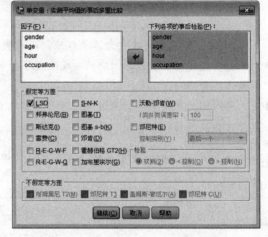

图 9.41　"单变量：轮廓图"对话框　　图 9.42　"单变量：实测平均值的事后多重比较"对话框

对话框选项设置/说明

"单变量：实测平均值的事后多重比较"对话框包括"因子"列表框、"下列各项的事后检验"列表框、"假定等方差"选项组和"不假定等方差"选项组。

如果用户需要针对变量进行实测平均值的事后多重比较，那么首先需要从"因子"列表框选择参与分析的变量，选入"下列各项的事后检验"列表框中，然后从"假定等方差"选项组和"不假定等方差"选项组中选择相应的方法。

（1）"假定等方差"选项组

用户在"假定等方差"选项组中可以选择均值比较的方法，有以下 14 种。

- LSD（Least-significant difference，最小显著差异法）：系统将用 t 检验完成各组均值间的配对比较，对多重比较误差率不进行调整。

- 邦弗伦尼（修正最小显著差异法）：系统将计算 Student 统计量，完成各组间均值的配对比较，通过设置每个检验的误差率来控制整个误差率。

- 斯达克（Sidak 法）：系统将计算 t 统计量进行多重配对比较，调整多重比较的显著性水平，限制比邦弗伦尼（修正最小显著差异法）检验更严格。

- 雪费（Scheffe 检验法）：系统将对所有可能的组合进行同步进入的配对比较，这些选项可以同时选择若干个，以便比较各种均值比较方法的结果。
- R-E-G-W-F（Ryan-Einot-Gabriel-Welsch F 法）：系统将用基于 F 检验的逐步缩小的多重比较检验，显示一致性子集表。
- R-E-G-W-Q（Ryan-Einot-Gabriel-Welsch Q 法）：系统将使用基于学生化值域的逐步缩小的多元统计过程进行子集一致性检验。
- S-N-K（Student Newman-Keuls 法）：系统将使用学生化值域统计量进行子集一致性检验。
- 图基（Tukey's honestly significant difference，可靠显著差异法）：系统将用 Student-Range（学生氏极差）统计量进行所有组间均值的配对比较，用所有配对比较的累计误差率作为实验误差率，还进行子集一致性检验。
- 图基 s-b（可靠显著检验法）：系统将用学生化值域分布进行组间均值的配对比较，其精确值为前两种检验相应值的平均值。
- 邓肯（Duncan 法）：系统将指定一系列的 Range 值，逐步进行计算比较得出结论，显示一致性子集检验结果。
- 霍赫伯格 GT2（Hochberg's GT2 法）：系统将基于学生化最大模数检验，与图基（可靠显著差异法）类似，进行组均值成对比较和检测一致性子集，除非单元格含量非常不平衡，该检验甚至适用于方差不齐的情况。
- 加布里埃尔（Gabriel 法）：系统将根据学生化最大模数进行均值多重比较和子集一致性检验，当单元格含量不等时该方法比霍赫伯格 GT2 更有效，在单元格含量较大时这种方法较自由。
- 沃勒-邓肯（Waller-Duncan 法）：系统将用 t 统计量进行子集一致性检验，使用贝叶斯逼近。
- 邓尼特（Dunnett 法）：系统将使用 t 检验进行各组均值与对照组均值的比较，默认的对照组是最后一组。

（2）"不假定等方差"选项组

在"不假定等方差"选项组中可以选择检验各均数间是否有差异的方法，有以下 4 种。

- 塔姆黑尼 T2（Tamhane's T2 法）：系统将用 t 检验进行各组均值配对比较。
- 邓尼特 T3（Dunnett's T3 法）：系统将用学生化最大模数检验进行各组均值间的配对比较。
- 盖姆斯-豪厄尔（Games-Howell 法）：系统将进行各组均值配对比较检验，该方法比较灵活。
- 邓尼特 C（Dunnett's C 法）：系统将用学生化值域检验进行组均值配对比较。

07 单击"继续"按钮，回到"单变量"对话框，单击"保存"按钮，弹出"单变量：保存"对话框，如图 9.43 所示。通过在对话框中的选择，系统使用默认变量名将所计算的预测值、残差值和诊断值作为新的变量保存在编辑数据文件中，以便在其他统计分析中使用这些值，在数据编辑窗口中使用鼠标指向变量名，会给出对该新生成变量含义的解释。

对话框选项设置/说明

"单变量：保存"对话框包括"预测值""残差""诊断、"系数统计"选项组。

（1）"预测值"选项组

"预测值"选项组用来设置"预测值"，系统对每个观测值给出根据模型计算的预测值，有以下 3 个选项。

- 未标准化：系统将保存非标准化预测值。
- 加权：系统将保存加权非标准化预测值。
- 标准误差：系统将保存预测值标准误差。

（2）"残差"选项组

"残差"选项组中有"未标准化""加权""标准化""学生化"和"删除后"5 个选项。

- 未标准化：系统将保存非标准化残差值，即观测值与预测值之差。
- 加权：系统将保存加权的非标准化残差。
- 标准化：系统将保存标准化残差，又称皮尔逊残差。
- 学生化：系统将保存学生化残差。
- 删除后：系统将保存剔除残差，也就是因变量值与校正预测值之差。

（3）"诊断"选项组

"诊断"选项组中可以测量并标识对模型影响较大的观测值或自变量，包括"库克距离"和"杠杆值"两个复选框。

- 库克距离：系统将保存库克距离，即在特定个案从回归系数的计算中排除的情况下所有个案的残差变化幅度的测量。较大的库克距离表明从回归统计的计算中排除个案之后系数会发生根本变化。
- 杠杆值：系统将保存未居中的杠杆值。杠杆值衡量的是每个观察值对模型拟合度的相对影响。

（4）"系数统计"选项组

如果用户选中"创建系数统计"复选框，那么模型参数估计的方差-协方差矩阵将保存到一个新文件中，对因变量将产生三行数据：一行是参数估计值，一行是与参数估计值相对应的显著性检验的 t 统计量，还有一行是残差自由度。所生成的新数据文件可以作为另外分析的输入数据文件，单击"写入新数据文件"下方的"文件"按钮，会打开相应的保存对话框，可指定文件的保存位置和文件名。

本例中采取系统默认方式设置。

---

08 单击"继续"按钮，回到"单变量"对话框，单击"选项"按钮，弹出"单变量：选项"对话框，如图 9.44 所示。

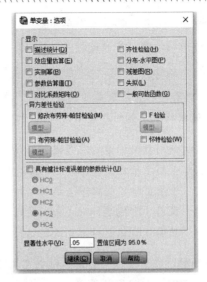

图 9.43 "单变量：保存"对话框   图 9.44 "单变量：选项"对话框

对话框选项设置/说明

"单变量：选项"对话框包括"显示""异方差性检验""具有健壮标准误差的参数估计"选项组。

（1）"显示"选项组

在"显示"选项组中可以指定要输出的统计量，有以下选项。

● 描述统计：输出的描述统计量有观测值的均值、标准差和每个单元格中的观测值数。

● 效应量估算：反映了每个效应与每个参数估计值可以归于因素的总变异的大小。

● 实测幂：给出各种检验假设的功效，计算功效的显著性水平，系统默认的临界值是 0.05。

● 参数估算值：给出各因素变量的模型参数估计、标准误、t 检验的 t 值、显著性概率和 95% 的置信区间。

● 对比系数矩阵：显示变换系数矩阵或 L 矩阵。

● 齐性检验：表示进行方差齐性检验。

● 分布-水平图：绘制观测值均值-标准差图、观测值均值-方差图。

● 残差图：表示绘制残差图，给出观测值、预测值散点图和观测值数目对标准化残差的散点图，以及正态和标准化残差的正态概率图。

● 失拟：检查独立变量和非独立变量间的关系是否被充分描述。

● 一般可估函数：可以根据一般估计函数自定义假设检验，对比系数矩阵的行与一般估计函数是线性组合的。

（2）"异方差性检验"选项组

在"异方差性检验"选项组中可以指定要进行异方差性检验的方法，有以下选项。

● 布劳殊-帕甘检验：统计学上常说的 BP 检验。

● 修改布劳殊-帕甘检验：统计学上常说的改进的 BP 检验。

- F 检验：使用 F 联合检验异方差。
- 怀特检验：相对于布劳殊-帕甘检验，怀特检验在对条件方差函数一阶近似的基础上加入了条件方差函数的二次项，包括平方项和交互项。

（3）"具有健壮标准误差的参数估计"选项组

"具有健壮标准误差的参数估计"选项组中有以下选项。

- HC0：使用 0 阶稳健标准差进行估计以消除异方差因素带来的影响。
- HC1：使用 1 阶稳健标准差进行估计以消除异方差因素带来的影响。
- HC2：使用 2 阶稳健标准差进行估计以消除异方差因素带来的影响。
- HC3：使用 3 阶稳健标准差进行估计以消除异方差因素带来的影响。
- HC4：使用 4 阶稳健标准差进行估计以消除异方差因素带来的影响。

在最下面的"显著性水平"文本框中可以改变置信区间框内多重比较的显著性水平。

本例中我们采用系统默认设置。

09 单击"继续"按钮，回到"单变量"对话框，单击"确定"按钮，进入计算分析。

计算机运行完毕后得到结果。

图 9.45 为原始数据综合信息。分析结果中，分玩家性别、玩家年龄、玩家每周游戏时长、玩家职业，分别列出了值标签与个案数。

图 9.46 给出了主体间效应检验结果。左上方标注了因变量，为玩家体验评价。对图 9.46 中各列含义的简要介绍如下：

- 源：全因子模型。
- III 类平方和：用默认的类型 III 方法计算的各效应的偏差平方和。
- 自由度：各效应的自由度。
- 均方：各效应的均方，数值上等于各效应的偏差平方和除以相应的自由度。
- F：各效应在进行 F 检验时的 F 值，数值上等于各自的均方除以误差均方。
- 显著性：从显著性检验的概率值（Sig.）可以看出，模型中指定的主效应、二维、三维、四维交互效应均有少量对因变量变异有非常显著的意义，因为几乎所有效应的显著性概率均大于 0.05。

脚注表明因变量的变异有多少可以由指定的方差模型所解释，其值应该在 0~1 之间。这里的模型已经解释了总变异的 37.4%。

主体间因子

		值标签	个案数
玩家性别	1	男	112
	2	女	109
玩家年龄	1	25岁以下	50
	2	25岁至35岁	57
	3	35岁-45岁	57
	4	45岁以上	57
玩家每周游戏时长	1	7小时以下	50
	2	7~14小时	55
	3	14~28小时	49
	4	28小时以上	67
玩家职业	1	在校学生	65
	2	自由职业者	51
	3	上班族	55
	4	多种职业者	50

图 9.45 主体间因子

主体间效应检验

因变量：玩家体验评价

源	III 类平方和	自由度	均方	F	显著性
修正模型	330.208a	98	3.369	.744	.936
截距	4372.161	1	4372.161	965.204	.000
gender	1.443	1	1.443	.319	.573
age	7.304	3	2.435	.537	.657
hour	8.995	3	2.998	.662	.577
occupation	3.201	3	1.067	.236	.871
gender * age	13.903	3	4.634	1.023	.385
gender * hour	6.675	3	2.225	.491	.689
gender * occupation	11.318	3	3.773	.833	.478
age * hour	2.927	9	.325	.072	1.000
age * occupation	50.177	9	5.575	1.231	.282
hour * occupation	33.304	9	3.700	.817	.602
gender * age * hour	24.612	7	3.516	.776	.608
gender * age * occupation	14.084	7	2.012	.444	.872
gender * hour * occupation	29.703	9	3.300	.729	.682
age * hour * occupation	111.558	22	5.071	1.119	.336
gender * age * hour * occupation	15.551	3	5.184	1.144	.334
误差	552.633	122	4.530		
总计	7673.000	221			
修正后总计	882.842	220			

a. R 方 = .374（调整后 R 方 = -.129）

图 9.46 主体间效应检验结果

轮廓图（见图 9.47）直观地展现了边际平均值的信息，从中可以看出多个变量之间的交互效应。限于篇幅仅选择其中一幅进行解读。

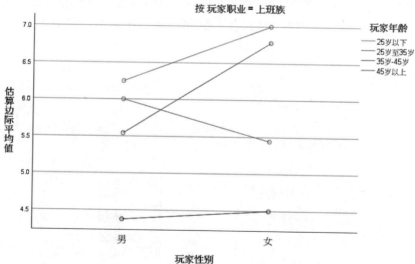

图 9.47 轮廓图

从上述轮廓图中可以看出玩家职业为上班族、按玩家性别分类的、各个玩家年龄水平的折线图。有两个折线图交叉在一起，但更多的折线图体现的是差别，比如 25~35 岁的估算边际平均值显著低于其他年龄段的估算边际平均值。

从玩家职业多重比较结果（见图9.48）中可以非常明显地看出，就通常意义下的0.05的显著性水平而言，各个玩家职业水平之间的差异不够显著，或者说不同职业水平的玩家对于整体体验的评价没有什么差别。

齐性子集

玩家职业

多重比较

因变量：玩家体验评价
LSD

(I) 玩家职业	(J) 玩家职业	平均值差值 (I-J)	标准误差	显著性	95% 置信区间 下限	上限
在校学生	自由职业者	-.32	.398	.423	-1.11	.47
	上班族	-.22	.390	.574	-.99	.55
	多种职业者	-.47	.400	.240	-1.26	.32
自由职业者	在校学生	.32	.398	.423	-.47	1.11
	上班族	.10	.414	.809	-.72	.92
	多种职业者	-.15	.424	.719	-.99	.69
上班族	在校学生	.22	.390	.574	-.55	.99
	自由职业者	-.10	.414	.809	-.92	.72
	多种职业者	-.25	.416	.545	-1.08	.57
多种职业者	在校学生	.47	.400	.240	-.32	1.26
	自由职业者	.15	.424	.719	-.69	.99
	上班族	.25	.416	.545	-.57	1.08

基于实测平均值。
误差项是均方（误差）= 4.530。

图9.48 玩家职业多重比较结果

从玩家每周游戏时长多重比较结果（见图9.49）中可以非常明显地看出，就通常意义下的0.05的显著性水平而言，各个玩家每周游戏时长水平之间的差异不够显著，或者说不同每周游戏时长水平的玩家对于整体体验的评价没有什么差别。

齐性子集

玩家每周游戏时长

多重比较

因变量：玩家体验评价
LSD

(I) 玩家每周游戏时长	(J) 玩家每周游戏时长	平均值差值 (I-J)	标准误差	显著性	95% 置信区间 下限	上限
7小时以下	7~14小时	-.32	.416	.443	-1.14	.50
	14~28小时	-.35	.428	.411	-1.20	.49
	28小时以上	-.35	.398	.385	-1.13	.44
7~14小时	7小时以下	.32	.416	.443	-.50	1.14
	14~28小时	-.03	.418	.938	-.86	.80
	28小时以上	-.03	.387	.945	-.79	.74
14~28小时	7小时以下	.35	.428	.411	-.49	1.20
	7~14小时	.03	.418	.938	-.80	.86
	28小时以上	.01	.400	.988	-.79	.80
28小时以上	7小时以下	.35	.398	.385	-.44	1.13
	7~14小时	.03	.387	.945	-.74	.79
	14~28小时	-.01	.400	.988	-.80	.79

基于实测平均值。
误差项是均方（误差）= 4.530。

图9.49 玩家每周游戏时长多重比较结果

从玩家年龄多重比较结果（见图 9.50）中可以非常明显地看出，就通常意义下的 0.05 的显著性水平而言，各个玩家年龄水平之间的差异不够显著，或者说不同年龄水平的玩家对于整体体验的评价没有什么差别。

事后检验

玩家年龄

多重比较

因变量：玩家体验评价
LSD

(I) 玩家年龄	(J) 玩家年龄	平均值差值 (I-J)	标准误差	显著性	95% 置信区间 下限	上限
25岁以下	25岁至35岁	.25	.412	.547	-.57	1.07
	35岁-45岁	-.28	.412	.503	-1.09	.54
	45岁以上	.25	.412	.547	-.57	1.07
25岁至35岁	25岁以下	-.25	.412	.547	-1.07	.57
	35岁-45岁	-.53	.399	.189	-1.32	.26
	45岁以上	.00	.399	1.000	-.79	.79
35岁-45岁	25岁以下	.28	.412	.503	-.54	1.09
	25岁至35岁	.53	.399	.189	-.26	1.32
	45岁以上	.53	.399	.189	-.26	1.32
45岁以上	25岁以下	-.25	.412	.547	-1.07	.57
	25岁至35岁	.00	.399	1.000	-.79	.79
	35岁-45岁	-.53	.399	.189	-1.32	.26

基于实测平均值。
误差项是均方（误差）= 4.530。

图 9.50 玩家年龄多重比较结果

9.4 研究结论与重点回顾

（1）游戏知名度对玩家体验评价正向显著影响，游戏知名度越高，就越能赢得玩家好的体验。

（2）游戏对硬件要求、网速要求、流量要求对玩家体验评价正向显著影响，游戏对硬件、网速、流量要求越合理，就越能赢得玩家好的体验。

（3）游戏时间花费对玩家体验评价正向显著影响，游戏时间花费越高，就越能赢得玩家好的体验。

（4）游戏界面、游戏趣味性对玩家体验评价正向显著影响，游戏界面、游戏趣味性执行越好，就越能赢得玩家好的体验。

（5）玩家数量、游戏金钱花费、游戏脑力花费、游戏操控、启动界面广告、游戏中广告对玩家体验评价影响不够显著，消费者在玩家体验评价方面不会显著考虑这些因素。

（6）玩家性别、玩家年龄、购买频次、玩家职业对玩家体验评价影响不够显著，不同玩家性别、玩家年龄、购买频次、玩家职业的消费者在玩家体验评价方面不会产生显著差异。

第 10 章 家政行业客户消费
满意度调研建模技术

家政行业指的是提供室内外清洁、打蜡，房屋开荒，月嫂，育婴，催乳，老年护理员，护工，钟点工，涉外家政，别墅管家等服务的公司。对于家政行业来说，它属于典型的服务行业，与普通的生产制造业在企业组织和经营模式方面存在很多的差别。其中最典型的差异之一就是，客户消费满意度对家政行业来说是非常重要的。一个显而易见的事实就是，如果一家家政公司的客户消费满意度非常高，就会增加客户黏性，不仅客户本身的消费金额和消费次数会增加，还会向周边的亲朋好友推荐，为公司介绍更多的客户，直接增加公司的经营效益；而且家政公司的客户消费满意度高了，品牌口碑声誉形象也会提升，这些无形资产的增加对致力于长久持续经营的企业来说也是一种宝贵的财富，在公司扩大经营范围或者拓展新的服务领域时这些优势都会有所显现。所以，家政行业要多进行客户消费满意度调研，并根据调研结果在服务质量、服务效率、服务价格、服务流程、服务范围、服务态度和服务形象方面做出针对性的改进，为后续提升经营管理水平、优化客户体验提供必要的决策参考和智力支持。SPSS 作为一种功能强大的统计分析软件，完全可以作为一种辅助工具应用于家政行业客户消费满意度调研。本文将结合实际案例讲述一下 SPSS 软件在家政行业客户消费满意度调研建模技术中的实践应用。需要特别提示和强调的是，本章所使用的研究思路、研究方法和建模技术不仅局限于家政行业，对于很多具有类似经营特征的服务行业都是普遍使用的，读者完全可以结合自身研究需求将相关方法应用于其他服务行业中。

10.1 建模技术

客户消费满意度一直是长期热门研究领域，无论是在学术研究领域还是在商业应用领域，很多专家学者都提出了一些常用的研究模型。常见的模型包括四分图模型、层次分析法模型、欧洲顾客满意度指数模型（ECSI）、美国顾客满意度指数模型（ACSI）、中国顾客满意度指数模型（CCSI）、我国服务型企业顾客满意度测评模型（CCSI）、服务质量模型、卡诺模型（Kano 模型）等。这些模型在多本教材及互联网上都有详细介绍。限于篇幅，本文我们不对具体学术理论模型做研究探讨，而仅关注具体统计分析方法的应用。

本案例设定家政服务质量得分、家政服务效率得分、家政服务价格得分、家政服务流程得分、家政服务范围得分、家政服务态度得分、家政服务形象得分等（在模型中体现为解释变量）作为客户消费满意度感知价值的衡量，客户消费满意度、客户消费次数和客户推荐次数（在模型中均体现为被解释变量）作为客户满意程度的衡量。具体来说，本案例主要设定如下 3 个回归模型来对家政服务公司客户服务满意度影响因素进行实证研究：

（1）$Y_1 = \beta_0 + \beta_1 X_1 + \beta_2 X_2 + \beta_3 X_3 + \beta_4 X_4 + \beta_5 X_5 + \beta_6 X_6 + \beta_7 X_7 + \varepsilon$

（2）$Y_2 = \beta_0 + \beta_1 X_1 + \beta_2 X_2 + \beta_3 X_3 + \beta_4 X_4 + \beta_5 X_5 + \beta_6 X_6 + \beta_7 X_7 + \varepsilon$

（3）$Y_3 = \beta_0 + \beta_1 X_1 + \beta_2 X_2 + \beta_3 X_3 + \beta_4 X_4 + \beta_5 X_5 + \beta_6 X_6 + \beta_7 X_7 + \varepsilon$

其中：

Y_1 表示客户消费满意度（satisfaction）。Y_2 表示客户消费次数（frequency）。Y_3 表示客户推荐次数（recommend）。X_1 表示家政服务质量得分（quality）。X_2 表示家政服务效率得分（efficiency）。X_3 表示家政服务价格得分（price）。X_4 表示家政服务流程得分（process）。X_5 表示家政服务范围得分（range）。X_6 表示家政服务态度得分（attitude）。X_7 表示家政服务形象得分（image）。ε 是随机误差项。

针对各解释变量的理论含义以及对客户消费满意度的影响关系，本案例解释如下：

1. 家政服务质量

家政服务质量体现在家政服务过程和结果的很多环节，比如针对一般的保洁服务，打扫卫生所使用的工具，服务人员服务的细致、整洁程度，对物品的归集整理，对镜面玻璃等物品擦拭的光洁程度等，都是客户对家政服务质量判断的重要标准。按照通常的逻辑，家政服务质量对客户消费满意度是有一定影响的，而且是一种同方向的正向影响关系，或者说在正常情况下，家政服务质量越高，客户消费满意度就会越高。

2. 家政服务效率

家政服务效率指的是家政服务人员在实施具体服务时单位时间所创造的劳动成果。家政服务效率会显著影响消费者的消费体验。一方面，在家政服务的经营实践中，很多是按照劳动时间进行收费的，家政服务人员工作的时间越长，客户需要支付的费用就会越高，所以如果家政人员出工不出力，或者干活太慢、效率太低，势必会引起消费者的反感，造成客户消费满意度的下降；另一方面，家政服务人员在工作时，很多客户会派出家人对家政人员进行监督，如果家政服务人员工作时长不合理地延长，就会与消费者的预期形成偏差，占用消费者或其家人的计划外时间，也会引起消费者的反感或者说满意程度的下降。

3. 家政服务价格

从理论上分析，家政服务产品是一种需求价格弹性比较高的正常类商品。所以当家政服务价格下降同时其他条件保持不变时，会带动家政服务需求量的显著增加，家政服务消费者的效用也会增加；反之当家政服务价格上升，同时其他条件保持不变时，会带动家政服务需求量的显著减少，家政服务消费者的效用也会减少。所以合理认为家政服务价格会对家政服务客户服务满意度产生反方向的负面影响，或者说，家政服务价格越高，客户服务满意度越低，家政服务价格越低，客户服务满意度越高。

4. 家政服务流程

从理论上分析，在充分保障家政服务公司和家政服务消费者双方权益的前提下，家政服务公司的家政服务流程越简化、便捷，内部沟通越顺畅，需要消费者在预约上门、服务验收、支付结算、售后评价等环节做的事情越少，那么消费者需要付出的体力、精力就会越少，消费者能够获得的效用就会越大，获得的满意程度就会越高。反之，如果家政服务公司家政服务流程设置不够科学合理或者内部沟通不畅，给消费者增加很多不必要的流程环节或操作负担，客户服务满意程度就会越低。

5. 家政服务范围

在很多情况下，家政服务的消费者需要的不是单一服务内容，而是一项或者多项服务的综合，或者说是一揽子服务内容，比如有的消费者周末的时候既需要打扫卫生、进行保洁，也需要请人帮助做饭洗衣，或者照顾一下老人、孩子等，如果家政服务公司提供的服务范围过于单一，就会使消费者不得不找多家提供不同服务内容的家政服务公司，会增加消费者的人力、物力、财力成本，影响消费者的体验。还有一种情况就是，有的消费者只需要单一服务，如果家政公司提供的服务范围很广，在消费者不知情的情况下提供了消费者预期之外的家政服务，或者在服务过程中频频向消费者推介搭售其他服务内容，也会引起消费者不好的消费体验，影响客户消费满意度。所以，家政服务范围这一因素对于客户消费满意度的影响是不确定的，无论是影响程度还是影响方向都需要结合实际情况进行研究分析。

6. 家政服务态度

从理论上分析，家政服务工作人员的家政服务态度越好，与家政服务消费者沟通时语气、措施和表达越文明、恰当、具有同理心，在感知、响应、解决家政服务消费者问题的时候越积极、认真、负责，家政服务消费者需要花费的精力、体力、财力就会越少，发生的沟通协调等交易成本就会越低，能够感知获得的效用就会越大，客户服务满意程度就会越高。反之，家政服务工作人员的家政服务态度越差，家政服务消费者需要花费的精力、体力、财力就会越多，就会增加很多不必要的交易成本，同时会降低获得的效用水平，那么客户服务满意程度就会越低。

7. 家政服务形象

家政服务形象也是影响消费者感知价值和客户消费满意度的重要因素。家政服务形象包括家政服务公司的形象和具体服务提供人员的形象。一方面，家政服务公司的品牌形象、服务纪律、服务规范会影响消费者的消费体验；另一方面，具体服务提供人员的外貌形象、穿着打扮、言谈举止也会影响消费者的满意程度。一个言谈举止优雅、外貌形象干练的服务人员在很多情况下可能更受消费者的欢迎。所以，家政服务形象预期也是影响消费者满意程度的重要因素，而且预期影响方向是同方向的正向影响，即家政服务形象越好，消费者的满意程度就会越高。

值得说明的是，从理论上分析，客户消费满意度这一被解释变量预期与客户消费次数、客户推荐次数等被解释变量呈现显著正相关关系，故仅针对各个解释变量与客户消费满意度之间的理论逻辑关系进行分析。预期客户消费次数、客户推荐次数等被解释变量与各个解释变量之间的关系和客户消费满意度是一致的。

10.2 建模数据来源与分析思路

数据来源方面，本案例采用向目标家政服务公司存量客户开展公开问卷调查的方式，调查范围力求全面，既有 1 年以内新客户也有 5 年以上老客户，既有普通客户也有 VIP 客户，既有居住在二环以内的客户也有居住在二环以外的客户，涵盖各个年龄段、各种住所性质。

为了保证调查效果，调查过程全部由客户独立完成，不含任何诱导性成分，力求数据真实、客观、公允。

本案例设计的《家政服务公司客户服务满意度影响因素调查问卷》如下所示。

家政服务公司客户服务满意度影响因素调查问卷

感谢您抽出宝贵的时间来完成这张调查问卷，请您如实填写，谢谢合作！

一、个人情况

1. 您的性别是_____。
   A. 男　　　　　B. 女

2. 您的年龄是_____。
   A. 20 岁以下　　B. 21~30 岁　　C. 31~40 岁　　D. 41~50 岁　　E. 51 岁以上

3. 您的住所性质是_____。
   A. 非自有住宅　　　B. 自有小户型住宅　　　C. 自有大户型住宅　　　D. 别墅

4. 您成为我公司客户的年限是_____。
   A. 1 年以下　　　　B. 1~3 年　　C. 3~5 年　　　　D. 5 年以上

5. 您的居住地是_____。
   A. 二环以内　　　B. 二环以外

6. 您在我公司的客户等级是_____。
   A. 普通客户　　　B. VIP 客户

二、关于客户服务满意度影响因素情况

1. 您对我公司家政服务质量满意程度评价为_____。（1~9 分，1 分为最低，9 分为最高）
2. 您对我公司家政服务效率满意程度打分为_____。（1~9 分，1 分为最低，9 分为最高）
3. 您对我公司家政服务价格满意程度打分为_____。（1~9 分，1 分为最低，9 分为最高）
4. 您对我公司家政服务流程满意程度评价为_____。（1~9 分，1 分为最低，9 分为最高）
5. 您对我公司家政服务范围满意程度打分为_____。（1~9 分，1 分为最低，9 分为最高）
6. 您对我公司家政服务态度满意程度打分为_____。（1~9 分，1 分为最低，9 分为最高）
7. 您对我公司家政服务形象满意程度打分为_____。（1~9 分，1 分为最低，9 分为最高）
8. 您对我公司服务的整体满意程度评价为_____。
   A. 非常不满意　　　B. 比较不满意　　　C. 比较满意　　　D. 非常满意

9. 您对我公司家政服务产品的消费频率是_____。
   A. 每年 0~4 次　　　B. 每年 5~12 次　　　C. 每年 13~29 次　　　D. 每年 30 次以上

10. 当您的家人或朋友有相关家政服务需求时，您已推荐他们购买我公司产品次数为_____。
    A. 未推荐　　　B. 5 次以下　　　C. 5~10 次　　　D. 10 次以上

调查结束，再次感谢您的参与！

调查问卷包括两大组成部分，第一部分为客户基本情况，设置 6 道题目，涵盖客户的性别、年龄、住所性质、成为本公司客户的年限、居住地、客户等级等方面，均为选择题；第二部分为客户服务满意度影响因素情况，设置 10 道题目，其中前 7 道为打分题，由被调查者针对本公司的家政服务质量情况、家政服务效率情况、家政服务价格情况、家政服务流程情况、家政服务范围情况、家政服务态度情况、家政服务形象情况等分别进行打分，得分区间为 1~9 分，其中 1 分为最低、9 分为最高，后 3 道题目为选择题，由被调查者对客户消费满意度、客户消费次数、客户推荐次数等进行选择。

本次共发放调查问卷 500 份，回收 500 份，剔除无效问卷 0 份，最终形成有效调查问卷 500 份，有效问卷占比为 100%，调查效果较好。将调查获得的数据整理成调查表，如表 10.1 所示。

表 10.1　家政服务公司客户服务满意度影响因素调查数据

客户满意度	客户消费次数	客户推荐次数	服务质量	服务效率	服务价格	服务流程	服务范围	服务态度	服务形象	性别	年龄	住所性质	服务年限	居住地	客户等级

整理成 SPSS 格式的数据文件参见数据 10.sav。

建模思路方面，在设计好调查问卷后，向存量客户进行发放，并回收有效问卷。在此基础上对问卷进行可靠性分析，对问卷的调查质量进行评估，若可靠性分析反映问卷质量不佳则尝试对部分题目进行修改或进一步扩大调查范围获取更多的样本，若可靠性分析反映问卷质量尚可则进行回归分析。回归分析部分设定如前面所述的 3 个回归模型来对家政服务公司客户服务满意度影响因素进行实证研究，首先以全部客户为样本进行分析，在此基础上对客户进一步分类，按客户地域分类的满意度影响因素进行实证分析、按客户等级分类的满意度影响因素进行实证分析等。最后提出实证研究结论并进行必要的结果解读。

具体操作步骤包括 7 个方面的内容，分别是：

（1）对家政服务公司客户服务满意度影响因素调查数据中的 satisfaction（客户消费满意度）、frequency（客户消费次数）、recommend（客户推荐次数）、quality（家政服务质量得分）、efficiency（家政服务效率得分）、price（家政服务价格得分）、process（家政服务流程得分）、range（家政服务范围得分）、attitude（家政服务态度得分）、image（家政服务形象得分）、gender（客户性别）、age（客户年龄）、residential（客户住所性质）、year（客户服务年限）、address（客户居住地）、grade（客户等级）16 个变量进行描述性分析。

（2）对 satisfaction、frequency、recommend、quality、efficiency、price、process、range、attitude、image 这 10 个变量进行可靠性分析。

（3）对 satisfaction、frequency、recommend、quality、efficiency、price、process、range、attitude、image 这 10 个变量进行相关性分析。

（4）将 satisfaction 作为被解释变量，将 quality、efficiency、price、process、range、attitude、image 这 7 个变量作为解释变量进行回归分析。

（5）将 frequency 作为被解释变量，将 quality、efficiency、price、process、range、attitude、 image 这 7 个变量作为解释变量进行回归分析。

（6）将 recommend 作为被解释变量，将 quality、efficiency、price、process、range、attitude、image 这 7 个变量作为解释变量进行回归分析。

（7）根据研究过程写出研究结论并提出对策建议。

10.3　建模前数据准备

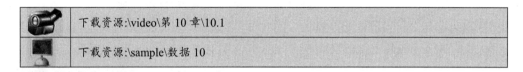

10.3.1　数据整理

在 SPSS 格式文件中共有 16 个变量，分别是 satisfaction、frequency、recommend、quality、efficiency、price、process、range、attitude、image、gender、age、residential、year、address、grade，如图 10.1 所示。其中，变量 satisfaction 表示客户消费满意度，把 1 设定为非常不满意，把 2 设定为比较不满意，把 3 设定为比较满意，把 4 设定为非常满意，设定值标签操作后如图 10.2 所示。

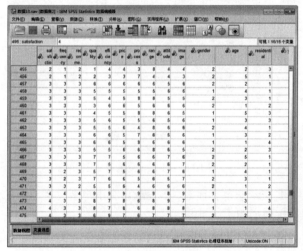

图 10.1　数据 10　　　　　　　图 10.2　对 satisfaction 变量设定值标签

frequency 表示客户消费次数，把 1 设定为每年 0~4 次，把 2 设定为每年 5~12 次，把 3 设定为每年 13~29 次，把 4 设定为每年 30 次以上，设定值标签操作后如图 10.3 所示。

recommend 表示客户推荐次数，把 1 设定为未推荐，把 2 设定为 5 次以下，把 3 设定为 5~10 次，把 4 设定为 10 次以上，设定值标签操作后如图 10.4 所示。

图 10.3　对 frequency 变量设定值标签

图 10.4　对 recommend 变量设定值标签

quality 表示家政服务质量得分，efficiency 表示家政服务效率得分，price 表示家政服务价格得分，process 表示家政服务流程得分，range 表示家政服务范围得分，attitude 表示家政服务态度得分，image 表示家政服务形象得分。

gender 表示客户性别，其中 1 表示男性、2 表示女性，设定值标签操作后如图 10.5 所示。

age 表示客户年龄分布，其中 1 表示 20 岁以下、2 表示 21 岁~30 岁、3 表示 31 岁~40 岁、4 表示 41 岁~50 岁、5 表示 51 岁以上，设定值标签操作后如图 10.6 所示。

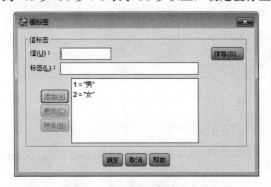

图 10.5　对 gender 变量设定值标签

图 10.6　对 age 变量设定值标签

residential 表示客户住所性质分布，其中 1 表示非自有住宅、2 表示自有小户型住宅、3 表示自有大户型住宅、4 表示别墅，设定值标签操作后如图 10.7 所示。

year 表示客户年限分布，其中 1 表示 1 年以下、2 表示 1 年到 3 年、3 表示 3 年到 5 年、4 表示 5 年以上，设定值标签操作后如图 10.8 所示。

图 10.7　对 residential 变量设定值标签

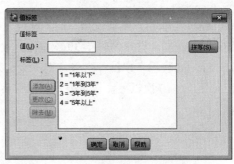

图 10.8　对 year 变量设定值标签

address 表示客户居住地分布，其中 1 表示二环以内、2 表示二环以外，设定值标签操作后如图 10.9 所示。

grade 表示客户等级分布，其中 1 表示普通客户、2 表示 VIP 客户，设定值标签操作后如图 10.10 所示。

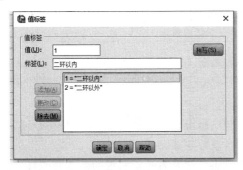

图 10.9　对 address 变量设定值标签

图 10.10　对 grade 变量设定值标签

变量等级及长度采取系统默认方式，数据如图 10.11 所示。

图 10.11　数据 10 变量视图

10.3.2　可靠性分析

本部分我们对家政服务公司客户服务满意度影响因素调查数据中的 satisfaction、frequency、recommend、quality、efficiency、price、process、range、attitude、image 这 10 个变量进行可靠性分析。

可靠性又被称为信度，是指测验的可信程度，主要表现测验结果的一贯性、一致性、再现性和稳定性，从公式上讲就是一组测量分数的真变异数与总变异数（实得变异数）的比率。可靠性分析是检验测量工作可靠性和稳定性的主要方法，在各种自然科学和社会科学调查问卷中得到了广泛的应用。

在计算得到可靠性系数后，可靠性系数与可靠性评价对照表如表 10.2 所示。

表 10.2　可靠性系数与可靠性评价对照表

可靠性系数	可靠性评价
0.9 以上	可靠性极佳
0.8 以上	可以接受
0.7 以上	量表应进行较大修订
低于 0.7	量表需要重新设计

大多数学者认为任何测验或量表的可靠性系数如果在 0.9 以上，则该测验或量表的可靠性极佳；在 0.8 以上都是可以接受的；在 0.7 以上，则该量表应进行较大修订，但仍不失其价值；低于0.7，量表就需要重新设计了。

在心理学中通常可以用已有的同类测验作为比较的标准。一般能力与成就测验的可靠性系数在 0.90 以上，性格、兴趣、态度等人格测验的可靠性系数在 0.80~0.85 之间。

需要特别注意的是，可靠性分析对于数据和假设条件都是有一定要求的，并非所有情况下都适合可靠性分析：

● 在数据方面，用于可靠性分析的数据可以是二分数据、有序数据或区间数据，但数据应是用数值编码的。

● 在假设条件方面，用于可靠性分析的观察值应是独立的，且项与项之间的误差应是不相关的。每对项应具有二元正态分布。刻度应是可加的，以便每一项都与总得分线性相关。

（1）分析过程

可靠性分析的步骤如下：

01 依次选择"文件｜打开｜数据"命令，打开数据 10.sav 数据表。

02 依次选择"分析｜刻度｜可靠性分析"命令，弹出"可靠性分析"对话框，如图 10.12所示。

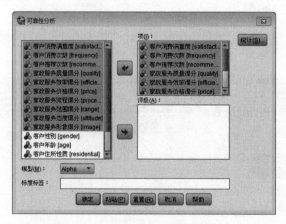

图 10.12　"可靠性分析"对话框

在左侧变量框中分别选择"客户消费满意度[satisfaction]""客户消费次数[frequency]""客户推荐次数[recommend]""家政服务质量得分[quality]""家政服务效率得分[efficiency]""家政服务价格得分[price]""家政服务流程得分[process]""家政服务范围得分[range]""家政服务态度得分[attitude]""家政服务形象得分[image]" 10 个变量，单击 按钮，移入右侧的"项"列表框中。在左侧有个"模型"下拉列表框，用来选择估计可靠性系数的方法。单击 按钮，出现 5 种可靠性估计方法（Alpha、折半、格特曼、平行、严格平行），如图 10.13 所示。

- Alpha：原理是内部一致性估计，主要适用于项多重记分的测验（主观题）。
- 折半：将测验题分成对等的两半，计算这两半的分数的相关系数。
- 格特曼：适用于测验全由二值（1 和 0）方式记分的项。
- 平行：适用条件是各个项的方差具有齐次性。
- 严格平行：相对于一般的平行方法，严格平行方法除了要求各项方差具有齐次性外，还要求各个项的均值相等。

这里我们采用默认的 Alpha 系数估计方法。

03 单击"统计"按钮，弹出"可靠性分析：统计"对话框，如图 10.14 所示。

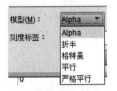

图 10.13　"可靠性估计方法"列表　　　图 10.14　"可靠性分析：统计"对话框

对话框选项设置/说明

"可靠性分析：统计"对话框主要设置可靠性分析的输出结果，或者说除了"可靠性分析"主对话框输出的可靠性系数之外输出结果中的其他内容。"可靠性分析：统计"对话框中包括"描述""项之间""摘要""ANOVA 表""评判间一致性""缺失"选项组，以及"霍特林 T 平方""图基可加性检验""同类相关系数"复选框，以及在此之下的模型设置。

（1）"描述"选项组
"描述"选项组中包括 3 个选项，分别是"项""标度"和"删除项后的标度"。

- "项"选项若用户选中该选项，则系统将计算参与可靠性分析的各项的均数、标准差和样本数量。
- "标度"选项若用户选中该选项，则系统将计算参与可靠性分析的标度变量的均值、标准差和项数，即将各观测值的各项分数汇总后求其均值、标准差。

- "删除项后的标度"选项若用户选中该选项,则系统将计算标度变量减去当前项后的均值、方差等统计量。

（2）"项之间"选项组

"项之间"选项组中包括2个选项,分别是"相关性""协方差"。

- "相关性"选项若用户选中该选项,则系统将计算各项间的相关系数。
- "协方差"选项若用户选中该选项,则系统将计算各项间的协方差。

（3）"摘要"选项组

"摘要"选项组用于计算各项指标的描述统计量（量表统计量）,包括4个选项,分别是"平均值""方差""协方差""相关性"。

- "平均值"选项若用户选中该选项,则将输出"平均值"相关选项。需要说明和强调的是,此处的平均值选项不是输出平均值,而是针对项平均值计算统计量,包括项平均值的平均值、最小值、最大值、极差、最大值与最小值之比和项平均值的方差。
- "方差"选项若用户选中该选项,则将输出"方差"相关选项。需要说明和强调的是,此处的方差选项不是输出方差,而是针对项方差计算统计量,包括项方差的平均值、最小值、最大值、极差、最大值与最小值之比和项方差的方差。
- "协方差"选项若用户选中该选项,则将输出"协方差"相关选项。需要说明和强调的是,此处的相关性选项不是输出协方差,而是针对项协方差计算统计量,包括项协方差的平均值、最小值、最大值、极差、最大值与最小值之比和项协方差的方差。
- "相关性"选项若用户选中该选项,则将输出"相关性"相关选项。需要说明和强调的是,此处的协方差选项不是输出相关性,而是针对项相关系数计算统计量,包括项相关系数的平均值、最小值、最大值、极差、最大值与最小值之比和项相关系数的方差。

（4）"ANOVA 表"选项组

"ANOVA 表"选项组可以选择方差分析的方法,包括4个选项,分别是"无""F 检验""傅莱德曼卡方""柯克兰卡方"。

- "无"选项若用户选中该选项,则系统将不产生方差分析表。"无"是系统默认选项。
- "F 检验"选项若用户选中该选项,则系统将产生重复测量方差分析表。
- "傅莱德曼卡方"选项若用户选中该选项,系统将计算傅莱德曼卡方值和肯德尔系数,适用于等级数据,除了计算傅莱德曼卡方值和肯德尔系数外,还可以做方差分析。傅莱德曼的卡方检验可取代通用的 F 检验。
- "柯克兰卡方"选项若用户选中该选项,系统将显示柯克兰 Q 值,如果项都是二分变量,则可以选择"柯克兰卡方"选项,这时在方差分析表中使用 Q 统计量取代常用的 F 统计量。

（5）下方的复选框

- 霍特林 T 平方"霍特林 T 平方"是一种多元假设检验,检验所有项均值是否相等。
- 图基可加性检验"图基可加性检验"给出量表提高可加性的功效估计值,检验的原假设是项间没有相加作用的交互作用。

- 同类相关系数 "同类相关系数" 产生单相关系数和平均相关系数，同时给出置信区间、F 统计量和显著性检验值。选中此项，将激活下面的选项。
  - ➢ 模型：选择计算相关系数的模型，单击■按钮，有 3 种选择，分别是双向混合（组内效应随机而且项效应固定）、双向随机（组内效应和项效应都是随机的）、单向随机（组内效应是随机的）。
  - ➢ 类型：指定相关系数是如何被定义的。"一致性" 测量方差为分母除以 n-1 的方差；"绝对一致" 测量方差是分母除以 n 的方差。
  - ➢ 置信区间：指定置信区间，系统默认值为 95％。
  - ➢ 检验值：在此输入组内相关系数的一个估计值，用于进行比较，要求在 0~1 之间，系统默认值是 0。

本次实验中，我们选中 "描述" 和 "摘要" 两个选项组中的全部复选框，单击 "继续" 按钮返回 "可靠性分析" 对话框。在实际操作中，可以根据需要和详细介绍自行设置各个选项。

04 单击 "确定" 按钮，进入计算分析，得到计算结果后将其结果（主要是 α 系数）记录下来。

（2）结果分析

在 SPSS 26.0 "主界面" 对话框的结果窗口中我们可以看到如下分析结果。

图 10.15 显示了可靠性分析个案处理摘要情况：共有 500 个样本参与了可靠性分析过程，且这 500 个样本全部为有效值，没有缺失值。

图 10.16 显示了我们本次参与分析的 satisfaction、frequency、recommend、quality、efficiency、price、process、range、attitude、image 这 10 个变量的克隆巴赫 Alpha 系数为 0.892，基于标准化项的克隆巴赫 Alpha 系数为 0.921，变量个数为 10 个。结合文中前面列出的可靠性系数与可靠性评价对照表，从计算得到的克隆巴赫 Alpha 系数来看，我们本次调查分析的可靠性还是可以接受的。

➥ 可靠性

标度：所有变量

个案处理摘要

		个案数	%
个案	有效	500	100.0
	排除a	0	.0
	总计	500	100.0

a. 基于过程中所有变量的成列删除。

可靠性统计

克隆巴赫 Alpha	基于标准化项的克隆巴赫 Alpha	项数
.892	.921	10

图 10.15　个案处理摘要　　　　图 10.16　可靠性统计

图 10.17 给出了本次参与分析的 10 个变量的基本统计量，统计指标包括平均值、标准偏差、个案数，比如客户消费满意度的平均值为 2.53、标准偏差为 1.021、个案数为 500。

项统计

	平均值	标准 偏差	个案数
客户消费满意度	2.53	1.021	500
客户消费次数	2.55	1.089	500
客户推荐次数	2.51	1.079	500
家政服务质量得分	5.22	1.955	500
家政服务效率得分	6.32	1.635	500
家政服务价格得分	4.91	2.120	500
家政服务流程得分	5.92	1.949	500
家政服务范围得分	7.24	1.177	500
家政服务态度得分	6.17	2.121	500
家政服务形象得分	5.52	2.087	500

图 10.17　项统计

图 10.18 给出了如果将相应的变量（题目）删除则调查问卷总的可靠性该如何改变的统计量，依次为总分的均值改变、方差改变、该题与总分的相关系数和 Alpha 系数的改变情况（多相关的平方一栏不予考虑）。可以发现，删除项后的克隆巴赫 Alpha 系数基本保持稳定，都在 0.8 以上，接受该可靠性分析结果，进入后续分析。

项总计统计

	删除项后的标度平均值	删除项后的标度方差	修正后的项与总计相关性	平方多重相关性	删除项后的克隆巴赫 Alpha
客户消费满意度	46.36	124.451	.826	.749	.878
客户消费次数	46.34	122.773	.844	.928	.875
客户推荐次数	46.38	122.548	.863	.933	.875
家政服务质量得分	43.66	110.873	.720	.625	.875
家政服务效率得分	42.56	114.002	.792	.674	.871
家政服务价格得分	43.98	128.505	.236	.210	.916
家政服务流程得分	42.96	112.732	.671	.500	.879
家政服务范围得分	41.64	124.214	.713	.549	.880
家政服务态度得分	42.72	108.560	.708	.560	.877
家政服务形象得分	43.37	114.333	.574	.442	.888

图 10.18　项总计统计

10.3.3　描述性分析

1．分析过程

01　依次选择"文件｜打开｜数据"命令，打开数据 10.sav 数据表。

02　依次选择"分析｜描述统计｜频率"命令，弹出"频率"对话框，在左侧变量框中选择全部变量，单击➡按钮，移至右侧的"变量"列表框，如图 10.19 所示。

03　单击"统计"按钮，弹出"频率：统计"对话框。这个对话框分为"百分位值""集中趋势""离散"和"表示后验分布"4 部分，每一部分都有若干统计量，在实际工作中我们可以根据需要选用。在本次实验中，为了尽可能完整地展示 SPSS 的分析功能，我们勾选"百分位值"中的"四分位数"选项，勾选"集中趋势""离散"和"表示后验分布"选项组中的所有选项，如图 10.20 所示。

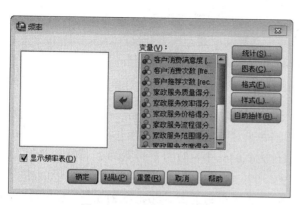

图 10.19 "频率"对话框

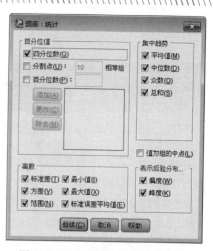

图 10.20 "频率:统计"对话框

04 单击"继续"按钮,回到"频率"对话框,单击"图表"按钮,弹出"频率:图表"对话框,选中"直方图"单选按钮,并勾选"在直方图中显示正态曲线"复选框,如图 10.21 所示。

05 单击"继续"按钮,回到"频率"对话框,单击"格式"按钮,弹出"频率:格式"对话框。将"排序方式"设为"按值的升序排序",将"多个变量"设为"比较变量",这样输出结果就会在一个表中显示所有变量的统计结果。最后勾选"禁止显示具有多个类别的表"复选框,然后在下面的"最大类别数"文本框中输入数字"10",如图 10.22 所示。这样当频数表的分类超过 10时,则不显示频数表。当然用户可以自行设定"最大类别数"(系统默认值为 10)。

图 10.21 "频率:图表"对话框

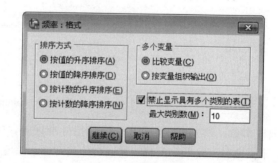

图 10.22 "频率:格式"对话框

06 单击"继续"按钮,回到"频率"对话框,单击"确定"按钮,进入计算分析。

2. 结果分析

在 SPSS 26.0 "主界面"对话框的结果窗口中我们可以看到如下分析结果。

satisfaction(客户消费满意度)变量的频数统计表如图 10.23 所示,从中可以看出客户消费满意度样本共有 500 个,共有 4 种取值,本例中我们在之前把 1 设定为非常不满意、把 2 设定为比较不满意、把 3 设定为比较满意、把 4 设定为非常满意,所以可以发现在所有参与调查的客户当中,比较不满意的客户占比最高(33%),为 165 人非常不满意的客户占比最小(18%),为 90 人。其他方面,比较满意的客户人数为 137 人,占比 27.4%;非常满意的客户为 108 人,占比 21.6%。

其他变量的频数统计表结果解读限于篇幅不再一一讲解。

频率表

客户消费满意度

		频率	百分比	有效百分比	累积百分比
有效	非常不满意	90	18.0	18.0	18.0
	比较不满意	165	33.0	33.0	51.0
	比较满意	137	27.4	27.4	78.4
	非常满意	108	21.6	21.6	100.0
	总计	500	100.0	100.0	

图 10.23　satisfaction（客户消费满意度）变量的频数统计表

satisfaction（客户消费满意度）、frequency（客户消费次数）、recommend（客户推荐次数）3个变量的统计量信息如图 10.24 所示。以客户消费满意度为例，观测值中包括有效样本数 500，缺失值的个数为 0、平均值为 2.53、平均值标准误差为 0.046、中位数为 2、众数为 2、标准偏差为 1.021、方差为 1.043、偏度为 0.031、偏度标准误差为 0.109、峰度为-1.123、峰度标准误差为 0.218、范围为 3、最小值为 1、最大值为 4 及总和为 1263，另外还得到了 25、50、75 的 3 个百分位数。

➡ 频率

		客户消费满意度	客户消费次数	客户推荐次数
个案数	有效	500	500	500
	缺失	0	0	0
平均值		2.53	2.55	2.51
平均值标准误差		.046	.049	.048
中位数		2.00	3.00	3.00
众数		2	3	3
标准 偏差		1.021	1.089	1.079
方差		1.043	1.186	1.164
偏度		.031	-.152	-.155
偏度标准误差		.109	.109	.109
峰度		-1.123	-1.271	-1.261
峰度标准误差		.218	.218	.218
范围		3	3	3
最小值		1	1	1
最大值		4	4	4
总和		1263	1274	1254
百分位数	25	2.00	2.00	1.00
	50	2.00	3.00	3.00
	75	3.00	3.00	3.00

图 10.24　satisfaction~recommend 统计量

有效样本数、缺失值、平均值、平均值标准误差、中位数、众数、标准偏差、方差等统计量很常见，不需要特别说明和解释。其他统计量方面，偏度是对分布偏斜方向及程度的测度，测量偏斜的程度需要计算偏态系数，偏态系数如果为正，表示分布为右偏，偏态系数如果为负，则表示分布为左偏，本例中计算的客户消费满意度观测值偏度为 0.031，表明数据分布存在很小程度的右偏，计算的客户消费次数观测值偏度为-0.152，表明数据分布存在很小程度的左偏，计算的客户推荐次数观测值偏度为-0.155，表明数据分布存在很小程度的左偏。

峰度是频数分布曲线与正态分布相比较，顶端的尖峭程度，统计上常用四阶中心矩测定峰度，当计算的峰度恰好等于 0 时，说明数据分布曲线为正态分布；当计算的峰度小于 0 时，说明数据分布曲线为平峰分布；当计算的峰度大于 0 时，说明数据分布曲线为尖峰分布。本例中计算的客户消费满意度观测值峰度为-1.123，表明数据分布曲线为平峰分布；计算的客户消费次数观测值峰度为-1.271，表明数据分布曲线为平峰分布；计算的客户推荐次数峰度为-1.261，表明数据分布曲线为平峰分布。

关于百分位数，如果将一组数据排序，并计算相应的累计百分位，则某一百分位所对应数据的值就称为这一百分位的百分位数。常用的有四分位数，指的是将数据分为四等份，分别位于 25%、50%和 75%处的分位数。百分位数适合于定序数据及更高级的数据，不能用于定类数据，百分位数的优点是不受极端值的影响。

其他变量的统计量结果解读限于篇幅不再一一讲解。

10.3.4　相关性分析

1. 分析过程

01 依次选择"文件｜打开｜数据"命令，打开数据 10.sav 数据表。

02 依次选择"分析｜相关｜双变量"命令，弹出"双变量相关性"对话框，在左侧列表框中分别选择"客户消费满意度[satisfaction]""客户消费次数[frequency]""客户推荐次数[recommend]""家政服务质量得分[quality]""家政服务效率得分[efficiency]""家政服务价格得分[price]""家政服务流程得分[process]""家政服务范围得分[range]""家政服务态度得分[attitude]""家政服务形象得分[image]"10 个变量，单击 → 按钮，选入右侧的"变量"列表框中，如图 10.25 所示。

对话框选项设置/说明

"相关系数"下有 3 个选项，用于计算变量之间的相关系数。

- 皮尔逊（Pearson）：用于计算两个连续型变量之间的相关系数。
- 肯德尔：通常用于反映两个分类变量的一致性。
- 斯皮曼：是秩相关分析，当选择了这个选项以后系统会自动对变量求秩，再计算其秩分数间的相关系数。

我们选择皮尔逊相关系数。

"显著性检验"选项组中有两个选项："双尾"是双侧显著性检验；"单尾"为单侧显著性检验，用于当相关关系方向明显时，如身高与体重的相关关系。这里我们所分析的数据相关关系不明显，因此选择"双尾"。勾选最下面的"标记显著性相关性"选项后，输出结果中对在显著性水平 0.05 下显著的相关系数用一个星号加以标记，对在显著性水平 0.01 下显著相关的相关系数用两个星号加以标记。

03 单击"选项"按钮，弹出"双变量相关性：选项"对话框，如图 10.26 所示。

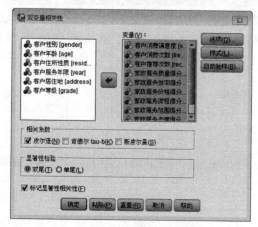

图 10.25　"双变量相关性"对话框

图 10.26　"双变量相关性：选项"对话框

对话框选项设置/说明

（1）"统计"选项组

"统计"选项组只能用于皮尔逊相关系数，该选项组中有两个选项：

- 平均值和标准差：系统将显示每个变量的平均值与标准差及非缺失值的样本数。
- 叉积偏差和协方差：系统将显示每对变量的叉积偏差矩阵和协方差矩阵。叉积偏差等于均值校正变量积的和，是皮尔逊相关系数的分子；协方差为两个变量关系的非标准化测度，等于叉积偏差除以 n−1。

为了展示所有结果，我们把两个选项都选上。

（2）"缺失值"选项组

"缺失值"选项组下有"成对排除个案"和"成列排除个案"两个选项。

- 成对排除个案：剔除相关分析中含有缺失值的变量对。
- 成列排除个案：剔除参与相关分析的变量中有缺失值的观测值。

04 设置完毕后单击"继续"按钮，回到"双变量相关性"对话框，然后单击"确定"按钮，进入计算分析。

2. 结果分析

表 10.3 给出了变量的皮尔逊相关系数、平方和与叉积、协方差、个案数。其中相关关系较为显著的皮尔逊相关系数得到了标记。

"客户消费满意度[satisfaction]""客户消费次数[frequency]""客户推荐次数[recommend]""家政服务质量得分[quality]""家政服务效率得分[efficiency]""家政服务价格得分[price]""家政服务流程得分[process]""家政服务范围得分[range]""家政服务态度得分[attitude]""家政服务形象得分[image]"10 个变量之间的协方差都为正数，说明各个变量的相关关系是正向的。

表 10.3　皮尔逊相关系数（限于篇幅仅展示部分）

相关性		客户消费满意度	客户消费次数	客户推荐次数	家政服务质量得分	家政服务效率得分	家政服务价格得分	家政服务流程得分	家政服务范围得分	家政服务态度得分	家政服务形象得分
客户消费满意度	皮尔逊相关性	1	0.818**	0.797**	0.717**	0.680**	0.252**	0.569**	0.595**	0.675**	0.562**
	Sig.（双尾）		0	0	0	0	0	0	0	0	0
	平方和与叉积	520.662	453.876	438.396	714.614	566.788	272.722	565.514	357.354	729.816	598.24
	协方差	1.043	0.91	0.879	1.432	1.136	0.547	1.133	0.716	1.463	1.199
	个案数	500	500	500	500	500	500	500	500	500	500

（续表）

		相关性									
客户消费次数	皮尔逊相关性	0.818**	1	0.958**	0.706**	0.729**	0.206**	0.605**	0.639**	0.629**	0.579**
	Sig.（双尾）	0		0	0	0	0	0	0	0	0
	平方和与叉积	453.876	591.848	561.808	750.172	647.224	236.756	640.372	408.692	724.968	656.52
	协方差	0.91	1.186	1.126	1.503	1.297	0.474	1.283	0.819	1.453	1.316
	个案数	500	500	500	500	500	500	500	500	500	500
客户推荐次数	皮尔逊相关性	0.797**	0.958**	1	0.709**	0.769**	0.207**	0.638**	0.678**	0.642**	0.578**
	Sig.（双尾）	0	0		0	0	0	0	0	0	0
	平方和与叉积	438.396	561.808	580.968	746.612	676.704	235.876	669.812	429.532	733.328	649.92
	协方差	0.879	1.126	1.164	1.496	1.356	0.473	1.342	0.861	1.47	1.302
	个案数	500	500	500	500	500	500	500	500	500	500

　　"客户消费满意度[satisfaction]""客户消费次数[frequency]""客户推荐次数[recommend]"三者之间的相关系数非常高，而且均为正相关，尤其是"客户消费次数[frequency]"与"客户推荐次数[recommend]"的相关系数达到了0.958，说明对于本例中分析的家政服务公司来说，"客户消费满意度[satisfaction]""客户消费次数[frequency]""客户推荐次数[recommend]"三者之间的关联关系非常强。

　　"客户消费满意度[satisfaction]""客户消费次数[frequency]""客户推荐次数[recommend]"与"家政服务质量得分[quality]""家政服务效率得分[efficiency]""家政服务价格得分[price]""家政服务流程得分[process]""家政服务范围得分[range]""家政服务态度得分[attitude]""家政服务形象得分[image]"之间的相关关系各不相同，相关系数大小各异，但均为正相关，符合实际情况。

　　需要特别提示的是，"客户消费满意度[satisfaction]""客户消费次数[frequency]""客户推荐次数[recommend]"与"家政服务质量得分[quality]""家政服务效率得分[efficiency]""家政服务流程得分[process]""家政服务范围得分[range]""家政服务态度得分[attitude]""家政服务形象得分[image]"之间的相关系数均在0.5以上，仅与"家政服务价格得分[price]"相关系数较低，这在很大程度上说明家政服务价格得分与客户消费满意度之间的关联性不大。

10.4 建立模型

下载资源:\video\第 10 章\10.2	
下载资源:\sample\数据 10	

10.4.1 客户消费满意度影响因素建模技术

本部分将家政服务公司客户服务满意度影响因素调查数据中"客户消费满意度[satisfaction]"作为被解释变量,将"家政服务质量得分[quality]""家政服务效率得分[efficiency]"家政服务价格得分[price]""家政服务流程得分[process]""家政服务范围得分[range]""家政服务态度得分[attitude]""家政服务形象得分[image]"7个变量作为解释变量进行回归分析。

本案例在前面已提及,以客户消费满意度作为被解释变量,取值1到4,其中1表示非常不满意,2表示比较不满意,3表示比较满意,4表示非常满意,被解释变量为定序离散变量。解释变量包括家政服务质量、家政服务效率、家政服务价格、家政服务流程、家政服务范围、家政服务态度、家政服务形象,均为连续数值等级变量。由于被解释变量为离散型变量且具有排序特征,计量分析方法上选择有序回归模型。

1. 全部客户消费满意度影响因素的实证分析

01 依次选择"文件 | 打开 | 数据"命令,打开数据10.sav数据表。

02 依次选择"分析 | 回归 | 有序"命令,弹出"有序回归"对话框,如图10.27所示。

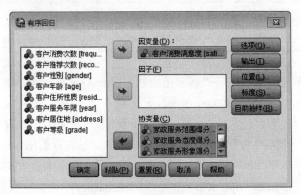

图10.27 "有序回归"对话框

======== 对话框选项设置/说明 ========

"有序回归"对话框中包括"因变量"列表框、"因子"列表框、"协变量"列表框。

● "因变量"列表框:该列表框中的变量为有序回归模型中的被解释变量,一般选定一个有序变量作为因变量,可以是字符串等级或数值等级,但必须对其取值进行升序排列,并指定最小值为第一个类别。

● "因子"列表框:该列表中的变量为分类变量,因子变量可以是字符等级,但必须用连续整数进行赋值。

● "协变量"列表框:该列表框的变量为有序回归模型的解释变量或者控制变量,数据等级一般为数值等级。如果解释变量为分类变量或定性变量,则可以用虚拟变量(哑变量)表示。

我们需要从左侧列表框中选择进行有序回归分析的被解释变量,然后单击■按钮将选中的变量选入"因变量"列表框中;从左侧列表框中选择分类变量,然后单击■按钮将选中的变量选入

"因子"列表框中；从左侧列表框中选择进行有序回归分析的解释变量，然后单击  按钮将选中的变量选入"协变量"列表框中。

本例中，我们在"有序回归"对话框左侧的列表中，将"客户消费满意度[satisfaction]"选入"因变量"列表框中、将"家政服务质量得分[quality]""家政服务效率得分[efficiency]""家政服务价格得分[price]""家政服务流程得分[process]""家政服务范围得分[range]""家政服务态度得分[attitude]""家政服务形象得分[image]"选入"协变量"列表框中。

03 单击"选项"按钮，弹出"有序回归：选项"对话框，如图 10.28 所示。

图 10.28　"有序回归：选项"对话框

对话框选项设置/说明

"有序回归：选项"对话框主要用于对有序回归的迭代步骤、置信区间、奇异性容许误差进行设置：

（1）"迭代"选项组

该选项组主要用于设置有序回归的迭代估计参数，包括"最大迭代次数""最大逐步二分次数""对数似然收敛"和"参数收敛"4 个选项。

- "最大迭代次数"文本框用于指定最大迭代步骤数目，必须为整数。若输入 0 值，则仅输出初始值。
- "最大逐步二分次数"文本框用于指定最大步骤等分值，且必须为整数。
- "对数似然收敛"下拉列表框用于指定对数似然性收敛值，共有 6 个不同的指定值；如果对数似然估计中的绝对或相对变化小于该值，则迭代会停止。
- "参数收敛"下拉列表框用于指定参数估计值的收敛依据，共有 6 个不同的指定值；如果参数估计的绝对或相对变化小于该值，则迭代会停止。

（2）"置信区间"文本框

该文本框用于指定参数估计的置信区间，输入范围是 0~99。

（3）"Delta"文本框

该文本框用于指定添加到零单元格频率的值，防止出现加大的估计偏误，输入范围小于 1 的非负值。

（4）"奇异性容差"下拉列表

该下拉列表框用于检查具有高度依赖性的预测变量，共有 6 个值。

（5）"联接"下拉列表

该下拉列表框用于指定对模型累积概率转换的链接函数，共有 5 种函数，这 5 种函数的数学表达式存在着较大的差异，分别使用于不同的应用场景。

- "逆柯西"函数：数学表达式为 $f(x)=\tan(\pi(x-0.5))$，主要适用于被解释变量含有较多极端值的情况。
- "互补双对数"函数：数学表达式为 $f(x)=\log(-\log(1-x))$，主要适用于被解释变量值与概率值同方向运动的情况（类别越高，可能性越大）。
- "分对数"函数：数学表达式为 $f(x)=\log(x/(1-x))$，主要适用于被解释变量为均匀分布的情况。
- "负双对数"函数：数学表达式为 $f(x)=-\log(-\log(x))$，主要适用于被解释变量取值与概率值相反方向运动的情况（类别越低，可能性越大）。
- "概率"函数：数学表达式为 $f(x)=\Phi^{-1}(x)$，主要适用于被解释变量为正态分布的情况。

设置完毕后，单击"继续"按钮，就可以返回到"有序回归"对话框。如果只进行系统默认设置，单击"取消"按钮，也可以返回"有序回归"对话框进行其他设置。

本例采取系统默认设置，单击"取消"按钮，返回到"有序回归"对话框。

04 单击"输出"按钮，弹出"有序回归：输出"对话框，如图 10.29 所示。

图 10.29　"有序回归：输出"对话框

对话框选项设置/说明

"有序回归：输出"对话框主要用于设置输出的统计量、表及保存变量，包括"显示"选项组、"保存的变量"选项组和"打印对数似然"选项组。

（1）"显示"选项组
"显示"选项组用于指定要输出的统计摘要表。

- 每次达到以下步数打印一次迭代历史记录：在后面的文本框中输入正整数值，表示输出每隔该值的迭代历史记录，同时输出第一步和最后一步的迭代记录。
- 拟合优度统计：输出皮尔逊（Pearson）和卡方统计量。
- 摘要统计：输出摘要统计表，该统计表中含有 Cox 和 Snell、Nagelkerke 和 McFadden R^2

统计量。

- 参数估算值：输出参数估计表，该表中包括参数估计值、标准误和置信区间等。
- 参数估算值的渐进相关性：输出参数估计相关系数的矩阵。
- 参数估算值的渐进协方差：输出参数估计协方差的矩阵。
- 单元格信息：输出观察值和期望值的频率和累积频率、频率和累积频率的皮尔逊残差、观察到的和期望的概率、以协变量模式表示的观察到的和期望的每个响应类别的累积概率。
- 平行线检验：输出平行线检验统计量，该检验的原假设是位置参数在多个因变量水平上都相等，但该项仅仅适用于位置模型。

（2）"保存的变量"选项组

"保存的变量"选项组主要用于设置保存变量。

- 估算响应概率：保存将观察值按因子变量分类成响应类别的模型估计概率，概率与响应类别的数量相等。
- 预测类别：保存模型的预测响应分类。
- 预测类别概率：保存模型最大的预测响应分类概率。
- 实际类别概率：保存实际类别的响应概率。

（3）"打印对数似然"选项组

"打印对数似然"选项组主要用于设置输出似然对数统计量。

- 包括多项常量：输出包含常数的似然对数统计量。
- 排除多项常量：输出不包含常数的似然对数统计量。

设置完毕后，单击"继续"按钮，就可以返回到"有序回归"对话框。如果只进行系统默认设置，单击"取消"按钮，也可以返回"有序回归"对话框进行其他设置。

本例采取系统默认设置，单击"取消"按钮，返回"有序回归"对话框。

05 单击"位置"按钮，弹出"有序回归：位置"对话框，如图10.30所示。

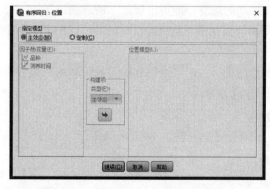

图10.30 "有序回归：位置"对话框

对话框选项设置/说明

"有序回归: 位置"对话框用于指定回归模型中的效应,包括以下内容:

（1）"指定模型"选项组

该选项组用于指定回归模型。

- 主效应: 采用包含协变量和因子的主效应,但不包含交互效应。
- 定制: 采用用户自定义的模型。如果选中"定制",则"因子/协变量""构建项"和"位置模型"会被激活。

（2）"因子/协变量"列表框

该列表框用于存放已经选定的因子变量和协变量。

（3）"构建项"下拉列表框

该下拉列表框用于选择模型效应,SPSS 26.0提供了"主效应""交互""所有二阶""所有三阶""所有四阶"和"所有五阶"。选中所要指定的模型效应,单击"继续"按钮就可以进入"位置模型"列表框。

- 交互: 创建所有选定变量的最高级交互项,这是SPSS 26.0软件设置的默认选项。
- 主效应: 为每个选定的变量创建主效应项。
- 所有二阶: 创建选定变量所有可能的二阶交互。
- 所有三阶: 创建选定变量所有可能的三阶交互。
- 所有四阶: 创建选定变量所有可能的四阶交互。
- 所有五阶: 创建选定变量所有可能的五阶交互。

（4）"位置模型"列表框

该列表框用于存放用户选定的模型效应。

以上选项都设置完成后,单击"继续"按钮,返回"有序回归"对话框,单击"确定"按钮,进入计算分析。经过SPSS 26.0的运算,即可出现如下所示的结果。

图10.31给出了案例处理摘要结果,从中可以看出参与回归分析的个案数目,按"客户消费满意度"分类的个案比例。

图10.32给出了模型拟合信息,从中可以得到仅含截距项的对数似然值为1349.629,最终的模型卡方值是553.711、显著性为0.000。

个案处理摘要

		个案数	边际百分比
客户消费满意度	非常不满意	90	18.0%
	比较不满意	165	33.0%
	比较满意	137	27.4%
	非常满意	108	21.6%
有效		500	100.0%
缺失		0	
总计		500	

图10.31　个案处理摘要

模型拟合信息

模型	-2 对数似然	卡方	自由度	显著性
仅截距	1349.629			
最终	795.918	553.711	7	.000

关联函数: 分对数。

图10.32　模型拟合信息

从图 10.33 中可以看出，"家政服务质量得分[quality]""家政服务效率得分[efficiency]""家政服务价格得分[price]""家政服务态度得分[attitude]""家政服务形象得分[image]"5 个解释变量的系数均为正值且非常显著（P>|z|值均小于 0.05）。"家政服务流程得分[process]""家政服务范围得分[range]"系数显著性则很差。所以，使用有序回归方法对全部客户消费满意度影响因素实证的结果是，家政服务质量、家政服务效率、家政服务价格、家政服务态度、家政服务形象会显著影响客户的满意度水平，家政服务公司在这些方面做得越好，客户的满意程度就会越高，而家政服务流程、家政服务范围对客户的满意度水平并不产生显著性影响，或者说客户不认为家政服务流程、家政服务范围构成重要性。

参数估算值

		估算	标准 错误	瓦尔德	自由度	显著性	95% 置信区间 下限	上限
阈值	[satisfaction = 1]	7.974	.798	99.886	1	.000	6.410	9.537
	[satisfaction = 2]	11.531	.899	164.496	1	.000	9.769	13.293
	[satisfaction = 3]	14.359	.992	209.363	1	.000	12.414	16.304
位置	quality	.690	.081	72.539	1	.000	.531	.849
	efficiency	.452	.105	18.547	1	.000	.246	.657
	price	.136	.053	6.726	1	.010	.033	.239
	process	.016	.071	.053	1	.817	-.122	.155
	range	-.048	.143	.110	1	.740	-.328	.233
	attitude	.495	.068	53.109	1	.000	.362	.628
	image	.261	.061	18.292	1	.000	.142	.381

关联函数: 分对数。

图 10.33　参数估算值

2. 按客户地域分类的满意度影响因素实证分析

考虑到客户所在地域的不同，在对于满意度影响因素的考量上可能会有所偏差，本文再将客户地域分类作为因子进行实证分析。在回归分析方法的选择上，仍使用有序回归模型进行分析。

01 依次选择"文件｜打开｜数据"命令，打开 10.sav 数据表。

02 依次选择"分析｜回归｜有序"命令，弹出"有序回归"对话框。在"有序回归"对话框左侧的列表框中，将"客户消费满意度[satisfaction]"选入"因变量"列表框中，将"客户居住地[address]"选入"因子"列表框中，将"家政服务质量得分[quality]""家政服务效率得分[efficiency]""家政服务价格得分[price]""家政服务流程得分[process]""家政服务范围得分[range]""家政服务态度得分[attitude]""家政服务形象得分[image]"选入"协变量"列表框中。全部设置完成后如图 10.34 所示。

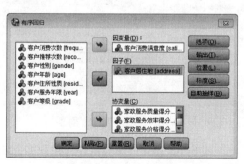

图 10.34　"有序回归"对话框

其他采用系统默认设置，经过 SPSS 26.0 的运算，即可出现如图 10.35 所示的结果。

参数估算值

		估算	标准 错误	瓦尔德	自由度	显著性	95% 置信区间	
							下限	上限
阈值	[satisfaction = 1]	7.958	.802	98.429	1	.000	6.386	9.530
	[satisfaction = 2]	11.514	.903	162.475	1	.000	9.744	13.285
	[satisfaction = 3]	14.343	.996	207.507	1	.000	12.391	16.294
位置	quality	.690	.081	72.395	1	.000	.531	.848
	efficiency	.453	.105	18.578	1	.000	.247	.658
	price	.136	.053	6.707	1	.010	.033	.239
	process	.017	.071	.056	1	.813	-.122	.155
	range	-.046	.143	.102	1	.749	-.327	.235
	attitude	.494	.068	52.696	1	.000	.361	.628
	image	.260	.061	18.053	1	.000	.140	.380
	[address=1]	-.036	.194	.035	1	.852	-.415	.343
	[address=2]	0ᵃ	.	.	0	.	.	.

关联函数：分对数。

a. 此参数冗余，因此设置为零。

图 10.35　参数估算值

从图 10.35 中可以看出，变量[address=1]的显著性为 0.852，水平非常低，说明无论是在二环以内还是在二环以外，不同地域的客户在客户消费满意度方面并无显著不同。得到的结论与之前一致。

3. 按客户等级分类的满意度影响因素实证分析

考虑到客户等级分类的不同，在对于满意度影响因素的考量上可能会有所偏差，本文再将客户等级分类作为因子进行实证分析。在回归分析方法的选择上，仍使用有序回归模型进行分析。

01 依次选择"文件｜打开｜数据"命令，打开 10.sav 数据表。

02 依次选择"分析｜回归｜有序"命令，弹出"有序回归"对话框。在"有序回归"对话框左侧的列表框中，将"客户消费满意度[satisfaction]"选入"因变量"列表框中，将"客户等级"选入"因子"列表框中，将"家政服务质量得分[quality]"、"家政服务效率得分[efficiency]""家政服务价格得分[price]""家政服务流程得分[process]""家政服务范围得分[range]""家政服务态度得分[attitude]""家政服务形象得分[image]"选入"协变量"列表框中。全部设置完成后如图 10.36 所示。

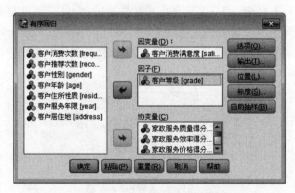

图 10.36　"有序回归"对话框

其他采用系统默认设置，经过 SPSS 26.0 的运算，即可出现如图 10.37 所示的结果。

参数估算值

		估算	标准 错误	瓦尔德	自由度	显著性	95% 置信区间	
							下限	上限
阈值	[satisfaction = 1]	8.019	.802	100.027	1	.000	6.448	9.591
	[satisfaction = 2]	11.583	.904	164.178	1	.000	9.811	13.355
	[satisfaction = 3]	14.411	.997	208.986	1	.000	12.457	16.365
位置	quality	.692	.081	72.712	1	.000	.533	.851
	efficiency	.455	.105	18.739	1	.000	.249	.662
	price	.136	.053	6.664	1	.010	.033	.239
	process	.012	.071	.031	1	.860	-.127	.152
	range	-.053	.144	.135	1	.713	-.335	.229
	attitude	.496	.068	53.111	1	.000	.362	.629
	image	.264	.061	18.572	1	.000	.144	.385
	[grade=1]	.108	.194	.308	1	.579	-.273	.489
	[grade=2]	0ᵃ	.	.	0	.	.	.

关联函数：分对数。

a. 此参数冗余，因此设置为零。

图 10.37　参数估算值

从图 10.37 中可以看出，变量[grade=1]的显著性为 0.579，水平非常低，说明无论是普通客户还是 VIP 客户，不同等级的客户在客户消费满意度方面并无显著不同。得到的结论也与之前一致。

4. 按客户年限分类的满意度影响因素实证分析

考虑到客户年限分类的不同，在对于满意度影响因素的考量上可能会有所偏差，本文再将客户年限分类作为因子进行实证分析。在回归分析方法的选取上，仍使用有序回归模型进行分析。

01 依次选择"文件|打开|数据"命令，打开 10.sav 数据表。

02 依次选择"分析|回归|有序"命令，弹出"有序回归"对话框。在"有序回归"对话框左侧的列表框中，将"客户消费满意度[satisfaction]"选入"因变量"列表框中，将"客户服务年限"选入"因子"列表框中，将"家政服务质量得分[quality]""家政服务效率得分[efficiency]""家政服务价格得分[price]""家政服务流程得分[process]""家政服务范围得分[range]""家政服务态度得分[attitude]""家政服务形象得分[image]"选入"协变量"列表框中。全部设置完成后如图 10.38 所示。

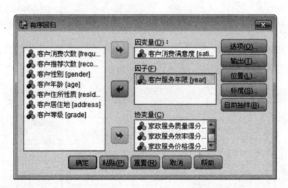

图 10.38　"有序回归"对话框

其他采用系统默认设置，经过 SPSS 26.0 的运算，即可出现如图 10.39 所示的结果。

参数估算值

		估算	标准 错误	瓦尔德	自由度	显著性	95% 置信区间 下限	上限
阈值	[satisfaction = 1]	8.141	.839	94.233	1	.000	6.497	9.785
	[satisfaction = 2]	11.708	.936	156.341	1	.000	9.873	13.544
	[satisfaction = 3]	14.539	1.028	200.196	1	.000	12.525	16.553
位置	quality	.693	.081	72.892	1	.000	.534	.852
	efficiency	.462	.106	19.168	1	.000	.255	.669
	price	.135	.053	6.426	1	.011	.031	.239
	process	.010	.071	.021	1	.884	-.129	.149
	range	-.051	.144	.126	1	.722	-.335	.232
	attitude	.493	.068	52.233	1	.000	.359	.626
	image	.262	.061	18.259	1	.000	.142	.382
	[year=1]	.064	.445	.021	1	.886	-.809	.937
	[year=2]	.280	.350	.639	1	.424	-.406	.966
	[year=3]	.153	.345	.196	1	.658	-.524	.830
	[year=4]	0a			0			

关联函数：分对数。
a. 此参数冗余，因此设置为零。

图 10.39　参数估算值

从图 10.39 中可以看出，变量年限[year=1]的显著性为 0.886，水平非常低；[year=2]的显著性为 0.424，水平非常低；[year=3]的显著性为 0.658，水平非常低，说明无论是[year=1]客户、[year=2]客户还是[year=3]客户，不同年限的客户在客户消费满意度方面并无显著不同。得到的结论与之前一致。

5. 按客户住所性质分类的满意度影响因素实证分析

考虑到客户住所性质分类的不同，在对于满意度影响因素的考量上可能会有所偏差，本文再将客户住所性质分类作为因子进行实证分析。在回归分析方法的选择上，仍使用有序回归模型进行分析。

01 依次选择"文件｜打开｜数据"命令，打开 10.sav 数据表。

02 依次选择"分析｜回归｜有序"命令，弹出"有序回归"对话框。在"有序回归"对话框左侧的列表框中，将"客户消费满意度[satisfaction]"选入"因变量"列表框中，将"客户住所性质[residential]"选入"因子"列表框中，将"家政服务质量得分[quality]""家政服务效率得分[efficiency]""家政服务价格得分[price]""家政服务流程得分[process]""家政服务范围得分[range]""家政服务态度得分[attitude]""家政服务形象得分[image]"选入"协变量"列表框中。全部设置完成后如图 10.40 所示。

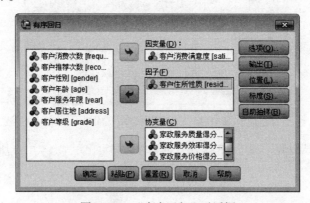

图 10.40　"有序回归"对话框

其他采用系统默认设置，经过 SPSS 26.0 的运算，即可出现如图 10.41 所示的结果。

参数估算值

		估算	标准 错误	瓦尔德	自由度	显著性	95% 置信区间	
							下限	上限
阈值	[satisfaction = 1]	8.053	.848	90.199	1	.000	6.391	9.715
	[satisfaction = 2]	11.619	.946	150.714	1	.000	9.764	13.474
	[satisfaction = 3]	14.451	1.035	194.802	1	.000	12.422	16.481
位置	quality	.692	.081	72.611	1	.000	.533	.851
	efficiency	.455	.105	18.666	1	.000	.249	.662
	price	.140	.053	7.020	1	.008	.037	.244
	process	.015	.071	.044	1	.833	-.124	.154
	range	-.066	.144	.210	1	.646	-.348	.216
	attitude	.494	.068	52.421	1	.000	.360	.628
	image	.274	.062	19.454	1	.000	.152	.396
	[residential=1]	.058	.349	.027	1	.869	-.627	.742
	[residential=2]	.355	.393	.814	1	.367	-.416	1.126
	[residential=3]	.088	.367	.058	1	.810	-.632	.808
	[residential=4]	0ᵃ	.	.	0	.	.	.

关联函数: 分对数。

a. 此参数冗余, 因此设置为零。

图 10.41 参数估算值

从图 10.41 中可以看出, 变量住所性质[residential=1]的显著性为 0.869, 水平非常低; [residential=2]的显著性为 0.367, 水平非常低; [residential=3]的显著性为 0.810, 水平非常低, 说明无论是[residential=1]客户、[residential=2]客户还是[residential=3]客户, 不同住所性质的客户在客户消费满意度方面并无显著不同。得到的结论也与之前一致。

6. 按客户性别分类的满意度影响因素实证分析

考虑到客户性别分类的不同, 在对于满意度影响因素的考量上可能会有所偏差, 本文再将客户性别分类作为因子进行实证分析。在回归分析方法的选择上, 仍使用有序回归模型进行分析。

01 依次选择 "文件｜打开｜数据" 命令, 打开 10.sav 数据表。

02 依次选择 "分析｜回归｜有序" 命令, 弹出 "有序回归" 对话框。在 "有序回归" 对话框左侧的列表框中, 将 "客户消费满意度[satisfaction]" 选入 "因变量" 列表框中, 将 "客户性别[gender]" 选入 "因子" 列表框中, 将 "家政服务质量得分[quality]" "家政服务效率得分[efficiency]" "家政服务价格得分[price]" "家政服务流程得分[process]" "家政服务范围得分[range]" "家政服务态度得分[attitude]" "家政服务形象得分[image]" 选入 "协变量" 列表框中。全部设置完成后如图 10.42 所示。

其他采用系统默认设置, 经过 SPSS 26.0 的运算, 即可出现如图 10.43 所示的结果。

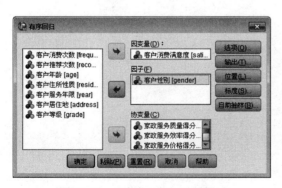

图 10.42 "有序回归" 对话框

参数估算值

		估算	标准 错误	瓦尔德	自由度	显著性	95% 置信区间	
							下限	上限
阈值	[satisfaction = 1]	8.015	.804	99.402	1	.000	6.439	9.590
	[satisfaction = 2]	11.572	.904	164.011	1	.000	9.801	13.342
	[satisfaction = 3]	14.401	.997	208.544	1	.000	12.446	16.355
位置	quality	.691	.081	72.553	1	.000	.532	.850
	efficiency	.451	.105	18.485	1	.000	.246	.657
	price	.139	.053	6.926	1	.008	.035	.243
	process	.016	.071	.050	1	.824	-.123	.154
	range	-.051	.144	.127	1	.722	-.333	.230
	attitude	.496	.068	53.252	1	.000	.363	.629
	image	.264	.061	18.411	1	.000	.143	.384
	[gender=1]	.087	.194	.202	1	.653	-.294	.468
	[gender=2]	0ᵃ	.	.	0	.	.	.

关联函数: 分对数。

a. 此参数冗余, 因此设置为零。

图 10.43 参数估算值

从图 10.43 中可以看出，变量[gender=1]的显著性为 0.653，显著性水平非常低，说明无论是男性还是女性，不同性别的客户在客户消费满意度方面并无显著不同。得到的结论也与之前一致。

10.4.2 客户消费次数影响因素建模技术

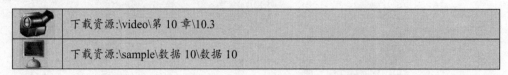

	下载资源:\video\第 10 章\10.3
	下载资源:\sample\数据 10\数据 10

本部分将家政服务公司客户服务满意度影响因素调查数据中"客户消费次数[frequency]"作为被解释变量，将"家政服务质量得分[quality]""家政服务效率得分[efficiency]""家政服务价格得分[price]""家政服务流程得分[process]""家政服务范围得分[range]""家政服务态度得分[attitude]""家政服务形象得分[image]"7 个变量作为解释变量进行回归分析。

本案例在前面已经讲过，以客户是否再次购买作为被解释变量，取值 1 到 10，其中 1 表示每年 0~4 次，2 表示每年 5~12 次，3 表示每年 13~29 次，10 表示每年 30 次以上，被解释变量为定序离散变量。解释变量包括家政服务质量、家政服务效率、家政服务价格、家政服务流程、家政服务范围、家政服务态度、家政服务形象，均为连续数值等级变量。由于被解释变量为离散型变量且具有排序特征，因此计量分析方法选择有序回归模型。限于篇幅，本节仅以全部客户作为样本进行分析，读者需要分类研究可自行开展。

01 依次选择"文件｜打开｜数据"命令，打开 10.sav 数据表。

02 依次选择"分析｜回归｜有序"命令，弹出"有序回归"对话框。在"有序回归"对话框左侧的列表框中，将"客户消费次数[frequency]"选入"因变量"列表框，将"家政服务质量得分[quality]""家政服务效率得分[efficiency]""家政服务价格得分[price]""家政服务流程得分[process]""家政服务范围得分[range]""家政服务态度得分[attitude]""家政服务形象得分[image]"选入"协变量"列表框。全部设置完成后如图 10.44 所示。

03 其他选项采用系统默认设置，设置完成后，单击"继续"按钮，回到"有序回归"对话框，单击"确定"按钮，进入计算分析。

经过 SPSS 26.0 的运算，即可出现如图 10.45~图 10.47 所示的结果。

图 10.45 给出了案例处理摘要结果，从中可以看出参与回归分析的个案数目，按"客户消费次数"分类的个案比例。

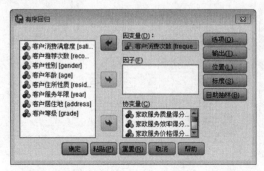

图 10.44 "有序回归"对话框

个案处理摘要

		个案数	边际百分比
客户消费次数	每年0~4次	120	24.0%
	每年5~12次	100	20.0%
	每年13~29次	166	33.2%
	每年30次以上	114	22.8%
有效		500	100.0%
缺失		0	
总计		500	

图 10.45 个案处理摘要

图 10.46 给出了模型拟合信息，从中可以得到仅含截距项的对数似然值为 1345.019，最终的模型卡方值是 558.785，显著性为 0.000。

从图 10.47 中可以看出，家政服务质量得分[quality]、家政服务效率得分[efficiency]、家政服务态度得分[attitude]、家政服务形象得分[image]等 10 个解释变量的系数均为正值且非常显著（P>|z|值均小于 0.05）。家政服务价格得分[price]、家政服务流程得分[process]、家政服务范围得分[range]系数显著性则很差。所以，使用有序回归方法对全部客户消费次数影响因素实证的结果是，家政服务质量、家政服务效率、家政服务态度、家政服务形象会显著影响客户的客户消费次数水平，家政服务公司在这些方面做得越好，客户的客户消费次数就会越高，而家政服务价格、家政服务流程、家政服务范围对客户的客户消费次数水平并不产生显著性影响，或者说客户不认为家政服务价格、家政服务流程、家政服务范围构成重要性。

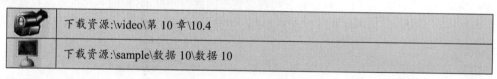

参数估算值

		估算	标准 错误	瓦尔德	自由度	显著性	95% 置信区间 下限	上限
阈值	[frequency = 1]	10.844	.927	136.776	1	.000	9.026	12.661
	[frequency = 2]	13.007	.988	173.452	1	.000	11.071	14.942
	[frequency = 3]	16.516	1.125	215.435	1	.000	14.311	18.722
位置	quality	.509	.076	44.649	1	.000	.360	.659
	efficiency	.820	.116	49.920	1	.000	.592	1.047
	price	.064	.055	1.344	1	.246	-.044	.172
	process	.141	.073	3.747	1	.053	-.002	.283
	range	.174	.156	1.243	1	.265	-.132	.479
	attitude	.265	.064	16.933	1	.000	.139	.391
	image	.296	.062	22.888	1	.000	.175	.417

关联函数：分对数。

模型拟合信息

模型	-2 对数似然	卡方	自由度	显著性
仅截距	1345.019			
最终	786.234	558.785	7	.000

关联函数：分对数。

图 10.46　模型拟合信息　　　　　　　图 10.47　参数估算值

10.4.3　客户推荐次数影响因素建模技术

下载资源:\video\第 10 章\10.4
下载资源:\sample\数据 10\数据 10

本部分将家政服务公司客户服务满意度影响因素调查数据中客户推荐次数[recommend]作为被解释变量，将家政服务质量得分[quality]、家政服务效率得分[efficiency]、家政服务价格得分[price]、家政服务流程得分[process]、家政服务范围得分[range]、家政服务态度得分[attitude]、家政服务形象得分[image]7 个变量作为解释变量进行回归分析。

本案例在前面已经介绍过，以客户是否推荐购买作为被解释变量，取值 1 到 10，其中 1 表示未推荐，2 表示 5 次以下，3 表示 5~10 次，4 表示 10 次以上，被解释变量为定序离散变量。解释变量包括家政服务质量、家政服务效率、家政服务价格、家政服务流程、家政服务范围、家政服务态度、家政服务形象，均为连续数值等级变量。由于被解释变量同样为离散型变量且具有排序特征，因此计量分析方法选择有序回归模型。限于篇幅，本节仅以全部客户作为样本进行分析，读者需要分类研究可自行开展。

01 依次选择"文件｜打开｜数据"命令，打开 10.sav 数据表。

02 依次选择"分析｜回归｜有序"命令，弹出"有序回归"对话框。在"有序回归"对话框左侧的列表框中，将"客户推荐次数[recommend]"选入"因变量"列表框中，将"家政服务质量得分[quality]""家政服务效率得分[efficiency]""家政服务价格得分[price]""家政服务流程得分[process]""家政服务范围得分[range]""家政服务态度得分[attitude]""家政服务形象得分[image]"选入"协变量"列表框中。全部设置完成后如图10.48所示。

03 其他选项采用系统默认设置，设置完成后，单击"继续"按钮，返回"有序回归"对话框，单击"确定"按钮，进入计算分析。

经过 SPSS 26.0 的运算，即可出现如图 10.49~图 10.50 所示的结果。

图 10.49 给出了个案处理摘要结果，从中可以看出参与回归分析的个案数目，按"客户推荐次数"分类的个案比例。

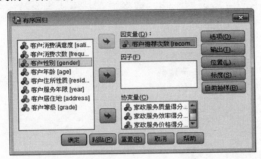

图 10.48 "有序回归"对话框

个案处理摘要

		个案数	边际百分比
客户推荐次数	未推荐	128	25.6%
	5次以下	90	18.0%
	5~10次	182	36.4%
	10次以上	100	20.0%
有效		500	100.0%
缺失		0	
总计		500	

图 10.49 个案处理摘要

图 10.50 给出了模型拟合信息，从中可以得到仅含截距项的对数似然值为1327.479，最终的模型卡方值是 678.233，显著性为 0.000。

从图 10.51 中可以看出，除 price（家政服务价格得分）系数不够显著外，其他所有解释变量的系数均为正值且非常显著（P>|z|值均小于 0.05），说明除家政服务价格之外的影响因素均会显著影响客户的客户推荐次数水平，家政服务公司在这些方面做得越好，客户的客户推荐次数就会越高，而家政服务价格对客户的客户推荐次数水平并不产生显著性影响，或者说客户不认为家政服务价格构成重要性。

参数估算值

		估算	标准 错误	瓦尔德	自由度	显著性	95% 置信区间	
							下限	上限
阈值	[recommend = 1]	15.947	1.248	163.279	1	.000	13.501	18.393
	[recommend = 2]	18.278	1.326	189.960	1	.000	15.679	20.878
	[recommend = 3]	23.088	1.566	217.354	1	.000	20.018	26.157
位置	quality	.424	.082	26.516	1	.000	.262	.585
	efficiency	1.227	.136	81.844	1	.000	.961	1.493
	price	.047	.060	.628	1	.428	-.070	.164
	process	.299	.083	12.960	1	.000	.136	.461
	range	.487	.183	7.089	1	.008	.128	.845
	attitude	.288	.069	17.161	1	.000	.152	.424
	image	.296	.067	19.251	1	.000	.164	.428

关联函数: 分对数。

图 10.51 参数估算值

模型拟合信息

模型	-2 对数似然	卡方	自由度	显著性
仅截距	1327.479			
最终	649.246	678.233	7	.000

关联函数: 分对数。

图 10.50 模型拟合信息

10.5 研究结论与重点回顾

（1）在客户消费满意度影响因素的实证分析方面，基本结论是：家政服务质量、家政服务效率、家政服务价格、家政服务态度、家政服务形象会显著正向影响客户的满意度水平，而家政服务流程、家政服务范围不构成重要性。按客户地域、等级、年限、住所性质、性别分类得到的结论一致，而且不同地域、不同等级、不同年限、不同住所性质、不同性别的客户对于客户消费满意度影响因素的判断和理解并未有显著不同。

（2）在客户消费次数影响因素的实证分析方面，基本结论是：家政服务价格、家政服务效率、家政服务态度、家政服务形象会显著正向影响客户的客户消费次数水平，而家政服务价格、家政服务流程、家政服务范围不构成重要性。

（3）在客户推荐次数影响因素的实证分析方面，基本结论是：基于全部样本分析表明家政服务价格、家政服务效率、家政服务流程、家政服务范围、家政服务态度、家政服务形象均会显著正向影响客户的客户推荐次数水平，而家政服务价格不构成重要性。

综上所述，在前面的分析中，7个解释变量中仅有家政服务质量、家政服务效率、家政服务形象3个解释变量，在关于客户消费满意度、客户消费次数、客户推荐次数影响因素分析的所有回归模型中，都呈现出显著正向效应。

就家政服务市场的实际情况而言：家政服务价格、家政服务范围、家政服务流程、家政服务态度等解释变量影响不够显著的主要原因是，相对于目标研究公司而言，目前各家家政服务公司在这几个方面都做得非常好，没有构成服务的差异化。

（1）在家政服务价格方面，由于家政服务市场竞争比较充分，因此家政服务价格相对透明，各家家政服务公司报价也基本一致。

（2）在家政服务范围方面，在很多情况下家政服务的消费者需要的不是单一服务内容，而是一项或者多项服务的综合，或者说是一揽子服务内容，但是也有一种特殊情况，就是有的消费者只需要单一服务，如果家政公司提供的服务范围很广，在消费者不知情的情况下提供了消费者预期之外的家政服务，或者在服务过程中频频向消费者推介搭售其他服务内容，也会引起消费者不好的消费体验，影响客户消费满意度。所以，家政服务范围这一因素对于客户消费满意度的影响是不确定的。

（3）在家政服务流程和家政服务态度方面，各家家政服务公司的家政服务流程基本相同，而且家政服务水平都非常高，给予客户的服务体验差不多。

所以，家政服务公司实施客户服务优化的关键就在于积极优化家政服务质量、提高家政服务效率水平、提升家政服务形象。

第 11 章 软件和信息技术服务业估值建模技术

经典财务管理理论认为，公司估值是指着眼于公司本身，对公司的内在价值进行评估。公司内在价值决定于公司的资产及其获利能力，而对于上市公司的估值来说，则在很大程度上反映了投资者对于公司的认可程度，无论这种认可程度是基于上市公司在生产经营、财务管理、资本运作等基本面的表现，还是基于其股价在一定时期内的变化预期。反映上市公司的估值指标有很多，其中比较常用的包括市盈率和市净率。市盈率（Price Earnings Ratio，P/E Ratio）也称"本益比""股价收益比率"或"市价盈利比率（市盈率）"。市盈率是常用来评估股价水平是否合理的指标之一，由股价除以年度每股盈余（EPS）得出。计算时，股价通常取最新收盘价，而 EPS 方面，若按已公布的上年度 EPS 计算，则称为历史市盈率。计算预估市盈率所用的 EPS 预估值，一般采用市场平均预估，即追踪公司业绩的机构收集多位分析师的预测所得到的预估平均值或中值。市净率指的是每股股价与每股净资产的比率。市净率可用于投资分析，一般来说，市净率较低的股票，投资价值较高，相反，则投资价值较低。市净率能够较好地反映出"所有付出，即有回报"，可以帮助投资者寻求哪个上市公司能以较少的投入得到较高的产出，并且对于大的投资机构，还可以帮助其辨别投资风险。本案例旨在研究软件和信息技术服务业上市公司估值与业绩表现影响因素，一方面研究软件和信息技术服务业上市公司的投资价值，另一方面为软件和信息技术服务业上市公司做好自身的市值管理提供有益的参考借鉴。

11.1 建模数据来源

数据来源于万得资讯发布的，依据证监会行业分类的 CSRC 软件和信息技术服务业上市公司2019 年末财务指标横截面数据，包括信雅达、常山北明、浪潮软件等 194 家上市公司，数据指标包括"序号""证券简称""市盈率 PE（TTM）""市净率 PB（LF）""总资产报酬率 ROA""净资产收益率 ROE（平均）""资产负债率""总资产周转率""研发费用同比增长""投入资本回报率 ROIC""人力投入回报率（ROP）""经营活动净收益/利润总额""保守速动比率""营业收入（同比增长率）""净利润（同比增长率）"和"经营活动产生的现金流量净额（同比增长率）"16 项。数据均为真实数据，来源于公司经审计的年度财务报告，数据时点为 2019 年 12月 31 日。部分数据如表 11.1 所示。完整的数据文件参见本章附带的数据 11.sav。

表 11.1 证监会行业分类的 CSRC 软件和信息技术服务业上市公司 2019 年末财务指标数据

序号	证券简称	市盈率 PE(TTM)	市净率 PB(LF)	总资产报酬率 ROA	净资产收益率 ROE(平均)	资产负债率	总资产周转率	研发费用同比增长	投入资本回报率ROIC	人力投入回报率(ROP)	经营活动净收益/利润总额	保守速动比率	营业收入(同比增长率)	净利润(同比增长率)	经营活动产生的现金流量净额(同比增长率)
1	信雅达	148.05	4.42	3.16	5.97	32.95	0.77	-1.92	5.58	5.99	-277.40	2.35	-1.89	983.68	-57.65
2	常山北明	58.13	1.94	2.69	1.69	58.18	0.67	150.42	0.98	80.57	-203.43	0.70	-2.17	-47.95	-65.35
3	浪潮软件	42.87	2.85	0.88	1.13	31.42	0.43	-10.95	1.13	8.24	-193.03	1.26	20.05	-91.37	-45.32
4	浙大网新	63.58	2.35	2.38	1.24	29.85	0.58	6.23	1.08	17.35	-105.60	1.30	5.71	-56.93	-17.55
5	四维图新	111.18	4.29	2.83	4.52	11.75	0.25	-6.80	4.20	28.22	-57.42	2.41	8.25	-18.80	-90.68
6	华平股份	99.05	1.99	1.31	1.53	20.17	0.31	-9.11	1.52	6.15	-33.63	2.14	6.44	53.46	101.69
7	北信源	86.83	4.52	0.53	0.99	19.61	0.27	30.22	0.95	9.29	-26.31	2.93	26.13	-76.29	-5.28
8	赢时胜	46.11	3.08	3.84	4.94	9.60	0.21	25.41	4.50	27.73	-24.26	5.15	2.58	-43.65	354.03
9	汇金科技	142.28	5.88	2.44	2.97	14.73	0.25	-9.90	3.01	29.49	-13.65	3.37	-19.64	-28.26	206.80
10	诚迈科技	851.71	21.64	22.85	30.60	24.31	0.91	30.77	22.71	35.01	-5.65	2.28	23.62	1045.39	66.19
11	榕基软件	187.34	3.60	2.86	3.33	43.88	0.28	32.57	2.43	60.79	-2.46	0.81	-10.48	81.61	310.09
12	佳都科技	21.22	3.27	9.52	16.09	49.86	0.58	62.41	12.38	208.24	7.41	1.07	7.09	159.87	-80.29
13	海联讯	157.86	6.78	1.99	2.29	40.53	0.41	-8.53	1.96	40.05	7.92	1.49	24.04	35.37	309.52
14	润欣科技	387.54	5.60	2.98	3.99	23.32	1.33	-20.84	3.68	71.16	15.02	2.16	-14.36	82.33	837.46
15	科大讯飞	108.83	6.76	5.56	8.45	41.62	0.57	74.56	6.35	37.78	21.86	1.39	27.30	52.61	33.39
16	天泽信息	29.54	1.48	2.37	1.66	26.35	0.96	-1.26	1.06	24.21	23.65	1.91	331.70	217.97	343.32
17	鼎信通讯	51.15	2.73	5.00	5.77	19.54	0.50	-11.23	5.37	34.31	26.75	1.78	3.79	-20.58	-39.46
18	中国软件	337.62	18.41	2.52	2.77	59.05	0.94	19.62	1.81	10.93	27.50	1.17	26.15	10.19	648.22
19	飞天诚信	77.02	3.74	4.76	5.03	7.86	0.47	-22.78	4.88	43.04	30.37	9.30	-13.23	-30.79	1361.25
20	正元智慧	35.50	3.17	5.22	7.47	47.17	0.66	27.43	4.46	37.94	32.46	1.20	32.50	-12.57	-887.93
21	富瀚微	86.87	6.38	5.19	7.53	11.17	0.42	12.88	7.18	56.79	34.52	6.51	26.72	56.93	-50.50
22	易联众	126.58	5.61	4.01	1.42	49.28	0.52	30.50	0.92	21.08	36.03	1.21	30.00	48.34	11.84
23	用友网络	78.29	11.11	9.27	17.22	52.71	0.52	25.32	9.34	35.46	36.46	1.01	10.46	63.09	-24.95
24	山石网科	55.40	5.70	8.10	10.14	15.14	0.57	19.36	6.56	28.53	36.66	6.67	19.97	32.12	72.17
25	安恒信息	115.60	7.32	5.75	8.97	28.63	0.62	34.51	6.49	16.37	38.03	3.46	50.06	21.70	125.58
26	国脉科技	83.46	2.45	3.12	3.28	24.17	0.12	-23.52	2.85	124.00	42.59	1.72	-46.71	1.00	59.64
27	荣科科技	152.64	3.30	3.48	4.36	31.40	0.47	17.24	3.44	32.76	43.16	1.90	15.49	106.36	-15.55
28	朗新科技	18.48	3.80	27.04	34.01	20.00	0.74	148.73	21.45	115.59	43.76	3.47	11.10	260.85	2696.13
29	和仁科技	66.14	5.40	4.94	7.08	33.90	0.46	5.98	5.80	36.11	44.75	1.97	12.66	7.16	127.20
30	恒生电子	57.36	16.38	20.96	36.97	41.46	0.53	11.06	27.67	72.40	45.25	1.35	18.66	108.65	14.27
31	绿盟科技	68.68	4.67	6.37	6.12	14.90	0.64	14.90	6.44	46.54	46.54	4.36	24.24	35.12	304.79
32	汇纳科技	48.86	6.95	10.75	12.27	17.55	0.48	28.88	11.07	67.29	49.37	2.76	30.35	9.60	216.68
33	中科信息	84.69	6.81	4.58	6.09	31.01	0.35	-16.86	5.66	58.58	50.30	2.16	5.79	-22.47	60.95
34	卫士通	166.23	4.99	2.02	3.48	21.73	0.35	-0.56	3.38	24.99	51.62	2.76	8.95	27.69	-397.81
35	千方科技	31.15	3.14	7.75	11.96	42.57	0.59	26.94	10.06	89.96	52.79	1.01	20.28	20.61	389.45
36	深情服	77.55	11.58	11.21	19.56	36.20	0.77	46.45	17.56	29.22	54.79	0.99	42.35	25.80	21.39
37	冰川网络	33.01	2.74	8.29	9.81	11.95	0.25	16.06	9.47	91.65	56.26	8.01	41.57	67.56	72.77
38	科大国创	58.21	3.08	5.48	8.29	41.19	0.65	33.09	5.39	30.81	57.50	1.27	59.83	145.50	611.78
39	广联达	125.54	12.29	5.47	7.28	45.70	0.60	33.27	5.30	14.95	58.31	1.01	21.06	-41.16	41.58
40	科远智慧	26.97	1.55	4.22	5.95	17.92	0.29	17.67	5.63	53.96	58.52	3.57	23.20	8.67	64.10
41	云赛B股	21.11	1.42	4.22	5.96	29.79	0.84	9.23	5.56	45.78	59.01	2.31	9.49	-6.82	57.34
42	云赛智联	40.87	2.75	4.22	5.96	29.79	0.84	9.23	5.56	45.78	59.01	2.31	9.49	-6.82	57.34
43	新开普	30.33	2.54	8.14	10.17	24.04	0.44	20.98	8.50	70.10	59.16	2.36	15.09	62.31	475.69
44	麦迪科技	71.06	8.54	7.83	9.66	33.29	0.45	0.77	7.36	46.54	59.56	1.76	17.18	-14.43	-54.71
45	东软载波	39.62	2.42	5.67	6.88	9.39	0.26	-16.44	6.75	84.87	59.61	8.43	-18.27	10.76	72.39
46	格尔软件	71.61	6.66	9.96	10.90	22.47	0.40	10.54	10.54	0.00	59.85	3.14	20.00	-2.79	4669.23
47	网达软件	144.79	4.69	3.53	4.28	16.69	0.32	22.17	3.18	18.97	62.02	4.63	47.71	330.28	91.20
48	金山办公	247.40	12.87	9.50	11.04	11.33	0.37	40.06	6.60	52.07	62.19	9.16	39.82	28.94	40.08
49	泛微网络	69.92	11.13	6.57	17.20	51.84	0.73	32.62	15.06	41.15	62.66	1.10	28.14	28.79	19.19
50	理工环科	17.69	1.67	9.60	10.56	20.33	0.28	15.70	9.73	137.00	65.80	1.40	0.85	21.50	59.62
51	万兴科技	50.89	7.15	10.33	12.65	22.44	0.88	59.56	12.32	34.63	66.09	4.23	28.78	11.63	43.01

11.2 建模技术

1. 建模前数据准备

对 "市盈率 PE(TTM)" "市净率 PB(LF)" "总资产报酬率 ROA" "净资产收益率 ROE (平均)" "资产负债率" "总资产周转率" "研发费用同比增长" "投入资本回报率 ROIC" "人力投入回报率(ROP)" "经营活动净收益/利润总额" "保守速动比率" "营业收入(同比增长率)" "净利润(同比增长率)" "经营活动产生的现金流量净额(同比增长率)" 等变量进行描述性分析、相关性分析,观察变量数据的基本特征,研究变量之间的相关关系。

2. 建立模型

分别以 "市盈率" "市净率" 为因变量,以 roa(总资产报酬率 ROA)、roe(净资产收益率

ROE（平均））、debt（资产负债率）、assetturnover（总资产周转率）、rdgrow（研发费用同比增长）、roic（投入资本回报率 ROIC）、rop（人力投入回报率（ROP））、netincome/profit（经营活动净收益/利润总额）、quickratio（保守速动比率）、incomegrow（营业收入（同比增长率））、netprofitgrow（净利润（同比增长率））、cashflowgrow（经营活动产生的现金流量净额（同比增长率））变量为自变量，进行最小二乘线性回归。

3. 研究总结

综述本章研究结果，得到研究结论。

11.3　建模前数据准备

	下载资源:\video\第 11 章\11.1
	下载资源:\sample\数据 11

在 SPSS 格式文件中共有 16 个变量，分别是 code、name、pe、pb、roa、roe、debt、assetturnover、rdgrow、roic、rop、netincome/profit、quickratio、incomegrow、netprofitgrow、cashflowgrow，如图 11.1 所示。其中 pe、pb、roa、roe、debt、assetturnover、rdgrow、roic、rop、netincome/profit、quickratio、incomegrow、netprofitgrow、cashflowgrow 变量分别代表"市盈率 PE（TTM）""市净率 PB（LF）""总资产报酬率 ROA""净资产收益率 ROE（平均）""资产负债率""总资产周转率""研发费用同比增长""投入资本回报率 ROIC""人力投入回报率（ROP）""经营活动净收益/利润总额""保守速动比率""营业收入（同比增长率）""净利润（同比增长率）""经营活动产生的现金流量净额（同比增长率）"。

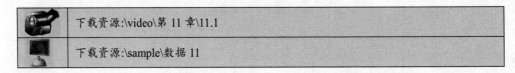

图 11.1　数据视图

1. 描述性分析

01 依次选择"文件｜打开｜数据"命令，打开数据 11.sav 数据表。

02 依次选择"分析｜描述统计｜频率…"命令，弹出"频率"对话框，在左侧变量框中选择 pe、pb、roa、roe、debt、assetturnover、rdgrow、roic、rop、netincome/profit、quickratio、incomegrow、netprofitgrow 和 cashflowgrow 这 14 个变量，单击 ➡ 按钮，移至右侧的"变量"列表框中，如图 11.2 所示。

03 单击"统计"按钮，弹出"频率：统计"对话框。该对话框分为"百分位值""集中趋势""离散"和"表示后验分布"4 个部分，并且每一个部分都有若干频数统计量，可以根据需要选用。在本次实验中，为了尽可能完整地展示 SPSS 的分析功能，我们把除分割点、百分位数和值为组的中点选项之外的所有统计量都选上，如图 11.3 所示。

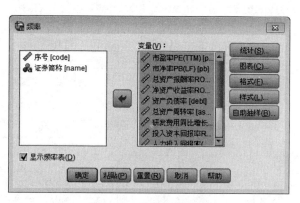

图 11.2 "频率"对话框

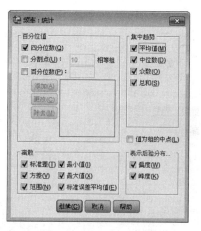

图 11.3 "频率：统计"对话框

04 单击"继续"按钮，回到"频率"对话框，单击"图表"按钮，弹出"频率：图表"对话框，选中"直方图"单选按钮，并勾选"在直方图中显示正态曲线"复选框，如图 11.4 所示。

05 单击"继续"按钮，回到"频率"对话框，单击"格式"按钮，弹出"频率：格式"对话框。将"排序方式"选为"按值的升序排序"，将"多个变量"选为"比较变量"，这样输出结果就会在一个表中显示所有变量的统计结果。最后勾选"禁止显示具有多个类别的表"复选框，然后在下面的文本框中输入数字"10"，这样当频数表的分类超过 10 时则不显示频数表。当然用户可以自行设定"最大类别数"，系统默认值为 10，如图 11.5 所示。

图 11.4 "频率：图表"对话框

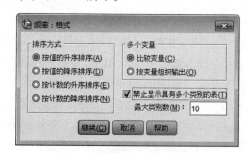

图 11.5 "频率：格式"对话框

06 单击"继续"按钮，回到"频率"对话框，单击"确定"按钮，进入计算分析。

图 11.6 展示了 CSRC 软件和信息技术服务业上市公司 2019 年末市盈率、市净率、总资产报酬率（ROA）数据的描述性分析结果。一是 CSRC 软件和信息技术服务业上市公司 2019 年末市盈率、市净率、总资产报酬率（ROA）、净资产收益率（ROE）分布比较分散，反映在极值（最大值-最小值）比较大；二是 CSRC 软件和信息技术服务业上市公司 2019 年末市盈率相对于整体市场来说偏高，反映在市盈率的平均值为 83.3072，接近 90 倍的市盈率，若不考虑公司的成长性，则可以简单地理解成投资者投资该行业股票可能需要 90 年的时间才能收回投资本金。当然，这也从另外一个角度说明投资者对于 CSRC 软件和信息技术服务业还是比较认可的，或者说看好该行业的成长性并愿意付出一定的风险溢价。三是 CSRC 软件和信息技术服务业上市公司 2019 年末市净率、总资产报酬率（ROA）、净资产收益率（ROE）相对于整体市场来说具有较好的吸引力，反映在市净率的平均值为 5.5334，仅 5 倍多点的市净率，反映在总资产报酬率（ROA）的平均值为 7.3695，超过 5%，净资产收益率（ROE）的平均值为 9.7782，接近 10%，好于很多其他行业。

		市盈率 PE(TTM)	市净率 PB(LF)	总资产报酬率 ROA	净资产收益率（ROE）
个案数	有效	158	158	158	158
	缺失	0	0	0	0
平均值		83.3072	5.5334	7.3695	9.7782
平均值标准错误差		7.22987	0.29244	0.35979	0.48025
中位数		62.795	4.415	6.59	9.345
众数		28.88	1.55	9.74	10.51
标准偏差		90.8781	3.6759	4.52248	6.03669
方差		8258.829	13.512	20.453	36.442
偏度		4.948	1.804	1.513	1.51
偏度标准错误差		0.193	0.193	0.193	0.193
峰度		34.36	3.861	3.412	4.037
峰度标准错误差		0.384	0.384	0.384	0.384
范围		837.11	20.43	27.61	36.61
最小值		14.6	1.21	-0.57	0.36
最大值		851.71	21.64	27.04	36.97
总和		13162.54	874.27	1164.38	1544.95
百分位数	25	38.61	3.065	4.3175	5.9075
	50	62.795	4.415	6.59	9.345
	75	90.5775	6.7875	9.5275	12.145

图 11.6 分析结果 1

图 11.7 展示了 CSRC 软件和信息技术服务业上市公司 2019 年末资产负债率、总资产周转率、研发费用同比增长、投入资本回报率 ROIC 数据的描述性分析结果。资产负债率分布比较分散，反映在资产负债率的极值（最大值-最小值）比较大，最小的资产负债率只有 2.26，公司基本上是不举债的，而最大的资产负债率则达到了 71.67，公司负债水平接近公司总资产，公司所有者权益不足 30%，堪称高杠杆经营；资产负债率相对于整体市场来说具有较好的吸引力，反映在资产负债率的平均值只有 30.1215，在 30%左右，好于很多其他行业。

总资产周转率分布比较集中，最小的总资产周转率只有 0.12，说明公司总资产的周转速度非常慢，10 年的销售收入才能周转一次总资产，而最大的总资产周转率也只不过是 1.33，相对于其他行业不算高；总资产周转率相对于整体市场来说不具备较好的吸引力，反映在总资产周转率的平均值只有 0.5575，2 年的销售收入才能周转一次总资产。

研发费用同比增长分布比较分散，最小的研发费用同比增长只有-41.27，公司的研发费用支出是相对下降的，而最大的研发费用同比增长达到了 499.27，公司研发费用的增长速度远远超出普通水平；研发费用同比增长相对于整体市场来说具备较好的吸引力，反映在研发费用同比增长的平均值高达 32.6055，超过 30%，好于很多其他行业，也在很大程度上说明软件和信息技术服务业是一种典型的研发驱动型行业，高质量的研发是形成核心竞争力的关键。

投入资本回报率 ROIC 分布比较分散，最小的投入资本回报率 ROIC 只有 0.27，说明公司的投入产出非常低下，投资效率不佳，而最大的投入资本回报率 ROIC 达到了 27.67，公司的投入回报接近 30%，或者说公司当前的每一分投入用 4 年的时间即可翻倍；投入资本回报率 ROIC 相对于整体市场来说具备较好的吸引力，反映在投入资本回报率 ROIC 的平均值高达 7.6718，超过 5%，好于很多其他行业，也在很大程度上说明软件和信息技术服务业是一种典型的暴利型行业。

		资产负债率	总资产周转率	研发费用同比增长	投入资本回报率 ROIC
个案数	有效	158	158	158	158
	缺失	0	0	0	0
平均值		30.1215	0.5575	32.6055	7.6718
平均值标准错误差		1.24531	0.01833	4.32602	0.37354
中位数		28.515	0.53	20.99	6.91
众数		29.20	.41	9.23	5.22
标准偏差		15.6533	0.23042	54.37728	4.69536
方差		245.026	0.053	2956.889	22.046
偏度		0.454	0.731	4.932	1.42
偏度标准错误差		0.193	0.193	0.193	0.193
峰度		-0.362	0.396	36.029	3.102
峰度标准错误差		0.384	0.384	0.384	0.384
范围		69.41	1.21	540.54	27.4
最小值		2.26	0.12	-41.27	0.27
最大值		71.67	1.33	499.27	27.67
总和		4759.19	88.09	5151.67	1212.15
百分位数	25	18.0425	0.41	9.2075	4.8425
	50	28.515	0.53	20.99	6.91
	75	42.225	0.6725	39.745	9.6925

图 11.7　分析结果 5

图 11.8 展示了人力投入回报率、经营活动净收益/利润总额、保守速动比率、营业收入（同比增长率）、净利润（同比增长率）、经营活动产生的现金流量净额（同比增长率）的描述性分析结果。人力投入回报率还是比较高的，平均值接近 70，每增加 1 单位的人力资源投入，能够获取 0.7 单位的产出，在很大程度上说明在软件和信息技术服务业人力资源的作用非常突出，也是最可依赖、最具潜力、最需培育的资源，志存高远的优秀企业都应该加强人力资源管理。

		人力投入回报率(ROP)	经营活动净收益/利润总额	保守速动比率	营业收入(同比增长率)	净利润(同比增长率)	经营活动产生的现金流量净额(同比增长率)
个案数	有效	158	158	158	158	158	158
	缺失	0	0	0	0	0	0
平均值		68.6384	65.1763	3.7438	21.6596	44.6511	95.0751
平均值标准错误差		5.29686	4.91919	0.42158	2.7109	10.87182	42.20109
中位数		47.73	75.415	2.13	17.655	19.195	28.875
众数		45.78	59.01	.99	8.95	-6.82	-4.39
标准偏差		66.58049	61.83324	5.29919	34.07547	136.65669	530.45954
方差		4432.962	3823.35	28.081	1161.137	18675.052	281387.32
偏度		2.505	-0.749	4.765	5.274	5.201	4.829
偏度标准错误差		0.193	0.193	0.193	0.193	0.193	0.193
峰度		8.415	16.982	28.778	44.268	32.752	38.713
峰度标准错误差		0.384	0.384	0.384	0.384	0.384	0.384
范围		435.87	695.8	42.53	378.41	1139.89	6009.78
最小值		-3.34	-277.4	0.41	-46.71	-94.5	-1340.55
最大值		432.53	418.4	42.94	331.7	1045.39	4669.23
总和		10844.86	10297.86	591.52	3422.21	7054.88	15021.87
百分位数	25	28.575	58.4675	1.3	7.7375	-5.0775	-39.985
	50	47.73	75.415	2.13	17.655	19.195	28.875
	75	82.545	87.115	3.7725	27.9675	44.2925	125.985

图 11.8　分析结果 9

经营活动净收益/利润总额用于评价公司通过经营主业获取的盈利水平，在很大程度上反映的是上市公司的收益质量。一般情况下，经营活动净收益/利润总额越高，说明公司通过经营主业获取的盈利水平越高，软件和信息技术服务业上市公司的收益质量就越好。与之相对应的，经营活动净收益/利润总额越低，说明公司通过经营主业获取的盈利水平越低，软件和信息技术服务业上市公司的收益质量就越差。从上面的描述性分析中可以发现，软件和信息技术服务业上市公司的经营活动净收益/利润总额均值接近 70%，说明众多公司还是专注主业发展的，软件和信息技术服务业上市公司的整体收益质量比较好。

保守速动比率用于评价公司的短期偿债能力，保守速动比率越大，说明公司的短期偿债能力越能得到保障，公司的偿债能力越强，越能让公司的债权人感到放心。与之相对应的，保守速动比率越小，说明公司的利息费用支出越不能得到保障，公司的偿债能力越弱，就越不能让公司的债权人感到放心。从上面的描述性分析中可以发现，软件和信息技术服务业上市公司的平均保守速动比率超过了 3.5 倍，说明整个行业的企业短期偿债能力很强，从经营可持续性的方面来讲行业内的上市公司普遍较为优质。

营业收入（同比增长率）、净利润（同比增长率）反映的是上市公司的成长能力。一般情况下，营业收入（同比增长率）、净利润（同比增长率）越大，说明上市公司的成长能力越好，越具有良好的发展预期，越能得到投资者的认可；营业收入（同比增长率）、净利润（同比增长率）越小，说明上市公司的成长能力越差，越不具有良好的发展预期，就越不能得到投资者的认可。

CSRC 软件和信息技术服务业上市公司，成长能力分化非常明显，很多表现不佳的上市公司出现了营业收入（同比增长率）、净利润（同比增长率）的大幅下降，同时又有很多表现优秀的上市公司出现了营业收入（同比增长率）、净利润（同比增长率）的大幅上升。从整体上看，CSRC 软件和信息技术服务业上市公司的成长能力还是非常不错的，反映在营业收入（同比增长率）的平均值大于 20%，净利润（同比增长率）的平均值大于 40%。在 2019 年我国宏观经济由高速增长阶段转入中高速增长的高质量发展阶段，经济发展出现新常态的背景下，CSRC 软件和信息技术服务业上市公司能有这么好的业绩成长表现是非常难得的，这也在很大程度上说明了软件和信息技术服务业弱周期特征，不易受到宏观环境的影响与冲击。

经营活动产生的现金流量净额（同比增长率）也是反映上市公司收益质量的指标。经营活动产生的现金流量净额财务指标取自现金流量表，而现金流量表是按照收付实现制的原则编制的。经典财务管理理论认为，公司的经营利润只有转化为切切实实的现金流入才算是真正实现了"惊险的跳跃"。因此，在很多情况下，经营活动产生的现金流量净额相对于经营利润更能衡量公司的真实盈利能力，不容易被操纵或隐蔽。

CSRC 软件和信息技术服务业上市公司之间的以现金流量衡量的生产经营质量分化非常明显，很多表现不佳的上市公司出现了经营活动产生的现金流量净额（同比增长率）的大幅下降，同时又有很多表现优秀的上市公司出现了经营活动产生的现金流量净额（同比增长率）的大幅上升。从整体上看，CSRC 软件和信息技术服务业上市公司以现金流量衡量的生产经营质量还是非常不错的，反映在经营活动产生的现金流量净额（同比增长率）的平均值大于 95%。

2. 相关性分析

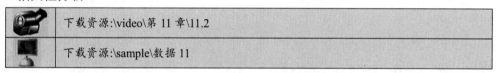

	下载资源:\video\第 11 章\11.2
	下载资源:\sample\数据 11

相关性分析的步骤如下：

01 依次选择"文件｜打开｜数据"命令，打开 11.sav 数据表。

02 依次选择"分析｜相关｜双变量..."命令，弹出"双变量相关性"对话框，在左侧变量框中分别选择"市盈率 PE（TTM）""市净率 PB（LF）""总资产报酬率 ROA""净资产收益率 ROE（平均）""资产负债率""总资产周转率""研发费用同比增长""投入资本回报率 ROIC""人力投入回报率（ROP）""经营活动净收益/利润总额""保守速动比率""营业收入（同比增长率）""净利润（同比增长率）""经营活动产生的现金流量净额（同比增长率）"变量，单击 按钮，选入右侧的"变量"列表框中，如图 11.9 所示。

该对话框在第 10 章已有详细介绍，在此不再赘述。

本例中我们选择皮尔逊（Pearson）相关系数。"显著性检验"选项组中有两个选项：双尾，是双侧显著性检验；单尾，为单侧显著性检验，用于相关关系方向非常明显时，如身高与体重的相关关系。这里我们所分析的数据相关关系不明显，因此选择"双尾"。在选择最下面的"标记显著性相关性"后，输出结果中对在显著性水平 0.05 下显著相关的相关系数用一个星号加以标记，对在显著性水平 0.01 下显著相关的相关系数用两个星号加以标记。

03 单击"选项"按钮，弹出"双变量相关性：选项"对话框，如图 11.10 所示。

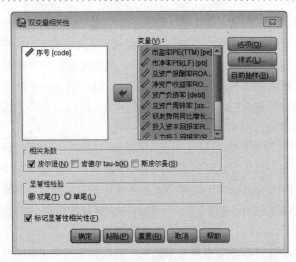

图 11.9　"双变量相关性"对话框　　　　图 11.10　"双变量相关性：选项"对话框

该对话框在第 10 章已有详细介绍，在此不再赘述。

本例中我们在"统计"选项组中把"平均值和标准差""叉积偏差和协方差"两个选项都选上，并采用"缺失值"选项组的默认设置。

04 设置完毕后单击"继续"按钮，回到"双变量相关性"对话框，然后单击"确定"按钮，进入计算分析。

表 11.2 给出了变量的皮尔逊相关系数、平方和与叉积、协方差、个案数。其中相关关系较为显著的皮尔逊相关系数得到了标记。

表 11.2　皮尔逊相关性（限于篇幅仅展示部分）

		市盈率 PE(TTM)	市净率 PB(LF)	总资产报酬率ROA	净资产收益率 ROE(平均)	资产负债率	总资产周转率	研发费用同比增长	投入资本回报率ROIC	人力投入回报率(ROP)	经营活动净收益/利润总额	保守速动比率	营业收入(同比增长率)	净利润(同比增长率)	经营活动产生的现金流量净额(同比增长率)
市盈率 PE (TTM)	皮尔逊相关性	1	.509**	0.001	-0.028	-0.041	0.126	-0.073	-0.053	-.208**	0	0.051	-0.028	.437**	0.007
	Sig.（双尾）		0	0.995	0.725	0.607	0.113	0.363	0.504	0.009	1	0.527	0.724	0	0.935
	平方和与叉积	1296636.2	26694.5	32.717	-2424.77	-9210.2	415.863	-56531.1	-3583.474	-197595.4	-12.052	3830.718	-13763.104	851334.562	49590.671
	协方差	8258.829	170.029	0.208	-15.444	-58.664	2.649	-360.071	-22.825	-1258.569	-0.077	24.399	-87.663	5422.513	315.864
	个案数	158	158	158	158	158	158	158	158	158	158	158	158	158	158
市净率 PB(LF)	皮尔逊相关性	.509**	1	.461**	.541**	0.025	.166*	-0.028	.523**	-0.055	0.125	0.054	0.094	.182*	0.027
	Sig.（双尾）	0		0	0	0.751	0.037	0.723	0	0.489	0.118	0.504	0.24	0.022	0.74
	平方和与叉积	26694.48	2121.43	1204.06	1884.896	229.855	22.086	-891.953	1417.624	-2130.709	4461.087	163.888	1850.05	14340.28	8144.57
	协方差	170.029	13.512	7.669	12.006	1.464	0.141	-5.681	9.029	-13.571	28.415	1.044	11.784	91.339	51.876
	个案数	158	158	158	158	158	158	158	158	158	158	158	158	158	158
总资产报酬率ROA	皮尔逊相关性	0.001	.461**	1	.910**	-.253**	0.027	.222**	.844**	.467**	0.11	.272**	0.133	.261**	.177*
	Sig.（双尾）	0.995	0		0	0.001	0.738	0.005	0	0	0.167	0.001	0.097	0.001	0.026
	平方和与叉积	32.717	1204.06	3211.09	3900.799	-2809.4	4.385	8563.955	2813.529	22089.701	4851.088	1023.338	3206.61	25296.403	66851.248
	协方差	0.208	7.669	20.453	24.846	-17.895	0.028	54.547	17.921	140.699	30.899	6.518	20.424	161.124	425.804
	个案数	158	158	158	158	158	158	158	158	158	158	158	158	158	158
净资产收益率ROE(平均)	皮尔逊相关性	-0.028	.541**	.910**	1	0.001	0.14	.160*	.947**	.358**	0.11	0.084	0.098	.267**	0.154
	Sig.（双尾）	0.725	0	0		0.986	0.08	0.045	0	0	0.17	0.295	0.22	0.001	0.053
	平方和与叉积	-2424.77	1884.9	3900.8	5721.343	20.14	30.498	8224.998	4214.545	22582.741	6433.462	420.969	3171.83	34534.407	77227.748
	协方差	-15.444	12.006	24.846	36.442	0.128	0.194	52.389	26.844	143.839	40.977	2.681	20.203	219.964	491.896
	个案数	158	158	158	158	158	158	158	158	158	158	158	158	158	158
资产负债率	皮尔逊相关性	-0.041	0.025	-.253**	0.001	1	.432**	0.03	-0.045	-0.105	0.001	-.578**	0.017	0.006	-0.105
	Sig.（双尾）	0.607	0.751	0.001	0.986		0	0.712	0.578	0.19	0.991	0	0.834	0.942	0.191
	平方和与叉积	-9210.219	229.855	-2809.4	20.14	38469	244.353	3951.749	-513.989	-17161.43	143.322	-7524.7	1406.491	1945.339	-136400.86
	协方差	-58.664	1.464	-17.895	0.128	245.026	1.556	25.17	-3.274	-109.308	0.913	-47.928	8.959	12.391	-868.795
	个案数	158	158	158	158	158	158	158	158	158	158	158	158	158	158

在分析结果中，我们可以看到 pe（市盈率 PE（TTM））与 netprofitgrow（净利润（同比增长率））呈现为显著的正相关，与 rop（人力投入回报率（ROP））呈现为显著的负相关；pb（市净率 pb（LF））与 roa（总资产报酬率 ROA）、roe（净资产收益率 ROE（平均））、assetturnover（总资产周转率）、roic（投入资本回报率 ROIC）、netprofitgrow（净利润（同比增长率））呈现为显著的正相关；roa（总资产报酬率 ROA）与 rdgrow（研发费用同比增长）、roic（投入资本回报率 ROIC）、rop（人力投入回报率（ROP））、quickratio（保守速动比率）、netprofitgrow（净利润（同比增长率））呈现为显著的正相关；roe（净资产收益率 ROE（平均））与 rdgrow（研发费用同比增长）、roic（投入资本回报率 ROIC）、rop（人力投入回报率（ROP））、netprofitgrow（净利润（同比增长率））呈现为显著的正相关。

11.4 建立模型

11.4.1 市盈率口径估值与业绩表现研究

| 下载资源:\video\第 11 章\11.2 |
| 下载资源:\sample\数据 11 |

建立线性模型：

pe=a+b*roa+c*roe+d*debt+e*assetturnover+f*rdgrow+g*roic+h*rop+i*netincome/profit+j*quickratio+k*incomegrow+l*netprofitgrow+m*cashflowgrow+u

01 依次选择"文件｜打开｜数据"命令，打开 11.sav 数据表。

02 依次选择"分析｜回归｜线性"命令，弹出"线性回归"对话框，如图 11.11 所示。在左侧变量框中选择"市盈率 PE(TTM)"变量，单击 按钮，选入右侧上方的"因变量"列表框中，作为模型的被解释变量。再分别选择"总资产报酬率 ROA""净资产收益率 ROE（平均）""资产负债率""总资产周转率""研发费用同比增长""投入资本回报率 ROIC""人力投入回报率（ROP）""经营活动净收益/利润总额""保守速动比率""营业收入（同比增长率）"

图 11.11 "线性回归"对话框

"净利润（同比增长率）""经营活动产生的现金流量净额（同比增长率）"等变量，单击 按钮，选入"自变量"列表框中，作为模型的解释变量。在"方法"下拉列表中指定自变量进入分析的方式，通过选择不同的方法可对相同的变量建立不同的回归模型。

在设置完成后的"线性回归"对话框中，我们在"方法"下拉菜单中可以选择进行线性回归的具体方法（包括"输入""步进""除去""后退"和"前进"5种）。

关于该对话框的详细设置，我们在第9章中已有介绍，在此不再赘述。

在本例中，我们选择"输入"方法进行回归，其他选项采用系统默认设置。

03 单击"统计"按钮，弹出"线性回归：统计"对话框，如图11.12所示。

在"线性回归：统计"对话框中，包括"回归系数"和"残差"两个选项组，以及"模型拟合""R方变化量""描述""部分相关性和偏相关性""共线性诊断"选项。

关于该对话框的详细设置，我们在第9章中已有介绍，在此不再赘述。

在本例中，为了讲解比较充分，我们选择"回归系数"和"残差"选项组中的所有选项，以及"模型拟合""R方变化量""描述""部分相关性和偏相关性""共线性诊断"等选项。

04 单击"继续"按钮，回到"线性回归"对话框，单击"图"按钮，打开"线性回归：图"对话框，如图11.13所示。

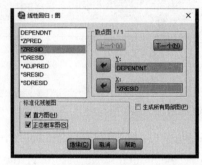

图11.12　"线性回归：统计"对话框　　　图11.13　"线性回归：图"对话框

关于该对话框的详细设置，我们在第9章中已有介绍，在此不再赘述。

本例中我们把"DEPENDNT"选入到散点图的"Y"列表框中，把"ZRESID"选入到散点图的"X"列表框中，通过观察因变量和残差之间的散点图观察回归模型是否符合经典回归模型的基本假设。

左下方的"标准化残差图"选项组可以决定是否输出标准化残差图，这里我们把"直方图"和"正态概率图"复选框都勾选上。

"生成所有局部图"复选框将输出每一个自变量对于因变量残差的散点图，因为本例中我们并不需要分析所有自变量的残差与因变量残差的关系，所以不勾选该复选框。

05 单击"继续"按钮，回到"线性回归"对话框，单击"保存"按钮，打开"线性回归：保存"对话框，如图11.14所示。

在"线性回归：保存"对话框中，用户可以通过选择该对话框中的选项决定将预测值、残差或其他诊断结果值作为新变量保存于当前工作文件或保存到新文件。

关于该对话框的详细设置，我们在第9章中已有介绍，在此不再赘述。

本例中我们在"预测值"选项组中选择"标准化"和"未标准化"的预测值；在"距离"选项组中采用系统默认设置；在"预测区间"选项组中选择"平均值""单值"，并采用系统默认置信区间值（95％）；在"残差"选项组中选择"标准化"残差；在"影响统计"选项组中采用系统默认设置；在"系数统计"选项组中采用系统默认设置；在"将模型信息导出到 XML 文件"选项组中采用系统默认设置。

06 单击"继续"按钮，回到"线性回归"对话框，单击"选项"按钮，打开"线性回归：选项"对话框，如图 11.15 所示。

图 11.14　"线性回归：保存"对话框　　　图 11.15　"线性回归：选项"对话框

"线性回归：选项"对话框包括"步进法条件"选项组、"在方程中包括常量"选项和"缺失值"选项组。

关于该对话框的详细设置，我们在第 9 章中已有介绍，在此不再赘述。

本例中我们均选择系统默认的选项。

07 以上全部设置完毕后单击"继续"按钮，回到"线性回归"对话框，然后单击"确定"按钮，进入计算分析。

图 11.16 给出了输入模型和被除去的变量信息，从中可以看出，所有自变量都进入模型，因为我们采用的是输入法。

输入/除去的变量[a]

模型	输入的变量	除去的变量	方法
1	经营活动产生的现金流量净额(同比增长率), 研发费用同比增长, 保守速动比率, 净利润(同比增长率), 营业收入(同比增长率), 人力投入回报率(ROP), 经营活动净收益利润总额, 总资产周转率, 投入资本回报率ROIC, 资产负债率, 总资产报酬率ROA, 净资产收益率ROE(平均)[b]	.	输入

a. 因变量：市盈率PE(TTM)

b. 已输入所请求的所有变量。

图 11.16　输入/除去的变量

图 11.17 给出了模型整体拟合效果的概述，模型的 R 系数为 0.586，反映模型的拟合效果还是不错的。模型的可决系数（R 方）为 0.344，模型修正的可决系数（调整后 R 方）为 0.290，说明模型具备一定的解释能力。由此可知我们构建的模型虽然还算可以，但是也可能遗漏了重要的解释变量，事实上这也是与现实情况相符合的，我国资本市场上的投资者对于软件和信息技术服务业上市公司基于市盈率口径的估值评价很多时候更加关注股票价格表现的技术面而非基本面，关注上市公司未来可能的发展预期而非历史业绩表现，甚至公司的总市值盘子是大还是小、是否便于股价拉升等其他因素。另外，图中还给出了德宾-沃森检验值 DW（1.622），说明自相关性不明显。

图 11.18 给出了 ANOVA 方差分析，可以看到模型的设定检验 F 统计量的值为 6.335，显著性水平几乎为零，于是我们的模型通过了设定检验，也就是说，因变量与自变量之间的线性关系明显。

模型摘要[b]

模型	R	R 方	调整后 R 方	标准估算的错误	德宾-沃森
1	.586[a]	.344	.290	76.59375	1.622

a. 预测变量：(常量)，经营活动产生的现金流量净额(同比增长率)，研发费用同比增长，保守速动比率，净利润(同比增长率)，营业收入(同比增长率)，人力投入回报率(ROP)，经营活动净收益/利润总额，总资产周转率，投入资本回报率ROIC，资产负债率，总资产报酬率ROA，净资产收益率ROE(平均)

b. 因变量：市盈率PE(TTM)

图 11.17　模型摘要

ANOVA[a]

模型		平方和	自由度	均方	F	显著性
1	回归	445978.691	12	37164.891	6.335	.000[b]
	残差	850657.466	145	5866.603		
	总计	1296636.157	157			

a. 因变量：市盈率PE(TTM)

b. 预测变量：(常量)，经营活动产生的现金流量净额(同比增长率)，研发费用同比增长，保守速动比率，净利润(同比增长率)，营业收入(同比增长率)，人力投入回报率(ROP)，经营活动净收益/利润总额，总资产周转率，投入资本回报率ROIC，资产负债率，总资产报酬率ROA，净资产收益率ROE(平均)

图 11.18　ANOVA 方差分析

图 11.19 给出了残差统计分析，图中显示了预测值、残差、标准预测值、标准残差的最小值/最大值、均值、标准偏差及个案数。

残差统计[a]

	最小值	最大值	平均值	标准偏差	个案数
预测值	-47.0016	435.6925	83.3072	53.29755	158
标准预测值	-2.445	6.612	.000	1.000	158
预测值的标准误差	8.345	59.221	19.423	10.301	158
调整后预测值	-82.3635	539.3020	82.0409	58.13352	158
残差	-214.55881	416.01749	.00000	73.60843	158
标准残差	-2.801	5.431	.000	.961	158
学生化残差	-3.783	7.125	.008	1.092	158
剔除残差	-391.25204	715.86688	1.26627	97.45365	158
学生化剔除残差	-3.971	8.807	.021	1.186	158
马氏距离	.870	92.863	11.924	16.329	158
库克距离	.000	2.815	.033	.236	158
居中杠杆值	.006	.591	.076	.104	158

a. 因变量：市盈率PE(TTM)

图 11.19　残差统计分析

图 11.20 和图 11.21 给出了模型残差的直方图和正态概率 P-P 图，由于我们在模型中始终假设残差服从正态分布，因此可以从这两张图中直观地看出回归后的实际残差是否符合假设。从回归残差的直方图与附于图上的正态分布曲线相比较来看，可以认为残差分布不是明显地服从正态分布，尽管如此，也不能盲目地否定残差服从正态分布的假设，可能是因为我们用来进行分析的样本太小。

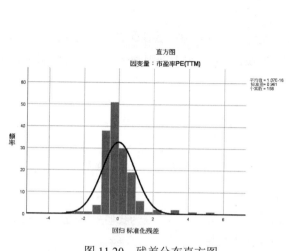

图 11.20　残差分布直方图

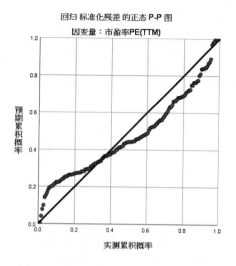

图 11.21　正态概率 P-P 图

正态概率 P-P 图也是用于比较残差分布与正态分布差异的图形，图的纵坐标为期望的累计概率，横坐标为观测的累计概率，图中的斜线对应着一个平均值为 0 的正态分布。如果图中的散点密切地散布在这条斜线附近，就说明随机变量残差服从正态分布，从而证明样本确实是来自于正态总体；如果偏离这条直线太远，就应该怀疑随机变量的正态性。基于以上认识，从图中的散点分布状况来看，散点大致散布于斜线附近，可以认为残差分布基本上是正态的。

图 11.22 给出了回归系数和变量显著性检验的 t 值，我们发现变量总资产报酬率 ROA、净资产收益率 ROE（平均）、资产负债率、总资产周转率、研发费用同比增长、投入资本回报率 ROIC、保守速动比率、经营活动产生的现金流量净额（同比增长率）的 t 值太小，没有达到显著性水平。

系数[a]

模型		未标准化系数		标准化系数		
		B	标准错误	Beta	t	显著性
1	(常量)	74.823	27.655		2.706	.008
	总资产报酬率ROA	6.611	4.824	.329	1.370	.173
	净资产收益率ROE(平均)	-1.142	5.139	-.076	-.222	.824
	资产负债率	.015	.653	.003	.023	.982
	总资产周转率	34.896	32.255	.088	1.082	.281
	研发费用同比增长	-.139	.120	-.083	-1.163	.247
	投入资本回报率ROIC	-6.385	4.661	-.330	-1.370	.173
	人力投入回报率(ROP)	-.373	.116	-.273	-3.227	.002
	经营活动净收益/利润总额	.294	.107	.200	2.757	.007
	保守速动比率	1.168	1.567	.068	.745	.458
	营业收入(同比增长率)	-.460	.192	-.172	-2.392	.018
	净利润(同比增长率)	.368	.051	.553	7.252	.000
	经营活动产生的现金流量净额(同比增长率)	.001	.012	.007	.103	.918

a. 因变量：市盈率PE(TTM)

图 11.22　回归系数

由于在上述输入法回归结果中包含了太多不够显著的变量，因此我们有必要考虑使用步进法重新对模型进行回归，找出真正显著的、能够对因变量起到影响的自变量。使用步进法重新对模型进行回归的简化操作如下：

01 依次选择"文件 | 打开 | 数据"命令，打开 11.sav 数据表。

02 依次选择"分析 | 回归 | 线性"命令，弹出"线性回归"对话框，如图 11.23 所示。在左侧变量框中选择"市盈率 PE（TTM）"变量，单击 ➡ 按钮，选入右侧上方的"因变量"列表框中，作为模型的被解释变量。再分别选择"总资产报酬率 ROA""净资产收益率 ROE（平均）""资产负债率""总资产周转率""研发费用同比增长""投入资本回报率 ROIC""人力投入回报率（ROP）""经营活动净收益/利润总额""保守速动比率""营业收入（同比增长率）""净利润（同比增长率）""经营活动产生的现金流量净额（同比增长率）"等变量，单击 ➡ 按钮，选入"自变量"列表框中，作为模型的解释变量。在"方法"下拉列表中指定自变量进入分析的方式，选择"步进"方法。

其他采用系统默认设置，单击"确定"按钮得到结果。

图 11.24 给出了输入模型和被除去的变量信息，从中可以看出，因为我们采用的是步进法，所以只有资产负债率、研发费用同比增长率等自变量进入模型。

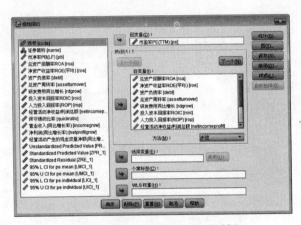

图 11.23　"线性回归"对话框　　　　图 11.24　输入/除去的变量

图 11.25 给出了回归系数和变量显著性检验的 t 值，从结果可以看出，在采用步进回归分析方法对数据进行分析后，仅"净利润（同比增长率）""人力投入回报率（ROP）""经营活动产生的现金流量净额（同比增长率）"进入了最终的回归分析方程：

市盈率 PE(TTM)= 0.335*净利润(同比增长率)-0.351*人力投入回报率(ROP) +0.254*经营活动净收益/利润总额+70.342

（1）净利润增长率显著正向影响市盈率。这是因为净利润增长率在很大程度上代表了公司的盈利能力和成长能力，或者说公司能够在未来持续赚钱、为投资者创造回报的能力，因为国内相当数量的投资者关注的都是上市公司的预期表现，所以上市公司的净利润增长率越高，公司的市盈率越高，投资者就越认可上市公司，越愿意为上市公司付出适当的风险溢价。

（2）人力投入回报率（ROP）显著负向影响市盈率。这是因为目前软件和信息技术服务业属于新兴行业，人才的作用非常突出，由于生产要素本来就是边际递减的，所以当前如果一家公司的人力投入回报率（ROP）高，在很大程度上反映的是其人力投入不够，在一定程度未真正体现出公司的运营价值，所以公司的人力投入回报率（ROP）越低，市盈率反而越高，投资者越对上市公司，越愿意为上市公司付出适当的风险溢价。

（3）"经营活动产生的现金流量净额（同比增长率）"显著正向影响市盈率。"经营活动产生的现金流量净额（同比增长率）"反映的是公司的盈利质量和成长能力，经营活动产生的现金流量净额越高，公司的盈利质量越高，经营活动产生的现金流量净额（同比增长率）越高，说明公司盈利质量的成长能力越高，公司的市盈率越高，投资者就越认可上市公司，越愿意为上市公司付出适当的风险溢价。

系数ᵃ

模型		未标准化系数		标准化系数		
		B	标准错误	Beta	t	显著性
1	(常量)	70.342	6.867		10.244	.000
	净利润(同比增长率)	.290	.048	.437	6.062	.000
2	(常量)	92.062	9.238		9.966	.000
	净利润(同比增长率)	.300	.046	.452	6.464	.000
	人力投入回报率(ROP)	-.323	.095	-.237	-3.386	.001
3	(常量)	75.882	11.347		6.687	.000
	净利润(同比增长率)	.335	.048	.503	6.975	.000
	人力投入回报率(ROP)	-.351	.095	-.257	-3.705	.000
	经营活动净收益/利润总额	.254	.106	.173	2.387	.018

a. 因变量：市盈率PE(TTM)

图 11.25 回归系数

11.4.2 市净率口径估值与业绩表现研究

下载资源:\video\第 11 章\11.3
下载资源:\sample\数据 11

建立线性模型：

pb=a+b*roa+c*roe+d*debt+e*assetturnover+f*rdgrow+g*roic+h*rop+i*netincome/profit+j*quickratio+k*incomegrow+l*netprofitgrow+m*cashflowgrow+u

具体操作与前述类似，限于篇幅不再赘述。首先选择"输入"方法进行回归。

图 11.26 给出了输入法回归结果，但包含了太多不够显著的变量，所以我们有必要考虑使用步进法重新对模型进行回归。使用步进法得到的结果如图 11.27 所示。仅"净资产收益率 ROE（平均）""人力投入回报率（ROP）"两个自变量进入了最终的回归分析方程：

Pb = 0.392*roe - 0.016*rop +2.786

软件和信息技术服务业上市公司基于市净率口径的估值与净资产收益率 ROE（平均）、人力投入回报率（ROP）等因素紧密相关。对各解释变量的影响方向合理解释如下：

（1）净资产收益率 ROE（平均）对公司基于市净率口径的估值产生正向影响，或者说是净资产收益率 ROE（平均）越高，公司基于市净率口径的估值越高，是符合理论逻辑的，毕竟盈利能力突出的公司更能得到众多投资者的认可和青睐，更值得投资者为之付出更多的风险溢价。

（2）人力投入回报率（ROP）对公司基于市净率口径的估值产生负向影响，或者说净资产收益率 ROE（平均）越高，公司基于市净率口径的估值越低，虽然表面上比较难理解，但这一问题有着科学而合理的深层次原因。众所周知，资源的投入回报率往往呈现边际递减趋势，或者说每增加一单位的投入带来的产出的增加会越来越少。对于软件和信息技术服务业来说，目前市场远远未饱和，如果一家公司人力投入回报率（ROP）很高，就说明其招聘的人才还不够充分，从而使投资者认为公司还有更多可以改进和提高的空间，反而不如那些人力投入回报率（ROP）偏低的公司具有吸引力。

系数 a

模型		未标准化系数		标准化系数	t	显著性
		B	标准错误	Beta		
1	(常量)	1.818	1.070		1.699	.091
	总资产报酬率ROA	.130	.187	.160	.696	.488
	净资产收益率ROE(平均)	.276	.199	.454	1.389	.167
	资产负债率	.019	.025	.083	.771	.442
	总资产周转率	-.157	1.248	-.010	-.126	.900
	研发费用同比增长	-.008	.005	-.116	-1.694	.092
	投入资本回报率ROIC	.045	.180	.058	.252	.801
	人力投入回报率(ROP)	-.018	.004	-.329	-4.061	.000
	经营活动净收益利润总额	.006	.004	.098	1.407	.161
	投资活动比率	.062	.061	.089	1.016	.311
	营业收入(同比增长率)	.004	.007	.038	.547	.585
	净利润(同比增长率)	.002	.002	.056	.767	.445
	经营活动产生的现金流量净额(同比增长率)	-.001	.000	-.080	-1.197	.233

a. 因变量：市净率PB(LF)

图 11.26　回归系数

系数 a

模型		未标准化系数		标准化系数	t	显著性
		B	标准错误	Beta		
1	(常量)	2.312	.471		4.911	.000
	净资产收益率ROE(平均)	.329	.041	.541	8.035	.000
2	(常量)	2.786	.462		6.028	.000
	净资产收益率ROE(平均)	.392	.042	.643	9.376	.000
	人力投入回报率(ROP)	-.016	.004	-.286	-4.164	.000

a. 因变量：市净率PB(LF)

图 11.27　回归系数

11.5　研究结论与重点回顾

结合前述建模分析，我们可以非常明确地得到如下研究结论：

1. 软件和信息技术服务业上市公司基于市盈率口径的估值仅与"净利润（同比增长率）""人力投入回报率（ROP）""经营活动产生的现金流量净额（同比增长率）"显著相关，其中与"净利润（同比增长率）""经营活动产生的现金流量净额（同比增长率）"显著正向相关、与"人力投入回报率（ROP）"显著负向相关。这一点是符合现实情况的。

（1）净利润增长率显著正向影响市盈率。上市公司的净利润增长率越高，公司的市盈率就越高，投资者就越认可上市公司，越愿意为上市公司付出适当的风险溢价。

（2）人力投入回报率（ROP）显著负向影响市盈率。公司的人力投入回报率（ROP）越低，市盈率反而越高，投资者越认可上市公司，越愿意为上市公司付出适当的风险溢价。

（3）经营活动产生的现金流量净额（同比增长率）显著正向影响市盈率。经营活动产生的现金流量净额（同比增长率）越高，说明公司盈利质量的成长能力越高，公司的市盈率就越高，投资者就越认可上市公司，越愿意为上市公司付出适当的风险溢价。

2. 软件和信息技术服务业上市公司基于市净率口径的估值与净资产收益率 ROE（平均）、人力投入回报率（ROP）紧密相关。

（1）净资产收益率 ROE（平均）对公司基于市净率口径的估值产生正向影响，盈利能力突出的公司更能得到众多投资者的认可和青睐，更值得投资者为之付出更多的风险溢价。

（2）人力投入回报率（ROP）对公司基于市净率口径的估值产生负向影响。对于软件和信息技术服务业来说，目前市场远远未饱和，投资者认为公司还有更多可以改进和提高的空间。

第 12 章　美容连锁企业按门店特征

分类分析建模技术

现实生活中，我们有很多连锁经营的服务行业，比如酒店行业、餐饮行业、美容行业、健身行业、家电销售行业等，相对于门店单独经营模式，连锁门店经营通过统一品牌形象、统一广告宣传、统一集中采购、统一会计核算、统一售后服务、统一经营管理等方式实现了更大范围的规模经济和范围经济，进而推进了企业经营效率和效益的提升。但是，连锁经营模式毕竟不是绝对统一经营模式，各个门店会根据自己所在地域的周边环境，包括是否处于热门商圈、所在地域客流量、消费群体消费水平、消费风格等因素，因地制宜、因时制宜开展特色化、差异化经营。所以对连锁企业的总部管理机构来讲，准确判断探知各个门店的实际特征，并且有针对性地按照关键因素对全辖的门店进行有效分类，然后在充分调研的基础上实现资源的差异化配置，就会在整体上进一步提升经营效益。比如一家零食餐饮企业通过分析发现一家门店在坚果销售方面经常供不应求造成脱销，而另一家门店在坚果销售方面经营惨淡、产品积压严重，就可以在货物分发、物流配送等方面做出针对性的改进。SPSS 作为一种功能强大的统计分析软件，完全可以用来完成相关的分析目标，本章将以某美容连锁企业具体的经营实践为例，力求以深入浅出的方式讲解 SPSS 在美容连锁企业按门店特征分类分析建模技术中的应用。需要提示和强调的是，本文虽然以美容连锁企业为例，但是其中体现的研究方法、研究思路和建模技术也可以有效应用其他连锁经营的服务型企业，读者可以结合自身研究需要加以参考借鉴。

12.1　建模技术

1. 因子分析

因子分析的作用是在众多解释变量中识别出基础变量（或称关键因子），通常用于数据降维。其核心思想是识别出少数几个因子来解释在众多解释变量中所观测到的方差。除了数据降维的作用之外，因子分析也经常作为辅助分析，过滤变量以用于随后的分析（比如解决线性回归分析中的多重共线性问题，对一组解释变量提取关键因子后再用于线性回归分析，消除信息冗余，提高建模估计效率）。

因子分析的数学模型可以表示为 $X_{p \times 1} = A_{p \times m} \cdot F_{m \times 1} + e_{p \times 1}$。

其中 X 为可实测的 p 维随机向量，其每个分量代表一个指标或变量。

$F = (F_1, F_2, \cdots F_m)^T$ 为不可观测的 m 维随机向量，其各个分量将出现在每个变量之中，称为公共因子。

矩阵 **A** 称为因子载荷矩阵，矩阵中的每一个元素称为因子载荷，表示第 i 个变量在第 j 个公共因子上的载荷，它们需要由多次观测 X 所得到的样本来估计。向量 **e** 称为特殊因子，其中包括随机误差，它们满足以下条件：

- $Cov(\mathbf{F},\mathbf{e})=0$，即 **F** 与 **e** 不相关。
- $Cov(F_i,F_j)=0,i \neq j$；$Var(F_i)=Cov(F_i,F_j)=\mathbf{I}$，即向量 **F** 的协方差矩阵为 m 阶单位阵。
- $Cov(e_i,e_j)=0,i \neq j$；$Var(e_i)=\sigma_i^2$，即向量 **e** 的协方差矩阵为 p 阶对角阵。

因子分析的原理在于通过变量的相关系数矩阵内部结构的分析，从中找出少数几个能控制原始变量的随机变量 $F_i(i=1,2,...,m)$，也就是公共因子。选取公共因子的原则是尽可能多地包含原始变量中的信息，建立模型 $\mathbf{X}=\mathbf{A} \cdot \mathbf{F}+\mathbf{e}$，忽略 **e**，以 **F** 代替 **X**，用它再现原始变量 **X** 的众多分量之间的相关关系，达到简化变量降低维数的目的。

2. 聚类分析

聚类分析也称为群分析，是研究样本间或者变量间分类问题的一种多元统计分析方法。在实际问题中，存在大量的分类问题，随着生产力和科学技术的发展，分类不断细化，以往仅凭经验和专业知识作定性分类的方法已经不能满足实际的需要，也不能做出准确的分类，必须将定性和定量分析结合起来去分类。聚类分析的适用场景是，用于解决事先不知道应将样本或者变量分为几类，需根据样本或变量的相似程度进行归组并类的问题。

SPSS 中可以使用二阶聚类分析、系统聚类分析或 K 平均值聚类分析等多种过程来执行聚类分析，每个过程使用不同的算法来创建聚类，并且每个过程所具有的选项在其他过程中不可用。

（1）二阶聚类分析

"二阶聚类分析"过程可以分析小数据文件，也可以分析大数据文件，对很多应用而言，二阶聚类分析过程是首选的方法。相对于其他聚类分析方法，"二阶聚类分析"过程的特色化功能包括 3 项：一是除了用于在聚类模型之间进行选择的测量之外，还可自动选择最佳聚类数目；二是能够同时根据分类和连续变量创建聚类模型；三是能够将聚类模型保存到外部 XML 文件，然后读取该文件并使用较新的数据来更新聚类模型。

（2）系统聚类分析

系统聚类分析过程只限于较小的数据文件，一般来说适合场景是要聚类的对象只有数百个的情形。"系统聚类分析"过程的特色化功能包括 3 项：一是能够对个案或变量进行聚类；二是能够计算可能解的范围，并为其中的每一个解保存聚类成员；三是有多种方法可用于聚类形成、变量转换以及度量各聚类之间的非相似性。只要所有变量的类型相同，"系统聚类分析"过程就可以分析连续、计数或二值变量。

系统聚类分析开始将样品或指标各视为一类，根据类与类之间的距离或相似程度将最近的类加以合并，再计算新类与其他类之间的相似程度，并选择最相似的加以合并，这样每合并一次就减少一类，不断继续这一过程，直到所有样品（或指标）合并为一类为止。

系统聚类分析根据聚类过程不同又分为分解法和凝聚法：分解法指的是聚类开始时把所有个体（观测量或变量）都视为属于一大类，然后根据距离和相似性逐层分解，直到参与聚类的每个个体自成一类为止。凝聚法是聚类开始时把参与聚类的每个个体（观测量或变量）视为一类，根据两类之间的距离或相似性逐步合并，直到合并为一个大类为止。无论哪种方法，其聚类原则都是相近的聚为一类，即距离最近或最相似的聚为一类。

（3）K 平均值聚类分析

K 平均值聚类分析过程可以分析小数据文件，也可以分析大数据文件，但只限于连续数据，要求预先指定聚类数目，K 平均值聚类分析过程的特色功能包括两项：一是能够保存每个对象与聚类中心之间的距离；二是能够从外部 SPSS 文件中读取初始聚类中心，并将最终的聚类中心保存到该文件中。

K 平均值聚类分析方法的基本思路是：开始按照一定方法选取一批初始聚类中心，让样品向最近的聚心凝聚，形成初始分类，然后按最近距离原则不断修改不合理分类，直至合理为止。如果选择了 n 个数值型变量参与聚类分析，最后要求聚类数为 k，那么可以由系统首先选择 k 个观测量（也可以由用户指定）作为聚类的种子，n 个变量组成 n 维空间。每个观测量在 n 维空间中是一个点。k 个事先选定的观测量就是 k 个聚类中心点，也称为初始类中心。开始的时候按照距这 k 个初始类中心的距离最小原则把观测量分派到各类中心所在的类中去，构成第一次迭代形成的 k 类。然后根据组成每一类的观测量，计算各变量均值，每一类中的 n 个均值在 n 维空间中又形成 k 个点，这就是第二次迭代的类中心。按照这种方法依次迭代下去，直至达到指定的迭代次数或达到终止迭代的收敛条件时迭代停止，聚类过程结束。

12.2　建模思路

本章使用的案例数据是来自 XX 美容连锁企业（虚拟名，如有雷同纯属巧合）在北京、天津、石家庄、太原、呼和浩特、沈阳、大连、长春、哈尔滨、上海、南京、杭州、宁波、合肥、福州、厦门、南昌、济南、青岛、郑州、武汉、长沙、广州、深圳、南宁、海口、重庆、成都、贵阳、昆明、拉萨、西安、兰州、西宁、银川、乌鲁木齐 36 个城市的各个连锁店的销售收入。销售收入是分产品项的，包括脸部保养收入、眼部保养收入、仪器治疗收入、化妆品销售收入、背部保养收入、腹部保养收入、胸部保养收入、足部保养收入、腿部保养收入、臀部保养收入和手部保养收入 11 种。由于销售收入数据涉及商业机密，所以在本章介绍时进行了适当的脱密处理，对于其中的部分数据也进行了必要的调整。

本章使用的建模分析方法包括两种：第一种是"降维"中的"因子分析"功能，通过"因子分析"过程对销售收入产品分项提取公因子，并绘图进行分析；第二种是"分类"中的"聚类分析"功能，通过销售收入产品分项的 11 个变量对 36 个城市进行聚类，分析每类门店的具体特征。如果呈现门店规模差异，则划分门店等级；如果呈现产品分项差异，则提出差异化经营策略。

12.3　数据准备

📹	下载资源:\video\第 12 章\12.1
🖥	下载资源:\sample\数据 12

在 SPSS 格式文件中共有 12 个变量，分别是"城市""脸部保养收入""眼部保养收入""仪器治疗收入""化妆品销售收入""背部保养收入""腹部保养收入""胸部保养收入""足部保养收入""腿部保养收入""臀部保养收入""手部保养收入"，如图 12.1 所示。其中，"城市"为字符串变量，其他 11 个变量均为数值型变量。

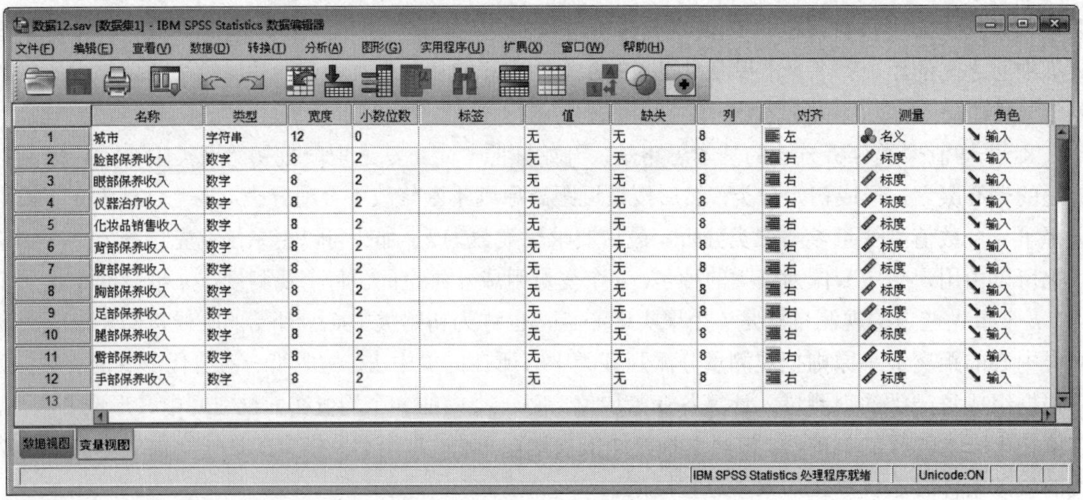

图 12.1　数据 12 变量视图

数据视图如图 12.2 所示，包括 36 个城市的样本观测值。

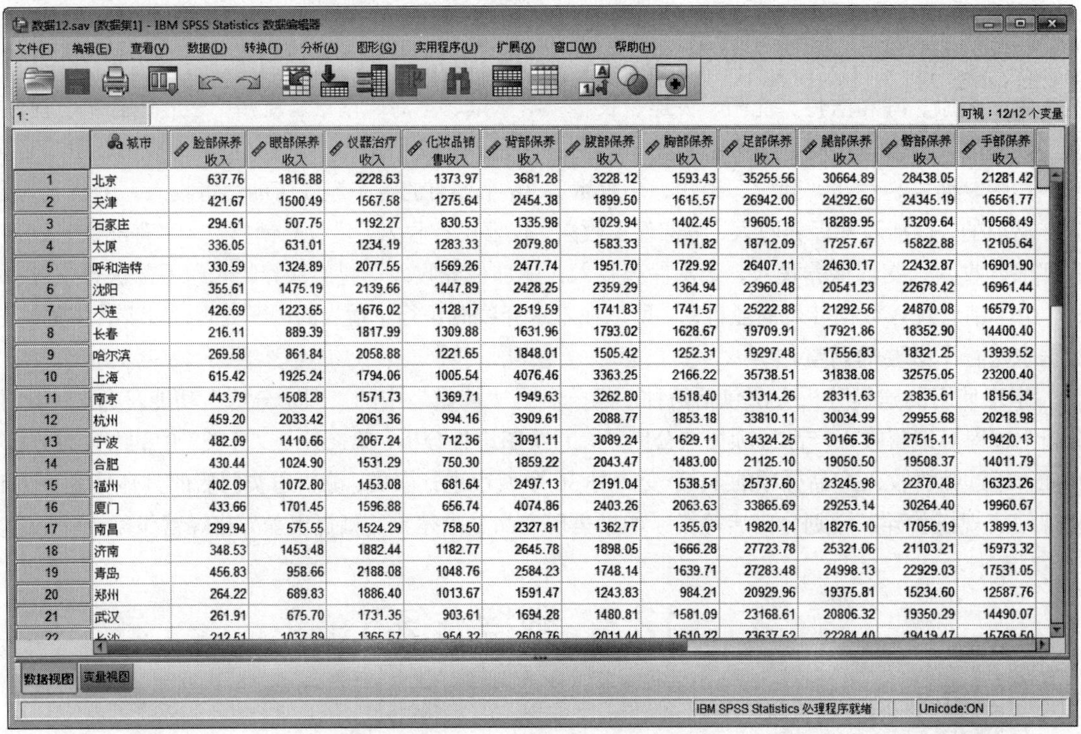

图 12.2　数据 12 数据视图

12.4　因子分析

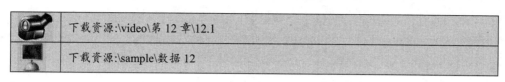

我们准备通过"因子分析"过程对销售收入产品分项提取公因子，并绘图进行分析。

12.4.1　分析过程

实验的操作步骤如下：

01 打开数据 12，进入 SPSS 统计数据编辑器窗口。

我们在菜单栏中依次选择"分析 | 降维 | 因子"命令，打开"因子分析"对话框，如图 12.3 所示。

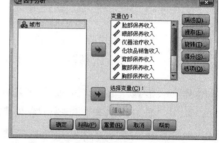

图 12.3　"因子分析"对话框

我们首先需要选择参与因子分析的变量，从左侧的列表框中将"脸部保养收入""眼部保养收入""仪器治疗收入""化妆品销售收入""背部保养收入""腹部保养收入"、"胸部保养收入""足部保养收入""腿部保养收入""臀部保养收入""手部保养收入"11 个变量选入"变量"列表框中。

如果用户需要使用部分观测量参与因子分析，则需要从左侧列表框中选择一个能够标记这部分观测量（它们构成观测量的一个子集）的变量移入"选择变量"列表框中，并单击下面的"值"按钮，打开如图 12.4 所示的"因子分析：设置值"对话框。在"选择变量值"文本框中输入能标记需选择的这部分观测量的变量值，如果使用全部观测量，则该步骤可以省略。

本例中我们使用全部的观测量，不对"选择变量"列表框进行设置。

02 单击"描述"按钮，弹出"因子分析：描述"对话框，如图 12.5 所示，在"统计"和"相关性矩阵"选项组中分别勾选"初始解"和"KMO 和巴特利特球形度检验"复选框，单击"继续"按钮，保存设置结果。

图 12.4　"因子分析：设置值"对话框

图 12.5　"因子分析：描述"对话框

=== 对话框选项设置/说明 ===

"因子分析：描述"对话框包括"统计"选项组和"相关性矩阵"选项组。

（1）"统计"选项组

"统计"选项组中有以下两个选项。

- "单变量描述"选项：系统将输出各个参与因子分析的变量的平均值、标准差及样本观测值数。
- "初始解"选项：系统将输出各个参与因子分析变量的初始共同度、特征值及解释方差的百分比。"初始解"选项也是系统默认设置。

本例中我们选择系统默认设置，即选择"初始解"选项。

（2）"相关性矩阵"选项组

"相关性矩阵"选项组中有以下选项。

- "系数"选项：系统将输出参与因子分析的变量的相关系数矩阵。
- "显著性水平"选项：系统将输出每个相关矩阵中相关系数为 0 的单尾显著性水平。
- "决定因子"选项：系统将输出计算相关系数矩阵的行列式值。
- "KMO 和巴特利特球形度检验"选项：系统将输出 KMO 和巴特利特球形度检验结果，KMO 给出抽样充足量的测度，检验变量间的偏相关系数是否过小，如果 KMO 的值过小，则表明不适合采用因子模型；巴特利特球形度检验相关系数矩阵是否是单位阵，如果是单位阵，则表明不适合采用因子模型。
- "逆"选项：系统将输出相关系数矩阵的逆矩阵。
- "再生"选项：系统将输出因子分析后的估计相关系数矩阵及残差阵（原始相关阵与再生相关阵的差）。
- "反映像"选项：系统将输出包括偏相关系数的负数及偏协方差的负数。在一个好的因子模型中，反映像相关阵中，主对角线之外的元素应很小，主对角线上的元素用于测度抽样的充足量。

本例中我们选择"KMO 和巴特利特球形度检验"选项，读者在实际操作中可以根据上面的介绍自行选择需要输出的统计量。

03 单击"提取"按钮，弹出"因子分析：提取"对话框，如图 12.6 所示。

对话框选项设置/说明

"因子分析：提取"对话框包括"分析""显示"和"提取"选项组，以及"方法"下拉列表框和"最大收敛迭代次数"文本框。

（1）"方法"下拉列表框

单击"方法"右侧的下拉按钮，打开下拉列表，如图 12.7 所示，从中可以选择公因子提取方法，包括主成分、未加权最小平方、广义最小平方、最大似然、主轴因式分解、Alpha 因式分解、映像因式分解。

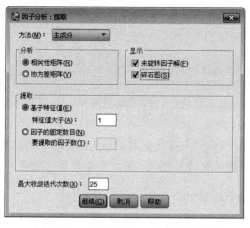 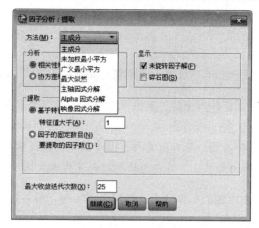

图 12.6　"因子分析：提取"对话框　　图 12.7　"因子分析：提取"对话框"方法"下拉列表框

①　主成分分析（Principal Components Analysis）方法作为因子提取方法的一种，核心要点是用于形成观察变量的不相关的线性组合。需要特别提示和强调的是，在主成分分析中，系统提取第一个成分具有最大的方差，第二个成分具有次大的方差，以此类推后面的成分对方差解释的比例呈现逐渐变小走势，而且这些主成分相互之间均不相关。主成分分析通常用来获取最初因子解，可以在相关性矩阵是奇异矩阵时使用。

②　未加权最小平方（Unweighted Least-Squares Method）方法作为因子提取方法的一种，核心要点是可以使观察的相关性矩阵和再生的相关性矩阵之间的差的平方值之和最小，相关系数是没有进行加权的。

③　广义最小平方（Generalized Least-Squares Method）方法作为因子提取方法的一种，同未加权最小平方一致，核心要点也是可以使观察的相关性矩阵和再生的相关性矩阵之间的差的平方值之和最小，但是不同点在于相关系数要进行加权。权重为相关系数单值的倒数，因为是倒数，所以单值高的变量比单值低的变量的权重要小一些。

④　最大似然法（Maximum-Likelihood Method）作为因子提取方法的一种，核心要点是在样本来自多变量正态分布的情况下，其生成的参数估计最有可能生成观察到的相关性矩阵。最大似然法将变量单值的倒数作为权重对相关系数进行加权，并使用迭代算法。

⑤　主轴因子分解（Principal Axis Factoring）方法作为因子提取方法的一种，核心要点是在初始相关性矩阵中，多元相关系数的平方放置于对角线上作为公因子方差的初始估计值。这些因子载荷是用来估计替换对角线中的旧公因子方差估计值的新公因子方差。在未达到收敛条件之前，系统将持续迭代计算，直到某次迭代和下次迭代之间公因子方差的改变幅度能满足提取的收敛性条件。

⑥　Alpha 因式分解方法作为因子提取方法的一种，核心要点是将分析中的变量视为来自潜在变量全体的一个样本。Alpha 因式分解方法的原理和优势在于使因子的 Alpha 可靠性最大。

⑦　映像因式分解（Image Factoring）方法作为因子提取方法的一种，由 Guttman 开发，基于映像理论。核心要点是变量的公共部分（偏映像）定义为其对剩余变量的线性回归，而非假设因子的函数。

本例中我们选择系统默认设置的"主成分"分析法。

（2）"分析"选项组
"分析"选项组用于选择分析内容，包括"相关性矩阵"和"协方差矩阵"两个选项。

本例中我们选择"相关性矩阵"。

（3）"显示"选项组

"显示"选项组用于选择需要显示的内容，包括以下两个选项。

① 未旋转因子解：若用户选择该选项，则系统将输出未经旋转的因子载荷矩阵、共同度及特征值。

② 碎石图：碎石图是与各因子关联的方差散点图，用来确定有多少因子应予以保留，图上有一个明显的分界点，其左边陡峭的斜坡代表大因子，右边缓变的尾部代表其余的小因子（碎石）。

本例中我们选择"未旋转因子解"和"碎石图"两个选项。

（4）"提取"选项组

"提取"选项组用于选择提取公因子的数量，也有两个选项。

① 基于特征值：选中该单选按钮并在"特征值大于"文本框中输入一个数值（系统的默认值为1），凡特征值大于该数值的因子都将被作为公因子提取出来。

② 因子的固定数目：选中该单选按钮并在"要提取的因子数"文本框中指定提取公因子的数量，系统将提取该固定数目的因子。

本例中我们采用系统默认设置，即选择"基于特征值"选项，且特征值大于1。

（5）"最大收敛迭代次数"文本框

"因子分析：提取"对话框最下面的"最大收敛迭代次数"文本框用于设置最大的迭代步数，系统默认的最大迭代步数为25。

本例中我们采用默认设置。

---

04 单击"旋转"按钮，弹出"因子分析：旋转"对话框，如图 12.8 所示，"因子分析：旋转"对话框包括"方法"选项组和"显示"选项组以及"最大收敛迭代次数"文本框。

图 12.8　"因子分析：旋转"对话框

对话框选项设置/说明

（1）"方法"选项组

"方法"选项组中各选项的含义如下：

● 无：不进行旋转，为系统默认选项。

● 最大方差法：一种正交旋转方法，使每个因子具有高载荷，以使因子的解释得到简化。

● 直接斜交法：一种斜交（非正交）旋转方法。下方的 delta 默认值等于 0，意思是当 delta 等于 0（默认值）时，解是最斜交的。delta 负得越厉害，因子的斜交度越低。用户如果要覆盖默认的 delta 值 0，就需要输入小于等于 0.8 的数。

● 四次幂极大法：一种用最少的因子解释每个变量的旋转法。

● 等量最大法：将最大方差法和四次幂极大法相结合，使高载荷因子的变量数和需解释变量的因子数都达到最小的旋转法。

● 最优斜交法：即斜交旋转法，允许因子之间相关，比直接斜交法计算得更快，更适合大量数据的情况。选择此项后，用户需要在被激活的 Kappa 文本框中输入控制斜交旋转的参数值，默认值为 4（此值最适合于分析）。

（2）"显示"选项组

"显示"选项组用于设置旋转解的输出，包括"旋转后的解"和"载荷图"两个选项。

① 旋转后的解：当在"方法"选项组中选择了一种旋转方法后，此选项才被激活。如果用户选择这一选项，则对于正交旋转，系统将输出旋转模型矩阵、因子转换矩阵；对于斜交旋转，系统将输出模式、结构和因子相关矩阵。

② 载荷图：用于设置输出的图形，系统会输出前两个公因子的二维载荷图或前 3 个因子的三维载荷图。若仅提取一个公因子，则不输出因子载荷图。

（3）"最大收敛迭代次数"文本框

当选择了一种旋转方法后，"最大收敛迭代次数"文本框被激活，可以输入指定的最大迭代次数，系统默认为 25。

本例中我们在"方法"选项组中选择最大方差法，在"显示"选项组中选择"旋转后的解"和"载荷图"两个选项，针对"最大收敛迭代次数"文本框采用系统默认设置。

---

05 单击"得分"按钮，弹出"因子分析：因子得分"对话框，如图 12.9 所示。"因子分析：因子得分"对话框包括"保存为变量"和"显示因子得分系数矩阵"选项。

图 12.9 "因子分析：因子得分"对话框

（1）"保存为变量"选项

如果用户勾选"保存为变量"复选框，则系统将对每个公共因子建立一个新变量（根据提取的公共因子的多少，默认的变量名为 fac_i，$i=1,2,...$），将因子得分保存到当前工作文件中，供其他统计分析时使用。然后下方的"方法"选项组也将被激活，可以从中选择计算因子得分的方法。

● 回归

回归法产生的因子得分的平均值等于0，方差等于估计的因子得分与真实的因子值之间的复相关系数的平方。

● 巴特利特

巴特利特法产生的因子得分的平均值等于0，变量范围之外的因子的平方和达到最小。

● 安德森-鲁宾

安德森-鲁宾法产生的因子得分的平均值等于0，方差等于1。此方法是对巴特利特法的改进，其保证了被估计因子的正交性。

（2）"显示因子得分系数矩阵"选项

勾选最下面的"显示因子得分系数矩阵"复选框后，系统将显示与变量相乘以获取因子得分的系数，此矩阵也可以显示各因子得分之间的相关性。

本例中我们选择"保存为变量"选项组中的"回归"选项，也选中"显示因子得分系数矩阵"选项。

06 单击"继续"按钮，回到"因子分析"对话框，单击"选项"按钮，弹出"因子分析：选项"对话框，如图12.10所示。

图12.10　"因子分析：选项"对话框

"因子分析：选项"对话框包括"缺失值"选项组和"系数显示格式"选项组。

（1）"缺失值"选项组

"缺失值"选项组用于设置缺失值的处理方式，有"成列排除个案""成对排除个案"和"替换为平均值"3 个选项。

（2）"系数显示格式"选项组

"系数显示格式"选项组用于控制输出矩阵的外观。

① 按大小排序：将因子载荷矩阵和结构矩阵按数值大小排序。
② 排除小系数：系统默认的指定值为 0.1，也可以在文本框中输入 0~1 之间的任意数值。

本例中我们采用系统默认设置。

12.4.2　结果分析

表 12.1 给出了 KMO 和巴特利特的检验结果，其中 KMO 值越接近 1，表示越适合做因子分析。

表 12.1　KMO 值和因子分析适当性对照表

KMO 值	因子分析适当性
KMO>0.9	非常适合
0.8<KMO<0.9	适合
0.7<KMO<0.8	尚可
0.6<KMO<0.7	效果较差
KMO<0.6	不适合

巴特利特检验用于检验相关矩阵是否是单位阵，即各变量是否独立。如果相关系数矩阵是一个单位阵，就不适合做因子分析，该检验是以变量的相关系数矩阵为出发点，零假设为"相关系数矩阵是一个单位阵"。

图 12.11 中 KMO 取样适切性量数为 0.807，按照 KMO 值和因子分析适当性对照表，表示适合进行因子分析；巴特利特检验的显著性 p 值为 0.000，非常显著地拒绝了原假设，即相关系数矩阵不是一个单位阵，适合做因子分析。

图 12.12 给出了公因子方差结果。从该图可以得到，因子分析的变量共同度都非常高，表明变量中的大部分信息均能够被因子所提取，说明因子分析的结果是有效的。

➡ **因子分析**

KMO 和巴特利特检验

KMO 取样适切性量数 .		.807
巴特利特球形度检验	近似卡方	620.036
	自由度	55
	显著性	.000

图 12.11　KMO 和巴特利特检验

公因子方差

	初始	提取
脸部保养收入	1.000	.704
眼部保养收入	1.000	.663
仪器治疗收入	1.000	.731
化妆品销售收入	1.000	.847
脊部保养收入	1.000	.882
腹部保养收入	1.000	.790
胸部保养收入	1.000	.720
足部保养收入	1.000	.953
腿部保养收入	1.000	.933
臀部保养收入	1.000	.966
手部保养收入	1.000	.985

提取方法：主成分分析法。

图 12.12　公因子方差

图 12.13 给出了旋转后的空间中的组件图，可以发现系统提取了两个公因子，所以输出的是坐

标系格式的旋转后的空间中的组件图。其中,组件 1 代表公因子 1,组件 2 代表公因子 2。组件 1 用于载荷"脸部保养收入""眼部保养收入""背部保养收入""腹部保养收入""胸部保养收入""足部保养收入""腿部保养收入""臀部保养收入""手部保养收入"等变量的信息,组件 2 用于载荷"仪器治疗收入""化妆品销售收入"等变量的信息。

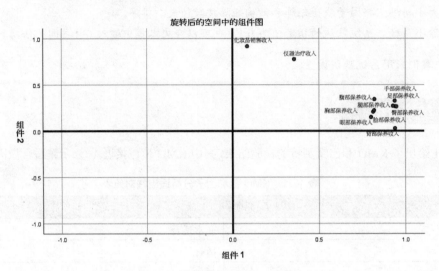

图 12.13　旋转后的空间中的组件图

图 12.14 给出了总方差解释的结果,反映的是因子贡献率。该表中左侧部分为初始特征值,中间为提取主因子结果(提取载荷平方和),右侧为旋转后的主因子结果(旋转载荷平方和)。"总计"是指因子的特征值,"方差百分比"表示该因子的特征值占总特征值的百分比,"累积%"表示累积的百分比。其中,只有前两个因子的特征值大于 1,并且前两个因子的特征值之和占总特征值的 83.388%,因此提取前两个因子作为主因子。

总方差解释

成分	初始特征值			提取载荷平方和			旋转载荷平方和		
	总计	方差百分比	累积 %	总计	方差百分比	累积 %	总计	方差百分比	累积 %
1	7.976	72.513	72.513	7.976	72.513	72.513	7.178	65.251	65.251
2	1.196	10.875	83.388	1.196	10.875	83.388	1.995	18.137	83.388
3	.513	4.667	88.055						
4	.496	4.505	92.560						
5	.349	3.174	95.734						
6	.188	1.706	97.440						
7	.129	1.173	98.613						
8	.105	.958	99.571						
9	.036	.324	99.894						
10	.010	.088	99.982						
11	.002	.018	100.000						

提取方法:主成分分析法。

图 12.14　总方差解释

图 12.15 给出了旋转之前的成分矩阵,从中可以得到利用主成分方法提取的两个主因子的载荷值。为了方便解释因子含义,需要进行因子旋转,以便解释因子的含义。

图 12.16 给出了旋转后的成分矩阵,其中旋转方法是最大方差法。通过因子旋转,各个因子有了比较明确的含义。第一个公因子用于载荷"脸部保养收入""眼部保养收入""背部保养收入"

"腹部保养收入""胸部保养收入""足部保养收入""腿部保养收入""臀部保养收入""手部保养收入"等变量的信息,可以概述为人工服务收入因子;第二个公因子用于载荷"仪器治疗收入""化妆品销售收入"等变量的信息,可以概述为非人工服务收入因子或其他收入因子。

成分矩阵[a]

	成分	
	1	2
脸部保养收入	.835	-.084
眼部保养收入	.803	-.135
仪器治疗收入	.601	.608
化妆品销售收入	.395	.831
背部保养收入	.891	-.296
腹部保养收入	.888	.040
胸部保养收入	.845	-.072
足部保养收入	.973	-.074
腿部保养收入	.964	-.064
臀部保养收入	.980	-.078
手部保养收入	.992	-.016

提取方法:主成分分析法。
a. 提取了 2 个成分。

图 12.15 未旋转的因子载荷表

旋转后的成分矩阵[a]

	成分	
	1	2
脸部保养收入	.813	.207
眼部保养收入	.800	.149
仪器治疗收入	.356	.777
化妆品销售收入	.086	.916
背部保养收入	.939	.028
腹部保养收入	.820	.343
胸部保养收入	.819	.223
足部保养收入	.940	.265
腿部保养收入	.927	.270
臀部保养收入	.947	.263
手部保养收入	.937	.325

提取方法:主成分分析法。
旋转方法:凯撒正态化最大方差法。
a. 旋转在 3 次迭代后已收敛。

图 12.16 旋转的因子载荷表

图 12.17 给出了特征值的碎石图,通常该图显示大因子的陡峭斜率和剩余因子平缓的尾部之间明显的中断。一般选取的主因子在非常陡峭的斜率上,而在平缓斜率上的因子对变异的解释非常小。从该图可以看出,前两个因子都处在非常陡峭的斜率上,而从第三个因子开始斜率变平缓,因此选择前两个因子作为主因子。

图 12.18 给出了成分得分系数矩阵,图 12.19 给出了由成分得分系数矩阵计算的因子得分。其中成分得分系数矩阵是计算因子得分的依据,图 12.19 的结果是基于图 12.18 成分得分系数矩阵计算的。

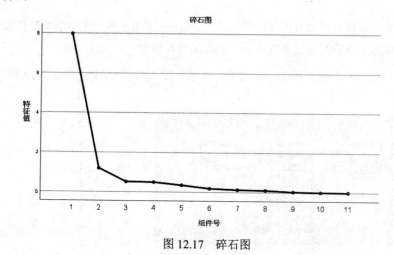

图 12.17 碎石图

成分得分系数矩阵

	成分	
	1	2
脸部保养收入	.122	-.030
眼部保养收入	.133	-.072
仪器治疗收入	-.104	.503
化妆品销售收入	-.192	.670
背部保养收入	.190	-.194
腹部保养收入	.093	.070
胸部保养收入	.120	-.020
足部保养收入	.136	-.016
腿部保养收入	.132	-.009
臀部保养收入	.138	-.019
手部保养收入	.122	.030

提取方法:主成分分析法。
旋转方法:凯撒正态化最大方差法。
组件得分。

图 12.18 成分得分系数矩阵

	城市	脸部保养收入	眼部保养收入	仪器治疗收入	化妆品销售收入	背部保养收入	腹部保养收入	胸部保养收入	足部保养收入	腿部保养收入	臀部保养收入	手部保养收入	FAC1_1	FAC2_1
1	北京	637.76	1816.88	2228.63	1373.97	3681.28	3228.12	1593.43	35255.56	30664.89	28438.05	21281.42	1.29029	1.42107
2	天津	421.67	1500.49	1567.58	1275.64	2454.38	1899.50	1615.57	26942.00	24292.60	24345.19	16561.77	.23902	.51779
3	石家庄	294.61	507.75	1192.27	830.53	1335.98	1029.94	1402.45	19605.18	18289.95	13209.64	10568.49	-.90432	-.72541
4	太原	336.05	631.01	1234.19	1283.33	2079.80	1583.33	1171.82	18712.09	17257.67	15822.88	12105.64	-.93408	.31778
5	呼和浩特	330.59	1324.89	2077.55	1569.26	2477.74	1951.70	1729.92	26407.11	24630.17	22432.87	16901.90	-.25475	2.00141
6	沈阳	355.61	1475.19	2139.66	1447.89	2428.25	2359.29	1364.94	23960.48	23960.43	22678.42	16961.44	-.33471	1.84037
7	大连	426.69	1223.65	1676.02	1128.17	2519.59	1741.83	1741.57	25222.88	21292.56	24870.08	16579.70	.18305	.31965
8	长春	216.11	889.39	1817.99	1309.88	1631.96	1793.02	1628.67	19709.91	17921.86	18352.90	14400.40	-.94904	1.29329
9	哈尔滨	269.58	861.84	2058.88	1221.65	1848.01	1505.42	1252.31	19297.48	17556.83	18321.25	13939.52	-1.03759	1.34837
10	上海	615.42	1925.24	1794.06	1005.54	4076.46	3363.25	2166.22	35738.51	31838.08	32575.05	23200.40	2.14831	-.20020
11	南京	443.79	1508.28	1571.73	1949.63	3262.80	1518.40	1853.18	31314.26	28311.63	23835.61	18156.34	.44754	.97603
12	杭州	459.20	2033.42	2061.36	994.16	3909.61	2088.77	1853.18	33810.11	30034.99	29955.68	20218.98	1.41240	.10716
13	宁波	482.09	1410.66	2067.24	712.36	3091.11	3089.24	1629.11	34324.25	30166.36	27515.11	19420.13	1.27514	-.21658
14	合肥	430.44	1024.90	1531.29	750.30	1859.22	2043.47	1483.00	21125.10	19050.50	19508.37	14011.79	-.09250	-.58614
15	福州	402.09	1072.80	1453.08	681.64	2497.13	2191.04	1538.51	25737.60	23245.98	22370.48	16323.26	.46827	-.99972
16	厦门	433.66	1701.45	1596.88	656.74	4074.86	2403.26	2063.63	33865.69	29253.14	30264.40	19960.67	1.78323	-1.33381
17	南昌	299.94	575.55	1524.29	758.50	2327.81	1362.77	1355.03	19820.14	18276.10	17056.19	13899.13	-.48750	-.61907
18	济南	348.53	1453.48	1882.44	1182.77	2645.78	1898.05	1666.28	27723.78	25321.06	21103.21	15973.32	.11888	.71557
19	青岛	456.83	958.66	2188.08	1048.76	2584.23	1748.14	1639.71	27283.48	24998.13	22929.03	17531.05	.15537	.86398
20	郑州	264.22	689.83	1886.40	1013.67	1591.47	1243.83	984.21	20929.96	19375.81	15234.60	12587.76	-1.09857	.66333
21	武汉	261.91	675.70	1731.36	903.61	1694.28	1480.81	1581.09	23168.61	20806.32	19350.29	14490.07	-.51254	.14210
22	长沙	212.51	1037.89	1365.57	954.32	2608.76	2011.44	1610.22	23637.52	22284.40	19419.47	15769.50	-.05144	-.42913

图 12.19　因子得分数据

综上所述，可以用两个公因子来描述 36 个城市门店"脸部保养收入""眼部保养收入""仪器治疗收入""化妆品销售收入""背部保养收入""腹部保养收入""胸部保养收入""足部保养收入""腿部保养收入""臀部保养收入""手部保养收入"的信息；一个公因子主要载荷"脸部保养收入""眼部保养收入""背部保养收入""腹部保养收入""胸部保养收入""足部保养收入""腿部保养收入""臀部保养收入""手部保养收入"的信息，可以概述为人工服务收入因子；另一个公因子主要载荷"仪器治疗收入""化妆品销售收入"的信息，可以概述为非人工服务收入因子或其他收入因子。

12.4.3　图形分析

为研究 XX 美容连锁企业（虚拟名，如有雷同纯属巧合）在 36 个城市的各个连锁店的销售收入的区域差异，我们有必要对因子分析的结果做进一步分析。操作步骤如下：

01 依次选择"图形｜旧对话框｜散点图/点图"命令，弹出如图 12.20 所示的"散点图/点图"对话框。

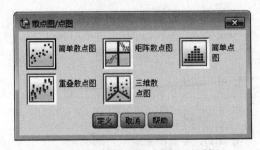

图 12.20　"散点图/点图"对话框

单击"定义"按钮，弹出如图 12.21 所示的对话框。

02 选择"REGR factor score 1 for analysis 1"并单击➡按钮，使之进入"Y 轴"列表框中；选择"REGR factor score 2 for analysis 1"并单击➡按钮，使之进入"X 轴"列表框中；选择"城市"并单击➡按钮，使之进入"标记设置依据"列表框中。

03 单击"确定"按钮，等待输出结果。

结合分析如图 12.22 所示。

➡ **图形**

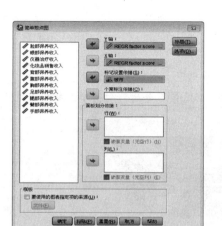

图 12.21　"简单散点图"对话框

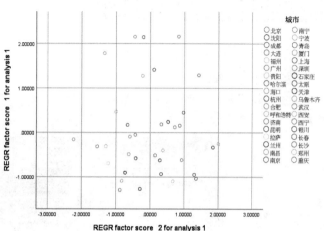

图 12.22　散点图

结合前面因子分析的结果，第一个因子代表"脸部保养收入""眼部保养收入""背部保养收入""腹部保养收入""胸部保养收入""足部保养收入""腿部保养收入""臀部保养收入""手部保养收入"；第二个因子代表"仪器治疗收入""化妆品销售收入"。

位于第一象限的有广州、杭州、北京、南京、天津、大连、青岛、济南，表示这 8 个城市门店的销售收入在所有产品分项方面都领先其他城市。

位于第二象限的有深圳、上海、厦门、宁波、福州、成都，表示这 6 个城市门店的销售收入在第一个公因子方面（也就是"脸部保养收入""眼部保养收入""背部保养收入""腹部保养收入""胸部保养收入""足部保养收入""腿部保养收入""臀部保养收入""手部保养收入"方面）有优势，在其他方面不如平均水平。

位于第三象限的有长沙、合肥、海口、贵阳、南宁、南昌、昆明、拉萨、石家庄、乌鲁木齐、兰州、西宁，表示这 12 个城市门店的销售收入在所有产品分项方面都落后于总体平均水平。

位于第四象限的有呼和浩特、沈阳、西安、武汉、重庆、银川、太原、长春、哈尔滨、郑州，表示这 10 个城市门店的销售收入在第二个公因子方面（也就是"仪器治疗收入""化妆品销售收入"方面）不如平均水平。

如果图形上看不清楚或者有所失真，用户可参照 SPSS 数据集中每个城市对应的"REGR factor score 1 for analysis 1"和"REGR factor score 2 for analysis 1"值做出判断。

12.5 聚类分析

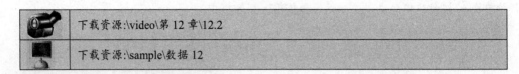

📹	下载资源:\video\第 12 章\12.2
💻	下载资源:\sample\数据 12

12.5.1 K均值聚类分析过程

实验的操作步骤如下:

01 选择"文件 | 打开 | 数据"命令,打开数据 12.sav 数据表。

02 选择"分析 | 分类 | K 均值聚类"命令,弹出"K 均值聚类分析"对话框,如图 12.23 所示。

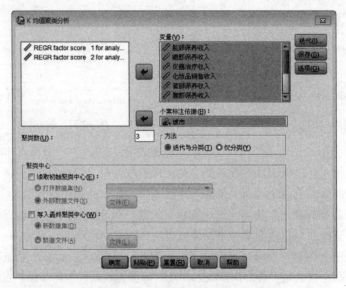

图 12.23 "K 均值聚类分析"对话框

═══════════ **对话框选项设置/说明** ═══════════

(1)选择进行聚类分析的变量

在左侧列表中分别选择"脸部保养收入""眼部保养收入""仪器治疗收入""化妆品销售收入""背部保养收入""腹部保养收入""胸部保养收入""足部保养收入""腿部保养收入""臀部保养收入""手部保养收入"变量,单击🔘按钮,将11个变量移到右侧的"变量"列表框中,选择"城市"作为标识变量,单击🔘按钮,移入"个案标记依据"栏中(需要提示的是,在选入之后,箭头的方向会发生改变,即变成🔘,以便于用户撤销操作)。

(2)指定"聚类数"

"聚类数"用于确定分类数,这里我们准备把 36 个城市门店分为 3 类,因此输入"3"。用户完全可以根据自身研究需要进行合理的设置。

（3）选择聚类"方法"

"方法"选项组包括"迭代与分类"选项和"仅分类"选项。用户可以通过"方法"选项组选择一种聚类方法。

① "迭代与分类"选项：系统默认设置，系统在聚类迭代过程中使用 K 均值算法不断计算类中心，并根据结果更新类中心，从而把样本观测值分派到与之最近的以类中心为标志的类中去。

② "仅分类"选项：根据初始类中心进行聚类，在聚类过程中不改变类中心。

本例中我们选择"迭代与分类"选项。

（4）"聚类中心"选项组

"K 均值聚类分析"对话框最下面的"聚类中心"选项组中包括两个复选框。

① 用户如果选择"读取初始聚类中心"并单击下方"外部数据文件"的"文件"按钮，将打开选择文件对话框，用户可以在其中选择事先保存着初始聚类中心数据的文件，该文件中的观测量将作为当前聚类分析的初始聚类中心。

② 用户如果选择"写入最终聚类中心"并单击下方"数据文件"的"文件"按钮，将打开保存文件对话框，用户可以在其中指定路径和文件名，将当前聚类分析的最终聚类中心数据保存到该文件中，提供给别的样品聚类分析时作为初始聚类中心数据使用。

本例中我们采用系统默认设置，不设置"读取初始聚类中心"和"写入最终聚类中心"。

---

03 单击"迭代"按钮，弹出"K 均值聚类分析：迭代"对话框，如图 12.24 所示。

"K 均值聚类分析：迭代"对话框中包括 3 个选项："最大迭代次数""收敛准则"和"使用运行平均值"。

● "最大迭代次数"选项：可以设置一个整数限定迭代步数，系统默认值为 10。
● "收敛准则"选项：设置一个不超过 1 的正数作为判定迭代收敛的标准，默认的收敛标准值为 0，表示当两次迭代计算的聚心之间距离的最大改变量小于初始聚心间最小距离的 0%时将终止迭代。由于我们的样本不算大，迭代结果是要求十分准确的，这里我们选择默认设置，即要求两次迭代计算的聚心之间的距离的最大改变量为 0。
● "使用运行平均值"选项：在迭代过程中，每个观测量被分配到一类后，随即计算新的聚心，并且数据文件中观测量的次序可能会影响聚心。不选择此项则在所有观测量分配完后再计算各类的聚心，可以节省迭代时间。

本例中我们都采用系统默认设置。

04 单击"继续"按钮，回到"K 均值聚类分析"对话框，单击"保存"按钮，弹出"K 均值聚类：保存新变量"对话框，如图 12.25 所示。

 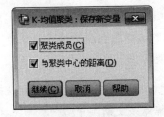

图 12.24　"K 均值聚类分析：迭代"对话框　　图 12.25　"K 均值聚类：保存新变量"对话框

在"K 均值聚类：保存新变量"对话框中，我们可以在这里选择保存新变量的方式，包括"聚类成员"和"与聚类中心的距离"两个选项。

● "聚类成员"选项：系统在工作文件中建立一个名为"qcl_1"的新变量，其值为各观测量的类别，如事先指定的聚类数为 m，则其值为 1,2,…,m。

● "与聚类中心的距离"选项：系统在工作文件中建立一个名为"qcl_2"的新变量，其值为各观测量与所属类聚心之间的欧氏距离。

这里我们选择"聚类成员"选项和"与聚类中心的距离"选项。

05 单击"继续"按钮，回到"K 均值聚类分析"对话框，单击"选项"按钮，弹出"K 均值聚类分析：选项"对话框，如图 12.26 所示。

图 12.26　"K 均值聚类分析：选项"对话框

═══════════════ **对话框选项设置/说明** ═══════════════

"K 均值聚类分析：选项"对话框包括"统计"选项组和"缺失值"选项组。

（1）"统计"选项组

"统计"选项组用于指定输出统计量值，包括"初始聚类中心""ANOVA 表"和"每个个案的聚类信息" 3 个选项。

● 初始聚类中心：默认选项，系统将输出初始聚类中心表。

● ANOVA 表：系统将输出方差分析表。

● 每个个案的聚类信息：系统将显示每个观测量的聚类信息，包括各观测量最终被聚入的类别，各观测量与最终聚心之间的欧氏距离，以及最终各类聚心之间的欧氏距离。

（2）"缺失值"选项组

"缺失值"选项组用于指定缺失值处理方式。

- 成列排除个案：系统默认选项，从分析中排除含任意聚类变量缺失值的个案。
- 成对排除个案：系统将根据从所有具有非缺失值的变量计算得到的距离将个案分配到聚类。

本例中我们都采用系统默认设置。

06 单击"继续"按钮，回到"K 均值聚类分析"对话框，单击"确定"按钮，进入计算分析。

12.5.2 K 均值聚类结果分析

图 12.27 给出了初始聚类中心。我们没有指定聚类的初始聚类中心，图 12.27 中作为聚类中心的观测量是由系统确定的。

图 12.28 是 3 次迭代后聚类中心的变化。由于没有指定迭代次数或收敛性标准，因此使用系统默认值：最大迭代次数为 10，收敛性标准为 0。最后由于聚类中心中不存在变动或者仅有小幅变动，因此实现了收敛。任何中心的最大绝对坐标变动为 0.000，当前迭代为 3，初始中心之间的最小距离为 17895.956。

初始聚类中心

	聚类		
	1	2	3
脸部保养收入	499.31	456.83	278.45
眼部保养收入	2922.02	958.66	689.14
仪器治疗收入	1882.97	2188.08	1077.42
化妆品销售收入	1358.61	1048.76	809.20
背部保养收入	3981.72	2584.23	1063.18
腹部保养收入	4611.35	1748.14	843.02
胸部保养收入	1971.17	1639.71	849.55
足部保养收入	36295.59	27283.48	15426.73
腿部保养收入	30658.49	24998.13	14085.24
臀部保养收入	34622.71	22929.03	13368.03
手部保养收入	25011.61	17531.05	9420.84

图 12.27　初始聚类中心

迭代历史记录[a]

	聚类中心中的变动		
迭代	1	2	3
1	5778.003	3758.416	6116.877
2	1119.624	459.966	525.734
3	.000	.000	.000

a. 由于聚类中心中不存在变动或者仅有小幅变动，因此实现了收敛。任何中心的最大绝对坐标变动为 .000。当前迭代为 3。初始中心之间的最小距离为 17895.956。

图 12.28　迭代历史记录

图 12.29 给出了聚类结果形成的 3 类聚类中心的"脸部保养收入""眼部保养收入""仪器治疗收入""化妆品销售收入""背部保养收入""腹部保养收入""胸部保养收入""足部保养收入""腿部保养收入""臀部保养收入""手部保养收入"11 个变量的值，比如，对于"脸部保养收入"这个变量在 3 类中的取值分别为 509.43、365.81、297.70。

针对这 3 类的特征解释如下：这 3 类的区别在于销售收入规模，而非产品收入结构，第一类几乎所有产品的销售收入均高，而第三类几乎所有产品的销售收入均低，所以本次聚类的价值在于将 36 家门店划分为 3 类等级，代表着不同的销售收入贡献度或者说在公司中的地位。第一类属于收入规模高等城市，第二类属于收入规模中等城市，第三类属于收入规模低等城市。

图 12.30 显示的是聚类结果（每类中观测量的数目），第一类有 8 个城市，第二类有 10 个城市，第 3 类有 18 个城市，这样我们就用 K 均值聚类分析方法将 36 个城市门店按收入规模聚为 3 类。

最终聚类中心

	聚类		
	1	2	3
脸部保养收入	509.43	365.81	297.70
眼部保养收入	1932.08	1205.26	1012.26
仪器治疗收入	1869.09	1756.87	1448.59
化妆品销售收入	1058.59	1101.94	902.79
背部保养收入	3658.92	2456.30	1770.89
腹部保养收入	3087.50	1931.44	1422.59
胸部保养收入	1919.57	1560.10	1181.48
足部保养收入	34515.96	25303.02	18962.25
腿部保养收入	30413.56	22824.78	17246.53
臀部保养收入	29637.22	22011.96	16491.71
手部保养收入	21257.01	16260.29	12657.70

每个聚类中的个案数目

聚类	1	8.000
	2	10.000
	3	18.000
有效		36.000
缺失		.000

图 12.29　最终聚类中心　　　　　　　　图 12.30　每个聚类中的案例数

图 12.31 显示了 36 个城市门店的聚类情况。其中，北京、上海、南京、杭州、宁波、厦门、广州、深圳 8 个城市为收入规模高等城市，即各保养方面的销售收入都很高；天津、呼和浩特、沈阳、大连、福州、济南、青岛、武汉、长沙、成都 10 个城市属于收入规模中等城市，即可保养方面的销售收入都适中；石家庄、太原、长春、哈尔滨、合肥、南昌、郑州、南宁、海口、重庆、贵阳、昆明、拉萨、西安、兰州、西宁、银川、乌鲁木齐 18 个城市属于收入规模低等城市，即各保养方面的销售收入都很低。

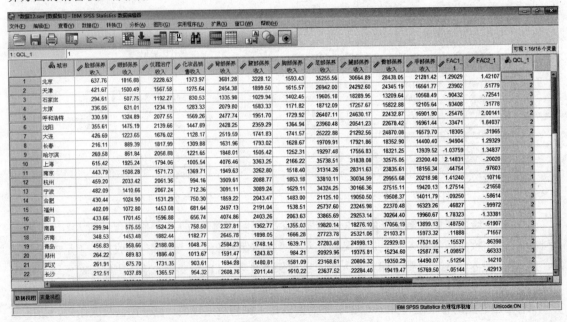

图 12.31　每个城市的聚类

12.5.3　系统聚类分析过程

系统聚类分析的操作步骤和方法如下：

01 选择"文件｜打开｜数据"命令，打开数据 12.sav 数据表。

02 选择"分析｜分析｜系统聚类"命令，弹出"系统聚类分析"对话框，如图 12.32 所示。

在"系统聚类分析"对话框中，我们可以选择进行聚类分析的变量、个案标注依据、聚类类型以及显示内容。

（1）选择进行聚类分析的变量

我们在左侧列表框中选择"脸部保养收入""眼部保养收入""仪器治疗收入""化妆品销售收入""背部保养收入""腹部保养收入""胸部保养收入""足部保养收入""腿部保养收入""臀部保养收入""手部保养收入"变量，单击 按钮，将11个变量移到右面的"变量"列表框中。

（2）选择个案标注依据

我们在左侧列表框中选择"城市"变量，单击下面的 按钮，移入"个案标注依据"栏中，作为标识变量。

（3）选择聚类类型

在"聚类"选项组中可以选择聚类类型："个案"计算观测量之间的距离，进行观测量聚类；"变量"计算变量之间的距离，进行变量聚类。

本例中，我们对 36 个城市门店进行聚类，所以选择"个案"选项。

（4）选择显示内容

在"显示"选项组中可以选择显示内容，其中两个选项皆为系统默认选项："统计"显示统计量值，如果不选此项，对话框的"统计"按钮将被关闭；"图"显示图形，如果不选此项，对话框的"图"按钮将被关闭。

本例中我们选择系统默认设置。

---

03 单击"统计"按钮，弹出"系统聚类分析：统计"对话框，如图 12.33 所示。

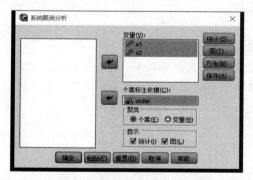

图 12.32 "系统聚类分析"对话框

图 12.33 "系统聚类分析：统计"对话框

"系统聚类分析：统计"对话框包括"集中计划"选项、"近似值矩阵"选项和"聚类成员"选项组。

（1）"集中计划"选项

"集中计划"输出一张概述聚类进度的表格，反映聚类过程中每一步样本观测值或变量的合并情况。

（2）"近似值矩阵"选项

"近似值矩阵"显示各项间的距离。

（3）"聚类成员"选项组

"聚类成员"选项组中包括3个选项。

- 无：系统不输出"聚类成员"表，为系统默认选项。
- 单个解：如果用户选择该选项，并在"聚类数"文本框中指定表示分类数的一个大于 1 的整数，则系统输出各样本观测值或变量的隶属类表。
- 解的范围：如果用户选择该选项，并在"最小聚类数"和"最大聚类数"的两个文本框中分别输入数值 x 和 y，表示分别输出样品或变量的分类数从 x~y 的各种分类的隶属表。

本例中我们选择"单个解"，并在下方的"聚类数"文本框中输入"3"。

04 单击"继续"按钮，回到"系统聚类分析"对话框，单击"图"按钮，弹出"系统聚类分析：图"对话框，如图 12.34 所示。

对话框选项设置/说明

"系统聚类分析：图"对话框包括"谱系图"复选框、"冰柱图"选项组和"方向"选项组。

（1）"谱系图"复选框

如果用户选择"谱系图"复选框，则系统将输出反映聚类结果的谱系图。

（2）"冰柱图"选项组

在"冰柱图"选项组中有 3 个选项。

- 全部聚类：系统将输出显示全部聚类结果的冰柱图。
- 指定范围内的聚类：用来限制聚类解范围，用户可在下面的"开始聚类""停止聚类""依据"的 3 个文本框框中分别输入 3 个正整数值 x、y、z，表示从最小聚类解 x 开始，以增量 z 为步长，到最大聚类解 y 为止。
- 无：表示不输出冰柱图。

（3）"方向"选项组

在"方向"选项组中可以选择输出冰柱图方向，有"垂直"（垂直冰柱图）和"水平"（水平冰柱图）两种。

本例中我们选择"谱系图"复选框，在"冰柱图"选项组中选择全部聚类，方向选项组采用系统默认设置。

05 单击"继续"按钮，回到"系统聚类分析"对话框，单击"方法"按钮，弹出"系统聚类分析：方法"对话框，如图 12.35 所示。

图 12.34 "系统聚类分析：图"对话框　　　图 12.35 "系统聚类分析：方法"对话框

对话框选项设置/说明

"系统聚类分析：方法"对话框包括"聚类方法"下拉列表、"测量"选项组、"转换值"选项组和"转换测量"选项组。

（1）"聚类方法"下拉列表

单击"聚类方法"下拉按钮，将列出如图 12.36 所示的聚类方法。

图 12.36 "系统聚类分析：方法"对话框"聚类方法"下拉列表

● 组间联接：合并两类，使得两类间的平均距离最小。
● 组内联接：合并两类，使得合并后的类中所有项间的平均距离最小。
● 最近邻元素：也称为最近距离法，定义类与类之间的距离为两类中最近的样品之间的距离。
● 最远邻元素：也称为最远距离法，定义类与类之间的距离为两类中最远的样品之间的距离。

● 质心聚类：定义类与类之间的距离为两类中各样品的重心之间的距离。
● 中位数聚类：定义类与类之间的距离为两类中各样品的中位数之间的距离。
● 瓦尔德法：使类内各样品的偏差平方和最小，类间偏差平方和尽可能大。

本例中我们选择系统默认设置。

（2）"测量"选项组

"测量"选项组用于选择距离测度方法，有以下3种方法。

① 区间：当参与聚类分析的变量为间隔测度的连续型变量时，可以展开下拉列表，从中选择距离测度方法，如图12.37所示。区间距离测度的各种测度方法计算如表12.2所示。

表12.2　区间距离测度的测度方法计算

"区间"方法	测试方法计算
欧氏距离	各项值之间平方差之和的平方根，这是定距数据的默认选项
平方欧氏距离	各项值之间平方差之和
余弦	表示两个值矢量之间角度的余弦
皮尔逊相关性	表示两个值矢量之间的积矩相关性，是定距数据的默认相似性测量
切比雪夫	各项值之间的最大绝对差
块	各项值之间绝对差之和
明可夫斯基	各项值之间 p 次幂绝对差之和的 q 次根。选择此项还需要在"幂"和"根"下拉列表中选择幂值 p 和根值 q，其取值范围均在 1~7 之间
定制	各项值之间 p 次幂绝对差之和的 q 次根。选择此项还需要在"幂"和"根"下拉列表中选择幂值 p 和根值 q，其取值范围均在 1~7 之间

② 计数：参与聚类分析的变量为频数计数变量时，展开下拉列表，从中选择测度计数数据的不相似性方法，如图12.38所示。计数距离测度的各种测度方法具体含义及计算如表12.3所示。

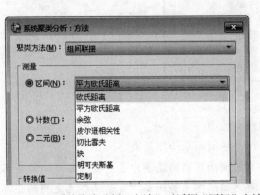

图12.37　"系统聚类分析：方法"对话框"区间"方法　图12.38　"系统聚类分析：方法"对话框"计数"方法

表 12.3 计数距离测度的测度方法计算

"计数"方法	测度方法计算
卡方统计量测量	此度量基于对两组频率等同性的卡方检验,是计数数据的默认值
phi 平方测量	此度量等于由组合频率的平方根标准化的卡方测量

③ 二元:参与聚类分析的变量是二元变量时,展开下拉列表,从中选择二值数据的不相似性测度方法,如图 12.39 所示。对二元变量做聚类分析时,将对每一项建立一个 2×2 的列联表,并根据该表计算距离测度。默认情况下,以"1"表示某项"具有某特征",以"0"表示某项"不具有某特征",可以在下边的"存在"和"不存在"文本框中改变数值。

相对于区间距离测度和计数距离测度,二元数据的不相似性测度方法比较多,主要有欧氏距离、平方欧氏距离、大小差、模式差、方差、离散、形状、简单匹配、Phi4 点相关、Lambda(Lambda系数)、安德伯格 D(安德伯格 D 系数)、掷骰、哈曼(哈曼匹配系数)、杰卡德(杰卡德相似比)、切卡诺夫斯基 1(库尔津斯基匹配系数)、切卡诺夫斯基 2(库尔津斯基条件概率测度)、兰斯-威廉姆斯(兰斯-威廉斯测度)、落合(Ochiai 测度)、罗杰斯-塔尼莫特(罗杰斯-谷本匹配系数)、拉塞尔-拉奥(罗素-劳二值内积法)、索卡尔-施尼斯 1、索卡尔-施尼斯 2、索卡尔-施尼斯3、索卡尔-施尼斯 4、索卡尔-施尼斯 5、尤尔 Y(尤尔 Y 综合系数)、尤尔 Q(尤尔 Q 综合系数)。

图 12.39 "系统聚类分析:方法"对话框"二元"方法

二元距离测度的各种测度方法具体含义及计算如表 12.4 所示。

表 12.4 二元距离测度的测度方法计算

"二元"方法	测度方法计算
欧氏距离	根据四重表计算 SQRT(b+c)得到,其中 b 和 c 代表对应于在一项上存在但在另一项上不存在的个案的对角单元
平方欧氏距离	计算非协调的个案的数目,最小值为 0,没有上限
大小差	非对称性指数,其范围为 0~1

"二元"方法	测度方法计算
模式差	用于二分类数据的非相似性测量，其范围为 0~1。根据四重表计算 $bc/(n**2)$ 得到，其中 b 和 c 代表对应于在一项上存在但在另一项上不存在的个案的对角单元，n 为观察值的总数
方差	根据四重表计算 $(b+c)/7n$ 得到，其中 b 和 c 代表对应于在一项上存在但在另一项上不存在的个案的对角单元，n 为观察值的总数。其范围为 0~1
离散	此指数的范围为 -1~1
形状	此距离测量的范围为 0~1，对不匹配项的非对称性加以惩罚
简单匹配	这是匹配项与值总数的比率，对匹配项和不匹配项给予相等的权重
phi 4 点相关	此指数是 Pearson 相关系数的二分类模拟，其范围为 -1~1
Lambda	此指数为 Goodman 和 Kruskal 的 lambda。通过使用一个项来预测另一个项（双向预测），从而与误差降低比例（PRE）相对应。值范围为 0~1
安德伯格 D	类似于 lambda，此指数通过使用一个项来预测另一个项（双向预测），从而与实际误差降低相对应。值范围为 0~1
掷骰	在此指数中，不考虑联合不存在项，对匹配项则给予双倍权重，又称 Czekanowski 或 Sorensen 度量
哈曼	此指数为匹配数减去不匹配数，再除以总项数，范围为 -1~1
杰卡德	在此指数中，不考虑联合不存在项，对匹配项和不匹配项给予相等的权重，又称为相似率
切卡诺夫斯基 1	这是联合存在项与所有不匹配项的比率，此指数有下限 0，无上限。理论上，当没有不匹配项时，此指数未定义，然而，"距离"在未定义该值或该值大于 9999.999 时会指定随意值 9999.999
切卡诺夫斯基 2	此指数基于特征在一个项中存在的情况下也在另一个项中存在的条件概率。将充当另一个项的预测变量的各个项的各个值进行平均，以计算此值
兰斯-威廉姆斯	又称为 Bray-Curtis 非量度系数，根据四重表计算 $(b+c)/(2a+b+c)$ 得到，其中 a 代表对应于两项上都存在的个案的单元，b 和 c 代表对应于在一项上存在但在另一项上不存在的个案的对角单元。此度量的范围为 0~1
落合	此指数是余弦相似性测量的二分类形式，其范围为 0~1
罗杰斯-塔尼莫特	在此指数中，对不匹配项给予双倍权重
拉塞尔-拉奥	内积的二分类版本，对匹配项和不匹配项给予相等的权重，是二分类相似性数据的默认度量
索卡尔-施尼斯 1	对匹配项给予双倍权重
索卡尔-施尼斯 2	对不匹配项给予双倍权重，不考虑联合不存在项
索卡尔-施尼斯 3	这是匹配项与不匹配项的比率，有下限 0，无上限。理论上，当没有不匹配项时，此指数未定义，然而，"距离"在未定义该值或该值大于 9999.999 时会指定随意值 9999.999
索卡尔-施尼斯 4	此指数基于一个项中的特征与另一个项中的值相匹配的条件概率。将充当另一个项的预测变量的各个项的各个值进行平均，以计算此值
索卡尔-施尼斯 5	此指数是正匹配和负匹配的条件概率的几何平均数的平方。它独立于项目编码，其范围为 0~1
尤尔 Y	此指数为 2×2 表的交比函数，独立于边际总计，其范围为 -1~1，又称为捆绑系数
尤尔 Q	此指数为 Goodman 和 Kruskal 的 gamma 的特殊情况。它是一个交比函数，独立于边际总计，其范围为 -1~1

（3）"转换值"选项组

"系统聚类分析：方法"对话框左下方的"转换值"选项组用于选择数据标准化方法，其中有"标准化"下拉列表，可从中选择对变量或对观测量的数据标准化方法，如图 12.40 所示。

图 12.40 "系统聚类分析：方法"对话框转换值"标准化"方法

需要提示和强调的是，数据标准化方面对二元变量无效，标准化方法包括以下几项：

- 无：表示不进行标准化，是系统默认的设置。
- Z 得分：将每个观测量或变量值标准化到均值为 0、标准差为 1 的 Z 得分。
- 范围-1 到 1：将每个观测量或变量值都除以观测量或变量值的全距，将它们标准化到-1~1 之间。
- 范围 0 到 1：将每个观测量或变量值减去它们的最小值，然后除以极差将它们标准化到 0~1 之间。
- 最大量级为 1：将每个观测量或变量值除以最大值，然后将它们标准化到最大值 1。
- 平均值为 1：将每个观测量或变量值除以它们的均值，然后将它们标准化到 1。
- 标准差为 1：将每个观测量或变量值都除以它们的标准差，然后将它们标准化到 1。

用户选择标准化方法之后，还要在"按变量"和"按个案"两个单选按钮中选择一个来施行标准化。

（4）"转换测量"选项组

"系统聚类分析：方法"对话框右侧的"转换测量"选项组用于选择测度转换方法。在距离测度选择完毕后，可以选择本栏选项对距离测度的结果进行测度转换，选项组中提供了 3 个并列的转换方法，分别是"绝对值"（绝对值转换法）、"更改符号"（变更符号转换法）、"重新标度到 0-1 范围"（重新调节测度值到范围 0-1 转换法）。

本例中，在"系统聚类分析：方法"对话框中的全部内容均采用系统默认设置。

06 单击"继续"按钮，回到"系统聚类分析"对话框，单击"保存"按钮，弹出"系统聚类分析：保存"对话框，如图12.41所示。本对话框中"聚类成员"选项组中的各选项与"系统聚类分析：统计"对话框的相应选项意义相同，只不过在这里做出选择后各样本或变量的归属类结果将被保存于当前各种文件中。例如，选择"解的范围"，并在"最小聚类数"和"最大聚类数"的两个文本框中分别输入"3"和"6"，则将按3类到6类聚类的结果以变量名clus6_1、clus5_1、clus4_1和clus3_1保存各样品或变量的归属类。

本例中我们还是选择"单个解"选项，并且在聚类数文本框中输入"3"。

07 单击"继续"按钮，返回"系统聚类分析"对话框，单击"确定"按钮，进入计算分析。

12.5.4 系统聚类结果分析

图12.42给出了个案处理的基本信息，包括有效样本总数、含有缺失值的样本数以及百分比等，还列出了使用的方法，包括平方欧氏距离和平均联接（组间）。

→ 集群

个案处理摘要[a,b]

	个案					
	有效		缺失		总计	
	个案数	百分比	个案数	百分比	个案数	百分比
	36	100.0	0	.0	36	100.0

a. 平方欧氏距离 使用中

b. 平均联接（组间）

图12.41 "系统聚类分析：保存"对话框 　　　图12.42 个案处理摘要表

图12.43是聚类过程表，其中列出聚类中样本观测值合并的顺序。

本例中共有36个观测量，经过35步聚类，所有的观测量被合并为一类。图12.43中各列的含义如下：

● 阶段：表示聚类阶段，即聚类过程中的步数。

● 组合聚类：将聚类1与聚类2合并。

● 系数：距离测度系数。

● 首次出现聚类的阶段：聚类1与聚类2皆为0，表示两个样品的合并；其中一个为0，另一个不为0，表示样品与类的合并；二者皆不为0，表示类与类的合并。

● 下一个阶段：表示下一步复聚类将出现的阶段。

从表列数值可见，第一步首先将距离最近（等于1）的8号、9号观测量合并为一类G1（"首次出现聚类的阶段"列中，聚类1=0，聚类2=0），出现复聚类的下一阶段为第5步，因此进行第二步合并，将35号样品并入G1类（"首次出现聚类的阶段"列中，聚类1=1，聚类2=0），形成类G2，下一阶段的复聚类将出现第10步；第三步将距离最近（等于1）的8号、32号样品合并为一类G3（"首次出现聚类的阶段"列中，聚类1=5，聚类2=0），对于这一类，下一阶段的复聚类将出现在第16步；其余的合并过程类似。随着聚类进程，系数的数值逐渐变大，表明聚类开始时样品或类间差异较小，聚类结束时，类与类之间的差异较大，这个差异的变化正好体现了聚类分析的基本思想。

图12.44给出了聚类归属表，根据将样本观测值分成3类的设定，表中列出了使用平方欧氏距离和平均联接（组间）方法的最后聚类结果。

集中计划

阶段	组合聚类 聚类1	聚类2	系数	首次出现聚类的阶段 聚类1	聚类2	下一个阶段
1	8	9	857226.283	0	0	5
2	12	16	1387361.678	0	0	24
3	14	27	1878241.102	0	0	23
4	5	19	2039536.126	0	0	12
5	8	35	2202504.847	1	0	10
6	17	25	2204097.707	0	0	9
7	4	26	2316700.369	0	0	14
8	33	34	2594580.659	0	0	11
9	17	30	2785802.696	6	0	16
10	8	32	3448816.203	5	0	16
11	33	36	4192086.054	8	0	32
12	2	5	4452767.453	0	4	17
13	22	28	4504810.476	0	0	15
14	4	31	4561351.988	7	0	26
15	21	22	5054365.732	0	13	30
16	8	17	5384314.304	10	9	19
17	2	15	6441208.897	12	0	22
18	1	13	6453972.892	0	0	24
19	8	29	6968089.570	16	0	23
20	6	7	8024207.182	0	0	28
21	10	24	8604387.158	0	0	29
22	2	18	8725213.919	17	0	28
23	8	14	9324638.838	19	3	27
24	1	12	9628712.935	18	2	31
25	3	20	11947430.49	0	0	26
26	3	4	13905052.01	25	14	27
27	3	8	20961204.85	26	23	32
28	2	6	23757113.53	22	20	30
29	10	23	23975745.18	21	0	31
30	2	21	33683004.72	28	15	33
31	1	10	38606257.93	24	29	35
32	3	33	55921353.89	27	11	34
33	2	11	85723356.10	30	0	34
34	2	3	159954342.6	33	32	35
35	1	2	564800318.4	31	34	0

图12.43　聚类表

聚类成员 个案	3 个聚类
1:北京	1
2:天津	2
3:石家庄	3
4:太原	3
5:呼和浩特	2
6:沈阳	2
7:大连	2
8:长春	3
9:哈尔滨	3
10:上海	1
11:南京	2
12:杭州	1
13:宁波	1
14:合肥	3
15:福州	2
16:厦门	1
17:南昌	3
18:济南	2
19:青岛	2
20:郑州	3
21:武汉	2
22:长沙	2
23:广州	1
24:深圳	1
25:南宁	3
26:海口	3
27:重庆	3
28:成都	2
29:贵阳	3
30:昆明	3
31:拉萨	3
32:西安	3
33:兰州	3
34:西宁	3
35:银川	3
36:乌鲁木	3

图12.44　群集成员表

其中"1:北京""10:上海""12:杭州""13:宁波""16:厦门""23:广州""24:深圳等7个城市被聚类到第1类。"2:天津""5:呼和浩特""6:沈阳""7:大连""11:南京""15:福州""18:济南""19:青岛""21:武汉""22:长沙""28:成都等11个城市被聚类到第2类。"3:石家庄""4:太原""8:长春""9:哈尔滨""14:合肥""17:南昌""20:郑州""25:南宁""26:海口""27:重庆""29:贵阳""30:昆明""31:拉萨""32:西安""33:兰州""34:西宁""35:银川""36:乌鲁木齐"18个城市被聚类到第3类。

在图12.45所示的数据视图中，也可以得到同样的结论。

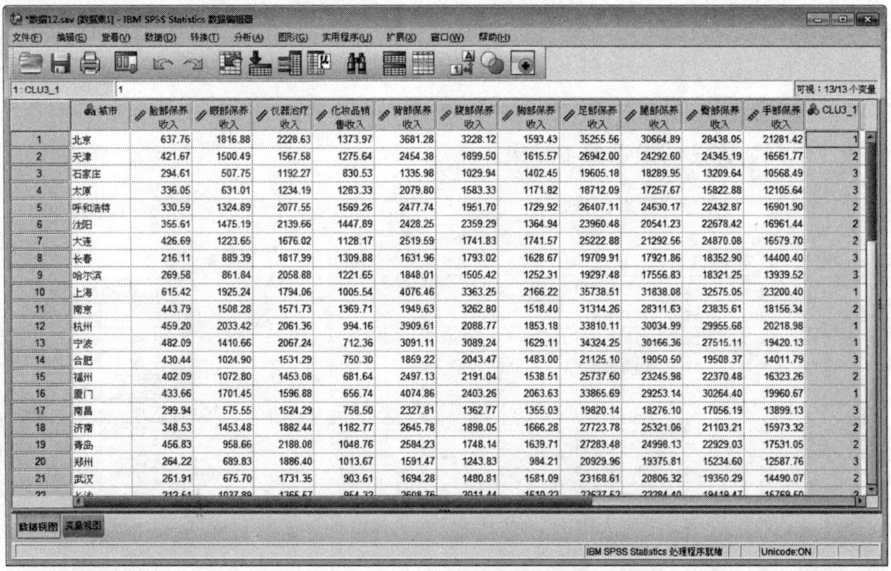

图 12.45　数据视图中的聚类变量

图 12.46 给出了使用平均联接（组间）的谱系图，从中我们可以直观地看出聚类的过程和各个样本所属的类别。从聚类结果中我们可以看到，性能指标比较接近的产品被聚为同一类，因此我们可以根据这个城市所属的类别来看这个城市销售收入的水平在所有 36 个城市中的大概位置，比如"1:北京""10:上海""12:杭州""13:宁波""16:厦门""23:广州""24:深圳"同属一类，北京门店的销售收入水平与上海、杭州、宁波、厦门、广州、深圳的水平比较接近，这就为我们评估该城市门店的销售收入水平提供了有效的参考。

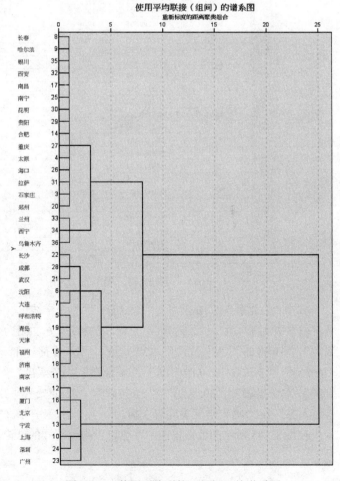

图 12.46　使用平均联接（组间）的谱系图

图 12.47 给出了聚类分析的冰柱图。

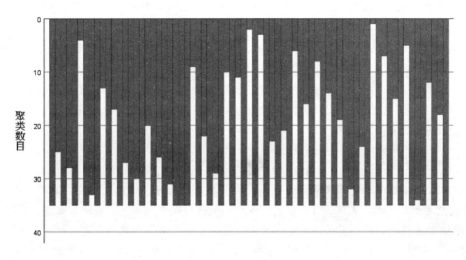

图 12.47　冰状图

上侧横坐标表示 36 个城市样本名称，左侧纵坐标表示可划分的聚类数目。每个样本名称对应一根蓝色长条，36 个样本长条的长度相同。每两个样本长条之间还夹有一根蓝色长条，该长条的长度表示相邻两个样本的相似度。冰柱图应自下而上进行解读，从图片的最下端开始分析。在冰柱图的最下端，样本长条对应的纵坐标为 35，表示在聚类过程中首先将 36 个样本划分为 35 类，类与类之间由白色间隙间隔开，即总共 34 个白色间隙。聚类进程继续，下一步可将 36 个样本聚为 34 类。以此类推，直到将 36 个样本全部聚为一类，在 36 个样本之间没有白色间隙，表示系统聚类结束。

12.6　研究结论与重点回顾

（1）因子分析表明：

- 广州、杭州、北京、南京、天津、大连、青岛、济南这 8 个城市门店的销售收入在所有产品分项方面都领先其他城市。
- 深圳、上海、厦门、宁波、福州、成都这 6 个城市门店的销售收入在第一个公因子方面（"脸部保养收入""眼部保养收入""背部保养收入""腹部保养收入""胸部保养收入""足部保养收入""腿部保养收入""臀部保养收入""手部保养收入"方面）有优势，在其他方面不如平均水平。
- 长沙、合肥、海口、贵阳、南宁、南昌、昆明、拉萨、石家庄、乌鲁木齐、兰州、西宁这 12 个城市门店的销售收入在所有产品分项都落后于总体平均水平。

- 呼和浩特、沈阳、西安、武汉、重庆、银川、太原、长春、哈尔滨、郑州这10个城市门店的销售收入在第二个公因子方面（"仪器治疗收入""化妆品销售收入"方面）不如平均水平。

（2）K均值聚类分析表明：

- 北京、上海、南京、杭州、宁波、厦门、广州、深圳8个城市为收入规模高等城市，即所有产品分项的销售收入都很高。
- 天津、呼和浩特、沈阳、大连、福州、济南、青岛、武汉、长沙、成都10个城市属于收入规模中等城市，即所有产品分项的销售收入都适中。
- 石家庄、太原、长春、哈尔滨、合肥、南昌、郑州、南宁、海口、重庆、贵阳、昆明、拉萨、西安、兰州、西宁、银川、乌鲁木齐18个城市属于收入规模低等城市，即所有产品分项的销售收入都很低。

（3）系统聚类分析表明：

如果把36个城市门店销售收入分为3类，那么北京、上海、杭州、宁波、厦门、广州、深圳7个城市被聚类到第1类，天津、呼和浩特、沈阳、大连、南京、福州、济南、青岛、武汉、长沙、成都11个城市被聚类到第2类，石家庄、太原、长春、哈尔滨、合肥、南昌、郑州、南宁、海口、重庆、贵阳、昆明、拉萨、西安、兰州、西宁、银川、乌鲁木齐18个城市被聚类到第3类。

XX美容连锁企业可以根据上述分析结果在资源配置、政策倾斜、帮助指导等方面做出针对性的安排。